BVT

Clemens Brentano (1778 bis 1842) macht es Biografen schwer, keiner seiner Lebensentwürfe war von Dauer. Rastlos war seine Lebensweise, er wurde zum Inbegriff des lebensuntüchtigen, des unglücklichen Poeten, dem die Welt des Bürgertums zu eng wurde.
Mit diesem Buch legt der Romantikforscher und Brentanospezialist Hartwig Schultz die erste moderne Biografie eines der begabtesten, rätselhaftesten und unglücklichsten Künstler der deutschen Literatur vor. Er wertet die erst kürzlich erschlossenen Quellen aus, bietet zahlreiche Proben der Brentanoschen Lyrik und lässt das Bild eines innerlich zerrissenen Menschen lebendig werden.

Hartwig Schultz ist seit 1974 Leiter der Brentano-Arbeitsstelle im Freien Deutschen Hochstift (Frankfurter Goethe-Museum) und Mitherausgeber der großen Frankfurter Brentano-Ausgabe.

Hartwig Schultz

Schwarzer Schmetterling

Zwanzig Kapitel aus dem Leben des romantischen Dichters Clemens Brentano

Berliner Taschenbuch Verlag

Juni 2002
BvT Berliner Taschenbuch Verlags GmbH, Berlin,
ein Unternehmen der Verlagsgruppe Random House GmbH

Umschlaggestaltung: Nina Rothfos und Patrick Gabler, Hamburg,
unter Verwendung einer Zeichnung (1819)
von Wilhelm Hensel © Foto AKG-images
Gesetzt aus der Haarlemmer
durch psb, Berlin
Druck und Bindung: Elsnerdruck, Berlin
Printed in Germany · ISBN 3-442-76083-6

INHALT

KAPITEL EINS

Zum Kaufmann taugst du nichts

Ehrenbreitstein – Frankfurt – Koblenz – Heidelberg – Schoenebeck – Langensalza – Bonn

Dein Reich ist in den Wolken und nicht von dieser Erde, und so oft es sich mit derselben berührt, wirds Tränen regnen«, diese Prognose zum Leben Brentanos wird als Ausspruch von Goethes Mutter, der legendären »Frau Rath«, kolportiert. Sie musste es wissen, denn sie wohnte in Frankfurt unweit vom *Haus zum Goldenen Kopf*, dem Handelshaus der Brentanos, in dem der junge Clemens auf dem Speicher in der »Einsiedelei eines leeren Zuckerfasses«, in der »Schachtelkammer« und auf der »Galerie«, wo »Dekorationen und Maschinerien der Weihnachtskrippen«, »das Modell eines Kriegsschiffes«, »Braut- und Festkleider« und »abenteuerliches Gerümpel« zu finden waren, sein Kinderfantasiereich »Vadutz« eingerichtet hatte. Dazu soll »Frau Rath« den Zweizeiler gedichtet haben:

> Wo dein Himmel, ist dein Vadutz
> Ein Land auf Erden ist dir nichts nutz.

Auch einen wohlformulierten Rat, wie Irdisches und Himmlisches, Fantasie und Realität zusammenkommen könnten, gab Frau Aja, wie sie in Frankfurt auch genannt wurde, dem Sohn der reichen Kaufmannsfamilie mit auf den Weg: »Ich wünsche einen gesegneten Regenbogen. Bis dahin baue deine Feenschlösser nicht auf die schimmernden Höhen unter den Gletschern, denn die Lawinen werden sie verschütten, nicht auf den wandelbaren Herzen der Menschen unter den Gletschern, denn die Launen werden sie verwüsten; nein, baue sie auf die geflügelten Schultern der Phantasie.«

Gewiss, Goethes Mutter war eine eloquente Frau, sie hielt mit ihren Weisheiten, die sie im praktischen Leben gewonnen hatte, nicht zurück und pflegte ihre Meinung auch während der Frankfurter Theateraufführungen ungeniert zum Vergnügen der anderen Zuschauer auszuposaunen, aber sie sprach, wie ihr der Schnabel gewachsen war, in Frankfurter Mundart und mit kurzen spontanen Sätzen, die geschrieben wie ein Stenogramm aussehen und oft nur durch Gedankenstriche strukturiert sind. Da scheint es eher unwahrscheinlich, dass sie so sorgfältig ausformulierte, dichterisch ausgeschmückte Ratschläge für Clemens bereithielt. Mit ihren raschen, von common sense geprägten Äußerungen war sie Clemens' Schwester Bettine artverwandt: »Liebstes Vermächtnüß meiner Seele«, redet sie Bettine in ihrem letzten Brief vom 28. August 1807 an, »du gehörst zu der Art die mir Seel und Blutsverwandt ist.«

Mit Clemens ließ sich nicht so leicht Freundschaft schließen. Ihn erwähnt die »Frau Rath« in ihren Briefen ein einziges Mal, als sie ihrem Sohn Johann Wolfgang und seiner Frau Christiane am 8. September 1807 den Frankfurter Klatsch nach Weimar meldet, die spektakuläre »Entführung« der 16-jährigen Auguste Bußmann aus dem Hause der von Bethmanns: »Demoiselle Busmann Enckelin von Frau Bethmann Schaff hat einen Bräutigam – soll nur noch etwas warten läßt sich aber von Clements Brentano entführen – die Hitze ist gantz einlein Schuld – denn wenn es schlechte Menschen wären ja da wäre es ein anders anders – aber es sind allezusammen edle Seelen die schwatzen von Grundsätzen – Pflichten – Moralischen Ausübungen der Pflichten gegen Eltern Verwandten u. s. w. Da lobe ich mir das Stockische Hauß da lieben die Eltern die Kinder – die Kinder die Eltern da ist einem so wohl alles was in dem Circkel lebt freut sich des Lebens – Was habe ich diesen Sommer wieder vor vergnügte Tage mit Ihnen in Ihrem Garten verlebt – da habe ich Mährgen erzählen müßen (denn unter uns) das ist meine Briliante Seite – da wurde von dir gesprochen – von deiner Lieben Frau – von allem was das Hertz froh und das Angesicht frölig machte – ohne alles Chrien und Brühen.«

Das Erzählen ohne »Chrien und Brühen«, also ohne schriftliches Fixieren (»Chrien« sind Erläuterungen, schriftliche Arbeiten) und ohne dass alles erst aufbereitet, »gebrüht« wird, ist die »Briliante Seite« der »Frau Rath«. So sprach sie, so dachte sie und so schrieb sie auch: volkstümlich, frech, spontan. Wohlformulierte Ratschläge, ausgefeilte Verse und poetisch ausgeschmückte Bilder waren ihre Sache nicht. Es ist Clemens selbst, der sie überliefert und auf seine Weise brillant aufbereitet. Was er als Ausspruch der »Frau Rath« über sich selbst in der *Zueignung* seines *Märchens von Gockel, Hinkel und Gackeleia* 1838 formulierte, steht am Ende einer sorgfältig aufgebauten, mit poetischen Topoi und gelehrten Reminiszenzen gespickten Darstellung seines poetisch-fantastischen »Vadutz«, das zum Sinnbild von Fantasie und Dichtung wird. Brentano breitet hier seine spätromantische Poetik aus, er spricht von der Suche nach dem »verlornen Paradiesgärtchen« und lässt dann Goethes Mutter als »Prophetin« für seinen Lebensweg zu Wort kommen, die legendäre, längst gestorbene »Frau Rath« als »Hausfreundin« der Brentanos.

Was sie wirklich gesagt und vielleicht Clemens' Schwester Bettine erzählt hat, die gleichfalls dazu tendierte, alles fantastisch auszuschmücken, wissen wir nicht. Goethes Mutter war eine Frau, die mit beiden Beinen im Leben stand, sie hat sicher erkannt, dass bei den Brentanos zwei Kinder aufwuchsen, die in Wolkenkuckucksheimen lebten, die sich in eine Traumwelt hineinfantasierten; insofern liegt das Urteil über Clemens auf ihrer Linie. Aber Ausformulierung und Ausschmückung stammen aus Brentanos Feder. Hier spricht der Poet über den Poeten, der vielleicht den Kern des eigenen Wesens trifft, zugleich aber einzelne Kindheitserlebnisse »poetisiert«, romantisiert, stilisiert.

Es ist kaum eine Äußerung überliefert, die uns einigermaßen objektiv über Brentanos Kindheit im *Haus zum Goldenen Kopf* unterrichtet. Selbst die Schilderungen des Gebäudes in der Großen Sandgasse, eines Kaufmannshauses mit Kontoren, Speichern und Wohnräumen für die Familie, sind von dichterischer Fantasie überwuchert. Während Clemens das Haus zum Paradies seiner Kindheit, zum »Ländchen Vadutz« verklärt und wie ein Feenschloß der Fantasie erscheinen lässt, verbindet sich für Goethe mit diesem Haus die schmerzliche Erinnerung an Begegnungen mit Brentanos Mutter. Maximiliane Brentano hatte er als Tochter von Sophie von La Roche in Ehrenbreitstein kennen gelernt, dort, wo auch Clemens am 8. September 1778 geboren wurde, weil Maximiliane die Geborgenheit ihres »Mutterhauses« bei der Geburt suchte.

Goethe hatte seine *Werther*-Erfahrung in Wetzlar gerade hinter sich, als er im September 1772 die berühmte Schriftstellerin Sophie von La Roche aufsuchte und die Bekanntschaft der reizenden 16-jährigen Tochter machte. Der *Lotte* seines Romans verleiht er nach diesem Besuch die braunen Augen der Maximiliane und ver-

Bettina v. Arnim's Geburtshaus in der Sandgasse zu Frankfurt a. M.

Das Haus zum Goldenen Kopf, *Handels- und Wohnhaus der Brentanos in der Großen Sandgasse in Frankfurt am Main, kolorierter Holzstich, 19. Jhd.*

gleicht das attraktive Mädchen in einem Brief mit der dunklen Schönheit des Mondes. Als Maximiliane dann am 9. Januar 1774 von ihrer Mutter nach Frankfurt »verheiratet wurde«, wie Goethe in *Dichtung und Wahrheit* rückblickend schreibt, kam sie aus »dem heiteren Thal-Ehrenbreitstein und einer fröhlichen Jugend in ein düster gelegenes Handelshaus«.

Bei dieser Schilderung Goethes schwingt Eifersucht mit, denn das *Haus zum Goldenen Kopf*, aus dem er sich dann nach einigen

Besuchen mit einem »gewaltsamen Entschluß« verabschiedet – u. a. weil der Hausherr den geistreichen jungen Goethe, der allen Mädchen den Kopf verdrehte, als gefährliche Konkurrenz empfand – war keineswegs »düster« gelegen. Die Große Sandgasse – nicht schmaler als der Große Hirschgraben – bildete nur die Hauptfassade dieses Bauwerks, dessen Namen die Frankfurter aus dem italienischen »coppa d'oro« (goldener Pokal) zu »Goldnem Kopp« verballhornt haben sollen. Eine zweite Fassade besaß das repräsentative Gebäude zur Rittergasse, einen weiteren Eingang in der Rothelöwengasse. Der Hof, in den die Wagen mit ihrer Fracht einfuhren, war viel größer dimensioniert als das ummauerte Höfchen der Goethes. Nur in den Kontoren und Repräsentationsräumen der Brentanos im Erdgeschoss mag es vornehm-düster gewesen sein. Oben, wo später die Kinder schliefen, war es so hell, dass Clemens eine Bohnenlaube anlegen und seine Schwester Bettine Orangenbäumchen ziehen konnte.

Was wissen wir, abseits der dichterischen Verklärungen und Verdunklungen von Klassik und Romantik, über die Verhältnisse in diesem Brentano-Haus? Hausherr war Pietro Antonio Brentano, ein tüchtiger Kaufmannssohn aus Norditalien. Die Familie schickte ihn aus dem Stammhaus der Firma in Azzano (nahe Tremezzo am Comer See), wo er 1735 zur Welt kam, zur Leitung der Frankfurter Filiale des Brentanoschen Handelsimperiums nach Deutschland. Das Netz der Brentano-Filialen erstreckte sich bereits im 17. Jahrhundert weit über Deutschland und die angrenzenden Länder. »Familiengründungen entstanden in schnellem Aufstieg zunächst in Rapperswil in der Schweiz, dann dem Rheine folgend in Mannheim, Worms, Bingen, Mainz, Frankfurt, Köln und Amsterdam, in Würzburg, Augsburg, Nürnberg, Leipzig, Triest und Wien, ferner in Mailand und Genua.« In Frankfurt durften die auswärtigen Firmen zunächst keine Ladengeschäfte unterhalten, aber diese »Diskriminierung« der Ausländer sollte sich bald als Vorteil erweisen. Im Großhandel, ohne Verkauf über den Ladentisch, war viel mehr Geld zu verdienen. Die Brentanos verstanden ihr Geschäft. Sie handelten mit Obst und Südfrüchten von den heimatlichen Gütern und mit Kolonialwaren aus aller Welt: mit Gewürzen, Zucker, Tee, Kaffee, Schokolade und Tabak. Auch Kohle, Kerzen und Wein gehörten zum Sortiment der Firma, die am Messeplatz, in der Freien Reichs-

Der Vater Peter Anton Brentano,
Pastell eines unbekannten Künstlers, nach 1774.

stadt Frankfurt, prosperierte. Der Weiterverkauf durch (meist italienische) Händler wurde von Frankfurt gesteuert. Im Jahre 1771 hatte sich Pietro Antonio, der seine Vornamen längst zu Peter und Anton eingedeutscht hatte, selbstständig gemacht und zunächst im Nürnberger Hof, dann im 1776 erworbenen größeren *Haus zum Goldenen Kopf* seine Ex- und Importfirma geführt. An der Wende zum 19. Jahrhundert gehörten die Brentanos bereits zu den reichsten und angesehensten Patrizierfamilien Frankfurts.

Peter Anton heiratete drei Mal. Die ersten beiden Ehefrauen starben nach zahlreichen Geburten in jungen Jahren. Paula Brentano-

Gnosso (geb. 1744) wurde 26 Jahre alt, Maximiliane 37. In den 19 Jahren dieser zweiten Ehe kamen zwölf Kinder zur Welt, darunter die beiden »Dichtergeschwister« Clemens und Bettine. Sie gehörten zu den Außenseitern der Familie: Clemens konnte oder wollte keinen Beruf ergreifen, der zu den Aktivitäten der Kaufmannsfamilie passte, Bettine war nicht so problemlos zu verheiraten wie ihre Schwestern. Beide fielen in der Frankfurter Gesellschaft durch Skandale auf, die dem Ansehen der aufgestiegenen Brentano-Familie schädlich werden konnten.

Nach dem Tode Peter Antons traten 1797 die älteren Söhne an die Spitze von Firma und Familie und führten die Tradition des Handelshauses mit Geschick und Erfolg im Sinne des Vaters weiter. Anfangs war es der Sohn aus erster Ehe, der 1765 geborene Franz, der die Handelsgeschäfte bereits seit 1785 mit dem Vater gemeinsam führte und Vaterstelle bei seinen jüngeren Geschwistern vertrat, später kam der Erstgeborene der zweiten Ehe, Georg Brentano, als Geschäftspartner hinzu. Er galt als Bankier der Familie, leitete also die Geldgeschäfte, die mit dem grenzübergreifenden Handel verbunden waren und sich mit der Ausgabe von Wechseln und Verrechnungen der verschiedenen europäischen Währungen durchaus mit heutigen Bankgeschäften vergleichen lassen. Schließlich waren die Italiener Erfinder des Girosystems, und Clemens Brentano konnte auf all seinen Reisen überall Wechsel auf sein in Frankfurt verwaltetes Vermögen ziehen.

Für Poesie und Philosophie hatte man in diesen wohlsituierten Kreisen der Frankfurter Bürger nicht viel Sinn, allenfalls galt es, durch das Sammeln von Gemälden und Stichen Statussymbole zu gewinnen. Die Brentanos legten im *Goldenen Kopf* eine repräsentative Gemäldegalerie und eine kleine Bibliothek an, die nach Clemens' Angaben wohl hauptsächlich aus illustrierten Bänden, aus »Bilderbüchern«, bestand: So wie die Bildungsbürger in der Mitte des 20. Jahrhunderts Merianhefte sammelten, so legten sich im 18. Jahrhundert betuchte Bürger eine Sammlung von Merian-Stichen an. Dem jungen Clemens blieb neben dem obligaten Merian Buntings Reisebuch *Itinerarium Sacrae Scriptura* von 1582 in Erinnerung; dort fand er eine Europakarte in Form einer Frau, die an ihrer Halskette als Schmuckstück Böhmen trägt. Der eindrucksvolle Stich, auf dem auch Frankfurt eingezeichnet ist, beschäftigte seine

Fantasie und wurde zur Anregung für sein Drama *Die Gründung Prags.*

Geld spielte bei der Anschaffung von Sammlungsobjekten der Brentanos sicher keine Rolle, und so beschränkte sich die Gemäldekollektion auch nicht – wie bei Goethes Vater – auf relativ preiswerte zeitgenössische Maler der Frankfurter Gegend. Eher werden renommierte Holländer und Italiener auf der Ankaufsliste von Peter Anton und Franz Brentano gestanden haben. Für die Rödelheimer Kirche stiftete Georg später ein kostbares Altarbild, im Frankfurter Dom hängt ein van Dyck, der auf eine Schenkung von Franz zurückgeht. So dürfte im *Haus zum Goldenen Kopf* eine umfangreiche Sammlung hervorragender europäischer Maler zusammengetragen worden sein; sie »war eine der bedeutendsten, die in Europa aus privaten Mitteln entstanden ist«.

Clemens verband mit dieser Galerie traumatische Erinnerungen. In der gereimten, fragmentarischen *Selbstbiographie,* die er seinen *Romanzen vom Rosenkranz* vorausschickte, beschreibt er seine Strafen für verträumtes Spielen und zu langes Ausbleiben, unter denen die »Verbannung« in die Bildergalerie die Schlimmste war:

Zur Stube must ich, harte Worte holen,
Zur Strafe büßt ich ein, mein Abendbrot,
Als hätte ich, waß Gott mir gab, gestohlen.
[…]
Entschuldigend, erzählt ich mein Entzücken,
[Da] lachte man den armen Träumer aus
Den Scherbenkönig, drehte mir den Rücken.

Und als ich weinte, bracht man mich hinaus,
Im dunkeln Garten Saal voll Mahlereien
Der immer mich erfüllet hat mit Graus,

Es scheinen da in Traurig langen Reihen
Die Bilder, von den Schatten überbebt
Die Mondumspielte Rebenlauben streuen,

Den Richter sah ich, der das Schwerdt erhebt
Vor Salomon das Kindlein zu zerspalten

Erst ein Marienbild und neue Träume können den Jungen von diesem Albtraum des brutalen Kindermords befreien:

> Ich schauderte, und konnte mich nicht halten,
> Und kniete nieder vor Mariens Bild,
> Die Hände hab ich innig da gefalten
>
> Und flehte kindisch zu der Mutter mild
> O Muttergottes hilf dem armen Kinde
> Da deckte sie mich mit allgütgem Schild.
>
> Mein Schmerz zerfloß im Beten hin gelinde,
> Es senckte nieder sich der erste Traum,
> Ich schlummert ein, im Schatten jener Linde.

Damit endet dieses autobiografische Fragment, das Brentano selbst mit der Überschrift versah: *Anfang einer Selbstbiographie in terze rime als Einleitung zu den Romanzen vom Rosenkranz.* Ähnlich wie in der *Scene aus meinen Kinderjahren,* die er in seinen Roman *Godwi* schon 1801 eingeflochten hatte, wird in diesen Terzinen die erfahrene, erträumte und schließlich auf die christliche Maria übertragene Liebe zur Mutter ins Zentrum gerückt. Seit den ersten dichterischen Versuchen stilisiert Clemens sein Leben im Hinblick auf Maria. Seinen Geburtstag, der nach dem Kirchenbucheintrag auf den 9. September 1778 fällt, feierte er stets einen Tag früher, am Tag von »Mariä Geburt«. Als Künstlernamen benutzte er bei den ersten Buchpublikationen Maria.

Brentanos Korrektur seines Geburtsdatums wurde von der Brentano-Forschung erst im 20. Jahrhundert bemerkt. Auch die Behauptung, Maria sei einer seiner Taufnamen, hielt sich lange, und erst der Einblick in das Taufbuch von Ehrenbreitstein zeigt: Getauft wurde Clemens Wenzeslaus Brentano; Maria legte er sich selbst als weiteren Namen später zu – korrespondierend mit dem veränderten Geburtstermin. Dieses gelungene Verwirrspiel zeigt sehr deutlich, wie stark die Mystifikationen und Selbststilisierungen wirkten, zu denen Clemens und Bettine Brentano gleichermaßen neigten. Wir können bei den Schilderungen der Kindheitserlebnisse nie sicher sein, wo die Grenze zwischen Dichtung und Wahrheit zu ziehen

Die Mutter Maximilane Brentano, geborene von La Roche, Pastell eines unbekannten Künstlers, nach 1774.

ist – jede Erfahrung der beiden wird in ihren Briefberichten bereits zu kleinen Kunstwerken, zu Anekdoten, Märchen oder Abenteuergeschichten gestaltet.

Als zentrale Kindheitserfahrung, die nicht seiner Fantasie entsprang und Brentanos weitere Entwicklung – wenn nicht sogar sein ganzes Leben – belastete, ist jedoch zweifellos der frühe Verlust der Mutter zu sehen. Die zitierten Terzinen, die mit dem Mariengebet abschließen, beginnen bezeichnenderweise mit der Erinnerung an den Gutenachtkuss der Mutter:

In weiter Kammer schlief ich und die Brüder
Auf stillen Betten die der Traum umspielet
[…]
In unsere Kammer leise kamms gegangen
Von Bette schlichs zu Bette, gab uns Küße
Und segnet uns auf Stirne und auf Wangen

Ich war der lezte, heiße Trähnengüße
fühlt ich aus Mutteraugen auf mich fließen
ich wußte nicht, warum sie weinen müße,
Ich traute nicht den Arm um sie zu schließen,
Und als sie aus der Kammer war Geschieden,
Da musten meine Augen Thränen gießen,

Da fühlte ich zuerst den Schmerz hienieden
Ich betete, Maria sei gegrüßet
so viele Trähnen die geweint, und schlief in Frieden.

Clemens war gerade 15 Jahre alt geworden, das bedeutet, er durchlebte die besonders sensible Phase der Pubertät, als die heißgeliebte Mutter Maximiliane am 19. November 1793 starb. Schon vorher war er aus der vertrauten Frankfurter Umgebung und der mütterlichen Nestwärme verbannt worden. Offensichtlich war die Mutter durch die zahlreichen Geburten und Erziehungsaufgaben überfordert, und die Kinder wurden zu ihrer Entlastung zu Verwandten oder in Internate geschickt: »Getrennet lebte fern ich von den Meinen / In strenger und unmütterlicher Zucht«, schreibt Clemens in der *Selbstbiographie* über seine Aufenthalte bei der Tante Möhn in Koblenz.

Luise Möhn war die Schwester von Maximiliane; Sophie von La Roche hatte ihre jüngere Tochter mit einem Koblenzer Revisionsgerichtssekretär verheiratet, der sich als brutaler Trinker entpuppte und aus diesem Grunde seine Stelle verlor. Gemeinsam mit der Schwester Sophie wurde Clemens ausgerechnet in diesen Haushalt geschickt. Zwischen Herbst 1784 – Clemens war gerade sechs Jahre alt – bis Ende 1786 erlebte Brentano hier eine schwere Zeit, da die Tante ihr »hartes Schicksal bei einem ganz verwilderten Mann« zu tragen hatte und dabei zu einer »Festung der Convenienz« erstarrt war, wie Clemens seiner Schwester Bettine in einem Brief später erläutert: »Die Tante […] hat eine lange Zeit in ihren Jugendjahren […] sich müssen stählen gegen diesen Mann, der wie ein grobes Ungeheuer vor der Pforte aller Lebensgenüsse lag […] mit Wuth überwältigte er sie, ich hab in meinen Kinderjahren oft ihn sehen halbtrunken hinter der Thür lauern mit einem Messer in der Hand. Die Tante hat damals sich so ernst zusammengenommen, daß jeder in Coblenz die größte Ehrfurcht vor ihr hegte. […] Hätte sie je mit sich selber Mitleid gefühlt so wär die Festung der Convenienz in der sie sich verschanzt hielt, wie Schnee geschmolzen«. Im Frühling 1787 – nach kurzem Aufenthalt in Frankfurt, wo inzwischen die Schwestern Bettine und Lulu geboren waren – schickt man den kleinen Jungen zur Erziehung nach Heidelberg. Über diesen Aufenthalt bei einem »alten, sehr frommen Ex-Jesuiten« ist so gut wie nichts bekannt. In einem Brief an Sophie Mereau vom Herbst 1803 schmückt Brentano seine Erinnerungen zu einem Idyll aus und spricht von einer Zeit, »da ich auf dem Berg bei Heidelberg immer bei einem alten Hirten [saß] am Abend, wir waren uns beide gut, und sprachen nicht viel, der alte Hirte lebt nicht mehr und der kleine Schüler Clemens ist auch gestorben«. Was er in Heidelberg und bei dem anschließenden Schulbesuch in Koblenz an Lektüre oder Lernstoff aufnahm, wissen wir nicht.

In Koblenz besuchte er 1787 gemeinsam mit Joseph Görres die Quinta des Gymnasiums. Seine Kontakte mit diesem wortgewaltigen Urvater der Publizistik, mit dem er später in Heidelberg enge Freundschaft schloss, blieben zunächst ohne nachhaltigen Eindruck. Aus der Koblenzer Zeit bleibt allein die Erinnerung an die »unmütterliche Zucht« der Tante Möhn haften. Wenn wir seiner Selbstdarstellung glauben wollen, wurde Brentano unbarmherzig einer harten, kalten Welt ausgesetzt, litt er seit der frühesten Kindheit an Liebesentzug und Entwurzelung und fand allein Trost in seiner Marienverehrung.

Eine Anekdote aus der Kindheit, die Brentano in einem kürzlich erst entdeckten Brief aus dem Jahre 1834/35 schildert, lässt dieses Gefühl noch einmal sehr deutlich werden. Clemens berichtet, wie er als Kind zu einem General Zuneigung fasste, der öfter im *Haus zum Goldenen Kopf* zu Gast war. Dem väterlichen Freund zeigte er seine »Spielräume« auf dem Speicher und seine Schlafkammer, um dann die Frage an den General zu richten, warum er nicht gleichfalls in seiner Heimat bliebe und immer »so grausam herum reiße«. Dessen Antwort war (laut Brentano): »Gott behüte dich, daß es dir nicht auch so geht. Ich habe an meinen Freunden und dem Ihrigen gehangen, wie du, aber theils sind sie gestorben, theils haben sie mich verläugnet, da fieng ich an zu reisen – als ich reißte, war kein Herz mehr übrig, bei dem ich bleiben durfte. Reisen hat seinen Nahmen nicht umsonst, es hängt mit zerreißen zusammen, es sey denn ein zusammen reisen, wie die Schwalben [...] – Willst du mit mir reisen? – ich schaute ihn mit Thränen an und dann die Mutter und sprach: ›O mein Leben lang, wenn die Mutter sich von mir wendet!‹ Da muß ich allein fort, sagte der General und schob mich der Mutter in die Arme, die mich liebvoll ans Herz drückte.«

Clemens sollte es nach dem Tode der Mutter so gehen wie dem General: Er war in seinem Leben stets auf Reisen, fühlte sich nirgends heimisch und verlor immer wieder seine menschlichen Bindungen, in die er zuvor die größten Hoffnungen investiert hatte. Sein Reisen hatte stets etwas mit »Zerreißen« zu tun, und die Anekdote aus der Kindheit ist wie viele seiner Briefäußerungen eine versteckte Werbung um Liebe und Wärme. Dem General legt er – ähnlich wie Goethes Mutter – eine Prophezeiung seines zukünftigen Schicksals in den Mund, um zu sagen: Seht, so grausam ist die Welt mit mir umgesprungen; Mutter und Vater verlor ich früh, so musste ich in die Welt ziehen und als Zerrissener, als heimatlos Reisender mein Leid tragen. Nur die Liebe könnte mich retten.

Nach drei Jahren Gymnasium in Koblenz, von denen er das letzte in neuem Quartier zubringen musste, weil die Tante Möhn nun von ihrem gewalttätigen Trunkenbold geschieden war und zu ihrer Mutter Sophie von La Roche nach Offenbach zog, kehrt Brentano im Herbst 1790 für ein Jahr nach Frankfurt zurück. Danach wird der Dreizehnjährige in das »kurpfälzische öffentliche Erziehungsinstitut für Zöglinge männlichen Geschlechts« in Mannheim eingeschult, das Johann Jakob Winterwerber leitet.

Aus Mannheim stammen die ersten überlieferten Briefe, die an die Lieblingsschwester Sophie gerichtet sind und bereits einen spielerischen Umgang mit Sprache und Sprichwörtern erkennen lassen. Auch im Internat fällt seine Begabung auf und wirkt sich auf seine Leistungen aus: Im Herbst erhält er einen Preis. Die Verhältnisse in diesem »Erziehungsinstitut« scheinen jedoch katastrophal gewesen zu sein, denn Clemens entschließt sich, brieflich seinem Onkel sein »Elend zu klagen, und […] um Hilfe zu bitten. Wirklich lieber Carl! der Herr Director behandelt mich gar wie ein Kind […]. Nachts stellt er eine eiserne Stange neben sich, um wenn sich etwa einer von uns in dem Bette Herumdrehen sollte, um Luft in dem stinkenden, engen, vollgestopften Schlafzimmer zu schöpfen, ihm wie er sagte, Arm und Bein auf seine Verantwortung, entzwei zu schlagen. […] den Ganzen Tag werde ich geschimpft und gehudelt. Ich verliehre allen appetit und befinde mich so übel, daß ich fürchten muß wenn ich noch lange da bleibe ich mich ganz vor Aergerniß zu Grund richte.« Der Hilferuf wird gehört: Ein Verwandter der Brentanos in Mannheim, der sich vor Ort informiert hat, nimmt ihn zunächst zu sich nach Hause und bringt ihn dann auf den Weg nach Frankfurt. Am 27. Oktober 1793 trifft er im *Goldenen Kopf* ein.

Drei Wochen später stirbt seine Mutter, ein Schock, der im Roman *Godwi oder das steinerne Bild der Mutter* bereits im Titel aufgenommen scheint, von Brentano aber nie wirklich verarbeitet wird. Was der Autor »Maria« in diesem zweibändigen Roman dichterisch umsetzt, schildert Bettine, die als Achtjährige die Trauer des Vaters zu dämpfen versuchte, ohne metaphorische Umschweife: »Der Vater kanns nicht ertragen, wohin er sich wendet muß er die Hände ringen, alles scheut seinen Schmerz. – Die Geschwister fliehen vor ihm wo er eintritt, das Kind [Bettine] bleibt, es hält ihn bei der Hand fest, und er läßt sich von ihm führen. Im dunklen Zimmer von den Straßenlaternen ein wenig erhellt, wo er laut jammert vor dem Bilde der Mutter, da hängt es sich an seinen Hals und hält ihm die Hände vor den Mund, er soll nicht so laut, so jammervoll klagen!«

Zu der Erzieherin, die nun im Hause Brentano für die Kinder engagiert wird, fasst Brentano Zutrauen. Es ist die aus einer Savoyer Seidenhändlerfamilie stammende Claudine Piautaz. Clemens nennt sie liebevoll »Klausner« und widmete der nur sechs Jahre Älteren 1803 zum Geburtstag eine seiner ersten Gedichtpublikationen, die Hymne *Claudia* sowie ein Schattenspiel, in dem das Personal vom *Haus zum Goldenen Kopf* – neben Claudine auch der Buchhalter Schwab aus Miltenberg, den Brentano als Märchenerzähler seiner Kindheit in Erinnerung behält – und einige seiner Jugendfreunde auftreten.

Nach dem Tode der Mutter kann Clemens jedoch nicht in Claudines Obhut bleiben, denn die Zahl der von ihr zu betreuenden Geschwister ist groß, und Kunigunde, Christian, Bettine, Ludovica und Meline sind jünger als er. So wird der 15-jährige erneut nach Koblenz und von dort nach Bonn geschickt. Ein Studium der Mineralogie, das eine Karriere bei dem Onkel Karl von La Roche in der Bergbauverwaltung eröffnen könnte, wird vorbereitet. Der Plan scheitert – wie alle gut gemeinten Pläne der Frankfurter Familie, die ihm ein geordnetes bürgerliches Leben eröffnen sollen.

In Bonn belegt Brentano Seminare beim Kantianer Johann Neeb und bei Theobald Knöll; die Privatstunden bei einem Rechenmeister scheinen ohne nachhaltige Wirkung zu bleiben; das vorgesehene Studium sagt ihm nicht zu. Nach dem Wintersemester kehrt er im April 1794 nach Frankfurt zurück und schmiedet nun Pläne für Mainz; auch ein gemeinsamer Hausunterricht mit dem sechs Jahre jüngeren Bruder Christian schlägt nicht an.

Während des einjährigen Aufenthalts in Frankfurt wird schließlich die Idee geboren, ihn als Lehrling in die Firma des Geschäftsfreundes Christoph Ernst Polex nach Langensalza in die Ausbildung zu schicken. In dem zwischen Eisenach und Mühlhausen gelegenen Städtchen fällt der dunkellockige, anfangs sehr beliebte Lehrling mit der Neigung zu extravaganter Kleidung durch respektlos-satirische Bemerkungen zum ersten Mal unangenehm auf. Er beleidigt die Frau seines Dienstherrn, indem er sie mit einer »hochbeinigen, durchs Stoppelfeld spazierenden Krähe« vergleicht und erregt durch Kleidung in schrillen Farben Aufsehen. Es heißt, er sei im »papageigrünen Rock, der Scharlachweste und den pfirsichfarbenen Pantalons eigener Erfindung« aufgetreten. Die gekränkte Dienstherrin sorgt dafür, dass der aufmüpfige Lehrling bereits nach zwei Monaten, im August 1796, nach Frankfurt zurückgeschickt wird.

Die Mitarbeit in der eigenen Firma ist dann wohl nur eine Notlösung und mag Ursache dafür gewesen sein, dass Georg wenig später energisch erklärt: »zum Kaufmann taugst du nichts«. Im Frankfurter Kontor hatte Clemens nämlich einen Skandal ausgelöst, indem er einen wichtigen Geschäftsbrief mit einer kleinen Karikatur und zwei spöttischen Verszeilen versah: »Er malte zur Seite der Unterschrift einen mächtigen Hut, unter welchem zwei Gesichter einander mit gegenseitigem Ingrimme angrinsten. Dabei standen die Worte:

Zwei Narren unter einem Hut,
Der dritte sie beschauen thut.

Der Brief ging ab, ohne daß sein Vater etwas von dieser Arabeske wußte.«

Der Scherz wäre vielleicht nicht aufgefallen, wenn der Geschäftspartner, mit dem Peter Anton wegen eines auf dem Transport von London verlorenen Zuckerfasses im Streit lag, nicht ähnlich spöttisch reagiert hätte. Am Rande des Antwortbriefs fand sich die Skizze einer Festung mit den Versen:

Da ist die Festung von Wesel.
Wer sie schaut ist ein Esel.

»Peter Anton erzürnte heftig, als er den Urheber dieses Frevels entdeckte und Clemens ihm erklärte, unmöglich länger in einem Stande leben zu können, für den er nun einmal nicht geschaffen sei.« Beim anschließenden Familienrat soll Franz Brentano »mit Entschiedenheit die Partei des unnützen Kaufmannslehrlings« ergriffen haben. »Er wurde darin von der alten Hausfreundin, Frau Rath Göthe, unterstützt.«

So setzt sich in der Familie die Erkenntnis durch, dass der fantasievolle Clemens der Firma als Mitarbeiter mehr schaden als nützen könnte, und erneut wird eine Ausbildung an der Universität im Fach Bergwissenschaften geplant. Clemens' Onkel, der Bergrat Karl von La Roche, soll ihn nun persönlich in Schönebeck (bei Magdeburg) darauf vorbereiten. Als Studienort ist Halle vorgesehen, wo sich Brentano im Mai 1797 immatrikuliert.

Kurz zuvor war jedoch sein Vater gestorben, und Clemens fragt aus Schönebeck bei seinem Bruder Georg in Frankfurt an: »wird es mir unsere Lage erlauben, ferner zu studieren meine Studien werden viel Kosten machen, oder wird es besser und zuträglicher für uns sein wenn ich zurük kehre und mich mit euch unter eurer Anleitung der Handlung widme [...] Ich werde dann einstens mit zum Glüke unserer Geschwister arbeiten können, werde dir und dem Franz seine Lage erleichtern helfen«. Offensichtlich hat Clemens dann aber doch Zweifel, ob seine Mitwirkung eine wirkliche Hilfe bedeuten würde, denn er schließt den Satz an: »Fürchte nichts von meinem Betragen nichts von meiner Denkungsar[t] ich bin 19 Jahre alt und fühle daß ich ein Waise bin, ich bin nicht mehr der alte aufbrausende Thor, ich fühle ganz das traurige meiner Lage, meine Pflichten und die grose Schuld der Dankbarkeit für meine Familie liegt schwehr auf mir.«

Die Antwort kam prompt und lässt erkennen, dass eine Mitarbeit von Clemens in Frankfurt eher befürchtet als erhofft wurde. Im gemeinsamen Brief der Brüder vom 8. April 1797 schreibt der zum Vormund der jungen Geschwister bestellte Halbbruder Franz: »ich muß aufrichtig gestehen daß du mir hier nicht im mindesten nüzlich sein könntest, und noch weniger der Familie«, und lässt eine Reihe von Ermahnungen folgen, die erkennen lassen, dass sich die Frankfurter Familie große Sorgen machte wegen der zahlreichen gescheiterten Ausbildungsansätze des unmündigen Bruders. Franz mahnt, »ohne Zeitverlust, dich zum künftigen, thätigen brauchbaren Mann zu bilden, der sich mit Ehre durch die Welt bringt [...] eine neue Abrückung in deiner Bestimmung [...] würde uns tiefer kränken [...] Es wird nun nicht dein Ernst sein, auch noch bei höherem Alter Beweise der Wankelmuth und Unbeständigkeit durch abermalige Änderung in deinen Gesinnungen zu geben!« Deutlicher lässt sich die Mahnung, das Studium nun endlich mit Energie voranzutreiben, kaum formulieren, und der jüngere Bruder gehorcht – wenn auch nur vorübergehend!

KAPITEL ZWEI

Unsre Lieb aber ist außerkohren

Halle – Frankfurt – Jena

Ob Franz Brentano klar war, was Halle als Studienort bedeutete? »Brotstudenten« aus gutbürgerlichem Hause, die fleißig ihren Studien nachgehen sollten, um nach bestandenem Examen eine Anstellung zu finden, wurden von ihren Vätern nicht nach Halle geschickt. Da kam etwa Wien in Frage, wohin die Brüder Eichendorff gingen, als offenbar wurde, dass sie rasch Geld verdienen mussten, weil der Vater die schlesischen Güter durch Spekulationen verloren hatte. In Halle studierten Adlige, die Spaß am Studentenleben hatten und auf ein Examen nicht angewiesen waren. Hier formierte sich später – nach dem Einmarsch der napoleonischen Truppen – der Widerstand patriotischer Studenten, und es kam zu schweren Straßenkämpfen; Napoleon ließ daraufhin die Universität schließen, in der die Söhne des deutschen Adels so selbstbewusst auftraten.

Von Joseph von Eichendorff, der seinen Studienort deshalb zunächst nach Heidelberg verlegen musste, stammt eine Schilderung des turbulenten Treibens in Halle, das in Frankfurt, wo es keine Universität gab und das öffentliche Leben von Kaufleuten und gesittetem Messetrubel bestimmt wurde, kaum vorstellbar war. Die kleineren Universitätsstädte wie Halle hatten Ende des 18. Jahrhunderts »vom Mittelalter noch ein gut Stück Romantik ererbt, was freilich in der veränderten Welt wunderlich und seltsam genug, fast wie Don Quixote, sich ausnahm«, schreibt Joseph von Eichendorff in seinem Essay *Halle und Heidelberg*, um dann die rigorosen Auseinandersetzungen zwischen Studenten und bürgerlichen »Philistern« in Halle zu beschreiben. »Stets schlagfertige Tapferkeit war die Kardinaltugend des Studenten, die Muse, die er oft gar nicht kannte, war seine Dame, der Philister der tausendköpfige Drache, der sie schmählich gebunden hielt, und gegen den er daher, wie der Malteser gegen die Ungläubigen, mit Faust, List und Spott beständig zu Felde lag; denn die Jugend kapituliert nicht und kennt noch keine

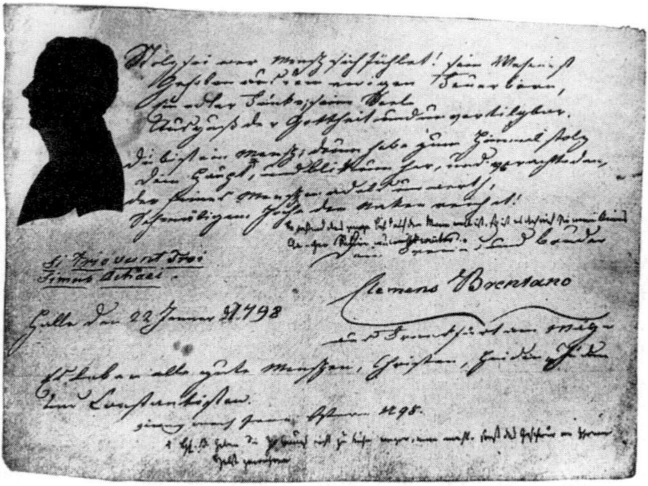

Clemens Brentano

Halle den 22 Januar 1798

Eintrag Clemens Brentanos in ein Studentenstammbuch mit Scherenschnitt, Halle, 22. Januar 1798

Konzessionen. […] Da stürzten, ohne nach Grund und Veranlassung zu fragen, halbentkleidete Studenten mit Rappieren und Knütteln aus allen Türen […] dichte Staubwirbel verhüllten Freund und Feind […] so wälzte sich der Kampf oft mitten in der Nacht durch Straßen und Gäßchen fort.«

Die in Landsmannschaften und verschiedenen »Orden« organisierten Studenten terrorisierten die Bürger und ließen sich nicht einmal von der Polizei in Schranken halten. Schließlich waren die meisten der Studierenden von höherem Stand und blickten verächtlich auf die einheimischen Kleinstadtbewohner und Handwerksburschen herab, die nach Eichendorffs Schilderung die Hauptfeinde aus dem Philisterlager waren. Brentano trat vermutlich in den Studentenorden der Constantisten ein, nachdem er sich am 19. Mai 1797 im Fach Cameralwissenschaften in Halle eingeschrieben hatte, und geriet prompt in Ehrenhändel, die dieser Orden mit den Pommeranern, einer Landsmannschaft aus Pommern, auszufechten hatte. Näheres über seine Erfolge bei diesen Studentenfehden und bei den Studien im Sommer- und folgenden Wintersemester wissen wir nicht, nur eines ist deutlich: die Cameralistik, eine trockene »Wissenschaft« von Verwaltung und Rechnungswesen, die im Gegensatz zu den ürsprünglichen Plänen als Fach gewählt wurde, hinterließ in seinem Werdegang keine erkennbaren Spuren: »in 11 Tagen [...] 5 mal mit einem Buch unterm Arme als Fuchs durch die Strasse geschlendert«, meldet er seinen Schwestern in einem launigen Brief nach Frankfurt.

Brentano sucht nach Anregungen, lässt sich von seinem öden Fachstudium gern ablenken. Unterricht im Zeichnen und Klarinette spielen sowie Kurse in italienischer Konversation stehen auf seinem Programm, und nach zwei Semestern wechselt er erneut Studienort und -fach. Den Schwestern fügt er im Brief »ein Blätchen meiner poetischen Coliken« bei, in dem er die *Ordensregeln des Heiligen Clemens* in Gedichtform fixiert:

Um meine Tage froh zu leben,
Stifte ich ein Kloster hier;
Geheiliget dem Gott der Reben
Das Priorat gehöre mir.
[...]
Damit wir hübsch beisammen bleiben
Und sich keiner wegbegiebt,
Laß ich an die Pforte schreiben.
»Treibet nur was euch beliebt.«

Ein Motto, dem er selbst treu folgt, wobei sein Dichten, wenn es diesen Namen bereits verdient, das Niveau konventioneller Gelegenheitsprodukte kaum übertrifft. *An die Linde der ich den Namen des ehrlichen Klausners anvertraute* – eine Hommage an Claudine Piautaz –, *An mein Lieblingsplätzchen im Garten* und *An den eitlen rangsüchtigen herrn von E.* legt Brentano dem Brief an die Schwestern außer den *Ordensregeln* noch bei.

Längere Episteln – teils lustig, teils ernst und »erzieherisch« – richtet Brentano an seine zwei Jahre ältere Schwester Sophie. Ihr schildert er die Erfahrung seiner Liebschaft mit Amalia Welsch, der Schwester eines Kommilitonen: »Ich habe dabei weiter nichts gewonnen als eine schlechtere Idee von den Weibern«, behauptet er in einem Brief aus Halle am 14. August 1797, um dann als vermeintliche Ursache für die Verderbnis der »Weiber« die Lektüre von

Romanen auszumachen: »Romane haben dießes ehedem biß zur Schüchternheit schamhafte Mädchen so weit gebracht. Ich bin izt ganz der Meinung Georgs, welcher immer behaubtete, die Lektüre auch von den besten Romanen sei entweder unnütz oder schädlich. Ich sehe nach und nach immer mehr ein daß durch sie eine Menge unsrer Handlungen unwillkührlich bestimmt werden, und daß Frauenzimmer besonders am Ende ihres Lebens nichts als Copien der Romancharaktere waren die ihnen die Lesebibliotheken ihres Ortes dargeboten haben. Der Wunsch zu lesen erwächst in euch meistens mit den Kitzel durch einen gebildeten vielleicht gar forschenden Geist zu glänzen. Die Lektüre [...] ward Bedürfniß und Verführung zu jenem unseeligen Dünkel von Selbstkraft und Egoismus, wodurch sie so viele Demoiselles die in der Belesenheit eine Rolle spielen wollen jedem vernünftigen Manne unerträglich werden.« Kein Zweifel, der inzwischen fast 19-jährige Clemens zählt sich nun zu den »vernünftigen« Männern und will seinen Schwestern, den »Frauenzimmern«, Lehren erteilen, indem er ab und zu ein »euch« einfließen lässt. Kein Wunder, dass sich Sophie – wie wir aus ihrem Briefwechsel mit Freundinnen wissen – mehr und mehr von ihrem jüngeren Bruder distanziert. Tatsächlich verraten seine »Stammtischsprüche« nur den frustrierten, unerfahrenen Studenten, und selbst die Komplimente am Briefschluss wirken recht plump: »ihr seid würklich biß izt der beste Auszug der mir aus dem schlechtplanirten Buche Evas zu Augen kam«, betont er und bezieht sich dabei auf die Schwestern, einige ihrer Freundinnen und »den Klausner«. Sophie reagiert mit ruhiger Zurückweisung auf diese pubertären Reden des Bruders.

Gerade die ältere Schwester ist längst galantere Verehrer gewohnt. Der Frankfurter Bankier Johann Jacob Willemer, der wenig später die bezaubernde Schauspielerin Marianne Jung als Mätresse wählte und nach finanzieller Abfindung ihrer Mutter ehelichte, hatte sich für Sophie Brentano interessiert. Mit dem Grafen Joseph Franz Stanislaus Herberstein-Moltke in Wien war es zu einer Verlobung gekommen, die aus Standesgründen allerdings wieder gelöst wurde. Mit den Worten »Ruhe und Gelassenheit ist in allen meinen Empfindungen« beschreibt die an Reife dem jüngeren Bruder überlegene Sophie ihren Seelenzustand selbst und schließt in ihrem Brief an den väterlichen Freund Wieland die Frage an: »Nun sagen die Menschen, welche mich beobachten, ich sei kalt. Ist dies wahr, lieber Vater?« Auf Wielands Gut Oßmannstedt in der Nähe von Weimar sah Brentano seine Schwester wieder, die ihr Herz dem Kopf gänzlich unterordnete – wie der junge Joseph Görres ganz im Sinne der Selbstbeobachtung der jungen Frau formulierte. Die kühle Zurückhaltung hinderte Clemens nicht daran, sie glühend zu verehren: »Ich habe das einzige Weib verlohren, das ich liebte, und das mich nicht mishandelte«, schreibt er Ende September 1800 nach ihrem Tode an Friedrich Karl von Savigny und setzt ihr in einem fünfseitigen Gedicht seines Romans *Godwi* ein Denkmal:

An S.

Wie war dein Leben
So voller Glanz.
Wie war dein Morgen
So kindlich Lächlen,
Wie haben sich alle
Um dich geliebt,
[…]
Aber mich schmerzte tief,
Daß ich so einsam sey,
Und vieles im Herzen.
O warum bist du nicht bei mir!
Sprach ich, und siehst mich
Und liebst mich,
Denn mich haben manche verschmäht,
[…]
Ach da schweigen alle meine Worte,
Und meine Sehnsucht zieht mit dir.

Der Erfolgsautor Christoph Martin Wieland, den der Weimarer »Musenhof« als Fürstenerzieher geworben hatte, lebte mit Frau und Kindern in Oßmannstedt. Für die junge Sophie Brentano – Enkelin seiner ehemaligen Verlobten Sophie von La Roche und gerade 24 Jahre alt – hatte der 67-jährige Dichter ein Faible entwickelt. So kam es, dass Sophie sich auf Wielands Landgut aufhielt, als sie 1800 an einem »Nervenfieber« erkrankte und starb.

Die so bezeichnete Krankheit kommt zur Goethezeit recht häufig vor. Sie hat mit psychischen Erkrankungen, die heute als Nervenkrankheiten bezeichnet werden, nichts zu tun, denn beschrieben werden unter dem Stichwort »Nervenfieber« nur Krankheitssymptome, nämlich hohes Fieber und damit einhergehendes Delirium. Ursache ist in der Regel eine Infektionskrankheit. Deshalb deutet vieles darauf hin, dass Brentanos Schwester einem Typhusfieber zum Opfer fiel, obwohl Brentano dem Freund Savigny berichtet, »daß Sophie bei Wieland im Wahnsinn gestorben ist«. Brentano mystifiziert die Erfahrung ihres Todes und trägt damit beträchtlich dazu bei, dass die Frankfurter Familie ihn als fremdartigen »Fantasten« ansieht: »ich ahndete ihren Tod, und bereitete die zurückgebliebenen ruhig drauf vor, aber ich hieß der Fantast, und da sie tod war, sah man mich nicht an«, schreibt er im gleichen Brief an Savigny.

Wieland ließ der jungen Freundin einen als dreiseitige Pyramide gestalteten Grabstein in idyllischer Lage an der Ilm setzen. Der Stein erinnert noch heute an die freundschaftliche Beziehung, die Wieland, seine Frau und Sophie Brentano verband. Sophie war die erste aus diesem Dreierbund, die hier bestattet wurde.

Die Entwicklung, die das Verhältnis zwischen Sophie und Clemens genommen hatte, wiederholt sich in der Beziehung der meisten jüngeren Schwestern zum Bruder. Als Frauen sind sie viel früher zu einer gewissen Ernsthaftigkeit gezwungen: Sie sind auf der Suche nach Heiratskandidaten, sie wissen, dass sie nur durch die Ehe Eintritt in eine sichere, wohlgeordnete Bürgerwelt erhalten können. Vom älteren Bruder wollen sie sich weder verehren, noch maßregeln lassen und gehen daher auf Distanz zu dem wortgewandten Studenten, dem es gefällt, in allerlei Rollen zu schlüpfen und je nach Situation den geistreichen Frauenverehrer oder -verächter zu mimen, der Briefe schreiben kann, die wie Liebesbriefe aussehen und doch unvermittelt in derben Spott und verletzenden Sarkasmus umschlagen.

Nur die junge Bettine, die zwölf Jahre alt ist, als Clemens im Oktober 1797 in den Semesterferien nach Hause kommt, verfällt zunächst kritiklos dem Charme des Bruders. Sie ist zum ersten Mal von einem Mann beeindruckt und verliebt sich spontan in den »fremden Mann« mit der »blendenden Stirne«. Die Heimfahrten zu Festtagen und in den Semesterferien haben für Clemens dadurch

Die Schwester Bettine Brentano, Jugendbild von Ludwig Emil Grimm, Bleistiftzeichnung nach Landshuter Skizzen, vermutlich 1851.

neuen Reiz gewonnen; gegen die bohrenden Fragen seiner Brüder nach den Studienerfolgen und Lebensperspektiven schirmt er sich ab; die junge heranwachsende Bettine wird zu seiner Verbündeten, zu seiner Lieblingsschwester, mit der er eine Art Geheimbund schließt, eine verschworene Gemeinschaft zu zweit, eine kleine Bastion gegen die kommerzielle, kalte Welt der Frankfurter Brüder. Bei ihr schlägt ihm zunächst uneingeschränkte Bewunderung entgegen, ohne die versteckte Ablehnung, die sich bei der älteren Sophie, seiner ersten Lieblingsschwester, aufgebaut hatte.

Der Student Clemens ist fasziniert von der »Rabenschwarzen in dem Winkelchen« und beschreibt sie im Roman *Godwi* so: »es dämmert schon in der Stube, und ich hätte sie übersehen mit ihren Locken der Nacht, wenn ihre schönen Augen nicht leuchteten, und milde, schöne Blicke aus ihnen stiegen, wie Stralen zweier einsamer Sterne am Himmel. Kannst du dir ein Mädchen denken, mit allen Zeichen der Gluth, die sanft und stille ist.« Liest man diese Passage isoliert, so wirkt sie wie die Beschreibung einer heimlichen Liebe. Aber diese Liebeserklärung gilt ohne Zweifel der Schwester. Im Roman selbst betont der Autor Brentano seine Absicht, »die Leute zu malen, mit denen ich umgehe«, und nennt ausdrücklich den »Goldnen Kopf, der das Schild des Hauses ist«, bevor er seine Geschwister der Reihe nach charakterisiert. Georg erscheint als der Undeutliche, Franz ist der Deutliche, seine Schwester Kunigunde die Blonde, Sophie die Brünette, die in diesem Romanteil noch als »stille Herrscherin des bureau d'esprit im Goldenen Kopf« eingeführt wird. Der Rabenschwarzen, der Brentano nun seine tiefe Zuneigung – ausschließlich und nicht ohne die Erwartung von Gegenliebe – zuwendet, widmet er mehrere Gedichteinlagen und den gesamten zweiten Band des Romans.

Die Anziehungskraft wirkte wechselseitig. Bettine schildert die erste Begegnung mit dem großen Bruder gleichfalls als Liebe auf den ersten Blick. Obwohl es ein Brief an den Bruder ist, in dem sie rückblickend ihr Erlebnis beschreibt, so bietet sie doch eine poetisch-anekdotische Darstellung, die zugleich der Selbststilisierung und Verklärung der jugendlichen Geschwisterliebe dient: »Ich sah Dich an und kannte Dich nicht, und hielt Dich für einen fremden Mann, der mir aber so wohlgefiel mit seiner blendenden Stirne und Dein schwarz Haar so dicht und so weich, und Du seztest Dich auf den Stuhl, und nahmst mich auf einmal in Deine zwei Arme, und sagtest weißt Du wer ich bin? ich bin der Clemens! Und da klammerte ich mich an Dich, aber gleich darauf hattest Du die Puppe unter dem Tisch hervorgeholt und mir in den Arm gelegt, ich wollte aber die nicht mehr, ich wollte nur Dich.« Wann dieser zündende Funke übersprang, wissen wir nicht. War es bereits bei dem Besuch im Oktober 1797 oder im April 1798, wie Konrad Feilchenfeldt vermutet, oder erst 1801, nachdem Sophie an Typhus gestorben war, wie Sibylle von Steinsdorff annimmt? Jedenfalls war Bettine noch so jung, dass die Frankfurter Familie den Briefwechsel mit dem Bruder anfangs zu unterbinden suchte: »Dein freundlich Abschiedsblättchen hat mir die Großmama nicht gegeben, ich hätte es vielleicht nie erhalten wär ich nicht durch Zufall an den Ort gekommen wo es lag und schon eröffnet war«, klagt Bettine in ihrem ersten erhaltenen Brief, um dann sogleich in eine Liebeserklärung an den Bruder überzugehen: »Sieh ich hab Dich so lieb – Du bist so gut – ich möchte Dir alles sagen, um daß Du mir lehrtest was mich gut und Dir lieb machen kann.«

Die »Großmama«, die sich hier noch als Zensorin im Auftrag der Frankfurter versucht, war Sophie von La Roche, die als betagte Witwe seit 1788 in der »Grillenhütte« in Offenbach lebte. Das Haus hatten ihr die Brentanos finanziert, und auch für die Aufnahme Bettines erhielt sie Kostgeld. Als Fritzlar im Mai 1797 von den Franzosen besetzt worden war, holte Franz die zuvor im Pensionat der Ursulinen in diesem hessischen Städtchen erzogenen Schwestern Bettine, Lulu und Meline zurück nach Frankfurt, und Bettine lebte von diesem Zeitpunkt (mit größeren Unterbrechungen) bis zum Tod von Sophie von La Roche im Jahre 1807 in Offenbach. Die liberale Großmutter, bei der Literaten, französische Emigranten und Freunde der Französischen Revolution aus- und eingingen, war in ihren Vorstellungen, was »Teutschlands Töchtern« gut tat, zwar nicht so fortschrittlich, wie heute gelegentlich behauptet wird, hatte jedoch Sinn für Literatur und sah es als selbstverständlich an, dass auch Frauen schriftstellerisch tätig waren. Schließlich war sie selbst 1771 als Autorin des Romans *Geschichte des Fräuleins von Sternheim* hervorgetreten. Weitere Publikationen, die sich mit den Problemen junger Mädchen von Stand befassen, sind ihre Zeitschrift von 1783/84 mit dem Titel *Pomona für Teutschlands Töchter* und die *Briefe an Lina als Mädchen. Ein Buch für junge Frauenzimmer, die ihr Herz und ihren Verstand bilden wollen* (3 Bände, 1795–1797).

Im Hause der weit bekannten Großmutter, die – nach Joseph von Eichendorff – »ein halbes Jahrhundert lang unverrückt auf dem Throne konventioneller Grazie [...] zarten Minnehof der Sentimentalität mit reisenden Literaten« hält, begeistert sich Bettine für die Ideen der Französischen Revolution und lernt unter ihrem Einfluss, sich in der von Konventionen beherrschten Frankfurter Gesellschaft zu behaupten. In einem Brief erzählt sie dem Bruder, wie sie auf

Sophie von La Roche, Pastell eines unbekannten Künstlers, nach 1774.

Anweisung der Großmutter mit einer Nadel blind in ein aufgeschlagenes Heft sticht, um dann den zufällig getroffenen Satz vorzulesen: »Die Macht der Gewohnheit ist eine Kette die selbst das größte Genie nur mit vieler Mühe bricht, und die Großmama stutzt ob ich den Satz nicht gar selbst erfunden hab. Nein liebe Großmama hier steht er, ich bin nicht Mirabeau aber sein Geist ist mir ins Blut gegangen, er wird mich ewig mahnen nicht von der Gewohnheit abzuhängen.«

Um Clemens zu demonstrieren, wie sie sich den Konventionen widersetzt, malt sie im gleichen Brief eine Szene vor dem Haus des jüdischen Mädchens Veilchen aus, bei dem sie sticken lernte: »Da kam so früh schon denn es war noch nicht sieben Uhr der Hofmeister vom Eduard Bethmann vorbei, der [...] mich vor der Hausthür eines Juden auf offner Straße kehrend fand – ich muß jezt lachen denn es ist auch recht lächerlich – ich will Dir die derbsten Ausdrücke von der Tante ihrer Mercuriale ersparen, sie meinte nur ich sei verloren, für ein besseres Dasein verloren, ich habe mich gänzlich weggeworfen!« Bettines Resümee lautet: »ist das nicht eine sclavische Art des Seins, vor andern Menschen sich zu benehmen, und wird die Seele sich nicht an das Knechtische gewöhnen die den Convenienzen auf Kosten ihrer reineren Gefühle nachgiebt!«

Clemens hatte Vorbehalte gegen die Freundschaft mit Veilchen, weil er feststellen musste, dass Bettine ihr seine Brief vorlas und damit dem Frankfurter Klatsch preisgab. Für die »reineren Gefühle« der geliebten Schwester hatte er jedoch Verständnis: »wie auf dem Grund eines Sees die Fische muthwillig durcheinander spielen, so konnt ich Deine Gedanken spielen sehen auf dem klaren Grund deiner Seele [...] und war mein einzig Glück. [...] Ich werde recht oft nach Offenbach kommen und alles thun um die Zeit recht innig mit Dir zu verbringen. Es wird doch wohl eine Zeit kommen wo ich selten von Dir entfernt bin, und wo wir Alles zusammen denken«, heißt es in seiner Antwort, und Bettine bestätigt ihm mit vorsichtigen Einschränkungen: »ich weiß [...] daß bei Dir gut weilen ist, drum wird der Lebensstrom auch nur ganz langsam fließen so lang er durch Deine Lebensgegenden zieht, aber über meine Neigungen kannst Du nicht disponiren. Weiß ich doch nicht was mich Dich lieben heißt, ich gehe Dir nach ohne zu wissen warum, wenns nicht der Lebensstrom wäre der eigenmächtig durch Deine Fluren wallet und sich wohlbefindet so [...] – Der Fluß strömt nur Dir freundlich und gutwillig, gegen andre ist er rebellisch und rauh.«

In einem anderen Brief, den sie in ihre später publizierte Sammlung des Geschwisterbriefwechsels nicht aufnehmen wird, weitet sie das Bild vom Flussbett zu einer erotischen Metapher aus: »Clemens! Weist du wer der Mond ist, er ist der Wiederschein unsrer Lieb, und die Sterne sind Wiederschein der übrigen Lieb auf Erden, aber die Sterne so nah dem Mond lieber, was ist diese Liebe, die mir so nahe geht, unsre Lieb aber ist außerkohren, und groß und herrlich vor allen andern, die Erde aber ist ein großes Bett, und der Himmel eine grose freudenreiche Decke aller Seeligkeit, Clemens, Was sehnst du dich nach mir, wir schlafen in einem Bette.«

Wörtlich darf man diese fantastischen Bilder nicht nehmen. Es waren bei Bettine pubertäre, bei Clemens eher literarisch inspirierte Fantasien, die sich in solchen Metaphern entfalteten. Bereits im 18. Jahrhundert hatte sich ein Briefkult entwickelt, in dem sich unabhängig von Geschlecht und Verwandtschaft schwärmerische Freund- und Liebschaften artikulierten. Solche verbalen (wohl meist nur schriftlich vorgetragenen) Liebesschwüre und Freundschaftsgesten führten bei den realen Begegnungen allenfalls zu inszenierten Umarmungen und tränenreichem Abschied. Mit Inzest und praktizierter Homosexualität haben diese Briefergüsse, die wir bei Brentano im Briefwechsel mit der Schwester ebenso finden wie im Freundschaftsbriefwechsel mit Achim von Arnim, wenig zu tun. Es ist die Tradition der Empfindsamkeit und des Sturm und Drang, die hier ihre Wirkung tut, metaphern- und emotionsreich werden die insgeheim für eine Veröffentlichung gedachten Brieffreundschaften gestaltet. Zu romantischen Liebesfantasien in literarisch aufbereiteten Briefen neigten Clemens und Bettine noch, als sie längst verheiratet sind. Gefährlich ist es, beim Lesen dieser zu Kultbüchern der Freundschaft und Liebe aufbereiteten historischen Korrespondenzen vom heutigen Gewicht und der modernen Bedeutung der Worte auszugehen und die große Distanz, die uns von der Goethezeit trennt, zu vergessen.

Clemens und Bettine sind sich darüber im Klaren, dass sie einander im Wesen ähneln und sich zugleich von den Geschwistern im *Haus zum Goldenen Kopf* unterscheiden. Gemeinsam versuchen sie, ihr Wolkenreich der Fantasie gegen die banale Realität abzuschirmen, die von ihren Brüdern repräsentiert wird, »diesen Krämern, die für alle ihre Mishandlungen noch viel Dank verlangen«, wie Brentano bissig schreibt. In der Gemeinschaft mit Bettine sondert er sich ab, versucht er einen geheimen Liebesbund zu gründen: »unsre Liebe zu einander [ist] Gott sei Dank das beste und edelste Geschenk des Geschickes«. »Schau mir in die Augen, mein Kind, mein treues gutes Kind und störe Dich nicht, was an meiner Seite vor sich geht; es geht uns beide nichts an, wir müssen unser Sein und Denken mit einander, nicht mit der Welt vermengen, sonst giebt es Schmerzen«, schreibt Brentano noch, als er sich längst einer reifen Frau zugewandt hat. Von »tiefer innere[r] Betrübniß über die täglich wachsende Trennung in der Familie«, spricht er in einem Brief an Arnim und ergänzt: »alles waß die Gewalt hat thut Gewalt an, und die Unschuld leidet, Betine ist ganz verlaßen, man mishandelt sie schmählich [...]. Diese Bleikugel von Familie zieht meinen Geist nieder, und mein Muth zu dichten geht verloren, unglüklich bin ich durch Betine an Sie gebunden, die ich noch mehr leiden sehe, als mich.«

Vermutlich spiegelt Brentano seine Liebe zu Bettine versteckt in seinem frühen Drama *Cecilie*, in dem Personen aus einem »italienischen Handelshaus« agieren, und baut damit bereits alle inzestuösen Fantasien ab, die sich möglicherweise bei seinen ersten Begegnungen mit der »Rabenschwarzen in dem Winkelchen« aufgebaut hatten. Im Zentrum der Geschichte steht ein Sohn aus diesem Handelshaus: Francesco, ein Maler, der sich in Cecilie verliebt, die als Pflegetochter der verstorbenen Frau des Hausherrn eingeführt wird. Der Vater versucht die Liebesbeziehung zu unterbinden; andere Familienangehörige und Bedienstete intrigieren, und Francesco schlägt daraufhin eine gemeinsame Flucht mit der Geliebten vor (zunächst aus dem Elternhaus, dann aus dem Kloster). Als dritter Bewerber tritt der vom Vater protegierte Gerni auf. Das Drama findet keine Auflösung, es blieb Fragment und endet mit der Vorbereitung auf die Flucht aus dem Kloster. Brentano hat den Stoff dann verändert in einer Novelleneinlage seines Romans *Godwi* verarbeitet. Über das Schicksal von Francesco und Cecilie erfahren wir in dieser aus der Perspektive des Vaters erzählten Fassung, dass die Entführung geglückt, Cecilie jedoch später gestorben und Francesco zeitweise dem Wahnsinn verfallen ist. Damit wird die Liebesbeziehung, für die es in der Realität kein Happy End geben konnte, mit einem Schicksalsschlag beendet.

Die Parallelen zur Frankfurter Brentano-Familie sind offensichtlich, auch wenn die Namen und Verwandtschaftsverhältnisse verändert sind und der Schluss nur die Ängste des Autors reflektiert, der sich zeitweise dem Wahnsinn nahe glaubte und Bettine kränkeln und an der Familie leidend sterben sah. Die Brentanos betrachteten die geschwisterliche Beziehung nicht ohne Argwohn, sie versuchten, den Briefwechsel Bettines mit dem älteren Bruder zu kontrollieren, sie hatten das Mädchen bereits zuvor zur Erziehung ins Ursulinenkloster nach Fritzlar geschickt – was Brentano möglicherweise zu

Namenszug Bettine, *Scherenschnitt, vermutlich von August Varnhagen von Ense*

den Klosterfantasien seiner Geschichte anregte. Auffällig ist auch der Name des Bewerbers Gerni, denn es ist belegt, dass der Frankfurter Diplomat und Schriftsteller Johann Isaak von Gerning Bettine den Hof machte und von der Familie als Heiratskandidat forciert wurde. Bettine verstand sich zu wehren und verspottete Gerning.

Clemens versuchte zunächst, Bettine gegen solche Arrangements der Familie zu »immunisieren«; er wollte seine geliebte Schwester vor den kommerziell ausgerichteten Brüdern abschirmen, sah in ihr eine verwandte poetische Natur, die er vor den Einflüssen der Philister bewahren und retten wollte. Immer wieder ermahnt er sie im Briefwechsel, den Bettine später unter dem sprechenden Namen *Frühlingskranz* herausgab, sich künstlerisch zu betätigen, erklärt seinen Freunden, wie sie von den Frankfurter Geschwistern in ihrer Entwicklung behindert und gestört wird. Er vergleicht Bettine mit Mignon im *Wilhelm Meister*-Roman Goethes, sie ist für ihn eine Verkörperung unschuldiger Naturpoesie, ein androgynes Wesen mit Wurzeln in Italien, das ganz unverbildet in einer Fantasiewelt lebt, ungeeignet für das Leben als philiströse Ehefrau in deutschen Landen. Seine Versuche, sie nach seinem Bilde zu formen – nicht ganz uneigennützig, denn schließlich sollte die Zuneigung dieses Zauberwesens auf Dauer möglichst ausschließlich ihm selbst gelten –, waren sehr erfolgreich. Bettine las Goethes Roman, fühlte und kleidete sich zeitweise wie Mignon und brach in Tränen aus, wenn sie über das traurige Ende dieser Goethe-Figur nachdachte. Später suchte sie den Schöpfer ihrer Identifikationsfigur in Weimar auf und besuchte seine Mutter in Frankfurt, um Anekdoten über die Kindheit Goethes zu sammeln.

Doch bauen sich auch bei Bettine Widerstände gegen den Bruder und dessen kompromisslosen Liebesanspruch auf; ihre Freundschaft mit der selbstbewussten, intellektuellen Karoline von Günderrode macht sie Clemens gegenüber kritisch. Sie erkennt, dass es Gefühle der Eifersucht sind, die ihn bewegen, als sie ihm von einem Ballbesuch und ihrer Verehrung für den Gärtner in Offenbach erzählt hat. Es entgeht ihr nicht, dass der lebenslustige Bruder sich bei einem Aufenthalt im Rheingau allerlei kurzlebigen amourösen Abenteuern hingibt, die mit der hehren Liebesideologie, die er ihr predigt, kaum in Einklang zu bringen sind. Und schließlich erfährt sie, dass Clemens ihrer Freundin Karoline von Günderrode den Hof macht – und sieht, wie die Freundin das in ästhetischen Diskussionen versteckte Werben des Bruders durchschaut und ihn ohne Zögern zurückweist. Den Auftrag, dem befreundeten Savigny über Clemens' Erlebnisse am Rhein zu berichten, lehnt sie ab: »Was soll ich dem Savigny schreiben? daß Du glücklich in Wochen gekommen bist mit einer neuen Liebschaft? – am Rhein wo's allemal so geht? ja in Wochen! – denn so lang wirds kaum dauern«, verspottet sie Clemens in einem Brief und fügt die Liste seiner Liebschaften an: »Das erstemal Walpurgis, das zweitemal die Gachet, und nun Benediktchen, hinter all dem steckt nun noch Mienchen, da steckt die Günderode, da steck ich auch, dahinter steckt auch die Eitelkeit.«

Der Briefwechsel mit dem Bruder, der wie ein Liebesbriefwechsel begonnen hatte, wird mehr und mehr zum Zeugnis von Bettines Emanzipation. Sie befreit sich von dem dominierenden Einfluss des geliebten Bruders und pocht energisch auf ihre »Eigenmacht«. Verwundert nimmt sie zur Kenntnis, dass Clemens sie vor den »geflügelten Denkern« warnt und in einen seltsamen Schulmeisterton übergeht: »Das Leben des Weibes ist fester und unbeweglicher als das Leben des Mannes«, behauptet er, plötzlich alle Vorurteile der geschmähten »Philister« aufgreifend, »das Weib berührt die Menschen näher und muß Segen über ihre Umgebung verbreiten. Was frommt es Dir, wenn dann und wann ein geflügelter Denker an Dir vorübereilt, der Dich grüßt und weiter eilt, und Dir die Sehnsucht unbefriedigter Liebe zurückläßt!« Auch das »Auffallende« in Bettines Benehmen, das er zuvor als Ausdruck ihres »genie enfant« begrüßt und verstärkt hatte, moniert er nun und interveniert sogar beim Bruder Franz, um sie aus Offenbach nach Frankfurt zu holen: »Ich habe unlängst den Franz gebeten Dich nach Frankfurt zu nehmen; er thäte es gern, nur macht er mancherlei Einwendungen; er begehrt daß Du der Toni [Antonia, Franz' Frau] gehorchen, reinlich, fleißig und häuslich sein sollst, das ist nun freilich in Etwas gegen Deinen Freiheitssinn, der in Dir von der Großmutter ordentlich erzogen wurde, aber das wirst Du ihm doch nicht verdenken.«

Die Absicht des Briefes ist nur allzu deutlich; Brentano versucht, Bettine vorsichtig darauf vorzubereiten, dass er selbst seine Liebe nun einer Ehefrau zuwendet. Neue Vokabeln und Schlagwörter tauchen in seinen Briefen auf. Er redet von Freundschaft und Vernunft und empfiehlt seiner Schwester einen Ehemann: »Wie schön wird unsere Freundschaft werden, wenn nichts unklares und trübes mehr in ihr herrscht und [...] wir uns recht vernünftig an einander freuen können. [...] Gott wird Dir vielleicht und hoffentlich zu einem lieben Mann helfen, und mir zu einem lieben Weibe.« Bei Bettine, die sich inzwischen mit Karoline von Günderrode beraten hatte, kamen diese Mahnungen nicht an. Sie konterte energisch und höhnisch: »das ist die Tonart in die ich durchaus nicht übersetzen kann. Und – ich kann mich dabei auch gar nicht aufhalten, die liebe Frau, der liebe Mann mögen sich zusammen finden wo es ihnen deucht, ich will sie nicht genieren! mehr läßt sich von mir nicht herausbringen. – Jezt gehst Du weiter in Deinen Vermahnungen, als ob die Philister Dich trunken gemacht hätten [...] Adieu, ich gehe jezt zur Günderode und lese ihr diesen Brief vor, und consultire ob ich diesen widerbellerischen Brief Dir schicken soll.« Die Nachschrift signalisiert: »die Günderode hat gesagt, der Brief wär sehr gut und ich soll Dir ihn schicken«. Bettine blieb die »Widerbellerin«, wie die »Widerspenstige« in den ersten Shakespeare-Übersetzungen genannt wurde. Sie ließ sich nicht zähmen, nicht mit ein paar konventionellen Hinweisen zur Rolle der Frau abspeisen: »Eines Strebens bin ich mir bewußt, weil sich alle meine Kräfte darin bewegen. Das ist die innere Unantastbarkeit.«

Die Veränderungen ihrer verehelichten Schwestern hatte sie genau verfolgt und befürchtet nun, in der Ehe ihre Freiheit zu verlieren. In einem Brief an die Günderrode berichtet sie darüber, »man spotte meiner allgemein, daß die Lullu eher geheiratet habe«. Sie reagiert darauf, indem sie ihrerseits den »Mottenfraß der Häuslichkeit« verspottet und betont, »daß man in einer glücklichen Häuslichkeit sonntags immer die Dachziegel gegenüber vom Nachbar zähle, was mir so fürchterliche Langeweile mache, daß ich lieber nicht heiraten will«.

Dem Einfluss des Bruders war Bettine – wie ihre Diskussionen mit der selbstbewussten Schriftstellerin belegen – längst entwachsen. Während Clemens sie noch aus Jena – seinem nächsten Studienort – mit fragwürdigen »Lehren« behelligt und dabei doch nur sein Fähnlein nach dem Winde flattern lässt (da er selbst nach kurzen, wechselnden Liebschaften nun in den Hafen der Ehe mit Sophie Mereau steuert), verteidigt Bettine selbstbewusst ihre Eigenständigkeit. Vom großen Bruder lässt sie sich nun nichts mehr sagen, er hat seine Autorität verspielt.

Die Wunden, die von diesem Ablösungsprozess zurückbleiben, sind bei Brentano vielleicht tiefer als bei Bettine, denn als sein Freund Arnim 1811 Bettine ehelicht, reagiert er, der selbst zwei Ehen hinter sich hat, noch immer gekränkt und eifersüchtig. Kaum haben sich dann – nach einer Zeit, in der sich Brentano als »verzweifelten Emigranten« sieht – die Wogen geglättet, bittet er darum, als Dritter in den Haushalt der beiden einzuziehen: »warum wollt ihr in eurer Umarmung mich, der so lange zwischen euch stand, wie ein Janus euch beide ansah, jezt wie einen Keil heraustreiben«, fragt er Arnim.

KAPITEL DREI

Hinunter mit der alten Welt

Jena

Clemens ist hier immer noch Girouette [=Wetterfahne, Wetterhahn] und Schwärmer für die herrschenden Opinionen, etwas, aber sehr wenig gesetzter als sonst. Er wird fortstudieren, aber Medizin«, berichtet Franz Brentano am 17. April 1798 der Schwester Sophie nach Wien. Mit dem Studium wird es jedoch auch in Jena nichts, wo Brentano sich am 5. Juni 1798 in der medizinischen Fakultät einschreibt: »ich will nicht Arzt werden, wie mein Armer Bruder ein Jurist ist, der alle seine Schönheiten alle seine Genüße hat müßen untergehn laßen, in dem Sumpfe der Jurisprudenz, weil das Corpus juris muste davon getragen werden, und er damit so alle Hände vollhatte, das er das Wahre mußte fallen laßen«, meldet er bereits im Herbst Franz nach Frankfurt und behauptet: »Ich habe soviel schon vorgeschritten, daß ich meinen Umgang mit Studenten gänzlich abgebrochen habe, und nur des Umgangs einiger jungen schon vortheilhaft bekannter Gelehrten, und der Profeßoren [...] genieße.« Der Brief dürfte einen sehr zwiespältigen Eindruck bei seinem Vormund hervorgerufen haben, denn Clemens lehnt das Ziel, Arzt zu werden, ab, verlangt zugleich Geld für die Anschaffung von »ungeheuer theuren medizinischen Werken« und berichtet im gleichen Atemzug von dem, was ihn trotz aller Beteuerungen am Studieren hindert: »Ich habe dir in meinem lezten Briefe gemeldet, daß ich einen Roman schreibe, laß dir deswegen nicht bange sein, meine Studien leiden nichts darunter, und er wird mir einen doppelten Nuzzen verschaffen, erstens trägt er mir doch circa rtl 100 ein, zweitens wird er mich als Menschen von Geschmak, Gefühl und Menschenkenntniß signalisiren.«

Wer waren diese jungen Gelehrten und Professoren, die ihn dazu bewegt hatten, nun plötzlich einen jener zuvor verachteten, für die Frauenzimmer angeblich so gefährlichen Romane zu schreiben? Inspirierte ihn die Nähe zum knapp zwanzig Kilometer entfernten Weimar, wo Goethe und Schiller vor der Jahrhundertwende die deutsche Literatur im so genannten klassischen Jahrzehnt zur Blüte gebracht hatten? War es Wieland, der mindestens ebenso bekannte Bestseller-Autor, mit dem die beiden Sophien, Clemens' Großmutter und Schwester, so eng befreundet waren? Wieland verschaffte Brentano einen Verleger für seinen Roman, doch Brentano verachtete ihn, weil er schlüpfrig-galante Romane nach dem Zeitgeschmack schrieb; seine Vorbilder fand er bei den Gegnern Wielands und brüskierte den alten Herrn, der sich erboten hatte, den jungen Autor bei seiner ersten großen Publikation mit einem Vorwort zu unterstützen, indem er das Angebot ablehnte.

In der Germanistik spricht man von der »Jenaer Romantik« oder dem »Schlegel-Tieck-Kreis«. Nur einen Katzensprung von dem größten, weithin anerkannten deutschen Dichter Goethe entfernt, den Besucher aus aller Welt bereits wie ein Museumsstück bewunderten, hatten sich die Brüder Schlegel in der Universitätsstadt Jena niedergelassen, dort, wo auch Schiller deutsche Geschichte lehrte und Fichte die Studenten faszinierte, wo das führende deutsche Rezensionsblatt, die von Goethe initiierte und mitgestaltete *Allgemeine Literatur-Zeitung*, erschien. August Wilhelm publizierte bald im *Intelligenzblatt* dieser Zeitung. Er war im Sommer 1796 mit seiner Frau Caroline nach Jena gekommen und erhielt dort im Sommer 1798 eine außerordentliche Professur. Goethe war ihm wohlgesonnen. »Wilhelm Schlegel ist nun hier«, schreibt er, »und es ist zu hoffen daß er einschlägt. So viel ich habe vernehmen können ist er in ästhetischen Haupt- und Grundideen mit uns einig, ein sehr guter Kopf, lebhaft, thätig und gewandt.« Differenzen scheint Goethe im Bereich der Politik gefürchtet zu haben, denn er fährt fort: »Leider ist freylich schon bemerklich, daß er einige demokratische Tendenz haben mag.« Solche Tendenzen wurden Schlegels Kollegen Fichte zum Verhängnis; er wurde im sogenannten Atheismusstreit im April 1799 entlassen. Die Schlegels hielten sich in politischen Fragen zurück und verzichteten auf Goethes Wunsch auch auf öffentliche Kritik an seinem Freund Schiller.

Friedrich Schlegel, der sich durch scharfe Urteile und ausgeklügelte Essays wie *Über das Studium der griechischen Poesie* und zahlreiche Rezensionen einen Namen gemacht hatte, zog im Herbst 1799 zu seinem Bruder in das so genannte Döderleinsche Haus. In seiner Begleitung war die seit Januar 1799 geschiedene Dorothea

Friedrich Schlegel, Ölbild von Delphine de Custine, 1816.

Veit, eine Tochter des berühmten Philosophen Moses Mendelssohn, mit der er nun diese »republikanische« Vierergemeinschaft komplettierte. Dorothea traf am 6. Oktober 1799 mit ihrem Sohn Philipp in Jena ein. Während die Brüder Schlegel mehr der Philologie, Philosophie, der Ästhetik und Literaturgeschichte zugetan waren und damit die Theoretiker der Jenaer Romantik wurden, war Ludwig Tieck, der ebenfalls seit Oktober 1799 in Jena wohnte und in der Fischergasse logierte, bereits als Dichter und Übersetzer von Shakespeare hervorgetreten. Romane und Erzählungen hatte er publiziert, darunter den gelegentlich als »nihilistisch« bezeichneten Roman *William Lovell* und den Künstlerroman *Franz Sternbalds Wanderungen.* Gerade mit diesem letzten Roman hatte Tieck schöpferisch eine neue Phase der deutschen Literatur eingeläutet, als die Brüder Schlegel darangingen, die Forderungen nach der neuen, »progressiven Universalpoesie« theoretisch zu formulieren, die sie auch »romantisch« nannten.

Für Brentanos Werdegang ist der universelle Charakter dieser Poesie bedeutsam, denn es sind alle Lebensbereiche, die nach den Vorstellungen der Freunde »romantisiert« werden sollen. Nicht nur die hohe Literatur soll aus ihren Gattungszwängen befreit werden, das Ziel ist die Ausbildung eines romantischen Menschen. Denn das ist »das Wahre«, das dem juristisch ausgebildeten Bruder nach Brentanos Worten beim Studium des Corpus juris verloren ging. Ein »ganzer« Mensch kann nach den Ideen der »romantischen Clique« – wie sie bald spöttisch genannt wurde – nur sein, wer alle Bereiche seines Lebens künstlerisch gestaltet und sich von allen Normen der bürgerlichen Philister befreit: »das Leben und die Gesellschaft poetisch machen«, hatte Friedrich Schlegel gefordert (ähnlich wie dies fast zweihundert Jahre später Joseph Beuys postulieren sollte). Die neue Kunst, so formuliert Schlegel, »umfaßt alles, was nur poetisch ist, vom größten [...] Systeme der Kunst, bis zu dem Seufzer, dem Kuß, den das dichtende Kind aushaucht in kunstlosen Gesang.«

Die Maximen dieser neuen universellen Poetik veröffentlichten die Brüder Schlegel in der Zeitschrift *Athenäum*, die sie 1798 eigens gründeten, nachdem sie sich mit Herausgebern angesehener Zeitschriften überworfen hatten. Unter den Bezeichnungen *Fragmente* und *Ideen* erschienen Serien von Aphorismen, die in erster Linie aus Friedrichs Feder stammen; unter der Überschrift *Blütenstaub* lieferte Novalis entsprechende Beiträge. Die pointiert und oft paradox formulierten Thesen provozieren den etablierten Kunst- und Universitätsbetrieb, der von Erstarrung bedrohte Klassizismus wird ebenso angegriffen wie die Berliner Spätaufklärung.

So geraten einflussreiche Intellektuelle wie der Philosoph und Romanschriftsteller Friedrich Heinrich Jacobi und der Berliner Verleger Friedrich Nicolai ins Visier der Kritiker. Auch gegen den beliebten Theaterautor August von Kotzebue, der an Goethes Bühne

August Wilhelm Schlegel,
Ölbild von Johann Friedrich August Tischbein, 1793.

viel gespielt wurde, ging die Schlegel-Tieck-Gruppe vor. Allein Goethe bleibt von diesen Angriffen verschont; als Autor des *Wilhelm Meister* wird er zum »Statthalter des poetischen Geistes auf Erden« erklärt. Mit seinem Setting in der bunten Theaterwelt, mit den vielen locker eingewobenen Liedern und der Kritik an der bürgerlichen Philisterwelt wird Goethes Roman zunächst als Signal für einen neuen Aufbruch, für eine neue Art von Dichtung verstanden. Die fantastische androgyne Gestalt der Mignon avanciert zur Ikone der romantischen Bewegung und behält diesen Status auch, als die Stimmung umschlägt. Besonders der Schluss des Romans mit seiner Wendung zur bürgerlichen Gesellschaft fordert Novalis' Widerspruch heraus. Er vergleicht das Werk mit dem Gebrauchsgeschirr der Engländer, mit »Wedgewood-Porzellan«. Die Helden der romantischen Romane kehren der bürgerlichen Gesellschaft dagegen konsequent den Rücken, Tiecks *Sternbald* und Novalis' *Heinrich von Ofterdingen* sind Künstler, die ihre Vorbilder in der altdeutschen Malerei eines Dürer finden und in einer Traumwelt leben, die sich dem Nützlichkeitsdenken der Bürger verweigert.

Während Autoren wie Dante, Petrarca und Cervantes neu entdeckt wurden und Shakespeares Dramen – wie schon dem jungen Goethe – als geniale, die traditionellen Normen sprengenden Werke galten und nun in einer Gemeinschaftsarbeit von A. Wilhelm Schlegel, Ludwig und Sophie Tieck neu übersetzt wurden, konnten die jungen Leute mit den Dramen des klassischen deutschen Dramatikers Friedrich Schiller, der an die Tradition des griechischen Chores anzuknüpfen suchte, weniger anfangen. Der Jenaer Professor schien ihnen steif und nicht mehr zeitgemäß, wobei seine Auffassung von der Rolle der Frau die größte Empörung auslöste. Das Gedicht *Würde der Frauen* konterte A.W. Schlegel mit einer Satire, in der die Realitat des zeitgenössischen Frauenlebens Schillers Idealisierung gegenübergestellt wird:

> Ehret die Frauen! Sie stricken die Strümpfe,
> Wohlig und warm, zu durchwaten die Sümpfe,
> Flicken zerrissene Pantalons aus; [...]

Auch mit der Naturauffassung Schillers konnten die Romantiker wenig anfangen, und Friedrich Schlegel höhnt in einem nachgelassenen Gedicht:

> Geschritten in die Welt kam Schiller,
> Und da ward's still und immer stiller.
> Erstaunt frug die Natur: »Was will er?«
> Und dreimal tönte laut der höchste Triller.

Beim Lesen der *Glocke* seien sie »fast von den Stühlen gefallen vor Lachen«, berichtete Caroline Schlegel ihrer Tochter Auguste am 21. Oktober 1799, und Friedrich formuliert das Distichon:

Ach wie gefällt die *Glocke* dem Volk und die *Würde der Frauen*!
Weil im Takte da klingt alles, was sittlich und platt.

Allein der Fürsprache von Goethe ist es zu verdanken, dass Schiller bei den polemischen Angriffen des *Athenäum* ausgespart wird. Die satirischen Gedichte bleiben in der Schublade und wurden erst im Nachlass entdeckt.

Mit Goethe trifft man sich zu Spaziergängen im Jenaer »Paradies«, einem Park am Rande der Stadt. Von ihrer ersten Begegnung, an der auch der bei der Salinenverwaltung in Weißenfels angestellte Friedrich von Hardenberg mit dem Dichternamen Novalis teilnahm, berichtet Dorothea dem befreundeten Theologen Friedrich Daniel Ernst Schleiermacher am 15. November 1799: »Hardenberg ist hier auf einige Tage. Sie müssen ihn sehen. [...] Er sieht [...] wie ein Geisterseher aus [...]. Gestern mittag bin ich mit Schlegels, Caroline, Schelling, Hardenberg, und ein Bruder von ihm ein Lieutenant Hardenberg, im Paradise (so heißt ein Spaziergang hier), wer erscheint plözlich vom Gebirg herab? kein andrer als die alte göttliche Exellenz, Goethe selbst. [...] ich habe mir ihn immer angesehen, und an alle seine Gedichte gedacht; dem W Meister sieht er jezt am ähnlichsten. Sie müßten sich todt lachen wenn Sie hätten sehen können wie mir zu Muthe war, zwischen Goethe und S zu gehen. [...] An Friedrich machte er auch ein recht auszeichnendes Gesicht, wie er ihn grüsste, das freute mich recht ...« August Wilhelm sagt bei dieser Begegnung kein Wort, ihm sind die gemeinsamen Gespräche mit dem Gast aus Weimar bereits anderthalb Monate vorher zu viel, wie Friedrich zu berichten weiß: »Wilhelm will nicht mehr mit ausgehn, er liefe sich die Beine ab; da er nun die vorige ganze Woche jeden Morgen mit Goethe hat auf- und abspazieren müssen, so ist es wohl billig, daß er den Nachmittag ausruht, der Längelang nach.«

Clemens Brentano gehört nicht zum Kern der Gruppe; er nimmt an diesen Spaziergängen mit Goethe nicht teil. Auch die im *Athenäum* publizierten Gespräche über die Form des Romans und die neuen großen Vorbilder der Weltliteratur enthalten keinen Hinweis darauf, dass der junge Student der Medizin im inneren Zirkel der Frühromantiker mitdiskutiert. Doch in den Briefen hören wir von ihm, und in einer Satire Tiecks, die den bezeichnenden Titel *Der neue Herkules am Scheideweg* trägt, kommt Brentano als »Bewunderer« Tiecks und Schüler des Meisters Schlegel zu Wort.

Die jungen Intellektuellen, unter denen nur Friedrich Wilhelm Joseph Schelling und August Wilhelm Schlegel als Professoren an der Universität lehren (während Friedrich dort erst promoviert), nehmen Brentano nicht ganz ernst, als *Angebrentano* wird er verspottet, nachdem er sich in die Professorengattin Sophie Mereau verliebt hat; als Sohn reicher Eltern dient er dem stets unter Geldmangel leidenden Friedrich als Geldquelle; zugleich ist er für ihn Konkurrent um die Gunst der Mereau.

Rasch brechen auch beim Dichten Konkurrenzen auf, und wenn der junge Adept in der Satire als Nachahmer Tiecks verspottet wird, so bleibt doch unbestritten, dass er seine beiden Meister in einigen Gattungen auf Anhieb übertrifft. Denn die Brüder Schlegel sind keine brillanten Poeten, ihre Gemäldebeschreibungen, Freundschaftssonette und Romanzen bleiben akademische Durchschnittsware, und auch der Prototyp des neuen Romans, die *Lucinde*, die Friedrich 1799 publiziert, ist kein Werk, das den Erwartungen an die »neue Schule« auch nur annähernd entspricht: »Lucinde ist eine unerquickliche Zusammensetzung von zwey Abstrakzionen, Witz und Sinnlichkeit. Die Muttergottes mag es dem Verfasser verzeihen, daß er dieses Buch geschrieben; nimmermehr verzeihen es ihm die Musen.« Dieses niederschmetternde Urteil formulierte kein unbekannter Rezensent, sondern Heinrich Heine in seiner *Romantischen Schule*.

So revolutionär das Werk auch in der Darstellung einer neuen Liebesphilosophie ist – da die übliche Rollenzuweisung für die Frau unterbleibt und Lucinde zugleich als gleichberechtigte Partnerin, Geliebte, intellektuelle Freundin und Mutter gewürdigt wird –, die Zeitgenossen sahen in den Schilderungen der *Lucinde* primär die Liebesgeschichte von Friedrich und Dorothea. Der Rollentausch der beiden – Lucinde erscheint in einigen Szenen als die intellektuell und erotisch Überlegene und Erfahrene, ihr Liebhaber als »Lehrling« – wurde als frivoles Spielchen abgetan, zumal der Roman eine »dithyrambische Fantasie über die schönste Situation« enthält. Friedrichs Absicht, neue Formen des Zusammenlebens und zugleich eine Ästhetik des »poetisierten Lebens« zu entwerfen, entgeht den Zeitgenossen. Auch gelingt es dem Autor nicht – wie Heine be-

Illustration zum Godwi, *Kupferstich von Friedrich Wilhelm Jury nach einer Zeichnung von Johann Heinrich Ramberg, veröffentlicht in Friedrich Wilmans'* Taschenbuch für das Jahr 1803.

obachtet –, die abstrakten Ideen in Menschen von Fleisch und Blut umzusetzen.

Brentano ist damit erfolgreicher und erreicht scheinbar mühelos die dichterische Qualität seiner Mentoren. Schlegels Forderung nach einem radikal subjektiven Autor, der seine Autobiografie einbringt und zugleich »willkürlich« eine »künstliche Verwirrung« stiftet, nimmt er ernst, führt sie fast ad absurdum. Die Fäden der Handlung scheinen ihm bei seinem zweibändigen Roman *Godwi* aus der Hand zu laufen. Der Leser muss große Anstrengungen unternehmen, um sich in dem Geflecht aus autobiografischen Anspielungen (mit den Porträts seiner Familie) und geheimnisvollen Andeutungen zur Geschichte der Figuren zurechtzufinden. Wie in der frühromantischen Theorie gefordert, mischt Brentano die Gattungen; es gibt Passagen mit Reflexionen und »Fragmenten«, Briefe, dramatisch strukturierte Szenen und zahlreiche lyrische Einlagen. Fast im Übermaß erfüllt er auf diese Weise die Forderungen der neuen Ästhetik, so empfanden es jedenfalls die Schlegels, denn sie straften den Debütanten wie einen Schüler ab. Friedrich schrieb in ein *Godwi*-Exemplar das Distichon:

> Hundert Prügel vorn A- die wären Dir redlich zu gönnen,
> Fr. Schl. bezeugts, andre Vortrefliche auch.

Immerhin fiel jedoch die Qualität der integrierten Gedichte auf, die heute zu den Meisterwerken der deutschen Lyrik gezählt werden. Denn hier gelingt es Brentano, einen neuen Ton zu finden, er imitiert nicht die pseudonaiven Reimklingeleien aus Tiecks *Sternbald*, versifiziert nicht ästhetische oder erotische Theorien wie die Brüder Schlegel, sondern schreibt lyrische Stimmungsgedichte und Balladen, die allenfalls mit den Gedichten des jungen Goethe zu vergleichen sind. Caroline schreibt an August Wilhelm Schlegel am 10. Dezember 1801: »es sind Romanzen darin, die ordentlich so aussehn, als wenn sie nicht eben gemacht worden wären, sondern sich vor langer Zeit selbst gemacht hätten. Gedichte so gut wie die besten dieser Schule.« Brentano mischt raffiniert Altes und Neues, und es entsteht jene Dichtung, die Schiller als »sentimentalisch« bezeichnet und die Germanisten heute »klassisch-romantische Stimmungslyrik« nennen:

> Sprich aus der Ferne
> Heimliche Welt,
> Die sich so gerne
> Zu mir gesellt.

Wenn das Abendroth niedergesunken
Keine freudige Farbe mehr spricht,
Und die Kränze stillleuchtender Funken
Die Nacht um die schattigte Stirne flicht:

Wehet der Sterne
Heiliger Sinn
Leis' durch die Ferne
Bis zu mir hin.
[…]

Alles ist freundlich und wohlwollend verbunden,
Bietet sich tröstend und traurend die Hand,
Sind durch die Nächte die Lichte gewunden,
Alles ist ewig im Innern verwandt.

Sprich aus der Ferne
Heimliche Welt
Die sich so gerne
Zu mir gesellt.

Auch die Geschichte von der Loreley, die Heinrich Heine als »Märchen aus uralten Zeiten« versteht und weiterverarbeitet zu dem noch heute populären »Ich weiß nicht was soll es bedeuten«, erfand Brentano. Im zweiten Band seines Romans veröffentlicht er die erste Loreley-Ballade:

Zu Bacharach am Rheine
Wohnt eine Zauberin,
Sie war so schön und feine
Und riß viel Herzen hin.

Und brachte viel zu schanden
Der Männer rings umher,
Aus ihren Liebesbanden
War keine Rettung mehr.

So beginnt Brentanos Fassung, die er fasziniert von der romantischen Landschaft des Rheintals zwischen Mainz und Koblenz

Johann Jakob Tanner, Der Lurley Felsen,
Zeichnung und Aquatinta, um 1847.

dichtet, unmittelbar angeregt von einem spektakulären Felsen namens Lurelei. Die mehrfache Echowirkung des gewaltigen Felsvorsprungs sowie die Ähnlichkeit seiner Bezeichnung mit einem Frauennamen – Lurelei bedeutet eigentlich nicht mehr als »Schieferfelsen« – inspirieren Brentano zu seiner Ballade von der verführerischen Lore Lay. Am Schluss seines Gedichts hören wir dieses Echo:

Wer hat dies Lied gesungen?
Ein Schiffer auf dem Rhein,
Und immer hat's geklungen
Von dem drei Ritterstein:

Lore Lay
Lore Lay
Lore Lay

Als wären es meiner drei.

Vermutlich folgt Brentano auch mit der Erfindung dieser geheimnisvollen *Lore Lay*-Figur einer Anregung seiner Jenaer »Meister«, denn Friedrich Schlegel hatte die Forderung nach einer »neuen Mythologie« erhoben. An die Stelle der antiken Götter und Halbgötter, die in der Dichtung der christlichen Zeit »überlebt« hatten, soll nach Schlegels Vorstellung neues mythisches Personal treten, das noch zu erfinden ist. »Wir brauchen eine neue Mythologie«, war die Parole der Jenaer Frühromantik. Brentano diskutiert in seinem *Godwi* diese Idee, kommt jedoch zu dem Ergebnis, eine wirklich neue Mythologie könne nicht erfunden werden, die neuen seien stets auch alte Götter. Folgerichtig verleiht er seiner frisch erschaffenen mythischen Frauenfigur in seinen *Rheinmärchen* einen regelrechten Stammbaum: In seiner Darstellung ist sie eine Verwandte der antiken Echo-Figur und gehört zugleich zum Geschlecht der Melusinen, die im Wasser wohnen und den Männern, die sich auf sie einlassen, zum Verhängnis werden. Die Lureley, wie sie nun genannt wird, ist nahe dem Nibelungenschatz in einem gläsernen Palast im Rhein zu Hause. Brentano bindet sie in fantastische aus Sagen und Mythen zusammengewobene Geschichten ein, die ihm scheinbar völlig mühelos aus der Feder fließen.

Der Eindruck eines genialisch-inspirierten Dichtens, einer nur halbbewussten *ecriture automatique*, täuscht jedoch. Zwar kann sich Brentano vor der Fülle seiner Einfälle kaum retten – das zeigen gerade die *Rheinmärchen*, die er später als »hingesudelt« bezeichnet und nie endgültig für die Publikation ausformuliert –, doch entstehen Texte wie die Loreley-Dichtung keinesfalls in einem genialen Streich. Die in der Handschrift erhaltenen Entwürfe zu anderen Gedichten – zum *Godwi*-Roman sind sie verloren – und zu den *Romanzen vom Rosenkranz* zeigen vielmehr, wie Brentano um jedes Wort ringt. Bevor nur eine einzige Zeile auf dem Papier steht, findet sich in der Regel eine Fülle von durchgestrichenen oder übereinander geschriebenen Ansätzen. Zehn bis zwanzig Mal setzt er an, schreibt Buchstaben, Worte oder halbe Verszeilen nieder, bevor ihm dann ein vollständiger Vers gelingt, der seinen hohen Ansprüchen genügt. Dann wird der gewonnene Text abgeschrieben und oft genug erneut verändert. So ist bei seinen dichterischen Produktionen trotz des Erfindungsreichtums stets ein hohes Maß an Kunstfertigkeit und Fleiß beteiligt. Die Geste des Natürlichen, scheinbar spontan Hingeworfenen oder auch »Altertümlich-Sagenhaften« gehört zur Ästhetik der Romantik und ist eben auch ein raffinierter Kunstgriff. Der Volksliedton von Balladen wie der Loreley ist artifiziell erzeugt. Brentano beherrscht ihn virtuos und trägt geschickt künstliche Patina auf, die von der echten kaum zu unterscheiden ist. Sogar Heine und Eichendorff glauben daran, dass hier ein »uraltes Märchen« von der Loreley erzählt wird. So viel Genialität und Fingerspitzengefühl, wie sie zur Schaffung dieser Neomythe nötig sind, trauen sie dem jungen Studenten, der mit dem *Godwi* sein erstes größeres Werk geschaffen hat, wohl doch nicht zu, obwohl Eichendorff voller Bewunderung zugesteht: »Jeder Dichter nämlich hat zwar, oder soll doch sein bescheiden Teil Genie haben; aber Brentano hatte dessen unbescheiden viel.«

Aus dem »Bewunderer« von Tieck und Schlegel – wie er in Tiecks Satire vom »neuen Hercules am Scheidewege« genannt wird – ist über Nacht der größte Lyriker der Romantik geworden. In den Gedichteinlagen seines Romans spielt er virtuos wie ein alter Meister auf der Klaviatur lyrischer Töne, wobei ihm die »Romanzen« am besten gelingen, sie »sind gut, die muß man ihm sehr honoriren«, urteilt Caroline, denn so formvollendet, klangschön und doch »natürlich-schlicht« können weder die Schlegel- und Novalis-Brüder noch der »König der Romantik« dichten (wie Ludwig Tieck später von Hebbel genannt wurde). In der Lyrik ist Brentano in seinem Element, übertrifft er im ersten Anlauf alle seine Lehrer.

Brentano ist sich nun seines Weges als Poet der neuen Schule sicher, und im Sinne der romantischen Postulate setzt er für sich Poet und Mensch weitgehend gleich. Er versteht sich als »Nicht-Bürger«, der sich von den Philistern abgrenzt und das Leben vollkommen der Kunst unterwirft. Er tut dies konsequenter und radikaler als die geistigen Urheber dieser Vorstellungen, er ist der *homo poeta* schlechthin und setzt die Ideen der »vortheilhaft bekannten Gelehrten« aus Jena unmittelbar und kompromisslos in seinem Leben um: »glücklich bin ich nicht […] unglücklich bin ich nicht […] die Kunst aber ist die Kanaille, die mich mit diesem sorgenvollen Ehrgeize behängt hat«, schreibt er Bettine. Wie er seine Position in der Jenaer Romantik einschätzt, zeigt ein Rückblick im Anhang seines *Godwi*.

Der Autor dieser *Nachrichten von den Lebensumständen des verstorbenen Maria* (so der Titel im Anhang vom zweiten Band des *Godwi*) ist Stephan August Winkelmann – nicht zu verwechseln mit dem Archäologen und Klassizisten Johann Joachim Winkelmann –, ein

Medizinstudent wie Brentano, der sich ebenfalls zur romantischen Schule hingezogen fühlt. Winkelmann liest nicht nur Korrektur für Brentano, sondern beschreibt auch (im Namen seines Freundes) die Gruppe junger Literaten, die sich den romantischen Ideen verschreiben. Er charakterisiert *Maria* (Clemens Brentano) und nennt Goethe als geheimes Zentrum: »Darf ich nennen, was uns alle verband? Ein Dichter hatte uns alle geweckt; der Geist seiner Werke war der Mittelpunkt geworden, in dem wir uns selbst und einander wiederfanden, mannigfach von einander unterschieden waren wir, wie unsre Zeitgenossen, ohne Religion und Vaterland, wer die Liebe kannte, fühlte sie zerstörend – ohne diese Dichtungen wäre der lebendige Keim des bessern Daseyns in uns zerstört, wie in so vielen. [...] Deutschland hätte unser Studium Göthens kennen gelernt, wenn mehrere von uns Maria's poetisches Talent gehabt. Sein Gemüth war früher von einem andern Dichter berührt und seine dunkle verstimmte Jugend konnte sich lange dem heitern Genius nicht vertrauen; aber bald verdankte er ihm, daß sein Schmerz Klage, sein Unglück Kraft, seine Trauer um Liebe Streben nach Kunst wurde.« Bei dem »andern Dichter«, der zunächst Brentanos Vorbild war, soll es sich um Schiller handeln, für den sich Brentano unter dem Einfluss von Sophie Mereau zeitweise erwärmte.

Die führenden Vertreter der Romantik in Jena, deren Ideen Brentano aufnimmt – die Brüder Schlegel und Tieck –, werden in Winkelmanns knapper Lebenschronik nur als weitere Freunde auf dem Bildungsweg von *Maria* kurz erwähnt, der noch einmal charakterisiert wird: »Seine äußere Erscheinung war bizarr oder angenehm, aber immer anziehend – seine Unterhaltung schnell, sehr lebhaft, immer witzig – vielen fremd, einigen sehr lieb – in seinem ganzen Daseyn ein gewaltsames Ringen seines Gemüths und der äußern Welt – so sah ich Maria zuerst in J. und fühlte mich schnell zu ihm hingezogen. Keiner, der in J. war, nennt diesen Abschnitt seines Lebens ohne Dankbarkeit und angenehme Erinnerung. [...] Er gestand uns gern, wie er sich erheitre in unserm Umgange; er fing an sich und seinen Talenten zu vertrauen – mehrere Aufsätze [gemeint sind Erzählungen wie *Der Sänger*], die noch nicht gedruckt wurden, sind in dieser Zeit geschrieben – sein *Godwi* entworfen, hin und wieder ausgeführt. In keinem glücklichern Momente hätte er das angenehmste Verhältniß finden können, das er jemals hatte – Deine

Bekanntschaft T. [Tieck] und den Umgang mit Dir Fr. S. [Friedrich Schlegel] und Deiner edlen Freundin [Dorothea Veit]. [...] Deinen Verstand, Deinen Blick, Deine tiefe gefühlte Würde, F. S., achtete Maria, – Deinen verhüllten Enthusiamus erkannte er. Sein Schicksal war ein ewiger Irrthum – so hat er Euch verloren.«

Literaturwissenschaftler mögen darüber streiten, ob diese Darstellung der Position Brentanos im Jenaer Kreis zutrifft und wieweit dieser Nachruf auf einen verstorbenen *Maria* den Autor des *Godwi* oder den darin vorkommenden Dichter Maria meint. Wesentlich ist, dass Brentano die Darstellung Winkelmanns in seinen Roman aufnahm oder sogar mitformulierte und damit billigte. So wie hier geschildert, sah er sich selbst, sah er sein Verhältnis zum Schlegel-Tieck-Kreis, zu Goethe, zu Sophie Mereau, zur »Welt«. Brentano zieht diesen »Augenzeugenbericht«, der zugleich eine Art »Hofberichterstattung« für den genialen, verkannten, tragisch leidenden Autor Brentano darstellt, einem Manuskript Achim von Arnims vor, das den Titel trägt *Charackteristicken des seligen Maria, sämtlich vom Freunde A. auf dem Schützenfeste zu G. ohne Vorbereitung ausgestellt.* Arnim bettet seine Charakteristik des Freundes, die er ebenfalls für den *Godwi* formulierte, in eine Satire ein. »G.« steht für Göttingen, wo er Brentano kennen lernte. Seine Darstellung des Freundes in dem erst 1978 gedruckten Entwurf spielt zunächst auf den Untertitel des *Godwi* (*Ein verwilderter Roman*) an: »Im verwilderten Sinne glaubte er durch verwilderte Romane die Menschheit der drückenden Fesseln jener Tendenzen zu entladen, der Unglücklige fühlte nur den Fesselndruck, die Trauer war sein, die er sang, die Freude ihm fremd, alles Thun ein verlorenes Leben, Täuschung der Liebe Glück. Die Freundschaft hatte an der Liebe ihre freudenzeugende Kraft abgegeben und verloren, was ihn geliebt, das mußt er fliehen, was er geliebt, das sieht er andern blühen.«

Als tragisch an der Welt und unerfüllbarer Liebe leidend erscheint Brentano auch hier, aber der satirische Rahmen führt dazu, dass der Leser diese Leiden nicht ganz ernst nimmt. Brentano zieht wohl deshalb Winkelmanns Text vor. Denn er selbst sieht seine Entwicklung in Jena als Ergebnis einer epochalen Umwälzung, ist unbescheiden genug, seine persönlichen Erfahrungen als Zeichen eines allgemeinen Umbruchs zu deuten. Auch darin folgt er Friedrich Schlegel, der in dieser Zeit – wie die meisten Intellektuellen in

Deutschland – die politisch-sozialen Veränderungen in Frankreich begrüßt.

Die frühromantischen Ideen zielen auf eine geistige Erneuerung, die zu neuen gesellschaftlichen Verhältnissen führen soll. Nicht anders ist Schlegels berühmtes *Fragment* zu verstehen: »Die Französische Revoluzion, Fichte's Wissenschaftslehre, und Goethe's Meister sind die größten Tendenzen des Zeitalters.« Dabei kann es – nach den blutigen Auseinandersetzungen unter den Revolutionären in Paris – nicht mehr allein darum gehen, die Ständegesellschaft aufzulösen. Die Frühromantiker wollen Leitideen für ein neues »Zeitalter« formulieren und berufen sich dabei unter anderem auf Goethe und Fichte. Das heißt, die Veränderungen sollen ohne Blutvergießen zu einer neuen Ordnung führen, und gerade die Bürger, die seit der Aufklärung bereits die geistige Führung in den deutschen Ländern übernommen haben, werden aufgefordert, ihr Leben neu zu gestalten.

Brentano ordnet seine eigenen Erfahrungen in diese großen Zeitströmungen ein und sieht sich als Vertreter des Aufbruchs; er verschreibt sich der frühromantischen Bewegung mit Haut und Haar. Dabei ist ihm durchaus bewusst, dass er mit der Entscheidung, ein »wahrer Mensch« zu werden, den Zustand von Ruhe und Glück noch nicht erreicht hat. Die heutige umgangssprachliche Verwendung der Bezeichnung »romantisch« verstellt uns den Weg zum Verständnis des damals in Jena aufbrechenden Lebensgefühls, weil sie suggeriert, dass die »romantischen« Autoren einen Zustand von Harmonie und Glück erreichen, dass es ihnen gelingt, aus der Realität in ein Traumparadies zu fliehen. Brentanos Wendung zum Dichten, zur Gestaltung seines Lebens als Kunstwerk, ist jedoch eher eine Art verzweifelter Flucht vor sich selbst und vor der bürgerlichen Welt und ihren Scheinlösungen. Er fühlt sich »zertrümmert«, durch seine Erziehung in »unmütterlicher Zucht« geschädigt, und glaubt nun unter dem Einfluss der frühromantischen Denker seine innere Unruhe und seine seelischen Schäden als Zeichen der Zeit deuten und schließlich durch Dichten heilen zu können. So gerät sein Brief an den Vormund zu einem Bekenntnisbrief, der nicht nur das neue Lebensziel, ein Dichter und »Mensch« zu werden, enthüllt, sondern auch seine innere Entwicklung unter einem weit gesteckten Zeithorizont deutet. Dem Bruder Franz erläutert er nicht ohne Stolz und Selbstbewusstsein seine Position und ordnet sein Unglück in große historische Zusammenhänge ein: »Bei der izzigen allgemeinen Tendenz der Geister, bei der izzigen Zeit der Epochen, der Revolutionen, der Erfindungen, der allgemeinen Vereinigung alles Wißens, giebt es nur Dumme und unglükliche. [...] In der izzigen Welt kann man nur unter zwei Dingen wählen, man kann entweder ein Mensch oder Bürger werden, und man sieht nur was man vermeiden nicht aber waß man umarmen soll. Die Bürger haben die ganze Zeitlichkeit besezzt, und die Menschen haben nichts für sich selbst, als sich selbst. [...] Ein Bürger werde ich wohl nicht werden, denn es ist mir zur Freude zum Besizz nichts aus meiner Erziehung geblieben als mein Herz mein Kopf und die Trümmer meines Charakters. ich werde ein Mensch werden und zwar ein zufriedner Mensch der sich soviel zueignet von dem waß den Bürgern fehlt daß sie ihn durch die Menge ihrer Bedürfniße gezwungen lieben und ehren müßen und ihn nicht entbehren können. [...] ich will alle Anlagen in mir ausbilden.« In einem Brief an die befreundete Julie Reichenbach – eine von drei Schwestern aus Altenburg, denen er den ersten Band seines Romans widmet, artikuliert er im November 1800 die Aufbruchsstimmung in einer Gedichtstrophe, die variiert auch im Roman erscheint:

Hinunter mit der alten Welt
Die Neue zu erbauen
Ich hab' der Liebe mich gesellt
Will nicht nach Trümmern schauen.

KAPITEL VIER

Man glaubt einen Maskenball von Worten und Gedanken zu sehen

Jena und Göttingen

Brentanos literarische Produktivität in seiner ersten Schaffensphase ist erstaunlich. Zwar gelingen ihm nicht in allen Literaturgattungen, die er erprobt, epochale Leistungen, und nicht alles, was er in relativ kurzer Zeit an Dichtung aus dem Ärmel schüttelt, ist erfolgreich – doch wird die Fülle und Breite seiner Werke von keinem seiner Freunde aus dem frühromantischen Kreis auch nur annähernd erreicht.

Neben der Loreley-Dichtung verarbeitet Brentano auch das Lied von den *Lustigen Musikanten* aus dem *Godwi* weiter. In Düsseldorf – Brentano reist Mitte Oktober 1802 an den Rhein nach Koblenz und weiter nach Köln und Düsseldorf – entsteht im Winter 1802 »in vier Tagen eine kleine Oper« aus diesem Sujet. Brentano orientiert sich dabei an der Tradition der italienischen Commedia dell'arte, sein Pantalon ist ein Bürgermeister von Famagusta, der Truffaldin ein Nachtwächter. Das Stück spielt in der Neujahrsnacht und ist zum Jahreswechsel fertig, doch kann der befreundete Kapellmeister Peter Ritter seine Komposition nicht rechtzeitig fertig stellen. So wird das Singspiel erst 1804 in Mannheim uraufgeführt. Im Frühjahr 1805 folgt eine Aufführung in Warschau mit einer Neukomposition von E. T. A. Hoffmann, der selbst dirigiert. Auch in diesem Werk ist es die Lyrik, die herausragt und überdauert. Das von dem blinden Piast und seiner Tochter Fabiola vorgetragene Duett *Hör', es klagt die Flöte wieder* findet sich in jeder Anthologie deutscher Lyrik, mit seiner Verschmelzung von optischen und akustischen Eindrücken, so genannten Synästhesien, gilt es als typisch romantische Dichtung:

Hör', es klagt die Flöte wieder,
Und die kühlen Brunnen rauschen,
Golden wehn die Töne nieder,
Stille, stille, laß uns lauschen!

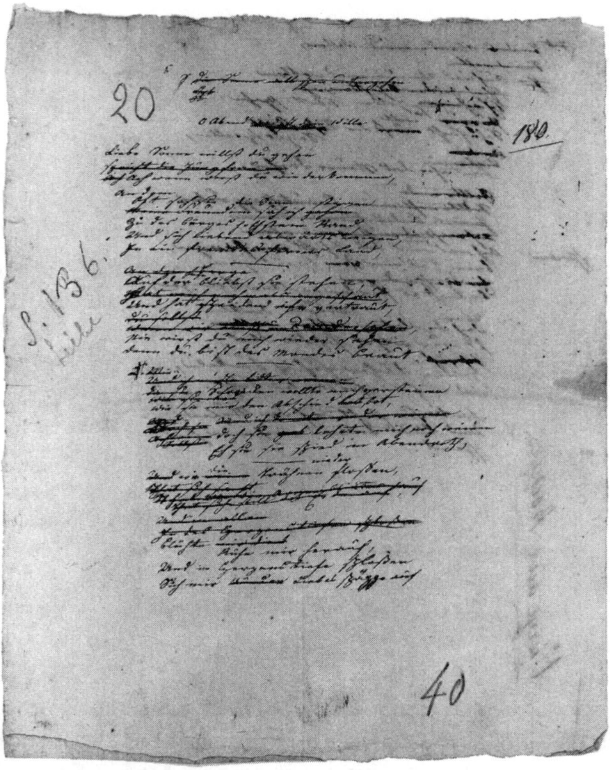

Clemens Brentano: Eigenhändiger Gedichtentwurf:
Oft sah sie die Sonne steigen, *vermutlich 1802/1803.*

Holdes Bitten, mild Verlangen,
Wie es süß zum Herzen spricht!
Durch die Nacht, die mich umfangen,
Blickt zu mir der Töne Licht.

Auch die Erzählung *Der Sänger* ist mit einer Reihe von lyrischen Dichtungen durchsetzt, die recht genau unseren heutigen Vorstellungen von »romantisch« entsprechen. Brentano veröffentlicht das kleine Werk als Fragment 1801 in der von Sophie Mereau herausgegebenen Zeitschrift *Kalathiskos*. Die Forschung rätselt bis heute, in welchem Zusammenhang diese Dichtung mit der Liebesbeziehung Brentanos zu Sophie steht, zumal der Dichter seine Schwester Kunigunde Anfang März 1801 auffordert: »Verschaffe dir doch den Kalathiskos, du kannst in dem Sänger mich, meine Liebe und vieles erlernen, waß dir nüzzt. Es ist das beste waß ich schrieb.« Solche viel- oder wenig sagenden Anspielungen auf persönliche Erfahrungen im Leben Brentanos (wie sie den parallel entstandenen *Godwi* durchziehen) können natürlich nicht zu eindeutigen Ergebnissen bei der Datierung und Deutung des Werks führen. Zwar lassen sich im *Sänger* auffallende Parallelen zur Biografie des Autors finden, doch bleibt eine Deutung auf dieser Grundlage spekulativ.

So scheint der »vorausgeahnte« Tod von Brentanos Schwester Sophie (gestorben am 19. September 1800) am Anfang der Erzählung verarbeitet. Auch die Beziehung des jungen Schriftstellers zur Herausgeberin der Zeitschrift (Sophie Mereau) ist der distanzierten Beziehung des Sängers zur weiblichen Erzählfigur entfernt ähnlich, denn der Umgang von Brentano und Sophie war zwischen August 1800 und Mai 1803 »aufgehoben« und ist damit ähnlich in der Schwebe wie in der Erzählung. »Hier schien der Fremdling zu harren, daß ich nochmals antworten sollte«, berichtet die Erzählerin. »Ich griff einige wehmüthige leise Akkorde und lößte sie in eine sanfte Freude, und der wunderbare Sänger sang weiter«. Vielsagend antwortet er auf das vorhergehende Lied der Erzählerin:

Ach! ich hab ihn wohl verstanden,
Deiner Töne stillen Sinn;
Tön' in Silben sich verbanden,
Worte klangen zu mir hin.
Schmerz und Trost hat freundlich sich gereiht,
Zogen einig durch die Dunkelheit.

Hell in Deiner Brust erwachte
Meiner Rede dunkler Blick,
Gabst in Worten, was ich dachte,
Zartes Echo! mir zurück.
Schmerz und Trost so traulich sich umschlang,
In der Töne rührendem Gesang.

Diese beiden Strophen könnten auf eine harmonische Liebesbeziehung des »wunderbaren Sängers« mit der Erzählerin deuten, doch dann folgt eine weitere Strophe, die den Tod dieser Liebe anzudeuten scheint:

Alle Lichter sind versunken,
Nimmer wird die Liebe wach,
Ist im dunklen Blick ertrunken;
Als ihr Aug im Tode brach,
Aller Trost mit ihr von dannen ging,
Schmerz allein mit Wehe mich umfing.

Die folgenden Strophen zeigen jedoch, dass hier von der »verlohrnen Schwester« (mutmaßlich ein Abbild von Sophie Brentano) die Rede ist, deren Tod der »unbekannte Sänger« seiner »Freundinn« mitteilt. Der Liebe zu dieser »Freundinn« (mutmaßlich ein Abbild von Sophie Mereau) erwachsen aus der Todeserfahrung neue Kräfte:

Werde ich doch bald gesunden,
Schon die Trauer von mir weicht;
Habe ich sie doch gefunden,
Die an mildem Reiz ihr gleicht.
Vor der Stimme Aehnlichkeit ist schon
Aller Schmerz aus meinem Sinn entflohn.

Und sie sehnet sich dann wieder
Aus dem Himmelsschein zurücke,
Alle Sterne, ihre Blicke
Sehen auf den Freund hernieder.

Alle Dunkelheit dann fliehet,
Und der Lichter froh Getümmel,
In dem tiefen blauen Himmel,
Wie ein ganzer Frühling blühet.

Und der Morgen wird ein Küssen,
Mittag wird ein süß Umfangen;

Abendroth ein still Verlangen,
Nur die Nacht werd' ich vermissen.

Mit einer Bitte endet das Lied des Fremdlings, in dem Brentano vielleicht seine Hoffnungen auf die weitere Entwicklung der Liebesbeziehung zur Mereau zum Ausdruck bringt:

O führ das zarte Leben,
Vertraulich mir zurück.
Will Freude viel erstreben,
Dir alles wieder geben;
Kehrt nur von jenem Glück
Ein stiller Blick.

»Hier verlor sich das geheime Abendlied wieder in dem Thale«, heißt es anschließend, und der Leser erfährt nichts Näheres, denn der Sänger verschwindet mit geheimnisvollen Andeutungen aus der Geschichte, ohne die Hintergründe aufzuklären. Der Aufforderung Sophie Mereaus, eine »Fortsetzung dieses vorzüglichen Produkts« zu schreiben, folgt Brentano nicht. So bleibt die Lebensgeschichte des Sängers fragmentarisch, und es wird nur offenbar, dass die verstorbene Schwester, die Erzählerin und der Sänger Halbgeschwister sind. Autobiografische Parallelen gibt es nur im Falle der gestorbenen Schwester, denn Brentano stammt aus der zweiten Ehe Peter Antons, die geliebte ältere Schwester Sophie aus der ersten.

Die Beziehung des Sängers zur Erzählerin bleibt im Dunkeln, und wenn Brentano an ein glückliches Ende der Liebesgeschichte denkt, so stehen einem Happy End noch mehrere Tatsachen entgegen: Die Erzählerin hat einen Bräutigam namens Karl (Sophie Mereau war mit Friedrich Ernst Carl Mereau verheiratet, als Brentano die Geschichte schrieb!); zugleich ist auch sie mit dem Sänger verwandt.

Friedrich Schlegel und Dorothea Veit gefiel das kleine Werk: »Ihren *Sänger* haben wir nun gedruckt gelesen und es bleibt dabey, daß er uns vorzüglich gefällt, mir die Prosa mehr als die Gedichte«, schreibt Schlegel an Brentano am 2. Februar 1801, und Dorothea bestätigt Ende des Monats: »Ihr Sänger nimmt sich sehr gut aus, er ist auch die Vanille in dieser liebenswürdigen milch kalten Schaale.«

Ein Fragment, das die Fantasie der Leser anregt, bleibt auch *Die Rose*, eine dem *Sänger* verwandte Erzählung, die Brentano im Untertitel als »Märchen« bezeichnet. Brentano schreibt sie Anfang 1800 in Jena und orientiert sich dabei an den Märchenerzählungen, die Ludwig Tieck seit 1796 veröffentlichte. Sie zeichnen sich dadurch aus, dass sie – zwischen Märchen und Schauergeschichte changierend – eine geheimnisvoll-magische Welt eröffnen. Bei seiner *Liebesgeschichte von der schönen Magelone* spricht auch Tieck von einem »alten guten Mährchen« und bearbeitet wie in den verwandten Texten vom *Tannhäuser* und dem *Getreuen Eckart* Stoffe alter deutscher Volksbücher für das zeitgenössische Publikum. Brentano nimmt den Faden auf; er wählt eine Episode aus dem altfranzösischen *Roman de Perceforest* aus der erste Hälfte des 14. Jahrhunderts als Quelle. Thema ist die Treueprüfung einer Frau, ein geläufiges Motiv europäischer Erzähltradition. »In der französischen Vorlage«, fasst Gerhard Kluge zusammen, »widersteht die Frau des Ritters den Versuchungen, indem sie, gemeinsam mit ihrer Kammerfrau, die Versucher überlistet und in ein Turmzimmer sperrt. Als der inzwischen eifersüchtig gewordene Ritter zu seiner Frau heimkehrt, führt sie ihm die Eingesperrten vor.«

Bis zu dieser Auflösung kommt es in Brentanos Text jedoch nicht. Im Zentrum steht ein gemeinsames, lyrisch ausformuliertes Naturerlebnis des Ritters Margot mit dem befreundeten König Dringinwalde, die sich beide nur widerwillig einer Wette beugen und auf Veranlassung von Margots Feinden zwei Ritter aussenden, um die Treue von Margots Frau Bernharda zu erproben. Mit einem geheimnisvollen Gesang, den Bernharda und ihre Amme Else wahrnehmen, endet das Fragment ähnlich wie *Der Sänger*. Treueprobe und Gegenlist (und damit die Pointe der Vorlage) stehen in Brentanos Fassung noch aus, und es gibt keine Hinweise darauf, wie er das Fragment weiterführen wollte.

Der Märchenton, den die Deutschen seit der Publikation von Grimms *Kinder- und Hausmärchen* (1812) als prototypisch empfinden, fehlt bei Tieck und Brentano: »Einfachheit, Schlichtheit, Herzlichkeit und Volkstümlichkeit des Tons verbinden sich [...] mit einem bewußt subjektiven Erzählen, das die stoffliche Vorlage reflektiert und durch Ironie, Satire und Witz eine Distanz zwischen der erzählten Geschichte, dem Erzähler und dem Leser erzeugt.«

Die Rose wurde – zusammen mit der lyrischen *Phantasie (Für Flöte, Klarinette, Waldhorn und Fagott)* und dem gleichfalls der Musik gewidmeten Text *Guitarre und Lied* – in der kurzlebigen Zeitschrift *Memnon* veröffentlicht, deren ersten und einzigen Band Brentanos Freund August Klingemann 1800 herausgab. Die Resonanz im Kreis der Frühromantiker war eher negativ, Friedrich Schlegel meldet seinem Bruder: »Klingemann und Brentano haben unterdessen auch den Memnon und Wasa an mich eingesandt. Da man aber nicht darüber lachen kann, wenn man nicht schon sehr aufgelegt dazu ist, schicke ich sie nicht«, und Tieck spottete in seiner Literatursatire *Der neue Hercules am Scheidewege*:

> Die Natur ist immer natürlich,
> So bin ich auch gleichsam figürlich
> Ach Gott! die Rose ist ein schönes Kind.

August Klingemann, dem Studienfreund aus Jena, versucht Brentano 1801 die Stelle des Frankfurter Theaterdirektors zu vermitteln. Als er mit diesem Vorschlag keinen Erfolg hat, setzt er sich – wieder vergeblich – für eine Berufung Ludwig Tiecks ein, um dessen Freundschaft er seit dem Jenaer Aufenthalt intensiv wirbt. Die Verspottung im *Hercules am Scheideweg* – von Friedrich Schlegel als »Züchtigung« und »Medizin« für den jungen Autor verstanden – nimmt er seinem großen Vorbild nicht übel. Seine uneingeschränkte Bewunderung gilt dem »König der Romantik«, der sich wie kein anderer aus dem Jenaer Kreis gänzlich dem kreativen Dichten verschrieben hat und nicht »die kalte Schlegelsche Kritikluft« ausstrahlt. Während die Beziehung zu dem intellektuell überlegenen Friedrich Schlegel gespannt bleibt, schließt Brentano im Sommer 1803 engere Freundschaft mit Tieck und setzt 1804 noch einmal alle Hebel in Bewegung, um ihm zu einer Anstellung zu verhelfen. Sein Einfluss reicht jedoch auch diesmal nicht, um ihm den Heidelberger Lehrstuhl für Ästhetik zu verschaffen.

Dem Vorbild Tieck ist auch Brentanos allererste Buchpublikation verpflichtet, für die er ausdrücklich das Format von Tiecks *Zerbino* verlangt. Offensichtlich denkt er an eine Serie von kleinen Bändchen, denn der Titel des 1800 in Leipzig erschienenen Dramas lautet: *Satiren und poetische Spiele von Maria. Erstes Bändchen. Gustav*

Wasa. In der deutschen Literatur fehle die Tradition der Satire, hatte Ludwig Tieck behauptet und begonnen, Dramen zu schreiben, die sich satirisch mit den Spätaufklärern auseinandersetzen und alles auf den Kopf stellen, was als »vernünftig« und »nützlich« gilt. *Die verkehrte Welt* ist der bezeichnende Titel eines dieser Werke, in der die Theaterillusion systematisch zerstört wird. *Der gestiefelte Kater* ist das bekannteste Werk dieses Typs; es wird heute meist als Märchen für Kinder gespielt, wobei die satirischen Seitenhiebe auf die aufgeklärten Philister und die Verfremdungen des Bühnengeschehens weitgehend verloren gehen. Erst vierzig Jahre nach der Publikation kommt dieses Stück auf die Bühne – und findet in seiner Urform keine Resonanz. Auch die anderen satirischen Versdramen, die Tieck, August Wilhelm Schlegel und Brentano zur Jahrhundertwende publizieren, um damit auch in der Theaterkunst neue, revolutionäre Akzente zu setzen, bleiben ohne große Wirkung.

Brentano nimmt in seinem Stück die romantische Kritik an den zeitgenössischen Rührstücken August von Kotzebues auf. Er dichtet dessen historisches Drama *Gustav Wasa* weiter und lässt den Autor persönlich auftreten. Auch der Setzer des Buches und Abonnenten, die mit der Aufführung nicht zufrieden sind und nach Bühnenmaschinen rufen, melden sich, Schauspieler treten aus ihrer Rolle, der Vorhang, Lampenanzünder, die Wände und schließlich »Arabesken und andere Verzierungen« werden als sprechende Personen eingeführt. Die Instrumente des Orchesters äußern sich, eine Sinfonie in Form eines Gedichts geht einer idyllischen Einlage des Stücks voraus, und schließlich tritt Brentano selbst als »Ich« auf die Bühne. Dieser Trubel, der nur schwer auf dem Theater zu realisieren ist, nimmt heutige Vorstellungen von Verfremdung und Brechung der Bühnenillusion vorweg, bleibt jedoch wegen der zahlreichen Anspielungen auf den zeitgebundenen Literaten-Klatsch auch heute unspielbar. Selbst die fachkundigen Germanisten haben bisher nur ein Bruchteil der Anspielungen entschlüsseln können, und die Theaterpraxis zu Brentanos Zeiten konnte mit derlei satirischen Kapriolen kaum ernsthaft reformiert werden.

Ein zweites Dramenprojekt, an dem Brentano noch in Göttingen arbeitet, hat mehr Gewicht. Anlass für die Entstehung seines *Ponce de Leon* ist eine »Dramatische Preisaufgabe«, die von den Klassikern Ende November 1800 in Goethes Zeitschrift *Propyläen* formuliert wird. »Man giebt hierbey dem Lustspiel den Vorzug vor dem Trauerspiel, weil an Jenem überhaupt noch ein größerer Mangel ist und das Neue darin am meisten gefodert wird. [...] Man klagt mit Recht, daß die reine Comödie, das lustige Lustspiel, bey uns Deutschen durch das sentimentalische zu sehr verdrängt worden und es ist allerdings ein herrschender Fehler auf unserer komischen Bühne, daß das Interesse noch viel zu sehr aus der Empfindung und aus sittlichen Rührungen geschöpft wird.«

Goethe und Schiller wenden sich mit dieser Beschreibung gegen die auf der deutschen Bühne – auch unter Goethes Regie in Weimar und Lauchstädt – dominierenden Komödien Kotzebues und schließen sich offensichtlich um 1800 der Argumentation der Romantiker an, die von »Rührstücken« Kotzebues sprechen und eine Theaterreform anstreben. »Das Sittliche aber so wie das Pathetische macht immer ernsthaft«, heißt es weiter, »und jene geistreiche Heiterkeit und Freiheit des Gemüths, welche in uns hervorzubringen das schöne Ziel der Comödie ist, läßt sich nur durch eine absolute moralische Gleichgültigkeit erreichen; es sey nun, daß der Gegenstand selbst schon diese Eigenschaft habe, oder daß der Dichter die Kunst besitze, die moralische Tendenz seines Stoffs durch die Behandlung zu überwinden.« Dann erfolgt eine Differenzierung der »reincomischen Gattung« in »Characterstücke und Intriguenstücke«, wobei gilt: »Die Charactercomödie erfodert im Ganzen eine größere Fülle des Genies von Seiten des Dichters und von Seiten des Schauspielers ein tieferes Studium, als man in unsern Tagen glaubt voraussetzen zu dürfen. Es bleibet also nur das Feld der Intriguenstücke offen, das Feld ist reich und nicht so leicht als das der Characterstücke zu erschöpfen. In dem Intriguenstücke sind die Charactere bloß für die Begebenheiten, in dem Characterstücke sind die Begebenheiten für die Charactere erfunden. Das Genie wird das Vorzügliche beyder Gattungen auf eine glückliche Art zu vereinigen wissen.« Unter den dreizehn Einsendungen entsprach nach Meinung von Goethe und Schiller kein einziges Stück diesen Erwartungen. »[...] nicht eines ist davon zu brauchen; die meisten sind ganz unter der Kritik. So steht es jetzt um die dramatische Kunst in Deutschland«, äußert Schiller in einem Brief an Körner Anfang Oktober 1801. Der ausgesetzte Preis von dreißig Dukaten wurde daher nicht vergeben, keines der Stücke aufgeführt, und auch die versprochene Rezension sämtlicher Einsendungen in den *Propyläen* unterblieb – wohl deshalb, weil die Zeitschrift nach Ablauf der Frist gar nicht mehr existierte.

Brentano schreibt an seinem Stück noch im Sommer 1801, als er mit Arnim zusammen in Göttingen studiert. Es trägt zunächst den an Shakespeare anklingenden Titel *Laßt es euch gefallen*, den Valerio am Schluss des letzten Aktes formuliert. In seinem Begleitschreiben an Goethe erläutert er, daß »der Zuschauer das ganze Stück durch, der Intrigue folge, und am Ende dennoch überrascht werde [...]. Die Geschichte des Stücks gehört nicht ganz mein, doch Valerio, Valeria, Porporino, Sarmiento, und die Kara[k]tere überhaubt, das Übrige habe ich aus der dunklen Erinnerung an eine Erzählung meiner Mutter«. In einem parallelen Brief an Savigny behauptet er, »der letzte Ackt ist der beste, und das Ganze rasch, schnell ohne Schwürigkeit, und irgend nötige Exposition gelößt«. Abweichend vom geläufigen Komödienschema findet das zentrale Liebespaar des Anfangs (Ponce/Valeria) nicht zusammen, sondern beide wählen andere Partner, wobei Valeria den einst geliebten Ponce ausdrücklich freigibt und in einem programmatischen Lied – jenseits bürgerlicher Familienmoral, wie es in der Ausschreibung gefordert war – singt:

So sey dann feyerlich entbunden,
Wie dieses Kusses Feuer leicht verglühet,
So schlossen sich der frühen Liebe Wunden,
Und neue schön're Liebe ist erblühet.

Auf diese Wendung – und auf die Enthüllung, dass Sarmiento und die Witwe Isabella ein weiteres Paar bilden – spielt Brentano vermutlich an, wenn er im Brief an Goethe von Überraschung spricht.

Als er von Goethe keine Antwort erhält und das negative Urteil Schillers ruchbar wird, verlangt er nach einem Jahr sein Manuskript zurück – tief enttäuscht darüber, dass der verehrte Meister sein Stück nicht gewürdigt hat. Im Begleitschreiben lobt Goethe den »guten Humor und angenehme Lieder« und dankt »für die Unterhaltung, die Sie uns dadurch verschafft haben«. Eine recht konventionelle Antwort, die auch Brentanos dezenten Hinweis auf seine von Goethe einst verehrte Mutter Maximiliane – die angebliche Quelle seines

Kostümfigurine Valeria zur Wiener Aufführung von Brentanos Bearbeitung des Ponce de Leon, *aquarellierte Tuschzeichnung von Philipp von Stubenrauch, 1814.*

Dramas – nicht aufnimmt. Brentano lässt das Werk daraufhin (mit einer Widmung an den Herzog von Aremberg und einer auf Januar 1803 datierten »Vorerinnerung«) drucken. Während er seinen »Meister« Goethe im Begleitschreiben ausdrücklich aufgefordert hatte, bei einer Aufführung »alles wegzuschneiden, waß ihm untauglich sein sollte«, lehnt er in der veröffentlichten »Vorerinnerung« die »Beschneidung einer fremden Hand«, das »Zusammenstreichen« oder »Umarbeiten«, wie es die Bühnenpraxis kennt, vehement ab.

Der Held des Stückes, der Edelmann Don Gabriel Ponce de Leon in Sevilla, ist von Melancholie und Langeweile geplagt und kann die Liebe von Valeria nicht erwidern. Ihr Vater, der »arme Bürger« Valerio de Campaceo, versucht deshalb eine Verbindung mit seinem Findelsohn Porporino zu fördern. Auf einem Maskenball, in den sich auch Valeria verkleidet eingeschlichen hat, offenbart Ponce, dass er niemanden in Sevilla liebt, und verguckt sich (wie Tamino in Mozarts *Zauberflöte*) in das Bildnis einer Frau. Auf einem Gut der Sarmientos spielt die Fortsetzung, wo sich nach und nach alle Personen einfinden und erneut »maskiert« (mit falscher Identität) einander in den gewünschten Paarbindungen lieben lernen. Denn Sarmiento hat auch Porporino (als Arzt) zu seinem Gut geschickt, die dort residierende, gefürchtete Schwester unter einem Vorwand weggelockt und Valerio als Hausmeister engagiert. Valeria weiß von diesen Intrigen, reist auf eigene Faust dorthin, schminkt sich als Mohrin und wird als Dienerin im Gut eingestellt. Nach vielen Verwechslungen finden schließlich Ponce und Isidora, Aquilar und Melanie (Isidoras Schwester) zusammen. Valeria hat auf Ponce verzichtet und nimmt nun die Liebe von Porporino an. Es sind schließlich vier Paare, die unter Assistenz des Schulmeisters und einer Zigeunerin am Schluss ihr Glück finden.

Vorbild für Brentanos *Ponce* sind die Komödien Shakespeares, auf die er im Begleitbrief an Goethe anspielt. Wie in Shakespeares Stücken *Sommernachtstraum, Wie es euch gefällt* und *Was ihr wollt* verlieren und finden sich die Menschen in dem Wirrwarr des Rollentauschs der Verkleidungen und Verwechslungen, das allein der Zuschauer überblickt. Das amüsante Versteckspiel bestimmt sowohl den Maskenball im ersten Akt wie die Begegnungen auf dem Gut im dritten und vierten.

Nach dem englischen Vorbild versucht Brentano – wie bereits im *Gustav Wasa* – auch im Deutschen Wortwitze (puns) einzuführen. Die Wortwechsel werden vom Spiel mit dem Sprachmaterial getragen: »mach die Tür zu – es geht nicht an, mein Herr – aber es geht zu, mein angehender Herr«. An Brillanz und Tiefe erreicht Brentano das Vorbild Shakespeare jedoch nicht – vielleicht versperrt sich die deutsche Sprache auch solchen Witzen, denn sie kennt nur die pejorative Bezeichnung *Kalauer* für Sprachspielereien dieses Typs. Kalauer gelten als primitiv und unfein, die englischen puns dagegen als geistreich und eher »salonfähig«. »Die einseitige, alle andern Stilmittel überschattende Herrscherrolle des *Wort- und Klangspieles* im ›Ponce‹ beeinträchtigt […] den Eindruck unbefangener Fröhlichkeit; was in einzelnen Scenen geistreich anregen und prickelnd beleben mochte, das erweckt, durch fünf Akte und 116 […] Scenen festgehalten, bald Unlust und Ungeduld. Nichts ermüdender als der zur Gewohnheit erstarrte Witz.« Soweit die vernichtende Kritik des berühmten Germanisten Gustav Roethe. Sie deckt sich mit dem Urteil der zeitgenössischen Kritik, denn obwohl Brentano behauptet, das Stück sei »von allen kritischen Blättern mit Auszeichnung beurtheilt« worden, konnte bislang nur eine einzige »unfreundliche« Rezension in der *Neuen allgemeinen deutschen Bibliothek* nachgewiesen werden. Beifall findet der Autor nur bei einer Werkstatt-Lesung für Dorothea Veit, die am 7. Dezember Friedrich Schlegel meldet: »Brentano hat mir vorgestern sein Lustspiel vorgelesen. Das könnte gewiß recht gut werden, wenn er sich nun dabei hielt und etwa ein Dutzend solcher Stücke schrieb. Seine Charaktere eignen sich ganz herrlich zu Masken. Nur müßte er sich aufopfern lernen und wohl um die Hälfte abkürzen. Aber es ist recht lustig und komisch.«

Das Urteil von zeitgenössischen Kritikern, wohlwollenden Freunden und gebildeten Germanisten ist das eine, die Bewertung eines Dramas durch Theaterpraktiker und Dichter etwas gundsätzlich anderes. Die Tatsache, dass es bis heute nicht gelungen ist, Brentanos *Ponce* bühnenwirksam umzusetzen, deutet darauf hin, dass eine effektvolle Aufführung auf dem Theater äußerst schwierig ist. Dass sie dennoch lohnen könnte, belegen die Äußerungen von zwei so unterschiedlichen Autoren wie Heinrich Heine und Joseph von Eichendorff. Beide beschreiben die versteckten Qualitäten des *Ponce* sehr treffend und glauben, dass Brentanos innerer Zustand – von »Zerrissenheit« spricht Heine – in diesem Drama besonders deutlich zum Ausdruck kommt. In der *Romantischen Schule* schreibt er: »Ich mache besonders aufmerksam auf ein Lustspiel dieses Dichters, betitelt Ponce de Leon. Es gibt nichts Zerrisseneres als dieses Stück, sowohl hinsichtlich der Gedanken als auch der Sprache. Aber alle diese Fetzen leben, und kreiseln in bunter Lust. Man glaubt einen Maskenball von Worten und Gedanken zu sehen. Das tummelt sich alles in süßester Verwirrung, und nur der gemeinsame Wahnsinn bringt eine gewisse Einheit hervor.«

Eichendorff schwärmt in seiner Schrift *Über die ethische und religiöse Bedeutung der neueren romantischen Poesie in Deutschland* von dem »wundervollen Lustspiele ›Ponce de Leon‹, wo ein wahrhaft dämonischer Witz mit der Wirklichkeit, wie ein Fontäne mit goldenen Kugeln spielt«. Zugleich behauptet er, »dieser poetisch zerfahrene, träumerische Ponce [sei] eigentlich der Dichter selbst, gegen den er alle Ironie gewendet«. Angesichts dieser Würdigungen überrascht es, dass sich das heutige Theater dieses Textes noch nicht angenommen hat, da es gerade die »Zerrissenheit« ist, die Brentano zum Ahnen der Moderne gemacht hat.

Ein anderes großes Werk Brentanos, die Philistersatire, bleibt – vermutlich wegen einer negativen Äußerung von Fichte – zunächst ungedruckt. Wir kennen diese Satire daher nur in einer späteren Fassung aus der Berliner Zeit, die Brentano für den Vortrag in Arnims »Christlich-deutscher Tischgesellschaft« – völlig unbedenklich auf der judenfeindlichen Welle der Zeit mitschwimmend – mit antijudaistischen Elementen versetzt hat. Das Judenthema gehört jedoch nicht zur Frühromantik, und es besteht kein Zweifel, dass sich Brentano in seiner Jenaer Fassung auf die schneidende Kritik des philiströsen Bürgers beschränkt, wie sie bereits von Novalis 1798 in einem Aphorismus formuliert und in zahlreichen Werken der Tieck-Schlegel-Gruppe dichterisch verarbeitet wird.

Novalis beschreibt den Philister als stumpfen, unpoetischen Menschen, der sein Leben akribisch ordnet und keinen Sinn für romantische Ideen entwickeln kann: »Philister leben nur ein Alltagsleben. […] Poesie mischen sie nur zur Nothdurft unter, weil sie nun einmal an eine gewisse Unterbrechung ihres täglichen Laufs gewöhnt sind. In der Regel erfolgt diese Unterbrechung alle sieben Tage, und könnte ein poetisches Septanfieber heißen. Sonntags ruht die Arbeit, sie leben ein bißchen besser als gewöhnlich und dieser Sonntagsrausch endigt sich mit einem etwas tiefern Schlafe als sonst; […] Den höchsten Grad seines poetischen Daseyns erreicht der Philister bey einer Reise, Hochzeit, Kindtaufe, und in der Kirche. Hier werden seine kühnsten Wünsche befriedigt, und oft übertroffen.«

In der Studentensprache des 18. Jahrhunderts wurden Zimmervermieter und andere brave Bürgersleute in Universitätsstädtchen wie Göttingen oder Tübingen, Halle oder Heidelberg Philister genannt. In einem Lexikon von 1781 heißt es: »Philister, heist in der Sprache der Studenten alles, was nicht Student ist; insonderheit werden Bürger, welche Studenten im Hause wohnen haben, so genannt [...]. Sobald der Bursche die Universität verläst und Kandidat wird, sobald wird er auch Philister.«

In der Romantik wird der Begriff – ähnlich wie schon in Goethes *Werther* – auf alle Bürger angewandt, die von aufklärerischem und utilitaristischem Denken geprägt sind. Gegentyp ist der »poetische«, fantasievolle Mensch, der Sinn für die nicht-rationalen Elemente des Lebens hat, der schöpferisch und »romantisch« ist. Brentano rückt diesen Erzfeind des Romantischen zum ersten Mal als Hauptfigur in das Zentrum einer Satire und trägt sein Werk im frühromantischen Jenaer Kreis vor. Leider kennen wir den Text dieses Ur-Philisters nicht. Aus den Memoiren Tiecks wissen wir jedoch, dass Brentano zwischen dem 7. und 19. Dezember 1799 seine *Naturgeschichte des Philisters* vortrug. Nach dieser Darbietung, die möglicherweise im Professorenclub der Jenaer Gaststätte »Die Rose« stattfand, soll sich Fichte mit den Worten erhoben haben: »Nun werde ich euch aus dieser Geschichte beweisen, daß eben der Brentano hier der erste und ärgste unter allen Philistern ist.« Vermutlich bilden die »drei Kapitel über den Philister vor, in und nach der Geschichte« im Wesentlichen den Text von Brentanos Ur-Philister (eben die von Fichte genannnte *Naturgeschichte*), während der Vorspann und die erläuterten Illustrationen Zugabe der Berliner Fassung für die »Christlich-deutsche Tischgesellschaft« sind.

Zum zentralen Kapitel der Satire aus der Jenaer Zeit gehören demnach die »Schilderung eines Musterphilisters« und der »Philistersymptome«, die ganz auf der Linie der Frühromantik liegen. Nach Brentano lebt der »Musterphilister« in Wetzlar, dort, wo auch Goethe und sein *Werther* an der philiströsen Beamtengesellschaft des Reichskammergerichts gelegentlich Anstoß nehmen. Als Kleinbürger einer Kleinstadt ist dieser Menschentyp mit Schlafrock, -mütze und Pfeife ausgestattet, besitzt »Schmierstiefeln« mit »Spornen«, die er unablässig wienert, »ohne je zu reiten«, und hat keinerlei Sinn für Poesie und Musik. Die Philister »können kein ursprüngliches Dichterwerk begreifen, verspotten und parodieren es und schreiben dann doch wässerige Nachahmungen. Sie haben dem ›Werther‹ die empfindsamen Romane, dem ›Götz‹ die Ritterstücke, [...] den

Schlegeln, Novalis und Tieck die glaubtraubschraubichten, honigseimleimschleimschlingenden Sonette und Kanzonen (Ganzohnen) nachfolgen lassen«, heißt es bei Brentano.

Die enge Einbindung des Philisters in das kommerzielle Leben (als Reise vom »Buttermarkt« zum »Käsemarkt« geschildert) und die Begeisterungsfähigkeit der studentischen Jugend, die wie Simson in der Bibel gegen die Philister kämpft, fasst Brentano in ein Bild, das bei Eichendorff mehrfach aufgegriffen wird: »wo die Jugend, dieser sich ewig erneuernde Simson, freudig, im Vertrauen auf göttliche Sterne, das planvolle Segel eines leichten Kahns, weltensuchend, den treibenden Winden des Himmels übergiebt und, rasch auf dem Flügel der Begeisterung über den Meerspiegel des Gottes hinfliehend, häufig die bedächtige, breite Treckschuite der Philister im Grund segelt, welche, mit guten Pässen versehen, kannengießend unter dem Verdecke, auf ihrer Reise vom Buttermarkt nach dem Käsemarkt begriffen sind.«

Andere Eigenschaften des von Brentano geschilderten »Musterphilisters« gehen in die bis heute lebendigen, in der Dichtung von Carl Sternheim (*Bürger Schippel*) bis Heinrich Mann (*Der Untertan*) vielfach aufgegriffenen Vorstellungen vom deutschen Spießer ein. Brentano beobachtet: Der Philister »sammelt Zeitungen, Wochenblätter und Kommödienzettel, weiß immer wer predigt, geht aber nur des Kredits halber in die Kirche«, sein Gesichtskreis ist eigentlich ein »Gesichtsviereck«. Philister »schwätzen [...] immer von Deutschheit, Redlichkeit, und wenn es nur erst zur Reife käme. [...] Sie können sich denken, das Militär könne etwas bedeuten [...] und haben sich [...] Bachenschwanz' ›Abbildung der sächsischen Armee‹ auf der Auktion gekauft. [...] Alle Begeisterten nennen sie verrückte Schwärmer [...] und können nicht begreifen, warum der Herr für unsre Sünden gestorben und nicht lieber zu Apolda eine kleine nützliche Mützenfabrik angelegt.« Das Funktionieren in der bürgerlichen Gesellschaft, die von materialistisch-egoistischen Bedürfnissen bestimmt ist und keinen Sinn für Kunst und Transzendenz entwickelt, sowie das Festhalten an äußerlichen Formen sind ebenso kennzeichnend wie das Faible für Uniformen und »Deutschheit«.

Mit der Philistersatire ist zum ersten Mal in der deutschen Literatur die scharfe Kritik am deutschen (Klein-)Bürgertum formuliert, die später zum Klischee wird und dennoch an Aktualität bis heute wenig eingebüßt hat. Obwohl Kapitalismus und Industrialismus Anfang des 19. Jahrhunderts noch kaum spürbar sind und rückblickend die Verhältnisse geradezu »idyllisch« scheinen, deckt Brentano, indem er die Aufklärungskritik der Frühromantik aufnimmt, die Gefahren des Fortschritts auf, stellt den aufkommenden Typus des »deutschen Spießers« karikierend dar, der für die Entwicklung Deutschlands im späteren 19. und frühen 20. Jahrhundert (mit der Herausbildung von Nationalismus, Militarismus und Kapitalismus) kennzeichnend ist. Zwar haben die Freizeitbeschäftigungen der Bürger gewechselt und »Schmierstiefel« sind nicht mehr in Mode; doch ist die von Brentano beschriebene Tendenz, mit geradezu pedantischer Besessenheit den Schein bürgerlich-harmonischen Zusammenlebens nach außen hin zu wahren, ebenso charakteristisch geblieben wie das Stammtisch-»Philosophieren« bei Tabaksqualm, die Faszination von Uniformen und die Aversionen gegen die zeitgenössische Kunst. Brentano gelingt es, auch im Bereich der Satire ein epochales Werk zu schaffen, das bereits vor der Jahrhundertwende 1800 wesentliche Tendenzen der folgenden zwei Jahrhunderte beschreibt.

KAPITEL FÜNF

Liederbrüder

Göttingen – Mainz – Bingen – Koblenz – Frankfurt – Weimar

Eine Möglichkeit, zu neuen Ufern aufzubrechen, sieht Brentano in seiner Freundschaft mit Achim von Arnim. Im Bund mit dem drei Jahre jüngeren Adligen aus der Mark Brandenburg, den er bei einem Gastsemester in Göttingen im Sommer 1801 kennen lernt, ist er zunächst der führende Kopf. Er bringt die Ideen aus der Jenaer Romantik mit und kann den Kommilitonen, der als Student der Mathematik eingeschrieben ist und in den aufkommenden Naturwissenschaften bereits erste Lorbeeren geerntet hat, rasch davon überzeugen, dass in der »Poetisierung des Lebens« die große Zukunft zu suchen ist, die auch innere Erfüllung verspricht. 1799 hatte Arnim den *Versuch einer Theorie der elektrischen Erscheinungen* veröffentlicht, danach folgten 1800 und 1801 zahlreiche Aufsätze in den *Annalen der Physik* zu naturwissenschaftlichen Themen. Die Bibliographie verzeichnet als Titel eine *Anweisung zum Gebrauche des Aerometers* ebenso wie *Ideen zu einer Theorie des Magneten, Gesetze für die Stärke der Schallfortpflanzung durch feste und flüssige Stoffe* und *Bemerkungen über Volta's Säule.*

Unter dem Einfluss von Brentano beginnt Achim von Arnim binnen Wochen mit großem Elan zu dichten. Seine erste literarische Publikation ist der Roman *Hollins Liebeleben* (1802), den er unmittelbar nach der Begegnung mit Brentano schreibt. Das Werk gehört in die Reihe experimenteller Texte der Frühromantik, in denen Autoren der jungen Generation ihre Erfahrungen »subjektiv« und »willkürlich« ohne Rücksicht auf Konventionen und literarische Gattungsgesetze formulieren – genau wie Friedrich Schlegel fordert. »Im *Godwi* steht mein Schicksal laut geschrieben«, bestätigt Brentano dem Freund Weihnachten 1802; Arnim schreibt das seine und die Freundschaft mit Brentano in den lyrischen Roman *Hollins Liebeleben* ein.

Im Sommersemester 1801 kommt es zu der ersten, folgenreichen Begegnung mit Brentano, vermutlich bei einem Fackelzug, den

Arnim für Goethe arrangiert, als sich der bewunderte Dichter für kurze Zeit in Göttingen aufhält. Dem Freund gegenüber hält er sein Romanprojekt zunächst geheim und verpflichtet auch seinen Kommilitonen Stephan August Winkelmann auf Diskretion: »Hättest Du wohl geglaubt, als wir einander Ade sagten oder vielmehr nicht sagten, daß ich in andern Umständen gewesen? [...] Ich hatte wohl tausendmal mit der Poesie Buhlschaft getrieben, aber ausser einigen Embryonen, die keinen Bogen füllen, nichts concipirt [...] Mein poetisches Gemächte ist ein Roman und zwar mit Tendenz, darum kein Wort davon bis zur Erscheinung.«

Als Arnim den zweiten Band des *Godwi* mit Winkelmanns fiktivem Nachruf auf Maria gelesen hat, erkennt er, dass seine verkrampfte Satire »zum Schützenfeste in G.« – mit der nur kurzen Würdigung von Brentanos ernsthaftem Wesen – kaum gepasst hätte. Im ersten erhaltenen Brief an Brentano schreibt er aus Regensburg am 8. Dezember 1801: »Lieb war es mir, daß Du meine Schützenrede nicht hast abdrucken lassen, das Buch ist zu ernsthaft dafür geworden.« Dass er selbst zu diesem Zeitpunkt längst an einem Roman arbeitet, verschweigt Arnim; erst als die Publikation unmittelbar bevorsteht, berichtet er Brentano: »Es ist mir jezt ernster geworden mit der Poesie, ich habe ihren Zauberklang gehört, aus ihrem Becher getrunken, und ich tanze nun wie es das unendlige Schicksal will, gut oder schlecht, meinen Reihen herunter. Ich schämte mich vor Dir, weil du ein strenger Richter, ich habe es Dir daher noch nicht geschrieben, daß ich schon im vorigen Sommer gleich nach meiner Abreise von Göttingen in der Landeinsamkeit und im Trennungsschmerz einen Roman geschrieben habe. Er kommt bey Dietrich heraus, der Druck hat sich ich weiß nicht warum, verzögert, er ist erst jezt fertig worden, der Findling heisst: Hollin's Liebeleben.« Dieser Brief ist »Kahlenberg bey Wien den 17. April 1802« datiert. Nach Regensburg war Wien die zweite Station von Achim von Arnims Kavalierstour, zu der er nach dem Göttinger Semester und der nur wenige Wochen alten Bekanntschaft mit Clemens Brentano aufgebrochen war, während der Freund sich nach Frankfurt und Marburg gewandt hatte.

Es gehörte zu den üblichen Lebensstationen eines Adligen, nach dem Studium eine solche horizonterweiternde Reise zu unternehmen. Während der Abschluss eines Studiums mit einem Examen

Achim von Arnim, Zeichnung von Ludwig Sigismund Ruhl, Berlin, 1820.

nur für »Brotstudenten« wichtig war – für Bürgerliche und wenig betuchte Adlige, die auf Anstellung in einem Brotberuf angewiesen waren –, entfalteten die Wohlhabenden meist bereits während des Studiums ein lustiges Studentenleben im Kreis ihrer Landsmannschaften. Der krönende Abschluss dieses lockeren Lebens, wie es Joseph von Eichendorff in seinem Memoirenkapitel *Halle und Hei-*

delberg schildert, war dann eine Reise in die reicheren Länder Europas, Höhepunkte waren die Besuche der Metropolen Wien, Paris, London oder Rom, wo die Studenten von Stand einen »Hauch der großen Welt« spüren konnten. Auch Kontakte zu befreundeten europäischen Adelshäusern, die für eine spätere Karriere im Staatsdienst wichtig waren, gehörten zu den Zielen solcher Reisen, die zwar zur Bildung beitrugen, aber keineswegs primär dem Studium von Kunst und Geschichte dienten – wie Goethes Reise nach Italien. Die Bezeichnung »Kavalierstour« ist daher zutreffender als »Bildungsreise«, denn es ging um Lebenserfahrungen und nützliche Bekanntschaften. Die jungen Adligen sollten sich als Kavaliere bewähren und durften sich nicht im Studium von Kunst und Altertum verlieren.

Arnim tritt seine Europareise gemeinsam mit dem zwei Jahre älteren Bruder Carl Otto von Arnim, genannt »Pitt«, an; sie führt ihn zunächst nach Süden, nach Prag und Wien, und dann – nach einer Zäsur in Deutschland – über Zürich, Chur und Chiavenna bis Mailand und Genua – schließlich in den Westen und Norden über Genf nach Paris und London bis nach Schottland.

Falsch wäre es, von den in mehr als zwei Jahren zurückgelegten Distanzen – die Brüder fahren mit Postkutschen, queren die Alpen zu Fuß und schiffen sich in Belgien nach England ein – auf ein prosperierendes, weltläufiges Adelsgeschlecht zu schließen. Die Verhältnisse, aus denen Arnim stammt, sind alles andere als geordnet und perspektivreich. Als Erzieherin und ruhender Pol seiner Jugend in Zernikow – etwa 80 km nördlich von Berlin in der Nähe des Stechlin gelegen – und der Schulzeit im Berliner Joachimsthalschen Gymnasium wirkt die Großmutter Caroline von Labes, eine gebildete und energische Frau, die sich allein um die beiden Arnim-Geschwister kümmert. Ludwig Achims Vater, Joachim Erdmann von Arnim, der bei Friedrich dem Großen zeitweise als Gesandter, zeitweise als »Directeur des Spectacles« (Intendant) angestellt ist, lebt auf seinem Gut Friedenfelde in einiger Distanz. Obwohl sich Achim als Kind in rührenden Briefen an den Vater wendet, kümmert dieser sich nicht um die beiden Söhne, die von der Mutter seiner verstorbenen Frau in Zernikow aufgezogen werden. In einem Briefentwurf an Brentano schildert Arnim die Charakterschwächen des Vaters sehr drastisch: »Mein Vater ist gestorben, ich habe ihn wenig gekannt, aber darum schmerzte es mir tiefer, mir ist nichts von ihm geblieben – als vielleicht etwas Vermögen, ich weiß nicht wieviel. [...] er war vier und sechzig und starb wie ein Jüngling am hizigen Fieber und hinterließ vier Mädchen mit Kindern oder schwanger, jetzt läßt er mir eine bestimmtere Zukunft als ich erwarten konnte so früh.«

Zu seiner Geburt und dem Schicksal der Mutter schreibt er im gleichen Briefentwurf in einem Gemisch von Vers und Prosa: »Um zu erblicken die Sonne zerschlug ich die Form in die ich gegossen wie das Riesenkind berstet den Leib der menschligen Mutter, also auch schloß sich ihr Aug, als ich das meine erhub.« In dem schließlich abgesandten Brief an den Freund sind die spitzen Bemerkungen über den Vater beseitigt. Auch die dithyrambischen Fantasien zur Geburt – im Entwurf noch weiter ausgesponnen als in unserem Zitat – lässt Arnim weg, doch deutet er an, dass dieser Tod der Mutter bei seiner Geburt Schuldgefühle bei ihm auslöst: »Durchwache eine trübe Nacht, träume du hättest deine Mutter ermordet um geboren zu werden«, heißt es im Brief an Brentano vom 2. März 1804.

Die Nachricht vom Tode des Vaters erreicht Arnim in London und hat zunächst keine unmittelbaren Auswirkungen auf seine Reise- und Lebensplanung. Das Vermögen aus der Erbschaft, das er sich mit seinem Bruder Pitt zu teilen hat, wird weiterhin von seiner Großmutter verwaltet. Seine Kavalierstour braucht er nicht abzubrechen, denn Frau von Labes ermöglicht ihren Enkeln – bei limitiertem Monatswechsel und Ermahnungen zur Sparsamkeit –, sich in der Welt umzuschauen, wie es sich für einen Sohn aus dem Landadel gehört. Die Hoffnung auf eine »bestimmtere Zukunft« ermutigt ihn, gemeinsam mit dem Freund hochfliegende Pläne zu gemeinsamen Theatergründungen, Publikationen und freundschaftlichem Zusammenwirken als unabhängige Dichter in einem »poetischen Leben« zu entwerfen.

Es war allerdings Clemens Brentano, der solche Ideen stark forcierte, während Arnim bemüht war, den Freund immer wieder auf den Boden der Wirklichkeit zurückzubringen. »Dein Vorschlag wegen des neuen komischen Theaters gefällt mir, wenn ich von mir abhinge wie Du, ich retirirte mich dahin von der ernsthaften Langweiligkeit der Welt, aber es müste in Botanybey seyn«, antwortet er auf den ersten Vorschlag Brentanos und führt die Idee damit ad absurdum, denn »Botanybay« liegt außer der Welt: eine Sträflingsbucht in Englands Kolonie Australien, über die gerade Berichte in der Zeitung gestanden hatten.

Immer wieder weist Arnim dezent darauf hin, dass er – auch bei der in Aussicht stehenden Erbschaft – keinesfalls so unabhängig sein wird wie Brentano. Während er »vielleicht etwas Vermögen, ich weiß nicht wieviel«, zu erhoffen hat, erwartet den Sohn aus dem prosperierenden Frankfurter Handelshaus bei Erreichen seines 25. Geburtstags eine reiche Erbschaft, die ihm ermöglicht, das Leben eines unabhängigen Poeten zu führen.

Außerdem quälen Arnim Selbstzweifel: »Lieber Clemens, wer in der Welt kann einen Traum fest machen und wenn er noch so froh war, so stört ihn der Wecker der nächsten Uhr und der unruhigen Umtrieb der Menschen, wer wollte sein Leben daran setzen? Machten je die goldnen Berge des Abendroths einen in der Welt reich und die Schäflein welche in Winternacht über den kalten Himmel treiben liessen sie ihre Wolle je dem Frierenden fallen? – Es ist mir jezt sehr rührend, worüber ich damals oft lachte, die ewige Predigt woran einer meiner Lehrer arbeitete: Was war ich? Was bin ich? Was werde ich? Ja wer das beantworten kann der muß sich in der Welt sehen lassen, es muß sich die Menschheit an ihn wie an ihren Kernkristall anlegen, jede Fluth und jede Ebbe muß auf hören. – Lieber ich habe einmal solchen Kern gekannt, aber ich weiß nicht ob er gewachsen ist zum Baume, ob er schattet und blüht, die Zeit ist verlaufen und manche Wolke verregnet, weist du nicht daß die Trauben am Rheine uns damals blühten, als wir dort umherschweiften, die jezt schon zur reifenden Frucht schwellen und bald dürr sind.« Brentano – überempfindlich – vermutet in solchen Äußerungen Ablenkungsmanöver oder gar die Zurückweisung der Freundschaft, deshalb kommt er beharrlich immer wieder auf die Planung einer gemeinsamen Zukunft zurück und macht die skurrilsten Angebote: »laß mich nicht aus deinem Herzen fallen, ich bin zerbrechlich, du findest leicht Zerstreuung, aber ich bin dir getreu, und könnte neben dir wachen, wie ein Diener«, schreibt er im September 1802 aus Marburg, und im Weihnachtsbrief aus Düsseldorf hakt er energisch nach: »auf einen Punkt mehrerer meiner Briefe hast du vielleicht aus Bescheidenheit nicht geantwortet, o laß es Bescheidenheit gewesen sein, nicht Kälte, nicht Unglauben, nicht Unlust! es ist mein Plan, mich einstens zu dir zu gesellen, wie dein Diener, und dein Freund,

und dein Geselle, der das deinige wie das seinige, das Seinige aber nur das deinige nennt«.

Zu einem längeren Zusammenleben der Freunde ist es bis zum Zeitpunkt dieses Briefes noch gar nicht gekommen. Aus der kurzen gemeinsamen Zeit in Göttingen ist eine intensive Brieffreundschaft entstanden; Liebesbekundungen und Treuegelöbnisse, Lebenserfahrungen und Lektürefrüchte, Publikationsprojekte und Zukunftsvisionen werden ausschließlich im Medium des Briefes ausgetauscht. Das ist nichts Ungewöhnliches, denn der Brief- und Freundschaftskult blüht im 18. und 19. Jahrhundert und wird in den Zirkeln des Göttinger Hains ebenso gepflegt wie in der Romantik. Durch die Theorie von der »romantischen Universalpoesie« wird der Brief noch aufgewertet, da er – wie das Gespräch oder die Rezension – zum Kunstwerk erhoben wird. Er transportiert Sprachkunst und romantisches Gefühl, er setzt das »Kunstwerk der Geselligkeit«, das sich im Gespräch entwickelt, fort und wird damit zu einer bevorzugten Form der neuen Poesie, die stets zugleich Lebenskunst sein will.

Ohne persönliche Begegnungen hätte die Freundschaft der beiden jungen Enthusiasten jedoch kaum die Intensität und Dauer erreicht, die alle späteren Anfechtungen und Krisen, denen insbesondere Clemens ausgesetzt wird, überdauert. Der zentrale Teil des Briefwechsels in den Jahren nach 1802 lebt von der Erinnerung an das gemeinsame, intensiv empfundene Erlebnis einer kurzen Reise. Als Erfahrung alltäglichen Zusammenlebens wird man die vermutlich nur eine oder zwei Wochen dauernde Zeitspanne nicht werten können, denn es ist eine außerordentliche, eine »romantische« Situation, in der sich die Freundschaft der beiden festigt, eine »legendär« zu nennende Rheinreise von Mainz nach Koblenz im Juni 1802, die zum Schlüsselerlebnis für beide wird.

Einige besonders schöne und erinnerungsträchtige Punkte dieser kurzen Strecke werden im Briefwechsel immer wieder benannt: zum Beispiel der »Ostein«, ein Jagdschloß oberhalb von Rüdesheim, das in der Nähe des (später errichteten) Niederwalddenkmals stand und auch im *Godwi* erwähnt wird. Von dort ist das gegenüberliegende Ufer mit Bingen und der Rochuskapelle sowie der Rhein mit seinen Inseln und Weinhängen stromaufwärts bis Mainz zu überblicken. »Du bist es immer nach dem mein Herz sich sehnt, wie wir auf dem

Ostein waren, da war das Leben schön, ach wirst du wohl in Genua, Marseille, an mich gedacht haben«, schreibt Brentano Weihnachten 1802 – sehnsüchtig in Erinnerungen schwelgend – an seinen Freund.

Arnim – inzwischen auf dem zweiten Abschnitt seiner Kavalierstour – antwortet am 12. Januar 1803 aus Lyon: »Ich nenne jezt den Ostein O Wehstein, jezt wo ich nicht mehr dort bin.« Bereits wenige Wochen nach den gemeinsamen Wanderungen am Rhein versichert Brentano dem Freund im August 1802: »Es wird mir nie Wieder so wohl werden als im Kahne von Asmannshausen, und zu Nothgottes [einem Kloster], und im Kreuzbach.« Im Rückblick erscheint ihm die Trennung als eine falsche Weichenstellung, die ihm die aussichtsreichen Perspektiven einer gemeinsamen Lebensreise verdüstert: »Ich hätte eigentlich mit dir reisen sollen, es reißt sich gut mit uns, und ich liebe wenige Menschen so wie dich, ich kann die Idee nicht ertragen einstens ohne dich zu leben, meine schwehrmütige Sorgsamkeit wird sich mit deiner leichtsinnigen Sorgenlosigkeit kristalisiren, und so dein Werk erscheinen, in Ruhigem freien Leben«.

Alle Pläne gemeinsamen Dichtens und Lebens knüpfen sich an diese Reiseerinnerungen, alle Enttäuschungen rufen diese Reminiszenzen wieder hervor, und der Abschied auf der »fliegenden Brücke« in Koblenz wird – ähnlich wie der Ostein – zu einer Ikone für die paradiesische Zeit der Freundschaft und deren Verlust: »Ich habe seit unsrer Rheinreise keine frohe Empfindung mehr gehabt. Woher dies, Arnim und blos durch dich, waß ist das in dir? Warum kann ich nur in deiner Nähe gesund sein, Arnim, ich verfluche die Minute, da die fliegende Brücke, uns bei Coblenz trennte, du hättest mich vielleicht ganz geheilt, und ich wäre jezt ein vortreflicher Mensch«, schreibt Clemens am 12. Oktober 1803 kurz nach der Hochzeit mit Sophie Mereau, und noch 1808 in München erinnert er sich, »wie du klangst und sangst am Rhein, Abschied nahmst auf der fliegenden Brücke, da wendete sich mein Geschick […], o lieber Bruder, nachher war nichts Gutes mehr.«

Von Koblenz aus reist Arnim zunächst zu einem kurzen Aufenthalt nach Düsseldorf, während Brentano – einer Liebesaffäre wegen – einige Wochen in Koblenz bleibt. Auf Arnims Rückreise von Düsseldorf kam es dann auf der an einem Seil geführten Fähre – nichts anderes verbirgt sich hinter der Bezeichnung »fliegende

Brücke« – in Koblenz zu dem herzzerreißenden Abschied, dem eine etwa zwei Jahre währende Zeit der Trennung folgt.

Die Liebeserklärungen und Werbungen, die insbesondere Brentanos Briefe an Arnim durchziehen, wirken auf heutige Leser irritierend. Kühne Bilder scheinen auf praktizierte Homosexualität hinzuweisen, so etwa Brentanos Bemerkung: »du allein lößest den Nestel, der mir in dieser Beiwohnung geknüpft ist«. Doch ist in diesem Falle von der »Beiwohnung« mit der »Natur« die Rede. Brentano spricht davon, dass er weder in Gegenwart von Savigny noch in der Nähe seiner Frau Sophie Mereau zu einer beglückenden Naturerfahrung kommen könne, wie er sie mit Arnim am Rhein erlebt hatte.

Auch ein Traum in seinem Brief vom 6. Februar 1803, der zunächst sehr verfänglich klingt, nimmt eine überraschende Wendung. Wieder erinnert sich Brentano an die Rheinreise: »Kein Mensch kann Briefe schreiben, als du, kein Mensch kann mich lieben, als du, nirgends auf Erden ist mir Wohl geworden, als bei dir, lieber Arnim ich habe heute Nacht lebhaft von dir geträumt, ich war bei dir in Pariß, du saßt auf einem Stuhle und hattest lederne Hosen an, die waren dir zu eng, da machte ich dir die Knöpfe zu an den Knien, und mir bluteten die Finger, ich hatte kein Geld, wagte dich nicht zu fragen, wo du zu Mittag essen würdest, und war so neidisch auf deinen Bedienten, der hatte zu essen, und war viel mit dir, doch hieltest du mich höher, dafür gieng ich allein durch einige Straßen von Pariß, in denen viel Graß war, und sezzte mich traurig in das Graß, und weinte, zog deinen Brief heraus und wollte ihn beantworten, aber der Wind bließ in die Blätter und ich lief in entsezzlicher Angst nach, am Wege stand die Mereau, sie wollte mich mit offnen Armen aufhalten, aber ich rannte sie über den Haufen, und lief biß an den Rhein, bei Bingen fand ich mich wieder, und dich auch, du fuhrst auf einem kleinen Nachen, und ich saß bei dir, und wir tranken Aßmanshaußer, ich sagte dir, ach Gott, sieh einmahl den Umriß des Felsens, der gleicht der Mereau, und da gukte sie oben am Mausethurm heraus, ich sprang ins Waßer, um hinüber zu schwimmen, und du sprangst nach, aber ich muß gewiß ersoffen sein, denn du standst am Maußthurm, und hattest einen langen Zettel dessen Ende ins Wasser fiel und ich stand neben dir und wollte dich umarmen, und konnte nicht, je heftiger ich mich aber bemühte, je emsicher schriebst du, und da ich mit höchster Gewalt zu dir strebte, da traten dir die Thränen in die Augen, und du schriebst nieder, waß ich vergessen habe aber es war ein langes Lied, wie deine Lieder. Wie aber das lied ins Wasser fiel ward es mir deutlich und doch stand ich auf dem Lande, es war ein Lied, da stand drinn, daß du mich liebtest, und daß ich ertrunken sei, das machte mich so traurig, daß ich sehr weinte, welches mich im Wasser viel Mühe kostete, da wachte ich in der Angst auf und sezze mich gleich hin und schreibe dir es, lieber Achim, das war ein Traum, aber das mir jezt das Herz so pocht, daß ich dich liebe, wie den Lieben Gott, daß ich ohne dich nicht leben werde, das ist kein Traum.«

Es ist kein Zweifel, dass solche Träume als Beleg für homosexuelle Fantasien Brentanos gedeutet werden können, doch bleibt es offenbar bei Fantasien. Der Freundschaftskult des 18. und 19. Jahrhunderts setzt stets auch homoerotische Komponenten frei. Enthusiastische Liebesbeteuerungen, Küsse und Tränen gehören zu den Ausdrucksformen dieser Freundschaften, die jedoch die Geschlechterliebe nicht ersetzen. Praktizierte Homosexualität in heutigem Sinne gab es selbstverständlich in der Goethezeit auch, doch distanziert sich Arnim im Briefwechsel mit Brentano ausdrücklich von dieser Form von Sexualität, wenn er feststellt, dass Männerliebe »nothzüchtigt«, dass sie »nichts hervorbringt und überdies ekelhaft ist.«

Der Briefwechsel von Arnim und Brentano, der erst im Jahre 1998 vollständig nach den Handschriften publiziert wurde, ist mit lyrischen Einlagen durchsetzt. Die beiden jungen Dichter legen die gerade geschaffenen Poesien einander zur Prüfung und Huldigung vor. Es sind nicht die schlechtesten Gedichte, die Brentano seinem Freund brieflich übermittelt. *Es sang vor langen Jahren* ist eine Gedichteinlage der Erzählung *Aus der Chronicka eines fahrenden Schülers,* die Brentano zunächst unter dem Titel *Der Ritter und die Seinigen* konzipiert hatte und erst 1817 als Fragment veröffentlichte. In dieser Erzählung wird das Lied einer Mutter in den Mund gelegt, die sich beim Spinnen an die Kindheit ihres Sohnes, des Ritters, erinnert. Im Brief an Arnim leitet Brentano das Lied mit den Worten ein: »ich kann jezt wenig dichten. Weil ich aber weiß, daß in der Ferne auch der kleinste Ton der Liebe wohlthut, so schreibe ich dir hier ein kleines Lied her, es ist das erste in meinem Ritter und die

Seinigen.« Nach diesen Worten klingt der Text wie eine poetische Verklärung der Rheinreise, »da wir zusammen waren«:

Es sang vor langen Jahren,
Wohl auch die Nachtigall,
Das war wohl süßer Schall
Da wir zusammen waren

Ich sing' und kann nicht weinen
Und spinne so allein,
Den Faden klar und rein
So lang der Mond wird scheinen

Da wir zusammen waren
Sang süß die Nachtigall
Nun mahnet mich ihr Schall
Daß Du von mir gefahren

So oft der Mond mag scheinen,
Gedenck ich dein allein,
Mein Herz ist klar und rein,
Gott wolle uns vereinen

Seit du von mir gefahren
Singt stets die Nachtigall
Ich denk bei ihrem Schall
Wie wir zusammen waren

Gott wolle uns vereinen,
Hier spinn ich so allein,
Der Mond scheint klar und rein,
Ich sing' und mögte weinen.

Das kunstvolle Gedicht – in einer Handschrift auch mit dem Titel *Der Spinnerin Nachtlied* überliefert – wurde als Meisterleistung der deutschen Lyrik vielfach interpretiert. Die einfachen, volkslied-artigen Strukturen überzieht Brentano mit einem Netz von klingenden Worten, als wolle er einen Beweis für die romantische Vorstellung liefern, dass Musik und Poesie ursprünglich eine Einheit bildeten, die nun neu gewonnen werden kann. »Dichtkunst und Musick sind die beyden allgemeinsten, genau auf einander gepfropften Reiser des Poetischen Baumes, er trägt hier in der Dichtkunst rothe Rosen mit vielen Rosenkönigen, in der Musick weisse Rosen. Unsre Arbeit sey diese Rosen zu erziehen«, hatte Arnim im Sinne dieser Theorie in einem Brief aus Zürich am 9. Juli 1802 kurz zuvor dem Freund geschrieben. Von den Freunden war jedoch nur Brentano in der Lage, Lieder zu schreiben, die solche Ideen überzeugend umsetzen. Er verstand es, die Sprache durch Assonanzen, Reime und Rhythmik in eine Wortmusik zu verwandeln, die jene ursprüngliche Einheit ahnen lässt.

Arnim kann seinem Freund in der Poesie nicht das Wasser reichen; resignierend erkennt er diese Meisterschaft an: »Du klagst noch daß du nicht dichten kannst, während du mir zwey ausgezeichnet gute Gedichte schickest; was soll *ich* denn sagen? Dadurch wird Deine Bescheidenheit unbescheiden, hingegen meine Unbescheidenheit dir alle kleinen Stücke, wie sie aus der Feder kommen, abzuschreiben, sehr bescheiden. – Ich denke mir dein alter Ritter wird sehr gut, ich glaube daß Du Dein Talent beym rechten Zipfel gefasst hast.«

Während Brentano in raffiniert erzeugten, sorgsam ausgeklügelten Sprachklängen schwelgt, entstehen Arnims Verse offenbar wirklich spontan bei der Niederschrift, denn sie stolpern oft durch ein Niemandsland zwischen Poesie und Prosa und wirken dabei unfreiwillig komisch.

Seine Begabungen liegen auf anderem Gebiet – meisterhaft verschachtelte, geheimnisvolle Erzählungen wie *Der tolle Invalide* oder *Die Majoratsherren* sind von ihm überliefert –, doch seine Gedichte, von denen sich im Nachlaß Entwürfe in großer Zahl fanden, erreichen nie den hohen Standard des Artisten Brentano. Wenn Arnim versucht, schönklingende Verse mit Binnenreimen zu schreiben, so gleitet er ins Alberne ab:

Er sucht schon lang' am Wasserfall
Den eignen Grabmahls Stein;
Er hatte schon lange besonnen gesonnen am Bronnen,
Er hatte noch nie was gewonnen ersonnen am Bronnen,

Er hatte Gedanken begonnen zersponnen am Bronnen
Die Wasser sind bang' in der Sonne zerronnen im Bronnen
Er weint und sucht allein, er gräbt sein Grab allein.

Brentano versucht seine Kritik an den übermittelten Proben aus Arnims zweitem Roman *Ariel's Offenbarungen* durch weitschweifende Überlegungen und Vergleiche abzumildern und das Unverständliche als »Subjektivität« zu rechtfertigen: »Lieber Achim du thust deinen Versen zu wenig Innhalt, Winkelmann thut seinen zu viel Inhalt, und ich thue zu wenig Inhalt in meine Verse. Mit dir zu reden, ohne mit dir zu sein, ist eben so wunderlich als deine Verse in deiner Abwesenheit zu lesen, begreifst du deine Subjectivitaet, du bist äußerst Liebenswürdig, weil deine Wille nur Muthwille ist, dein Leben aber der Muth und der Wille Gottes. *Du* sprichst dich nie aus, das ganze Leben um dich spricht dich aus, deine Versen sprechen sich nie aus, wer sollte sie nun aussprechen? Das Ganze Leben um sie – aber dazu müsten sie objectiver sein, sie sind aber keine unmittelbare Gedichte, sondern du dich unaussprechender bist ihr Mittel und so muß man dich kennen um sie zu lieben. [...] Wunderbar ist es und ein glükliches Zeichen, daß unwilkührlich durch alle deine Gedichte ein Luftzug von Ironie geht, und dein Genius sich selbst zwingt, ein Hinterthürchen aufzulaßen, wo das Gute oder schlechte sich vor dem Rechte des stärkeren hinaus retiren könne. Ein Hauptfehler deiner Lieder ist das Gegentheil von andrer Leute Unglück, du magst vor reimen oft nicht zu Gedanken kommen, andere können ihre Gedanken nicht reimen.«

Während Brentano mit seinem an Arnim gerichteten Lied *Der Jäger an den Hirten* ein romantisches Rollenspiel erfindet, nimmt Arnim in einem seiner Freundschaftsgedichte Bezug auf das klassische Paar Castor und Pollux. Auch seine Selbststilisierung zum Ixion knüpft an antike Mythen an. Er sieht sich selbst als Verbannten, der nur ein Mal an die Göttertafel gerufen wurde und danach gefährlichen Illusionen nachhängt. In der Antike wird berichtet, dass Ixion sich in Hera verliebte und daraufhin wieder von der Göttertafel verbannt und durch Rädern gestraft wurde. Er wird zum Gespött der Götter, weil er einer Täuschung verfällt und statt der Geliebten nur eine Wolke umarmt – ein seltsamer Zeugungsakt, aus dem ein Zentaur hervorgegangen sein soll.

Diese Geschichte der antiken Tradition erzählt Arnim in einer Reihe von 178 Kurzversen, die er in der *Zeitung für Einsiedler* – mit deutlich autobiografischem Bezug – überschreibt: *Ixion, der an seinen Studien verzweifelte Dichter*. In einem fragmentarisch überlieferten, möglicherweise nicht abgeschickten Brief an Brentano wählt er die Überschrift *Ixion der verzweifelnde Academicus* und beschreibt seine Selbstzweifel so:

Ach ich gemeiner
Kerel versuchte
Ewige Hoheit
Göttlige Schöne
Niederzulegen
Mir zum Besitz
Ohne zu ragen
Ueber sie hin. –
Weil ich geduldet
Ward bey dem Mahle
Hofnarr der Götterburg
Schwoll mir der Kropf,
Glaubte ich mich Gott.

So wie hier verbindet Arnim in seiner Dichtung immer wieder recht unbekümmert Bilder und Stoffe der Antike mit eigenen Fantasien und umgangssprachlichen Wendungen. Der arme »Kerel« in der Götterburg gerät zu einer komisch-tragischen Figur, die wenig zur Identifikation reizt, aber beim Leser auch kein befreiendes Lachen auslösen kann. Es entsteht ein »Scherzendes Gemisch von der Nachahmung des Heiligen« – so die Überschrift eines Abschnitts in der *Zeitung für Einsiedler* –, dem ästhetische Qualitäten weitgehend fehlen.

Auch in der Freundschaft zu Brentano blickt Arnim wie der arme Ixion zum Göttlichen auf, denn er leitet sein Gedicht *Kastor an Pollux* mit den Worten ein: »Du bist mein Pollux [...] und ich bin der sterblige Kastor.«

Gelungener als solche Adaptionen klassischer Mythen und Bilder sind die Anknüpfungen an barocke Traditionen. Besonders die Schelmenromane finden Anklang bei den jungen Freunden, und sie zitieren in ihren Briefen immer wieder aus *Schelmuffskys warhafftige curiöse und sehr gefährliche Reisebeschreibung zu Wasser und zu Lande* (1696) von Christian Reuter. Brentano besaß eine Ausgabe von 1750 und redet seinen Freund im Brief gelegentlich mit »Herr Bruder Graf« an. Diese Romanfigur ist ein adliger Kumpan Schelmuffskys, der den Helden auf einer längeren Wegstrecke begleitet und zahlreiche Abenteuer mit ihm besteht. Gemeinsam erleben sie amouröse Abenteuer, erleiden Schiffbruch und werden als arme Schlucker vom Bürgermeister von Amsterdam empfangen. Da sie lange nichts gegessen haben, nehmen sie im Vorzimmer des Bürgermeisters große Mengen Sauerkraut zu sich und müssen sich danach übergeben: »ey sapperment! wir fingen an zu speyen / und spyen der Tebel hohlmer den Burgemeister die Hölle geschissene voll«, heißt es im barocken Vorbild. Auf diese, studentische Fantasien ansprechende Episode nehmen Arnim und Brentano in ihren Briefen immer wieder Bezug; der rauhe, aber herzliche Ton konterkariert die süßen, »romantischen« Passagen dieses Briefwechsels, der sich von dem abgeklärt unterkühlten Freundschaftsbriefwechsel der Klassiker Goethe und Schiller so grundlegend unterscheidet, dass ein Vergleich nahezu sinnlos ist. Entsprechend merkt Arnim nach der Lektüre von Schillers *Philosophischen Briefen* im Anschluss an das Castor und Pollux-Gedicht an: »Ach Gott Bruder Clemens, wenn wir so erbärmlig wären uns so stufenweise einander aufklären zu wollen wie Schillers Julius und Raphael, nein ich fühle es innig, daß Schiller nie einen Freund hatte.«

Das Freundschaftsideal von Klassik und Aufklärung ist nicht Vorbild der jungen Generation; die romantische Dichterfreundschaft fühlt sich eher den ausgreifenden Emotionen des Sturm und Drang verwandt oder wählt barocke Figuren wie *Don Quixote* und seine deutschen Brüder *Simplizissimus* und *Schelmuffsky* zum Modell.

Reuters Roman wird eine Art »Kultbuch« für die Arnim-Brentano-Freundschaft. Zum *Schelmuffsky* fertigte Brentano sogar ein »Gänsespiel« (Brettspiel mit Würfeln) an, auf dem er die zentralen Episoden des Schelmenromans in farbigen Bildern darstellt. Der Briefwechsel ist mit einer Reihe von Schelmuffsky-Redensarten (wie »der Tebel hol mer« – »Saperment« – »Herr Bruder Graf«) gespickt, und Brentano spielt mehrfach auf die Geburt Schelmuffskys nach dem Besuch einer Ratte im Bett seiner Mutter an.

Die hehren Gestalten antiker Götter und Helden treten in Dichtung und Briefen der beiden demgegenüber in den Hintergrund, sie geben allzu wenig Identifikationsmöglichkeiten für die Freunde, die nach emotionalem Halt und einem Lebensziel suchen, das sich gemeinsam verwirklichen lässt. Akademisches und Museales ist ihnen fremd: »wo die Kunst sich dem Marmor gesellte, war keine Poesie mehr im Fleisch«, behauptet Brentano und betont zugleich, dass die gemeinsam geschaffene Kunst viel unmittelbarer mit dem eigenen Leben, mit dem Ernst des gemeinsamen Lebens zu tun haben soll: »Ich habe viel gelitten, und wenig gethan, denn es hat mich noch niemand geliebt, wenn du es recht könntest, so wollte ich mich zu dir gesellen, und wir wollten dann mit Leben und Vermögen zeigen, daß es uns ernst war mit der Poesie, nicht mit unserm geringen Talent, nein mit ihr selbst, wir wollten ihr einen Rok geben, und eine Hütte, und ein Schwert, und ein Weib, bei Gott sie würde die Städte bezwingen.«

Hier schwingt wieder die Idee mit, dass Dichtung für die Gesellschaft existenziell notwendig werden soll, aber Brentano lässt keinen Zweifel daran, dass es dazu bestimmter Voraussetzungen bedarf. Die Dichter müssen selbst auf festem Boden stehen, sie müssen zunächst mit sich selbst ins Reine kommen, sich selbst finden, wie man heute sagt. Deshalb steht eine geplante lyrische Koproduktion unter dem Zeichen gemeinsamer Selbstfindung. *Lieder der Liederbrüder* formuliert Arnim als Titel für das lyrische Flechtwerk, das Brentano im Brief vom 30. April 1803 so beschreibt: »Ich habe eine Idee, die dir vielleicht auch nicht unangenehm wäre, ich habe viele einzelne ungedrukte Lieder von mir, die alle recht schön sind, du hast auch vielleicht vieles, wenn wir sie zusammen drucken ließen mit unsern beiderseitigen Nahmen, sollte uns das Büchelchen nicht immer ein[e] freudige Umarmung unsrer Jugend sein, ich weiß nicht lieber Junge, ob dir meine Gesellschaft nicht zu schlecht ist, aber ich meinte so in meiner Einfalt, es wäre recht schön […] im Eingang schreiben wir uns die Lieder einander zu, und wehren uns bescheiden, und umarmen uns, wenn du in deinem nächsten Briefe dich darüber erklärst, so können wir uns gleich zuschiken, und uns freundlich einander kritisiren. Ich weiß nicht warum mir alle Musenallmanache wiederstehen, und so eine Sammlung von zwei Freunden würde mir sehr viel Freude machen.«

Brentanos Lied *Der Jäger an den Hirten* ist für diese Sammlung konzipiert, wobei sich der Autor klar ist, dass es ein Rollengedicht ist, das nicht exakt die Charaktere der Freunde beschreibt. In diesem Sinne leitet er ein: »ich habe wieder mehrere Lieder gedichtet, unter andern eins worinn ich an dich und mich gedacht habe, aber es paßt nicht ganz, denn ich bin der Jäger und du der Hirth, und doch sind wir beide, beides, aber das Lied hat gute Stellen ich glaube, es sind mit meine besten Verse.« Die letzten beiden Strophen fassen zusammen:

Du kannst Kränze schlingen, singen,
Schnizzen, spizzen Pfeile süß,
Ich kann ringen, klingen, schwingen
Schlank und blank den Jägerspieß.

Gieb die Pfeile, nimm den Bogen
Ich bin Ernst und du bist Scherz,
Hab die Senne ich gezogen,
Du gezielt, so trifts ins Herz.

Mit Arnims Antwortgedichten im Wechselspiel hätte diese Sammlung freilich ein eher kurioses Konglomerat ergeben, und es nimmt nicht wunder, dass die beiden dieses Projekt einer unmittelbaren Verbindung in einem *Sing Decameron* – wie Brentano die *Liederbrüder* einmal nennt – langsam einschlafen lassen. An seine Stelle tritt der Plan eines »wohlfeilen Volksliederbuchs«, eine Veränderung, die auch mit dem persönlichen Verhältnis der beiden zu tun hat. Denn seit der Versöhnung mit Sophie Mereau sucht Brentano die dichterische Kooperation und Verwirklichung des romantischen Lebens in der Beziehung zu einer Frau. Ihr gelten nun seine Liebeslieder und seine Fantasien von einem »poetischen Leben« zu zweit; die Männerfreundschaft tritt eine Zeitlang in den Hintergrund, obwohl der Ende 1803 veröffentlichte Epilog des *Ponce de Leon* noch einmal die Göttinger Zeit beschwört. In einer »Zugabe«, die der Heldin Valeria in den Mund gelegt ist, spricht Brentano von dem »fernen Freund« Arnim, der bei der Geburt des Stückes Pate gestanden habe. Ihm ruft Valeria im Namen des Autors (des »Vaters« dieses Lustspiels) am Schluss zu:

So sind wir dann zur Wanderschaft Gesellen,
Und wollen uns wie uns're Väter lieben,
O liebe mich, wie ihn, der dich nur liebt!

Aus dem Jahre 1803 stammt auch die Büste, die Brentano als einen geradezu »klassischen«, edlen Jüngling zeigt. Es war der Bruder des Dichters Tieck, Christian Tieck, der in seinem Atelier in Weimar diese idealisierende Büste schuf, die an griechische Jünglinge erinnert. Der weiße Kopf sieht so aus, wie viele von Tieck in klassizistischer Manier geschaffene Dichterbüsten, die heute in der Walhalla bei Regensburg oder der Berliner Nationalgalerie zu bewundern sind, »durchaus rein antik«, wie Brentano sagt. Es ist eine Auftragsarbeit des jungen Dichters, der damit indirekt seinen Anspruch artikuliert, in die Tradition der anerkannten Poeten einzugehen. Brentano sah sich selbst so, wie Winkelmann *Maria* im *Godwi* beschrieben hatte: als genialen und führenden Vertreter der romantischen Bewegung, dem die Arbeiten in allen Gattungen nur so aus der Feder fließen. Dass er damit noch nicht das Niveau und die Schaffenskraft erreicht hat, um als deutscher Shakespeare oder zweiter Goethe in die Literaturgeschichte einzugehen, ist ihm nicht bewusst. Selbstironie, Selbstzweifel und Selbstüberschätzung gehen in seiner Persönlichkeit eine charakteristische Mischung ein, die bei Künstlernaturen nicht gerade selten ist.

Brentano ließ sein Abbild für Bettine anfertigen, regte aber alle Freunde an, einen Gipsabdruck zu bestellen, so dass heute eine Reihe von »Originalen« erhalten sind. In seinem Brief an Arnim scheint er sich von der idealisierenden Darstellung zu distanzieren: Tieck »hat meine *Büste* für Betinen gemacht, wie ähnlich, und doch nur wie ich aussehen würde, wenn ich das Ziel meiner Kunst erreicht hätte, es ist mir ein Trost für die Möglichkeit, daß ich so aussehen kann, und von nun an will ich keine Gesichter mehr schneiden.«

In Wahrheit ist Brentano trotz aller Selbstironie davon überzeugt, dass er mit seinen Werken mittlerweile zu den bedeutendsten, »denkmalswürdigen« Dichtern gehört, dass er nun eine Sphäre jenseits der Philisterwelt erreicht hat, dass er das gelobte Land der Kunst betreten hat und sich auf dem besten Wege befindet, den deutschen Klassikern den Rang abzulaufen. Er möchte, daß all seine Freunde – besser noch: alle Welt – ihn in dieser Gestalt, als

Clemens Brentano, Gipsbüste von Christian Friedrich Tieck, 1803.

arrivierten, abgehobenen Dichter, wahrnimmt. Deshalb fährt er in seinem Brief an Arnim fort: »Wenn du zurückkehrst, kannst du dir einen Abguß von Tieck bestellen, dann hast du mich, aber vergiß es nicht, ich bin zu Arm dazu, da mir das Modelliren zu viel kostet, es würde mich kränken, wenn du es vergäßest, denn es wird dir unsägliche Freude machen.« Noch bevor das Werk fertig ist, fordert er Savigny – mit Nennung des Preises – zur Bestellung eines Exemplars auf: »Mein gröster Lusten hier, ist bei Tiek in der Werkstatt zu sitzen, [...] seine Erfindung ist durchaus rein antik [...] Unglaublich ist seine Fertigkeit in der Modellirung der Büsten [...] Ich werde mich für ihn modelliren laßen für Betinen [...] die Form behält er und jeder Abguß kostet wieder zwei Louisd. so können sie ja auch zu einem Hausgözzen kommen. Wollen Sie nicht den Göthe von ihm, ich will ihn ihnen besorgen, er wäre schön auf dem Eckschranck.« Goethe auf dem Eckschrank und Brentano als Gegenstück auf der Kommode, vereint bei dem berühmten Gelehrten von Savigny: das sind die geheimen Träume des jungen Dichters in dieser Zeit.

KAPITEL SECHS

Lieber, schrecklicher, göttlicher, unmenschlicher Clemens!

Jena – Weimar – Marburg

Das Leben zu »poetisieren« und zu »romantisieren« und damit auch bei der Gestaltung des eigenen Lebens Werte und Muster einer neuen, »revolutionären« Kunst einzubringen, ist das erklärte Ziel der Jenaer Intellektuellengruppe, und Clemens Brentano wird mit seinem Versuch, diese Forderung in der Lebenspraxis umzusetzen, zum Musterschüler der neuen Schule. Er verinnerlicht eifrig deren Ideale und folgt ihnen mit übertriebener Konsequenz. So steht auch seine Beziehung zu Sophie Mereau, die enge Kontakte zu dem Jenaer Kreis unterhält und besonders von Friedrich Schlegel umworben wird, unter dem Anspruch jener neuen, »universellen« Liebe, die im Roman *Lucinde* geschildert wird.

Es verwundert deshalb nicht, dass Brentano in seinen Briefen an die attraktive Professorengattin vielfach auf Bilder und Vokabeln aus diesem Roman zurückgreift. Im September 1803 schreibt er der Schriftstellerin: »ich sehne mich mit einem Liebevollen romantischen Weib, einen poetischen Bund zu schließen, und mitten in dem wirklichen prosaischen Leben, eine freie poetische fantastische Lebensart anzufangen, ganz in der Stille, so daß die Neugierde uns nicht stört, möchte ich mich von allen Verhältnißen, allen Gewohnheiten trennen, möchte ich in der Stille zu zweit seelig, glücklich, das heist verrückt werden«. Auch das erträumte »Vegetieren« der Liebenden in einer paradiesischen Pflanzenwelt, das Brentano anschließend schildert, wird mit ähnlichen Bildern in Schlegels Roman dargestellt. Im Brief Brentanos an Sophie klingt das so: »Unser Leben wäre dann, wie in den wunderbaren Pflanzenwäldern unter dem Waßer, die sich oben bescheiden in einer grünen Rinde über der Fläche enden […] fest in einander verschlungen bilden wir den Kern unsrer ganzen Weltanschauung, und werden nur deshalb von der uns umgebenden Welt nicht entwurzelt, weil sie glaubt wir seien ein schöner seltner Fruchtbaum ihres Gartens, in dem wir uns im innern, in dem Geheimniß unsrer Liebe, so durchdringen, daß unsre Oberfläche, Blätter, Blüthe und Frucht die Menschen entzücken […] das aber, waß der poetische Mensch selbst besizt und seiner Geliebten mittheilt, sind die Früchte seiner innern unsichtbaren Welt, ist sein Heiligstes und der eigentliche Quell seines Lebens.«

Faszinierende Liebesbriefe, die zu den schönsten der deutschen Literatur gehören, entstehen so unter der Feder Clemens Brentanos. Jedenfalls in der dichterischen Praxis übertrifft er Friedrich Schlegel, dessen *Lucinde* gegen die Formulierungskunst des jungen poetischen Liebhabers wie ein ungeschicktes Traktat wirkt.

Der Briefwechsel kennt freilich auch andere Töne, und zunächst geht es für den jungen Brentano darum, ob diese Frau denn überhaupt dem hohen Anspruch einer romantischen Liebe entsprechen kann, diesem Idealbild einer neuartigen Beziehung, das nach der *Lucinde*-Lektüre in Brentanos Imagination entstanden ist und zunächst nur in Wortgebilden romantischer Brief- und Romankunst existiert.

Schon im Herbst 1798 hatte er die »vortrefliche Dichterinn Profeßor Mereau« – zu diesem Zeitpunkt noch unglücklich-prosaisch mit einem Jura-Professor in Jena verheiratet – kennen gelernt und im Brief an den Bruder Franz festgestellt, dass sie »ganz körperlich und geistig das Bild unsrer verstorbenen Mutter ist«. Diese Äußerung, die eine freudianische Interpretation geradezu herausfordert, verdeutlicht, dass die Emotionen, die in der Anfangsphase dieser »romantischen Liebe« freigesetzt werden, nicht bei der Romanlektüre »angelesen« sind, sondern in dem Kindheitstrauma Brentanos ihre tiefen Wurzeln haben. Es ist der frühe Verlust der Mutter, der eine sein ganzes Leben bestimmende Sehnsucht nach Geborgenheit, nach einer Halt gebenden Liebe auslöst. Die romantische Theorie bringt Brentanos Gefühle nicht hervor, sondern gibt ihm nur die Möglichkeit, seine innere Bewegung in dichterische Bilder umzusetzen, sie bestätigt sein in mancher Hinsicht noch pubertäres Fühlen. Die Begegnung mit der realen Sophie Mereau setzt seine hochgespannten Liebeserwartungen zum ersten Mal frei.

Im Unterschied zu der legendären, von mehreren Zeitgenossen beschriebenen Begegnung von Friedrich und Dorothea Schlegel (das Muster der *Lucinde*-Liebe) im Salon von Henriette Herz in Ber-

Sophie Mereau, Scherenschnitt von unbekannter Hand, um 1801.

lin ist die gegenseitige Faszination bei Brentano und Sophie Mereau keineswegs so »grundstürzend«. Clemens Brentano ist nicht sogleich davon überzeugt, dass er nun die Frau seines Lebens gefunden hat, und Sophie Mereaus Tagebuch aus den Jahren 1799 bis 1803 mit lakonischen Notizen zu »süßen Stunden« mit wechselnden Partnern lässt erkennen, dass Clemens zunächst keine Sonderrolle in ihrem »Salon« spielt.

Sophie hatte zwar keinen Jour fixe eingeführt – wie Henriette Herz und Rahel Levin (Varnhagen) in Berlin –, aber sie steht doch im Zentrum einer Gruppe von Literaten, die einander umwerben. Mit kunstvoll formulierten Billetts, Gedichten und Briefen bekunden sie einander ihre Zuneigung, wetteifern die Habitués zugleich als Schriftsteller und als Verehrer der Salonière miteinander. Seit den Ursprüngen der frühromantischen Salons gehört das verdeckte, literarisch verbrämte Liebesspiel zu den Kennzeichen der Salongemeinschaften. Leidenschaftliche Liebesbeziehungen sind in diesen Kreisen die Ausnahme, Geistesfreundschaften mit erotischen Untertönen eher die Regel.

In Jena und Weimar sind um 1800 noch keine scharfen Grenzen zwischen Klassik und Romantik gezogen; die Brüder Schlegel hatten sich mit ihren Partnerinnen in Jena niedergelassen, weil mit Goethe und Schiller, Wieland und Herder hier die bedeutendsten Intellektuellen Deutschlands in unmittelbarer Nähe lebten. Jena gehörte zu den führenden deutschen Universitäten. So mischen sich um die Jahrhundertwende Vertreter der jungen romantischen Avantgarde mit den Klassikern im geselligen Leben der beiden Orte. Sophie Mereau pflegt Kontakte in alle Richtungen; die Liebe zu ihrem allgemein als roh und grob beschriebenen Ehemann, dem sie 1794 und 1797 Kinder geboren hatte, war erloschen. Bereits 1795/96 hatte sie eine Liebesaffäre mit dem Studenten Johann Heinrich Kipp, im September 1796 mit einem weiteren Liebhaber, dem Arzt Georg Philipp Schmidt, Reisen unternommen. In der Philisterwelt mussten solche Eskapaden einer verheirateten Frau Aufsehen erregen, ihrem Ruf in der poetischen Gegenwelt der Literaten waren sie jedoch nicht abträglich. Es ist insbesondere Schiller, der Sophie Mereau protegiert und offensichtlich auch nicht immun ist gegen ihre erotischen Reize.

Der junge Student Brentano ist vermutlich der Unerfahrenste, Unbedarfteste in dieser offenen Salon-Runde. Er verliebt sich spontan in die attraktive Frau, die im Zentrum steht, und gewinnt vorübergehend ihre Gunst. Im November 1798 finden wir im Mereau-Tagebuch den ersten Eintrag über die Beziehung zu »B.«. Dieser Buchstabe ist das Kürzel für »Brentano«; Sophie Mereau benutzt in ihrem Tagebuch für alle Verehrer derartige Chiffren; nicht alle können heute einwandfrei dechiffriert werden: »S.« steht zunächst für Schmidt, später für Schiller oder Friedrich Schlegel, »M.« für den Ehemann, den Universitätsbibliothekar und Juraprofessor Friedrich Ernst Carl Mereau, und »B.« bedeutet Brentano und kann Clemens oder auch Sophie Brentano meinen.

Die Eintragungen über Begegnungen mit Clemens stehen im Tagebuch zunächst in enger Nachbarschaft zu Beschreibungen »romantischer« Stunden mit Schiller. So lesen wir:

2. November. [...] Zu Schiller. Süße Luft. Geliebte Bilder. Romantisch.
9. November. Sehr heiter mit B. [...] Besuch bei Schiller, bei Schnauberts. Abends mit B.
16. November. Froher durch B. Besuch bei Schiller und Schnauberts. Nicht heiter.
1sten Dezember 1798. Besuch bei Schiller. Wenig Freude. Süße Stunden mit B.

Im Tagebuch zum Jahr 1799 wird erkennbar, dass Brentano Schiller in der Gunst allmählich verdrängt; das Jahr ist – wie die Mereau-Biografin Dagmar von Gersdorff konstatiert – »von Brentanos Anwesenheit geprägt«. Gemeinsam besuchen die beiden zum Beispiel im Juli 1799 Clemens' Schwester Sophie, die zu dieser Zeit bei Wieland auf dessen Gut Oßmannstedt bei Weimar lebt. Dort lernt Sophie Mereau zugleich Brentanos Großmutter Sophie von La Roche, die ehemalige Verlobte Wielands, kennen.

Für Sophie Mereau war die ältere Namensschwester der lebende Beweis dafür, dass auch Frauen sich durch Veröffentlichungen ihren Lebensunterhalt verdienen können. Eine Reihe von Schritten zu finanzieller Unabhängigkeit hatte Sophie Mereau selbst auch bereits unternommen: 1794 war ihr Roman *Das Blüthenalter der Empfindung* erschienen, einzelne Gedichte gab sie an so renommierte Blätter wie Schillers *Thalia* und *Die Horen*; im *Journal des Luxus und der Moden* und verschiedenen Musen-Almanachen, von denen sie selbst einige herausgab, konnte man ihre Beiträge lesen. So kommt es im Sommer 1799 auf dem idyllischen Landgut Wielands, als Clemens und Sophie Mereau ihren Ausflug dorthin unternehmen, zu einem großen Familien- und Dichter(innen)treffen. Mit wenigen Stichworten beschreibt Sophie Mereau dieses Ereignis in ihrem Tagebuch:

23. Juli 1799. Reise nach Osmannstedt. Bekanntschaft der La Roche und [Sophie] Brentano. Ruhige, aufgelöste Stimmung. Schöne Rückreise mit B. Anständig.

Die erhaltenen Briefe aus der Frühzeit der Brentano-Beziehung zeigen, dass Sophie Mereau die inneren Spannungen bei ihrem jungen

Verehrer durchaus wahrnimmt und eine gewisse Distanz zu wahren sucht. Bereits im ersten Brief vom November 1798 redet sie ihn mit »lieber, schrecklicher, göttlicher, unmenschlicher Clemens!« an. Tagebuch und Briefwechsel belegen, dass diese starken emotionalen Schwankungen mit »göttlichen« und »schrecklichen« Phasen charakteristisch für die Liebesbeziehung bleiben. Clemens umwirbt Sophie in seinen Briefen mit allem phantasie- und gefühlvollen Charme, der ihm zur Verfügung steht: »Wenn ich denke, daß wir für einander, und mit einander leben könnten, da ist das andre Leben all vorbei, und wir müsten es wahrlich im geheimen thun, sonst wär es nicht recht denn die andern alle wie sonst sehen wie sie von Gott mißhandelt sind und wie alle ihre Freuden nur Elend sind.« Im selben Brief macht er der Geliebten jedoch schwere Vorwürfe und versucht sie für seinen aufgewühlten und unausgeglichenen Zustand verantwortlich zu machen. Er appelliert an das Mitleid der Freundin, versucht sie immer wieder in eine mütterliche Rolle zu drängen. Wie ein hilfloser Sohn ruft er nach Trost, erhofft er Beruhigung und Rettung aus seiner inneren Zerrissenheit, ohne dabei sein Gegenüber als sensibles Wesen überhaupt wahrzunehmen. Die süßen Töne in seinen Briefen schlagen dann in Selbstanklagen, Selbstmitleid oder rüde Attacken um. Die Hilferufe geraten zu Anklagen und projizieren im Grunde nur die eigenen Probleme auf seine Partnerin.

Doch die erfahrene Frau, der es in Weimar und Jena an Verehrern kaum mangelt, bewahrt kühlen Kopf und dämpft das Werben des jungen Studenten, weist ihn gelegentlich auch entschieden zurück. Gegen die fürsorglich-mütterliche Rolle, in die sie Brentano drängen will, sträubt sie sich zunächst mit Erfolg. Die Begegnungen mit dem fantasievollen und exzentrischen jungen Mann sind für sie vermutlich anfangs nur ein unverbindliches amouröses Abenteuer. Zwar gibt sie sich in »süßen Stunden« ihren Gefühlen und Stimmungen immer wieder hin, doch gelingt es ihr stets, erneut Abstand zu gewinnen. Auf fordernde Briefe ihres Liebhabers reagiert sie gar nicht oder äußerst kritisch: Der Brief »enthält einiges, was mir in einer andern Stimmung hätte weh tun können«, heißt es kühl und dann: »Zwei von Ihren Briefen haben nicht das Glück mir zu gefallen«.

Solche Äußerungen lassen erkennen, dass sie ihrem Verehrer weit überlegen ist und behutsam Distanz wahrt, um den übersensiblen

Freund nicht zu kränken oder zu verletzen. Ihre unabhängige Position gibt sie nicht preis; dabei merkt sie sehr wohl, dass Clemens mit seinen Vorwürfen die eigenen Spannungen auf sie zu übertragen versucht. Es ist auch nicht schwer, in der folgenden Schilderung ihres Wesens ein Selbstporträt Brentanos zu erkennen: »In deinem ganzen Wesen, liegt eine Zerrüttung, eine Augenbliklichkeit, ein beständiges Retten mit kleinen Schritten, die mich fürchterlich ängstigt. Wenn du mich sehen könntest, wie ich gar nichts mehr thun kann, nicht ein mahl mehr Zitter spielen, wie mir die Thränen der Hülflosigkeit aus den Augen stürzen wenn ich nur einem freundlichen Wesen in die Augen sehe, ach du würdest mich auf eine Stunde lieben, und denken, daß ich doch ein guter Mensch sei. Warum, warum? mußt Du jede Freude ermorden, die mir aus Deinen Armen übrigbleibt.«

Sophie reagiert ironisch, zeigt, dass sie sein werbendes Flehen durchschaut und nicht bereit ist, die mütterliche Rolle zu übernehmen: »Der Freund ist krank. Ach! wie unglücklich er ist! – ein ganzes Leben ohne Liebe, und eine öde, verengte Brust. Und alles fremd um ihn, nur Pflicht und Menschlichkeit, wenn er es fühlen kann – und er fühlt es – was muß er leiden!« Ihren Brief schließt sie mit den Ratschlägen: »Sei stolz und bescheiden. Lebe der Liebe und liebe das Leben.« Dass solche wohlformulierten Formeln keine wirkliche Erwiderung von Brentanos leidenschaftlich-zerreißender, glücklich-unglücklicher Hingabe bedeuten, sondern das Werben eines lästig werdenden Liebhabers ins Unverbindliche ablenken sollen, ist offenkundig. Brentano ist in seinem grenzenlosen Liebeskummer, den ihre Reaktionen auslösen, gar nicht fähig, das »Leben« zu »lieben« oder einer abstrakten »Liebe« zu »leben«; er leidet unter Leben und Liebe und empfindet auch freundliche Worte als schroffe Zurückweisung.

So ist es nicht verwunderlich, dass es im Frühjahr 1800 zu einer Abkühlung kommt, die im Kern von der Abwehrhaltung der Mereau ausgelöst wird. Brentano, der sich mit allen Fasern seines Wesens dieser Frau verschrieben hat, fühlt sich nicht verstanden, Sophie dagegen kann seine Gefühlsschwankungen und seinen kompromisslosen Anspruch auf eine unbedingte Liebe nicht mehr ertragen. Brentano verflucht nun die »Hexe in Jena« und macht im Sommer dieses Missvergnügens einer anderen Frau einen Heiratsantrag.

Deren Spur finden wir in der Widmung des ersten *Godwi*-Bandes: »Den schönen Launen der lieblichen Minna, dem guten Geiste Juliens und dem stillen heiteren Sinne Henriettens« widmet er den Ende 1800 ausgelieferten Band und huldigt damit den drei Schwestern Reichenbach aus Altenburg, von denen die älteste mit einem Stiefbruder der Mereau verheiratet ist. Minna, die zweite, wird als Schönheit beschrieben, und Brentanos kaum erwiderte Zuneigung, die sich bei einem Besuch im Sommer 1800 entwickelt und in zahlreichen Liebesbriefen deutlich wird, gilt diesem 18-jährigen Mädchen. Das Verhältnis zu Sophie Mereau ist zu dieser Zeit gestört, ihr Tagebuch verrät, dass die »süßen Stunden« nun Friedrich Schlegel gelten.

Unter der Datumsangabe August 1800 heißt es: »Festeres Verhältnis mit S. Süße Lust. Gänzlich aufgehobner Umgang mit B. Reise nach Ilmenau und Schwarzburg. Erster Abend. Entzücken – Zärtlichkeit. Stille.« So gehen die beiden ungleichen Liebenden – die erfahrene Salonière und der stürmische Student – eine Zeit lang getrennte Wege, und Brentano tröstet sich seinerseits mit amourösen Abenteuern, findet jedoch bei den umworbenen jungen Mädchen kaum Resonanz. Nicht nur Minna Reichenbach gibt ihm einen Korb, auch Johanna Kraus, mit der er im Anschluss an die Rheinreise mit Arnim einige verliebte Wochen in Koblenz verbringt und im Sommer 1802 Liebesbriefe wechselt.

Offensichtlich versucht Brentano mit aller Kraft die Erinnerung an Sophie Mereau zu verdrängen. Arnim und Bettine gegenüber stellt er seine Affären zum Teil als bewegende neue Liebesbeziehungen dar, doch deutet vieles darauf hin, dass er sich selbst etwas vormacht und die Verdrängung nicht gelingt. Schwärmerisch schildert er dem Freund mit romantischen Bildern seinen Aufenthalt »auf einer einsamen Insel der Lahn zwischen hohen Bergen im dichten Gebüsch« und behauptet, das Mädchen gleiche ihm, Arnim, »durch und durch im Weßen und Gesicht« und habe deshalb den Namen Arnim angenommen, doch dann betont er im selben Brief: »Meine Liebe dort existirt unter sehr schwierigen Umständen, ein Unschuldig Kind von Vater und Tante eingesperrt. Aber ich kann nicht mehr lieben, und strebe daher nach Schwierigkeiten, die Ganze Liebschaft ist meine Geliebte, und ich will der Liebschaft nur die Jungfrauschaft rauben, je mühsamer, je enger, je mehr Freude.«

Von weiteren Liebesabenteuern der Rheinreise – Begegnungen

mit der Rüdesheimer Wirtstochter Walpurgis Ackermann und mit Benedikte Korbach in Koblenz – ist im *Frühlingskranz*, dem Briefwechsel mit der Schwester Bettine, die Rede. Bettine weiß diese Liebschaften als flüchtige Flirts zu nehmen und hänselt den Bruder, indem sie seine Liebchen auflistet und behauptet: »lang wirds kaum dauern, denn Du wirst Dich gewiß […] wieder heraus machen, und wirst gelaufen kommen und Deinen Kirchgang thun bei mir und von mir aussegnen lassen wieder, denn das muß ich allemal.«

Im selben Brief gibt sie eine lebendige Schilderung von dem Auftritt des Freundespaares am Rhein. Brentano gibt sich elegant, Arnim tritt schlampig-lässig auf: »O Clemente, Deine blaue Halsbinde, Deine wunderschön lederne Beinkleider! Deine rothe Freiheitsmütze! […] Arnim so schlampig in seinem weiten Überrock, die Nath im Ärmel aufgetrennt, mit dem Ziegenhainer, die Mütze mit halb abgerissnem Futter, das neben heraus sah, Du so fein und elegant, mit rothem Mützchen über Deinen tausend Locken, mit dem dünnsten Röhrchen, einen lockenden Tabacksbeutel aus der Tasche, und wie Arnim unterwegs die Bemerkung machte, die Mädchen am Brunnen sähen Dir mit Wohlgefallen nach.«

Abenteuer dieser Art können bei Brentano den schmerzlichen Verlust seiner intensiven ersten Liebe Sophie Mereau nicht verdrängen. Bereits im Anhang zum *Godwi* hatte er seinen Freund Winkelmann über den Autor *Maria* schreiben lassen: »Alle Erinnerungen seiner Kindheit verloren sich in Schmerz, keine Eltern zu haben, alle Hoffnungen seiner Jugend brach die Verzweiflung der Liebe. Wie sein Leben bedeckte auch diese Leidenschaft ein Schleier. Daß er ein edles Weib, getrennt durch Verhältnisse, unglücklich liebe, war keinem von uns verborgen, denn es war der Inhalt seines ganzen Daseyns.« Brentano empfindet diesen Verlust tief, fühlt sich zurückgestoßen und bekennt seinem Freund Arnim in einem Brief nach Genf am 8. September 1802: »wenn mich die Mereau umarmte, mußte ich heftig weinen, denn ich ahndete wohl sie werde mich von sich stossen, und doch schloß ich meine Arme so heftig um sie, in jenen Zeiten ist meine Eigenthümlichkeit gewaltsam zerstört worden, und alle mögliche Bewegungen meiner Seele sind in jener Zeit auf ewig bestimmt, ich kann nur dann wieder aufleben, wenn ich alle diese Bewegungen um ein neues Leben herumlege, das mich nicht wieder von sich stößt.«

Eines der berühmtesten Gedichte Clemens Brentanos, das er später mit dem Titel *Verzweiflung in der Liebe an der Liebe* versah, wird meist fälschlich auf die spektakuläre zweite Ehe Brentanos mit Auguste Bußmann bezogen. In Wirklichkeit entsteht es jedoch bereits im November 1800 und kennzeichnet damit die innere Situation Brentanos während seiner ersten großen Liebe. Der Kontext eines Briefes an Friedrich Karl von Savigny könnte darauf hindeuten, dass Brentano ein Gemälde beschreibt, wie es unter den Frühromantikern Mode war, doch ist ein passendes Bild bislang nicht gefunden worden, und die einleitende Formel im Brief – »in mir ist eine Skizze geworden« – bestätigt jedenfalls, dass es die abgrundtiefe Verzweiflung des von der Liebe zerrissenen Betrachters ist, die hier dichterisch umgesetzt wird, indem Liebesbett und Totenbahre miteinander in Verbindung gebracht werden:

Auf Dornen oder Roßen [= Rosen] hingesunken?
– Ob leißer Athem von den Lippen fließt –
– Ob ihr der Krampf den kleinen Mund verschließt –
– Kein Oel der Lampe – oder keinen Funken? –

Der Jüngling – betend – tod – im Schlafe trunken?
– Ob er der Jungfrau höchste Gunst genießt –
Was ist's? das der gefallne Becher gießt –
– Hat Gift, hat Wein, hat Balsam sie getrunken –

Und sieh! des Knaben Arme Flügel werden –
– Nein Mantelsfalten, – Leichentuches Falten
Um sie strahlt Heil'genschein – zerraufte Haare –

O deute die undeutlichen Geberden,
O laß' des Zweifels schmerzliche Gewalten –
Enthüll, Verhüll das Freudenbett – die Bahre.

Die kühnen Bilder dieses Sonetts waren Anlass, Brentano als radikal modernen Wort-Artisten zu verstehen. Es war insbesondere Hans Magnus Enzensberger, der auf dieses Gedicht immer wieder hinwies. Das Erstaunliche ist, dass solche Texte bei Brentano in unmittelbarer Nachbarschaft zu leicht schwebenden Gesängen entstehen, die der heutigen Vorstellung von »romantisch« viel näher stehen: *Lieb und Leid im leichten Leben* ist ein Beispiel für eine solche Dichtung. Brentano schickte sie ebenfalls an Savigny, zu einer Zeit, als sein Verhältnis zu Sophie Mereau auf einem Tiefpunkt angekommen war.

> Lieb und Leid im leichten Leben
> sich erheben, abwärts schweben,
> Alles will das Herz umfangen,
> Nur verlangen, nie erlangen,
> […]
> Frühling muß mit süßen Bliken
> Sie beglüken, sie berüken,
> Sommer sie mit Frucht und Myrthen
> froh bewirthen, froh umgürten.
> […]
> Wasser fallen um zu springen.
> Um zu klingen, um zu singen
> Muß ich schweigen. Wie und wo?
> Trüb und froh? nur so, so.

Die Briefe an Arnim verraten die gleiche Spannbreite der Gefühle. Selbstmitleid und Verzweiflung wechseln mit Phasen scheinbarer Ruhe ab. Zwar spricht er von dem Gift in der Wunde, »die mir die schöne Hexe in Jena biß«, doch gibt er sich betont gelassen und scheinbar uninteressiert, als die Möglichkeit einer Wiederannäherung aufscheint: »Ich behandle bei meinem völligen Unglauben an Sie die ganze Sache, wie einer der seine lezten Groschen in Opium versäuft.« Ein Brief von Sophie mit dem recht unverbindlichen Angebot eines Treffens kommt – wie er behauptet – »ohne Veranlassung«, dabei hatte er im Dezember 1802 – Sophie ist inzwischen geschieden, die Affäre mit Schlegel beendet – seinen jüngeren Bruder Christian vorgeschickt, um das Terrain für ein Rendezvous zu sondieren. Dessen Brief beginnt: »Madame! Ein Auftrag von meinem Bruder Clemens macht mich so frei, Ihnen zu schreiben. Er ermahnt mich, ihn mit Ruhe und Bescheidenheit auszuführen.« Dann zitiert er aus einem Brief von Clemens aus Düsseldorf. »Von einer Schauspielerin […] schreibt er mir: ›Was mich besonders ans Theater fesselt, ist die Gestalt und die ganze Manier einer Schauspielerin, die der Mereau bis auf den Kopf ganz gleicht, vortrefflich singt und spielt; ich liebe in ihr noch immer jenen Engel‹ … Mehr sage ich nicht.«

Als Sophie reagiert, gibt Clemens sich in seinen Berichten an Achim von Arnim noch immer überlegen lässig, doch lässt sich unschwer eine Art Selbstschutz in diesen Äußerungen erkennen. Er wertet die Partnerin ab, zählt sie zu den Naturen, »die alle ihre Gemüthsevolutionen schon unzähliche Mahl gemacht haben« und Damen gleichen, »die sich mit wohlriechenden Salben schmieren, und sich dabei scherzend geölten Ringern vergleichen, ohne zu wißen, daß das Oel bei Ihnen schon durchschlägt, und man alles gar gut sehen kann, waß Sie schlechtes im Leibe haben«. Verzweifelt versucht er mit solchen unflätigen Äußerungen, sich selbst vor einer erneuten Enttäuschung zu schützen: »mit Füssen soll sie mich nicht wieder treten«, ist der Kernsatz in einem der Briefe an Arnim.

Nur mühsam vertuscht er, wie nahe ihm die Sache geht: »Merkwürdigkeiten meines Lebens sind: Ein kleiner etwas fader Brief der Mereau ohne Veranlassung, in dem sie mich auffordert ehrlich und ohne Wizz mich gegen Sie zu erklären, Meine Antwort hierauf aus vollem wahren Herzen ohne Schonung für mich und sie, wie ein geistreicher dritter, Alles mit den scharfsinnigsten Nuanzen ausgeführt, ihre Geschichte in dreierlei Gestalten, voll Muthwill, wahr biß zur Zote, Erklärung meines großen Lusten, sie zu beschlafen, Trauer über ihr Alter, und ihre unendlich schlechten Verse, überhaubt der freiste, kühnste, und glücklichste Brief, den ich je geschrieben, und der längste, er schloß in einigen brünstigen Handwerksburschen liedern.« Dieser »glücklichste Brief« vom 10. Januar 1803 umfaßt 19 eng beschriebene Handschriftenseiten und schließt mit einigen »brünstigen« Liebeserklärungen, denn den erwähnten Handwerksburschenliedern folgt noch der Schlussabsatz: »Adieu liebe, liebe Sophie vergiß mich nicht, o wüstest du wie ich liebe, dich und so unglüklich, daß ich die seltsamsten traurigsten Künste anwenden muß mich zu betrügen, und zu glauben ich hielt dich in meinen Armen, ach wenn ich dich sehen könnte, küßen könnte, könnte – könnte

Ewig dein treuer
armer unbegreiflicher
Clemens.«

Sophie lässt den Heißsporn noch einige Wochen »zappeln« und deutet erst im März an: »Es ist nicht unmöglich, daß wir uns wieder sehen; *hier* in Weimar aber niemals. Überlassen Sie es dem Schicksal oder ihrer Gottheit, wenn Sie eine anerkennen.« Nach zwei weiteren werbenden Briefen Brentanos stellt sie Anfang Mai einen Termin für ein Rendezvous in Aussicht: »Nun – so geschehe es denn ohne alle Vorbereitung! Kommen Sie nach Weimar; vom 25ten Mai bis 24ten Junii bin ich gewiß hier; später aber kann ich nicht dafür stehen. Lassen Sie mir ihre Ankunft wissen, und erwarten Sie meine Antwort.«

Je näher die Begegnung rückt, zu der es dann Anfang Juni 1803 kommt, desto mehr geht der Ton der Briefe an Arnim beim Thema Mereau wieder in ordinären Studentenjargon über. Anzüglich ist von einer »Quarte in den Unterleib« die Rede, und Brentano stellt seine neuerliche Werbung als ein Katz- und Mausspiel dar, bei dem er die Freundin nach Belieben manipulieren kann. Eine »Falle« will er der Mereau stellen und beschreibt damit seine Pläne so großsprecherisch wie ein unerfahrener Schuljunge, der sich vor seinen Kameraden brüsten will: »Die Mereau hat sich zum Ziele gelegt (ach wäre sie mein Ziel noch!) sie hat mir geschrieben, sie wolle mich sehen, und diese Zusammenkunft solle entscheiden [...]. Sie hat Ort und Zeit dieses Duells noch nicht bestimmt, und auch ich werde mein Wörtchen dazu sagen, Gott gebe, daß sie noch der Mühe werth ist, ihr eine Quarte in den Unterleib zu stossen, dann stelle ich ihr sicher ein Bein, und probire erst den Wein, um den ich so viel geweint, ehe ich den Weinberg kaufe, ich räche mich wie eine Biene stechend aber den Stachel nehme ich wieder mit.« Solche Äußerungen sind kaum wörtlich zu nehmen, sie zeigen vielmehr, dass sich Brentano geradezu verzweifelt dagegen wehrt, der faszinierenden Frau erneut zu verfallen, und zugleich große Angst hat, erneut zurückgewiesen zu werden. Vergeblich versucht er, sich selbst einzureden, dass er immun ist gegen die Anziehung der acht Jahre älteren, in Liebesdingen höchst erfahrenen Frau. Auch in seinem Bericht an Savigny gibt er sich überlegen: »ich bin NB wie ein Stük Holz so kalt, und freue mich sehr auf das ordinaire der Sache.«

Der erste Brief an Arnim nach der Wiederbegegnung klingt jedoch völlig anders und zeigt, dass es Sophie bereits beim ersten Rendezvous gelingt, die alte Vertrautheit wiederherzustellen: »Mein

Streit ist aus. Sophie M. liebt mich, das heist sie liebt zum erstenmahl, mit einer Heftigkeit, daß wäre sie ein Lockichtes Haupt, ich nicht weiß, ob ihr die Haare zu Berg stehen würden. – Ich kam nach Weimar, wir sahen uns, [...] bald fand sich Alles, nach langem Kampf stehn wir uns nahe, sie liebt mich so, wie ich sie einst geliebt, sie liebt mich so sich selbst vernichtend, daß ich nicht weiß, woher ich alle den Liebreiz aufbringen soll, den sie mir findet, ach Arnim, und auch ich finde mehr göttliches in dieser Sklavinn, als ich einstens in dem göttlichen Bild der Vicktoria fand, so ist der Streit dann aus, ich werde geliebt und bin ruhig, habe kein Ziel mehr als die Kunst, und Freundschaft, beide sind mir mehr, als alle Liebe, alle Bitten des Vater unsers sind mir gewährt, ich habe nichts mehr zu verlangen und werde nun arbeiten, dichten, und dich mitleben. [...] So werde ich dann alle natürlichen Dinge bald haben, die auch Göthe begehrt hat, und wie will ich dichten. Wenn Sophie einen Jungen kriegt so soll er Achim heißen, ist es ein Mädchen so heist es Betine, der Grund ist gelegt, vielleicht wächst dein Pathe schon unter ihrem Herzen, drum ehre sie und denke mit Liebe an sie.«

Die Nachrichten über diese Wiederannäherung erreichen Arnim nur mit Verzögerung, da er sich auf dem zweiten Abschnitt seiner Kavalierstour zunächst in Paris und wenig später in London aufhält. Der Briefverkehr mit England ist in dieser Zeit durch eine Blockadeaktion Napoleons gegen das Inselreich zusätzlich erschwert und verzögert. Als Brentanos Bericht über das geplante Rendezvous Arnim erreicht, zeigt er sich (im Brief vom 1. März 1803) zunächst irritiert: »Dein Verhältniß zur Mereau verstehe ich nicht, ich gestehe es, ihr habt euch gegenseitig so potenziert daß ich nicht recht weiß, ob Deine Liebe realistisch oder idealistisch ist. Wer Dich nicht kennte, würde Dir geradezu sagen, Du liebst sie nicht mehr als eine Romanenperson.« Wenig später (am 5. Mai) nimmt er den forschen Ton des Freundes auf und empfiehlt im Studententon: »kannst Du es also noch möglich machen hieher [nach Paris] zu kommen, so kann ich wenigstens vierzehn Tage Dich sehen, nur verlasse darum nichts Angenehmeres, keine Quarte oder Sekunde in den Unterleib.«

Angesichts dieser Korrespondenz im zotigen Studentenjargon kommt für Arnim die Nachricht von der Hochzeit überraschend, und er reagiert mit einem langen, mit improvisierten Dichtungen angereicherten, verworrenen Brief, den er auf »London Christnacht

1803« datiert. Die Ehe war am 29. November 1803 in Marburg geschlossen worden, und Arnim beginnt mit der Anrede: »Du lieber vereheligter ehemaliger Ehestandstürmer! Du heiliger Schwerenöther! Zum erstenmal aufgebothen, zum zweytenmal, zum drittenmal – war etwas einzuwenden rede jezt und schweige nachher! Einreden soll ich, nein einspringen an einem Springstock über Wasser, Kobold schiessen, den Fuß in den Mund, dem Himmel einen Trit geben. – Frevler!« Am aufschlussreichsten ist in diesem Weihnachtsbrief das beigefügte Gedicht, das die Geschlechterliebe als flüchtiges Phänomen beschreibt und der Beständigkeit der Männerfreundschaft gegenüberstellt:

Von Liebe und Freundschaft und
ihrer galvanischen Natur

Was Liebe heist ist gar verwickelt Wesen
In zweyen scheint es nicht allein zu wohnen
Nur viere kann es ganz und voll belohnen
Doch sind zur Liebe jede zwey erlesen

*

In zweyen Jungfern mag Vertrauen wohnen
Zwey Junggesellen Freunde sind gewesen:
Wenn jeder eine jener hat erlesen
So wird ein innres Licht im Kreise thronen

*

Die Jünglinge sind zweyerley Metalle
Die Jungfern ganz vertraut *ein* Wasser blieben
Bis jener Ring hineinsinkt hell im Schalle.

Nun fängts sich gleich das Wasser an zu trüben
So scheiden sich im Sauer=Wasserstoff dann alle
Zum Manne hin: Nur Männer Freunde blieben!

Zur Hochzeit war es erst nach Auseinandersetzungen mit der Frankfurter Familie gekommen. Brentano wurde erst am 9. September 1803, seinem 25. Geburtstag, mündig. Vorher konnte er sich nicht einmal eine Reise zu seinem Freund nach Paris leisten, ohne die Einwilligung aus Frankfurt einzuholen: »Zu dir lieber kann ich nicht kommen, […] Daß du in deiner Stube gemeßen hast, und keinen Plazz gefunden, ist nicht Schuld daran […] Von künftigen Plänen, von meiner Liebe zu dir, soll ich noch von ihr sprechen, da die kleine Reiße, von hier nach Pariß, schon außer meinen Kräften liegt, meine Brüder haben mich ausgelacht, da ich Geld dazu von ihnen begehrte, und in drei lumpichten Monaten bin ich Majorenn, ihre Schmähungen gegen mich, bei meiner billigen Forderung will ich nicht wiederholen, denn sie schmähen immer mich und die arme Betine zugleich.«

Auf welche Summen der Sohn aus reichem Frankfurter Handelshaus nach diesen »drei lumpichten Monaten« Anspruch hat, verschweigen die Brüder auch bei der Diskussion um die geplante Eheverbindung. Stattdessen setzen sie alle Hebel in Bewegung, um den jungen Bruder von seinem Plan des Zusammenlebens mit der geschiedenen Frau und ihrer siebenjährigen Tochter aus erster Ehe abzubringen. Unter den jüngeren Geschwistern, die Clemens näher stehen, werden Kunigunde und Christian dazu angestiftet, dem Bruder sein Vorhaben auszureden. Im Sinne der Familie schreibt die 23-jährige Kunigunde am 5. Juli 1803: »laß mich ein wenig die Vernunft in deiner Geschichte spielen […] Überlege ob das Mißbilligen dieses Verhältnißes, von all deinen Geschwistern, nie einen Augenblick deine Ruhe und noch deine Zufriedenheit stören wird. […] Ob die Ungleichheit in Eurem Alter dir nie unangenehm sein wird.« Ähnlich äußert sich Christian im gleichen Monat: »Ich will es nicht entscheiden, ob Du Deiner Eigentümlichkeit nach unserer Familie oder Deiner Geliebten näher verwandt bist […] Willst Du eine neue Perle an die Schnur reihen, so untersuche sie wohl und verlängere mit Bedacht den Faden, sonst fallen die anderen aus, – darunter doch auch Kleinode die Dir lieb und der Liebe wert sind; ich will nur die Bettine nennen, die uns unauslöslich verbunden ist; und Du wirst doch nicht alles zerreissen wollen?« Christian ist zum Zeitpunkt dieses Briefes keine zwanzig Jahre alt; auf Einfluss des Vormunds kehrt er den Moralapostel heraus, nachdem er einige Monate zuvor – von Clemens angestiftet – den Postillon d'amour gespielt hatte.

Einzig die Großmutter von La Roche tritt nachdrücklich für das Paar ein, sie hatte die Schriftstellerin ja in Oßmannstedt persönlich kennen gelernt und hatte Verständnis für die bürgerverachtende Schar der romantischen Künstler und Künstlerinnen. Im Kreis der

Jenaer sind Beziehungen zu älteren, geschiedenen Frauen gar nichts Aufsehenerregendes: Friedrich Schlegel lebt mit der neun Jahre älteren, geschiedenen Dorothea Veit und deren Sohn Philipp zusammen, sein Bruder ist mit Caroline verbunden, die aus ihrer Ehe mit Böhmer geflohen war und ein Kind von einem französischen Soldaten ausgetragen hatte, von dem ihr Bräutigam, der vier Jahre jüngere August Wilhelm Schlegel, wusste. In Jena bahnt sich Carolines Beziehung mit dem zwölf Jahre jüngeren Schelling an.

Demgegenüber ist die Welt der Großbürger in Frankfurt noch »in Ordnung«, und die Familie Brentano ist bestrebt, sich den Normen der Stadtgesellschaft möglichst zu unterwerfen und kein Aufsehen zu erregen. Bettine und Clemens sind für sie die schwarzen Schafe der Familie. Immer wieder drohen Skandale durch unkonventionelles Verhalten der beiden außergewöhnlich begabten, aber zugleich sehr eigenwilligen Geschwister. Der mühsam über ein Jahrhundert aufgebaute Ruf der eingewanderten Familie in Frankfurt scheint gefährdet. So gibt schließlich neben dem Termin von Brentanos Mündigkeit die nahe Geburt eines Kindes den Ausschlag für die Zustimmung der Brentano-Familie zur Verbindung mit der Mereau. Eine »Mesalliance« mit einer geschiedenen, acht Jahre älteren Literatin und die Schande eines unehelichen Kindes sind nun – nachdem die Schwangerschaft feststeht – im bürgerlichen Normensystem gegeneinander aufzuwiegen, und Brentano kann nach Einblick in seine Konten seiner Geliebten am 22. September 1803 erleichtert mitteilen: »Unsre Freiheit ist nicht größer zu wünschen, übrigens können wir, wenn wir zusammenleben, recht bequem von meinen Intressen [Zinsen] leben, und was wir [durch Publikationen] gewinnen, das wenden wir zur Lust.«

Das Liebespaar selbst macht es sich aber trotz dieser günstigen finanziellen Aussichten zunächst nicht leicht mit seiner Entscheidung. Sophie Mereau ist anfangs entschlossen, keine zweite Ehe einzugehen; auf ihren Wunsch hin planen die beiden unverheiratet als unabhängige Künstler miteinander zu leben. Clemens ist hin und her gerissen und beschwört sie in einem Brief vom 4. September 1803, eine konventionelle Ehe einzugehen: »führe mich in ein neues schönres Leben, in das vertraute unzertrennliche Zusammenleben mit dir, ich fühle es deutlich alles Vorige war ein Irrthum, nur du warst mein Leben, nur du bist meine Seeligkeit. Wenn du mein Weib,

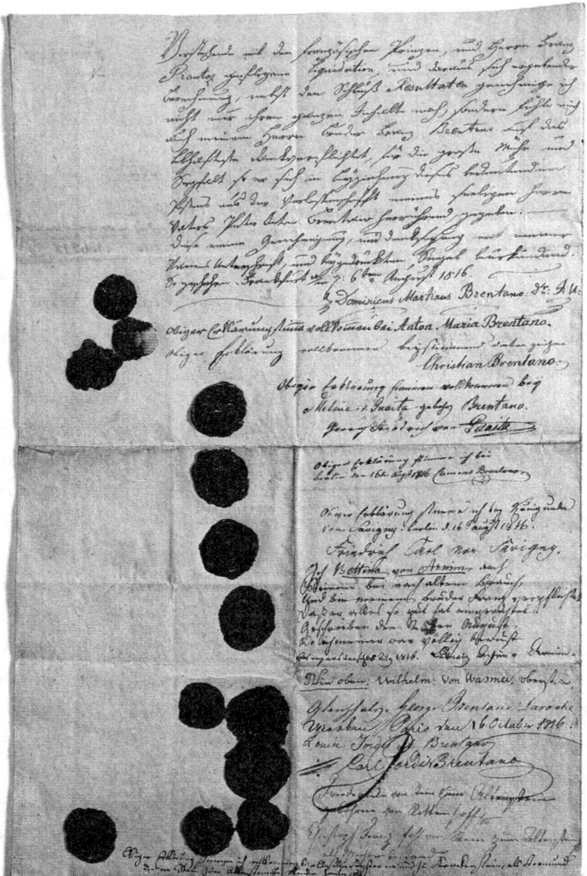

Erbschaftsabrechnung zum Erbe von Peter Anton Brentano mit den Unterschriften der Erbberechtigten und deren Ehegatten, Frankfurt, 1. August 1816.

mein Geselle, mein einziger Freund auf Erden sein wirst, dann giebt es keinen Schmerz mehr, als daß ich nicht wißen werde, wie dir es sagen, daß ich unendlich glüklich bin, durch dich [...] willst du nicht mein Weib sein, so will ich Verzicht thun auf Zufriedenheit, auf Achtung, und persönliche Gewissensruhe, ich will ewig dein zweifelnder Verzweifelnder Geliebter sein; [...] o Sophie, führe mich ins

Leben, führe mich in die Ordnung, gieb mir ein Hauß, ein Weib, ein Kind, einen Gott.«

Sophie reagiert verärgert auf diesen Brief, denn Brentano beruft sich mehrfach auf Familienmitglieder, die nun auch einer Ehe das Wort reden. Nicht ohne Grund zweifelt sie an der inneren Reife ihres Geliebten: »*Die Zucht Deiner Geschwister, der Ruf Deiner Schwester!* – erst erfodert ihre *Ruhe* daß ich dich nicht heurathe – jetzt will ihr *Ruf* das Gegentheil! – Clemens, erinnere Dich daß ich *für Dich lebe*, für niemand anders als für *Dich*! – Deine Familie würde *nichts dagegen* haben! mein Blut kocht, wenn ich mir das sage. Diese Menschen, die mir nichts sind, die mir ewig fremd sind – o, Clemens, bist du wirklich mündig?«

Mit dieser Frage bringt Sophie Mereau die Sache auf den Punkt; die hervorgehobenen Wörter sind Zitate aus dem Werbebrief Brentanos vom 4. September 1803, die signalisieren, wie leicht Clemens zu beeinflussen ist. Die Zustimmung der Familie gibt ihm Rückendeckung, und er zögert nicht, die Argumente der Geschwister in Briefen an die Geliebte zu übernehmen. Sophie zweifelt, ob er wirklich innerlich »mündig« ist, zumal in seinen Briefen immer wieder deutlich wird, dass er bei ihr mütterliche Geborgenheit sucht: »zweimahl schon hörte ich dich aus der Ferne ein süßes liebes Schlummerlied für deinen Klemens singen«, behauptet er im selben Brief und fantasiert sich damit in die Rolle des im Mutterschoß geborgenen Kindes zurück. Zum wiederholten Male spielt er zugleich auf die besondere Beziehung zur Schwester Bettine an, deren »Unschuld« er durch eine außereheliche Verbindung gefährdet sieht. Sophie und Bettine bedrängt er, miteinander Kontakt aufzunehmen, und in Briefen an Bettine macht er seine Verbindung mit Sophie von der schwesterlichen Zustimmung abhängig. Bereits vor der Wiederannäherung an die Geliebte hatte er in einem Brief an Savigny angekündigt: »Bettine wird die Sache entscheiden, ich fühle deutlich, es kann mir neben ihr kein Weib mehr als Beischläferinn und Haushälterinn werden.«

Nun setzt er seine groteske Ankündigung in die Tat um und schreibt seiner Schwester: »Ich schwöre Dir liebe Bettine, ich würde nie ein Weib nehmen können, bei dem ich Dich entbehren könnte. Ich werde glücklich sein mit ihr, wenn Du mit glücklich sein willst; […] Doch lerne sie kennen, und dann liebe sie, dann hasse sie, Du wirst überhaupt entscheiden über uns.« Als es Bettine zunächst ablehnt, an Sophie zu schreiben, reagiert der Bruder empört und vorwurfsvoll: »Was hat Dein Brief mir und der armen *Sophie* für eine Angst gemacht, ich begreife Dich nicht! – Hab ich Dir nicht mehrmals gesagt daß von Dir meine Zukunft abhänge, daß es Dein Wille ist, ja Deine Neigung, die mich bewegt zu allem, die mich lenkt! – Und ich sage Dir nun daß ich *Sophien* nie heirathen werde, wenn Du sie nicht lieb haben kannst, das ist auch ihre feste Entschließung, und sie opfert mehr dabei auf als ich, denn sie liebt mich mehr als ich sie liebe, sie hat keine *Bettine*, ich habe eine, die ich ewig mehr lieben werde als alle Menschen! [...] Schau mir in die Augen, mein Kind und störe Dich nicht, was an meiner Seite vor sich geht; es geht uns beide nichts an, wir müssen unser Sein unser Denken mit einander, nicht mit der Welt vermengen, sonst giebt es Schmerzen.«

Schmerzen sollte es noch viele geben, aber sie betreffen das Paar Clemens – Sophie, das unter so seltsamen psychologischen Konstellationen eine Familie zu gründen unternimmt. Bettine steht im Vergleich zu Clemens mit beiden Beinen auf der Erde. Nach einem Brief der Mereau – »er ist zu freundlich gegen mich«, schreibt sie – schließt sie Freundschaft mit der Braut ihres geliebten Bruders und löst das Verwirrspiel auf, indem sie auf die Zumutungen ihres Bruders betont lustig reagiert: »C l e m e n s Du bist artig! und S o p h i e ist fein, ihr wollt euren Brautkranz von mir geflochten haben, darum ist es daß ihr ihn wieder aufbündelt und mir alle aufgelösten Blumen in den Schooß schüttet! Geschwind Wasser her, daß sie mir frisch bleiben, und dort auf der Wiese breche ich noch viele dazu.« Clemens antwortete: »Du bist ein närrisches Mädchen, nun bist Du in Deinem lezten Brief wieder lustig, und wir waren grade sehr traurig wegen Dir. Sophie weint oft Tag lang, sie glaubt sie werde mich durch dich verlieren.«

Mit dem Hinweis auf die – nachvollziehbaren, in gewissem Sinne berechtigten – Ängste von Sophie setzt Brentano seine Schwester erneut unter Druck, und es ist bemerkenswert, wie gelassen und sicher Bettine reagiert: »Liebster C l e m e n t e, ein wahrhafter Zug nur aus meiner Seele gebe Dir Licht über mein Zurückhalten gegen Deine Verbindung mit S o p h i e! – Du schwebst also immer noch im Irrthum, als könne es mich unglücklich machen? – Hab ich Dir das gesagt? – Nein! Meine Krankheit, ein Gallenfieber – hat wahrhaftig keine Beziehung zu Dir! [...] Ich würde Dir gleich hierher schreiben: ›Du sollst sie heirathen!‹ wenn ich nicht befürchten müßte, Du glaubtest am Ende gar, Du habest sie nur um meinetwillen geheirathet. Nein, so was muß man thun aus sich, für sich und wegen sich, aber keinem andern zu Gefallen weder lassen noch thun.«

Es ist schwer zu entscheiden, ob solche Briefpassagen, die Bettine als die Reifere, Überlegene in der Beziehung zum Bruder erscheinen lassen, tatsächlich im Jahre 1803 geschrieben wurden. Bettine hat den Briefwechsel nach dem Tode von Clemens (1842) bearbeitet, zu einem »Briefroman« ausgeschmückt. Die zu Grunde liegenden Autographen sind – von wenigen Ausnahmen abgesehen – seit dem Zweiten Weltkrieg verschollen, vermutlich verbrannt. Bettines Interpolationen der vierziger Jahre, die im Bereich der Politik offenkundig sind, lassen sich nicht im Einzelnen isolieren. Ihre Absicht ist es, einen »Kranz« zum »Frühling« der Brentano-Geschwister zu flechten, einen »Frühlingskranz«, wie sie ihr Buch nennt. Dabei erweitert sie die überlieferten Texte und formt auch das Bild der jungen Bettine nach ihren Vorstellungen neu. Der gedruckte Briefwechsel lässt sich daher als eine Art Emanzipationsgeschichte der Herausgeberin lesen: Im Laufe der Jahre befreit sich diese idealisierte Bettine von dem dominierenden Einfluss ihres Bruders, bis sie so viel Abstand gewonnen hat, dass sie ihm schließlich die Leviten lesen kann.

Im Kern ist diese Geschichte – trotz der nachträglich verstärkten Selbststilisierung Bettines – wahr, das belegen parallele Briefe von Freunden und Verwandten. Auch die weitere Entwicklung der Geschwister bestätigt Bettines Darstellung im Wesentlichen: Während sie den Ablöseprozess unbeschadet übersteht und später eine über lange Jahre glückliche Verbindung mit Arnim eingeht, scheint Brentano wenig dazuzulernen. Seine Probleme im Umgang mit Frauen wiederholen sich auffällig. Mit der geradezu »erpreßten« Zustimmung Bettines zur Hochzeit, mit dem nach erreichter Volljährigkeit vollzogenen Eheschluss ändert sich an seiner inneren Situation wenig. Das lange ersehnte, mit all seinen Hoffnungen beladene Ereignis bezeichnet er Arnim gegenüber spöttisch als »ein mit dem Sakrament besiegeltes Piquenique«. Eine dauerhafte Harmonie in einer liebevollen Beziehung, wie er sie in seinen Werbebriefen beschworen hatte, wird er in seinem Leben nicht erreichen. Brentano bleibt das unmündige, sich stets nach Bestätigung und Geborgenheit sehnende »Kind«, das vehement Liebe fordert, aber nicht fähig ist, die entgegengebrachte Liebe anzunehmen und zu erwidern.

KAPITEL SIEBEN

O Sophie hilf mir

Marburg – Heidelberg – Berlin

O Sophie hilf mir, o um Gottes willen werde ein Engel und hilf mir, fürchte dich nicht vor mir, ich werde ganz stille bei dir sein, aber ich muß mit dir reden, und weinen, o wer weinen könnte, in meinem Gehirne, da ist ein Krebs. [...] ich schwöre dir, wenn du mir wiedersagst ich liebe dich nicht, so erwürge ich dich und mich, denn ich sterbe ja dran, es vergiftet mich ja [...], doch ich will ein Mann sein, ich bin ruhig, o um Gotteswillen laß mich zu dir kommen, ich werde so freundlich sein, wie ein Engel.« Die Ruhe in der Gemeinsamkeit mit Sophie, von der Brentano in seinen Liebesbriefen vom Sommer und Herbst des Jahres 1803 immer wieder spricht, sollte nicht eintreten.

Auch in der Ehe wechseln Liebesrausch und Liebessehnsucht mit Phasen von Hilflosigkeit und Selbstmitleid. Sophie, die sich selbst als »gute Natur« bezeichnet und viel Geduld für den jungen glühenden Liebhaber aufbringt, gelingt es nur vorübergehend, ihn zu besänftigen. Sie weiß, dass es nicht böser Wille ist, der Clemens treibt, sie begreift, dass er bemüht ist, den »Dämon«, der in ihm lauert, zu bekämpfen, dass er seine Ausbrüche nicht unter Kontrolle bringen kann und scharfe Worte oft nach wenigen Minuten wieder bereut. Sein ungestümes, oft verletzendes, manchmal an »Erpressung« grenzendes Benehmen lässt sich als Unreife begreifen – zumal sich Brentano selbst immer wieder als Kind gebärdet und stilisiert –, kann jedoch auch als Zeichen einer psychischen Labilität gewertet werden, die im Grenzbereich zwischen Krankheit und Gesundheit liegt.

Nicht nur die bekannte Formel von der Nähe von Genialität und Wahnsinn gibt solchen Interpretationen Nahrung, sondern die Schilderung von Symptomen, die wir heute als tiefe, lebensbedrohliche Depressionen bezeichnen. Mit gutmütigem Entgegenkommen und Liebeserklärungen eines geliebten Menschen lassen sich derartige psychische Ausnahmesituationen vorübergehend auffangen, aber nicht aus der Welt schaffen.

Sophie scheint dies zu erkennen, opfert sich aber dennoch immer wieder auf und ist bereit, ihre eigenen Bedürfnisse zurückzustellen. Geduld und Reife, die sie dabei zeigt, sind bewunderungswürdig. Umso tragischer ist es, dass sie an diesen Aufgaben allmählich zerbricht, ohne dass es ihr gelingt, die psychischen Probleme Brentanos zu lösen und seine latente innere Spannung in einen Zustand dauerhafter Ruhe zu verwandeln.

Den Entschluss, miteinander zu leben, fassen Sophie und Clemens offenbar kurz nach der Wiederversöhnung im Mai 1803, aber die extremen Schwankungen im Gemütszustand Brentanos halten auch nach diesem gegenseitigen Versprechen an. Sie gehen weit über das hinaus, was landläufig mit der Formel »himmelhochjauchzend zu Tode betrübt« umschrieben wird. Brentano schraubt seine Ansprüche an die Freundin immer höher, stellt dabei Sophies Liebe immer wieder infrage und steigert sich hinein in seine Selbstdarstellung als Trostbedürftiger, Einsamer, Gekränkter. Sophie Mereau ahnt, dass sie damit in eine mütterliche Rolle gedrängt und zugleich in ihrer Freiheit mehr und mehr eingeschränkt wird. Dennoch setzt sie sich diesen Stimmungsschwankungen aus und weist Brentano nicht zurück. Für kurze Zeitspannen gelingt es ihr auch immer wieder, den aufgeregten, emotional »hoch explosiven« »Angebrentano« zu besänftigen.

Die konkrete Planung für ein gemeinsames Leben in Marburg an der Lahn beginnt. Brentano schlägt vor, dort, wo der befreundete Friedrich Karl von Savigny studiert hatte und seit dem 13. Mai 1803 als Professor lehrt, eine Wohnung für Sophie und ihre siebenjährige Tochter Hulda zu suchen. Er selbst wohnt in einem Zimmer von Savignys Domizil, dem Marburger Försterhof: »ich bin unendlich mehr wehrt hier«, meldet er Ende August 1803, »wie werden wir glücklich sein, in unsrer Liebe, da ich dich nun achte, und ehre, sieh, ich schreibe dies hier ohne alle Leidenschaft nieder, nichts betrübt, nichts stört mich, als daß ich keine Ausdrücke mehr für meine Empfindung für dich habe, ich kann dir nicht sagen, wie ich dich liebe, so ruhig, so glüklich, so genug, so allein mit dir, aber ich will es dir beweisen, durch Schonung, Freundlichkeit, Treue, und Güte, o wie kann je wieder uns Etwas stören in unsrem Glück.« Für die Erziehung von Sophie Mereaus Tochter Hulda empfiehlt er das Ursulinenkloster im nahe gelegenen Fritzlar, in dem drei seiner Schwes-

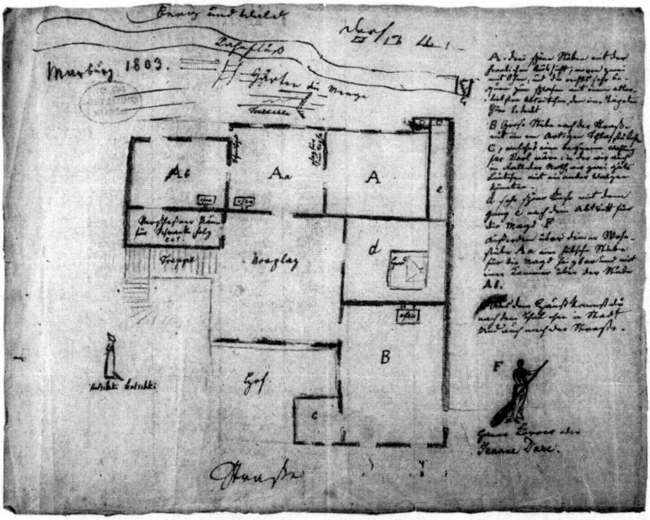

Clemens Brentano: Grundriss der Marburger Wohnung im Brief an Sophie Mereau, Marburg, 31. August 1803.

tern zeitweise erzogen wurden, zugleich fragt er nach Möbeln, die er für Sophie bestellen soll und schwärmt von dem Talblick der Marburger Wohnungen. Auch auf dem Grundriss der Wohnung, die er schließlich für Sophie mietet, zeichnet er »Berg« und »Wald«, ein »Dorf« und den »Lahnfluss« ein, die aus den Fenstern zu sehen sind.

Die Erinnerungen an die Geliebte verschmelzen mit diesen Landschaftseindrücken: »wie blühen alle deine Worte, Blicke, Küße, zu Unschuld, Liebe, Wollust vor mir auf, O Sophie! göttlich, liebes Weib, komme zu mir Wenn ich jezt an mein Fenster trete liegt unter mir eine ganze Stadt, neben mir sehe ich eine Meile im Umkreiß Garten, Feld, Wiese, Wald, Fluß, Weg, Thal, Berg, alles so nah und vertraulich, so fern und Verheißend, ach und dich in einer solchen Mondnacht im Arm am Fenster, oder auf einer der Terraßen unsres Gartens oder auf unserm Thurm, und du sagst mir mit deiner Ruhe deiner Seeligkeit, daß du mich liebst, daß du glüklich, besser durch mich bist, und ich mache es wett und sage eben so, und am Ende haben wir beide Recht, o Sophie, ich sehe dich vor Augen, ich weiß, wie du gehen, stehen, blicken, ein Engel sein wirst an Leib und Leben in dieser Umgebung.«

Wenige Tage später – noch bevor die schwangere Sophie ihre Reise von Weimar nach Marburg angetreten hat – schlägt seine Stimmung um: »Ich bin wieder sehr melancholisch«, beginnt der Brief vom 1. September: »die Natur macht mich immer trauriger, und dann das wunderbare klare unromantische Wesen Savignys, über das ich doch nicht murren darf [...] Oft habe ich Momente, die andern Menschen die Haare sträuben würden [...] sie rauschen wie ein drohender Kranz um meine Stirne, und sind traurige Gedanken, diesen Kranz liebe Sophie, sollst du verwandlen oder lösen. Ich fühle täglich deutlicher, daß ich nur im fantastischsten, Romantischsten Leben Ruhe finden kann, du must mir dazu helfen, du mußt mir dies Leben erfinden helfen, sonst muß ich sterben.«

Kurz darauf, an seinem 25. Geburtstag, versinkt er noch tiefer in Depressionen: »Ich bin betrübt, ich habe keine Ruhe, ich möchte krank sein auf den Tod, um sterbend nicht an Gott zu denken, nur an dich. [...] das ganze Leben, selbst das Vortreflichste waß ich vorher gekannt, wirkt so trostlos, so eckelhaft prosaisch auf mich, daß ich wohl nie in meinem Leben so deprimirt war. [...] es kommt keine Ruhe in mein Herz.« Sophie sieht in dem plötzlichen Stimmungsumschwung Zeichen für eine seelische Krankheit und deutet sogleich therapeutische Möglichkeiten an: »Glaube mir, Lieber, es ist Krankheit, ich beschwöre Dich, frage einen Arzt, lerne pflügen und holzsägen wenn es sein muß, Du bist wirklich krank, ein gesunder kann in Deiner Lage nicht so fühlen.« Fast scheint es, als ginge sie dann doch ohne Protest auf Brentanos Zumutungen ein – »ich kann nichts finsteres mehr denken, als daß ich sterben muß ohne dich, daß ich nicht ruhig sein werde, wenn du nicht mein Weib bist«, hatte er behauptet –, schließlich aber wird sie noch im selben Brief deutlich: »Vom Heuraten sprich mir nicht. Du weißt ich tue alles alles, was Du begehrst, und wovon Du glaubst, es könne Dich glücklich machen, aber wolle nichts, was Dich nicht zufriedner macht, – und mich auch nicht.«

Diese bestimmte, klare Linie kann Sophie auf Dauer nicht durchhalten, dazu ist sie zu gutmütig, ist sie nur allzu bereit, eben doch alles zu tun, um den Geliebten zu beruhigen, um ihm zu helfen. Denn dass er Hilfe braucht, dass er seine Emotionen nicht kontrollieren kann und seine überschwängliche Liebessehnsucht und Liebesbereitschaft ebenso wie sein guter Wille, die Geliebte zu ehren, zu respektieren, zu verwöhnen, aus heiterem Himmel in abgrundtiefe Depressionen umschlagen können, für die Sophie keinen erkennbaren Anlass bietet, daran ist kein Zweifel.

Für Brentano selbst sind diese Abstürze nicht erklärbar; er kann damit nicht fertig werden und sucht die Schuld bei seiner Geliebten. Die Argumente und Lösungsmöglichkeiten, die er dann erfindet und in seinen Briefen vorträgt, sind recht beliebig und halten einer rationalen Betrachtung nicht stand. Es ist daher unsinnig, Brentano vorzuwerfen, er habe Sophie Mereau in die bürgerliche Institution Ehe hineinzwingen wollen, oder er sei ein »Macho«, der seine Geliebte und ihren Willen von Anfang an »unterdrückt« habe. Sein Besitzanspruch ist zunächst nur der eines unbedingt – mit allen Fasern von Leib und Seele – Liebenden, und diesen Anspruch macht seine Geliebte auch bei ihm geltend. Doch während Brentano seine Emotionen bis an die Grenze des Wahnsinns steigert, ist Sophie realistisch und erfahren genug, die Vergänglichkeit solcher Gefühle richtig einzuschätzen, und sie weiß, dass eine bürgerliche Sanktionierung in Form einer Ehe die Qualität und Intensität der Liebe nicht ändert.

Brentanos Problem ist es, dass er diese absolute »romantische« Liebe, von der beide zunächst restlos erfüllt sind, nicht in eine moderate Form liebevollen Zusammenlebens überführen kann, dass er die extremen Gefühlsschwankungen, die ihn zu maßlosen Forderungen und Beschuldigungen verleiten, die teils bürgerlich, teils romantisch-illusionär klingen, nicht kontrollieren kann. Sophie ihrerseits muss mit diesen Ausbrüchen und emotional aufgeladenen Argumentationen erst umgehen lernen. Sie schreibt: »Da ich törigterweise Deine letzte Stimmung für gediegner hielt, als sie war, so war mir Deine jetzige Unzufriedenheit befremdlich, ja, ich empfand auf einen Augenblick jenes grauenvolle Zurückbeben vor Dir, was ich sonst wohl zuweilen gefühlt habe. Aber, Du kennst mich und weißt, wie schnell mein Mut erwacht. ›Es ist nichts‹, rief es in meinem Innern, das ist alles nicht wahr! und beherzt ging ich auf die Gespenster los, die mir die Bahn meines Lebens zu verfinstern drohten, sie verschwanden alle, ich sah Dich wieder rein, und konnte Dich wieder lieben, ohne unglücklich zu sein.«

Auf die Forderung nach einer ehelichen Bindung geht sie jedoch zunächst nicht noch einmal ein, obwohl Brentano fast in jedem Brief darauf zurückkommt und bettelt und bittet. Erst als sich zweifelsfrei eine Schwangerschaft ankündigt, reagiert sie auf Brentanos wiederholte Frage »wirst du dann mein Weib sein […] vor der Welt« und schreibt Ende Oktober 1803 aus Weimar: »Clemens, ich werde Dein Weib – und zwar so bald als möglich. Die Natur gebietet es, und so unwahrscheinlich es mir bis jetzt noch immer war, darf ich doch nun nicht mehr daran zweifeln. Meine Gesundheit, Deine Jugend, meine jetzige Kränklichkeit – ist Dir, Unbefangnen, denn nie etwas dabei eingefallen? – Ich weiß nicht, warum es mir kostet, Dir zu sagen, und doch kann ich nicht länger schweigen. […] Geheimnisvollstes Wunder, so auf Erden, die Götter tun, was nie enthüllt, nie kann verborgen werden – so rate nun! Denk Schmerz, Lust, Leben, Tod, in Einem Wesen, verschlungen ruhn, denk, daß ein ahndungsvoller Sänger du gewesen – errätst Du's nun?« Zugleich deutet sie an, daß sie trotz dieser Schwangerschaft immer wieder erwog, die Verbindung mit Brentano zu lösen, denn sie fährt nach ihrer Enthüllung im gleichen Brief fort: »Wärst Du in Deine vorigen Grausamkeiten zurückgefallen, so war ich fest entschlossen, eine Diebin zu werden, und mit Deinem Eigentum an einen Ort zu flüchten, den ich mir schon ersehen hatte, wo Du mich nie, nie wieder gefunden hättest; so aber, da Deine Briefe in schönen Zusammenhang, sich wie ein Kette von goldnen Blumen um mich geschlungen, und mich ununterbrochen immer näher zu Dir geführt haben, will ich Dir Dein Eigentum zurückbringen, und sorgsam bewahren.«

Als »Grausamkeiten« empfindet die Mereau insbesondere Klatscherei und üble Nachrede, für die beide Brentano-Geschwister – Clemens wie Bettine – weithin bekannt waren. Sophie hatte dies zu spüren bekommen und ist tief enttäuscht und verletzt: »Ich bin zu sehr vernichtet, als daß ich mich verstellen könnte«, schreibt sie am 20. September aus Weimar: »Jetzt, jetzt erst treffen mich die tödlichen Pfeile, die Du, verhüllt vom Zauber der Gegenwart, auf mich abdrücktest. O! ich war noch nie so unglücklich – jetzt bin ich es erst geworden! Beschimpft zu sein von dem was man liebt, das ist das einzige, größte Unglück des Weibes – die einzige Schande, die einzige üble Nachrede, die sie treffen kann!« Was war geschehen?

Sophie hatte erfahren, was Brentano seiner Schwester geschrieben hatte, und zitiert in ihrem Brief diese »schneidenden, verachtenden, schrecklichen Worte« ihres Liebhabers: »Das ist nun auch vorbei, schriebst Du Deiner Schwester, ich habe die M geliebt, ich liebe sie nicht mehr; an Heurat ist gar nicht zu denken, aber sie will meine *Freundin* – dies Wort zweideutig unterstrichen – sein, und sie wird mir durch die ganze Welt nachlaufen.« Brentanos Großmutter Sophie von La Roche hatte Sophie, wie sie schreibt, das Zitat übermittelt. Die Nachrichtenbörse funktioniert so gut, dass man auch in Weimar davon ausgeht: »er verschmäht sie – sie verfolgt ihn mit ihrer Liebe, die er verachtet.«

Beim Lesen der verschiedenen Briefwechsel, die erst heute durch Publikationen zugänglich und miteinander zu vergleichen sind, wird deutlich, dass Sophie nur die Spitze eines Eisbergs wahrnimmt. Es gehört zu den Eigenheiten Brentanos, sich in Briefen sehr herablassend und scharf über andere zu äußern, denen er zugleich, in parallel entstandenen Briefen, die freundlichsten Komplimente oder gar Liebesgeständnisse macht. Bereits in der Phase des Wiederanknüpfens mit Sophie Mereau wird dies deutlich. In den bereits zitierten Briefen an den Freund Arnim reißt er Zoten über die heißbegehrte Frau, stellt seine Werbungen als Jungenstreich, als »Mausefalle« dar, tut so, als wäre die Initiative von ihr ausgegangen.

Die zur gleichen Zeit an Sophie geschriebenen Briefe zeigen jedoch, dass er seine Leidenschaft kaum zurückhalten kann, dass er alles daransetzt, diese Frau zu gewinnen. Als Sophie nicht bereit ist, eine Ehe mit ihm einzugehen, ist sein Stolz so gekränkt, dass er nach Frankfurt meldet, sie laufe ihm nach, er sei nun mit ihr fertig, während er in Wirklichkeit ohne Unterlaß mit allem Ernst und großen Worten um ihre unbedingte Liebe wirbt.

Für Sophie ist diese Erfahrung von Brentanos »Redesucht« so einschneidend, dass sie Trennung und Selbstmord erwägt. Zugleich deutet sie im gleichen Brief vom 20./21. September 1803 bereits dezent und für den »Unbefangnen« (eine höfliche Umschreibung für den unbedarften Brentano) kaum verständlich an, daß sie schwanger sein könnte: »Ich bin wohl krank, daß dies alles so auf mich wirkt. Der Arzt sagt, meine Nerven litten – es kann wohl sein, ich denke, es wird sich bald entscheiden – daß meine Gesundheit nicht in ihrem natürlichen Zustand ist, fühle ich wohl. – [...] ich bin nicht

Sophie Mereau, Bleistiftzeichnung von unbekannter Hand.

mehr frei, ich kann mein Leben nicht mehr der Liebe opfern, wie ich es im Sinn hatte, denn, das, was nur von zwei Seelen gekannt, das heiligste Verhältnis gewesen wäre, ist durch Deine – Redesucht zur Schande geworden. Ja, fast unwiderstehlich zieht es mich fort – alle die einsamen Täler sagen: vertraue Dich uns, verlaß die Menschen, Du selbst kannst nichts mehr für sie sein, indes sie nur dein armes Herz verwunden, das sich nur bei uns erholen kann. – So lebe wohl, – lebe Du und mich laß sterben.« Am Tag darauf ist sie jedoch bereit, ihm zu vergeben und schreibt »wieder mit versöhntem, stillen friedlichen Gemüt«.

Knapp einen Monat später dann also Gewißheit und – trotz aller Bedenken – Sophies klare Entscheidung für eine reguläre Hochzeit. Dabei kennt sie die Schwächen ihres Bräutigams sehr genau, denn noch einmal betont sie in ihrem Brief vom 28. Oktober: »Ich habe Deinetwegen schon wieder Streit gehabt. Es ist sonderbar, daß auch nicht Ein Mensch ist, der nicht Deine Talente bewundert und Deinen Charackter fürchtet. – Nur ich, ich fürchte ihn nicht; es macht mich ganz frölich, mich einmal so ganz allein, keck der ganzen Welt entgegen zu stellen. Ich werde mit Dir glücklich *sein*, das weiß ich; ob ich es *bleiben* werde, das weiß ich nicht, aber was geht mich die Zukunft an? – Kann ich nicht sterben, eh' ich unglücklich werde?« Dann wird sie ganz konkret, schlägt eine Trauung schon auf der Reise nach Marburg vor, in einem Dorf unterwegs oder auf der Wartburg. Brentano antwortet am 3. November, zeigt sich »wunderbar überrascht«, aber doch vergleichsweise nüchtern. Schließlich hat er mit einer Schwangerschaft schon nach der ersten Begegnung gerechnet und bereits am 15. Oktober eines seiner besten Gedichte auf die Mutter formuliert. Es steht in einem Brief an Arnim:

Meine Liebe an Sophien die ihre Mutter ist.

O Mutter halte dein Kindlein warm
Die Welt ist kalt und helle
Und leg' es sanft in deinen Arm,
An deines Herzens Schwelle.

—

Leg still es, wo dein Busen bebt,
Und treu herabgebücket,
Harr' liebend, biß es die Äuglein hebt,
Zum Himmel seelig blicket.

—

Du strahlender Augen himmel, du,
Du thaust aus Mutter augen,
Ach Herzenspochen, ach Lust, ach Ruh!
An deinen Brüsten saugen!

—

Ich schau zu dir so Tag als Nacht,
Muß ewig nach dir schauen,

Du mußt mir die mich zur Welt gebracht,
Auch eine Wiege bauen.

—

Um meine Wiege laß Seide nicht,
Laß deinen Arm sich schlingen,
Und nur deiner milden Augen Licht,
Laß zu mir nieder dringen.

—

Und in deines keuschen Schooses Hut,
sollst du dein Kindlein schaukeln,
Daß deine Worte so mild und gut
Wie Träume um es gauklen.

—

Da träumt mir, wie ich so ganz allein,
Gewohnt dir unterm Herzen,
Wie all die Leiden die Freuden dein
Mich freuten und mich schmerzten.

—

Und war deine Sehnsucht ja allzugroß,
Und wustest nicht, wem klagen,
Da weint ich still in deinem Schooß,
Und konnte dirs nicht sagen.

—

Oft rief ich, komm o Mutter komm'
Kühl dich in Liebeswogen,
Da fühltest du dich so still und fromm,
Zu dir hinab gezogen.

—

Mit Unschulds armen hielt fest und warm
Ich dich in dir umschlungen,
Und hab' dir kindisch Sorg und Harm
In Liedern weggesungen.

—

Waß heilig in dir zu aller Stund,
Das bin ich all geweßen,
O küß mich süßer Mund gesund,
Weil du an mir genesen.

—

O Mutter halte dein Kindlein warm
Die Welt ist kalt und helle
Und leg es sanft, bist du zu arm,
Hin an des Todes Schwelle.

—

Leg es in Linnen die du gewebt,
Zu Blumen die du gepflücket,
Stirb mit, daß wenn es die Äuglein hebt,
Im Himmel es dich erblicket.

—

So lallt zu dir mein frommes Herz,
Und nimmer lernt es sprechen,
Blickt ewig zu dir, blickt himmelwärts,
Und will in Freuden brechen.

—

Brichts nicht in Freude brichts doch in Leid,
Bricht es uns alle beiden,
Denn Wiedersehen geht fern und weit,
Und Nahe geht das Scheiden.

Nach Sophies Zustimmung geht es nun um den Ort der »Copulation«. Brentano erwägt eine Trauung beim befreundeten Pfarrer von Goßfelden Johann Heinrich Christian Bang. Schließlich entscheidet er sich jedoch aus praktischen Erwägungen für Marburg, wo nur zwei Mal das Aufgebot verlesen werden muß, bevor es am 29. November in der Pfarrkirche zur Trauungszeremonie des »privatisirenden Gelehrten« Brentano und der »Frau Professorin Mereau aus Jena« kommt.

Wie sich das Zusammenleben in Marburg gestaltet, lässt sich aus den erhaltenen Zeugnissen kaum ablesen. Im Frühjahr 1804 schreibt Brentano nur wenige Briefe. Frisch getraute Eheleute pflegen ohnehin keine Briefe zu wechseln; an die Stelle der Liebesbriefe treten Gespräche, die keiner aufzeichnet. Die Darstellungen Brentanos Dritten – insbesondere Bettine und Arnim – gegenüber sind mit Vorsicht zu betrachten. Allzu leicht lässt er sich von seiner satirischen Ader hinreißen, bauscht er Spannungen zu großen Katastrophen auf und setzt sich erneut als Leidender, Betrogener, Unverstandener in Szene.

So sind Behauptungen, er habe seit seiner Hochzeit kein Wort gedichtet, zweifellos übertrieben. Die Wahrheit ist: Zu einer inspirierenden Zusammenarbeit, einer poetischen Zweisamkeit, die einige Briefe als Zukunftsperspektive ausmalen, kommt es nicht, allenfalls zu Beratung und Unterstützung bei einzelnen Projekten. Brentano hilft Sophie bei der Zusammenstellung von Almanachen und bei Auswahl und Ausführung von Übersetzungen spanischer Novellen. Später wird er sich damit brüsten, diese Texte allein übersetzt zu haben, weshalb sie heute in kritischen Ausgaben als Bearbeitungen Brentanos gelten. Im Nachlass-Material finden sich wenige Blätter, aus denen ersichtlich ist, dass er Handschriften seiner Frau stilistisch korrigiert. In welchem Ausmaß er tatsächlich mitarbeitet, ist auf Grund der erhaltenen Manuskripte und bislang erforschten Zeugnisse kaum zu entscheiden.

Die ersten Monate in Marburg werden außerdem durch Sophies Schwangerschaft und die Geburt des Kindes bestimmt, das am 11. Mai 1804 zur Welt kommt, jedoch bereits nach knapp sechs Wochen, am 19. Juni, stirbt. Brentano lässt dieses Kind nach seinem Freund Arnim, der noch immer auf seiner Kavalierstour in England unterwegs ist, und nach dessen Roman *Ariel's Offenbarungen* auf die Namen Achim Ariel Tyll taufen. Ein Ölporträt, das Arnim in London von Peter Eduard Ströhling anfertigen lässt, ist als Patengeschenk des Freundes vorgesehen. Auch eine Kantate zu Ehren des neuen Erdenbürgers hat Arnim bei der Rückreise im Gepäck. Als er in Deutschland eintrifft, ist das Kind jedoch bereits tot, und Arnim überlässt das Patengeschenk – das heute im Frankfurter Goethe-Museum ausgestellte Porträt Ströhlings – seinem Freund zum Trost.

In den ersten Briefen nach der Geburt zeigt sich Brentano fasziniert von dem kleinen Geschöpf: »das Kind weint wenig, hat sehr große schwarze Augen, einen Mund mit einem Kreuzer zu bedecken, eine Nase vorne zwei Löcher zum riechen, ein Bauch, einen kleinen Hintern und Allerlei. – o wie freue ich mich, wenn ihr es bewundern werdet«, schreibt er an seine Schwägerin Antonie am 28. Mai nach Frankfurt. Seine ersten Erfahrungen mit kleinen Kindern hatte er in der Familie von Franz und Antonie sammeln können, sie inspirierten ihn zu einer Reihe von Gedichten an Mathilde und ihre Mutter:

Es ist der laute Tag hinabgesunken
er lächelte in stiller Dämmrung nieder
die Dunkelheit hat sich um ihn gewölbet
Wie um Mathildens kurzes Wachen zärtlich
die Toni stilles Wiegendunkel hüllt,
wenn sie der zarten Augenlieder Sinken
Mit leisen Küssen rührend ihr geschlossen.
[…]
Es harrte still dein mütterlich Verlangen
du siehst ein Zähnchen in dem kleinen Mund,
und große Freude hat dich nun umfangen
Du thust es fröhlich seinem Vater kund
Du zeigst des Kindes runde volle Wangen
Wie es so fröhlich ist, und so gesund,
Doch ich, ich weine, habe nichts zu zeigen,
Und was ich weine, muß ich still verschweigen.

Nun hat er selbst einen Spross seiner Liebe »zu zeigen« und berichtet stolz Karoline von Günderrode über Mutter und Kind: »Eine rechte Freude ist es, zu sehen, wie diese Frau vierzehn Tage nach einer sehr gefährlichen Niederkunft vier Stunden lang die beschwerlichsten Berge mit mir beklettert und mich immer zurücklässt. Meine Frau ist ein tüchtiges Weib, an Leib und Seele gesund, und mehr noch rüstig, gewandt, und bis zur Kunst an beiden gelangt durch Anlage, Lust und Uebung; wenn man sie auf den Kopf stellt, fällt sie immer wieder auf die Füße. […] Mein Kind gefällt mir im ganzen sehr wohl; wenn ich es in den Händen habe, habe ich eine große, geschwätzige Freude an ihm; es recht mit allem Apparat zu lieben, wage ich nicht, denn es wäre im stande und packte diese Liebe ein und ginge mit ihr in die andere Welt.« Es sind diese – sehr modern klingenden – Worte, die Christa Wolf in der Novelle *Kein Ort. Nirgends* in ihre fiktiven Gespräche der Romantiker in Winkel einarbeitet.

Der Tod des Kindes – im Brief an die Günderrode bereits erahnt und befürchtet – erschüttert Brentano, und er flüchtet sich in gesteigerte poetische Aktivität hinein. Nach Arnims Rückkehr von der Kavalierstour werden erneut Pläne für eine gemeinsame dichterische Unternehmung geschmiedet, diesmal soll ein »wohlfeiles

Volksliederbuch« entstehen. Es ist Brentano, der dieses Projekt in seinem Brief vom 15. Februar 1805 entwirft. Nach kurzer Überlegung gehen die beiden mit Eifer und Begeisterung ans Werk und sammeln, was ihnen geeignet scheint. Eine gedruckte Aufforderung wird an ausgewählte Adressaten geschickt. Von Pfarrern, Lehrern, Bibliothekaren, Volksliedsammlern, Verwandten und Freunden erhoffen sich die beiden Material für ihre Sammlung.

Es gibt keine Belege dafür, dass Sophie in diese Arbeit einbezogen wird. Zwar entwickelt sich ein sehr freundschaftliches, vertrauliches Verhältnis zwischen Arnim und Sophie; die beiden wechseln Gedichte, zeigen einander Hochachtung und Wertschätzung, solange dies Brentanos Eifersucht zulässt. Doch bleiben die poetischen Sphären getrennt.

Mittlerweile haben sich Brentano und Sophie zu einem Umzug nach Heidelberg entschlossen. Nach der Abreise Savignys im Frühjahr 1804 scheint Marburg als Wohnsitz nicht mehr interessant. Vielleicht ist ein (dann nicht wahrgenommener) Ruf Savignys nach Heidelberg ausschlaggebend dafür, dass Clemens seinen ursprünglichen Plan, an den Rhein zu ziehen, nun variiert und das benachbarte Neckartal wählt, wo sich mit der Berufung Creuzers und der Ankunft von Joseph Görres eine Gruppe Heidelberger Romantiker formiert. Ab Ende Juli 1804 hält sich Brentano in Heidelberg auf, Mitte August folgen Sophie und Hulda. Sophie erwartet bald erneut ein Kind und bleibt in Heidelberg, als Brentano Ende Oktober nach Berlin aufbricht, um Arnim zu besuchen.

Bereits in seinem Brief vom 28. August 1804 kündigt Brentano diese Reise an, im selben Brief, in dem er über den Tod seines ersten Kindes berichtet und andeutet, dass es mit seiner Ehe nicht zum Besten steht. Frustriert vom ersten Ehejahr, will er zu seinem Freund nach Berlin ausweichen: »Lieber Arnim! Ich komme bald zu dir, da dein Bild vor mir stand, da ich dich wiedersah, mußte ich schrecklich weinen, mein Kind ist nur fünf Wochen alt geworden, Gott hat es zu sich genommen, es würde auf Erde keine Heimath gehabt haben im bürgerlichsten Sinn, du hast eine Große Reiße durch die Welt gemacht, ich durch mein Inneres, du warst so krank armer Junge, ich war der unglüklichste Ehemann; seit Achim tod ist, auf den ich meine Hofnung ganz gelehnt hatte, ist alles Glück von mir gewichen, mein Armes Weib kann nicht Glücklich mit mir sein, aber ich weine nicht mehr, ich bin froh, ich bin genesen, wie du, denn auch ich habe nicht gefrevelt. Seit ich weiß, daß du mir wieder im Vaterlande bist, bin ich fröhlich. Lieber Junge ich will zu dir nach Berlin kommen, sobald du mir es schreibst, und will mit dir reden, über das, waß mir gut und würdig ist.«

Arnim ist von dieser Entwicklung der Ehe überrascht und versucht, seinem Freund mit aller Vorsicht »den Kopf zu waschen«, indem er ihn darauf aufmerksam macht, dass solche Äußerungen die eheliche Harmonie erst recht untergraben: »Ein anderes Wort von Dir verwundert mich, es betrifft Deine eigene Wiege, Deinen Ehestand; Du scheinst hinausgewachsen? Ich kann darüber nichts errathen noch Dir rathen, es scheint aber in dem Knaben die Nabelschnur Eurer Liebe gerissen: nur um eins bitte ich Dich, störet darum Euer *Vertrauen* nicht, es ist eine höhere Durchdringung als Liebe und die Liebe hat nur darin ihren Werth, Vertrauen ist die höchste Leidenschaft und die höchste That zugleich, so daß Leiden und Schaffen darin als That sich figurirt.«

Brentano bleibt taub gegenüber solchen freundschaftlichen Mahnungen und steigert sich in seinem nächsten Brief noch weiter in die Schilderung eines frustrierten, deprimierenden Ehelebens hinein: »muthlos bin ich zwar nicht, nein so ist es nicht zu nennen, sondern tief in Innern unmuthig, in Fesslen liege ich, die mich nicht halten, alle Schlößer meiner Kette sagen, gehe, und das ist traurig, sie liebt mich nicht, und wenn ich mit ihr spiele, klingt sie unmelodisch und ruht sie, dann ists still und öd im Kerker, kein Schall, so brennt die Lampe Abends nieder, ich sinne, wähne mich noch jung, und spreche handlend von der goldnen nie geweßnen Zeit, da klirrt das kalte Eisen, und weiter nichts.«

Drastisch schildert er die Auswirkung dieser Frustration auf die poetische Potenz: »Ein Jahr ist es nun lieber Arnim, daß ich keine Zeile gedichtet, ohne Umgang, ohne Liebe, in steten häuslichen Kämpfen, fühle ich meine Kraft erlahmen, und nun das mir, mir der alles so zerreißend empfindet, Stumpfheit wäre wohl das Ende, und soll es doch nicht sein. Doch fürchte dich nicht vor mir, ich kann so leicht vergessen, und du wirst keinen trüben trägen Freund in mir finden, neben dir bin ich besser wohl noch als sonst, denn ich höre lieber und rede weniger, als vorher. Ich kann wohl erst zu Ende des Oktobers, aber ich komme gewiß [...] Oft drückt mich die Idee erniedrigend, daß ich so gemeine Leiden tragen muß, die der schlechteste Romanschreiber schildern könnte; Glaubst du wohl Arnim, daß es schmerzt, mit einem kalten Wesen täglich zusammen zu sein, die welche die Häuslichkeit verachtet, ohne zu einem andern Dasein Talent zu haben.«

Dann fällt er in den Studentenjargon zurück und stellt grundsätzliche Erwägungen über das Zusammenleben mit »Weibern« an: »Man kann nur mit zweierlei Weibern leben, entweder mit der frommen häuslichen begränzten Frau, oder mit der beflügelten Gedankenerweckenden Fantastischen, und beide müßen unergründlich sein. Sophie ist immer traurig launenvoll und hart, ihr poetisches Streben, welches nie ein ächtes war, ist mit ihren Leiden und meiner Nähe zu Grund gegangen.«

Auch die Vergangenheit in Jena wird in diesem Brief wieder aufgerollt. Es sei ihm nicht gelungen – schreibt Brentano –, die »unschuldige« Mereau (das »Kind«) in der Liebe wieder zu erwecken: »Sie glänzte unter den Studenten, und war eine Mythe des Jenaischen glänzenden Enthusiasms, mit dem sie untergieng, ich glaubte sie sei ein Kind, und an der Gränze ihres Sturzes, den sie mit der sentimentalen Epoche, in ihrer Ehescheidung begründete, kam ich ihr entgegen, aber sie gab sich mir nicht hin, ihre vorige sehr schlechte Welt gieng nicht in dem großen Liebesmeere unter, daß ich, mich selbst auflösend, um ihre Brust ergoß. Stirb, Stirb in mir, so rief ich ihr im Anfang zu, aber die Götter verwandelten sie in eine kalte nordsche Insel, eine traurig Feld, um das ich mein begehrend Herz bewegte. Alles wendete ich auf rastlos, hoffend, alle meine Wunderbaren südlichen Feenschlößer riß ich ein, und spülte die glänzenden Cristalltrümer hin auf den Sand, ich warf alle reichbeladnen Schiffe auf die Banck hin, und waß mein Schoß verbarg, Alles, Alles gab ich hin. Arnim Öde ist das Feld, muthlos, trüb, und liebt mich nicht.«

Schließlich teilt er seinem Freund mit, dass sich die Eheleute zu einer Trennung entschlossen haben: »Sie fühlt das, so wie ich, wir haben oft ruhig drüber gesproche[n.] Alles weiß sie, meine Erfindung an ihr ist nicht erschöpft, aber so nuzlos, daß Sie sich dieselbe selbst verbittet. Wir haßen uns nicht, aber wir töden uns, durch unsere fruchtlose Bemühung Mann und Weib zu sein. Sie haßt den Ehestand, ich liebe keinen solchen Haß. Wir haben viel zussammen gelitten, ich kann von Allem Rechenschaft ablegen vor

Gott. Scheiden wollen wir uns nicht, aber trennen wollen wir uns, um uns zu nüzzen.«

Die Reise nach Berlin führt über zahlreiche Stationen. Brentano bricht am 27. Oktober 1804 auf und schreibt seiner Frau unterwegs aus Würzburg, Neustadt, Gotha und Leipzig, bis er am 14. November seine Ankunft in Berlin melden kann. Je weiter er sich von Sophie entfernt, desto intensiver wird seine Sehnsucht nach ihr zurück. Auf einmal ist der alte, werbende, liebevolle Ton, der so gar nicht zu den Berichten über das kalte Zusammenleben mit Sophie passen will, wieder da. In Leipzig scheint er ernsthaft an eine Umkehr zu denken, die Sehnsucht nach Sophie übermannt ihn. Von der Intensität dieser Gefühle ist Brentano selbst überrascht, und es wäre falsch, anzunehmen, dass er seiner Frau etwas vorspielt. Die Ehe hat ihn im Grunde nicht verändert, er ist das ewige »unmündige Kind« geblieben und steigert sich nun wieder in die Fantasien jener euphorischen Liebe hinein, die ihm in der Realität des Zusammenlebens verstellt war: »lange habe ich nicht die innige Zaubernde Begierde nach Dir empfunden, die so wie Muttermilch um das Herz leppert, ich kanns nicht anders ausdrükken«, schreibt er am 9. November an Sophie, »ich fühle mich arm und elend ohne dich. [...] In keinem Falle werde ich deine Ordre abwarten, zurückzukommen, [...] ich werde kommen, wenn mein Herz es mich heist, ach und in diesem Augenblick möchte ich schon umkehren, aber ich würde mich vor Arnim schämen, ich schwöre dir Sophie, du kannst nicht so dich sehnen nicht so lieben, wie ich, ich armer innerlich entzündeter Junge.«

Im ersten Brief aus Berlin schlägt er Sophie Mereau vor, nachzureisen, und wieder wirbt er um sie mit erotischen Bildern. Seine Liebesbekundungen sind jedoch mit einer verräterischen Enthüllung verbunden, deren Tragweite er selbst kaum begriffen haben dürfte: »ich kenne dich und liebe dich, [...] bist du mir doch, und wirst mir ewig bleiben die höchste Annährung an jenes Weib, das ich in dir gesehen, wie (um in der Ferne meine Begierde wenigstens wörtlich zu erfüllen) eine gewisse Narbe in deinem Leib alle seine Anmuth umschränckt, welche mir ist, und ewig sein wird die süßeste Annäherung, an jenes Weib, das ich in Dir geküßt.« Die Liebe zu Sophie wird hier als Ergebnis einer »Projektion« beschrieben. Brentano war nie bereit und auch kaum dazu fähig, die Individualität seiner Geliebten wahrzunehmen und zu akzeptieren, er projiziert nach wie vor seine Traumbilder auf sein Gegenüber. Nie sollte er in seinem Leben über diese Form egoistisch-narzisstischer Liebe hinauskommen, wie sie von ihm selbst in diesem Brief so hellsichtig charakterisiert wird.

Ob seine Selbsterkenntnis durch Gespräche mit Arnim ausgelöst wird? Arnim hatte sich bereits in Briefen skeptisch über die Grundlage dieser ehelichen Beziehung geäußert und vermutet: »Du liebst sie nicht mehr als eine Romanenperson.« Sein Weihnachtsbrief zur Hochzeit lässt Kritik und Distanz erkennen. Brentano reagiert erst mit zwei Monaten Verzögerung, am 1. März, auf diese 30-seitige Epistel und versucht, die Kritik zu verdrängen, indem er die positiven Elemente hervorhebt: »Beinahe schon einen Monat habe ich deinen geliebten sehr verwirrten Brief, und ich habe mich immer nicht dran gewagt, dir zu schreiben, […] Dein lezter Brief der verwirrteste hie und da undeutlichste an Vers und Prosa hat mich in seinem ganzen Umfang herzlich gerührt, du liebst mich noch, das ist mir mehr als alle Pläne, alle Kunst, lieber Arnim liebe mich noch lange, höre noch lange nicht auf, ich kann weiter nichts sagen.«

Diese Antwort zeigt: Freundschaftliche Kritik, wie sie Arnim und Sophie mehrfach formulieren, geht ins Leere. Auch Sophies Reaktion auf seine sehnsuchtsvollen Briefe der Berlin-Reise übergeht Brentano, obwohl sie eine Analyse seiner Befindlichkeit enthält, die klarer kaum sein kann. Sophie, die von den neuerlichen Werbungen des Entfernten überrascht und auch geschmeichelt ist, die immer bereit ist, ihren »kindlichen« Ehemann wieder an die Hand zu nehmen, schreibt ihm recht deutlich am 17. September 1804 nach Berlin: »Soll ich weinend oder lachend auf Deinen letzten Brief antworten? – einen größern Don Quichote wie Dich, trug gewiß nie die prosaische Erde! […] Deine Begierde *nach* mir ist eben das was Du oft *bei* mir empfunden, was Dich itzt zu mir zieht, zog Dich oft von mir weg, es ist ein allgemeines Gefühl, ein stetes Sehnen nach dem entfernten; das mich eigentlich ins besondre gar nichts angeht. Ich bitte Dich, lieber Fremdling, kom doch endlich einmal nachhause, Du bist stets nicht bei Dir, und es ist so hüpsch bei Dir; versuch es nur, und kom zu Dir selbst, Du wirst die Heimat finden, sie lieben, und dann immer mit Dir tragen!« Auch hier schimmert die Erkenntnis durch, dass Projektionen das Verhalten Brentanos bestimmen und Sophie sich trotz Brentanos Schmeicheleien ungeliebt und unverstanden vorkommt, denn sie fährt fort: »Es ist wahr, ein Gefühl ist in mir, ein einziges, welches nicht Dein gehört. Es ist das Gefühl der Freiheit. Was es ist, weiß ich nicht; es ist mir angeboren, und Du verletzest es zuweilen.«

Vergeblich sucht man in der Antwort Brentanos eine angemessene Reaktion auf solche zartfühlende Kritik und die hellsichtige Analyse seiner unpersönlichen, verletzenden, im Grunde egoistischen Liebes- und Sehnsuchtsgefühle. Stattdessen steigert er seine Emotionen weiterhin zu einer »gewaltthätigen Sehnsucht nach Liebe« und entwirft erneut das Traumbild eines ruhigen, paradiesischen Zusammenlebens mit Sophie: »Ach daß mich Gott segne, daß uns Liebe, Ruhe und Friede werde in einander, daß die große Liebe in mir zu dir von dir deutlicher verstanden, empfangen und wieder gebohren werde, o Sophie! in welcher unsäglichen Angst lebe ich jezt so weit, so weit von dir.« Es ist, als könnte Brentano nicht zuhören, als sei er nicht in der Lage, den wohlmeinenden Ratschlägen seiner Freunde zu folgen. Die große Sehnsucht, Ruhe in der Liebe zu finden, und die Begabung, seine tiefwurzelnden Ängste in neuerlichen Werbungen zu ersticken, verstellen ihm die Möglichkeit, sich den geliebten Menschen innerlich zu nähern und in dieser Nähe zufrieden zu leben. Es ist ein Circulus vitiosus, aus dem er selbst nicht herausfindet. Schlimmer noch: Er vermag auch die Hilfe anderer nicht wahr- und anzunehmen, bleibt auf diese Weise dann tatsächlich – von wenigen Momenten ekstatischer Liebesvereinigung und kurzen Phasen harmonischer Zweisamkeit abgesehen – allein und ungetröstet.

Die moderne Psychologie kennt dafür Bezeichnungen wie »self fullfilling prophecy«; Brentano beschwört das Bild des Verlassenen, Vereinzelten, Einsamen, Untröstlichen unablässig in seinen Briefen. Er erfindet für diese innere Situation die schönsten dichterischen Bilder, appelliert in Briefen immer wieder an das Mitleid seiner Freunde. Je mehr sie sich ihm dann aber nähern, ihn verstehen, ihn lieben, desto einsamer wird er tatsächlich, weil er die Nähe nicht verträgt und die ausgestreckten Hände nicht ergreifen kann. So gibt es keine Anzeichen dafür, dass er nach der vorsichtigen Kritik von Arnim und Sophie zu Selbstbesinnung und Selbstkritik findet und sich das Verhältnis zu Sophie grundlegend ändert.

Möglicherweise hätte ein gemeinsames Kind zu einer wirklich neuartigen Beziehung der Eheleute geführt. Doch das Verhängnis nimmt seinen Lauf. Auch das zweite Kind des Paares lebt nur kurze Zeit: Am 13. Mai wird Joachime Elisabeth in Heidelberg geboren. Am 17. Juni stirbt die Tochter an Scharlach. Sophie macht sich nun Selbstvorwürfe, und als Clemens das Glück Savignys nach der Geburt seines Kindes in einem Brief aus Frankfurt erwähnt, das »gesundeste kindischste Kind« seines Bruders Georg beschreibt und traurig hinzufügt, »daß mir [nicht: uns!] schon zweimahl ein solcher Schazz untergegangen« sei, antwortet sie: »Was Du von Savigny schreibst, rührt mich am meisten. Ich fühle einen Schmerz im Herzen, wenn ich es lese, es kränkt mich, daß Du nicht so glücklich wie Savigny bist, das ist wohl, was ich eigentlich fühle.«

Kein Wort über die verletzende Art, in der Clemens über seinen – nur seinen! – Verlust geschrieben hatte. An der großen Tauffeier, die nach Rückkehr der Familie Savigny aus Paris auf deren Gut Trages (bei Hanau) gefeiert wird, nimmt Sophie nicht teil. Clemens lässt sie in ihrem Kummer über die zwei verlorenen Kinder allein, sucht auf eigene Faust nach Ablenkung und Verdrängung – ausgerechnet bei einer turbulenten Taufe.

In Trages sind die Spuren dieser Geburtstagsfeier noch heute im so genannten »Dichterzimmer« zu erkennen. Große Fresken, die wohl überwiegend von Christian Brentano stammen, zieren den Raum; ein Gedicht über das Riesenkind – Savignys Kind war außergewöhnlich groß – ist fragmentarisch erhalten. Ein großes Wandgemälde, das groteskerweise als Darstellung der schwangeren Sophie Mereau missdeutet wurde, stellt die Dichterkrönung Petrarcas dar. Christian hat es aus August Wilhelm Schlegels kleinem Büchlein *Blumensträusse aus italiänischer, spanischer und portugiesischer Poesie* (Berlin 1804) kopiert. Brentano selbst kritzelt eine Karikatur zu Herders Tod an die Wand und fügt eine leicht veränderte Strophe von Johannes Daniel Falk hinzu:

> Herder ist von uns gegangen,
> Goethe sieht ihm traurig nach;
> Wieland trocknet seine Wangen
> Und Amaliens Herze brach.

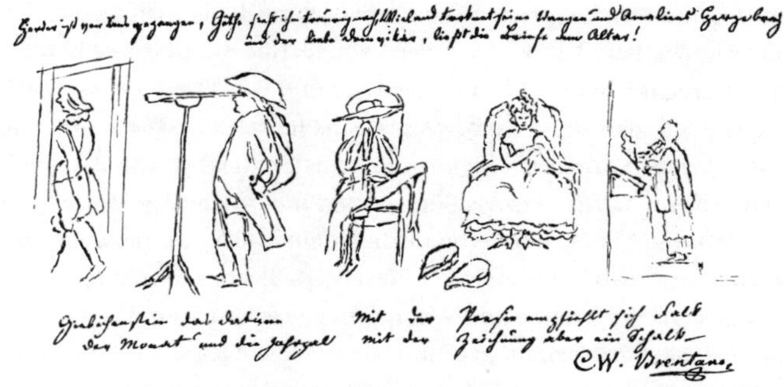

Clemens Brentano: Karikaturen und Verse zu Herders Tod nach dem Muster der Wandskizzen in Trages.

Offensichtlich wird ausgiebig gefeiert an diesem idyllischen Ort Trages, den Brentano bereits in seinem *Godwi* als anheimelndes »Dorf« am Rande des Spessart beschreibt. Teile des Romans sind dort bei einem gemeinsamen Aufenthalt mit dem Tasso-Übersetzer Johann Diederich Gries – dem *Haber* des Romans – entstanden. Zur Taufe von Savignys Kind am 13. Oktober 1805 treffen Clemens, Bettine, Christian und Meline Brentano sowie Jacob Grimm, Johann Christian von Bostel und Achim von Arnim auf dem Gut ein. Clemens meldet seiner Frau: »Das Kind ist dick und stark, die Gundel säugt es noch, es sieht aus wie ein dicker kleiner schöner Savoyarde; und ist recht froh und ernsthaft. Wir thun hier nichts als den ganzen Tag auf dem Felde mit der Flinte hin und her gehen und gar nichts schießen, die Unterhaltung besteht einzig darin, daß man sich lieb hat.«

Es mag Sophie geschmerzt haben, dass Brentano sich so unbekümmert an dieser Geburtstagsfeier beteiligt und ihr dann noch signalisiert, dass ihm die Freuden der Vaterschaft versagt blieben. Im zweiten Brief aus Trages bekennt er ihr jedoch wieder seine tiefe Liebe. Der Gewalt seiner Worte kann sich selbst der heutige Leser kaum entziehen: »Ach Sophie, waß ist dir ein Brief von mir? O wäre er das, waß er mir ist, wen ich schreibe, wenn ich dich denke, wie du bist, daß ich dich so traulich lieben muß, lieben über alle Weiber, du bist doch das beste, liebste, wie du jezt bist, wie du immer mehr wirst. […] dann freue ich mich nur, daß auch die Liebe der Staub von den Füßen schütteln kann, und sich auf Erden rechtfertigen ihres göttlichen Ursprungs, dann freue ich mich, daß ich dich lieben kann und will und muß, ohne Verderben, ohne Sünde, ohne Betrug, daß es recht ist vor Gott und der Welt und vor dem Gewissen, ich freue mich, daß diese Liebe frei ist, das heist, daß sie garantirt ist von der Natur, von der Religion, und von der Gesellschaft, diese beiden gehören in die Natur, denn sie sind ihre höchsten Werke. […] ich weiß nur, daß ich dich von Grund meines Herzens tief ewig hervorquellend liebe, und daß ich diesen Quell höre in meiner Brust mit unsäglicher Freude und Wehmuth, wie er immer quillt und sich dir entgegenströmen mögte, und wie ich so oft leide, und traure, es ist nur, daß du oft sein Bett verschüttest oder ihn hemmst, biß er übertritt in Trähnen, oder alles Zerreist und uns beide rächend verdirbt, ach es ist nur Liebe, und geht bald ruhig zu deinen Füßen, ein Spiegel, ein treuer Spiegel, der versiegen möchte, wenn du über ihn zürnst, daß er ein *treuer Spiegel* ist.«

Jedes Wort ist hier voll tiefem Gefühl. Brentano ist kein Schmeichler, kein Hochstapler, kein Lügner – doch er braucht Abstand von seiner Geliebten, er braucht die Möglichkeit, seine Geliebte zu »denken«, ihr Bild zu imaginieren. Die Gegenwart Sophies stört diese Fantasien, führt ihn in eine Realität zurück, mit der er nicht fertig wird. Sophie Mereau ist stets bereit, die sonderbaren Wendungen Brentanos zu tolerieren, seine Abstürze und Beleidigungen zu verzeihen, und es scheint, als habe ihre innere Überlegenheit im letzten Jahr ihres Lebens noch zugenommen. Alle Vorwürfe stellt sie zurück und versteht sich selbst ganz als dienende Frau; ihr früheres Leben und das rücksichtsvolle Verschweigen ihrer Affären sieht sie nun als Fehler, da sie Brentano zu nachgetragener Eifersucht reizen: »ich bete alle Tage«, schreibt sie am 30. August 1805, »daß Gott mich klüger mache, um Dir gefällig und nüzlich zu sein. Was kann ich für mein armes, voriges Leben? glaub mir, ich fange an, es herzlich zu hassen, weil es Dich oft quält.«

Im letzten Brief, den sie an Clemens schreibt, als sie erneut (zum dritten Mal in den drei Jahren dieser Ehe) hoch schwanger ist, glaubt sie in Brentanos Äußerungen sogar etwas Göttliches wahrzunehmen, gerade weil er sich so gewaltsam, so wenig kontrolliert ausdrückt. Am 20. Juni schreibt sie aus Heidelberg: »Ich kann Dir es nicht leugnen, Clemens, daß mich Dein Brief ganz unendlich gerührt hat. Eine heilige Flut von glauben, hoffen und lieben drang so gewaltig in mein Herz, daß ich in süßer Wehmut vergehn zu müssen glaubte. Ich weiß nicht wie ich das nennen soll, was zuweilen aus Dir spricht, mit wunderbarer Stimme aus Dir heraus schreit, aber es mag wohl etwas göttli[ches] sein, weil es so viel Gewalt hat, und man so viele Schmerzen darum vergessen kann. Und wenn es auch in der Erscheinung vorüber gehend ist, so weiß ich doch so gewiß daß es wahr, und eigentlich unvergänglich ist, daß ich darauf sterben wollte.« Die letzten Worte wirken prophetisch, denn tatsächlich sollte Sophie bei der Geburt des Kindes sterben.

»Sophie, die mehr zu leben verdiente als ich, die die Sonne liebte und Gott, ist schon lange tod, Blumen und Graß wachsen über ihr und dem Kind welches getödet durch Sie Sie tödete, Blumen und Graß sind sehr traurig für mich«, berichtet Brentano seinem Freund Arnim und schließt eine ausführliche Schilderung der Ereignisse vom 30. Oktober an – von dem Tag, an dem Joseph Görres mit Frau und Schwiegermutter per Schiff in Heidelberg eintrafen und die missglückte Entbindung stattfand: »Sie war froh und gesund den 30 8ctober [Oktober] 1806, wir waren auf dem Schloß, sie sah in die Sonne mit den Worten, ich will dir einen Jungen gebähren, wie die Sonne so feurig. [...] Sophie war hoch schwanger, sie fühlte Wehen, mit unendlicher Freude und Seelenruhe rief sie mich hinaus, ich trug die neue Wiege mit ihr in ihre Stube, da dachte ich, daß es die dritte neue Wiege war und weinte, aber Sophie war wie eine Heilige froh, sie neckte mich und wir rüsteten zusammen die Wiege und das Geräthe, ihre Stube hatten wir selbst noch deckorirt, ich hohlte noch dein Bild und eine Madonna die hängte ich hinein, es war Abends acht Uhr, nimm die Hulda und gehe mit Görres auf das Schiff, damit sie nicht jammert, wenn ich schreie, [...] ich wartete, [...] und da ich nach Haus kam, hörte ich Sophien jammern, sie sagte lieber Klemens, rufe den Akkoucheur, ach Gott, ach Gott stärke mich, und ich rief den Doctor Mai, und sie jammerte lang und ich hatte eine eiserne kalte Hand im Gehirne, die zerriß es, da kam um zwölf Uhr, die Mutter Lassaulx, und sagte das Kind ist da, es ist ein Knabe, man sucht es zu beleben, ich sprach, wehe, ist es ein Mann, so ist es ein Sklave in dieser Zeit, aber sie kam wieder, und sagte es ist ein Mädchen, und ich sprach, wehe so muß es gebähren, lebt mein Weib, ich habe keine Freude an Kindern, sie sterben, – ihr Weib ist sehr schwach – da hörte ich Sophien schwer schwer Athmen, sie sagte lebt mein Kind, und starb, und die Erde starb, alles starb, und ich schrie Arnim, Arnim, und rang die Hände nach deinem Bild – und Schwarz und Zimmer und der Professor Fries trugen mich zu Görres auf das Schiff, und Görres drükte mich fest fest ans Herz und ich schrie immer Sophie [...] und also erfüllte ich den Fluß und die Ufer mit Geschrei und den andren Tag brachte mich Görres biß Darmstadt [...] Betine trauerte mit mir, aber sie konnte meine Verzweiflung nicht ertragen [...] und also gieng ich zurück und saß ein halb Jahr noch auf meiner Stube auf dem selben Stuhl und weinte.«

Der Verlust trifft Brentano zu einem Zeitpunkt, als sich das Verhältnis zu Sophie zu stabilisieren beginnt: »Alles, alles ist hin«, schreibt er an Savigny kurz nach dem 2. November 1806, »ich hatte alles in Sophie wiedergefunden, waß ich in ihr liebte, in ihr verlohr, waß sie war, ach ich war unaussprechlich glücklich, [...] ich habe keine Hülfe, keiner Art, einsam muß ich zurück kehren in das Hauß, das verlassen ist, von seinem Gott, in meine Angelegenheiten, die meine Liebe führte, alles liegt und steht, von ihren Händen gelegt, geordnet, ich werde leben mit der toden«.

Einen Augenzeugenbericht über die Rückkehr nach Frankfurt erhält Savigny von Brentanos Schwester Meline, die in ihrem Brief vom 3. November schreibt: »Gestern um 10 in der Früh kamen sie [aus Darmstadt] zurück, der Clemens weint und schreit immer überlaut weh weh o weh und das zehnmal hintereinander. Er tobt ganz unvernünftig, weiß nicht, was er mit sich und der Hulda anfangen soll. Die Bettine ist nun immer bei ihm und ich fürchte, es wird ihr nicht wohl tun [...] Görres [...] hat Clemens beigestanden, ihn erhebt er wie einen Gott.«

KAPITEL ACHT

Ein Wohlfeiles Liederbuch

Heidelberg – Frankfurt – Kassel – Heidelberg

Bei all den seelischen Qualen, die Brentano auszustehen hat – dem Auf und Ab in der Beziehung zu Mereau, den verlorenen drei Kindern und schließlich dem ungeheuren Schmerz über den Verlust dieser geliebten Frau –, gelingt es ihm doch, neue dichterische Pläne zu entwickeln und voranzutreiben. »Ich habe dir und [dem Komponisten] Reichard[t] einen Vorschlag zu machen«, schreibt er seinem Freund Arnim am 15. Februar 1805 aus Heidelberg, »nehmlich ein Wohlfeiles Volksliederbuch zu unternehmen, welches das platte oft unendlich gemeine Mildheimische Liederbuch unnötig mache, wenn wir zum Anfang nur ein hundert Lieder, die den gewöhnlichen Bedingungen des jezzigen Volksliedes entsprechen, beisammen haben, mehrere sehr vernünftige Prediger der Pfalz haben mich schon darum gebeten, man könnte es abtheilen in einen Band für Süddeutschland, und einen für Norddeutschland, weil beide sich in ihren Gesängen nothwendig trennen, es muß sehr zwischen dem romantischen und alltäglichen schweben, es muß Geistliche, Handwerks, Tagewerks, Tagezeits Jahrzeits, und Scherzlieder ohne Zote enthalten, die Klage über das mildheimische ist allgemein, es muß so eingerichtet sein, daß kein Alter davon ausgeschloßen ist, es könnten die bessern Volkslieder drinne befestigt, und neue hinzugedichtet werden, ich bin versichert, es wäre viel mit zu würken, äußre dich darüber mir ist der Gedanke lieb.«

Arnim zeigt sich sogleich einverstanden: »Ueber das Volksliederbuch denke ich sind wir lange einig, nicht ohne Dich und mit keinem andern als mit Dir möchte ich es herausgeben«, antwortet er am 27. Februar 1805 aus Berlin und teilt zugleich einige Fundstücke aus einer Sammlung von Gassenhauern, Reiter- und Bergliedern von 1571 mit. Vermutlich hatten die beiden ihren Plan schon Ende des Jahres 1804 bei einem gemeinsamen Besuch in Ziebingen mit Ludwig Tieck besprochen und Brentano gibt nach Rücksprache mit dem Verleger nun den Startschuss.

Des Knaben Wunderhorn, *Titelstich zum ersten Band, vermutlich von Johann Christian Kuntze, Heidelberg 1806.*

Bis Mitte Mai 1805 tragen die beiden ihr Material zusammen – Arnim in Berlin und Brentano in Heidelberg. Dann kommt es zu einer »gemeinsame[n] Bearbeitung, die nur noch etwa sechs Wochen in Anspruch nimmt (Mitte Mai bis Ende Juni in Heidelberg)«. Bereits im Herbst des gleichen Jahres wird der Band ausgeliefert. Der Plan, den befreundeten Komponisten, der schon für Goethe die Mignon-Lieder im *Wilhelm Meister* vertont hatte, einzubeziehen, wird fallen gelassen. Arnim und Brentano verzichten gänzlich auf die Beilage von Melodien, sie stellen eine bunt zusammengewürfelte Sammlung von über zweihundert »alten deutschen Liedern« zusammen, setzen eine Widmung an »Sr. Excellenz des Herrn Geheimerath von Göthe« an den Anfang und nennen dieses Liederbuch, das tatsächlich »zwischen dem romantischen und alltäglichen« schwebt, *Des Knaben Wunderhorn.* Der Titel geht auf das Eingangslied *Das Wunderhorn* zurück, das die Freunde einer zwanzig Jahre zuvor veröffentlichten Sammlung – Anselm Elwerts *Ungedrukte Reste alten Gesangs nebst Stücken neurer Dichtkunst* von 1784 – entnehmen.

Die Widmung an Goethe erweist sich als kluger Schachzug. Arnim beeilt sich, das Werk in Weimar beim »Statthalter des poetischen Geistes auf Erden« – wie Novalis Goethe genannt hatte – persönlich vorzustellen, und berichtet Brentano am 17. Dezember 1805 aus Jena und Weimar über seine Aufnahme: »Göthe, der viel sehr viel Güte für mich hat, er grüst dich, dankt für unsre Sammlung, findet sie sehr angenehm, hat sie gegen viele in Weimar gelobt und wird vielleicht selbst einige Worte darüber in der Jenaer Literaturzeitung sagen. Er hat mich auf alle Tage eingeladen zum Mittagessen, fast über jedes Lied gesprochen, [...]. Es war mir dabey als wenn eine schöne Königin mit ihren Fingern durch meine Mähne striche und mir den Hals klatschte. Er wünschte unsre Sammlung auch über die ausländischen Romanzen, sowohl die heiligen der Edda als auch die andern altfranzösischen, englischen, schottischen, spanischen ausgedehnt.«

Goethe hält Wort. Seine Rezension in der Jenaischen *Allgemeinen Literatur-Zeitung* erscheint bereits am 21. und 22. Januar 1806 und enthält nicht nur eine Kurzcharakteristik sämtlicher Lieder des Bandes, sondern auch die Aufforderung, weitere Bände zu veröffentlichen. Dabei hatte Goethe sogleich erkannt, dass die beiden jungen Dichter die Texte keinesfalls präzise nach ihren Quellen wiedergeben, sondern »restauriert« und »romantisiert«. Das *Wunderhorn* soll – so ist der Plan der beiden jungen Bearbeiter – ein populäres, aber literarisch eher armseliges Liederbuch ersetzen; es ist nicht für Gelehrte, sondern für zeitgenössische Leser aller Schichten bestimmt und orientiert sich am Geschmack und den Ideen der jungen, »romantischen« Generation.

Die bearbeiteten Lieder sind – im Sinne Schillers – so »sentimentalisch« und raffiniert modernisiert wie der bis heute populäre Text

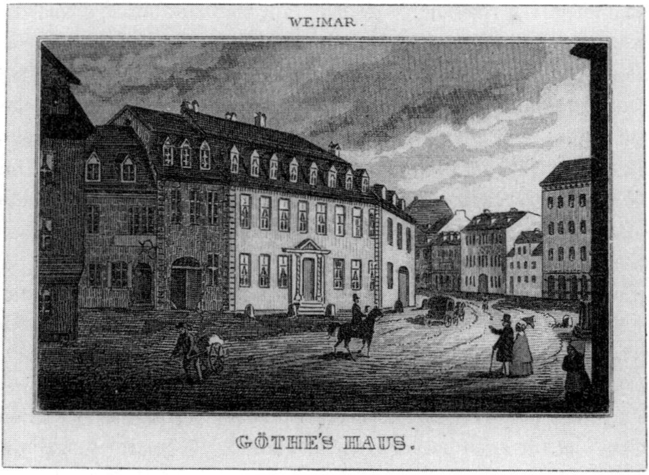

Goethes Haus in Weimar, Kupferstich

Sah ein Knab ein Röslein stehn und finden deshalb begeisterte Aufnahme bei Goethe, der in seiner Sturm-und-Drang-Zeit ebenfalls Lieder gesammelt und seither viele Gedichte im Ton von Volksliedern geschrieben hatte. Das Motiv zum *Heidenröslein*, dem ersten Meisterwerk dieses Typs von Kunstvolksliedern, entnahm Goethe einem vielstrophigen, ungehobelten Lied, das er in einer Sammlung von 1602 (in der Bibliothek seines Mentors Herder) gefunden hatte. Johann Gottfried Herder war es auch, der Goethes aus dieser Quelle gewonnene Dichtung 1773 in seinem Büchlein *Von deutscher Art und Kunst* veröffentlichte und behauptete, es sei ein »kindisches Fabellied«, das er »aus dem Gedächtniß« zitiere. Noch im Inhaltsverzeichnis seiner Volksliedersammlung von 1778/79, in der Herder Goethes Lied unter dem Titel *Röschen auf der Heide. Deutsch* erneut publizierte, vertuschte er die Quelle mit der Angabe: *Aus der mündlichen Sage.* Diese Mystifikation wurde 1790 aufgehoben, denn nun erschien das Lied wenig verändert im 8. Band von Goethes *Schriften* als Werk des inzwischen in Weimar lebenden, etablierten Dichters.

Ähnlich wie Herder verfahren Arnim und Brentano, wenn sie bei zahlreichen *Wunderhorn*-Liedern »Mündlich« unter dem Titel vermerken, um damit eine besonders starke Umarbeitung ihrer Vorlagen zu verschleiern. Zu ihrem Eingangslied *Das Wunderhorn* geben sie gar keine Quelle an, denn der Vergleich mit der Vorlage in Elwerts Buch hätte nicht nur gravierende Veränderungen an den Tag gebracht, sondern auch enthüllt, dass Elwert eine Übersetzung aus dem Englischen geboten hatte, die wiederum auf das anglonormannische *Lai du corn* zurückgeht, das im 12. oder 13. Jahrhundert entstanden war. Ein »altes deutsches Lied« – wie es der Untertitel der Sammlung verheißt – ist dieses Titelgedicht des *Wunderhorn* nun wirklich nicht. Merkwürdigerweise scheint nicht einmal Elwert die starke Bearbeitung der überlieferten Lieder zu durchschauen: »dieser alte Praktikus selbst erkennt unsere Restaurationen und Ipsefacten für aecht«, stellt Brentano nach Elwerts Besuch in Heidelberg im Mai 1806 erleichtert fest. Dabei ist der Justizrat, der sich nur in seiner Freizeit mit dem Sammeln von Volksliedern befasst, in bester Gesellschaft: Auch Heine lobt in seiner *Romantischen Schule* die Volkslieder des *Wunderhorn* als »Naturerzeugnisse«, die kein »Kunstpoet« nachahmen könne, und nennt als Beispiel ausgerechnet *Zu Straßburg auf der Schanz* – ein Lied, dem Brentano erst mit einschneidenden Veränderungen die von Heine wahrgenommene »unzersetzbare sympathetische Naturkraft« verlieh.

Das Lied *Laß rauschen, Lieb, laß rauschen* wurde von berühmten Germanisten noch im 20. Jahrhundert für ein typisches deutsches Volkslied gehalten. Dabei zeigt gerade dieses Beispiel, wie Brentano mit seinen Vorlagen umgeht: Für die fünf Strophen dieses Gedichts benutzt er drei verschiedene Quellen, wobei er nicht davor zurückschreckt, auch einzelne Strophen längerer Lieder herauszulösen und mit isolierten Bestandteilen anderer Gedichte zu kombinieren. Um das so gewonnene »synthetische« Kunstwerk abzurunden, schließt er mit einer selbstgedichteten Strophe ab:

Laß rauschen, Lieb, laß rauschen,
Ich weiß nicht, wie mir wird,
Die Bächlein immer rauschen,
Und keines sich verwirrt.

Der »romantisch-sentimentalische« Ton ist kaum überhörbar. Fast könnte man diese Strophe für einen Text Eichendorffs halten. Da Brentano jedoch in seinem Lied zahlreiche wirklich alte, tatsächlich

»echte« Volksliedelemente unverändert lässt, an einigen Stellen sogar Formeln, die wir für volksliedtypisch halten, einfügt, wurden die Germanisten erst hellhörig, als die Vorlagen zu jedem einzelnen Lied des *Wunderhorn* erforscht wurden.

Dabei lässt bereits der erste Kritiker, Goethe, in seiner Rezension keinen Zweifel daran, dass bei diesen »Volksliedern« moderne Dichter ihre Kunst eingesetzt haben. Seine engagierte Darstellung wirkt wie eine nachträgliche Rechtfertigung für die Mystifikation und Textmanipulation, die er selbst mit dem *Heidenröslein* betrieben hatte. Bereits mit dem ersten Satz versucht er die beiden jungen Poeten gegen Kritik aus dem Kreis der eher »wissenschaftlich« gesonnenen Herausgeber und Sammler abzuschirmen, die eine Aufbereitung der alten Texte für zeitgenössische Leser, ein Um- und Neudichten der oft nur in unverständlichen und mundartlich eingefärbten Bruchstücken überlieferten »Reste alten Gesangs«, nicht gutheißen können.

»Die Kritik dürfte sich vorerst nach unserem Dafürhalten mit dieser Sammlung nicht befassen«, beginnt Goethe seinen Beitrag in der *Allgemeinen Literatur-Zeitung,* und begründet: »Die Herausgeber haben solche mit so viel Neigung, Fleiß, Geschmack, Zartheit zusammengebracht und behandelt, daß ihre Landsleute dieser liebevollen Mühe nun wohl erst mit gutem Willen, Teilnahme und Mitgenuß zu danken hätten.« Am Schluss verstärkt Goethe diese Abwehr der Textkritik noch: »Haben wir gleich zu Anfang die Kompetenz der Kritik [...] bezweifelt so finden wir noch mehr Ursache, eine sondernde Untersuchung, in wiefern das alles, was uns hier gebracht ist, völlig echt, oder mehr oder weniger restauriert sei, von diesen Blättern abzulehnen. [...] das hie und da seltsam Restaurierte, aus fremdartigen Teilen verbundene, ja das Untergeschobene, ist mit Dank anzunehmen. Wer weiß nicht, was ein Lied auszustehen hat, wenn es durch den Mund des Volkes, und nicht etwa nur des ungebildeten, eine Weile durchgeht! Warum soll der, der es in letzter Instanz aufzeichnet [...] nicht auch ein gewisses Recht daran haben?«

An einer wissenschaftlich genauen Aufzeichnung und Edition mündlich überlieferter Texte hatte Goethe ebenso wenig Interesse wie die *Wunderhorn*-Bearbeiter. Deswegen kommt es in der Rezension zu einer aus heutiger Sicht »gewagten« Definition des Volkslieds, die Eingriffe und Modernisierungen durch zeitgenössische Autoren geradezu herausfordert: Die vom »Bearbeiter«, der »letzten Instanz«, eingebrachte »Kunst«, so argumentiert Goethe, liegt mit den Elementen der »Natur«, die sich durch das Zersingen der Texte im Volk eingestellt haben, in einem fruchtbaren Konflikt, und so entstehen Lieder, die »Volkslieder« genannt werden (tatsächlich jedoch eher als »Kunstlieder im Volksliedton« bezeichnet werden müssten). Goethe beschreibt sie so: »Diese Art Gedichte, die wir seit Jahren Volkslieder zu nennen pflegen, ob sie gleich weder vom Volk noch fürs Volk gedichtet sind, sondern weil sie so etwas Stämmiges, Tüchtiges in sich haben [...] dergleichen Gedichte sind so wahre Poesie, als sie irgend nur sein kann; sie haben einen unglaublichen Reiz, selbst für uns [...]. Hier ist die Kunst mit der Natur im Konflikt, und eben dieses Werden, dieses wechselseitige Wirken, dieses Streben scheint ein Ziel zu suchen, und es hat sein Ziel schon erreicht.«

Nach der Fixierung in Buchform gehen diese Lieder – verbunden mit neu geschaffenen oder »hergebrachten Melodien« – wieder in die mündliche, von breiteren Schichten der Bevölkerung getragene Tradition über; und so empfiehlt Goethe für das *Wunderhorn*: »Von Rechtswegen sollte dieses Büchlein in jedem Hause, wo frische Menschen wohnen, am Fenster, unterm Spiegel, oder wo sonst Gesang- und Kochbücher zu liegen pflegen, zu finden sein [...]. Am besten aber läge dieser Band auf dem Klavier des Liebhabers oder Meisters der Tonkunst, um den darin enthaltenen Liedern entweder mit bekannten hergebrachten Melodien ganz ihr Recht widerfahren zu lassen, oder ihnen schickliche Weisen anzuschmiegen, oder, wenn Gott wollte, neue bedeutende Melodien durch sie hervorzulocken. Würden dann diese Lieder, nach und nach, in ihrem eigenen Ton- und Klangelemente von Ohr zu Ohr, von Mund zu Mund getragen, kehrten sie, allmählich, belebt und verherrlicht, zum Volke zurück, von dem sie zum Teil gewissermaßen ausgegangen: so könnte man sagen, das Büchlein habe seine Bestimmung erfüllt, und könne nun wieder, als geschrieben und gedruckt, verloren gehen, weil es in Leben und Bildung der Nation übergegangen.«

Eine bessere Förderung als diese euphorische Rezension aus der Feder des allseits anerkannten größten deutschen Dichters ist kaum vorstellbar. Arnim und Brentano befinden sich genau auf der Linie, die Goethe in Straßburg entwickelt hatte und seinerseits in einem Traditionsstrang seiner Lyrikproduktion über alle Phasen des Lebens weiter verfolgt. *Des Knaben Wunderhorn* sollte tatsächlich in der deutschen Lyrik Epoche machen, obwohl die Sammlung keineswegs »wohlfeil« war: »Band I kostete von 1805 bis 1816 4 Gulden und 45 Kreuzer (oder 3 Reichstaler und 4 Groschen), die Bände II und III kosteten von 1808 bis 1816 6 Gulden und 45 Kreuzer«, ermittelte Heinz Rölleke und fügte hinzu: »Das Wunderhorn kostete zu viel, als daß sich ein evangelischer Pfarrer die Anschaffung hätte ohne weiteres leisten können.«

Käufer und Leser sind daher weniger in den »singenden Schichten des einfachen Volkes« zu finden, sondern eher unter den Intellektuellen, den Lyrikern und Komponisten, die im Sinne von Goethes Rezension als »Multiplikatoren« wirken. Über das gesamte 19. Jahrhundert hinweg wird die Lyrik in Deutschland von den »künstlichen« Volksliedern, die im Ton den romantisierten *Wunderhorn*-Liedern entsprechen, dominiert. Eichendorff, Uhland, Heine, ja sogar die Jungdeutschen dichten in Volksliedstrophen, Volksliedformeln, Volksliedbildern. Wie oft wird der Gedichteingang: *Da droben auf jenem Berge* zitiert, variiert, karikiert. Auch Goethes Hoffnung, dass diese Lieder »gesungen« wieder »zum Volk« zurückkehren, sollte sich erfüllen. Die Liederbücher der Studenten und Männergesangsvereine waren bis ins 20. Jahrhundert hinein mit Vertonungen aus dem *Wunderhorn* und Kunstvolksliedern in dessen Stil durchsetzt. Bedeutende Komponisten der Romantik wie Brahms und Schubert verarbeiteten diese Texte zu Kunst- und Chorliedern, die ein hohes Maß an Popularität erreichten.

Dennoch haben Arnim und Brentano gegen starke Widerstände zu kämpfen. Zuallererst bei der Bearbeitung des Materials, das sie fast ausschließlich aus schriftlichen, oft gedruckten Quellen gewinnen. Ihre Zusammenarbeit bleibt nicht so harmonisch, wie die hehren Ideale der Freundschaft und des »Synpoetisierens« hoffen ließen. Brentano ist der geschickte Restaurator, der es versteht, behutsam künstliche Patina aufzulegen, um den Anschein zu wahren, dass sich die Lieder vor langer Zeit »von selbst« gedichtet hatten – wie Caroline Schlegel es bereits bei der Lektüre der *Godwi*-Balladen formuliert hatte. Arnim fehlt es – so meint sein Freund – an dem nötigen Feingefühl; er geht unbeschwert und eher »nassforsch« an

Clemens Brentano: Skizze einer Wassermühle und Berechnungen auf einer Manuskriptseite

die Arbeit und muss sich harsche Kritik von seinem Mitherausgeber gefallen lassen, die dieser mit drastischen Bildern würzt. Im Januar 1808 schreibt Brentano: »Wenn wir alte Lieder der Zeit näher rücken, müßen wir es ganz gleichmäßig, sonst fallen sie um, wie Mauern die aus der senkrechten Linie kommen. Der Gothische Stiel umfaßt auch eine Welt, aber die Schlößer sind anders als die Kirchen, und in keinern Raubburg darf ein prächtige Kirchenorgel stehen, weniger eine Raubburg mit einer Orgel ausgebessert werden. [...] Es ist aber in jedem Kunstalter eine überschwengliche Zeit, ein Blüthenalter der Empfindung, und in diesem steht mein Geliebter Bruder [Arnim] mitten drinne, ein ganzer BienenHimmel, und so herrlich gelingt ihm auch alle Herstellung solcher Natur berauschten Poesie, will er aber ein steinernes Ritter Bild, ein altes Schloß, einen Grabstein aus eiserner armer einfältiger Zeit, die zusammengestürzt, wieder aufrichten, so wäre er im Stand, ein Fenster quer auf mit einem Tulpenbeete zu zu mauern, oder dem Ritter einen Nachtviolenstock hinters Ohr zu stecken als Schreibfeder, da ich nicht einmahl grünes, nein dürres Epheu dazu zu nehmen wage und wenn er angorische Ziegen über den Kirchhof treibt, oder Seidenhäschen, wäre mir eine Eidexe höchstens ein Iltis, oder Hu[h]n lieber.«

Bei der Arbeit an den Fortsetzungsbänden verschweigt Arnim daraufhin seine Eingriffe oder blockiert Einsendungen des Freundes, wenn er glaubt, eine bessere Fassung ergattert oder formuliert zu haben. Differenzen werden schon bei der Herstellung des ersten Bandes deutlich, als Arnim ohne Absprache mit seinem Freund seinen Aufsatz *Von Volksliedern* anfügt, der »Herrn Kapellmeister Reichardt« gewidmet ist und allgemeine Betrachtungen zur Tradition des Volkslieds enthält. »Wo ich zuerst die volle thateneigene Gewalt und den Sinn des Volkslieds vernahm, das war auf dem Lande«, schreibt Arnim. »In warmer Sommernacht weckte mich ein buntes Geschrey. Da sah ich aus meinem Fenster durch die Bäume, Hofgesinde und Dorfleute, wie sie einander zusangen:

Auf, auf, ihr Brüder und seyd stark!
Der Abschiedstag ist da,
Wir ziehen über Land und Meer
Ins heisse Afrika.

Sie brachen ab und auf zu ihren Regimentern, zum Kriege.«

Dieser »Ton«, von dem Arnim hofft, dass er »in vielen nachhalle und alle verbinde«, konnte in dem von Napoleon bedrohten und weitgehend bereits beherrschten Deutschland als Aufforderung zur nationalen Erhebung verstanden werden. Vermutlich sind es solche versteckten politischen Anspielungen in Arnims Aufsatz, die Brentano zu der Bemerkung veranlassen: »über die eigenthümlige Undeutlichkeit vieler Stellen deiner Abhandlung, lieber verzeihe, zerbreche ich mir selbst Schamroth oft den Kopf.«

Die politische Entwicklung verhindert auch zunächst die zügige Herausgabe weiterer Bände. Erst als sich die Lage beruhigt, der Verleger wieder bei Kasse ist, und die beiden Herausgeber sich ohne kriegsbedingte Verzögerungen verständigen können, ist an eine Fortsetzung des *Wunderhorn*-Projekts zu denken. Brentano hält sich zunächst in Heidelberg, dann – nach dem Tode von Sophie Mereau – in Frankfurt und Kassel auf, während Arnim nach seinem Besuch bei Goethe nach Berlin und Brandenburg weiterreist und von dort – wie der preußische Hofstaat – in die äußerste nordöstliche Ecke Preußens, nach Königsberg, ausweicht. Brentano hat große Sorge, dass sein Freund sich bereits in Weimar dem preußischen Prinzen

Louis Ferdinand anschließen könnte, um als Soldat in die Schlacht zu ziehen. Er ist erleichtert, als es dann zu einem Waffenstillstand kommt.

Nach seiner Auffassung ist die eigentliche Schlacht auf dem Flügelross des Poeten zu schlagen, und er mahnt den Freund: »Alles hat zwei Seiten, lieber Arnim, der Kerl, der hinter dir steht, steht hinter manchem braven Soldaten, aber nicht oft hinter dem Dichter, [...] Göthens Dasein, das sich so from entzückt, ist es nicht herrlicher, größer, ewiger, ich möchte sagen tapferer, als jenes des herrlichsten Siegers, und ist denn die Lage unsers Vaterlands so schrecklich, da es des Tods seiner Götter bedarf, um es zu erlösen [...] lieber Arnim, sei doch eine Minute eitel, und bleibe ein Dichter; Göthe hat einstens zu Friedrich Tieck gesagt, er wundre sich, daß Preußen keinen Dichter habe, als [Karl Wilhelm] Rammler, Gott segne dich, lieber, rette doch dein Vaterland, steige auf dein Flügelroß, und mache eine Bresche in Göthens Litterairgeschichte.« Arnim wählt einen Kompromiss: Er schreibt – wie zahlreiche Dichter der Romantik – Kriegslieder und plant im September 1806 eine patriotische Zeitung mit dem Titel *Der Preusse, ein Volcksblat*.

Im Sommer 1813, als sich in ganz Europa der Widerstand gegen die Herrschaft Napoleons formiert, schließt er sich in Berlin dem Landsturm an, kommt aber nicht zum Kampf, weil Napoleon Berlin nicht angreift und die Einheiten wenige Tage später wieder aufgelöst werden. Brentano hat nie erwogen, selbst als Freiwilliger an den Kämpfen teilzunehmen, wie es Körner, Eichendorff, Pückler, Varnhagen und Arnim tun. Seine Mitwirkung am Kampf gegen Napoleon beschränkt sich auf patriotische Dichtungen zu den Erfolgen von Blücher und Wellington, die er in Wien entwirft, und selbst als er ein Schlachtfeld in der Nähe von Landshut besichtigt, interessiert er sich mehr für die herumfliegenden Briefschaften der Soldaten als für die politisch-militärischen Vorgänge. Er bleibt der Dichter, der primär an eine literarische Auswertung der Brieffunde denkt, so wie er 1817/18 eine Serie *Aus einem geplünderten Postfelleisen* veröffentlicht.

Seinen Pegasus will er mit dem Schlachtross nicht vertauschen, auch wenn er 1805 davon schwärmt, mit Arnim in die Schlacht zu ziehen: »Lieber Bruder, in dem Augenblick, da ich deine Anwandlung dem Prinzen ins Feld zu folgen, laß, fühlte ich mich fest entschloßen, dir ins Feld zu folgen, ich sah mich schon deine Waffen putzen, dein Zelt hüten, dir den Bügel halten, ich sah dich auffliegen und sinken, ich sah deinen Ruhm in meiner besten Liebe brennen, und sah das Geheimniß der herrlichen Seele vielleicht in Ruhmloser Schlacht herrlich zu sterben mit meinem Tode gefeiert und deinen Lauf mit meinem beschlossen.«

Im fernen Königsberg erfährt Arnim erst sehr spät von den Ereignissen im längst von Napoleons Truppen beherrschten Heidelberg. Gerüchte über den Tod von Sophie und ihrem Kind erreichen ihn fast zeitgleich mit der Nachricht, Brentano sei mit seiner Frau gesehen worden. (Beide Berichte sollten sich als wahr erweisen, denn Brentano schließt am 21. August 1807 in Fritzlar seine zweite Ehe mit Auguste Bußmann.) Erst im September 1807 – nach den verlorenen Gefechten in Ostpreußen – bricht Arnim nach Westen auf und gelangt nach Giebichenstein bei Halle. Beim Komponisten Johann Friedrich Reichardt sehen sich die Freunde im Oktober 1807 wieder, um dann – mit Unterbrechung in Weimar – gemeinsam nach Kassel zu den Brüdern Grimm zu reisen.

Kassel hatte Brentano mit Auguste Bußmann zum Wohnsitz gewählt. Er bleibt dort, während Arnim bald über Frankfurt nach Heidelberg weiterreist, um in Kontakt mit dem Verleger die Endredaktion der *Wunderhorn*-Bände zu übernehmen. Es sind daher nur die Monate November und Dezember 1807, in denen die beiden Freunde gemeinsam an den *Wunderhorn*-Gedichten in Kassel arbeiten. Sie werden dabei von den Brüdern Grimm unterstützt, die Vorlagen zu mehr als zwanzig Liedern des *Wunderhorn* beisteuern. Anfang Januar 1808 reist Arnim mit den Druckmanuskripten nach Heidelberg, im Februar übermittelt Brentano zunächst »einige dreisig theils neue, theils vergessene Lieder«, dann zusätzlich »eine Nachlese von etlichen und 40 Liedern«. Arnim entschließt sich zu einer Aufteilung in zwei Bände und gestaltet den letzten Band »ohne Übereinkunft mit Brentano selbst«.

In Kassel wird auch eine »Aufforderung, altdeutschen Volksgesang betreffend« formuliert, die in zahlreichen Zeitschriften erscheint. Die Herausgeber bitten in diesem Aufruf um Einsendung von Liedern, die sie folgendermaßen umschreiben: »Vorzüglich wäre auf jene Lieder zu achten, welche die Kunstsprache mit dem Namen Romanze, Ballade bezeichnet, das ist, in welchen irgend eine Begebenheit dargestellt wird, Liebeshandel, Mordgeschichte, Rittergeschichte, Wundergeschichte u. s. w. je älter und einfacher, je größer der Gewinn. Weiter scherzhafte und elegische Volkslieder, Spottlieder, charakteristische Kinderlieder, Wiegenlieder u. s. w. Alte Dienstboten, Kinderwärterinnen, haben meistens diese Lieder im Gedächtniß, und viele Dörfer beurkunden ihren Reichthum an solchen meist in den gemeinsamen Gesängen der Spinnstuben.« Als Adresse für die Einsendung ist angegeben: »Clemens Brentano bei Hrn. Banquier Jordis in Hessenkassel«.

Die Resonanz auf diesen Aufruf ist groß, doch treffen zahlreiche Sendungen zu spät ein, weil der Text in manchen Publikationsorganen wie der verbreiteten *Zeitung für die elegante Welt* erst im März 1808 erscheint. Zu diesem Zeitpunkt ist der Druck bereits weit fortgeschritten, im Februar sind etwa 50 Seiten gesetzt, und schon im September 1808 liegen die beiden Bände samt dem Anhang *Kinderlieder* gedruckt vor. Immerhin können Arnim und Brentano jedoch die Ernte ihres früher verbreiteten Zirkularbriefs und einer ersten, von Arnim im *Kaiserlich privilegirten Reichs-Anzeiger* im Dezember 1805 veröffentlichten »Aufforderung« einbringen. Den gedruckten Zirkularbrief mit einem stolzen Hinweis auf den ersten Band und seine Rezension durch Goethe hatten Arnim und Brentano an alle Bekannten verschickt und über Mittelsmänner besonders an Pfarrer weitergegeben. Die Forschungen Heinz Röllekes konnten die meisten der Einsender, die daraufhin Abschriften von gelesenen oder gehörten Liedern übermittelten, identifizieren.

Neben solchen Einsendungen spielen handschriftliche Codices, die Brentano und Arnim in Bibliotheken einsahen, und Buchpublikationen sowie *Fliegende Blätter* als Quelle der *Wunderhorn*-Lieder eine große Rolle. Diese Einblattdrucke mit einem oder mehreren Liedern, die meist die vielsagende Aufschrift »Gedruckt in diesem Jahr« tragen, stammen in der Regel aus dem letzten Drittel des 18. Jahrhunderts, transportieren aber oft weitaus ältere Texte, deren Ursprung nicht immer auszumachen ist. Einem solchen *Fliegenden Blatt* entnehmen die beiden etwa ihr *Faust*-Lied, das bereits im ersten Band des *Wunderhorn* erscheint. Es gehört zu den wenigen Liedern, die Goethe eher zurückhaltend aufnimmt. Sein Kommentar in der Rezension lautet: »Tiefe und gründliche Motive, könnten vielleicht besser dargestellt sein«.

In Heidelberg entsteht im Jahre 1808 auch die Programmzeitschrift der »Heidelberger Romantik«, die Arnim unter dem Titel *Zeitung für Einsiedler* herausgibt. Eichendorff nennt sie eine »Musterkarte« der Romantik, da sie Proben zu allen Bereichen von Poesie und Geschichte enthält, denen sich die romantische Schule in dieser Phase besonders widmet: Wilhelm Grimm veröffentlicht Übersetzungen altdänischer Lieder, von Ludwig Tieck erscheint *König Rother*, Joseph Görres ist mit satirischen Beiträgen und mit einer Probe zum Nibelungenlied, dem *gehörnten Siegfried*, vertreten, Lieder von Clemens und Bettine Brentano, Arnim und Hölderlin, Friedrich Schlegel und Uhland sind eingestreut. Das Märchen vom Machandelbaum nach Philipp Otto Runge erscheint hier zum ersten Mal. Brentano, der zeitweise die Redaktion der Beiträge übernimmt, steuert außerdem seine *Geschichte vom ersten Bernhäuter* bei, die auf einer Erzählung Grimmelshausens basiert, und lässt auch sein Freundschaftsgedicht für Arnim mit dem Titel *Der Jäger an den Hirten* einrücken.

In einem Anhang dieser Zeitschrift mit dem witzigen Titel *Geschichte des Herrn Sonet und des Fräuleins Sonete, des Herrn Ottav und des Fräuleins Terzine. Eine Romanze in 90 + 3 Soneten* nimmt Arnim einen »Sonettkrieg« auf, der sich gegen den Altphilologen und engstirnigen Klassizisten Johann Heinrich Voß richtet. Voß hatte Goethe beim Schmieden der Hexameter für *Herrmann und Dorothea* geholfen und hält sich nun in Heidelberg auf, wo er energisch gegen die romantische Gruppe und ihre Affinität zu mittelhochdeutschen, italienischen und spanischen Versformen und Stoffen Partei ergreift. Ein Sonett Goethes nimmt er zum Anlass, den klassischen Dichter zu ermahnen, diese »unklassische« Form mit Reim und schönen Klangkorrespondenzen nicht weiter zu benutzen, weil sie der deutschen Sprache nicht angemessen sei. Voß huldigt den griechischen Versen, die keine Reime kennen, und verachtet die italienischen und spanischen Formen, die von einem dichten Klangteppich leben. Die Romantiker dagegen leiten eine Renaissance des Sonetts und der Romanze im Deutschen ein und greifen ihrerseits Voß scharf an.

Diese Fehde sollte sich auch auf die Rezeption des *Wunderhorn* auswirken. Voß, der zunächst in engem, fast freundschaftlichem Kontakt mit Brentano steht, glaubt sich in einem Gedicht der Sammlung persönlich angegriffen. Der fragliche Text stammt jedoch aus einem

Des Knaben Wunderhorn, *Titelstich zum zweiten Band von Adam Weise, Heidelberg 1808. In der Biege des Trinkhorns ist die Heidelberger Schloßruine in restaurierter Form dargestellt.*

Gesangbuch des 18. Jahrhunderts; die Bearbeiter geben sogar ihre Quelle, den *Anmuthigen Blumenkranz aus dem Garten der Gemeinde Gottes, ans Licht gegeben im Jahre 1712*, präzise an, doch Voß glaubt – vermutlich wegen des pietistisch-blumigen Titels – an eine romantische Fiktion. Seine wütenden Angriffe im *Morgenblatt für gebildete Stände* provozieren Repliken von Arnim und Brentano, die den Streit weiter schüren und das Ende der *Zeitung für Einsiedler* noch im Gründungsjahr 1808 beschleunigen. Eine polemische Stellungnahme Brentanos, die in drei Zeitschriften erscheint, trägt den schönen Titel *Zu allem Überfluß an Herrn Hofrath Voß in Heidelberg, daß man keine Kirchenlieder an ihn gedichtet.*

Voß hatte starke Geschütze gegen Band II und III des *Wunderhorn* aufgefahren. In einer Rezension, die am 25./26. November 1808 im *Morgenblatt für gebildete Stände* erschien, heißt es: »Die bei Mohr und Zimmer, unter dem Titel des Knaben Wunderhorn, im Jahr 1806 erschienene Sammlung alter Volkslieder, deren geheuchelte Einfaltsmiene eine zu nachsichtige Aufmunterung erschlich, ist seitdem, was der edle Aufmunterer nicht argwöhnte, als zusammengeschaufelter Wust, voll muthwilliger Verfälschungen, sogar mit untergeschobenem Machwerk, gerügt worden. Ohne sich gegen die schmähliche Beschuldigung zu verantworten, haben die rüstigen Schaufeler ihren Wust in der letzten Messe mit zwei ansehnlichen Haufen vermehrt.« Wieder versucht Voß, den als »Aufmunterer« apostrophierten Goethe auf seine Seite zu ziehen. Den Dank an Goethe, den Arnim am Schluss des dritten Bandes eingefügt hatte, nennt er einen »modern höflichen Krazfuß« und merkt an: »als ob einer, der verdachtlos den ersten Band, nicht uneingeschränkt, billigte, deshalb auch die folgenden Bände, und den aufgedeckten Betrug, zu billigen sich anheischig gemacht hätte!« Den Inhalt der Fortsetzungsbände nennt Voß einen »heillose[n] Mischmasch von allerlei buzigen, truzigen, schmuzigen und nichtsnuzigen Gassenhauern, samt einigen abgestandenen Kirchenhauern«.

Goethe bezieht in diesem Streit nicht öffentlich Stellung. In Briefen und persönlichem Gespräch lässt er allerdings durchblicken, dass er die hässlichen Attacken des schulmeisterlichen Pedanten missbilligt. Sogar in den Prolegomena zu *Faust II* gibt es noch eine Passage gegen den kleinlichen Voß. Zu einer öffentlichen Erklärung oder einer Rezension der 1808 erschienenen *Wunderhorn*-Bände –

oder gar einer Mitarbeit an der *Zeitung für Einsiedler* – kann er sich jedoch nicht entschließen.

Ursache für seine reservierte Haltung ist vermutlich, dass Arnim und Brentano in ihrem Mutwillen die etablierten (von Goethe selbst geförderten) Zeitschriften satirisch als langweilige Blätter der Philister verunglimpfen und Brentano in seiner *Geschichte vom ersten Bernhäuter* sogar Goethes Verleger Cotta persönlich angreift. Auch Arnims *Scherzendes Gemisch von der Nachahmung des Heiligen*, ein Sammelsurium an Texten im letzten Heft der Zeitschrift, das mit einer Prometheus-Dichtung abschließt, gefällt Goethe nicht, und wir finden in einem Brief an Zelter vom 30. Oktober 1808 die Bemerkung: »Arnim, Brentano und andere arbeiten und treiben's immer fort; aber alles geht durchaus ins Form- und Charakterlose. [...] Es ist keine Kunst, sein Talent nach individueller Bequemlichkeit humoristisch walten zu lassen; etwas muß immer daraus entstehen [...]. Sehr schlimm ist es dabei, daß das Humoristische, weil es keinen Halt und kein Gesetz in sich selbst hat, doch zuletzt früher oder später in Trübsinn und üble Laune ausartet, wie wir davon die schrecklichsten Beispiele an Jean Paul [...] und an Görres [...] erleben müssen.«

Seinen Mutwillen lässt Brentano auch im persönlichen Verkehr mit dem »Hofrath Voß« spielen. Als der alte Herr im Sommer 1806 das nicht mehr genutzte Anatomiegebäude der Universität Heidelberg erwerben will, überbietet er »aus Jux und Tollerei« den empfindlichen Voß um fünfundzwanzig Prozent. Dieses Gegengebot ist sicher nicht ernst gemeint, und Voß bekommt die gewünschte Immobilie; doch ist der humorlose Schulmeister Voß zu derlei Scherzen nicht aufgelegt, und manches spricht dafür, dass die scherzhafte Intrige Brentanos den Zwist mit Voß auslöst oder zumindest dessen Wut gegen die aufmüpfigen jungen Leute steigert. Jedenfalls bricht der Hofrat den persönlichen Kontakt mit Brentano daraufhin ab.

Weiterer Stein des Anstoßes ist eine gemeinsam von Brentano und Joseph Görres verfasste Satire, deren kolorierter Titelstich einen spießig-steifen Uhrmacher namens BOGS zeigt. Voß bezieht auch diese Darstellung eines Urtyps von Philister auf sich, obwohl es sich um ein karikierendes Selbstporträt der beiden Autoren handelt. Der Uhrmacher trägt im Haar ein zweites Gesicht, das dem ersten ironische Fratzen zieht, und in der Charakteristik dieses Januskopfes beschreiben die Autoren einander selbst. Auch der Name des Uhrmachers zeigt diese autobiografische Doppelung, denn er setzt sich zusammen aus den Anfangs- und Endbuchstaben von »BrentanO« und »GörreS«. Das kleine Werk trägt den barockisierenden Titel *Entweder wunderbare Geschichte von BOGS dem Uhrmacher, wie er zwar das menschliche Leben längst verlassen, nun aber doch, nach vielen musikalischen Leiden zu Wasser und zu Lande, in die bürgerliche Schützengesellschaft aufgenommen zu werden Hoffnung hat, oder die über die Ufer der Badischen Wochenschrift als Beilage ausgetretene KONZERT-ANZEIGE*. Der letzte Teil des Titels verrät, dass zunächst ein Beitrag für die Beilage der *Badischen Wochenschrift* vorgesehen war, der Umfang jedoch zu einer separaten Publikation führt.

Die Satire ist alles andere als ein sinnleerer, mutwilliger Spaß. Sie zielt darauf, die unfruchtbare Konfrontation von Philistern und »poetischen Menschen«, die in der Frühromantik durch Novalis' scharfe Philisterkritik ausgelöst und durch Brentanos Philistersatire verstärkt wurde, zu überwinden. Der Uhrmacher scheint zunächst ein typischer Philister, wie ihn Brentano in seiner Satire aus Jenaer Zeit karikiert. Er hat seinen Beruf »verinnerlicht«, funktioniert wie ein Uhrrädchen im Getriebe der Gesellschaft und trägt in seinem Gehirn in Miniaturform all die Uhren, die er zu reparieren hat. Höchstes Ziel seines Philisterlebens ist die Mitwirkung in einem bürgerlichen Verein, und so bemüht sich BOGS, in eine Schützengesellschaft aufgenommen zu werden. Die Begutachtung, die für eine ordentliche Aufnahme nötig ist, ergibt jedoch, dass der äußere Eindruck des Aspiranten täuscht. Nicht nur das zweite Gesicht im Haar wird entdeckt, auch das »Innenleben« des Bewerbers erforscht. Denn dieser Uhrmacher verhält sich merkwürdig, wenn er Musik ausgesetzt wird: Während eines Konzerts verliert er gänzlich seine philiströse Contenance; er lässt seinen Empfindungen freien Lauf und glaubt schließlich sogar, eine Figur aus Reuters Schelmenroman *Schelmuffsky* zu sein. Das heißt, er entpuppt sich plötzlich als romantisch fühlender Mensch, öffnet sich den fantastischen Kräften der Musik, liebt barocke Literatur, wie den von Brentano und Arnim zum »Kultbuch« erhobenen Picaro-Roman von Christian Reuter: *Schelmuffskys warhaftige curiöse und sehr gefährliche Reisebeschreibung zu Wasser und Lande.*

Angesichts dieser Affinität zum Poetischen, Fantastischen, Romantischen scheint die Aufnahme des Uhrmachers in die spießige Schützengesellschaft sehr fraglich, und es werden ärztliche Gutachten angefordert. Die Ärzte, darunter *Doktor Sphex* aus Jean Pauls *Titan*, bedienen sich der zeitgenössisch modernsten Mittel. Zunächst wird der »tierische Magnetismus« angewandt; der Patient wird in »somnambulen Schlaf« versetzt. Das heißt – in heutiger Terminologie –, BOGS wird hypnotisiert, ein Verfahren, das in der »romantischen Medizin« und bei Quacksalbern auf Jahrmärkten (den »Magnetiseuren«) seinerzeit berühmt und berüchtigt war. Dann wird eine »Bozzinischer Lichtleiter« eingesetzt, ein mit Kerzenlicht und Spiegel funktionierendes endoskopisches Gerät, das Philipp Bozzini erfunden hatte. Brentano und Görres setzen den Apparat unkonventionell ein, auf durchaus fantastische Weise, und lassen die Ärzte der Satire über den hohlen Riechnerv ins Gehirn hineinsehen. Dieser Blick erlaubt den Medizinern Einsicht in den psychischen Bereich, den man heute das Unbewusste nennt. Sie entdecken Erinnerungen an das Konzert, sie spüren geheime Wünsche und Obsessionen des Patienten auf. Die Vielfalt dieser inneren Welt gleicht einem Kosmos, wie er in Mythen und Märchen in Erscheinung tritt. Tatsächlich beschäftigen sich Brentano und Görres in Heidelberg mit den Mythologien aus den verschiedensten Kulturkreisen, und Görres, der später eine umfangreiche Mythengeschichte publiziert, benutzt seine Materialsammlung als Steinbruch für die kleine Satire.

Die zahlreichen Anspielungen sind von der Forschung noch kaum entschlüsselt, lassen jedoch sehr klar die Absicht erkennen, BOGS als einen universellen phantasievollen Menschen darzustellen, der sich nur äußerlich als Pedant und enger Philister gibt. Damit wird die ungeheuer moderne Einsicht formuliert, dass jeder Mensch zumindest potenziell beide Anlagen in sich trägt, er ist Philister und Künstler zugleich. Gerade die extreme und oberflächliche Anpassung an die Gegebenheiten des bürgerlichen Daseins führt dazu, dass sich in den tieferen Schichten der Psyche eine Gegenwelt der Phantasie aufbaut, die im extremen Falle außer Kontrolle gerät (eine Erkenntnis, die erst hundert Jahre später in der Psychoanalyse wiederentdeckt wird!). BOGS hat alle seine Emotionen abgeschnürt, verdrängt und unterdrückt, und es bedarf des Konzertbesuchs, um sie freizusetzen – dann aber brechen seine Phantasien unaufhaltbar hervor. Künstlerisches und Bürgerlich-Rationales sind in jedem Menschen vereint beziehungsweise miteinander im Kampf, das ist das Fazit dieser erstaunlichen Satire. Kommt es nicht zu einer Versöhnung der einzelnen Schichten der Seele – das eigentliche Ziel der Romantik –, so entstehen neurotische und psychotische Störungen wie beim Protagonisten der *Wunderbaren Geschichte von BOGS dem Urmacher*.

Nach dem Ende der *Zeitung für Einsiedler*, die sich gegen die etablierten Zeitungen nicht durchsetzen kann und wegen Mangel an Abonnenten vom Verleger eingestellt wird, löst sich die Heidelberger Gruppe auf. Brentano, der sich nach dem Tode seiner ersten Frau und der bald darauf geschlossenen zweiten Ehe ohnehin nur zu Stippvisiten in Heidelberg aufhält, reist am 26. August nach Landshut, wo Savigny einen Lehrstuhl angenommen hat. Görres – an der Universität lediglich Gastdozent und mit seinem fantastisch-romantischen Vorlesungsprogramm im Lehrkörper isoliert – kehrt Anfang Oktober nach Koblenz zurück. Arnim begibt sich im August zu einer Kur nach Schlangenbad, kehrt im Oktober und November noch einmal nach Heidelberg zurück, um dann über Kassel nach Berlin zu reisen.

Für die Universität Heidelberg war dies ein regelrechter Aderlass, denn die vorhergehenden Semester standen unter dem Zeichen der Romantik, beherrscht vom Dreigestirn Arnim – Brentano – Görres. So beschreibt es jedenfalls Joseph von Eichendorff, der mit seinem Bruder Wilhelm vom Mai 1807 bis Mai 1808 in Heidelberg studiert und in seinem Memoirenkapitel *Halle und Heidelberg* ein lebendiges Bild dieser Zeitspanne übermittelt: »Heidelberg ist selbst eine prächtige Romantik«, behauptet er und beschreibt zunächst den Auftritt von Joseph Görres: »Es hauste dort ein einsiedlerischer Zauberer, Himmel und Erde, Vergangenheit und Zukunft mit seinen magischen Kreisen umschreibend – das war *Görres*. Es ist unglaublich, welche Gewalt dieser Mann, damals selbst noch jung und unberühmt, über alle Jugend, die irgend geistig mit ihm in Berührung kam, nach allen Richtungen hin ausübte. Und diese geheimnisvolle Gewalt lag lediglich in der Großartigkeit seines Charakters, in der wahrhaft brennenden Liebe zur Wahrheit und einem unverwüstlichen Freiheitsgefühl, womit er die einmal erkannte Wahrheit gegen offene und verkappte Feinde und falsche Freunde rücksichtslos auf Tod und Leben verteidigte; denn alles Halbe war ihm tödlich verhaßt, ja unmöglich, er wollte die *ganze* Wahrheit. [...] Sein durchaus freier Vortrag war monoton, fast wie ein fernes Meeresrauschen schwellend und sinkend, aber durch dieses einförmige Gemurmel leuchteten zwei wunderbare Augen und zuckten Gedankenblitze [...] wie ein prächtiges nächtliches Gewitter, hier verhüllte Abgründe, dort neue ungeahnte Landschaften plötzlich aufdeckend, und überall gewaltig, weckend und zündend fürs ganze Leben.«

Neben diesem »in Bildern denkend[en] Propheten [...] standen zwei Freunde und Kampfgenossen: *Achim von Arnim* und *Clemens Brentano*, welche sich zur selben Zeit nach mancherlei Wanderzügen in Heidelberg niedergelassen hatten. Sie bewohnten im ›Faulpelz‹, einer ehrbaren aber obskuren Kneipe am Schloßberg, einen großen luftigen Saal, dessen sechs Fenster mit der Aussicht über Stadt und Land die herrlichsten Wandgemälde, das herüberfunkelnde Zifferblatt des Kirchturms ihre Stockuhr vorstellte; sonst war wenig von Pracht oder Hausgerät darin zu bemerken. Beide verhielten sich zu Görres eigentlich wie fahrende Schüler zum Meister, untereinander aber wie ein seltsames Ehepaar, wovon der ruhige mild-ernste Arnim den Mann, der ewig bewegliche Brentano den weiblichen Part machte. [...] Während Arnims Wesen etwas wohltuend Beschwichtigendes hatte, war Brentano durchaus aufregend; jener erschien im vollsten Sinne des Worts wie ein Dichter, Brentano dagegen selber wie ein Gedicht, das, nach Art der Volkslieder, oft unbeschreiblich rührend, plötzlich und ohne sichtbaren Übergang in sein Gegenteil umschlug und sich beständig in überraschenden Sprüngen bewegte. Der Grundton war eigentlich eine tiefe, fast weiche Sentimentalität, die er aber gründlich verachtete, eine eingeborene Genialität, die er selbst keineswegs respektierte und auch von andern nicht respektiert wissen wollte. [...] Klein gewandt und südlichen Ausdrucks, mit wunderbar schönen, fast geisterhaften Augen, war er wahrhaft zauberisch, wenn er selbstkomponierte Lieder oft aus dem Stegreif zur Gitarre sang [...]: wie da die Dreie alles Große und Bedeutende, das je die Welt bewegt hat, in ihre belebenden Kreise zogen, und mitten in dem Wetterleuchten tiefsinniger Gespräche Brentano mit seinem witzsprühenden Feuerwerk dazwischen fuhr, das dann gewöhnlich in schallendes Gelächter zerplatzte.«

KAPITEL NEUN

Die erbärmlichste Lage, in welche ein armer Poet kommen kann

Frankfurt – Kassel – Allendorf

»Clemens hat die Bußmann entführt. Diesen Morgen haben wir es entdeckt«, meldet Meline Brentano am 28. Juli 1807 aufgeregt an Friedrich Karl von Savigny, und auch Goethes Mutter kommentiert das Ereignis, das rasch zum Frankfurter Stadtgespräch wird, in einem Brief an ihren Sohn: »Demoiselle Busmann Enckelin von Frau Bethmann Schaff [Moritz von Bethmanns Mutter] hat einen Bräutigam – soll nur noch etwas warten läßt sich aber von Clemens Brentano entführen – die Hitze ist gantz einlein Schuld – denn wenn es schlechte Menschen wären ja da wäre es ein anders.«

Was war geschehen? Bei einem feierlichen Triumphmarsch Napoleons in Frankfurt war es zu einem spontanen Austausch von Zärtlichkeiten Brentanos mit der 16-jährigen Auguste Bußmann gekommen, die im Hause des angesehenen Frankfurter Bankiers Moritz von Bethmann lebte. Bethmann war zugleich Vormund und Onkel des jungen Mädchens, das aus der ersten Ehe seiner Schwester stammte. Wie Goethes Mutter schreibt, war Auguste bereits einem »Bräutigam« versprochen, nämlich dem Adjutanten des Königs von Holland, der sich ein Jahr zuvor nur kurz in Frankfurt aufgehalten hatte. Bereits diese erste Verlobung des Teenagers war unter spektakulären Umständen erfolgt. Die Einwilligung ihres Vormunds hatte Auguste, wie Clemens seinem Freund Arnim berichtet, »durch einen Fußfall vor der Königinn auf dem Riedhof bewürckt«. Nun kommt es während der Feierlichkeiten für Napoleon zu einem ähnlichen Zwischenfall, der Bethmann erneut in Zugzwang bringt: »entschloßen wie ein Mann, jungfräulich schüchtern wie eine Nonne, wirft sich mir Auguste […] mit erschrecklicher Gewalt, nach einigen poetischen Galanterien, die ich ihr von allen ihren Umständen ununterrichtet, gemacht, an den Hals. Geängstet von ihren so öffentlichen Schritten zur Erlangung ihres vorigen Bräutigams ist sie wie eine Person die in den Tod geht, ich stehe neben ihr im Taxischen

Hof auf der Treppe da Napoleon und die andern Fürsten auf und ablaufen, in einer Nische mit Claudine [Piautaz] und Betine, wie eine Bildsäulengruppe, vor den Augen aller Frfter ihr Betragen ist so toll zärtlich und Aufsehen erregend daß alles auf uns sieht, ich stehe wie am Pranger, mit unaussprechlicher Angst und trauriger Empfindung, war mir es nur eine dunkle Empfindung, das die Arme die mich öffentlich umschlangen mir wirklich ein Halseisen werden könnten, hier kömmt sie endlich ganz außer sich, sie sagt mir, daß sie versprochen sei, daß die Königinn darein verwickelt sei, mit Mühe halte ich Sie zurück, daß sie nicht dem Bonaparte gar zu Füßen fällt und meine arme Person in die Weltgeschichte hineinflicht, alles rings um flieht mich mit schrecklicher Trauer, ich bin meiner nicht mehr mächtig, die ganze Stadt redet von mir, und ich liebe eigentlich nicht, sondern ehre nur den Muth und entsezlichen Karakter des Mädchens, der sich mit solcher Gewalt liebend zeigt, und wie ich immer nur das Herrlichste glaube, scheint mir blos Liebe und herrlicher Enthusiasmus in einem durchaus scheuen züchtigen Mädchen, waß Fanatismus in einer eigensinnigen von Jugend auf intriguanten heimlichen romanhaften Dame war, ohne zu lieben falle ich in eine Art von Fieber, daß mich wie eine Feurige Wolke umgiebt.«

Stoff für einen Roman, von Brentano rückblickend für den befreundeten Dichter Arnim bereits dichterisch aufgearbeitet, wobei spürbar ist, dass der Autor – als er den Briefbericht am 22. Oktober 1807 formuliert – Verführung und Entführung des jungen Mädchens längst bereut und die Arme seiner Geliebten bereits als »Halseisen« empfindet. Von einer »oft wiedergekäuten Geschichte« spricht Bettine Arnim gegenüber auch schon im August 1807 und kann sich doch nicht enthalten, ihre leicht abweichende Darstellung anzuschließen: »So viel kann ich Ihnen sagen, daß sie nur sechzehn Jahr alt ist, mir kein angenehmes Antlitz hat […] viel Energie […]. Den Tag, da Bonaparte hier durch verschiedne Triumphbögen zog [22. Juli], ging sie mit Claudine, Clemens und mir in den Palast, um ihn bei seiner Abreise in Augenschein zu nehmen; wir standen in einer Nische an der Stiege, hier wurde in Erwartung Bonapartes die erste Liebeserklärung gemacht; Clemens versicherte mich nachher, daß er alle mögliche Mühe gehabt, sie zurückzuhalten, ihm einen Fußfall zu tun.« Die allmähliche Verarbeitung der Ereignisse zu einer romanartigen Geschichte wird an den kleinen Differenzen in der Berichterstattung deutlich. Bettine, die in der gleichen Nische stand wie das verliebte Paar, hat von dem versuchten Kniefall und gewaltsamen Zärtlichkeiten von Auguste offenbar wenig mitbekommen und wurde erst »nachher« durch Clemens unterrichtet.

Zum Skandal und Stadtgespräch wird die aus heutiger Sicht harmlose »Affäre« erst, als Brentano heimlich gemeinsam mit dem jungen Mädchen aus Frankfurt abreist. Zuvor hatte er am 25. Juli – drei Tage nach der Napoleon-Begegnung – nachts Simon Moritz von Bethmann, Augustes Vormund, aufgesucht, um ein klärendes Gespräch über die Angelegenheit zu führen. Auch darüber berichtet er Arnim in seinem kleinen »Briefroman«, als wäre es das selbstverständlichste von der Welt, einen Frankfurter Patrizier nach Mitternacht heimzusuchen, um ihm über seine Liebesnöte zu berichten und um Rat zu bitten: »ich gehe ruhig Nachts ein Uhr zu Moriz auf den Riedhof erzähle ihm im Bett, die ganze Sache, und begehre seinen Rath, er ist freundlich, versichert mich nichts gegen uns in der Sache zu thun, spricht weitläufig über die Intriguen und den Karakter dieses seltsamen Geschöpfs, ich verspreche ihm zu dir zu reisen und der Zeit die Bewährung dieses Verhältnißes zu überlassen, ich bin von seiner Freundlichkeit recht gerührt, er erzählt mir seinen ganzen Lebenslauf, und wir scheiden uns augenscheinlich viel näher.«

Vier Tage später, am 29. Juli – knapp eine Woche nach der Begegnung beim Palais Thurn und Taxis –, wendet er sich nach einer Nachtfahrt aus Frankfurt mit seiner Geliebten von Marburg aus hilfesuchend an den Schwager Karl Jordis, bei dem er in Kassel auf Asyl hofft. Wie es zu dieser »Entführung« kam, beschreibt er Arnim so: »Nun dachte ich zu dir zu reißen, ach Gott, immer auf dem Weg zu dir, packt mich das Schicksal! Aber Moriz war nur freundlich mich auszulocken, Auguste dringt nun troz aller Hinderniße mit Gewalt auf mich ein, sie macht mir Vorwürfe sie spricht, man sei auf dem Punckt sie ins Kloster zu sperren, man stößt ihr die grösten Schändlichkeiten gegen mich ins Gesicht, und nach dem ich mich stets gewehrt und immer den Weg der Ausdauer vorgeschlagen, läßt sie mich plötzlich durch eine Magd bescheiden (Abends um 10 Uhr bei Tisch) auf den Paradeplatz an ihr Hauß zu kommen, sie wolle mich nochmals sehen, ich gehe hin, wie ich stehe und gehe, und siehe, das 17 jährige Mädchen, mit dem Bündelchen unter dem Arm, läuft mit mir, dem es ganz ordinair dabei zu Muthe dem Thor hinaus Christian der bei mir war, bestellt eine Postschaise die uns an der Wahrte einholt, so fliehen wir nach Kassel.« Nach dieser Darstellung gingen die Initiativen bei dieser »Entführung« allein von dem jungen Mädchen aus, das sich mit ihrem energischen Wesen bereits ein Mal gegen Vormund und Mutter durchgesetzt hatte. Clemens jedenfalls, 29-jährig und seit neun Monaten Witwer, sieht sich als Opfer: »meine Lage […] ist die erbärmlichste ausser dem Hunger, in welche ein armer Poet kommen kann«, leitet er seinen Roman-Brief an Arnim ein.

In Marburg mit Auguste und seinem Bruder Christian angekommen, wendet er sich an den Schwager Karl Jordis, den er kurz zuvor »mit Lulu zu Frankfurt am Tische hatte sitzen lassen«, wie er Arnim meldet. »Lieber Jordis! Daß ich mit Augusten geflohen bin, kann Ihnen nicht mehr unbekannt sein, diese Flucht selbst war von so unendlicher Raschheit, und so unvermuthet, als die heftige Liebe, die uns zwang, sie vor Umständen zu ergreifen, von welchen wir uns sehr wenig, ja keine Hofnung machen konnten, je glüklich vereinigt zu werden. So hinaus getrieben von einer Leidenschaft, die mir und jedem Trefflichen stets achtungs wehrt sein soll, wenn sie hier gleich unbesonnen erscheint, schreibe ich ihnen hier von Marburg […] ich habe mich […] entschloßen, Mit Augusten Schutz und Trost in ihrem Hauße zu Kassel zu suchen, ich fordre Sie bei ihrer Ehre und Liebe auf, zwei Menschen, die troz einiger Unbesonnenheit sich dennoch selbst achten können, die ihr Zuflucht bei Ihnen suchen, nicht zu verstossen.« Dann geht die Reise nach Kassel weiter. Brentano lässt den Brief zurück, wartet nicht auf Antwort, da Jordis selbst noch gar nicht zu Hause eingetroffen sein kann: »Jordis ich fahre jezt fort«, heißt es im Marburger Brief, »und laße den Brief hier bei dem Postmeister, daß er Ihnen denselben bei ihrer Durchreise gebe […] nur diese Liebe konnte uns so schnell treiben, wir wissen beide nicht, wie uns geschehen.«

Der Bericht von Karl Jordis, »wie ich die Flüchtlinge angetroffen«, ist nicht erhalten, er kreuzt sich mit einem Schreiben von Clemens' Bruder Georg, der sich in Frankfurt offenbar rasch mit Augustes Vormund arrangiert – gewissermaßen unter Kollegen, denn Georg Brentano wickelt die Geldgeschäfte der Frankfurter Firma ab, er ist der Bankier der Brentanos. Eigenwillige Entscheidungen des Fantasten Clemens sind ihm nicht unbekannt, er weiß, dass dem jüngeren, seinen poetischen Idealen lebenden Bruder mit moralischen Belehrungen nicht beizukommen ist. So versucht er, die für die Firma und Familie rufschädigenden Ereignisse herunterzuspielen, pragmatische Lösungsvorschläge zu entwickeln, um die skandalträchtige Angelegenheit möglichst ohne großes Aufsehen zu regeln. Dabei ist die Verständigung mit Jordis unproblematisch, weil auch er diplomatisches Handeln gewohnt ist: »Ich hoffe dich glücklich in Cassel«, beginnt Georg seinen Brief an Jordis vom 31. Juli: »Ich habe heute mit Moritz gesprochen, er sagte mir daß ein Reisender, der hier angekommen Clemens und Christian mit einem Frauenzimmer, zwischen Marburg und Caßel gesehen habe, folglich wirst du solche antreffen, er sagte mir ausdrücklich, ich sollte dich ersuchen, daß solche gehörig copulirt würden, du solst für die Bescheinigungen so dazu nöthig sind stehen, und solche sollen dir verschafft werden.«

Ungeachtet solcher Absprachen unter den Frankfurter Familien Brentano und Bethmann geht über die beiden »Flüchtlinge«, die ihrerseits Briefe nach Frankfurt schreiben (die wir leider nicht kennen), ein Gewitter von Vorwürfen und Schmähungen nieder. Moritz von Bethmann wendet sich zunächst an Auguste und überschreibt den Brief: »An mein durch Ausartung abgestorbenes Mündel, genannt Auguste Bußmann in Caßel«. Seine Abrechnung mit dem jungen Mädchen erscheint in fragwürdigem Licht, wenn man berücksichtigt, dass Moritz von Bethmann selbst kein Kind von Traurigkeit war und eine über das Maß väterlicher Fürsorge hinausgehende Zuneigung zu seinem Mündel gefasst hatte. Später verreist er sogar gemeinsam mit der jungen Frau. Mit der Erzieherin und Ersatzmutter der Brentano-Kinder, der liebenswürdigen Claudine Piautaz, unterhielt er ein Verhältnis, das nicht ohne Folgen geblieben war; Mademoiselle Piautaz, Tochter verarmter Seidenhändler aus Frankreich, bekam (vermutlich 1807) ein uneheliches Kind von ihm.

So zeigt der Umgang mit dem Mündel vor allem seine Doppelmoral: Im Brief an Auguste gebärdet er sich wie ein Moralapostel, gibt er vor, von ihrem Verhalten tief getroffen und gekränkt worden zu sein. Mit großen Worten schildert er die Entwicklungsgeschichte von Auguste, um seine Bedeutung als uneigennütziger Erzieher herauszustreichen: »Rasch und mächtig wuchs Auguste zum Mädgen heran […] Sanftmuth, Liebe und Rechtlichkeit umschatteten sie in ihren Familien Verhältnißen, und es war besonders mir eine entzückende Freude, den Wünschen meiner Pflegebefohlnen zuvorzukommen; Mein Sinnen und Trachten war stets dahin gerichtet Ihr Glük zu gründen und zu befestigen.« Aber dann, so behauptet er, brach ihr »Egoißmus« durch: »Mit zärtlicher Besorgniß, ja oft mit Schrecken bemerkte ich, daß die Heftigkeit Ihrer Triebe, die Härte ihres Karakters sie wenig theilnehmend am Schmerze wie an der Freude anderer machte, ein aufbrausender, sich selbst verzehrender Egoismuß, verschloß ihr Herz für sanfte, wahrhaft vertrauliche Mittheilung, empört durch den mindesten Wiederstand, wähnte sie sich geschaffen die despotischte gefühlloseste Herrschsucht auszuüben über alle die sie umgaben. – Auguste dünkte sich der Mittelpunkt, um den die ganze Welt sich drehen müste.«

Was Bethmann hier in seinem Brief an das »abgestorbene Mündel« aus der Perspektive des gekränkten Erziehers, der sich längst in die Rolle des väterlichen Liebhabers hineingeträumt hatte, beschreibt, deuten wir heute als Verhalten einer Pubertierenden, die sich mit allerlei Provokationen und einem gerüttelt Maß an frustrierter Sinnlichkeit in Szene setzt, vermutlich, weil ihr der Rückhalt einer intakten Familie fehlt und sich insbesondere ihre Mutter – nachdem sie eine neue Ehe eingegangen ist – kalt von ihr distanziert hatte.

Im Brief Bethmanns folgt dann eine Schilderung der ersten Affäre Augustes, ihrer Verlobung mit dem »wackern Krieger«, den die »Pflicht militarischer Ehre […] zu seiner Fahne« gerufen habe und der nun kämpfe – »seiner Liebe für Auguste treu eingedenk […] mit Muth und Talent, in der Hofnung sein künftiges häusliches Glük beim Frieden durch Augustens Besitz begründet zu sehen«. Im Kontrast zu diesem »wackern Krieger« bezeichnet Bethmann Clemens Brentano in seiner Darstellung der Frankfurter Ereignisse am Palais Thurn und Taxis abschätzig als »bunten Schmetterling«: »In dem Augenblick wo die Rükkehr Napoleons nach Frankreich, dem festen Lande Europens den Frieden verkündet, in demselben Augenblik umflattert Auguste ein bunter Schmetterling. Scheu wie dieses Ephemerische Wesen ist er geblendet von dem Licht ihres blitzenden Geistes, wie bald wird er mit verbranten Flügel unter ihren

Füßen zertreten werden, und dieses Loos hatte er doch nicht verdient, denn er war nicht treulos, wie Auguste.«

Nach dieser Standpauke behauptet er zudem, einer ehelichen Verbindung mit Clemens hätten sich die Frankfurter Familien nicht widersetzt; Auguste habe vielmehr bewusst einen »gemeinen Roman« inszeniert und sei damit zur »Buhldirne« geworden: »mit diesem schlichten, offenen Gang schien Auguste nicht gedient zu sein, sie bedurfte eines albernen, sehr gemeinen Romans in ihrer Lebensgeschichte, die so stolze Auguste würdigte sich zur Buhldirne herab, die mit dem ersten besten Mann das Land durchstreicht, denn fliehen kann ich es nicht nennen. Niemand verfolgte sie, es sei denn sie habe ihrem Glük auf immer entfliehen wollen.« Dann hagelt es noch einmal Vorwürfe: »*Lug* und *Trug*« wirft er Auguste vor und schließt: »Lügen und Falschheit können nur die tiefste Verachtung erregen. Auguste ist tod für mich, und ich traure um das was sie sein könte, und hätte sein sollen.«

Auch der Brief an Clemens, den Moritz von Bethmann vier Tage später abschickt, beschwört noch einmal die Verdienste des Pflegevaters und stellt das »Ungesetzliche« von Brentanos Verhalten heraus: »Gesetze und Blutsverwandtschaft haben mir auf Auguste Vaterrechte ertheilt, Sie haben mir mein unmündiges Kind geraubt, während sie kein Hinderniß fanden, ihren Besitz als Gattin rechtmäsig zu begehren und zu verlangen. Diese Handlung ist nach bürgerlichen, und moralischen Gesetzen strafbar und inkonsequent.« Dann geht es um die Möglichkeit, »das alberne Ihres Romans in den Mantel der Vergeßenheit zu hüllen«, und Bethmann erinnert Clemens an seine »heiligen« Ehepflichten und die Notwendigkeit, nun ein nützliches Glied der bürgerlichen Gesellschaft zu werden: »Nicht so leicht wird es Ihnen werden Ihre nunmehr übernommenen heiligen Pflichten zu erfüllen. Sie sind Gott, Ihrem Gewißen und mir für Augustens Glük nicht allein verantwortlich, sondern Sie müßen auch Muth, Kraft und Beharrlichkeit genug besitzen, dieses stürmische, unbiegsame Mädchen für [= vor] neuen Thorheiten und Ungebührlichkeiten zu hüten. [...] Die Fähigkeit ein nützliches, achtungswerthes Glied, in der menschlichen Gesellschaft zu werden, ist Ihnen von der Natur nicht versagt, Ihre Kraft zwekmäßig anzuwenden muß Ihr Bestreben sein, und nur durch Beharrlichkeit können Sie dazu gelangen. – Ergreifen Sie einen Stand, wozu Sie sich durch Neigung, und Vorkentniß auszuzeichnen wißen, ich verwerfe keinesweges Eigenschaften, weil ich sie nicht in hohem Grade besitze, auch die poetische Phantasie erscheint mir als ein Mittel, welches zu einem edlen Zweck führen kann.«

»Poetische Phantasie« – eingebunden in einen bürgerlich-abgesicherten Lebenslauf, scheint sie dem Bankier akzeptabel. Als Gestaltungselement eines Künstlerlebens aber, das sich vollkommen poetischen Gesetzen unterordnet und spontanen Gefühlen ohne Rücksicht auf die finanziellen und gesellschaftlichen Möglichkeiten nachgibt, kann Moritz von Bethmann diese Fantasie nicht anerkennen. Brentano hat sich mit allen Fasern seines Wesens in den Strudel einer neuen Liebe hineingeworfen und ist von der Leidenschaft, die das junge Mädchen gepackt hat, sichtlich beeindruckt. Für den Bankier gehört romantische Liebe in den Roman. Im Leben muss alles in den geordneten Bahnen bürgerlicher Gesetze ablaufen. Deshalb gehen die fieberhaften Vorbereitungen zu einer legitimen »Copulation« weiter. Jordis beklagt sich, dass er von Bethmann noch keine schriftliche Einverständniserklärung hat. In Kassel versucht er, den Aufenthalt des jungen Paares in seinem Hause zunächst geheim zu halten, und als eine Verwandte in der Wohnung Auguste Bußmann erkannt hat, reagieren die Gastgeber, indem sie das junge Mädchen als bereits verheiratet, als legitime Schwägerin vorstellen.

Die Nachricht von der – noch gar nicht legtimierten – Ehe spricht sich sehr schnell herum, und der Zufall will es, dass ein Verwandter namens Firnhaber gerade nach Königsberg reist und Arnim dort von der neuen Frau Brentano berichtet. Daraufhin schreibt dieser überrascht an seinen Freund und teilt ihm den seltsamen Dialog mit, der sich in Königsberg ergibt: »Firnhaber! Nun den Namen werde ich nie vergessen. Ich höre Sie kommen von Cassel haben Sie M. Jordis und M. Brentano gesehen? Sehr oft, aber zuletzt nur Clemens Brentano mit seiner Frau. Mir fuhr ein Schauder über, und dann eine Freude, als ich hörte und hörte und hörte von M Busmann, schreibe mir nur recht bald ihren Vornamen, und drey mal hoch Brentano und seine Frau und wer nicht mittrinkt, soll ewig dürsten.«

Nach Frankfurt am Main ist der Nachrichtenweg viel kürzer, und es gilt für Jordis sicherzustellen, dass die offizielle Eheschließung nun rasch an einem möglichst entlegenen Ort vollzogen wird, ohne dass Einzelheiten die Frankfurter Öffentlichkeit erreichen. Am 8. August meldet der Kasseler Bankier seinem Schwager: Sobald »die nöthige[n] Documente [...] eintreffen kann und soll dann die Trauung sogleich durch Catholischen Priester geschehen und zwar ganz im Geheim und nur in Gegenwart der nöthigen Zeugen damit man nicht erfahren wird daß solche erst hier geschehen ist.«

Dann folgen Überlegungen über die Zukunft Brentanos, die darin gipfeln, dass man ihn weiter beobachten müsse und eine eventuelle Mitgift aus dem Hause Bethmann auf keinen Fall zu seiner Verfügung stehen dürfe: »die ganze Woche habe ich mich bemüht«, klagt Jordis, »ihm durch Vernu[n]ft Gründe jeder Art zu überzeigen wie sehr nöthig es sei ein stetes Leben zu führen und sich irgend einem bestimten Stand zu widmen um künftig eine angenehme und réele Existenz zu haben .. allein umsonst! er hat mich stets durch bizare Sophismen überschrien, und muß ich zu meinem grösten Kummer schon bald eine Reise nach Königsberg [zu Arnim], bald eine nach Italien und dergleichen Thorheiten mehr projectiren hören [...] so glaube ich daß es nicht gut sein würde wenn Clemens solches [ein gewisses Vermögen] in die Hände bekäme, selbst die Intereßen [Zinsen] müsten ihm erst dann werden, wenn die Familie Ursache hätte mit seinem Benehmen zufrieden zu sein, denn so wie ich ihn kenne, so hat der Wohlstand doch grosen Reitz für ihn, wird ihn die Unmöchlichkeit seine Capricen zu befriedigen von manchen Thorheiten abhalten.«

In den Briefen vom 11. und 15. August verlangt er noch schärfere Abmahnungen aus Frankfurt für das junge Paar: »Wenn ihr und Moritz an Clemens und Auguste schreibt so müst ihr noch böser thun die lezte Briefe waren zu gelinde und haben einen übelen Effect gemacht, diese leichtsinnigen Menschen sind jezt schon ganz oben hinaus und ist nichts mehr mit ihnen zu machen. – *Nur durch Furcht* kann man Clemens in Respect setzen und anders legt er sich *nie zum Ziele, merkt Euch dieses*, ich mache leider täglich traurige Erfahrungen davon [...] auch soll ihm Franz, wenn er ihm schreibt, sagen sein Einkommen sei durch die starken Simpli [Steuern und Abgaben] u. s. w. sehr vermindert, damit er auch von dieser Seite ins Gedränge komme und ihm wenigstens vorerst der Reiselusten – den er immer noch hat – vergehe, die Bethmännsche Familie muß (wie schon gesagt) wenn sie was für Augusten thut, es auch nur bedingungsweise thun.« In ihrem provokativen, antibürgerlichen Verhalten sind sich die jungen Eheleute offensichtlich einig, denn Jordis klagt: »Das schlimste bei dem ganzen Handel ist, das Auguste (ohnezweifel der Neuheit wegen) einen ebenso grosen Hang als er zum Poetischen Leben hat und ihn – da sie sich nicht so leicht wie er schreken läst – immer darin befestiget und so oft was wir in einem ganzen Tag mit vieler Mühe aufbauten in einem Moment wieder niederreist.«

Die Überlegungen, den Bräutigam in einen ordentlichen Beruf zu drängen, an denen sich nach Jordis' Bericht auch Brentanos Bruder Christian beteiligt, gehen in Richtung Bibliothekar oder Vorleser. »Grand-Lecteur« am Hofe von Jerôme von Westfalen, dem Bruder Napoleons, der in Kassel erwartet wird, könnte Brentano nach seiner Vorstellung werden, doch reiche sein Französisch dafür wohl leider nicht aus. Auch eine Anstellung beim Fürst Primas Dalberg in Frankfurt schiene ihm denkbar – falls die Familie Bethmann die Nähe des Sünders in Frankfurt überhaupt zuließe.

Im Kirchenbuch erscheint dann aber doch die vage Berufsbezeichnung »literatus«, und im Brief an Arnim betont Brentano noch einmal: »die Familie Bethmann dringt in mich einen Stand zu ergreifen, sie will mich rekomandiren, aber ich *kann* nicht, und will nicht, das wäre noch die lezte Höhe, so halte ich es doch in meiner Bibliothek aus.« Als Zeugen der Trauung im Fritzlarer Dom, die am 21. August 1807 vollzogen wird, sind nur Christian Brentano und Karl Jordis genannt; jedoch ist nach Brentanos Bericht auch dessen Ehefrau, seine Schwester Lulu, anwesend. Brentano schildert die Umstände ausschließlich in seinem »Romanbrief«: »endlich ward ich unter der grösten Verfluchung der Familie, mit ihren Consenzen versehen und förmlich in Fft aufgerufen und in Frizlar 7 Stunde von hier im Beisein von Jordis und Lulu, wie die Familie begehrte, von einem katholischen Priester, nachdem ich ihm gebeichtet und comunizirt getraut, die ganze Handlung war so läppisch, so elend, die Kirche schien über mir einzustürzen, und eine innre Trauer vernichtete mich, daß ich ohne Würde ohne Rührung, drei Sakramente empfieng, Gott verzeihe mir meine Schuld. Nun bin ich verheurathet.«

Beobachtungen Außenstehender, die uns objektivere Nachrichten über das Zusammenleben der beiden in den ersten Kasseler Tagen

Jacob und Wilhelm Grimm auf der Gartenbank, Lithographie von Franz Seraph Hanfstaengl nach einer 1829 entstandenen Zeichnung von Ludwig Emil Grimm.

geben könnten, sind rar; eine Darstellung des unbestechlichen, nüchternen Jacob Grimm belegt immerhin, dass die beiden zunächst wie ein glückliches Paar wirken. Sein Brief an den Bruder Wilhelm ist noch vor der Kirchenzeremonie geschrieben, obwohl auch Jacob offensichtlich von einer bereits vollzogenen Trauung ausgeht. Am 7. August schreibt er: »Bettina ist in Frankfurt geblieben, dafür aber ist Clemens mitgekommen, und zwar mit einer jungen schönen Frau, die er eben geheirathet hat und welche sehr sanft und gut scheint und wie ich glaube beßer zu ihm gehören wird, wie seine vorige.« Die wenigen Briefe von Auguste, die überliefert sind, entsprechen diesem Bild eines freundlichen, »sanft[en]« Mädchens. Am 23. August wendet sie sich liebevoll an Claudine Piautaz: »Sie sind krank liebe Claudine, und ich muß fürchten, theil daran zu haben. Moriz hat sich gegen Sie vergessen, gegen Sie die sich so einfach zeigten, so natürlich! O können Sie mir verzeihen Sie solchen Unannehmlichkeiten ausgesetzt zu haben! Selbst der einzige Ersatz den ich Ihnen dafür geben kann gründet sich nur auf Ihr liebes Herz das unser Glück gewünscht und dieser Wunsch wird in Erfüllung gehen hoffe ich.« Offenbar war Claudine aus der Brentano-Bethmannschen Front gegen das junge Paar ausgeschert, hatte Hochzeitsglückwünsche geschickt und sich damit eine Rüge von Moritz von Bethmann eingehandelt. Brentano vermutet wohl zu Recht, dass die Firma seiner Brüder von dem einflussreichen Bankier von Bethmann unter Druck gesetzt wird. Die Frankfurter Brentanos können es sich nicht leisten, bei ihm in Ungnade zu fallen; sie müssen sich gefallen lassen, dass Moritz einer angesehenen Hausdame im *Haus zum Goldenen Kopf* »Unannehmlichkeiten« bereitet, weil sie dem jungen Paar Glück wünscht!

Ein Brief Augustes an Arnim gehört zu den wenigen aus Kassel überlieferten Stücken, die Auskunft geben über die erste Zeit der jungen Ehe, die sich rasch zu einer gespannten Beziehung entwickelt. Augustes Brief ist auf den 11. September datiert und lässt erkennen, dass sie zunächst Verständnis aufbringt für die Abkühlung, die sich zu diesem Zeitpunkt bereits im Verhältnis zu ihrem Bräutigam eingestellt hat. Schon jetzt – keine drei Wochen nach der Hochzeit – deutet sie an, dass ihr ein dauerhaftes Zusammenleben nahezu unmöglich scheint: »Er glaubte mich lieben zu können – er liebte mich – und fühlt sich nun in allen seinen Erwartungen getäuscht, an ein Geschöpf gekettet das ihn nicht versteht. Fühlen Sie wie schwer solch ein Verhältniß ihn dünkt? Was mir begreiflich an ihm ist, wird mir es durch die Liebe – und so begreife ich daß er schnell mich verlassen muß um sich vor Unmuth, Ekel zu bewahren. […] Weil ich Ihnen gesagt habe daß ich ihn liebe, müßten Sie nicht denken daß ich Ihnen in einem Momente gereizter Empfindung schreibe. Ich bin im Gegentheil sehr ruhig, und führe aus, was mir in ruhigen Augenblicken ganz klar als gut und nothwendig scheint. […] Kennen Sie mich nicht? Hier ist mein ganzes Wesen: *ich will nur Clemens Glück, aber meine unglückliche Liebe zu ihm quält ihn oft und so muß ich ihn mit eben der Gewalt von mir entfernen mit der ich ihn an mich zog*. Sie helfen mir! es ist schändlich wie seine Ruhe durch meine Thorheiten leidet. – Helfen Sie eine große Unbesonnenheit verbessern, und sie erwerben sich meinen innigsten Dank.«

Wie sollte Arnim Auguste kennen, wie sollte er aus der Ferne helfen? Kennt er doch nur die romanartige Darstellung aus der Feder seines Freundes, in der Auguste als ein eher grobes, sinnliches Weib erscheint, das ihn mit geradezu intrigantem Verhalten verführt hat und nur durch Prügel zu besänftigen ist. Der im Oktober geschriebene Brief Brentanos ist für ihn die Hauptquelle, aus der er Näheres über das Zusammenleben des frisch vermählten Paares in Kassel erfährt.

Leider geht es uns heute kaum anders. Die dichterische Ausschmückung der Ereignisse durch den Fantasten Brentano, der als Hauptbeteiligter die Realität selbst kaum wahrnehmen kann und will, verstellt den Blick auf diese junge Frau, die in ihren Briefen als Engel und in Brentanos Schilderungen als kurioses Teufelsweib erscheint. Deutlich wird nur, dass Auguste die Rolle einer fügsam-züchtigen Ehefrau nicht annehmen, dass sie dem vorherrschenden Ideal einer passiven, alles duldenden Frau nicht entsprechen will. Sie lebt ihre Emotionen aus, kann diese jedoch ebensowenig im Zaum halten wie ihr Bräutigam und scheut sich nicht, den dominierenden, aktiven Part in dieser Beziehung zu übernehmen. Es gelingt ihr, Clemens aus seiner Reserve zu locken; wenn sie dabei »handgreiflich« wird, so deutet dies zunächst nur darauf hin, dass bei ihren provokativen Neckereien von Zeit zu Zeit Aggressionen frei werden.

So klagt Brentano seinem Freund: »Auguste hat mich mit ihrem Wesen bereits mehrmal zur Verzweiflung gebracht, zweimahl hat sie mich geschlagen, und mich endlich dahin gebracht, daß ich Sie auch einmahl gewalkt, daß würckte auf einige Tage wunderbar, sie ward, wie ein Engel.« Ganz offensichtlich geht es in diesem Liebesverhältnis hoch her. Zuneigung und Zärtlichkeit schlagen unvermittelt in Hass um, und der »Engel« verwandelt sich – zur Überraschung des Bräutigams – unversehens in einen Racheengel: »dann hat sie mir den Trauring liebreich abgeschwäzt und dann zum Fenster hin aus geschmissen, am nähmlichen Tag an *dich* heimlich nach Giebichenstein geschrieben [der oben zitierte Brief], mich von Ihr zu trennen, ich habe den Brief ohne ihr Wissen gelesen.«

Schließlich folgt eine Phase gegenseitiger Verachtung und trotzigen Schweigens: »wir reden oft sechs, sieben Tage kein Wort zusammen und ich bin ganz lustig alle ihre Verkehrtheiten machen mir den Eindruck, als sei sie simpel oder Wahnsinnig, ich lasse sie gehen, und bekümmere mich auch um ihre Familie nichts, oft ist ein paar Stunden recht gut Wetter, aber dann ist mirs nicht wohl, denn gleich ist der Teufel wieder los, welches mir am allerliebsten ist, ich lasse ihn tanzen.« Hier scheint Brentano wieder Spaß an dem wilden Treiben mit seiner tollen, kaum berechenbaren, aber sehr vitalen Geliebten zu haben, doch der Ton seines Briefes schlägt erneut in Klagen und Selbstmitleid um: »ach Arnim, daß ich dir nicht schrieb, daß ich keinem aller meiner Freunde schrieb, daran ist tiefe innere Schaam über meine unwürdige unglückliche Lage schuld, wie ich hineingekommen weiß ich nicht, und wenn ich dich sehe, so sollst du hören, wie man mich auf die fatalste Art in diese Geschichte hineingehezt, waß ich nur mündlich sagen kann.«

Und wieder ist es ein literarisches Modell, das Brentano als Lebenshilfe zu benutzen versucht. Er spielt auf Shakespeares »Widerspenstige« und ihre Zähmung an, die in den ersten deutschen Übersetzungen *Widerbellerin* genannt wird: »Ich habe bei alle meinem Kreuz doch noch die gegründete Hofnung diese Wiederbellerinn zu zähmen und es scheint hier zu nur die rechte Art, jene welche Schäkespear auch gegen das böse Katrinchen angewendet, es ist schon auf gutem Weg, aber du Gott, wenn es auch ganz gut wird, so ist das doch ein schlechter Trost, aber ich will das beste hoffen.« Dann spinnt er die gemeinsamen Pläne mit dem inzwischen in erreichbare Nähe (nämlich nach Halle) gelangten Arnim weiter, erinnert ihn an die geplante Fortsetzung des *Wunderhorn* und stellt die Brüder Grimm in Kassel vor, die bei dem Projekt helfen könnten: »Es ist äußerst nothwendig, daß du mit mir zusammen und zwar hierher kömmst, um den ewig auf geschobenen zweiten Theil des Wunderhorns zu rangiren, ich hoffe, daß du deinen Liederkasten bei dir hast, ich habe einen ganzen Karren voll, wir können es hier außerordentlich gut und besser noch als damals in Heidelberg, denn ich habe hier zwei sehr liebe, liebe altteutsche vertraute Freunde Grimm genannt, welche ich wie früher für die Alte Poesie interessirt hatte und die ich nun nach zwei Jahrelangem fleisigen sehr konsequentem Studium so gelehrt und so reich an Notizzen, Erfahrungen, und den vielseitigsten Ansichten der ganzen Romantischen Poesie wieder gefunden habe, daß ich bei ihrer Bescheidenheit über den Schatz den sie besitzen erschrocken bin, sie wissen, bei Weitem mehr als Tieck von allen den Sachen und ihre Frömmigkeit ist rührend mit welcher sie sich alle die Gedruckten alten Gedichte die sie aus Armuth nicht kaufen konnten, so auch das Heldenbuch und viele Msscripte äußerst zierlich abgeschrieben haben, ihr jüngerer Bruder, der sehr schön schreibt wird uns die Lieder abschreiben, sie selbst uns alles, waß sie besitzen noch mittheilen, und das ist viel, du wirst diese treflichen Menschen, welche ruhig arbeiten, um einst eine tüchtige teutsche poetische Geschichte zu schreiben sehr lieb gewinnen. Ich bitte dich, bei Allem, waß dir theuer ist, entziehe mir nicht, waß mir Allein noch im Sonnenschein liegt [...] *ich aber reiße morgen mit der fahrenden Post allein zu dir nach Halle, um dich wieder zu sehen.*«

Dieser Plan wird schließlich in die Tat umgesetzt, doch wissen wir über die Phase bis zur tatsächlichen Abreise nach Giebichenstein am 23. Oktober nur wenig. Ein Brief Augustes, bei dem wir den Adressaten nicht kennen, lässt erkennen, dass sie bereits bei vorübergehender Abwesenheit des geliebten Clemens Verlustängste entwickelt und in Panik gerät: »Schicken Sie mir Clemens – Es ist mir als ob dieser Tag uns auf immer trennen könnte – Ich habe nur einen einzigen Wunsch ihn zu sehen, und eben darum kann ich ihn nicht länger bitten. *Sie* können ihn bereden, und ich darf es von Ihnen fordern.«

Ein weiterer Brief an Arnim zeigt ihre Verzweiflung und aufsteigende Angst, Clemens könnte sich endgültig von ihr trennen. Es ist sehr schwer, sich ein objektives Bild von Auguste zu machen, aber dieser verzweifelte Hilferuf lässt keinen Zweifel daran, daß Auguste Clemens mit ganzer Seele liebt und alle Anstrengungen unternimmt, um seine Liebe immer wieder zu erwecken: »Arnim lassen Sie mich nicht in der fürchterlichen Ungewißheit – bleibt mir eine Hoffnung? Wenn Clemens Herz ihm sagt daß ich nicht schlecht bin – daß ich ihn liebe, daß es gut mit uns werden kann, o so hat er mich genug gefoltert! Er ist gut, er soll sich nicht zu einer unmenschlichen Härte zwingen. – Ich soll einige Tage ruhig vor ihm erscheinen sagt Bettine – dann würde er Mitleid für mich empfinden – o macht mich nicht so irr – ich soll glauben er sey so grausam. Lieber Arnim es ist entsetzlich daß ich vor ihm heucheln soll um ihn zu versöhnen – aber ich will es, – ich will mir alle Mühe geben, aber nicht umsonst – sagen Sie mir, schwören Sie mir ich werde ihn erweichen. Rathen Sie mir wahr – rathen Sie mir wie ein Freund – was soll ich thun? Mein Leid ist schrecklich, Clemens, Clemens verlaß mich nicht –

ich will ewig verdammt seyn wenn du es bereuest – O Mitleid, Mitleid ich muß schreyen vor Schmerz; ende meine Qual. Clemens ich knie vor dir – kannst du mich wegstoßen – ich liebe dich und du hast mich geliebt.«

Als Hilferuf und verzweifelter Versuch, Clemens wiederzugewinnen und an sich zu binden, muss auch die Selbstverletzung verstanden werden, die sich Auguste am 12. März 1808 beibringt. Für den Geliebten demonstriert sie ihre grenzenlose, unbedingte Liebe bis in den Tod, eine Demonstration, die Clemens nicht versteht oder nicht verstehen kann und will. Während er mit seinen literarischen Freunden in Kassel beisammensitzt, lässt ihm Auguste ein blutiges Federmesser (ein Messer zum Anspitzen der Schreibfedern) überbringen. Brentanos Bericht über die »schreckliche That« zeigt, dass er nur noch Verachtung für Auguste übrig hat, denn in seinem Brief an Arnim schildert er die Vorgänge als absurdes Theater: »In meinem grosen Elend ist das neuste, daß die zu Zeiten ganz verrückte Auguste vor drei Tagen mit einem Federmeßer und einer Scheere aus langerweile sich zwei Stiche gegeben hat, die ein kollosaler Floh auch hätte vollziehen können [...] die Scene war komplett, Lulu und Claudine saßen zwei Tage an ihrem Bett, in welchem sie aus Scham, nicht lieber lebendig geblieben und hineingepißt zu haben liegen blieb, gleich nach der Vollziehung ihrer schrecklichen That, habe ich den Jakob Grimm als Kurier nach Fft an Bethmann geschickt, und stehe jezt in Erwartung seiner Rückkehr.«

War Auguste Bußmann eine »romantische Frau«, wie Hans Magnus Enzensberger im Nachwort und Titel seiner Dokumentation *Requiem für eine romantische Frau* behauptet? Im Sinne der heutigen, umgangssprachlichen Benutzung des Wortes »romantisch« unbedingt. Vielleicht zeigt gerade das Scheitern dieser Liebesbeziehung die Problematik einer allzu »romantischen« Liebe. Beide, Clemens und Auguste, heiraten in einem Rausch, beide bemühen sich noch in Kassel, dem anderen das zu sein, was er erträumt. Beide stellen diese absolute Liebe über alles in der Welt. Dabei scheint Clemens, wenn man seinen Worten trauen darf, sehr rasch – vielleicht bereits in Frankfurt – mehr von der Bewunderung einer solchen unbedingten Liebe bei dem jungen Mädchen getragen zu werden als von eigenen tieferen Emotionen. Er ist fasziniert von der »Liebeswut«, den spontanen, unbekümmert zur Schau getragenen Zärtlichkeiten Augustes. Diese Faszination ist ebenso echt wie seine illusionäre Hoffnung, dass ein dauerhaftes glückliches Zusammenleben auf dieser Grundlage möglich ist.

Heutige Psychologen wissen um die Gefahren derart »romantischer« Liebesbeziehungen. Sie glauben, dass Faszination und Liebesrausch den Blick auf die Eigenarten des Partners verstellen können und die hohen Erwartungen an diese »totale« Liebe fast zwangsläufig zu Überforderungen und schmerzhaften Enttäuschungen führen. Bei Clemens und Auguste kommt es bereits in Kassel, keine vier Wochen nach dem Kennenlernen in Frankfurt, zu einem emotionalen Absturz. Es ist müßig, darüber nachzudenken, wer von den beiden »Schuld« an dieser Entwicklung hat. Allzu verschieden sind die beiden in ihren alltäglichen Bedürfnissen: Die lebenshungrige Auguste sucht nach Abwechslung, nach Bestätigung und Betätigung. Brentano vergräbt sich in seine literarischen Arbeiten; auch er fordert Bestätigung von seiner Frau, braucht vermutlich Anerkennung für seine poetischen Projekte und sucht zugleich nach Geborgenheit und mütterlicher Fürsorge. Keiner der beiden kann dem anderen geben, was er braucht und erhofft. Es gelingt ihnen nicht, ihren Liebesrausch und -traum in dauerhaftes Glück zu verwandeln und einander entgegenzukommen.

Das bedeutet nicht, dass Auguste sich nicht für die Werke und Projekte ihres Mannes und des romantischen Kreises interessierte. Die Behauptung von Clemens, sie sei durch schlechte Romane beeinflußt, gehört zu dem von ihm konstruierten Auguste-Roman, der deshalb seinerseits schlecht ist, weil er darauf abzielt, den Autor reinzuwaschen und dessen steigende Aversion gegen Auguste zu begründen. Clemens erklärt die Heldin seines Auguste-Romans für »simpel oder Wahnsinnig« und tut ihr damit Unrecht.

Den Beteiligten und ihren Freunden fehlen die Begriffe, um dieses Liebesdrama zu deuten. Keiner der wohlmeinenden Berater des jungen Paares weiß wirklichen Rat. Während wir im Zeitalter nach Sigmund Freud einer moralischen Wertung skeptisch gegenüberstehen, sprechen die Zeitgenossen des jungen Paares ohne Skrupel von »böse« und »verrückt« – und wenden diesen moralisch-bürgerlichen Maßstab ausschließlich bei der Frau an.

Als Vertreterin der »literarischen« Romantik allerdings wird man

Auguste Bußmann kaum anerkennen wollen. Sie war »romantisch« im Sinne der heutigen Umgangssprache – mit Caroline und Dorothea Schlegel, den großen Frauen der Romantik, kann sie sich nicht messen. Daher ist – für Literaturwissenschaftler – die Bezeichnung »romantische Frau« eine – von Enzensberger sicherlich gewollte – Provokation. »Was aber ›die Romantik‹ angeht«, schreibt er in seinem fiktiven Brief an Auguste, »die Autoren, die diese Utopie entwarfen, hatten Ihnen eines voraus: wenn nicht ein Gott, so gab ihr Medium ihnen zu sagen, was sie litten. Sie haben sich in Clemens nicht getäuscht. Vieles von dem, was er geschrieben hat, ist bis heute nicht erloschen. Hilflos und selbstgerecht, wie er war, verhetzt, uneinsichtig, verblendet – Sie wissen es besser als ich –, hat derselbe Brentano ein Gedicht geschrieben, das vielleicht, wenn man es nur zu lesen wüßte, die ganze Wahrheit über Ihre Geschichte sagt: ›Verzweiflung in der Liebe an der Liebe‹. Er hatte die Gabe, den wüsten Kampf in sublime Poesie zu verwandeln; aber er verstand sich auch darauf, er mußte sich, um zu überleben, darauf verstehen – zu trennen, was er und die Seinen zu verbinden aufgebrochen waren. Die Dichtung war eine Sache, das wirkliche Leben eine andere.« Auguste konnte leben und romantische Lieder rezipieren, doch eine romantische Liebe zu leben, das brachte auch sie nicht zu Stande.

Wie ging es im »wirklichen Leben« des Paares weiter? Clemens bricht – wie in seinem Brief an Arnim angekündigt – nach Giebichenstein auf, um seinen Freund dort zu treffen. Die Reise – ohne Auguste unternommen – löst erneut heftige Reaktionen in Frankfurt aus. Georg Brentano droht im Brief vom 30. Oktober: »Du bist von Caßel abgereist, und hast dadurch einen Schritt gethan, der dir von den nachtheiligsten Folgen seyn kann; M[oritz] ist gestern express zu mir gekommen, und so sehr ungestümm gewesen, daß ich ihn nicht befriedigen konte, als durch die Versicherung du würdest ohne allen Verzug zurük kommen.« Clemens hat einmal mehr gegen Anstand und Moral der bürgerlichen Gesellschaft verstoßen, und Georg fügt in einer Nachschrift an: »Wie kannst du nur deine so junge, so christlige Frau, für die du sorgen, wachen must, so allein auf einmahl unter fremden Menschen lassen, welche inconsequenz, wie muß diß alles in den Augen derer erscheinen, die ohne hin gegen dich aufgebracht sind, ich kann warrlich dises Benehmen von dir mir nicht erklären […] Komm so gleich zurük.«

Etwa vierzehn Tage bleibt Brentano mit Arnim in Giebichenstein bei Reichardts. Arnim hatte den Komponisten schon auf seiner Kavalierstour in Paris besucht und Weihnachten 1805 im Kreis der Reichardtfamilie Weihnachten gefeiert. Wegen seiner Sympathien für die Ideen der Französischen Revolution war Reichardt 1794 vom preußischen König in Berlin entlassen worden und lebte seit 1795 auf seinem Landgut Giebichenstein, das sich seitdem zu einem Treffpunkt der Poeten und Musiker von Klassik und Romantik entwickelt hatte. Dort, wo heute eine staatliche Kunstakademie zu finden ist, in direkter Nachbarschaft zu den Ruinen der Burg Giebichenstein, war sein Domizil, das er mit großen Gartenanlagen ausgestaltete. Nicht nur der Vater dieser (laut *Allgemeiner Deutscher Biographie* 14-köpfigen) Familie war durch seine Opern und Vertonungen von Goethe-Liedern weithin bekannt und angesehen, auch die Kompositionen der Tochter Louise gingen über den Dilettantismus »höherer Töchter« weit hinaus.

Von Halle brechen Arnim, Brentano und Reichardt am 8. November 1807 nach Weimar auf, wo kurz zuvor auch die Schwestern Bettine, Meline, Gunda und Savigny eingetroffen waren. Die ganze Gesellschaft reist dann wenige Tage später nach Kassel weiter, da Reichardt auf Anweisung Napoleons eine Kapellmeisterstelle erhalten hat, die ihn in die französische Kulturpolitik einbinden soll.

Wie sich das Zusammenleben Brentanos mit Auguste nach seiner Rückreise in Kassel gestaltet, ist aus Briefen des jungen Paares zu erschließen, die sich an Savigny richten. Auguste fleht ihn um Hilfe an: »Savigny, retten Sie mich vor Verzweiflung! Clemens will sich von mir scheiden lassen. Meine Unvernunft, von ihm geliebt zu werden, hat mich schlecht gemacht. Ich war eigensinnig, launisch, leichtsinnig, aber dies ist nun vorbei … ohne ihn kann ich nicht leben, er ist mir alles. O gebt mir ihn wieder.« Parallel dazu begründet Brentano dem Schwager am gleichen Tag seine Scheidungspläne und liefert die Fortsetzung zu seinem Liebes- und Skandalroman: »Die Sache hat ihren Gipfel erreicht, ich kann nicht mit ihr bleiben, an dem *Abend deiner Abreise* schon, gieng die Misere wieder los, und biß auf den heutigen Tag war ein steter Wechsel zwischen Versöhnung und Rükfall, ihre Seele ist lahm und krampfhaft zwischen der ordinairen Pflicht und der Schlechtigkeit. Ich habe alles gethan waß ein Mensch und ein Christ thun kann. Ich habe *erwartet* und *entsagt*, dann *belehrt* und nicht *erhört*, dann *gebeten*, geweint, und Verzweifelt […] ich habe mir beinahe den Schedel eingerennt an diesem Fels.«

Enzensberger hat Recht: Brentano versteht es, sich mit wohlgesetzter Rede ins rechte Licht zu setzen. Und der Brief geht weiter und gibt drastische Szenen aus dem Eheleben preis, die ohne weiteres aus dem Roman *Reisen in die mittäglichen Provinzen von Frankreich* von Thümmel stammen könnten, den Brentano – unterstützt von Arnim und Bettine – für obszön erklärt hatte. Auguste ließ sich von der Lektüre jedoch nicht abbringen, wie Brentano seinem Schwager schildert: »Nachdem sie es durch nächtliches Aufbleiben biß gegen Morgen, durch lautes Heulen und Stampfen in ihrem Bette dahin gebracht hat, daß ich mein Nachtlager in meiner Stube nehmen muste, um doch nur wenige Stunden zu ruhen und nicht dem aufgepeinigten Fluch und Grimm zu erliegen, ward sie endlich einige Tage wieder leidlich […] mein schwaches Gemüth, das immer glaubt und hofft und endlich zerbricht, hat auch da wieder gehofft, aber sieh da, meine Dame wird von neuem brutal, und mürrisch, sie schleppt sich allerlei Bücher zusammen, endlich kömmt sie mit Thümmels Reisen an, ich sage ihr höflich, und Arnim und Betine sagen ihr, es sei ein obscönes Buch, sie möge es nicht lesen, sie ließt aber ruhig alle acht Bände durch, erklärt zugleich mehrmal sie müße und werde sich von mir scheiden lassen. Ich ward stumm, sie schäkerte und scherzte mit Arnim bei Tisch über Hof und Stadtgeschichten und zerschnitt mir die Seele mit frechem Gelächter.«

Wieder ein sprachlich schönes, kühnes Bild für eine schlimme Sache. Das ungleiche Paar vermag sich nur noch im Hass zu lieben; jeder versucht den anderen möglichst tief zu verletzen. Auguste provoziert Clemens, indem sie gegen seine Anordnung ohne seine Begleitung Bälle besucht, was nach den damaligen Sitten einem Skandal gleichkommt: »Acht Tage vorher hatte sie mir auf den Knien geschworen nicht mehr gegen alle Sitte und zum Skandal der Leute Franzosen Bälle in Häußern zu besuchen, wo ich nie hinkomme oder hinkommen werde. Nun plötzlich wieder geht das elende Geschöpf, dem es gebührte, um das Elend seines Mannes zu trauren, in dieser lezten Zeit der Trauer, ohne mich und meinen Willen heimlich auf den Picotschen Ball und raßt und koquettirt die Nacht hindurch, die ich durchweine, den folgenden Tag gestern fand ich sie en grande Parade ohne Halstuch waß ich ihr auch verboten, mir zum Trotz am Tische gegenüber lächelnd und frech mit dem armen verlegnen Arnim plaudern, zanken, zürnen konnte ich da nicht mehr, denn auch der Zorn ist bessern Ursprungs, da gieng es auseinander, ich will nicht mehr mit ihr sein.« Endgültig ist auch dieser Entschluss zur Scheidung keineswegs: Als Savigny seinen Antwortbrief am 22. Dezember formuliert, hat er bereits durch Bettine erfahren, dass es wieder versöhnlicher zugeht.

Dem Wechselbad der Gefühle können auch die wohlmeinenden Freunde und Verwandten nicht folgen, und jeder, der seine Hilfe anbietet, kommt zu spät, weil die Stimmung in kürzester Frist umgeschlagen ist. Savigny bringt es auf den Punkt: »Gestern habe ich Ihren verzweiflungsvollen Brief erhalten, heute höre ich von Bettine, daß Ihr Leben in diesem Augenblick wieder leidlicher ist. Ich brauche Ihnen also nicht mehr zu sagen, was Sie gestern wissen wollten.«

Arnim geht es ähnlich. Brentano beauftragt ihn mit einer Vermittlungsaktion bei der Familie Bethmann in Frankfurt, wobei auch die Mutter Augustes, Maria Elisabeth Flavigny – die Schwester von Moritz –, einbezogen wird und von Trennung und Scheidung die Rede ist. Am 12. Januar 1808 berichtet Arnim seinem Freund, er habe »zweymal bei Bettmann gegessen [...] und schlug es zum drittenmal ab, weil es mich zu sehr langeweilte und ich doch in Deinen Angelegenheiten nichts zu bessern vermochte. Ich sprach vergebens mit Moritz und mit der Frau von Flavigny, sie blieben beyde der Meinung, daß ein Briefwechsel mit der Mutter ihnen beyderseitig nachtheilig, sie fürchteten das Dramatische darin; ich stellte umsonst vor, es gebe noch Fälle des Zutrauens, ich setzte alles Möglige, sogar den Fall des Scheidens, Moritz blieb dabey, daß Deiner Frau immer die zutraulige Verbindung mit ihm bleibe; er schien in der ganzen Sache seinen ganzen Haß auf Christian geworfen zu haben, dessen brüderlicher Hülfleistungen er durchaus eine Bosheit und Schadenfreude gegen ihn unterlegt.«

In der Zwischenzweit war es erneut zu einer Versöhnung des Paares gekommen, die Clemens für endgültig hält: »Ich war noch ungefähr drei Tage in Marburg«, schreibt er seinem Freund aus Kassel, »dann bin ich über Allendorf wohin mich Christian begleitete zu Pferd zurück, zu Hauße [...] fand ich, was das beste ist, Augusten in allen Stücken recht gut und folgsam und lebe jezt recht vergnügt mit ihr, ich zweifle auch nicht, daß sie radickal kurirt ist, denn ich fühle, ein recht innerliches Zutrauen zu ihr, wir bedauren beide theurer, geliebter Mensch, daß du unsre Einigkeit nicht ansehen kannst, es ist ein rechter verhärteter Fond von Güte in ihr wie ein Gesundbrunnen aufgebrochen, und ich will ihn sobald nicht einfassen, ich will sie eine Zeitlang unter Wasser stehn lassen.«

Auch diese Versöhnung sollte nicht von langer Dauer sein, und die Versuche von Freunden und Verwandten, mit Rat und Tat, mit Briefen, Gesprächen und Verhandlungen eine Trennung des Paares zu erreichen, reißen nun nicht mehr ab. Clemens und Bettine versorgen derweil Arnim und Savigny immer wieder mit drastischen Schilderungen über die Ausbrüche der jungen Frau, die mit immer neuen Aktionen verzweifelt versucht, Clemens an sich zu binden, und dabei auch vor Selbstmorddrohungen nicht zurückschreckt.

Zu den wenigen überlieferten Zeugnissen über ihren inneren Zustand gehört ein Brief an Bettine vom 25. Dezember 1807. Auguste beklagt sich darin über zurückgehaltene Briefe. Offensichtlich versucht die Brentano-Familie, mit fragwürdigen Mitteln Einfluss auf das Paar zu nehmen. Marie Brentano, die Frau von Georg Brentano, verweigert aus pädagogischen Gründen die Herausgabe älterer Briefe von Clemens, die Auguste nun zurückhaben möchte: »Clemens weiß es nun daß Marie seine Briefe an mich zurückhält; er findet es niederträchtig, und will sie bestimmt fordern – aber für sich. [...] Gieb mir die Briefe – einzelne Ausdrücke weiß ich noch auswendig und beschäftige mich die Nächte mehr zu ersinnen – da schwebt mir manches dunkel vor, und ich gäbe alles drum, wenn ich manches Wort nur genau wüßte. Mein ehemaliges Selbstgefühl hat mich verlassen – ich habe nur was andre mir geben – und wenn ich nun recht arm bin, so weine ich um die kurzen Tage wo ich so schöne Liebe erhielt. Clemens tadelt es oft an mir daß ich keine Kraft in mir fühle und deswegen mir nicht genügen könne. Hätte ich seine Briefe so könnte er mir diesen Vorwurf nicht mehr machen.«

Die Briefe stehen uns auch heute nur zu einem kleinen Teil zur Verfügung, denn die Brentano-Familie war bestrebt, das, was man als Skandal und Schandfleck ansah, möglichst auszulöschen. So kam es noch im 20. Jahrhundert zu einer Tausch- und Vernichtungsaktion von Zeugnissen der Bußmann-Affäre, die erklärt, warum so wenige Briefe des Paares erhalten sind.

Es ist Christian Brentanos Sohn Lujo Brentano, Professor der Nationalökonomie und »Kathedersozialist«, der 1908 mit der Königlichen Bibliothek in Berlin verhandelt, um »persönliche Papiere« aus dem Besitz der öffentlichen Bibliothek zurückzuerhalten. Nachdem es nicht gelungen war, eine Publikation des Brentano-Mereau-Briefwechsels zu verhindern – der neben anderen Papieren auf Betreiben von Herman Grimm und Reinhold Steig bereits in einer Blechkiste der Handschriftenabteilung »sekretiert« worden war und damit vor einer wissenschaftlichen Auswertung bewahrt werden sollte –, gilt es nun, das in den Augen der Familie »Schlimmste« zu verhüten und die Publikation von Zeugnissen der zweiten Ehe zu verhindern. Lujo wendet sich an das Ministerium und erreicht, dass der Leiter der Bibliothek, Harnack, 206 Briefe zum Tausch anbietet. Darunter ist der »Briefwechsel mit Auguste, geb. Bußmann nebst den auf die Scheidung von dieser bezüglichen Briefen: 56 Briefe 1808–1809«. Lujo Brentano ist nicht zufrieden mit diesem Angebot und verlangt »die gesamte Correspondenz Clemens Brentanos und seiner beiden Gemahlinnen«, die Briefe Savignys und Arnims an Clemens sowie »die Briefe von Hausgenossen, wie z. B. von Claudine Piautaz«.

In die Verhandlungen schaltet sich dann auch Lujos Bruder, der Philosophieprofessor Franz Brentano, ein, der noch weitergehende, aber unerfüllbare Forderungen einbringt. So soll die Bibliothek bescheinigen, »daß die Papiere, welche wir eintauschen, nicht schon von anderen abgeschrieben worden und wir demnach der Gefahr ausgesetzt seien, ein Opfer zu bringen, dessen Zweck wir doch nicht erreichen«. Die Verhandlungen werden daraufhin eingestellt, doch erscheint 1910 als Anzeige eine von zahlreichen Erben der Brentano-, Arnim- und Savigny-Familien unterzeichnete »Warnung«, dass »jede Veröffentlichung von bisher ungedruckten Manuskripten und Briefen […] ohne ihre ausdrückliche Zustimmung […] mit allen strafrechtlichen und zivilrechtlichen Mitteln« verfolgt würde.

Die Erben erreichen schließlich ihr Ziel: Das Kultusministerium schaltet sich ein und setzt die Bibliothek unter Druck, zumal eine Änderung der Urheberrechte den Erben tatsächlich entsprechende juristische Mittel einräumt. Daraufhin bescheinigt Harnack – aus dem Urlaub! –, dass kein Beamter der Bibliothek Abschriften von den fraglichen Manuskripten angefertigt habe. So kommt es doch noch zu einem Tauschvertrag, der »240 Briefe bezw. Blätter von und an Clemens Brentano« aus dem Bestand der Königlichen Bibliothek an Lujo Brentano ausliefert.

Der Briefwechsel mit Sophie Mereau bleibt im Besitz der Bibliothek und gelangt mit einer Auslagerungsaktion im Zweiten Weltkrieg zunächst ins Kloster Grüssau in Schlesien und dann nach Krakau, wo er noch heute aufbewahrt wird. Der Briefwechsel mit Auguste dagegen wird vollständig übergeben und ist seither zum Teil verschollen, höchstwahrscheinlich von der Familie vernichtet worden. Nach den Recherchen des verdienstvollen Aschaffenburger Forschers Martin Goes fehlen vierunddreißig Briefe aus dem ursprünglichen Berliner Bestand. Im Gegenzug erhält die Berliner Bibliothek »die beiden Bearbeitungen des Dramas ›Aloys und Imelde‹ von Clemens Brentano sowie seine Notizen zu den Romanzen vom Rosenkranz und seinen Entwurf zu einer Oper ›Der Venusberg.‹«

Mit den Daten »Berlin den 3. Februar 1911. München den 5. Februar 1911« unterzeichnet neben Harnack und Lujo Brentano auch der Leiter der Handschriftenabteilung, Dr. Ludwig Stern, der noch im gleichen Jahr einen umfangreichen Katalog publiziert: *Die Varnhagen von Ensesche Sammlung in der Königlichen Bibliothek zu Berlin geordnet und verzeichnet von Ludwig Stern.* Der 923 Druckseiten starke Katalog der Sammlung Varnhagen, zu dem auch die über Bettine an Varnhagen gelangten Bußmann-Briefe gehören, enthält Sterns Vorwort vom Juli 1811. Die Eintragungen zu den eingetauschten Brentano-Papieren muss er in den Druckfahnen getilgt haben, denn noch in den Verhandlungen wird auf »alle Brentanopapiere, die der Katalog der Varnhagenschen Sammlung nachweist«, Bezug genommen. In dem gedruckten Verzeichnis sind die Spuren des Auguste-Briefwechsels jedoch bereits verwischt, verzeichnet er doch keines der ehemals in öffentlichem Besitz befindlichen Zeugnisse zu Auguste mehr.

Lujo Brentano dagegen benutzt die Papiere dazu, seine »Ansicht« zu Brentanos Liebeserlebnissen anhand von ausgesuchten Schriftstücken darzustellen, um das Andenken des Dichters Clemens Brentano in seinem Sinne zu beeinflussen. Er veröffentlicht 1921 ein Büchlein mit dem Titel *Clemens Brentanos Liebesleben. Eine Ansicht.* Darin bietet er Proben aus dem Briefwechsel mit Sophie Mereau und formuliert seine Auffassung: »Es ist üblich, von der ehelichen Verbindung des Clemens mit Sophie Mereau als von seinem Glücke zu sprechen […]. Mir scheint diese Verbindung geradezu der Grund zu seinem bis zu seinem Tode währenden Unglückgefühl gelegt zu haben. […] Trotz der Verklärung, in welcher Clemens seine in drei bitteren Jahren der Ehe geläuterte erste Gattin […] gesehen hat, bin ich der Meinung, es wäre für ihn besser gewesen, wenn er sie nach seiner durch Friedrich Schlegel herbeigeführten Entfremdung nicht mehr gesehen hätte.« Zur zweiten Ehe veröffentlicht er Clemens' Brief an Arnim mit der Schilderung der Frankfurter Begegnung, der »Flucht« und Eheschließung, den ersten Brief Bethmanns an das »durch Ausartung abgestorbene Mündel«, sowie eine Reihe von Briefen Augustes aus der Allendorfer Zeit, in denen sie um Anerkennung und Liebe von Clemens wirbt. Auch die Berichte zu den Selbstmordversuchen fehlen nicht, und Lujo formuliert sein Urteil: »Sie war ein armes hysterisches Weib.«

Noch bis in die siebziger Jahre hinein folgte die Germanistik völlig unkritisch diesem Urteil, und erst die Publikation von Hans Magnus Enzensberger von 1988 rückt das Schicksal Auguste Bußmanns in das Zentrum der Darstellung. Allein die Veröffentlichung von Quellentexten lässt ein neues, ein faires Bild der jungen Frau entstehen, das von dem der Familie Brentano grundlegend abweicht. Denn trotz der Verluste an Manuskripten lässt die von Enzensberger zusammengetragene Sammlung zweifelsfrei erkennen, dass auf die Bedürfnisse und den Ruf von Auguste Bußmann bereits zu ihren Lebzeiten kaum Rücksicht genommen wird. Alle Bemühungen der Freunde und Verwandten Clemens Brentanos zielen ausschließlich darauf, den Dichter aus seiner »erbärmlichen Lage« zu befreien und den Ruf seiner Familie möglichst wiederherzustellen.

Am deutlichsten wird dies bei den Vermittlungsbemühungen von Savigny. Er hat sehr schnell erkannt, dass Clemens und Auguste trotz bester Absichten nicht miteinander auskommen können: »Die Grundempfindung aller Ihrer Briefe,« schreibt er Clemens am 11. März 1808, »ist diese: A. schwebt zwischen Schlechtigkeit und Verrücktheit; Sie stehen ihr gegenüber fromm und rein mit dem besten Willen sie zu heilen, zu leiten, zu bessern, aber fruchtlos. L. Cl., wer zweifelt daran, daß Sie es gut und rein mit A gemeint haben? aber eben so gewiß bin ich, daß A von Herzen gerne glücklich mit ihnen gelebt und Sie glücklich gemacht hätte. Sie war ungeschickt dazu. Nun also, von Ungeschicklichkeit ist die Rede, und ungeschickt waren Sie gegen A. nicht minder. Daß Ihr Gemüt von Natur reicher und fruchtbarer ist, macht hierin keinen Unterschied, am wenigsten zu Ihrem Vorteil. – Nichts ist verderblicher, als jene Übertreibung im eigenen Gefühl, und so lange Sie darüber nicht Herr werden, werden Sie alles schief und schlecht angreifen, sei es Scheidung oder eheliches Leben.«

Hier ist das Urteil noch sehr ausgewogen, und Savigny weist indirekt auch darauf hin, dass von Clemens mit seinem reichen und fruchtbaren Gemüt mehr »Geschick« zu erwarten wäre. Von Schuld spricht Savigny an dieser Stelle nicht. Er geht davon aus, daß beide besten Willens waren, ein gemeinsames glückliches Zusammenleben zu erreichen, aber damit scheiterten. Das klingt sehr modern, sehr moderat, sehr verständnisvoll abwägend.

Als es aber dazu kommt, die Trennung zu organisieren, zeigt sich, dass Savigny sehr konventionell denkt und mit aller Macht eine höchst einseitige Lösung durchsetzten will – die allerdings der damaligen Rechtssprechung und Praxis entspricht. (Schließlich war Savigny einer der berühmtesten Juristen seiner Zeit, der es später in Preußen bis zum Justizminister bringen sollte!) Selbstverständlich darf der Mann nach einer derart gescheiterten Beziehung sein bisheriges Leben ohne Einschränkungen weiterführen, die Frau aber soll – notfalls unter Zwang – für eine längere Zeitspanne aus der Gesellschaft entfernt werden. Für solche Überlegungen fehlt uns heute das Verständnis. Es ist ein Brief an Arnim, in dem Savigny seine ungeheuerlichen Vorschläge am 15. März 1808 formuliert. »Etwas geschehen muß nun, sie müssen wenigstens für den Augenblick auseinander«, schreibt er und entwickelt seine Vorstellungen: »Sie zu sich zu nehmen ist ihre Mutter durchaus nicht zu bewegen: sie habe sie sonst nicht bändigen können und werde es jetzt noch viel weniger können. – Dagegen sieht ihre Familie alles Verkehrte und Zügellose an ihr wohl ein. Nur offenbare Gewalt, sagen sie, könne sie bändigen. Clemens solle sein Recht gebrauchen und sie mit Gewalt in ein Kloster bringen, um sie vorläufig zu verwahren. Was der Clemens von gewaltsamen Mitteln für schlimme Folgen befürchte, sey eitle Furcht. Entlaufe sie dann, so wollen sie sie gefangen nehmen und einsperren.« Soweit scheint Savigny nur die Meinung der Familie Bethmann zu referieren, mit der er in Kontakt steht. Doch dann kommt der verräterische Satz, der so gar nicht zu seiner abwägenden Darstellung im Brief an Brentano passt und die in Zweifelsfällen wirksame Brutalität der bürgerlichen Gesellschaft verdeutlicht: »Mir scheint allerdings das Kloster für den nächsten Augenblick das einzig schickliche Mittel.« Selbst wenn Savigny sich dann gegen Zwangsmaßnahmen ausspricht und Arnim um Vermittlung und »Leitung« dieser »Sache« bittet: Was soll die kontaktfreudige, sinnliche, junge Frau in einem Kloster? Glaubt Savigny wirklich, dass sie damit »Aussicht hätte, durch gutes Betragen auf diese Weise wieder zu Ihrer Familie zu kommen«?

Von diesem Gedanken scheint Savigny auch bald wieder abgerückt, denn drei Tage später – nach einem Gespräch mit Arnim und Ergebenheitsadressen Augustes an Bethmann – schlägt er zwei Orte vor, »an welchen sich Auguste recht schicklich und nicht unangenehm einige Zeit aufhalten könnte: in Gotha bey Geisler oder in Coblenz bei der alten Lassaulx«, der Schwiegermutter von Joseph Görres.

Arnim meldet Brentano noch am gleichen Tag eine weitere Kandidatin, die jedoch bereits abgesagt hat. Er bricht seine Vermittlungsaktion zunächst ab und reist ratlos von Frankfurt nach Heidelberg zurück. Seine Schilderung vom 18. März zeigt, dass sich die Fäden, die um Augustes Schicksal gesponnen werden, nun rasch zu einem Netz verbinden, in dem sich Auguste verfängt: »an Scheidung ist jezt wohl nicht zu denken, komt euch beyden einmal die ruhige Ueberzeugung von einer Nothwendigkeit dazu, so ist das wenigstens nicht jezt der Fall. Auf der anderen Seite fühlten wir, daß das gräßliche Verwischen von Haß, Neigung Trennen und Verbindung auch in dem steten Zusammenleben zu keiner klaren Uebersicht kommen lasse, es schien uns durchaus gut euch auf einige Wochen von einander zu entfernen und der Vorschlag gefiel uns, deine Frau mit Deiner Einwilligung zu vermögen nach Göttingen mit Claudine zu Piautas zu ziehen, ich wollte mich des wegen mit Claudine und Grimm nach Cassel auf den Weg machen. Alles war verabredet, ich sprach mit M. Bettmann, er schien es sehr zufrieden, Claudine war bereitwillig wir wollten heute reisen. Inzwischen hatte Moritz Bettmann mit Claudine geredet und ihr versichert daß sie nun auch alle Verbindlichkeit auf sich nehme, ihnen für alles zu stehen, was Deiner Frau begegnen könnte; er hatte ihr vorgesprochen von den Studenten, Liebeshändeln, u. s. w. seine eigne sehr harte Ansicht von Deiner Frau. Claudine kündigte mir am Abend den Handel auf, ich hatte mich umsonst aus der Dringenden Geschäftigkeit in Heidelberg losgerissen, es war für den Moment uns unmöglig einen fertigen Ort aufzufinden, wo Du Deine Frau auf einige Zeit mit Annehmlichkeit und Anstand hinbringen könntest, ich kehre also heute nach Heidelberg zurück und muß Dir suchen brieflich meine Gedanken über das Weitere, Nothwendige zu entwickeln. Daß Du einige Zeit in einiger Entfernung von Deiner Frau lebst scheint uns noch mit gleicher Nothwendigkeit einleuchtend, die Farben wollen nicht mehr halten, so frisch und dick sind sie aufgetragen. Daß Du Cassel verläst ist durchaus nicht rathsam, Deine Frau bliebe verlassen und ohne zutrauliche Bekanntschaft.« Dann wiederholt er die beiden Vorschläge aus Savignys Brief, die jedoch auch nicht zum gewünschten Erfolg führen.

Arnim immerhin schwenkt nicht völlig auf die Linie der Frankfurter Familie ein. Seine Gespräche und Eindrücke in Frankfurt führen ihn vielmehr zu der Erkenntnis, dass man Clemens dort nicht versteht und manche seiner Lebensschwierigkeiten auf diesem mangelnden Rückhalt in der Familie beruhen. Bettine übermittelt er am 22. März ein Stimmungsbild aus der Machtzentrale der Firma, dem *Haus zum Goldenen Kopf*: Clemens »kommt mir erstaunlich unglücklich vor, seitdem ich die verschiednen Stimmen über ihn im Goldnen Kopfe gehört habe, ich kann jetzt manches von ihm begreifen, was er mir sagte, wie da der Keim zu mancher Verwirrung seines Lebens liege; ich fühle hier in der Ruhe, daß er bei aller Ungeschicklichkeit, womit er sich alles verleidet, doch tief menschlicher und also edler sein Leben führt, als ihn die andern beurtheilen. Wenn sie geradezu sagten, sein Wesen ist mir unangenehm, er verletzt auf barbarische Art, wo ich Zartheit fordre, so hätte ich nichts gegen, wer so etwas nicht ertragen kann, wird ihn nicht lieben; aber die Ansichten, die sie sich von seiner Seele machen, um ihren Widerwillen gegen ihn zu erklären, das ist eine Lüge gegen sich, zu der man aber bei Brüdern und Schwestern leicht kommen kann, weil man sich den Widerwillen nicht zugeben will. Darum sind die verschiednen Tragödien über feindliche Brüder sehr lehrreich, wo das größte Unglück entsteht, wenn die Brüder wegen der Erinnerung ihrer Verwandtschaft ihre wirkliche gegenwärtige Feindschaft aufgeben.«

Bettine aber bezieht nun empört gegen Auguste Position. In ihrem Antwortbrief an Arnim nimmt sie Bezug auf einen Brief Augustes an Bethmann, der angeblich »das elendste schändlichste ist was ein Weib die noch schlechter ist als alle Menschen mit denen sie von jeher gelebt hat, schreiben kann. Aber Moriz hat einen Wohlgefallen, an diesem Brief, und jezt ist es Clemens der Unrecht bei ihm hat [...] grad als ob Clemens der Sünder sey.« Auguste hatte die Brüder Grimm beschuldigt, sie hätten Clemens negativ gegen sie eingenommen. Tatsächlich war Jacob Grimm in die Verhandlungen mit der Familie von Bethmann eingebunden; im Auftrag von Clemens war er schon ein Mal zu Bethmanns nach Frankfurt gereist.

Nun fühlt Auguste sich in Kassel von diesem »Vermittler« verfolgt. »Mit Auguste konnte ich gar nicht reden«, schreibt Jacob Grimm am 25. März an Savigny. »Sie hält mich für ihren ärgsten Feind, und muß von meiner Reise nach Frankfurt wissen. Kaum erblickte sie mich Abends in der Theaterloge, so lief sie sogleich bloß darum allein nach Haus. Sie irrt sich wahrhaftig in mir, ich tue nichts aus Haß zu ihr und gewiß weniger aus Liebe zu Clemens, als aus Betrachtung der höchsten Widerwärtigkeit eines Verhältnisses, welches sie beide verderbt, und jedem Bösen blossetzt.«

Im gleichen Brief berichtet Grimm über den neusten Plan der Trennung, der dann in die Tat umgesetzt wird: »Was den Ort angeht, so hält Clemens die Vorschläge mit Gotha und Coblenz für durchaus untunlich und hat daher nicht dahin geschrieben, er könne diesen Leuten die schreckliche Last nimmermehr anmuten, sie werden es unmöglich tun. Dagegen ist ihm eingefallen, den Vorschlag einem Pfarrer Mannel zu machen, in der Gegend von Ziegenhain, einem sehr gefälligen Mann, mit einer liebenswürdigen Familie, welche Clemens seit einem halben Jahr durch den Christian kennen gelernt hat. [...] Ich riet ihm ohne Verschub die Sache mit dem Pfarrer in Richtigkeit zu setzen.«

Auguste widersetzt sich zunächst, lässt nicht in dieser Weise über ihr Schicksal verfügen. Jacob berichtet: »Gestern Morgen früh kam der Clemens in ganzer Mutlosigkeit. Sie habe ihm eben erklärt, daß sie nur höchstens 3 Wochen zum Pf. Mannel gehen werde, alsdann aber wolle sie wieder hierher zurück, eigentlich brauche sie gar nicht zu verreisen. Darüber war Clemens so mißmütig und aus aller Entschließung herausgekommen, daß er nichts anders im Sinn hatte,

Blick aus dem Haus an der Schönen Aussicht in Kassel, dem Wohnhaus der Brüder Grimm, Aquarell von Ludwig Emil Grimm, 1827.

als allein abzureisen und sie hier sitzen zu laßen, denn er halte sich gewaltsam gegen sie zu verfahren für unberechtigt.« Es gelingt Jacob jedoch, Clemens von dieser Flucht abzuhalten, und mit Extrapost wird Pfarrer Mannel um Einverständnis gebeten.

Aber auch Jacob Grimm denkt an ein Kloster als Notlösung, und so sehr er sich wie Savigny zum harmlosen Vermittler stilisiert, auch er erwägt im Einklang mit den herrschenden, wohl nur als patriarchalisch zu bezeichnenden Gesetzen, Zwangsmaßnahmen für die Klosterklausur: »Sollte sich der Mannel zu nichts verstehen, und Ihnen dort kein anderer ähnl. Ort einfallen, so muß dennoch an ein Kloster gedacht werden, und ich bitte Sie unterdessen, Erkundigungen zu nehmen, auch über die dabei nötigen Maasregeln, damit auf allen Fall ein Ausweg geöffnet bleibt.« Für Auguste hätte dieser »Ausweg« das Einsperren hinter Klostermauern bedeutet; nur für Clemens war diese Lösung ein Weg ins Freie.

Nun aber kommt es doch noch zu einer einvernehmlichen Lösung: Die Pfarrersfamilie in Allendorf ist bereit, Auguste aufzunehmen. Bis zur Ausführung des Plans verstreichen allerdings weitere drei Wochen, in denen es noch einmal zu wüsten Szenen in Kassel gekommen sein muss, denn einen Tag vor der Abreise meldet Clemens Savigny: »das grund böße Weib [...] hat trotz aller reuigen Briefe, die ganze Zeit ihre niederträchtige wahnsinnige Rolle fortgespielt, ich bin auch ihres Anspeiens und Tretens satt geworden und habe sie einigemal mit dem besten Gewissen und kaltem Blut tüchtig durchgeprügelt; denn sie ist ein Hund und ein sehr schlechter böser Hund, sie ist besessen und ich prügle den Teufel mit rechter Lust. [...] Savigny! ein schlechtes böses Weib ist einem armen Schelm wie mir mehr als die Hölle, diese Bestie ruinirt mich ganz an Leib, Seel und Vermögen. Ich habe nie geglaubt, daß die ordinaire Menschenluft solche Kielkröpfe ernähren könne, bei alle dem lebt sie von den sogenannten fürchterlichen Schreckensromanen, während sie in ewiger Quälerei stumpf wird liest sie ein halb Duzend Bände alle Tage [...] aber Gott, es ist genug in wenig Tagen kann ich ja athmen.« Aus solchen Äußerungen Brentanos erklären sich die Vorstellungen von Germanisten, Auguste sei durch die Lektüre von schlechten Romanen »verdorben« worden. Gern war man bereit, dem Dichter zu glauben, der diese Diagnose stellt. Motive und Gefühle der jungen Frau und ihr Schicksal schienen dabei sekundär. Wer konnte das schon sein: ein Mädchen, das primitive Romane las, den berühmten Dichter-Ehemann nicht verstand und sich dann noch »in Szene setzte«?

Zugleich übersah man, dass die Briefschilderungen Brentanos selbst literarischen Mustern folgen, denn ist nicht der zitierte Brief selbst ein kleines selbstgefälliges Kunstwerk nach Art drastisch-barocker Schelmenromane, die Brentano zu seinen Kultbüchern erhob – Grimmelshausens *Simplizissimus* und Reuters *Schelmuffsky*?

KAPITEL ZEHN

Madame weinte, wimmerte, ahndete von Nimmer wiedersehen

Allendorf – Landshut – München – Stallwang

Unter Peitschenhieben des Kutschers, unter Murren und Schimpfen der Frau, unter ärgerlicher Ziererei der Fränz [der Magd] kam ich bei den trefflichen Leuten an, blieb zwei Tage dort, Madam konnte dem unaussprechlich lieben Wesen Friederickens nicht wiederstehen, sie mußte sie lieben wider Willen, Madam weinte, wimmerte, ahndete von Nimmer wiedersehen, ich sprang mit dem heiteren Pfarrer übern Zaun und hinter mir war ein Gespenst verschwunden, die Welt war mir lieb, wie einem Invaliden.« So beschreibt Brentano Ankunft und Abfahrt bei der Pfarrersfamilie Mannel im entlegenen Allendorf bei Marburg, im hessischen Mittelgebirge zwischen Treysa und Ziegenhain gelegen.

Auguste gefällt das Landleben bei den sympathischen Pfarrersleuten; sie freundet sich mit den Kindern an, mit der 25-jährigen Tochter Friederike und dem 22-jährigen Sohn Heinrich. Wie im Kloster geht es hier nicht zu, Auguste hat Ansprechpartner, geht mit der neu gewonnenen Freundin im Fluss baden und genießt den Frühling in der schönen Marburger Gegend. Friederike Mannel berichtet darüber Wilhelm Grimm am 11. Juni, knapp drei Wochen nach Augustes Ankunft: »Auguste wurde freudig und herzlich von uns aufgenommen, wir lieben sie alle, besonders ich. Sie glaubte in ihrer Heimath zu sein, nichts glich ihrer Freude, ihrer Rührung. Und sie sollten sie jetzt sehen! So freundlich, so theilnehmend, so hingebend in unsre Verhältnisse könnte kein Weib sein. Sie ist wohl nicht glücklich, aber keine Klage, keine finstre Laune trübt uns das Leben. Ihr Dank für jede kleine Freundlichkeit ist so lebhaft, so zart, sie ist so zufrieden, so ganz zu uns gehörend, daß wir sie einen guten Geist unsrer Familie nennen müssen.« Bettine, die über Christian Einzelheiten aus Allendorf erfährt, gestaltet ihren Bericht an Arnim geradezu als kleines bukolisches Idyll aus: »Christian erzählt mir, daß Auguste sich sehr wohl in Allendorf befinde, auch der Pfarrer sei sehr zufrieden mit ihr: Sie hat einen jungen Geißbock, den schleppt sie mit großer Behendigkeit die hohen Berge hinauf, er darf keinen Augenblick von ihr, sie ruft ihm den ganzen Tag ›Selim! Selim! Selim!‹ Ich glaube, daß sie sich den Clemens drunter vorstellt, denn Selim und Clemens gleicht sich doch sehr im Klang. Sie schneidet auch in alle Bäume des Clemens seinen Namen und spricht, er sei doch ein Gott!« In der Rolle eines an ihrer Liebe leidenden und reuigen Mädchens ist Auguste bei Clemens und Bettine hoch angesehen. Clemens fühlt sich geschmeichelt; Bettine kann nachvollziehen, dass ein Mädchen ihrem Liebsten – vor allem, wenn es sich um ihren geliebten Bruder Clemens handelt – nachtrauert. Gewinnen jedoch Augustes Verlustängste die Oberhand und führen zu emotionalen Ausbrüchen, so gilt sie bei den Geschwistern sofort wieder als »böse«.

Auch die erneute Annäherung von Clemens und Auguste in einem liebevollen Briefwechsel wird von Bettine und den Freunden Brentanos mit Argwohn beobachtet. Denn rasch spricht es sich herum: Clemens schreibt wieder Liebesbriefe und Auguste antwortet. Wir kennen auch aus dieser Phase nur einen Teil von Augustes Briefen, zum Beispiel eine Serie von vier rührenden Briefen, die sie vom 21. bis 23. Juni 1808 schreibt. Wie Christian und Bettine in ihren Berichten über den Allendorfer Aufenthalt schildern, lebt sie insgeheim weiter mit einem imaginierten Geliebten Clemens: »Ich denke jetzt nur immer an die Zeit wenn du bey mir sein wirst, lieber süßer Clemens, gehe ich spazieren so gehe ich auf dem Rand des Pfädchens um Platz für dich zu lassen, denn neben mir mußt du gehen, sonst muß ich immer rücklings gehen um dich zu sehen, bey Tische meine ich immer ich müßte deine eine Hand halten und von deinem Fuß getreten werden, und wenn ich mich kämme wie du mir die Haare ordnen willst, und wie ich dann im Spiegel meinen freundlichen Jungen ansehe und seine Hand küsse, küsse, und wenn ich Abends unter mein Bett leuchte ob kein Mensch drunter steckt fällt mir ein wie du mich so einmal in Kassel erschrecktest und wie du es wieder thun könntest, und mir armen furchtsamen Kinde das Licht ausblasen, und wenn ich zitterte, mich in die Arme nehmen wo ich doch keine Ruhe fände an deiner schönen Brust.«

Am nächsten Morgen schreibt sie weiter: »Mittwoch früh. O mein Clemens was soll aus mir werden, ich bin so bewegt, keine Ruhe nirgends zu keiner Stunde, ich kann dir nicht einmal lang schreiben, denn ich möchte mit Küssen schreiben und die Hand zittert mir vor Ungeduld. Mein Brief hat dich so glücklich gemacht, und doch schreibst du mir darauf nur einen ganz kurzen aber mit vieler Liebe, und sagt du hättest viel zu thun, da ist mir nun als eiltest du dich sehr, und als könntest du mir auf einmal am Herzen liegen. Junge so sage doch wann du kommst und reiße mich aus der Qual, ich denke immer jeder Brief soll es mir sagen und alle sprechen nur unbestimmte Sehnsucht aus, komm komm oder du findest mich so in Sehnsucht abgehärmt, daß ich die unendliche Freude gar nicht mehr fühlen und tragen kann, und wenn ich dann nur weinen könnte, und nicht in deine Arme fliegen, und dich seelig ansehen und ewig dürstend küssen, und mit starken liebenden Armen umschlingen daß unsre Herzen aneinander pochen, und so ungestüm und mächtig daß sie die Lippen übertäuben, und kaum die Augen noch süße Blicke geben können, und deine heiße wallende Brust glühend mir sagt du liebst mich unendlich. O Clemens, ich will die Seeligkeit fassen und lieben und festhalten, ich kann sie ja denken, ahnden, aber doch schwindelt mir oft davor, und ich zage und frage mich, wirst du nicht vergehen und nur bewußtlos den seelgen Liebeshimmel anschauen? – Ich weiß deine letzten Briefe auswendig und doch lese ich sie immer wieder und fühle mich entzückt durch deine Lust an mir. O lieber Junge wie warst du so unglücklich vor meinem Brief, deiner hat mich sehr gerührt und daß du so innig an mir hängst. Ja ich liebe dich unendlich, aber daß ich es besser sagen kann wie du ist nicht wahr«.

Angesichts dieser Resonanz seiner Briefe kann Clemens nicht lange widerstehen, tatsächlich zu Auguste zu fahren. Er vergisst alle Ratschläge seiner vernünftigen Freunde, alle bösen Worte über seine Frau, alle guten Vorsätze, die Beziehung nun friedlich zu beenden. Weggewischt ist die Erfahrung, dass den kurzen friedlichen und glücklichen Phasen stets – geradezu zwanghaft – entsetzliche Szenen gefolgt waren. Die Worte in Augustes Liebesbriefen entführen ihn wieder in die Welt romantischer Träume. Durch Briefe und kleine Geschenke hält er den Kontakt mit Auguste aufrecht, entfaltet er von neuem seine von sinnlichen Fantasien inspirierten dichterischen Fähigkeiten, wobei auch er eine imaginierte, idealisierte Auguste ansprechen kann, die nicht ordinär, nicht aggressiv, nicht beleidigt reagiert. Wie Auguste hält er Zwiesprache mit einem erträumten Partner, dessen Bild aus einzelnen Erlebnissen der Vergangenheit und Projektionen von Wunschbildern entsteht: Mit ihren liebevollen Briefen speist Auguste immer wieder Brentanos Imagination.

Der Wortlaut seiner Botschaften ist – wegen der Vernichtungsaktion der Familie – unbekannt, doch kennen wir entsprechende Liebesbriefe aus seiner Feder. Sie richten sich an Minna Reichenbach, an Sophie Mereau, an Luise Hensel und an Emilie Linder. Stets versteht es Brentano, seine Liebessehnsucht in bestrickend schöne Bilder zu fassen, stets gelingt es ihm, seine Briefe mit aller Raffinesse eines begabten Wortkünstlers so zu gestalten, dass die Adressatinnen keine Zweifel an der Tiefe und Ehrlichkeit seiner Gefühle hegen. Dass diese Werbebriefe dennoch oft nur eine »unbestimmte Sehnsucht« aussprechen, haben beide Frauen, mit denen Brentano verheiratet war, schließlich erkennen müssen. Auguste benutzt ähnliche Worte wie Sophie. Aber auch sie hat nicht die Kraft, sich den »zauberischen« Worten des Dichters zu entziehen: »du lieber Dichter kannst zauberisch das geheimste sinnen, schweben, wünschen und ahnen der Liebe aussprechen, und ich mögte denken du habest dein Herz ausgesprochen […] – O du einziger – mir schwindelt vor meinem Loos, ich kenne den herrlichsten Menschen und er liebt mich!«

Während Brentanos Briefe an Sophie Mereau schon 1909 veröffentlicht wurden und Lujo Brentano 1921 nach der Tauschaktion einige an Auguste publiziert, unterschlägt er Brentanos Briefe nach Allendorf, vermutlich weil er meint, sie schadeten dem Ruf des Dichters, von dem er behauptet: »Clemens' Ideal einer Frau war seine Mutter Maximiliane gewesen, die Verbindung von Schönheit und Reinheit, Geist und hingebender Liebe.« Nach Auffassung von Lujo Brentano zeigen jedoch manche der Dokumente allzu deutlich, dass er »den Trieben seiner sinnlichen Natur nur schwer widerstehen« kann. Brentanos »Sehnsucht nach Reinheit und Keuschheit« soll, so ist seine Auffassung, der Nachwelt in Publikationen demonstriert werden, die Hingabe an eine unwürdige Frau, an »das hysterische Weib, das auf ganz anderes Anspruch machte«, sollte eine Privatangelegenheit der Familie bleiben.

Liest man Augustes von Lujo freigegebene Briefe nicht genau, so kann der Eindruck entstehen, sie habe Clemens immerfort verführt, er sei das unschuldige Opfer einer verliebten Frau, die sich bis zum »Wahnsinn« dem »angebeteten« Dichter ergibt. Das entspricht etwa dem Bild, das Clemens selbst mit seinen pointierten, zu fantastischen Skandalgeschichten stilisierten Berichten von der »gewaltsam Liebenden«, gelegentlich »verrückt« spielenden Auguste entwirft, und das die Brentano-Familie nach seinem Tode noch bis ins 20. Jahrhundert zu konservieren versucht.

Doch Augustes Briefe sind beredt genug und belegen durch den häufigen Bezug auf (unbekannte) Briefe Brentanos zweifelsfrei, dass es während der Allendorfer Klausur Augustes in allerkürzester Frist zu einer Wiederannäherung des Paares kommt, die von beiden Seiten genährt wird. Immer wieder dankt Auguste für Liebes-Botschaften und -Zeichen Brentanos. Zugleich wird deutlich, dass sie ihre provozierende Lektüre »obszöner« Romane aufgegeben hat und sich in die anspruchsvolleren Werke des romantischen Kreises vertieft. Clemens schickt ihr aus Heidelberg die Nummern der *Zeitung für Einsiedler*, an denen er selbst mitwirkte, und Auguste macht Vorschläge für die Aufnahme von Gedichten: »Ist das Seelied [...] von Dir? Wenn du mir eine Freude machen willst so laß noch diesen Monat einrücken: *Der Liebe Tod und Leben* und *Verzweiflung in der Liebe an der Liebe*, das *Lied von der Sklavin Ama*, und worum ich dich nicht bitten mag, weil es sehr einfältig wäre, aber wenn du dazu gestimmt bist thue es doch ja, schreibe an den Romanzen.«

Von den drei genannten Liedern wurde das zweite bereits zitiert. Es stammt aus einer früheren Lebensperiode Brentanos, wird von Auguste jedoch offensichtlich auf ihre problematische Beziehung zu Brentano bezogen: »Verzweiflung in der Liebe an der Liebe«. Mit dem *Lied von der Sklavin Ama* ist vermutlich ein Text gemeint, den Brentano selbst später als *Lied aus dem Roman Der Schiffbrüchige Galeerensklave vom todten Meer* bezeichnet. Es schildert die Liebeserfahrungen einer jungen Sklavin, eines im Romanfragment *Perdita* genannten leichten Mädchens, das in der Begegnung mit einem geheimnisvollen Fremden die wirkliche Liebe kennen lernt. Einzelheiten in diesem Lied erinnern an die Begegnung Augustes mit Clemens. So spielt sie im zitierten Brief auf die im Gedicht ebenfalls erwähnte Berührung der Füße an, und wie Clemens sieht der »Fremde« des Gedichts das Böse und Teuflische in seiner Sklavin:

Ein Fremder setzet sich zu ihr hin,
Er hat sie gleich erkennet, –
Das Elend ist mit böser Zier
Ihr auf die Stirn gebrennet. –

Sein Fuß berühret ihren Fuß
Sie könnte weg ihn rücken
Doch weil sie heute sorgen muß,
Läßt sie ihn lieber drücken. –

Er spricht zu ihr: Der Teufel hat
Zußammen uns geführet,
Doch ward ihr Herz so müd und satt,
Nicht durch dies Wort gerühret.

Sie geht, er folgt, sie führet ihn
nach der verfluchten Kammer,
Und giebt dem Fremdling alles hin,
Die Lust und auch den Jammer.

Er ging von ihr, kam wieder oft –
er hat mit ihr gelebet
Biß die Natur so unverhoft –
Ein Bessres Band gewebet –

Ihr armes Herz hat sich erwarmt
Die Lieb ist ihr begegnet
Und hat sich ihres Leibs erbarmt –
Ihr Schoos ward ihr gesegnet.

Aus der Perspektive Augustes ist der weitere Verlauf dieser Ballade eine Darstellung der Zukunft. Die Geschichte von der Sklavin und dem schönen Fremden zeigt, wie es in der Ehe mit Clemens hätte weitergehen können. Es sind ihre eigenen Hoffnungen und Ängste, die Auguste in diesem Lied dargestellt sieht. Denn zu einer Schwangerschaft kommt es in der Realität von Brentanos zweiter Ehe nicht, eine Tatsache, die Rätsel aufgibt, zumal Auguste wenig später ein Kind zur Welt bringt – Vater ist jedoch nicht Clemens Brentano, sondern der Sohn des Pfarrers, Heinrich Mannel. Weitere Schwangerschaften folgen in ihrer zweiten Ehe. Dass Clemens zeugungsfähig ist, zeigt die dichte Folge der Schwangerschaften bei Sophie Mereau. Allerdings deutet eine Briefäußerung darauf hin, dass er mit Auguste keine Kinder haben will. Schon im März 1808 schreibt er an Savigny: »Ich mag, ich will keine Kinder mit einem thörichten Weibe, das ich nicht liebe, erzeugen.«

In seinem Lied ist die von ihrem Liebhaber verlassene Sklavin entschlossen, das Kind der Liebe auszutragen:

> Bin ich gleich aller Freude loß
> Das Kind ist mir geblieben –
>
> Hab ich doch nicht umsonst gelebt,
> Bin ich doch Mutter worden,
> Die Unschuld unterm Herze schwebt,
> Kein Mensch soll mir sie morden.

Doch macht eine Fehl- oder Todgeburt diesen Träumen ein Ende:

> So sinnt das Weib und hofft und wähnt –
> Und zählt und mißt die Wochen
> Da hat der Tod, den sie ersehnt –
> Ihr all ihr Glück zerbrochen.
>
> Die Monde sind nicht voll,
> Die Frucht noch nicht gereifet
> Als schon der Schooß ihr überquoll
> Die Weh ihr Glück ergreifet.
>
> Es hat die Sonne nicht gesehn,
> Hat nicht die Brust getruncken,
> Ist, eh es sollte Auferstehn
> Zur Nacht hinab gesuncken –
>
> Es hat die Küße nicht gefühlt
> Womit sie es bedecket,
> Der Schmerz der ihr im Herzen wühlt
> Er hats nicht aufgewecket.

Sie hats gekleidet, hats geschmückt
Mit Thränen es getaufet,
Hat dem, das nie das Licht erblickt
Den kleinen Sarg gekaufet. –

O dunckles Leben, heller Tod!
O kalte, kalte Erde!
O Himmel! ewig Morgenroth,
Ob ichs einst sehen werde!

Brentano schreibt den geplanten Roman nicht weiter, und das Gedicht lässt sich in das überlieferte Prosafragment nicht zwanglos einordnen, aber Auguste kennt und liebt dieses Lied. Vielleicht ist es die Keimzelle des Romans, dessen Entstehung in der Forschung auf die Zeit ab 1811 angesetzt wird. Auguste ist auch über Brentanos großes Projekt der *Romanzen vom Rosenkranz* informiert, in dem sich ebenfalls düster-schwüle Liebesgeschichten ereignen. Schon 1805 arbeitet er an diesem Projekt, immer wieder liest er einzelne fertig gestellte Teile seinen Freunden vor, um dann im Jahre 1810 sieben Romanzen fein säuberlich abgeschrieben dem Maler Philipp Otto Runge zu übermitteln, von dem er Randzeichnungen für die geplante Publikation erhofft.

Der dritte von Auguste genannte Gedichttitel *Der Liebe Tod und Leben* erinnert an ein Erzählfragment Brentanos, das in zwei Fassungen überliefert und 1816 veröffentlicht wird, die *Chronicka eines fahrenden Schülers.* Darin trägt eine Erzähleinlage den Titel *Von dem traurigen Untergang Zeitlicher Liebe.* Ein entsprechendes Lied fehlt allerdings, und es ist sehr wahrscheinlich, dass Auguste das in mehreren Fassungen überlieferte Gedicht *O Mutter halte dein Kindlein warm* meint, das Clemens in einem Brief an Arnim zunächst auf Sophie bezieht, dann aber auch *Gesang der Liebe als sie geboren war* und *Todes Wiegenlied* nennt und in der zweiten Fassung der *Chronicka* veröffentlicht.

Auguste muss sich in Allendorf auch sehr intensiv mit den bereits veröffentlichten Dichtungen von Clemens und weiteren Publikationen der Romantiker beschäftigt haben: »Ich bin ein bischen böse«, schreibt sie, »daß ich die Bücher noch nicht habe die ich von [dem Verleger] Zimmer verlangte, besonders deine poetischen Spiele [die

Satire *Gustav Wasa* von 1801]. Ich lese außerordentlich wenig, und viel das nehmliche, im Godwi, Ponce, Tiecks Phantasien, Schleiermachers Monologen, und kenne alle Lieder im Wunderhorn [...] ich lese nur was ich ja schon kenne, und mögte es nur genau wissen und in den schönen Worten in denen es gesagt ist. Ich mögte aber alle Welt läse deine Gedichte mit solcher Liebe wie ich und liebte auch so den Dichter drum – die Menschen bewundern dich doch sehr kalt.«

Clemens' Freunde ahnen die neue Entwicklung der Beziehung und bleiben skeptisch. »Es steht übrigens alles blümerant zwischen Clemens und seiner Frau«, meldet Arnim am 26. Juni Bettine aus Heidelberg, »Liebesbriefe, eigentliche, begegnen sich auf der Post, es ist mir ängstlich dabei; ich fürchte, sie werden einander so viel Staub oder Puder zuwerfen, daß sie sich beim Wiedersehen garnicht wiedererkennen oder anfassen mögen. Er war fast entschlossen, als ich so lange ausblieb, sie zu besuchen; ich habe ihm sehr gerathen, sich mit ihr in Winkel zu begegnen, Ihr könnt dann dem Onkel Moritz bestellen: Umarmungen, es regnet Gold, daß alle Taschen platzen. Die Zicklein und die Eslein sind schon da zur Bewillkommnung des kommenden ›Selim‹«. Der satirische Ton dieser Sätze ist nicht zu überhören, und schließlich betont Arnim auch, er könne »die Geschichte nicht mehr ernsthaft nehmen«. Auch Görres bleibt skeptisch; er schreibt am 3. Juli: »Brentano ist seit acht Tagen von hier weg. Es hat sich doch allmälig wieder von hier aus eine Liebschaft mit seiner Frau angesponnen, und nun ist er hin um sich wahrscheinlich in den ersten Tagen wieder mit ihr herumzuprügeln, ich bin neugierig auf seine ersten Briefe.«

Die Ereignisse überschlagen sich. Am 5. Juli meldet Bettine aus Frankfurt: »Clemens ist unterdessen hier durch und hat bei dem Modehändler, der ihn allein hier gesehen hat, allerlei Putz, wahrscheinlich für Augusten, aufgepackt. Es ist ganz wahrscheinlich, daß sie es nicht vierzehn Tage miteinander aushalten werden.« Tatsächlich hatte Pfarrer Mannel – nach Berichten von Christian, die Bettine Ende Juni aus Schlangenbad kolportiert, schon bald »sehr viel von den schlechten Scenen zwischen Auguste und Clemens [...] leiden müssen«, was mit einem Brief von Clemens korrespondiert, den er am 5. August aus Allendorf an Savigny richtet: »Während Ihr alle Gesellig in Freude lebt, bin ich in stetem eckelhaften Kampfe mit dem Bösen und fühle meine Muse ersterben, ich habe es mit dem elendesten Menschen, der verkehrter und dummer als Auguste selbst ist, mit Bethmann zu thun, der mich mit Schimpfnahmen überhäuft, während meine Geschwister mit ihm essen und trincken.« Brentanos Zorn scheint sich zu diesem Zeitpunkt jedoch mehr gegen Moritz von Bethmann als gegen Auguste zu wenden, zumal er im gleichen Brief seine Pläne bestätigt, Savigny nach Landshut zu folgen, und offenbar von vornherein plant, Auguste dorthin mitzubringen. Für ein zunächst harmonisches Wiedersehen in Allendorf spricht auch Augustes Erinnerung an diesen Besuch des Geliebten, die sie Friederike Mannel später mitteilt: »Wie ich den ersten freundlichen Brief von ihm bekam, wie er den Abend des Tages ankam, wo ich in stillem Schmerz nach Treise [Treysa] gelaufen war, um durch Ermüdung mich zu betäuben, wie wir den Abend uns nur sprachlos umarmen und anschauen konnten – er vermochte nicht zu scherzen, und war selig.«

Doch die Skepsis der Freunde ist berechtigt. In Heidelberg angekommen, beginnt Brentano wieder Schimpfkanonaden gegen Auguste loszulassen, die auf eine unerfreuliche Entwicklung schon in Allendorf schließen lassen: »daß ich nach Landshut ziehen will, ist durchaus nöthig; denn ich muß an Ihnen einen Zeugen haben für meinen verzweifelten Zustand, Auguste ist eine Epilepsie, die ich habe, und die mich plötzlich mitten in jedem gültigen und gleichgültigen Zustande des täglichen Lebens niederwirft«, behauptet er Savigny gegenüber und ergänzt: »sie meint es gut, aber sie taugt nichts durch und durch, die Kinder solcher Familien sind geboren, wie Maden aus verdorbenem Konfeckt, und das wird nie anders werden.« Auguste begibt sich zu dieser Zeit nach Frankfurt und versucht, mit ihrer Mutter und dem seit 1797 mit ihr verheirateten Aléxandre Vicomte de Flavigny ins Reine zu kommen.

Nach Augustes Bericht setzt sich ihr Stiefvater mehr für sie ein als ihre leibliche Mutter. Von der persönlichen Begegnung mit Auguste in Frankfurt innerlich berührt, plädiert Flavigny dafür, sie wieder in die Familie aufzunehmen. Auguste berichtet Clemens: »Er sprach mit mir sehr gütig über alle meine Verhältniße. Meine Mutter ist tief gekränkt und was er für mich thut, geschieht aus eigenem Antrieb und gewissermaßen ohne ihren Willen, besonders wenn wir nach Landshut ziehen wovon sie gar nichts hören will. [...] wie er mir

Gute Nacht sagte, nahm er mich plötzlich heftig in die Arme, weinte lange ganz still, und sagte dann ich verdiente nicht die viele Liebe, die er noch für mich hätte, er hätte sich stets vorgenommen gehabt mir sie nicht zu äußern, aber mein Zustand bräche ihm das Herz, und er gestehe mir, daß er mich von ganzer Seele liebe und bedaure, und alles thun werde was ich zu meinem Glück verlangen könnte. Er nannte mich sein Kind wieder und verlangte selbst daß ich wieder ganz herzlich mit ihm würde.«

Unter dem Einfluss von Flavigny wird in Frankfurt der Plan geschmiedet, Brentano müsse für drei Wochen nach Frankfurt kommen, um aller Welt die Einigkeit des Paares zu demonstrieren. Danach ist man im Hause Bethmann-Flavigny offenbar bereit, Auguste, der man in Frankfurt ja stets unkorrektes, weil nicht folgsames Verhalten ihrem Mann gegenüber vorwarf, wieder in Gnaden aufzunehmen und finanziell abzusichern. Im Brief Augustes liest sich das so: »Und nun sein Wunsch und mein Wunsch. Du sollst herkommen er empfängt dich durchaus freundlich, und du wirst erstaunen zu sehen wie liebreich er mit mir ist, als wenn gar nichts vorgefallen wäre. Du bleibst etwa drei Wochen hier damit jedermann weiß daß wir ganz versöhnt sind, und wir überall gesehen werden. *Dann hast du völlige Freyheit nach Landshut wohin du willst zu reisen.* Du kommst wieder zu mir, oder nimmst mich nach ein paar Monaten wohin du willst, nur daß ich wieder hier ganz aufgenommen bin. [...] Und Clemens ist denn dieser Vorschlag unangenehm für dich? du kehrst mit Liebe in deine Familie zurück, von der du mir oft vorwarfst daß ich dich trennte [...] Unsere sehr verbesserten Vermögensumstände setzen dich in den Stand öfter zu reisen, und hier selbst wirst du doch oft Menschen finden die dich intereßiren.«

Brentano ist zu diesem Schaulauf als Paar auf dem glatten Frankfurter Parkett nicht bereit, ahnt auch wohl, dass er keine drei Tage in der Lage gewesen wäre, Harmonie vorzuspiegeln. Als Auguste wieder nach Allendorf zurückgekehrt ist – vermutlich nach einem erneuten Treffen mit Clemens –, schlägt ihre Zuversicht wieder in Verzweiflung und Resignation um: »Als ich dich mit einem Herzen voll unaussprechlicher wiedergekehrter Liebe erwartete, da dachte ich nicht an eine Möglichkeit von Uneinigkeit zwischen uns denn deine Briefe waren ja auch so lauter Liebe! Aber jeden Augenblick fast hast du mich tief gekränkt. [...] Man stirbt nicht von solchen Schmerzen, sonst wollte ich mich ihnen hingeben. So strebe ich mich gegen sie zu bewaffnen. [...] Du wirst mich verwunden bis ich nicht mehr verwundbar bin, und dahin muß es kommen [...] Ich mache keinen Anspruch mehr auf dich eine Bitte noch liegt mir am Herzen und du kannst mir sie leicht bewilligen. Spreche mir nicht mehr von deiner Liebe, du wolltest mich manchmal davon überzeugen, thue es nicht mehr [...] Deine Briefe nahm ich einmal vor – Gott weiß warum es war dumm, aber sie schadeten mir nicht – ich legte sie weg als gutgemeynte Lügen ich konnte sie wirklich nicht lesen – sie entweyhen die Wahrheit. – Am 21ten da es ein Jahr um war daß wir uns verheyratheten fuhren mir alle Erinnerungen wie Messer ins Herz ich vergoß so viele Thränen daß ich am Abend ganz blind war, nachts hatte ich Fieber und war ein paar Tage krank – Mein Leben ist jetzt gar traurig – «

Als Geburtstagsgeschenk für Clemens kündigt sie einen Beutel an, auf dem als Devise stehen soll:

Du hast mich verlassen o Liebster mein
muß dennoch ewig dein eigen seyn!

Auch die Interventionen Flavignys bringen also keine Lösung, und auf Briefe Brentanos antwortet dieser sogar: »ich weiß seit langem, daß es fast unmöglich ist, daß Ihre Frau und Sie weiter zusammenleben können. In den Augen jedes denkenden Menschen ist sie für die Torheit, die sie begangen hat, weniger zu tadeln als Sie, da sie sehr jung ist, während Ihnen, angesichts Ihres Alters und Ihrer Erfahrung, jede Entschuldigung fehlt. Dafür sind Sie grausam bestraft worden, aber Sie haben es nicht anders gewollt.«

Dennoch versuchen die beiden noch einmal einen Neuanfang in Landshut, da es – auch nach Meinung von Flavigny – auf der Welt kein Gericht gibt, »das nach nur einjährigem Bestehen der Ehe und in Anbetracht Ihres Alters die Trennung aussprechen könnte. Wie wollen Sie es wagen, Ihren Richtern ein Begehren auf folgender Grundlage vorzulegen: Vor etwa einem Jahr hat uns die Heftigkeit unserer Leidenschaft gezwungen, uns über alle Gesetze und allen Anstand hinwegzusetzen, und jetzt bringen wir eine Klage auf Trennung vor. Ein solches Begehren wäre der reinste Hohn, und es

Landshut, kolorierte Lithographie von Gustav Wilhelm Kraus nach H. Adam.

würde kein Gehör finden. – Es bleibt Ihnen also meiner Ansicht nach nichts anderes übrig, als alles zu versuchen, um mit Ihrer Frau auszukommen, und wenn Ihnen das absolut nicht gelingt, einen Privathaushalt oder irgendeine Anstalt zu finden, wo sie mit Ehre und Anstand von der Pension leben kann, die ihre Mutter ihr ausgesetzt hat.«

In einer größeren Reisegruppe mit dem Ehepaar Savigny, Bettine und Arnim geht es im September 1808 zunächst nach Aschaffenburg, dann in zwei Wagen (ohne Arnim) über Würzburg und Regensburg nach Landshut und schließlich – bis zur Fertigstellung der Landshuter Quartiere – nach München weiter. Dabei reisen Bettine und Auguste in einem Wagen. Bettine meldet zunächst positive Nachrichten über das Landshuter Leben: »Auguste, welche jetzt auf dem Fuß ist, den Clemens wiederzugewinnen, hat ihm den Abend vor Christtag ein sehr schönes Krippchen gekauft mit Felsen, Bergen und Wasserfällen: Palmbäume, alte Ruinen, Paläste und Hütten, Muschelgrotten, ungemein vielen Figuren, die mit Gold, Perlen und Edelsteinen geschmückt sind […] Du kannst Dir also vorstellen, wie sehr es ihm Freude macht. Die drei Wochen, welche ich dort zubrachte, waren recht angenehm, ich lernte alle Abend zum Zeitvertreib Spanisch mit Clemens. Er brachte in den letzten Tagen alle

Abend eine von seinen Romanzen, die er ausgearbeitet hatte, und las sie nach dem Nachtessen vor, ein jeder sagte ihm denn seine Meinung; dies eiferte ihn an, daß, wenn es so fortgeht, sie gewiß bald fertig werden.«

In Landshut fehlt für Brentano das geistige Umfeld, das ihm in Kassel die Brüder Grimm, in Heidelberg Arnim und die romantische Gruppe an der Universität mit Creuzer und Görres geboten hatten. Bereits wenige Wochen nach der Übersiedlung klagt er Arnim aus Landshut, er lebe »auf die Zähne beißend unthätig, biß die Kinnlade niederfallen wird, und Alles auf einmal aus sein wird. Heute erhielt ich deinen Abschiedsbrief von Heidelberg, so ist dann die Poesie dort auch abgezogen, es ist doch schade um das herrliche Land, daß es auch dießeits des Abendroths liegt und diesseits der schönen blauen Berge, hinter welchen aller Trost, alles verhießenes, gelobtes Land«. Von den Grimms war der jüngere Bruder Ludwig Emil nach Landshut gekommen, der sich als Zeichner und Kupferstecher versucht und in München weiter ausgebildet werden soll. Von ihm sind wunderbare Skizzen und Stiche von Bettine und Gunda aus Landshut überliefert. Offenbar gelingen ihm diese Studien nach lebenden Objekten besser als eine Kopie von Arnims Konterfei, denn Brentano weiß zu berichten: »Grimm sizzt seit 5 Tagen auf meiner Stube und hat deine Nas schon ein dutzendmahl gerückt und gedreht, weil er sie aber gar nicht herauskriegen kann, flucht er und nennt sie pestalozzisch. Ich laße ihn nehmlich dein liebes Bild kopiren, um Betine, wenn Sie von München kömmt damit zu überraschen.«

Unter den Landshuter Professoren wird nur Johann Michael Sailer, später Bischof von Regensburg, für Brentano interessant. Er hat ein offenes Ohr für die Ideen der Romantiker und wird im letzten Lebensabschnitt Brentanos – nach der Reversion zum katholischen Glauben – zu seinem engen Freund. Sailer gehört zu den liberalen Katholiken, er gerät desöfteren mit den Philistern in der katholischen Kirche in Konflikt und sieht die Zukunft des katholischen Glaubens – ähnlich wie später Brentano – in einer »Erweckungsbewegung«, die vom Volk ausgehen und die Kirche »von unten« erneuern soll.

Die Begegnung in Landshut schildert Brentano so: »Hier ist die Universität nichts als eine Gesellschaft katholischer Pfarrer, sie kom-

Gunda von Savigny, Kupferstich von Ludwig Emil Grimm, Landshut 1808.

men Abends alle zusammen bei einem guten Mann und modernen Mysticker dem Religionsschriftsteller Sailer und spielen Schach oft zu zehend [= zehnt], wenn man sie einzeln fragt, warum Sie Schach spielten immer und ewig und nie miteinander diskurirten, so sagt jeder einzelne, dieser und jener wüßten gar nichts zu sprechen, und waß man spreche, werde alle wieder bekannt und so spielte man lieber Schach […] Ich wollte, Görres wäre hier.«

Angesichts dieser Landshuter Langeweile eines weitgehend stummen Stammtisches elektrisiert Brentano die Aussicht, nach Berlin überzuwechseln, die sich durch Savignys Perspektiven bei der Universitätsgründung in der preußischen Metropole ergibt: »neulich sagte Savigny zu mir, wenn man eine Universität in Berlin anlegt, soll ich machen, daß ich dahin komme? Ei wie redete ich ihm zu, thue du es auch, dann wären wir an einem ordentlichen Orte beisammen«, schreibt er an Arnim.

Die Ausflüge nach München, wo Bettine Gesangsunterricht erhält und die Geschwister zum Präsidenten der Akademie, dem alternden Friedrich Heinrich Jacobi, und seinen Schwestern Kontakt gewinnen, vermögen den Mangel an geistiger Anregung nicht nachhaltig zu beseitigen. Nur Bettine durchlebt in dieser Zeit – der »Aufsicht« der älteren Brüder in Frankfurt entzogen – wichtige Phasen ihrer geistigen Entwicklung. Gemeinsam mit Clemens lernt sie Spanisch, gemeinsam schreiben sie ein kleines satirisches Stück über Jacobi. Brentano liest im familiären Kreis aus den *Romanzen vom Rosenkranz* vor, in denen er – ähnlich wie im *Godwi* – Freunde und Verwandte abbildet. In der 11. Romanze ist es Savigny, der als »Jacopone« im Kreise seiner Studenten erscheint:

Von Folianten rings umgeben
Sizzt der stolze Jakopone,
Hochgeehrt von den Klienten
Ist der junge, weiße Dockter,

Aus getreten seine Schwelle,
Denn mit vollen Händen kommen
Tausend um in ihren Rechten
Weise Sprüche sich zu holen.
[…]
Hätte damals er gelebet,
Die drei Codices zu ordnen
In den Justinianschen, neben
Tribonian würd er genennet.

Und die sechzehn, die mit jenem
Die Pandeckten ausgeboren,

Wären siebzehn dann gewesen,
Also war sein Geist zu loben
[…]
Und kaum dreisig Jahre Zählt er,
Um die hohe Stirne locken
Wallen braun aus dem Barete,
Und sein Bart ist schön geor[d]net.
[…]
Und so ganz in Ehre schwebend
Lebte er in seinem Stolze,
Seinem Ruhm sind nah und ferne
Tausend Schüler nach gezogen.

Neben Savigny sammelt die junge Bettine in Landshut einen Kreis von Studenten um sich. Sie wirkt jedoch nicht als akademische Lehrerin, sondern als burschikose Salonière, die den wenig jüngeren Studenten Anregungen und Hilfen gibt. Einige von ihnen hatten bereits Gedichte für die *Zeitung für Einsiedler* geliefert, die Arnim unter dem Titel *Offenbarungen des Neuen* aufnahm: Nepomuk und Sebastian von Ringseis, Joseph Löw, Karl Aman, Karl Loe. Nach Kräften unterstützt Bettine Ludwig Emil Grimm – auch finanziell; engere Freundschaft schließt sie mit Baron Max Prokop zu Freyberg, der eine Zeitlang sogar als ihr zukünftiger Ehemann gilt. Der erhaltene Briefwechsel lässt erkennen, dass sie ihn zum »Helden« stilisiert und ihre Verehrung auch nach Eintreffen eines Werbebriefs von Arnim nicht gänzlich erlischt.

Clemens und Auguste gelingt es auch im idyllischen Landshut nicht, ihre Beziehung auf eine neue Grundlage zu stellen, und so kommt es dort und in München zu der von allen Beobachtern befürchteten Eskalation im Ehekrieg. Nun ist es Auguste, die Clemens für »wahnsinnig« erklärt und ihm zugleich die Zähne zeigt: »du hast mich mißhandelt du jagst mich mit wahnsinnigen Reden zu deinem Zimmer hinaus […]! Wenn ich frage was denn meine Verbrechen sind so heißt es: der Teufel ist in dir. […] Noch halte ich dich für wahnsinnig – bin ich nicht überzeugt daß dein *Herz* schlecht ist, ja dann ist es wohl möglich daß ich unsere Ehe trenne, aber laß es dir *gesagt seyn*: es geschieht nur wann *ich* will! […] Ich kann öffentlich klagen: daß du mich verläumdest, ohne alle Ursache, manchmal aus

Friedrich Carl von Savigny, Kupferstich von Ludwig Emil Grimm, Frankfurt, 10. Oktober 1815.

Wahnsinn mißhandelst, daß du mich entweder ganz vernachlässigst, oder kränkst.«

Anfang Februar 1809 folgt ein brieflicher Schlagabtausch zwischen den beiden Eheleuten, deren Wut sich an zwei Tagen in neun Briefen austobt. Was hier zur Sprache kommt, entspricht dem Gerangel um Hausinventar, um einzelne Bücher und um den Lebensunterhalt, wie er bis heute zum Trennungs- und Scheidungsritual gehört. Der große Dichter steigt in die Niederungen des giftig-geizigen Kleinkriegs hinab, die abgehobene romantische Liebe ist in Hass und Neid umgeschlagen, die sich an alltäglichen Kleinigkeiten entzünden. So liest sich der Briefwechsel wie das Drehbuch eines Rosenkriegs auf niedrigem Niveau.

Clemens: »Es ist sehr brav von dir, daß du den Skandal vermeiden willst, ich bin deswegen bereit, auf einige Zeit zu verreißen, so lange nehmlich, als dir es nöthig dünckt, um deine Abreise zu veranstalten [...] du wirst die Delikatesse haben, waß du an Büchern, Noten, Bildern und überhaupt *von mir* hast mir zuzustellen.«

Auguste: »so solltest du wenn es dein Gewissen es dir erlaubte, eine anständige Trennung einleiten. Eben so wenig hättest du mich erinnern sollen *dich nicht zu bestehlen*! [...] Das Böse verschwindet. Ein Mädchen wird getäuscht, man wird sie satt, um sie los zu werden verläumdet man sie während 18 Monaten eben so albern als boshaft, so das eines das andere aufhebt, endlich wirft man die Larve ganz ab, man verjagt sie – sie mag sterben, verzweiflen, oder lesen wirst du sagen – Ja ich werde lesen, ich habe allerhand Briefe von dir.«

Clemens: »Du weist wohl am besten, daß du Comoedie spielst [...] Du willst dich anstellen, als zwänge ich dich nach F[rankfur]t zu gehen.«

Auguste: »Du Armer, willst mich nicht fortgejagd haben, willst dich rein waschen – nun ja du treibst mich stumm zur Thüre hinaus und rufst dann: warum bist du gegangen?«

Clemens: »laße mir nur die Linnen, die wir in Kassel machen laßen, vom Uebrigen, will ich mich rein halten [...] Du wirst mir meine 3 Bilder auch hier laßen, und den Trösteinsamkeit [die Buchausgabe der *Zeitung für Einsiedler*] kannst du in Fft haben, ich aber hier nicht.«

Auguste: »Wenn du es nun aus Trotz nicht willst, wirf alles zum Fenster hinaus, ich bekümmere mich nicht mehr drum. [...] Seh es als meine letzte Laune an, Tröst-Einsamkeit behalten zu wollen. Ich wünsche es auf der Reise zu haben.«

Clemens: »Wenn du unter dem Wechsel auf 300 Gulden [...] etwas anders begehrst, als die 300 Gulden, deines Mütterlichen Jahrgeldes, die du drei Wochen vorher hier empfangen willst, so muß ich das ablehnen, wie auch Alle Vermischung mit deinem sämmtlichen Mobiliare […] um das Leinen, das wir in Kassel gehabt, bitte ich daher zu meinem Gebrauch, mir es zu senden.«

Auguste: »Die dreyhundert Gulden begehrte ich dir von dem Werth des Claviers ab […] Von dem Linnen aus Cassel behalte ich sechs Handtücher.«

Clemens formuliert derweil auch noch einen deftig-bösartigen Bericht an Flavigny in Frankfurt: »alle Mühe, die ich mir gegeben habe, mit dieser perversen Person zusammenzuleben, waren unnütz. […] Sie werden mir zugeben, daß das eheliche Zusammenleben weder ein Irrenhaus noch eine Besserungsanstalt sein kann. Eine Frau, die ich nicht daran hindern kann, sich an Opium und Romanen zu berauschen, die sich die Augen verdirbt, indem sie bis zum frühen Morgen Romane und Komödien liest und die dann Opium nimmt, um bis mittags zu schlafen; die sich dann darüber beklagt, daß sie keinen Appetit hat […] aber es ist ein Ding der Unmöglichkeit, alle ihre ekelhaften« – hier bricht Brentano den zweiten Entwurf seines Briefes ab.

Dann überstürzen sich wieder einmal die Ereignisse: Auguste verschiebt ihre geplante Abreise nach Frankfurt, Clemens flüchtet zu Bettine nach München. Auguste bringt dann noch einmal, vermutlich Ende Februar, einen Sehnsuchtsbrief an Clemens zu Papier. Er enthält kaum verhüllte Selbstmorddrohungen. Ein vorbereiteter Abschiedsbrief vielleicht, den sie ihm hinterlassen will: »Und doch, doch mußt du mich noch einmal sehen mein Clemens. Seelig wär ich letzthin gestorben, aber ist mir der Tod heute treulos so bin ich unsterblich. Ich werde den Tod schon im Herzen tragen wenn ich dich sehe, und zögert er dann so werde ich ihn beschleunigen – O Clemens ohne allen Groll scheide ich […] Grüße meine Friederike, sie hätte uns nicht getrennt, ich weiß daß sie immer mit Liebe meiner gedenken wird. – Ich bitte Sie 1000 Gulden zur Aussteuer zu empfangen. Royet soll eben so viel bekommen. Christiane 500. – Behalte du meine Sachen, du wirst einst darunter die suchen die dich glücklich hätte machen können, wenn du es gewollt hättest – O du wirst mich lieben. –«

Schließlich versucht sie mit dem Verzweiflungsakt einer Vergiftungsszene noch einmal einen Hilfeschrei an Clemens zu senden. Darüber meldet Savigny aus Landshut: »Clemens ist wieder in großen Verwirrungen. Seine Frau hat hier plötzlich ohne alle Veranlassung Vergiftens gespielt, er ist dann ganz in der Stille nach München gegangen, sie ihm nach, er noch zeitig genug avertiert, hierher zurück, und ist jezt ganz heimlich bey einem Pfarrer 1½ Stunden von hier. Sie hat in München sich wieder vergiftet (ein Arzt hat es für starkes Gift erklärt, Sömmering für gar nichts) in dem Gasthaus solchen Skandal gemacht, daß alle Leute zusammen gelaufen sind pp. Die arme Betina hat dabey Krämpfe bekommen, während sie selbst Convulsionen spielte.«

Im Gegensatz zur Episode mit dem blutigen Federmesser in Kassel gerät ihre Aktion diesmal zu einem öffentlichen Spektakel. Ärzte – darunter der Leibarzt des Königs von Bayern – und Polizisten finden sich im Gasthaus ein. Savignys knapper Bericht beruht auf der Darstellung Bettines, einer Augenzeugin, Mitbeteiligten und zugleich Erzählerin von effektvoll aufgebauschten Erlebnissen. Sie berichtet im Einzelnen: »Auguste hat hier eine ähnliche Geschichte gemacht wie in Landshut mit Vergiften, nur daß es hier in einem Wirtshause war und daher mehr Aufsehen machte. Als ich zu ihr kam, fragte sie nach Clemens; nach Abredung sagte ich ihr, er sei vor zwei Tagen nach Frankfurt. Darauf nahm sie eine Strohflasche, schüttete mit Bedeuten in ein Glas mit Malaga und setzte es an. In diesem Augenblick übernahm mich Zorn und Angst so, daß ich ihr das Glas aus der Hand schlug [...]. Sie nahm die Flasche, wollte trinken mit Gewalt. Wir, ich und Friederike, wurden ihr endlich Meister, jedoch hatte es mich so angegriffen, daß ich eine Art Krämpfe davon bekam, die mich laut schreien machten und zittern am ganzen Leib. Das ganze Haus versammelte sich, ich ließ den Hausarzt kommen und den Gift untersuchen, er sagte, es sei sehr stark. [...] Sie lag in Clemens' Zimmer, welches sie sich hatte öffnen lasen. Hartz [der Leibarzt des Königs] ging hin, richtete aber im Guten nichts aus. Er nahm das übrige Gift, um es als *Corpus delicti* zu gebrauchen, er sagt, er habe es auch bei der Polizei angezeigt. Sömmering [ein weiterer Arzt in München] untersuchte das Gift, fand, daß es nichts war. Unterdessen wußte ich nichts davon, sie paradierte daher mit allen möglichen Krankheitszufällen, endlich begehrte sie einen Geistlichen, weil sie fühle, in einer halben Stunde müsse sie sterben; ich schickte ihr den Hofprediger Schmid. [...] Dem Sömmering spielte sie Convulsionen vor; er verstand sie recht gut. Der Abend kam herbei, keine Wirkung vom Gift zeigte sich;

nun hat sie noch gar die ganze Nacht geschlafen wie ein Mehlsack. Sie will morgen oder übermorgen nach Landshut […] Ich werde von heute mich ganz von ihr abziehen. […] Sie sagte mir: Dir verzeihe ich und besonders der Gundel [Gunda von Savigny, Schwester von Clemens und Bettine], in kurzem werde ich sterben *pp*. – Es ist die verdrießlichste Geschichte meines Lebens. Geht sie von hier nicht weg, so werde ich wegmüssen, es wäre doch nicht der Mühe wert um dies Untier.«

Auch Clemens vermag Auguste mit dieser Aktion nicht zu erweichen: »sollte das nicht Verrücktheit sein? […] aber wäre es nicht nöthig, die Sache an irgend einem Gericht anzuzeigen, eine Art Verrückung muß doch da sein«, fragt er Savigny. Dessen Antwort lautet: »Es ist hier nicht mehr die Rede von ehelicher Uneinigkeit, sondern von einem tollen Weibe, das gezähmt werden soll. Wer soll das tun? Nach dem Buchstaben des Gesetzes allerdings der Clemens; das ist aber absolut unmöglich, schon deswegen, weil die Auguste sich in der Gewalt hat und also überall, wo man Gericht und Polizei gegen sie gebrauchen wollte, den Schein für sich und gegen Clemens haben würde, wie sie jetzt wieder in München viele Menschen gewonnen hat. […] Geschieht nichts, so bleibt dem Clemens nichts übrig, als wegzugehen und sie ihrem Schicksal zu überlassen.« Clemens folgt diesem Rat, versteckt sich bei einem Insektensammler in Stallwang und korrespondiert nur mit eingeweihten Freunden unter dem Namen »Bennone« (der Schmerzensreiche).

Aus »einem Kabinett voll Blattläusen und Holzböcken« meldet er sich und schreibt dem Schwager: »Auguste kann mir hier nichts thun; denn ich bin ganz umgeben von einigen tausend Holzraupen«, dann fügt er noch hinzu: »Meine ganze Lage ist höchst Jean Paulisch. Eine Buteille Rack, etwas Thee, wie man ihn in Landshut bekommt, eine Große Wurst, oder Rohn Schincken wünsch ich auch.« Arnim beschreibt er sein Leben »im Gebirg 2 Stunden von Landshut sehr einsam und abgelegen bei einem ex Benedictiner [der] auf einem adlichen Geschößl, das so groß wie eine Laterne ist wohnt, und von allen Holzarten Bücher macht, worin wie in kleinen Kasten das Blatt, die Blüthe, die Inseckten, ect sind, hier sitze ich bereits seit 6 Wochen und helfe theils ihm seine Kasten voll verschiedener Baumwanzen, Schmaalböcke ect sortiren, theils leimen wir die Zerbrochenen Käfer und Schmetterlinge aneinander, und ich habe schon manchen Kukenkreitis gemacht«. Vergeblich hat sich die Brentano-Forschung bislang bemüht, den seltsamen Schmetterlingsfantasievogel »Kukenkreitis« zu identifizieren, den Brentano für diese – ansonsten bis heute existierende – Sammlung des Exbenediktiners zusammenfügt.

Der gleiche Brief an Arnim enthält einen sehr lebhaften Bericht über einen Kriegsschauplatz ganz anderer Art. Napoleonische und österreichische Truppen, Ungarn, Portugiesen, Franzosen waren durch Landshut gezogen und hatten sich Scharmützel geliefert. »Du glaubst nicht wie unsre Lage hier unruhig und angstvoll war in Zeit von 6 Tagen paßirten mit zweimalige[r] Bombardirung zwei Armeen jede von wenigstens 150 000 Mann.« Das Interesse Brentanos gilt dabei nicht den liegen gebliebenen Waffen und Ausrüstungsgegenständen, sondern den Feldpostbriefen, die herumfliegen: »das weite Feld war durch die vielen erbeuteten und zerstreuten Habersäcke mit unzähligen Papieren bedeckt und in diesen lezten Tagen, da es stiller geworden, habe ich ohngefähr 200 Epistolas militares zussamengelesen, meist Liebesbriefe, Schuldbriefe, und Briefe guter besorgter Ältern. Viel Guthmüthiges, Menschliches, viel verkehrtes lustige, nichts ernstes würdiges das aus der bedrängten Zeit hervorgieng. Intressant die Briefe einer Ungarin die ihren Mann betrügt, und eine Menge Briefe an einen Staabstrompeter, in den alles verliebt scheint. Sonst mehr frommes, als bei vielleicht irgend andern Truppen.«

Der Ehekrieg scheint indessen ausgestanden. Auguste kehrt nach Frankfurt zurück, und wir hören, dass sie später gemeinsam mit ihrem Onkel und Vormund Moritz von Bethmann nach Berlin reist, wo sie auffällt, weil sie mit ihm »in Mannskleidern als Uhlane in der Stadt herum« reitet. Nach Wilhelm Grimm kursiert in Berlin eine »satirische Zeichnung«, die darstellt, »wie ihr der Bethmann mit einem Wechsel von 1000 Tlr. die Hosen am Leib abwischt.« Arnim weiß zu berichten, sie habe »des österreichischen Gesandten Frau […] in grosse Verlegenheit gesetzt, […] da hier nur die ärgsten Huren männliche Kleider tragen«.

Später verdichten sich Gerüchte, dass sie ein Kind von dem Sohn des Pfarrers Mannel erwartet – von einem Kind »aus der Zwischenzeit« (zwischen ihren beiden Ehen) spricht Arnim 1820. Die Familie Bethmann muss bei einer unehelichen Geburt erneut einen Skandal befürchten und sorgt dafür, dass ein Geschäftsfreund namens Johann August Ehrmann, der in Paris und Frankfurt als Bankier tätig ist, die geschiedene Auguste 1817 ehelicht und das Kind der »Zwischenzeit« – vermutlich gegen einen entsprechenden Vertrag mit finanziellen Regelungen – akzeptiert. Noch drei weitere Kinder bringt Auguste in dieser zweiten Ehe zur Welt. Über ihren inneren Zustand in dieser Lebensphase sagt dies wenig aus.

Die Brentano-Forschung hat sich um den weiteren Lebensweg seiner zweiten Ehefrau wenig gekümmert. Nur das schreckliche Ende Augustes in Frankfurt, das von Brentano selbst kolportiert wird, ist bekannt. Der vollzogene Freitod im Main verdeutlicht, dass Augustes Selbstmorddrohungen auch in der Beziehung zu Brentano durchaus ernstgemeint waren. Seinem Bruder Christian berichtet Clemens am 21. April 1832: »Die unglückliche Auguste hat sich am Dienstag in der Charwoche ihrem Haus gegenüber an der Kleeblatt'schen Schwimmanstalt [im Main] ertränkt; man hat sie am Mittwoch Morgen am sogenannten Knöpfchen, der Spitze des Wehrs, mit zwei Gewichtsteinen am Hals gefunden. […] Auguste hinterläßt 4 Kinder, die sie mit Affenliebe liebte. Die Geschichte ist ganz in ihrer alten Art. Ihr Mann hatte ihr gesagt, wenn sie ihre Kinder nicht vernünftiger behandelte, so müsse er sie in Pension tun; da wurde sie still; […] man hat sie am Quai spät gesehen […] man beginnt zu suchen mit Tagesanbruch, findet bei Kleeblatt ihren Mantel und Hut zusammengelegt, ein Papier draufgesteckt, Adresse […] und 15 Xz [Kreuzer] für den Überbringer. Nun suchte man mit Schiffen und fand sie. Greulich!«

Die Erinnerung an Auguste Bußmann und die unglückliche Eheverbindung verfolgt Brentano noch bis zum Tode. Als *Nachtrag zu meinem letzten Willen* formuliert er in Aschaffenburg – sechs Tage, bevor er stirbt – ein Dokument, das eventuellen Erbansprüchen von Augustes Kindern vorbeugen soll. Er verfügt, dass dieser versiegelte und amtlich bestätigte Nachtrag nur im Falle einer Anfechtung seines Testaments geöffnet werden dürfe. Die Kinder von Auguste machten jedoch keine Ansprüche geltend, und so blieb das sonderbare Dokument unter Verschluss und wurde auch von der Brentano-Forschung bislang übersehen:

Nachtrag zu meinem letzten Willen

Meine Ehe mit Auguste Busmann war und blieb Kinderlos, aber auch außerdem so unglücklich, daß ich fern von diesem Weibe den Frieden suchen mußte, welchen ein gemeinschaftliches Leben mit ihm mir nicht ließ. Aus diesem Grunde lebten wir schon sehr lange getrennt, ehe unsre Scheidung gerichtsförmlich ausgesprochen war. Nun ist mir zwar bis Heute nicht zu Ohren gekommen, daß dieses unglückliche Weib während solcher Zeit irgend wo ein Kind geboren habe, geschweige daß dasselbe als eine Frucht unsrer Ehe mir angezeigt, in ein Kirchenbuch eingeschrieben und getauft worden sei, weshalb ich um so weniger glaube, daß ein solcher Fall stattgefunden. Da indeßen weder die Lebensweise der genanten Frau, noch die erfinderische Bosheit eigennütziger Menschen in dieser Beziehung ein vollkommenes Gewähr belaßen, so erkläre ich hiemit, daß wenn nach meinem Tode irgend ein Geschöpf in der Art auftreten und sich meiner Verlaßenschaft gegenüber die Rechte eines Notherben vindiziren wollte, diese Ansprüche durchaus nichtig und ungegründet sind, weil dasselbe mein Kind nicht ist. Sollte jedoch diese meine Behauptung nicht zu Rechte bestehen, so enterbe ich dasselbe aus dem Grunde, weil es während den dreißig u mehr Jahren, die es bereits am Leben sein müßte, gegen seinen Vater alle und jede Pflicht eines Kindes verabsäumt und also sich schlecht gegen ihn betragen haben würde; und sollte, so unglaublich es ist, auch diese meine Enterbung desselben nicht zu Rechte bestehen, so reduzire ich dasselbe, um die Vollstreckung meines letzten Willens und die eingesetzten Erben nach Möglichkeit zu schützen, hiemit jedenfalls auf den Pflichttheil; und soll diese meine gegenwärtige Verfügung als Nachtrag zu meinem letzten Willen gelten.

Zu Bestätigung deßen habe ich nach nochmalicher Durchlesung diesen Nachtrag eigenhändig unterzeichnet.

Aschaffenburg den 22 july 1842
Clemens Brentano

KAPITEL ELF

Verschiedene Empfindungen vor einer Seelandschaft von Friedrich

München – Giebichenstein – Berlin

Nach Verlassen seiner Fluchtburg in Stallwang bereitet Brentano Ende Juli 1808 seinen Aufbruch nach Berlin vor; »mitten unter der Verwüstung des Einpackens aller meiner Geräthschaften« schreibt er aus Landshut an Arnim: »morgen gehe ich wieder nach München […] von dort […] nach Nürnberg, Von wo aus ich weiter gegen dich steuern will, Vielleicht hohlst du mich in Halle ab.« In Jena wird er noch einen Zwischenstopp einlegen, um Goethe zu sehen; Gesprächsthema ist dabei Arnims kurz zuvor erschienene Novellensammlung *Der Wintergarten.*

Brentanos Bericht über diese Begegnung lässt erkennen, dass Goethes euphorische Zustimmung zu den Aktivitäten der jungen Romantiker, die mit der *Wunderhorn*-Rezension von 1806 publik wurde, verflogen ist. Sehr differenziert äußert sich Goethe zu den einzelnen Novellen in Arnims Sammlung, wobei sich seine Kritik an »dem plötzlichen abstrusen Wahn, und Traum« in Arnims Texten auch auf dessen Beiträge in der *Zeitung für Einsiedler* bezieht, besonders auf das *Scherzende Gemisch von der Nachahmung des Heiligen* in den letzten Nummern dieser literarischen Zeitung. Nach Brentanos Bericht sagt Goethe über Arnim: »Selbst wir, die wir ihn kennen und lieben leiden in dem Genuß seiner originellen trefflichen Arbeiten recht schmerzlich an dem plötzlichen abstrusen Wahn, und Traum, der ihn uns oft boshaft aus der angenehmen Gegenwart entzieht, daßelbe hat uns den Einsiedler entzogen, der das schönste Intresse bereits erregt hatte, und von dem ein ganz neuer Geist über Deutschland hätte ausgehen sollen und können.«

Hier brechen die Differenzen zwischen Klassik und Romantik auf, denn Brentano stellt sich auf die Seite des angegriffenen Freundes und lobt ausdrücklich den von Goethe kritisierten Romanzenzyklus *Nelson und Meduse,* der am fünften Abend von Arnims *Wintergarten* vorgetragen wird.

Was ist der Stein des Anstoßes für den Klassiker? Eine Feier anlässlich der Siege Nelsons über Napoleon geht in Arnims Romanzen über in erträumte Szenen, und der Leser gerät mehr und mehr aus dem geschichtlichen Bereich hinüber in eine Fantasiewelt. Die Huldigung des berühmten englischen Admirals (der in der Schlacht von Trafalgar den Tod gefunden hatte) verbindet Arnim mit der Schilderung einer erfundenen Opernaufführung, bei der sich Nelson in die Sängerin, den Opernstar, verliebt:

> Nelson schwört, nie woll' er schiffen
> Auf des Meeres stolzer Pracht,
> Wenn in dieser Opernnacht
> Sie vom Volke ausgepfiffen,
> Und den ersten, den er höre,
> Opfre er der Künstlerehre.

Nach der Aufführung trägt der Arnimsche Nelson die in Ohnmacht gefallene Operndiva nach Hause:

> Von der Bühne schnell hernieder
> Er im blauen Mantel trägt
> Sie, die alle hat bewegt,
> Still und starr sind ihre Glieder,
> Durch die Reih galanter Leute
> Trägt er seine schönste Beute.

Zu Hause empfängt ein kleiner geflügelter Amor das Paar, und ein weiteres Zeichen deutet darauf hin, dass Nelson nun in eine von mythischen Erscheinungen beherrschte Welt geraten ist. Am Busen der Sängerin findet er das Zeichen der Meduse, eine Schlange, und tötet sie. Dadurch wird die Frau wieder lebendig und versucht, den Admiral zu verführen. Als Christ vermutet Nelson den Einfluß des Teufels und flieht. Die Operndiva verlässt das Land und tritt als Mann verkleidet wieder in Erscheinung:

> Sie zerreißt das Friedensband
> Und die Völker wieder scheidet,
> Durch die Nachricht, daß erkranket
> Nelson hin zum Grabe wanket.

Der Geschlechterkampf wird zur Völkerschlacht. Der schwer kranke Nelson erholt sich, kämpft gegen die Streitkräfte Medusens, entert eines ihrer Schiffe und bezwingt sie auch als Frau:

> Also beide sich begegnen,
> Sie voll Liebreiz, er voll Blut,
> Hohe Schönheit, hoher Mut
> Möchtet ihr so alle segnen,
> Daß bei ihren Liebeszeichen
> Ganzer Völker Kämpfe weichen.

Dieser Romanzeneinlage Arnims, die Mythisches und Geschichtliches, Reales und Erträumtes recht unvermittelt, aber nicht ohne Witz miteinander verbindet, folgt in der Rahmenhandlung des *Wintergartens* die Frage: »ist die Geschichte wirklich ganz wahr?« Wahrheit, so sollen die Zuhörer und Leser erkennen, kann auch in unrealistischen, fantastischen Vorgängen vermittelt werden: »Wir lachten. Hats mir nicht geträumt, so ist es wirklich wahr«, lautet die Antwort. Dann spielt Arnim auf die aktuelle politische Situation an: »einige Ahndungen überzeugen mich, daß in Europa noch ein Paar Jahre dieser wunderbare Zustand ohne Gegenwart dauern wird, der uns jetzt ängstigt.«

Goethe stört offenbar diese Verbindung von politischen Anspielungen und dichterischen Traumgebilden. Aber auch bei den zu Grunde liegenden Fakten mischt sich Hochpolitisches mit den privaten Träumen der Agierenden: Der historische Lord Horatio Nelson hatte über mehrere Jahre eine Liebesaffäre mit der berühmten Schauspielerin Lady Emma Hamilton, die zwei Kinder von ihm bekam. 1803 heiratete er die verwitwete Freundin. Auf diese in ganz Europa bekannte Liebesgeschichte nimmt Arnim in seiner mythisierenden Versdichtung zuallererst Bezug. Zugleich geht es um Politik: Nelson hatte zwei Mal siegreich gegen Napoleon gekämpft. 1798 vernichtete er bei Abukir die französische Flotte während des Ägyptenfeldzugs von Napoleon, und 1803 schlug er die französisch-spanische Flotte bei Trafalgar. Damit wurde Nelson – nicht nur für Arnim – im Kampf gegen die napoleonische Vorherrschaft in Europa zum gefeierten Helden. Die aktuellen Bezüge auf die Situation von 1808 lassen sich leicht herstellen: Durch das Anwachsen

Achim von Arnim, Ölgemälde von Peter Eduard Ströhling, London 1804.

der französischen Macht auf dem Kontinent ist England erneut stark gefährdet. Zugleich ruhen die Hoffnungen der Europäer auf dieser Gegenmacht.

Dass auch bei Napoleons Kriegszügen amouröse Abenteuer eine große Rolle spielten, hatte Arnim selbst bei seinem Aufenthalt in London erfahren. So zielt sein Text darauf ab, ganz grundsätzlich die Verbindung von Liebe und Politik bei den großen militärischen Führern Europas darzustellen. Vorbild seiner Diva im Nelson-Text ist nicht nur Lady Hamilton, sondern zugleich die Opernsängerin Giuseppa Grassini, die er als Star in London 1804 erlebt und persönlich kennen gelernt hatte. Damals war Arnim selbst in Gefahr, diesem Idol zu »verfallen«, und war schockiert, als er erfuhr, dass die Grassini eine Geliebte Napoleons gewesen war. Der Zufall wollte es nämlich, dass beim deutschen Maler Peter Ströhling in London (dem wir das bekannte Arnim-Porträt verdanken) gleichzeitig die schöne Opernsängerin Modell saß. Und so konnte er Brentano aus London berichten: »Ihre Bekanntschaft ist mir interessant geworden durch ihre wichtigen politischen Verhältnisse; sie hat den kleinen Welteroberer Bonaparte in ihren Armen gehabt. Wenn sie ihn doch erstickt hätte! – Die Politik schmerzt mich tiefer als ich es aussprechen kann.« In seinen Romanzen verbindet Arnim die historischen Ereignisse um Nelson und dessen Geliebte mit eigenen Erinnerungen an die Grassini und bricht die Schilderung immer wieder durch fantastische, mythisierende Elemente. Durch diesen Kunstgriff gelingt es ihm, eine übergeschichtliche Wahrheit zu formulieren und zugleich geschickt möglichen Problemen mit der Zensur auszuweichen. Denn das Land, in dem er veröffentlichte, war von Napoleon beherrscht.

Zugleich verfolgt Arnim die modern anmutende Strategie, den Leser zum Nach- und Mitdenken anzuregen, vielleicht auch Fantasien über Cäsar und Cleopatra, Napoleon und die Grassini, Nelson und Lady Hamilton zu wecken. Ist die Frau mit ihrer erotischen Anziehungskraft nun eine reale Person oder ein mythisches Wesen? Soll hier nur ein Traum Nelsons geschildert werden? Stimmt es wirklich, dass die in den mythischen Bildern dargestellten erotisch-sexuellen Kräfte bedeutende politische Männer inspirieren und zu außergewöhnlichen Leistungen in der Schlacht treiben? Kein Zweifel: Die Klarheit der Erzähltexte eines Goethe fehlt in den Dichtungen von Arnim und Brentano. Sie ist aber von den Autoren auch gar nicht beabsichtigt. Der Leser soll verunsichert werden, soll Mythisches neu und aktuell erleben und als Wiedergabe von allgemeinen Lebenserfahrungen und Grundgesetzen geschichtlicher Vorgänge verstehen. Der Einsatz mythischer Elemente folgt damit ganz anderen ästhetischen Gesetzen und Intentionen als in der Klassik.

Auch politisch nimmt Arnim einen anderen Standpunkt ein als Goethe. Die politische Lage in Europa ist 1808, als Arnim seine *Wintergarten*-Novellen formuliert, unübersichtlich. Napoleon beherrscht nach den Schlachten von Jena, Auerstädt und Austerlitz

Westeuropa – mit Ausnahme Englands; die Fürsten auf dem Festland haben sich wohl oder übel mit ihm arrangiert, aber in der Bevölkerung wachsen – nicht nur in den deutschen Ländern – nationalistische Gegenkräfte. Arnim, der bei seinem England-Aufenthalt selbst die Gefährdung des Inselreichs und seiner Verbindungen zum Festland erlebt hatte, setzt große Hoffnungen in einen neuen Lord Nelson (der mit Wellington dann ja später auch erscheinen sollte und die Wende in der Auseinandersetzung mit Napoleon einleitete). Verschlüsselt ruft er mit seinem Romanzenzyklus zum Widerstand auf. Die Schlange am Busen der Meduse könnte auch als Napoleon gedeutet werden, die Diva steht dann für Europa, das nun durch Eingreifen Englands wieder – in einem schmerzhaften Liebeskampf – befreit wird.

Als Arnim den *Wintergarten* publiziert, sind dies Zukunftsvisionen. Denn 1808 ist auch das Jahr, in dem Napoleon auf dem Fürstentag in Erfurt die Huldigungen der unterworfenen deutschen Fürsten entgegennimmt. Dem großen deutschen Dichter Goethe verleiht der Kaiser bei dieser Gelegenheit einen Orden. Etwa zur gleichen Zeit beginnen in Spanien bereits Aufstände gegen Napoleon, die von den Romantikern begeistert gefeiert werden. Heimlich formiert sich auch in Preußen der von Arnim erhoffte Widerstand, der erst nach der Niederlage von Moskau in den Befreiungskriegen zum endgültigen Sieg über Napoleon führt. Arnim sieht daher Europa in einer Art unentschiedenem Traumzustand »ohne Gegenwart«, kann aber mit Rücksicht auf die Zensur nicht deutlicher werden. Goethe verlangt mehr Klarheit und deutliche Unterscheidung zwischen Traum und politischer Realität, vertritt aber auch eine andere – vergleichsweise ungefährliche – politische Position. Er bleibt ein Freund Napoleons, trägt den verliehenen Orden auch später mit Stolz und braucht die Zensur nicht zu fürchten.

Die dichterischen Mittel, die Arnim in seinem Romanzenzyklus und einigen seiner Meistererzählungen einsetzt, ähneln denen von E. T. A. Hoffmann, bei dessen Erzählungen der Leser sich auch nie sicher sein kann, ob Erträumtes oder Erlebtes, Reales oder Mythisches dargestellt wird. Mit künstlerischer Absicht und tieferem Sinn sind diese Bereiche miteinander verwoben. Germanisten sprechen von einem »magischen« oder »poetischen« Realismus, der sich in diesen Werken der Romantik entwickelt. Goethe mochte diese

Unschärfen nicht, und er gewinnt daher mehr und mehr Distanz zu den Romantikern.

Die Erschließung eines Bereichs von Traum und Rausch, von unbekannten, unbewussten, fantastischen Bereichen der menschlichen Seele gehört von Anfang an zum Programm der Romantiker. In Anlehnung an Youngs *Nachtgedanken* hatte Novalis bereits im *Athenäum* von 1800 seine *Hymnen an die Nacht* publiziert und Brentano im *Uhrmacher BOGS* gerade diese tieferen Schichten der menschlichen Seele ins Zentrum gerückt.

Goethe sieht die Gefahr, dass die Kunst Form und Konzentration verliert, wenn sie sich diesem Bereich des Chaos, der ungebändigten Fantasien widmet, ohne diese Phänomene klar und deutlich einzuordnen in eine von Sinn und Vernunft geprägte Welt. So spricht er zwei Jahre später – nach der Lektüre von Arnims Roman *Dolores* – vom »Narrenwust dieser Tage« und schließt die Bemerkung über die Romantik an: »Übrigens gebe ich mir alle Mühe, auch diese Epoche historisch, als schon vorübergegangen zu betrachten.«

Dazu sollte es nicht kommen, und wenn sich – kurz nach Brentanos Besuch und Goethes Kritik an Arnims Ästhetik – die beiden alten Herren Goethe und Zelter über die Entwicklungen in der jungen Generation von Poeten und Komponisten unterhalten, so hagelt es Fehlurteile. Nachdem Goethe Arnim, Brentano, Görres und Jean Paul im Brief vom 30. Oktober 1808 als Beispiele für die Tendenz zum »Form- und Charakterlose[n]« in der Literatur genannt hatte, antwortet Zelter, der gelernte Maurermeister und komponierende Dirigent der Berliner Singakademie, am 12. November 1808: »Zu jedem Ihrer genannten poetischen Geister könnte ich Ihnen einen musikalischen Gegenmann nennen, um Ihr Urteil zu bestätigen: mit Bewundrung und Schrecken sieht man Irrlichter und Blutstreifen am Horizonte des Parnasses. Talente [...] wie Cherubini, Beethoven und mehr entwenden Herkules' Keule, – um Fliegen zu klatschen; erst muß man erstaunen und nachher gleich drauf die Achsel zucken über Aufwand von Talent, Lappalien wichtig und hohe Mittel gemein zu machen. Ja ich möchte verzweifeln, wenn mir einfällt, daß die neue Musik verloren gehn *muß*, wenn eine Kunst aus der Musik werden soll.«

Die junge Künstler-Generation der Romantiker weiß nichts von diesen bissigen Bemerkungen in Goethes Korrespondenz, doch

Goethe weist einen Romantiker energisch auf die Musen hin, zeitgenössische Karikatur eines unbekannten Künstlers.

spürt Brentano bei seinem Besuch in Weimar dessen Vorbehalte. Die Entwicklungslinien in allen Künsten driften auseinander: Der Weimarer Klassizismus gerät zunehmend in die Isolation. In der Malerei war längst Caspar David Friedrich zu Ansehen gekommen und hatte – zum Schrecken der von Goethe geförderten Schule um Johann Heinrich Meyer (genannt »Kunst-Meyer«) – bereits 1805 einige Werke zu den »Preisaufgaben« in Weimar eingereicht. Zwar war ihm ein halber erster Preis zuerkannt worden, doch sollte es die letzte Veranstaltung dieser Art in Weimar bleiben. Die an griechischen und römischen Modellen orientierten Muster des mit Goethe eng befreundeten Meyer waren außerhalb Weimars unbeachtet geblieben, die als Gegenentwurf zum romantischen *Athenäum* gedachte Zeitschrift *Propyläen* hatte ihr Erscheinen eingestellt. In der Musik waren große sinfonische Werke entstanden, wie sie von den frühromantischen Programmschriften wie den *Phantasien über Kunst, für Freunde der Kunst* schon 1799 gefordert und beschrieben wurden; Beethovens Werke, die Zelter für beklagenswerte Produkte einer fehlgeleiteten Begabung hält, sollten dieser musikalischen Romantik im 19. Jahrhundert zum Durchbruch verhelfen.

So war es auf Grund der frühromantischen Theorien in allen Künsten zu einer Neuorientierung gekommen, und auch die Literatur hatte sich aus der einseitigen Orientierung auf die Antike, wie sie im so genannten »klassischen Jahrzehnt« in den Hexametern und Xenien der Weimarer deutlich wird, befreit. Entwicklungsromane der neuen Schule, die der ersten Entwicklungsstufe von Goethes *Wilhelm Meister* entsprechen, führen Helden vor, die ihr Leben völlig der Kunst verschreiben, die nicht bereit sind, sich – wie Wilhelm Meister zum Schluss der endgültigen Fassung – in die bürgerliche Gesellschaft zu integrieren und Vernunft und Nützlichkeit als höchste Werte anzuerkennen. Novalis war der Erste, der den Weg von Goethes Held (in seiner publizierten endgültigen Fassung) radikal kritisiert. In einem Aphorismus vergleicht er das Werk mit Wedgewood-Porzellan, einem englischen Gebrauchsgeschirr, dem alles Feine und Edle abgeht: geschaffen für den täglichen Gebrauch, aber ästhetischen Ansprüchen nicht genügend. Novalis' »Gegenheld« Heinrich von Ofterdingen lebt allein der Kunst und verliert sich am Schluss des Romans – der nur als Konzept vorliegt – in einem erträumten Märchenreich.

Nicht viel anders ergeht es Tiecks Franz Sternbald und Brentanos Helden, die allesamt untüchtig sind zu einem bürgerlich geordneten Leben. In die Erzählungen der Romantik dringen immer stärker fantastische, irrationale Elemente ein. Die »Nachtseite« der Welt gerät in das Blickfeld der Autoren.

Es ist deshalb kein Zufall, dass Brentano auf seiner Reise nach Berlin gerade mit Gotthilf Heinrich Schubert Kontakt aufnimmt, der 1808 *Ansichten von der Nachtseite der Naturwissenschaften* publiziert und 1814 *Die Symbolik des Traumes* folgen lässt, ein Werk, das mit dem frühromantischen Begriff der »Ironie« arbeitet und dabei zugleich wesentliche Ideen von Sigmund Freud und C. G. Jung vorwegnimmt. Träume sind für Schubert nicht »Schäume«, sie sprechen oft – wie ein im Menschen verborgener »Poet«, der »romantische Ironie« walten lässt – Wahrheiten aus. Diese Einschätzung entspricht Brentanos Vorstellungen, und so findet er in Schubert einen Geistesverwandten.

Schubert ist zugleich ein enger Freund E.T.A. Hoffmanns, und was dieser in den *Fantasie-* und *Nachtstücken* dichterisch gestaltet, erläutert Schubert in seinen Abhandlungen über Phänomene des

»tierischen Magnetismus«. Unversehens waren die Vertreter der romantischen Naturphilosophie – vor Schubert bereits Schelling – auf Erscheinungen gestoßen, die wir heute mit Begriffen wie »Hypnose« und »Traumarbeit« als Phänomene des Unbewussten interpretieren. Aus der Naturphilosophie hatten sich – basierend auf den Entdeckungen des »Magnetiseurs« Franz Anton Mesmer und auf eigenen Experimenten mit »Somnambulen« – in Bamberg, Würzburg und Nürnberg Zentren einer »romantischen«, ganzheitlich orientierten Medizin entwickelt. Brentano lernt mit Gotthilf Heinrich Schubert auf seiner Reise einen ihrer führenden Vertreter kennen und berichtet Arnim: »Ich habe auf der Reise einen Freund gewonnen, der mir ungemein achtungswerth und lieb ist, es ist der Philosoph Schubert in Nürnberg, vielleicht der reinste schuldloseste Mensch der lebt.«

Mitte August meldet sich Brentano aus dem Domizil von Reichardt: »seit 5 Tagen bin ich in Halle […] waß nun zu thun sei, steht in deinem Willen, ich habe einen großen Lusten, dich in Berlin selbst zu sehen unter deinen Kupferstichen und Büchern, und deiner unglüklichen Nation [Preußen], seelig fühle ich mich aus dem verschraubten Baiervolk weg zu sein. Doch kann ich nach deinem Briefe in Berlin ohne große Unkosten nicht lange bleiben.« Dann hakt er noch einmal nach und betont zugleich, wie wohl er sich in der Reichardtschen Familie unter den komponierenden Töchtern fühlt: »Soll ich nun zu dir kommen? wirst du mich wohl zurück begleiten? werde ich bei dir wohnen können? ich bin nicht unglücklich hier, die Leute haben mich lieber als meine ganze Familie.« Arnim kann derweil die Ankunft Brentanos kaum erwarten. Am 5. September schreibt er ungeduldig aus Berlin nach Halle: »Herzbruder bist du krank oder verliebt? Ich erwarte Dich ganze Tage zu Wagen, zu Pferde zu Fuß, […]. Das Verlieben laß halt seyn, es geräth sehr selten«.

In Berlin angekommen, stürzt sich Brentano in die Arbeit; die bewährte Arbeitsgemeinschaft mit dem Freund wird erneuert und spornt zu neuen literarischen Projekten an. Was im Bereich der Lyrik mit dem *Wunderhorn* gelang, erhofft Brentano nun auf dem Felde der Prosa. In jährlicher Folge sollen Prosabearbeitungen älterer, »vergessener« Texte erscheinen. Der erste Titel eines solchen »Volksbücherprojekts«, eine Bearbeitung von Jörg Wickrams *Gold-*

faden, ist bereits gedruckt, als Brentano sich am 12. Dezember 1809 aus Berlin an den Heidelberger Verleger Johann Georg Zimmer wendet, der *Wunderhorn* und *Goldfaden* verlegt hatte, und vorschlägt, Jahr für Jahr weitere Bände nach diesem Modell zu publizieren. Der Brief zeigt, dass Brentano den Kopf voller Ideen und Pläne hat, denn zugleich bietet er »Kindermärchen« an, für die er gemeinsam mit Ludwig Emil Grimm Illustrationen entwerfen will: »Der Goldfaden macht allen Menschen die ihn lesen ungemeines Vergnügen [...] würden Sie wohl auf Ostern eine ebenso reitzende Geschichte drucken, wir könnten dann Jährlich so lang es gieng, ein Bändchen folgen laßen, und das Ganze würde dann eine Art Blauer Bibliothek werden [...] Sodann erinnere ich Sie an unsre alte Idee von Kindermärchen, ich habe seit der Zeit mancherlei dazu gesammelt, [...] nur wünschte ich, daß es zugleich ein recht originelles Bilderbuch mit kräftig illuminirten Bildern für Kinder würde [...] diese Bilder würde ich meist selbst entwerfen, und dann von Grimm [...] und von anderen Freunden corrigiren lassen.«

Für seine *Romanzen vom Rosenkranz* plant Brentano ebenfalls eine illustrierte Ausgabe und hofft dafür Philipp Otto Runge zu gewinnen. »Waß meine Romanzen betrifft«, schreibt er an Zimmer, »so bin ich jezt damit beschäftigt ruhig daran fort zu arbeiten, Verschiedene geistreiche Freunde, der Philosoph Schubert, und mein lieber [Henrik] Steffens haben sie mit ernsthaftem Vergnügen angehört, lezterer ist Runges genauer Freund und hat mir auch gesagt, er zweifle nicht, daß er sich gern mit Zeichnungen befassen würde, Ich will Runge nächstens selbst ausführlich schreiben und ihm einige der Romanzen beilegen, waß mich betrifft ist es die Hoffnung auf Runges Commentar, die mir die Arbeit in so frecher Zeit allein ein wenig würzt, macht er die Zeichnungen, so drucken sie es gewiß, nicht wahr?« Die genannten großen Projekte, die *Romanzen vom Rosenkranz* und die *Kindermärchen*, sollten zu Brentanos Lebzeit nicht fertig werden, aber der Plan, den bedeutenden romantischen Maler Philipp Otto Runge einzubeziehen, führt immerhin dazu, dass die *Romanzen*, aus denen Brentano bereits in Landshut vorlas, nun rasch wesentliche Fortschritte machen. Sieben von den geplanten 24 Romanzen – insgesamt 2208 Verszeilen – schreibt er fein säuberlich ab und übermittelt sie am 26. März 1810 Runge.

Der vorausgegangene Brief an den Maler, in dem Brentano sein

Projekt vorstellt und um Mitarbeit bittet, gehört zu den großen »Bekenntnisbriefen« der Literatur, in denen der Autor in einer Art Selbstbekenntnis seine Lebensgeschichte und Kunstauffassung entwickelt. Seine Darstellung ist selbst ein Kunstwerk, in dem Biografisches und ästhetische Theorie in fantastischen Bildern miteinander verbunden werden: »Ich habe sowohl innerlich als äusserlich ein an bitterer und süsser Seelenerschütterung reiches Leben gefühlt, und recht ausgetruncken, grose Freuden und Leiden sind mit einer dunklen grausamen Fantasie sich in mir wiederspiegelnd, über mich ergangen, es ist vorüber, verlohren durch Muthwillen hab ich nichts, der Tod hat mir genommen, was das Leben mir gegeben, und ich erkenne ruhig die Hand Gottes«. So beginnt eine mit Anspielungen auf die Malerei angereicherte Selbstdarstellung, die von bizarren Metaphern lebt.

Es ist erstaunlich, wie Brentano sich in seinen Brieftexten und deren Bilderwelt immer wieder den von ihm imaginierten Adressaten anpasst. Runge kennt er nur über seine Bildwerke, und so versucht er, seine eigene innere Situation zu schildern, indem er Stimmungen und Materialien des bildenden Künstlers zum Vergleich heranzieht: »mein Selbstgefühl glich der abgelößten Farbendecke eines im Wasser versunckenen Pastellgemähldes, welches noch kurze Zeit oben schwimmt ich hätte es vielleicht behutsam wieder auffassen können, aber ich sah lieber so lange lächelnd hinein, bis heftig stürzende Thränen es verwirten, und der wiederliche Gedancke, daß durch das Auffassen solcher schwimmender Farben marmorirtes Papier gemacht wird, machte, daß ich dem geliebten Bilde noch einen herzlichen Scheideblicke gönnte, und mich dann muthig den Wellen übergebend es an meiner Brust scheidern ließ.« Das Wortspiel mit »scheiden« und »scheitern« wird durch die ungeregelte Orthografie ermöglicht, der sich Brentano geradezu mit Lust hingibt. Niemals passt er sich den Normierungsbestrebungen an, stets verteilt er chaotisch Groß- und Kleinbuchstaben, Kommata und Punkte und variiert die Konsonanten, wie ihm gerade der Sinn steht.

Um Runge noch mehr entgegenzukommen und seine innere Verwandtschaft mit dem Maler hervorzuheben, kommt Brentano dann auf einzelne Bilder Runges zu sprechen, lobt insbesondere die *vier Tageszeiten*, von denen er bereits Einzelheiten in eigenen Bildkompositionen (zum Titelstich der *Kinderlieder*) verwendet hat: »die ernsten frommen Kinder sind mir sehr erquickend, aber vor allem erfreu ich mich an dem Mond und vor allem an den geisterhaft bewegten Sternkindern zu seiner Seite«, verrät er Runge und nimmt damit auf die Darstellung der »Nacht« Bezug, die er später als Schlussillustration zum *Tagebuch der Ahnfrau* noch einmal aufnehmen wird.

Die Nacht spielt auch bei weiteren Assoziationen im Bekenntnisbrief an Runge eine bedeutsame Rolle, denn Brentano geht ausführlich auf eine Dichtung Hölderlins ein, die im Seckendorfschen *Musen-Almanach* erschienen war – zu einer Zeit als Hölderlin bereits »umnachtet« ist und in seinem Turm in Tübingen lebt: »ich muß sagen, welche Art der Gottes-verehrung mich am innigsten erschüttert hat […] einige Oden des wahnsinnigen gewordenen Dichter Hölderlein, z. B. seine Elegie an die Nacht, seine Herbstfeier, sein Rhein, Pathmos […] nirgend einmahl ist vielleicht hohe betrachtende Trauer so herrlich ausgesprochen worden, manchmal wird er dunkel und versinket in den bittern Brunnen seines Herzens, meistens aber glänzet sein apokalyptischer Stern Wermuth wunderbar rührend über das weite Meer, wenn sie die Bücher finden können, so lesen sie diese Bücher doch, besonders ist die Nacht klar und sternenhell, und einsam, und ein rück- und vorwärts tönende Glocke aller Erinnerung, ich halte sie für eine der gelungensten Gedichte.« Brentano, der nicht weiß, dass es sich bei der publizierten Dichtung Hölderlins um die ersten Strophen der Hymne *Brod und Wein* handelt, ist von dem Text so fasziniert, dass er eine »Fortsetzung zu Hölderlins Nacht« entwirft:

> Ach und sie tröstet mich nicht, ich kenn' sie, ich laure, sie nahet
> Wie zum Gefangnen sich schleichet der Wächter heran
> Hier ist der Becher so spricht sie füll an ihn dir mit Trähnen
> Hier diesen Stein nimm aufs Herz das er dir werde zu Brod
> Und ist der Becher erfüllet stößt sie ihn um und die Lampe
> löscht sie und senckt mir aufs Haupt heiß ihren Schleier den Traum –

Das Anknüpfen an Hölderlins Dichtung und die Bezüge, die Brentano in seinem Brief an Runge herstellt, zeigen, dass er einen gemeinsamen romantischen »Urgrund« der zeitgenössischen Kunst beschreiben und befestigen will. Über das Motiv der Nacht zieht er

Verbindungen zur Kunst von Hölderlin und Runge, Novalis und Schubert, um dann mit der Beschreibung des Romanzen-Projekts die eigene Dichtung in diesen Zusammenhang zu stellen.

Zugleich ist eine Brücke vom Sprachkünstler zum bildenden Künstler geschlagen, und Brentano kann seine Bitte um Mitarbeit anschließen: »Während ich so lebte, erstand in mir unbewußt die Begierde ein Gedicht zu erfinden wie ich gern eines lesen möchte, und was mir nicht begegnet war, gewisse Bilder und Zusammenstellungen begegneten mir immer wieder [...]. Ich bildete sie in einzelnen Romanzen aus, die alle klar und bestimmt ohne vielen lyrischen Erguß, meist handelnd sind, und empfand bald daß sie mein gehörten, daß sie von mir waren, und daß sie mich erfreuten [...]. Die Hälfte ohngefähr liegt fertig, der Plan des Ganzen ist es auch, und ich bin in der Lage und Muße den Rest bald zu vollenden. Der Titel würde sein die Erfindung des Rosenkranzes; [...] mein Wunsch nur war, diese Lieder [...] möchten ihnen so wohlgefallen, daß sie gern jede Romanze mit einer Randzeichnung begleiteten, so wie die Dürrerschen im Steindruck vorhandenen, das Münchner Gebetbuch, abbildend und in der Verzierung über fantasirend, umgeben. Ich wünschte, daß sie es gern thun, und daß es ihnen Freude machte, ja daß ihre Randgloßen die Hauptsache und mein Text ein armer commentar schienen.«

Noch bevor Brentano seinen Brief abschickt, trifft ein kurzer Brief Runges ein; der Maler hatte durch Louise Reichardt von Brentanos Plänen erfahren und spricht seinerseits den Wunsch aus, »daß unsre Wirksamkeit uns zu einer nähern Verbindung veranlaßte«. Brentano deutet die Gleichzeitigkeit der beiden Briefe als wunderbares Zeichen – »ein Mann, den ich mir die ganze Zeit meines Schreibens fingiren mußte, tritt plötzlich hervor«, schreibt er und fügt seinem Brief eine Nachschrift an, die ebenso umfangreich ist wie die bereits formulierte Epistel.

Allerdings ergeben sich in diesem Postskriptum bereits erste Anzeichen von Differenzen zwischen den beiden Künstlern. Denn da Runge Brentano ausdrücklich auf seine theoretischen Schriften verwiesen hatte, muss dieser nun gestehen, dass ihm »alle Thore der Abstracktion gänzlich verschlossen geblieben, und wenn gleich mein ganzes Leben aus einer beständigen Reflexion und Beschauung bestanden, so war leider ihr Gegenstand kein besseres Kunstwerck, als meine arme Person, welche mir endlich beschämt und geärgert, daß ich ihr immer in die Augen sah, selbst den Rücken drehte. Die Kunstwerke, die ich gesehen, haben mir immer gefallen oder nicht gefallen, ohne daß ich nachdachte, warum?«

Runges Antwort auf den Doppelbrief ist ambivalent: »Ihren werthen langen Zwillingsbrief habe ich schon vor einiger Zeit erhalten«, schreibt er Anfang Februar 1810, »und hätte ihn schon beantwortet, wenn er nicht etwas zu lang dazu gewesen wäre, jetzt habe ich aber den Entschluß gefaßt, ihn eigentlich nicht zu beantworten, und das mögen Sie sich selbst zuziehen, weil Sie alles mit einmahl sagen wolten, habe ich am Ende keinen rechten Eindruck gehabt«.

Nach diesem Einstieg geht der Maler allerdings dann doch noch auf einige Aspekte von Brentanos Brief ein und entwickelt seine Vorstellungen zu den Möglichkeiten der Kunst und zur Funktion der geplanten Arabesken: »Weil die Verwirrung aber in dieser Zeit so groß ist, so ist eine solche Kunstausübung wie diejenige, welche Sie in Ihren Brief ausschließlich schätzen, nicht wohl möglich, und ich mag nun Ihnen wie ein Künstler oder Philosof erscheinen, so wird es mein einziges Bestreben seyn und bleiben, die ersten Linien zu ziehen, an welchen sich die gegenwärtige Regung gestalten könne, damit nur eine Ansicht der bewegten Welt möglich werde – [...] Das was Sie nun wünschen, ist auch mein Wunsch, nemlich ein Gedicht, oder die treue Begebenheit aus den menschlichen Herzen, als Begebenheit in den bewegten Gestalten und umgekehrt zu zeigen – wird das Gedicht individuel, so wird die Arabeske simbolisch – ist es traurig, so sey diese über daßelbe fröhlich und ausgelaßen, so giebt auch das Rahmen artige Gelegenheit, dasselbe, was unten geschieht, oben aus einer höhern Ansicht zu zeigen – daß also die Sache angeht und uns beyden gutgethan scheint. Darüber wären wir einig – nur müste ich Ihr Gedicht doch kennen, um gradezu ja! sagen zu könen [...] Sie sind also so gütig, mir Ihr Manuscript zu übersenden.«

Brentano folgt dieser Aufforderung im März und fügt den in winziger Schrift angefertigten Kopien die Zusammenfassung hinzu: »Das ganze ist ein Apogryphisches Gedicht über die Erfindung des Rosenkranzes, eine Reihe von Romantischen Fabeln, in welcher sich eine schwere Alte Erbsünde nothwendig mit der Entstehung des Rosenkranzes lößt.«

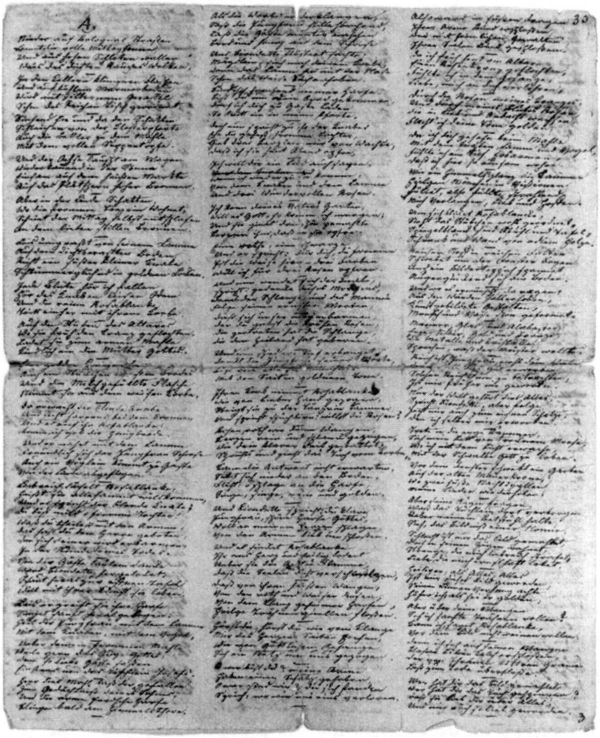

Clemens Brentano: Eigenhändige Abschrift der Romanzen vom Rosenkranz *für Philipp Otto Runge, 1810.*

Als die Abschriften Runge erreichen, ist der Maler bereits von seiner tödlichen Krankheit gezeichnet. »Ihre Gedichte kann ich nun nicht so eben lesen und beriechen, ich muß sie gleich eßen und aussaugen, wenn ich sie auch zu den meinigen machen soll. Und dazu fehlen mir wirklich die Kräfte, ich bin wirklich recht verzagt und traurig«, heißt es am 4. Mai 1810, und erst im Brief vom 5. August berichtet Runge von der Lektüre und deutet an, dass er sich zwar mit einigen Szenen der Romanzen anfreunden kann, aber doch den Kontext des Ganzen vermisst. Tatsächlich wird in den zunächst fertig gestellten Romanzen Brentanos eine komplizierte Vorgeschichte vorausgesetzt; wir kennen sie bis heute nur aus skizzenhaften Entwürfen. Für Runge können sich die Zusammenhänge in dem gebotenen »Ausschnitt« aus dem kaum zur Hälfte ausgeführten großen Romanzen-Projekt ohne detaillierte Erläuterungen des Autors kaum erschließen. Zahlreiche Anspielungen auf historische und zeitgenössische Personen – wie den Landshuter Savigny-Kreis – erschweren die Lektüre ebenso wie die mythologischen Bilder und Rekurse auf die biblische und römische Geschichte.

Runge versucht, sein gemischtes Urteil allerdings mit seiner krankheitsbedingten Schwäche zu begründen, und schreibt: »Ihr Gedicht habe ich, weil ich wirklich sehr angegriffen im Kopf war, erst lesen können, wie ich in die Stadt war, da ich mich wohl in dem Ganzen hineingefühlt und mich von ganzen Herzen habe anziehen und in die Begebenheit und Ort mitbegeben, wie es in dem ersten Gesang mir gar viel Freude gemacht, und wie so manches, was so lange anhält, wie der Studentenzank und des Vaters Reue zulezt, ich dagegen mit dem andern nicht habe in Verhältniß bringen können, da ich die ganze Geschichte nicht kenne. Wenn ich Ihnen so ein altes Weiber Urtheil nun gebe und nichts andres geben konte, so fand ich, daß es bey meiner Schwachheit überhaupt nicht recht wäre, Sie noch auf einen Invaliden hoffen zu laßen, daß er Ihnen ein Schock Kinder mit dieser Poesie verbunden zeugen solte.«

Runge sollte sich von seiner Tuberkulose nicht mehr erholen, und als Antwort auf seinen letzten Brief finden wir einen Nachruf Brentanos, der in Heinrich von Kleists *Berliner Abendblättern* am 19. Dezember 1810 unter dem Titel *Andenken eines trefflichen Deutschen Mannes und tiefsinnigen Künstlers* erscheint. Noch einmal lobt Brentano hier die »vier Simbolischen Blätter, die Tagszeiten in Umrißen darstellend« und die Arabesken-Kunst des Malers: »*hat Runge doch zuerst* gezeigt daß die Arabeske eine Hieroglyphe ist, und ihre Verknüpfung eine eben so tiefsinnige Bildersprache der stummen mahlenden Poesie, als das Werk der Poesie selbst eine gesprochene sein soll, und von Allem, dessen Rand er mit seiner kunstreichen Hand geschmückt hat, kann gesagt werden, es versteht sich am Rande, sollte es sich im Innern selbst gleich nicht immer verstehen.« Brentanos Nachruf mündet in ein hymnisches Gedicht:

Du Herrlicher! den kaum die Zeit erkannt,
Der wie ein schuldlos Kind
Begeistert fromm die treue keusche Hand
Nach Gottes Flamme streckte,
Der für das Eitle blind
Ohn umzuschaun zur Wiege alter Kunst
Durch neuer Lüge Götzentempel drang,
Und stillanschaund die Göttliche erweckte.
[…]
Dein Künstlerwerk, es schien ein zierlich Spiel,
Es rankte blumig auf und betend vor der Sonne
Setzst fromme Kindlein du in süßer Kelche Wonne;
Doch wie im Frühlingstaumel fromm ein Herz
Das Siegsgepräng des ewgen Gottes ließt,
Wie in des Lebens ernstem Blumenscherz
Dem Schauenden die Tiefe sich erschließt,
So steht, die Schwester dieser Sündentrunknen Zeit,
Vor deinen Bildern glaubend, hoffend, liebend, die
Beschaulichkeit.

[…]
Die Zeit, sie ist die Nacht, in der wir weinen,
Der Vorzeit Traum, er ists, den wir verloren,
Der Nachwelt, wird der Tag ihr einst erscheinen,
Lebt unser Freund auf ewig – mir ist er geboren.
Clemens Brentano.

In den *Abendblättern* erscheint 1810 ein weiterer Beitrag, der von der Beschäftigung Brentanos mit der zeitgenössischen bildenden Kunst zeugt. Es ist eine Kunstbetrachtung, die er gemeinsam mit seinem Freund Arnim formuliert. Der Titel der überlieferten Mischhandschrift lautet: *Verschiedene Empfindungen vor einer Seelandschaft von Friedrich, worauf ein Kapuziner*. Das so umschriebene Bild Caspar David Friedrichs ist heute unter dem Titel *Mönch am Meer* bekannt und wurde auf der Berliner Akademie-Ausstellung 1810 gemeinsam mit Friedrichs Werk *Abtei am Eichwald* gezeigt. Brentano und Arnim beziehen sich in ihrem Entwurf zunächst auf beide Bilder, die namentlich bei Brentano einen tiefen Eindruck hinterlassen haben – wie ein separat überliefertes Huldigungs-Gedicht an Caspar David Friedrich bezeugt:

Nicht alle wissen so wie du zu schauen
Du Landschaftsmahler bei dem Docktor Faust,
Der du den Hexen Nebelbrücken baust
Durch winterlichen Kirchhofs frostig Grauen

Zwei Lichter schimmern irre bei der Wahrheit
Die Todeskreuze starren auf den Hügeln
Gefroren ist der Athem, den man hauchet
Zu ernst zum fliehen und zu kalt zum Knien
Und Oben liegt des Himmels blaue Klarheit

Du gleichst der Schwalbe, die mit grauen Flügeln
Den Himmel streift, die Brust ins Wasser Tauchet
Warum Willst du denn nimmer mit ihr ziehen.

Ein weiteres Gedicht Brentanos – ähnlich unfertig, wie das zitierte und ebenfalls erst 1991 aus dem Nachlass veröffentlicht – trägt den Titel *Portrait der 2 Mahler Kügelchen* und lässt vermuten, dass Brentano ursprünglich an einen zusammenfassenden Bericht über die Berliner Ausstellung mit Gedichteinlagen denkt. Vermutlich wollen die beiden Freunde auf eine sehr konventionell geratene Ausstellungsrezension von Ludolph Beckedorff reagieren, die bereits in den *Abendblättern* erschienen war. Möglicherweise war der Herausgeber Kleist mit einer »Gegenrezension« der gleichen Ausstellung in seiner Zeitschrift nicht einverstanden; jedenfalls bezieht sich das übermittelte Manuskript dann ausschließlich auf die *Seelandschaft* Friedrichs und lässt in Form von kleinen dramatischen Szenen verschiedene Ausstellungsbetrachter zu Wort kommen.

Kleist reduziert den vorgelegten Text auf seinen ersten Abschnitt, was ihm eine herbe Kritik der Autoren einbringt und zu einer Richtigstellung Kleists in der Zeitung führt: »Der Aufsatz […] war ursprünglich dramatisch abgefaßt [und hat] seinen Charakter dergestalt verändert, daß ich, zur Steuer der Wahrheit […] erklären muß: nur der Buchstabe desselben gehört den genannten beiden

Hrn.; der Geist aber, und die Verantwortlichkeit dafür, so wie er jetzt abgefaßt ist, mir. H. v. Kl.« Von Germanisten und Kunsthistorikern wird die Kunstbetrachtung daher häufig als Kleist-Text gedeutet, obwohl alle von ihm benutzten Begriffe bereits im Text von Arnim und Brentano enthalten sind.

Die Kürzung wirkt allerdings einschneidend und verändert Tendenz und Sinn der »dramatisch abgefassten« Vorlage radikal. Die satirisch eingefärbten Dialoge der ursprünglichen Fassung, teilweise aus unbedarften Äußerungen des Publikums vor Friedrichs gewaltigem Bild zusammengestellt, entfallen in den *Abendblättern*, und nur die von Brentano formulierte Einleitung bleibt im Zeitungstext erhalten. Sie zeigt die ungeheure Wirkung des Bildes auf Brentano und bietet eine kongeniale romantische Prosahymne zu Friedrichs Bild, in der die sprichwörtliche »romantische Sehnsucht« umschrieben wird:

»Es ist herrlich, in unendlicher Einsamkeit am Meeres Ufer unter trübem Himmel auf eine unbegrenzte Waßerwüste hinzuschauen, und dazu gehört, daß man dahin gegangen, daß man zurück muß, daß man hinüber mögte, daß man es nicht kann, daß man alles zum Leben vermißt, und seine Stimme doch im Rauschen der Flut, im Wehen der Luft, im Ziehen der Wolken, in dem einsamen Geschrei der Vögel vernimmt; dazu gehört ein Anspruch, den das Herz macht, und ein Abbruch, den einem die Natur tut.«

Dann lassen Arnim und Brentano zwei wenig kunstsinnige Ausstellungsbesucher zu Wort kommen:

> Erste Dame: Hast du gehört, Louise? das ist Ossian.
> Zweite Dame: Ach nein, du mißverstehst ihn, es ist der Ozean.
> Erste Dame: Er sagte aber, er schlüge die Harfe.
> Zweite Dame: Ich sehe aber keine Harfe. Es ist doch recht graulich anzusehen. (Ab)

Während die Kalauer der dümmlichen Zuschauer die Wirkung des Eingangstextes eher zerstören, gibt es ein weiteres Gespräch, das einen tieferen Zugang zu Friedrichs Bild eröffnet:

> Eine junge Frau mit zwei blonden Kindern und ein Paar Herrn
> Herr: Herrlich, herrlich, dieser Mann ist doch der einzige, der in seinen Landschaften ein Gemüt ausdrückt, es ist eine große In-

dividualität in diesem Bilde, die hohe Wahrheit, die Einsamkeit, der trübe schwermutsvolle Himmel, er weiß doch was er malt.
Zweiter Herr: Und malt auch, was er weiß, und fühlt es, und denkt es, und malt es. [...]
Erstes Kind: Es ist wohl so ein Kapuziner, der das Wetter anzeigt, wie der vor unserm Fenster?
Zweiter Herr: Nicht ein solcher, mein Kind, aber auch er zeigt das Wetter an, er ist die Einheit in der Allheit, der einsame Mittelpunkt in dem einsamen Kreis.
Erster Herr: Ja, er ist das Gemüt, das Herz, die Reflexion des ganzen Bildes in sich und über sich. [...]
Dame: Ach, es war mir vor dem Bilde wie zu Haus, es rührt mich recht, es ist doch recht natürlich, und als Sie so sprachen, war es mir gerade so undeutlich wie sonst, wenn ich mit unseren philosophischen Freunden am Meere spazieren ging; nur wünschte ich, daß eine frische Seeluft wehte und ein Segel herantriebe, und daß ein Sonnenblick niederglänzte und das Wasser rauschte; so ist mirs als wie Alpdrücken und Sehnsucht nach dem Vaterland im Traum; kommt weiter, es macht mich traurig. (Ab)

Als Vorbild für die »Dame« mit ihren zwei Kindern vermutet die Brentano-Forschung Charlotte Pistor, die Wirtin von Arnim und Brentano, mit der die beiden Autoren – das Herren-»Paar« des Textes – die Ausstellung besuchen. Die Betrachtung endet entsprechend mit dem von Brentano geschriebenen Satz: »Diese Rede gefiel mir so wohl, daß ich mich mit demselben Herrn sogleich nach Hause begab, wo ich mich noch befinde und in Zukunft anzutreffen sein werde.«

Lotte Pistor war die Frau eines Oberpostrats und wusste sich auf die Späße der beiden Kunstbetrachter einzulassen. Im Hause der Pistors hatte sich eine vergnügte, zu jeglichem Schabernack aufgelegte Wohngemeinschaft gebildet, von der unter anderem ein Brief Brentanos an den Hausherrn zeugt, in dem er nach der Abreise aus Berlin klagt: »hätte ich eine eignere Weide als die Augenweide eures wohlgegürteten Ehweibes.« Dann fordert er Pistor auf: »brummt nicht so mit eurer Frau, zanckt nicht mit ihr, denn sie ist ein Engel voll Güte und plagt sich mehr mit uns, als wirs verdienen.«

Wie die beiden Dichter im Hause des Postrats leben, der später eine Firma für optische Geräte gründet und als Tüftler und Bastler im gleichen Berliner Haus wirkt wie die beiden Poeten, verrät ein Brief Wilhelm Grimms, der die geistige »Werkstätte« von Arnim und Brentano folgendermaßen beschreibt: Brentano »richtete sich [...] die Stube so ein, daß das eine Fenster vollends zugehängt wurde, daß nur eine Scheibe offen blieb, darnach stellte er die Commode mitten in die Stube, ein paar Kasten darum, welche als Tisch und Stuhl dienen mußten, denn den einzigen Stuhl, der sich darin befand, hatte er zerbrochen und festgebunden, um bequem sitzen zu können, und so waren alle Geräthschaften zur Dichtung vorhanden. [...] Freilich beim Arnim wars am schlimmsten und so arg, daß Brentano, der doch eine gute Unordnung verträgt, es nicht mehr aushalten konnte und drei Tage lang an der Ordnung der Bibliothek arbeitete. Allein Arnim klagte nun über die entstandene Unordnung, und wie er nichts mehr finden könne. Die Commode war mit Röcken, Wäsche, Büchern pyramidenförmig aufgehäuft, alle Schubladen waren herausgezogen, in den Ecken waren Gewehre aller Art aufgepflanzt, die zwei vorhandenen Stühle waren besetzt mit Büchern, Briefschaften, Hausgeräth, z. B. Gläsern, Messern, wozwischen rothe Tücher als Friedensfahnen heraushingen und Ruhe unter dem verschiednen Zeug hielten. Der einzige Tisch war auf dieselbe Art versorgt. Arnim sitzt nie und schreibt an einem Pult, auf einem Brett, auf dem nichts liegen konnte, aber hier schreibt er mitten in dieser Unordnung die herrlichsten und göttlichsten Dinge.«

Von Kontakten mit Brentano in Berlin berichtet auch Joseph von Eichendorff, der in seinem Tagebuch des Jahres 1809 notiert: »Im Februar besuchte uns einmal der herrliche Brentano. Sein Weltauslachen und sogenannte Grobheit bis zum göttlichen Wahnsinn. Er spielte Guitarre. Sein Bettler, blau, blau, König von Thule etc. himmlisch. Er schickte mir Bücher, als: [Benvenuto] Cellini [von Goethe], 2 Theile des herrl. Simplicissimi [Grimmelshausens Roman] einen chines. Roman etc.« Am 3. März 1810 besucht Eichendorff gemeinsam mit Brentano die berühmten Panoramabilder Schinkels, die dem Publikum mit musikalischer Untermalung vorgeführt werden. Eichendorff schreibt: »Das plötzl. (Brentano so gefallende) Zuklappen der erleuchteten Avisos zu beiden Seiten. Mehrere Vorstellungen (die hintere Wand nemlich ein perspectivisches, herrliches Gemälde) mit Kirchenmusik. Die einsame Ansicht des morgenrothen Aetnas (im tiefen Vordergrunde die öde Ruine) mit Waldhorns-Echo. Das Innere der alten Domkirche zu Mantua [...] Kreuzeserleuchtung in der Peterskirche etc.« Nach dieser »Multi-Media-Show« des 19. Jahrhunderts erzählt Brentano »fast 2 Stunden lang in einem fort den Plan zu seinen Romantzen. (Rosa blancha, nera e rosa. Studenten zu Bologna. Talmud von der Entstehung der Welt. Der Engel Gabriel über die arme, weinende Erde schwebend. Proffesor Abo etc.) [...] Ich begleitete Brentano noch bis an die Eke des königl. Schloßes.«

An Anregungen und Kontakten fehlt es Brentano in Berlin nicht, und das Zusammenleben und -arbeiten mit Arnim, das reiche Musik- und Theater-Leben, das trotz der napoleonischen Besatzung noch blüht, inspirieren ihn und geben Anstöße für eine Fülle schriftstellerischer Arbeiten. Dass ihn jedoch trotz aller Ablenkungen die gescheiterte Beziehung zu Auguste Bußmann weiterhin beschäftigt, zeigen die Spuren, die der Verarbeitungsprozess in seinem literarischen Werk hinterlassen. So reflektiert Brentano seine Erfahrungen sowohl in dem Roman-Projekt *Der schiffbrüchige Galeerensklave vom todten Meer* als auch in einzelnen Liedern, die als *Dirnengedichte* in die Literaturgeschichte eingehen, aber auch als sinnbildliche Darstellung der »falschen«, »sündigen« Poesie gedeutet werden. »Wohlan so bin ich deiner los / Du freches lüderliches Weib«, dichtet Brentano. Kann dies als Absage an die »Dirne Poesie« gedeutet werden, deren »Methapher« das »lüderliche Weib« ist? Oder gehört der Text zu den Hurengedichten Brentanos, in denen der Autor seine Erfahrungen mit »leichten Mädchen« in Berlin und Prag schildert? Oder ist nicht doch Auguste gemeint, wie der Abdruck in Enzensbergers *Requiem für eine romantische Frau* suggeriert? In jedem Falle zeigt dieses Gedicht das Scheitern romantischer Liebesfantasien und stellt damit einen Versuch dar, die Erfahrungen mit Auguste zu verarbeiten. In einer Schimpfkanonade in Gedichtform macht sich Brentano verbal Luft und versucht, die unbewältigte Beziehung zu Auguste zu kontrollieren.

Erotische Abenteuer kommen als zweite Quelle dieses Gedichts hinzu und dienen gleichfalls der Ablenkung und Abreaktion nach der gescheiterten Ehe. In einem späteren, im Zorn geschriebenen

Brief spielt der ansonsten sehr diskrete Arnim auf den Lebenswandel des Freundes in Berlin an. Er spricht rückblickend von Brentanos »Reisen nach dem Hallischen Thore und zu der Nichtjungfer«. Varnhagen weiß zu berichten, dass Brentano selbst seinen Roman *Der schiffbrüchige Galeerensklave vom todten Meer* mit seinen Erlebnissen im Berliner Prostituiertenmilieu in Zusammenhang gebracht habe: »Von seinem letzten Aufenthalt in Berlin erwähnte er zweier leidenschaftlichen Verhältnisse, die er in so reichen und abenteuerlichen Schilderungen darlegte, daß ich oft in Zweifel stand, ob nicht alles bloß ein dichterisches Spiel gewesen. Eine heiße Liebe, die er zu einem unwürdigen Mädchen gefaßt, wurde nicht erwidert, und das täglich vor seinen Augen sich erneuernde Unwürdige floß mit seiner Liebe und deren Verschmähung in ein so gräßliches Gemisch zusammen, daß man glaubte eine Hexenlauge überkochen zu sehen, wenn er davon erzählte oder vorlas; denn er hatte angefangen, diesen Greuel in einem Roman darzustellen, dessen Titel schon ein Ärgernis war«. Zu dieser »Hexenlauge« gehört auch das bereits genannte Gedicht:

Wohlan so bin ich deiner los
Du freches lüderliches Weib!
Fluch über deinen sündenvollen Schoß
Fluch über deinen feilen geilen Leib,
Fluch über deine lüderlichen Brüste
Von Zucht und Wahrheit leer,
Von Schand' und Lügen schwer,
Ein schmutzig Kissen aller eklen Lüste.
Fluch über jede tote Stunde
Die ich in ekelhafter Küsse Rausch vollbracht

Vieles lässt sich in diesem Gedicht sowohl auf die Hass-Liebe zu Auguste Bußmann als auch auf Erlebnisse mit Berliner Prostituierten beziehen. Die vielen Hinweise auf Parallelen zu Brentanos Biografie zeigen sehr deutlich, dass eine ausschließlich metaphorische Deutung dem Gedicht nicht gerecht wird. So spielt Brentano auf die Selbstmorddrohungen an, die sich am ehesten auf Auguste beziehen lassen:

Du drohst, du elend Weib, dich zu ermorden,
O könntest du's, es stürb dein ganzer Orden,
Doch spar' die Mühe nur, denn du bist längstens tot,
Längst faulst du in dir selbst, in Sünd' und Lügenkot.
Schneidst du den Hals dir ab
Und springst du in die Spree,
Du findest nie ein Grab
Die Spreu schwimmt in der Höh'.

Der Fluss Spree deutet nicht nur auf den Ort der Entstehung dieses Gedichts hin, sondern kann zugleich auf einen Aufenthalt Augustes in Berlin bezogen werden, über den Clemens seiner Schwester Bettine Ende Oktober 1809 aus Berlin berichtet: »Du kannst Dir dencken, wie uns Augustens Ankunft mit Bethmann hier überraschte, [...] sie hat sich übrigens von ihrer Besserung nichts merken laßen, und hier einen Algemeinen Skandal erregt, indem sie nicht nur bei den Restaurateurs, sondern auch im Theater mit Bethmann in Mannskleidern und Cha[p]ot auf dem Kopf erschien, sondern auch so durch die Strasen ritt, ich habe sie so mehrmals begegnet, ohne von ihr bemerkt zu werden, Bettmann erzählt hier er habe sie auf seiner Reise verlaßen und ins Elend gestoßen auf einem erbärmlichen Dorf gefunden, und ich hätte mich nie an ihn gewendet um Sie loszuwerden, sondern habe sie schändlich verlaßen. [...] sie hat sich übrigens bei allen Ministern und Prinzessinen presentiren laßen, aber überall durch Frechheit und Gaucherie verhaßt gemacht.«

Schwer zu sagen, was an dieser Kolportage anekdotisch übertreiben oder gänzlich erfunden ist und was der Realität entspricht. Allzu deutlich spricht aus Brentanos Bericht das Bedürfnis nach Abwehr. Indem er Auguste zur Verkörperung des Gemeinen und Lächerlichen, zur Erzhure stilisiert, hält er sie sich vom Leib. Gerade weil er Mühe hat, auf Distanz zu bleiben, versucht er, sich die Trennung zu erleichtern, indem er Auguste vor sich selbst als bösartige »Skandalnudel« darstellt, über die er sich moralisch erheben kann.

Mit einiger Überraschung reagiert er daher, als sich die niederträchtige, zügellose Person, die er sich in seinen Fantasien ausmalt, in der Realität anders verhält und gar nicht seinen Abwehrfantasien entspricht. Im Berliner Theater kommt es zu einem Blickkontakt, den Auguste mit dem Opernstecher aus der Loge heraus wahrnimmt. Brentano flieht und behauptet, ihr Verhalten habe skandalös gewirkt. Die befürchtete – vielleicht insgeheim auch erhoffte – Reaktion am folgenden Tag bleibt aus, und Brentanos Enttäuschung spricht noch aus seinem Brief an Bettine. Als Geschichtenschreiber fehlt ihm die Pointe, als Liebhaber ist er enttäuscht, dass ihm das angeblich so aufdringliche, schamlose Mädchen nicht mehr nachläuft. Die unerwartet friedliche Abreise Augustes lässt ihn völlig ratlos: »sie mag übrigens keine Begierde mehr nach mir haben, denn ich habe nichts vor ihr empfunden, als einmahl, da sie mich im Theater bemerkte, und durch ein Stundenlanges Hervorlegen und lorgniren nach mir, ein solch Aufsehn machte, daß ich hinaus muste. Den folgenden Tag fürchteten wir eine Szene, aber alles blieb ruhig, und nun ist Sie seit 5 Tagen fort mit Betmann nach Böhmen.«

Der Mangel an Menschenkenntnis und der Fähigkeit, sich in andere Menschen hineinzuversetzen, die sich auch in seiner ersten Ehe gezeigt hatte, mündet auch in seinem Verhältnis zu Auguste Bußmann in eine Ratlosigkeit, auf die Brentano nur eine Reaktion kennt: die extreme Kategorisierung in gut und böse. Auch die Identifikation der Frau mit dem Teufel in seinem Gedicht folgt diesem Muster. Nachdem auch dieses Mal das Ideal der erlösenden Liebe durch die gute und reine Frau von der menschlichen Realität eingeholt worden ist, kann Brentano die gefallene Idealfrau nur noch als Negation seines Ideals wahrnehmen, als böse Sünderin. Etwas anderes als diese moralisch-religiösen Kategorien scheinen ihm weder zur Deutung von Augustes Verhalten noch zur Klärung seiner eigenen Reaktionen zur Verfügung zu stehen. So bleibt auch die Lösung im Gedicht fragwürdig und zeigt weder echte Reue noch tiefe religiöse Gefühle. Brentano rechnet ab und nimmt dabei konventionelles Kirchenvokabular zu Hilfe, weil er auf nichts anderes zurückgreifen kann. In seinem Gedicht heißt es:

Wo wir zuerst uns sahn, ich, du, und dein Geselle,
Ich mein den Teufel, Weib, der deine Seele reitet,
[…]
Du Lügnerin leb wohl, leb schlecht, hier ist die Schwelle,
Wo sich mein reuig Herz, von dir du Hexe scheidet,
[…]
Ich hab' dich nie gekannt, ich hab' dich nie gesehn,
Es war ein böser Traum, er muß hinuntergehen […].

Die danach ausgesprochene Verzeihung wirkt aufgesetzt: Er verweist das teuflische Weib an Gott und bekreuzigt sich. Es ist ein von kirchlichen Denkmodellen bestimmtes Rollenspiel, in das sich der verschmähte und ratlose Liebhaber flüchtet, unfähig, das eigene Verhalten kritisch zu beurteilen, und nur allzu bereit, sein Gegenüber als Teufelsweib und Hure zu beschimpfen und sie damit vor sich zu erniedrigen. Er selbst kann in dieser Inszenierung den Part des edel leidenden Fürsprechers einnehmen und durch diese Überhöhung der eigenen Person an Distanz zu Auguste und damit zu der traumatisch gescheiterten Liebesbeziehung gewinnen.

Von mir sei dir verziehn,
Wend' dich, zu Gott dahin,
Und fleh', daß er verzeih',
Dem Sünder steht es frei.
[…]
Daß dich die Gnade sein barmherzig mög' anwehn,
Daß einen Engel er, zu dir ermahnen sende,
Daß er dein elend Herz wie meines zu sich wende,
So gehet nicht mein Schmerz, doch Leid und Lieb' zu Ende.

KAPITEL ZWÖLF

Fröhlige deutsche Tischgesellschaft

Berlin

»Es wird mit dem Anfange des Jahres 1811 eine so Gott will, fröhlige deutsche Tischgesellschaft alle vierzehn Tage Dienstags zum Mittagessen zusammenkommen; der Ort (beym Wirthe des Casino) soll der Zahl dieser Gesellschaft angemessen ausgewählt werden, der Preis des Mittagessens ist auf einen Thaler festgesetzt.« Mit diesen Worten beginnt ein »Vorschlag zu einer deutschen Tischgesellschaft«, den Achim von Arnim entwirft. Er wird heute unter den Handschriften der Deutschen Staatsbibliothek in der Biblioteka Jagiellońska in Krakau aufbewahrt und enthält auch eine Liste der »Mitglieder der deutschen Tischgesellschaft« mit 45 Namen – zahlreiche Unterschriften, der Rest von Arnim und einer unbekannten Hand eingetragen. Ein weiteres Krakauer Blatt bezieht sich auf die »Verlegung der Gesellschaft nach dem Thiergarten«, samt Abstimmung der anwesenden Mitglieder durch Unterschrift.

Alle vierzehn Tage versammelt sich diese »Christlich-deutsche Tischgesellschaft«. Den Mitgliederstamm bildet die intellektuelle Elite Berlins: Künstler, Gelehrte, Politiker, von denen die meisten bis heute einen guten Namen haben: Alberti, Arnim, von Bardeleben, Beckedorff, Brentano, Brühl, Bülow, Bury, Clausewitz, Dohna, Eichhorn, Fichte, Gerlach, Göschen, Kleist, Lichnowsky, (Adam) Müller, Pistor, Pfuel, Radziwill, Reichardt, Reimer, Savigny, Schleiermacher, Staegemann, Zelter. Stefan Nienhaus hat sich gründlich mit der Geschichte dieser Gesellschaft und den erhaltenen Dokumenten beschäftigt und fasst zusammen: »In der Tischgesellschaft waren Spitzenfunktionäre der Regierung Hardenberg wie Staegemann und von Raumer versammelt, künstlerisch tätige Adelige wie der Fürst von Radzivill, die führenden Köpfe der Berliner Universität wie Savigny, Fichte und Wolfart und der Hofprediger Schleiermacher, die Scharnhorst-Schüler von Clausewitz und von Hedemann, der Baumeister und Goethe-Vertraute Zelter, schließlich auch ›freischwebende‹ Intellektuelle wie Adam Müller oder Clemens

Brentano […] Insgesamt kommt man auf 82 Namen.« Alle Mitglieder waren offenkundig auch mit den Modalitäten der Aufnahme einverstanden, die Arnim in seinem Papier so formuliert: »wer von zehn Mitgliedern als der Gesellschaft wohlanständig und angemessen eingeführt wird, ist dadurch ordentliches Mitglied. – Die Gesellschaft versteht unter dieser Wohlanständigkeit, daß es ein Mann von Ehre und guten Sitten und in christlicher Religion geboren sey, unter dieser Angemessenheit, daß es kein lederner Philister sey, als welche auf ewige Zeiten daraus verbannt sind. […] Die Erklärung von zehn Mitgliedern mit ihres Namens Unterschrift, daß jemand Philister geworden, bestimmt dessen Trennung von der Gesellschaft, was nimmermehr hoffentlich der Fall seyn wird. – Gesang ist willkommen, Frauen können nicht zugelassen werden.«

Die Tatsache, dass Frauen und Juden durch diese Bestimmungen ausgeschlossen bleiben, scheint niemanden aus dem Kreis der Mitglieder besonders zu stören. Dabei hatte sich in Preußen bereits vor der Jahrhundertwende eine gerade von jüdischen Frauen gestaltete, relativ offene Salonkultur etabliert, an der großenteils die gleichen Personen teilnehmen, die nun ihre Unterschrift unter diese diskriminierenden Regelungen setzen. Es gibt sicher kaum einen in diesem Kreis, der nicht die Salonièren Henriette Herz, Rahel Levin und Dorothea Veit, geborene Mendelssohn, kennt und nicht das eine oder andere Mal in ihren Berliner Salons zu Gast war, wo sich – wie in der neu gegründeten Tischgesellschaft Arnims – Künstler mit einflussreichen, dem preußischen Hof nahestehenden Adligen von hohem militärischem und diplomatischem Rang zu einem Jour fixe trafen.

Seit dieser Zeit hat sich das politische Klima in Berlin jedoch grundlegend verändert. Noch im letzten Drittel des 18. Jahrhunderts hatte die liberale Tradition eines Mendelssohn – Vorbild von Lessings *Nathan dem Weisen* – das geistige Klima in der preußischen Metropole bestimmt. Frauen wie seine Tochter Dorothea oder deren Freundin Rahel Levin standen im Zentrum gesellig-literarischer Zirkel und bildeten eine Brücke von der geistig offenen Aufklärung zur Frühromantik. Eine Generation später war Dorothea Schlegel in der von Arnim gegründeten »Christlich-deutschen Tischgesellschaft« unerwünscht und auch Künstler wie Felix Mendelssohn-Bartholdy oder Heinrich Heine hätten ausgeschlossen werden müssen.

Wie erklärt sich dieser Rückfall in eine intolerante, Minderheiten ausgrenzende Position? Boten die romantischen Ideen Ansätze für eine juden- und frauenfeindliche Ausrichtung? Wie ist es zu erklären, dass Arnim und Brentano, Eichendorff und Bettine zeitlebens freundschaftliche Beziehungen zu Rahel oder Dorothea unterhalten und dennoch die von Romantikern gegründete Berliner Gesellschaft jüdische Intellektuelle und Frauen ausgrenzt?

Zunächst musss festgehalten werden, dass es in Berlin antijudaistische Vorurteile – die sich ausschließlich gegen die Religion richteten und daher streng genommen nicht antisemitisch genannt werden können – auch im 18. Jahrhundert während der Hoch-Zeit des jüdischen Salonlebens gab. Die meisten jüdischen Salons standen jedem Besucher offen, doch konnten die jüdischen Salonièren selbst durchaus nicht jeden Berliner Salon besuchen!

Die Aufhebung der letzten Handelsbeschränkungen für Juden in Preußen im Jahre 1811 dürfte diese latente Diskriminierung der Juden eher noch befördert als reduziert haben. Freier Handel mit Konkurrenz belebt das Geschäft, kann aber auch Neid und unlautere Verfahren der bereits etablierten Geschäftsleute auslösen. Hinzu kam in Preußen die Haltung der Kirche. Misstrauen und Hass trafen die Vertreter einer andersartigen Religion, die Jesus nicht als Sohn Gottes anerkennen wollte. Getaufte und damit im Sinne der Kirche »assimilierte« Juden dagegen traf dieser Bann nicht – ein Grund dafür, dass zahlreiche Berliner Juden sich taufen ließen.

Die Vertreter der Romantik waren für die Übernahme dieser religiös fundierten Vorurteile insofern anfällig, als Friedrich Schlegels Ruf nach einer »neuen Mythologie« zwar zu einer Ablösung der antiken Götter (in der Kunst) geführt, aber zugleich eine Hinwendung zur katholischen Religion, zu Marienkult und den Idealen des christlichen Mittelalters ausgelöst hatte. Zahlreiche Dichter der Romantik, darunter Friedrich Schlegel selbst, waren zum katholischen Glauben übergetreten und hatten damit die große Bedeutung der Kirche in ihrem Denken und Fühlen deutlich werden lassen. Das musste allerdings nicht zwangsläufig zu einer Abgrenzung gegen Menschen jüdischer Abstammung führen: Friedrich Schlegel schloss mit Dorothea, geborene Mendelssohn, in Köln 1804 die Ehe; beide konvertierten gemeinsam zur katholischen Kirche.

Die Aufnahmeklausel von Arnims Tischgesellschaft bezeugt dagegen eine in Berlin um sich greifende Intoleranz. Sie überschreitet das bis dahin gekannte Maß an Ausgrenzung. In ihrer scharfen Form geht sie nicht auf Arnim zurück, der in einem ersten Entwurf noch vorsah, »Täuflinge [...] aufzunehmen mit Milde und Nachsicht und sie durch Freundlichkeit ganz aus der Schlinge des alten Bundes zu befreien«, wie er rückblickend in einer Rede vom 18. Januar 1815 schreibt, in der er die Tischrunde als »kleinen Freistaat« schildert: »Zugleich mag es aber die innere Freiheit der Gesellschaft beweisen, daß ich mit dieser Meinung überstimmt und zurückgewiesen worden, als noch keine höhere Gewalt in meinen Händen war.« Man gibt sich im internen Verfahren dieser »Gesellschaft« also demokratisch; Ergebnis der Gründungssitzung ist jedoch die minderheitenfeindliche, judendiskriminierende Regelung: Mitglied der Tischgesellschaft kann nur werden, wer »in christlicher Religion geboren« ist. Der »Makel«, aus einer jüdischen Familie zu stammen, ist nach dieser Formel durch nachträgliche Taufe nicht mehr zu beseitigen; die religiösen und politischen Bekenntnisse der Aufnahmekandidaten spielen keine Rolle – selbst »assimilierte« Juden bleiben ausgeschlossen und werden mit den verspotteten Philistern gleichgesetzt.

Der Stimmungsumschwung und die aufkommenden nationalen Tendenzen in Berlin lassen sich aus der historisch-politischen Situation Preußens und der Entwicklung der romantischen Bewegung erklären. In der Zeit der Unterwerfung und Besetzung durch napoleonische Truppen entsteht in Berlin eine patriotische Stimmung, die sich erst später in den so genannten Befreiungskriegen Luft macht. Die Intellektuellen besinnen sich auf die deutschen Traditionen, suchen nach den Ursprüngen einer deutschen Kultur. Das Programm der Romantik hat seit der Heidelberger Phase diese Komponente stärker entwickelt. Alte »deutsche« Lieder werden im Titel von *Des Knaben Wunderhorn* versprochen. Mit dem Nibelungen-Epos hat man ein gewaltiges Werk in mittelhochdeutscher Sprache entdeckt, von dem einige glauben, dass es sich mit den griechischen Epen Homers messen könne. Die Brüder Grimm sammeln und edieren alte deutsche Sagen und Märchen und tragen Zeugnisse germanisch-deutscher Rechtsprechung zusammen; mit den »Franzen«, wie die Franzosen gelegentlich abschätzig genannt werden, und ihrer Kultur will man angesichts von Napoleons Machtpolitik nichts mehr zu tun haben.

So spielen die Worte »deutsch« und »Volk« auch in den Unterlagen und vorgetragenen Texten der »deutschen« Tischgesellschaft eine bedeutende Rolle. Eine patriotisch-nationale Gesinnung spricht bereits aus der Wahl des Stiftungstags, die sich auf ein wichtiges Datum der preußischen Monarchie bezieht: »Den 18ten Januar am Krönungstage ist die erste Versammlung dieser Gesellschaft angeordnet, dieser Stiftungstag soll alljährlich wiedergefeiert werden«, heißt es in Arnims Zirkular. Die Königin Luise von Preußen, die noch im gleichen Jahr sterben sollte, war zum preußischen Idol geworden – nicht nur für die Intellektuellen der Romantik. Sie hatte sich 1807 in Verhandlungen mit Napoleon in Tilsit persönlich für ihr Volk eingesetzt. Die preußische Legende berichtet, dass sie »den furchtbaren Sturz des Staates schmerzlich empfand«, Mut und Gottvertrauen jedoch nicht verlor und »durch ihren Trost« auch »ihren tiefgebeugten Ehegemahl« wieder aufrichtete. Nach der Rückkehr in die preußische Hauptstadt im Dezember 1809 ordnete sie die Regierungsgeschäfte und starb – wie es heißt, »aus Gram über das Schicksal ihres Vaterlandes« – am 19. Juli 1810.

In den Werken von Arnim und Brentano spielen antijudaistische Elemente eine untergeordnete Rolle, ebenso wie sich aus den Statuten der Tischgesellschaft keinesfalls eine generelle Frauenfeindlichkeit der beiden ableiten lässt. In Erzählungen und Märchen der Romantik finden wir den überwiegend negativ gezeichneten Typ des Juden, wie er überall in der Weltliteratur nachweisbar ist. Die drei Petschierstecher in Brentanos *Märchen von Gockel, Hinkel und Gackeleia* sind vom Typus des Shakespeareschen Shylock. Der bösen Jüdin Vasthi wird in Arnims Erzählung *Die Majorats-Herren* ein versöhnlich gestimmter Rabbiner gegenübergestellt.

Arnim und Brentano kannten die drastisch Juden diffamierenden Darstellungen des Johann Andreas Eisenmenger in seinem zweibändigen Werk *Entdecktes Judenthum* von 1700, und benutzten die Bände als Quelle für die Schilderung jüdischer Rituale, um Kolorit für ihre Erzählungen zu gewinnen. Brentano zieht den Eisenmenger auch bei seinen *Romanzen vom Rosenkranz* und den *Barmherzigen Schwestern* heran. Eine antijüdische Tendenz liegt den genannten Werken jedoch nicht zu Grunde.

Martina Vordermayer weist darauf hin, dass der literarisierte menschliche Typus des »ewigen Juden« sogar zum Identifikationsmuster für Brentano wurde. Er sieht sich selbst als Getriebenen, Heimatlosen, der auch nach der Taufe nicht ruhen kann: »ich aber bin ein Gattung ewiger Jude der nicht lebt nicht stirbt, und nun ewig wandelt, ohne zu handlen, zu schaffen, zu genießen«, schreibt er schon 1802 an Savigny, und in einem Brief an Wilhelm Grimm vom Juli 1809 heißt es: »In mir ist ein trauriger unstäter Geist, der mich treibt, und mir dennoch nirgends Ruhe verspricht.«

Lediglich in seiner Philistersatire nimmt Brentano oppurtunistisch die anti-jüdischen Tendenzen der Tischgesellschaft auf und orientiert sich dabei offensichtlich an Arnims kurz zuvor entstandenem Doppeldrama *Halle und Jerusalem*, in dem behauptet wird, daß die Philister »mit allen Juden unter einer Decke« stecken. Damit wird die Konzeption der frühromantischen Satire, die ausschließlich eine grundlegende Philisterkritik formulierte, radikal verändert. Vermutlich entsprechen die »drei Kapitel über den Philister vor, in und nach der Geschichte« – in Tiecks Memoiren *Naturgeschichte des Philisters* genannt – weitgehend der Jenaer Urfassung der Satire, während der Vorspann und die erläuterten Illustrationen Zugabe der Berliner Fassung für die Tischgesellschaft sind, die Brentano dann veröffentlicht.

Dafür spricht, dass die juden-verhöhnenden Bestandteile gerade in der Umrahmung des Werkes sehr deutlich sind. Da in der Bibel Philister und Juden verschiedene, einander feindselig gegenüberstehende Stämme sind, bedarf es besonderer argumentativer Anstrengungen, um sie beide als Verkörperungen des Bösen zu »identifizieren«. »Kein Jude kann ein Philister sein. […] Juden und Philister sind entgegengesetzte Pole; was bei den ersten in den Samen, ist bei den letzteren ins Kraut geschossen«, formuliert Brentano, und in der *Erklärung der Kupfertafel* heißt es: »Diese Figur stellt einen Kompaß vor […]. Der Philister macht mit dem Unterteil des Juden den Nordpol, der Jude mit dem Unterteil des Philisters den Südpol, beide treten die Welt mit Füßen, und umarmen sich allein selbst, um sich ihren ineinander verliebten Widerwillen gegeneinander zu bezeigen, und halte ich diese Figur für das Abbild aller Schlangen in allen Paradiesen«. Auf diese Weise stellt Brentano – recht gewaltsam und auch künstlerisch wenig überzeugend – eine Verbindung von Juden- und Philisterthematik her.

In der »Christlich-deutschen Tischgesellschaft« wird diese Version der Satire mit großem Beifall aufgenommen. Varnhagen – der allerdings gar nicht zur Tischgesellschaft gehörte und aus zweiter Hand berichtet – behauptet, dass »die Gesellschaft außer sich« geriet, »jubelte und schrie vor Vergnügen. [...] Alle Mitglieder erhoben sich, umdrängten Brentano und schmeichelten ihm wahrhaft huldigend. Es war sein größter Triumph.« Für Julius Eduard Hitzig und Friedrich de la Motte-Fouqué war Brentano allerdings nach dieser Lesung ein »welscher Teufel«.

Die große Resonanz zeigt, dass Brentano mit seinen Dichtungen, die sich an der politischen Stimmung in Preußen orientieren, »ankommt«; er ist vielleicht nie so populär wie in dieser Berliner Zeit, als er die bedeutendsten Intellektuellen zu seinen Freunden zählen kann und in seinen rasch publizierten Werken Stoffe aufnimmt, die alle bewegen. Bereits im Jahr vor Gründung der Tischgesellschaft verfasst er Kantaten, die fast so etwas wie Staatsaufträge sind und zugleich der Stimmung in der Stadt entgegenkommen. Nach dem Tode der preußischen Königin schreibt er die *Kantate auf den Tod ihrer Königlichen Majestät, Louise von Preußen*, verklärt er die in der Bevölkerung beliebte Luise zu einer engelgleichen, reinen Lichtgestalt und leistet damit seinen Beitrag zur Legendenbildung.

Reichardts Vertonung dieser Kantate findet bei den Proben in Berlin wenig Beifall, und Brentano wendet sich mit einer Bitte um Komposition an Beethoven, der jedoch den preußischen Luisen-Kult von Wien aus distanziert betrachtet und dazu nur bemerkt: »Was die Kantate betrifft, so ist der Gegenstand für hier nicht wichtig genug, ein anderes ist sie in Berlin«. Dort widmen neben Brentano auch Arnim und Kleist der Königin Dichtungen, denen allen ein patriotischer Impetus gemeinsam ist. Man feiert eine Königin, die sich für Preußen geopfert hat, verklärt sie zur Märtyrerin in »eiserner Zeit«. In Brentanos Kantate heißt es:

> Ach, des Leides Maß, voll war es nicht
> In eiserner Zeit
> Sind die Schwerter unzählige
> Und überschwenglich
> Ist der Becher der Not!

Die Tränen brechen aus,
Sollen wir sprechen aus,
Wie Sie gewesen ist,
Die nun genesen ist,
Von allem Leid,
    Die in der Krone Glanz,
    Die in der Blumen Kranz
    Glorreich und huldreich war,
    Die ein Gestirne klar
    Stand in der Zeit.

Im Vergleich zu Arnims *Stiftungslied der deutschen Tischgesellschaft*, das im Namen von Luise den Kampf gegen die französische Herrschaft entfacht, ist Brentanos Text von kämpferischen Tönen frei. Bei Arnim heißt es in der vorletzten Strophe des Stiftungsliedes:

Nimmer sollen Fremde herrschen
Über unsern deutschen Stamm,
Allen wilden Kriegesmärschen
Setzt die Treue einen Damm.
Unsres Volkes treue Herzen
Bindet eine Geisterhand,
Und wir führen *Sie* in Schmerzen,
Sie, die uns von Gott gesandt,
Daß sich Glaub' und Liebe finde,
Und in Hoffnung sich verkünde,
Ewig lebt *die Königin*.

Brentanos Kantatentexte lösen sich stärker von dem politischen Kontext. Während Arnim schon 1806 preußische Kriegslieder und ein Programm für eine patriotische Zeitung mit dem Titel *Der Preuße* formuliert hatte und – ähnlich wie Eichendorff – darauf dringt, selbst zu kämpfen, spricht Brentano in seinen Briefen an den Freund geradezu provozierend von »deinem« Vaterland. Er selbst fühlt sich nicht als Preuße, schließt sich offensichtlich auch nicht den nationalistischen Bestrebungen an, die auf eine Vereinigung der deutschen Länder zielen.

Brentanos zweiter Kantatentext, zu dem Reichardt ebenfalls die Musik komponiert, ist eine Auftragsarbeit zur Eröffnung der Berliner Universität am 15. Oktober 1810. Brentanos Schwager Savigny ist Mitglied des Gründungsausschusses der Universität und spielt seither in der Kulturpolitik Berlins eine herausragende Rolle. Ihm dürfte Brentano diesen quasi staatlichen Auftrag zu verdanken haben.

Die auf den Geburtstag des Kronprinzen gelegte offizielle Einweihungsfeier wird jedoch abgesagt, Brentanos Text erscheint lediglich im Druck. Offensichtlich befürchtet die Berliner Verwaltung nationalistische, die preußische Tradition stärkende Demonstrationen, die das Verhältnis zu den Franzosen, mit denen es einen offiziellen Friedensvertrag gibt, gestört hätten. Brentanos Text gibt jedoch kaum Anlass zu solchen Befürchtungen, denn seine Kantate schwingt sich nur zu einem Lob Deutschlands auf, das kaum als direkte Aufforderung zu Kampf und Franzosenhass gedeutet werden kann. Nach einem Gotteslob und einer Hommage an den Universitätsgründer Friedrich III. wendet sich die »Stimme des Dichters« an das Vaterland:

Zu dir, zu dir mein Vaterland,
Mein deutsches Land,
Wend' ich jetzt Stimme, Gruß und Lied:
Solang die Sprache dich verband,
In fester Hand
Der ernsten Künste Lorbeer dir erblüht.
Mein Deutschland, du stehst ewiglich,
Tief innerlich
Verbindet dich ein hoher Weisheitstrieb
Und deine Männer ernstiglich
Erhalten dich,
Denn Wahrheit, Glauben, Hoffnung sind dir lieb.
Die Berge haben Eisen dir gegeben,
Und deine Schmieden Klingen,
Und deine Wälder Söhne, die sie heben,
Und sie in gutem Kampfe gut auch schwingen!
Und segnet deinen Pflug das Gold der Ähren,
Des Webers Schiff die reine Flut der Linnen,

Und wissen deine Jungfraun klar zu spinnen,
Weißt du zu wehren dich und auch zu nähren,
So weißt du herrlicher doch noch zu lehren,
In deinen Kreisen stehn verbündet
Die hohen Schulen fest gegründet,
Und heben ernst ihr Haupt in hohen Ehren.

Offensichtlich waren diese Worte für eine verängstigte Verwaltung unter französischer Kontrolle schon zu stark. Die vorgesehene Feier in Berlin wird abgesagt, und als Heinrich von Kleist in seinen *Abendblättern* über die Absage berichten will, untersagt dies die Zensur. Brentanos Text dagegen darf publiziert werden und erscheint gleichzeitig mit einem von Kleist bearbeiteten Gedicht Arnims: *Der Studenten erstes Lebehoch bei der Ankunft in Berlin am 15ten Oktober.*

Das Gemeinschaftsleben der beiden Freunde in Berlin wird durch die überraschende Hochzeit Arnims mit Clemens' Schwester Bettine am 11. März 1811 jäh beendet. Die beiden waren seit fast zehn Jahren befreundet, hatten ihre durch einen Werbebrief Arnims nach Landshut ausgelösten Heiratspläne jedoch bis zur letzten Minute geheim gehalten. Bettine wohnt in Berlin bei ihrer Schwester Gunda und dem Lehrmeister ihrer Mädchenzeit, den sie zärtlich »Alter« genannt hatte, dem Schwager Savigny. Arnim dagegen teilt mit seinem Freund die Wohnung bei Pistors, verschweigt Brentano jedoch seine Heiratspläne. Der Freund nimmt diese Geheimhaltung zunächst übel, und es kommt nach Hochzeit und Auszug Arnims aus dem Pistorschen Domizil zu einer Begegnung, die von beiden als peinlich empfunden wird.

Doch unmittelbar nach diesem überraschenden Zusammentreffen auf einer Gesellschaft schreiben die beiden am 20. April 1811 einander Briefe, die zu einer raschen Wiederannäherung führen. Arnim entschuldigt sein Verhalten mit der – nicht ganz unbegründeten – Befürchtung, der Freund hätte durch Klatschereien die geplante Ehe noch gefährden können. Zur »Ursach meiner Aengstlichkeit in Beziehung auf meine Frau« erläutert er in seinem Brief: »in Hinsicht dessen was Du von meiner Frau erzählst, so muß ich Dich an manche Erzählung erinnern, die du verschiednen von ihr gemacht und die nicht wenig zu dem fatalen Aufsehen beygetragen hat, worunter sie im Anfange ihres hiesigen Aufenthaltes hat leiden müssen und was sie von den meisten Gesellschaften zurückschreckte, ferner denk daran, daß du in dem bedeutensten Wendepunkte meiner innern Geschichte und meines Verhältnisses zu Bettinen durch eine ganz falsche Erzählung von ihr und Freyberg das Glück, was mir jezt geworden, fast gänzlich zerstört hättest; die traurigen Tage, die du mir damals damit gemacht hast, sind dir längst vergeben und vergessen, doch wirst du meine Vorsicht natürlich finden. Denk daran, wie Du Bettinen oft durch Erzählungen wie ich ausschweifend sey, wovon Du nie etwas ersehen hast, geärgert und von mir abgewendet hast, doch alles das hat sich gegenseitig erklärt, es ist vorbey, aber es darf nicht ungenutzt vorbeygegangen seyn es muß Dich überzeugen, daß die blosse Gleichgültigkeit das Heimlichere zur Unterhaltung zu machen, was einem gesagt allen zu überlassen, oft ebenso viel oft mehr als böse Absicht schaden kann, das Ungewisse nimmt den Schein der Ueberzeugung an und die Menschen lassen sich nie leichter darstellen, als wie mans gänzlich mißversteht. Genug davon für immer, was ich in dir geliebt habe und liebe ist von je an ganz unabhängig gewesen von dem, was ich nie in Dir geliebt habe.«

Brentano antwortet noch am gleichen Tage und beginnt im Klageton, als wäre er nun von aller Welt verlassen und müsste wie ein »Emigrant« nach einer Bleibe suchen: »Ich bin nicht gestern schnell von dir weggegangen, weil du mich gekränkt, sondern weil ich in meiner Seele so tief kranck und traurig bin, als ich es jemals in meinem Leben geweßen, ich trat schon in dein Hauß mit einer Betrübniß, die mich seit mehreren Wochen zerreißt, und deren Ende ich nicht absehe, da ich nun so still in deinem Garten stand, und die [Pistorschen] Kinder sah und dich und Betine herumhandthieren, und mich mit meiner ganzen Seele, mit meinem Leben tief traurig und erstickt fühlte, und wie ein eingeschlafenes Glied, stieß mich deine Anrede zurück, nicht von dir, nur von der ganzen Welt, ich war ganz vernichtet, ganz zertreten, aber ich habe noch keinen Augenblick gelebt, ohne dich innig und aufrichtig zu lieben. Es war mir wie dem verzweifelten Emigranten, dem unser Vater eine Bouteille Wein schenckte, und der, da er die dunckle Treppe in seine Kammer hinauf gieng, ausglitt, und sie zerbrach, sich aus Betrübniß drüber das Leben nahm.«

Dann geht er auf den Vorwurf mangelnder Diskretion ein und behauptet: »Daß meine Äußerungen, die ich je über Betinen gethan, [...] ihr geschadet, für diesen Glauben in dir kann Sie dich mit aller Liebe nie belohnen [...] Ich habe nie etwas von ihr gesagt, als daß Sie sehr geistreich, sehr talentvoll sehr gut, aber in ihrer Erscheinung kindlicher und naiver sey, als dieß sich sonst wo zußammen paße. Daß die Leute verkehrt von ihr sprachen, werde ich Ihnen nie verdencken, habe ich Sie doch, seit ich sie kenne und liebe, häufiger in Gesellschaft so gesehen, daß ihr Wesen mir durch die Möglichkeit, es falsch aus zu legen, das Herz zerriß, als anders, und ich habe mich dadurch ja selbst oft geängstet gefunden, nur mit ihr auf der Straße zu gehen. [...] Daß ich dir von Freiberg und ihr sprach, habe ich damals von ganzer Seele gethan, wenn es mich gleich viele Mühe gekostet, ich wuste damals nicht, daß du Sie heurathen wolltest, du hattest dich nie drüber erklärt, sie selbst hatte mir ein mahl auf ihre Art erklärt, dich zu heuraten habe sie nie gedacht, [...] ich glaubte Gott weiß warum, sie liebe dich etwa wie den Göthe, und war fest versichert, sie werde den Freiberg heurathen.«

Schließlich schildert er eine Szene, die verdeutlicht, dass ihm die Beziehung zwischen Bettine und Arnim schon seit langem seltsam und unbefriedigend schien. Als leide er mit seinem frustrierten Freund mit, schreibt er: »Ich fuhr mit Bettinen in einer Kutsche; ihr hattet noch nie erklärt, daß ihr euch wolltet, mir schien das Verhältniß drückend in dem du als ein Fleisch und Bein mit ihr lebtest, ich fragte sie, ob sie dich nicht bald heurathen würde, sie äußerte sich auf ihre Art, da dencke sie gar nicht eigentlich dran, so sagte ich ihr, müße Sie auch nicht so handgreiflich zärtlich mit dir sein, sie fragte mich warum, ich sagte ihr, du seyst doch so ein gesunder und starker Mann, und es wäre mir fatal, daß ich dich in einer so unbefriedigten Erregtheit sehe, sie sagte, das verstehe Sie nicht, worauf ich erwiederte, wenn sie es nicht verstehe, sey sie kein Mensch, hierauf sagte sie mir: Sie glaube, du seyst gar nicht sinnlich, das kam mir übertrieben vor und darum unwahr, und als Sie mich weiter ausholte, ob du je ausschweifend gewesen, sagte ich ihr, daß ich das nicht wüste, daß ich aber glaube, wie ein gesunder und lebendiger und schöner Mann, der sich in edelmännischen Verhältnißen reisend in der Welt herumbewegt hätte, nicht eben eine Jungfer geblieben seyn könne, ich sey auch nie ausschweifend gewesen, wenn ich gleich von der Natur manches genoßen hätte, waß Sie mir gegeben. Vielleicht ist es unvernünftig geweßen, daß ich dies zu ihr sagte, aber sie hat mich auch dazu verführt, mit ihrer oft zu besonnenen Naivität. Dies Wäre meine Beichte, mein Freund, Sünden, die mich nur drücken, weil Sie dich gedrückt, meine Seele zu dir ist klar und rein, nimm sie, wie du kannst, sie läßt es sich gefallen, es verdient niemand deine ganze Liebe, am öftesten niemand als du.«

Zu einer formellen »Werbung« Arnims um die Schwester seines Freundes war es gekommen, als er sein Erbe antreten wollte, und feststellen musste, dass im Testament eine Fideikomissregelung vorgesehen war. Das bedeutet, nicht er und sein Bruder konnten nach dem Tode seiner Großmutter über die Familien-Güter in Brandenburg und Mecklenburg verfügen, sondern erst ihre Kinder. Die Großmutter Labes, die sich nach dem Tode der Mutter so rührend um ihre Enkel Achim und Pitt gekümmert und ihnen unter anderem die Kavalierstour durch Europa finanziert hatte, wollte die beiden Enkel zur Familiengründung bewegen und ging davon aus, dass die beiden jungen Männer nur auf diese Weise dazu veranlasst werden konnten, sich mit aller Kraft um ihre Güter zu kümmern. Für Arnim bedeutete dieses Erbe, das mit hohen Schulden belastet war, eine Umstellung seiner Lebenspläne. An Bettine schrieb er:

»Meine Großmutter entriß der Tod, sie hat mir viel Gutes getan, und ich ehre dankbar ihr Andenken. [...] Ihr Vermögen hätte mich selbst in dieser Zeit, wo nur der thätige Gebrauch eines Vermögens eigentliche Sicherheit gewährt, reich gemacht, wenn sie nicht durch eine Fideicommißeinrichtung, die sich erst zum Besten meiner Kinder auflöst, mich und meinen Bruder und Onkel beschränkt hätte. Da ich aber alle Beengungen meines Lebens zu Erweiterungen meiner Natur ausgeblidet habe, so war mein Entschluß nach der Eröffnung des Testamentes bald gefaßt, das Meinige zu tun, um rechtmäßige Kinder zu haben. Da brauchte es nicht langer Zweifel, ich wußte niemand auf der Welt, von der ich so gern ein Ebenbild besessen hätte [...] und auch keine, mit der ich auch ohne diese Verdoppelung so gern mich erfreut, gestritten, gewacht und geschlafen hätte, als Dich.« Diese Werbung hatte er – wie er Bettine im Brief vom 10. Juli 1810 schreibt – schon mündlich bei einem Besuch in Bukowan im Juni 1810 vortragen wollen, doch da »wurde ich ganz anders von Dir empfangen als ich gemeint und erwartet hatte«. Vermutlich hatte Arnim bei diesem Besuch von Bettines Beziehung zu jenem Freyberg in Landshut erfahren, von der auch in den beiden zuletzt zitierten Briefen von Arnim und Brentano die Rede ist. Den vier Jahre jüngeren Max Prokop von Freyberg-Eisenberg verehrte Bettine. Noch nach Erhalt von Arnims Werbebrief setzte sie den Briefwechsel mit ihm fort, sie schreibt »weiter und weiter an ihn, fast jeden Tag, über sich, über Gott, allerdings nicht über die Welt. Wohlweislich teilt sie, die sonst über alle Postaus- und -eingänge berichtet, weder den Empfang von Arnims Werbebrief mit noch, dass sie auf diesen sofort geantwortet hat. Die späteren Briefe erwähnt sie wieder pünktlich.«

Bettines Antwort – »der merkwürdigste Jawortbrief der deutschen Literatur«, wie Hildegard Baumgart formuliert –, dürfte am 20. Juli entstanden sein. Er beginnt mit der ausführlichen Schilderung eines Traumes. Dann heißt es: »Da weckte mich Dein Brief, und im Bett noch sprach ich viel mit Dir [...] Du bist unendlich gut und herrlich, das weiß ich, aber Du bist noch besser, als ich es weiß und fühlen kann. [...] In Deinem Blick hat sich oft was größeres gemalt, als was der Erde angehört, ich habs gesehen, denn alle Liebe gehört dem Himmel.« Dann kommt am Schluss des Briefes ihr verklausuliertes und eingeschränktes »Jawort«: »Wir wollen Gott vertrauen und warten, was er fügt; wir wollen uns fassen und nicht loslassen. Ich kann Dir nicht alles sagen, aber ich hoffe, daß Du aus diesem wenigen erkennest, daß ich nicht schlecht bin und das Gute will. Liebes Kind meines Herzens, warum soll ich nicht Dein sein? warum, wenn Du an mich verlangst, soll ich Dir nicht geben? [...] Sei von mir geliebt, sei mein, sei getrost. Bettine«

Dieser brieflichen Annäherung folgt in Berlin eine Verlobung zu zweit unter freiem Himmel: »am 4ten December war kalt und schauerlich Wetter, es wechselte ab im Schneien, regnen und Eisen; da hielt ich Verlobung mit Arnim unter freiem Himmel um 9 Uhr Abends in einem Hof wo hohe Bäume stunden, von denen der Wind den Regen auf uns herabschüttelte«, berichtet Bettine Goethe: Eine filmreife Szene, ebenso wie die heimliche Hochzeit am 11. März 1811 und die anschließende Rückkehr der Verheirateten in das jeweilige Domizil. Auch Savignys erfuhren nämlich erst nach Tagen von der Trauung und glaubten zunächst, Bettine habe wieder einmal eine ihrer Fantasiegeschichten erzählt, als sie darüber berichtete.

Zur Verlobung kam es übrigens – so Arnims Bericht an seinen Onkel Schlitz – »vor einem Haus, wohin ich sie zu einer langweiligen Gesellschaft führte«. Das junge Paar war zu Gast bei Sara Levy, »einer der großen Jüdinnen von Berlin, in deren Haus Hinter dem Packhof 3 Arnim einmal kurze Zeit gewohnt hatte«. Hildegard Baumgart schildert, was bei diesem Besuch geschah: »Madame Levy wurde gerade frisiert, als das Paar kam – sie war sehr konservativ und trug daher wahrscheinlich noch die Perücke, die Vorschrift für die verheirateten Jüdinnen war, damit kein anderer Mann ihre Haare sah. Kamen sie also zu früh – oder war es der legere Stil der Berliner Salons? ›Hör Er, Friseur! bau Er der Madame Levy nur heute was Ordentliches auf, denn ich hab' unten eben mit dem Arnim Verspruch gehalten!‹ rief Bettine und löste damit die Feierlichkeit der Stimmung und vielleicht die Peinlichkeit des zu frühen Erscheinens auf.«

Das Zitat aus Fanny Lewalds *Erinnerungen* belegt, wie unbefangen Arnim und Bettine zu diesem Zeitpunkt in den Salons der Jüdinnen auftraten. »Um 1800 hatte sich das gastfreundliche Levysche Haus zu einem Salon entwickelt, der ein halbes Jahrhundert lang bestand. In den Jahren 1800 bis 1820 verkehrten besonders viele interessante Gäste dort, u. a. Schleiermacher, Zelter, E. T. A. Hoffmann und Fichte.« Drei der genannten Gäste wurden auch Mitglieder von Arnims »Christlich-deutscher Tischgesellschaft«.

Bettine sollte sich ihr Leben lang für die Juden und die Eigenständigkeit ihrer Kultur und Religion einsetzen. Sie tritt in den Briefen des *Frühlingskranz'* für das jüdische Mädchen Veilchen ein und setzt sich in ihrem Spätwerk *Gespräche mit Dämonen* energisch für die Bewahrung jüdischer Traditionen ein. Arnim dagegen formuliert bald nach diesem Verlobungstermin die Ausgrenzungsformel der Tischgesellschaft. Er besucht auch nach deren Gründung den Salon von Sara Levy, gerät aber dort im Juni 1811 mit ihrem Neffen Moritz Itzig aneinander.

Die Familie Itzig war Arnim nicht unbekannt. Seine Großmutter hatte 1808 einen Wechsel unterschrieben und sich damit »in der Juden Hände gebracht«, wie sie ihrem Enkel schreibt. Die Berliner Bankiers Alexander und Berend Itzig waren an diesem Geschäft beteiligt, und Arnim musste sehen, wie er die fällig werdenden Wechsel in Höhe von 20 000 Reichstaler ablösen konnte: Auf

43 635 Reichstaler soll sich die Gesamt-Schuldensumme der Arnimschen Güter um diese Zeit belaufen haben, und Arnim muss immer wieder mit jüdischen Bankiers demütigende Verhandlungen führen.

Die Auseinandersetzungen mit Moritz Itzig stehen allerdings nicht in direktem Zusammenhang mit Arnims Verschuldung, zeigen vielmehr, wie angespannt die Stimmung in Berlin nach Gründung der »Christlich-deutschen Tischgesellschaft« ist. Nach Meinung von Moritz Itzig ist Arnim in den Salon seiner Tante gar nicht eingeladen worden – was im Salonbetrieb aber bis dato auch nicht üblich ist. Arnim berichtet Wilhelm Grimm über die »lächerliche Streitigkeit«, die sich daraus ergibt: »Ein junger Jude, Moritz Itzig, nahm die Gelegenheit eines Mißverständnisses, wodurch ich zu seiner Tante, Mad. Levi, gekommen war, indem ich glaubte, eingeladen zu sein, es aber nicht gewesen bin, mir zu schreiben, daß ich mit unritterlichen Waffen gegen seine Glaubensgenossen fechten thäte, ich möchte mich ihm als Mann zeigen. Ich wies ihn sehr gelinde zurecht, der Kerl wurde grob, ich schrieb ihm, daß ich ihn fordern würde, wenn meine Familie es nicht zu schimpflich hielte, daß ich mich mit einem Juden schlüge.«

Arnim lehnt demnach die Duellforderung ab – Juden galten nicht als satisfaktionsfähig. Daraufhin greift ihn Itzig bei einem Besuch im Badehaus mit einem Stock an: »Ich sass im Badehause und lass in der Zeitung von den Schnürbrüsten, es war am Tage wo Du abreistest, war mit drey hundert Thalern bepackt und hundsmüde, trit ein fremder Mensch herein, springt mit erhobnem Stock auf mich schimpfend los, ich habe meinen Stock zum Glück an der Hand, pariere aus, haue nach, er taumelt und blutet, ich drück ihn an die Erde, übergeb ihn den Badeknechten in der Meinung, es sey ein Wahnwitziger, er aber schreit mir zu, er sey der Moritz Itzig, worauf ich die Sache der Justiz übergeben, die an dem Juden nach Herzenslust examinirt. Mir ist die Katastrophe das Liebste, denn die Geschichte hat mich innerlich in der Hitze durch das dumme Gerede so tief gekränkt, dass sich meine Natur endlich in einer Ruhr Luft machte, von der mich Dr. Meyer kurirte.« Soweit Arnims Bericht über die von ihm noch durch Versand eines »Cirkulars« angeheizte Affäre, »die hier viel Redens gemacht hat und vielleicht bald in öffentlichen Blättern prangt«.

Brentano reagiert lediglich mit einer scherzhaften Nachschrift seines Briefes vom 3. September 1811 auf diesen Bericht seines Freundes: »Daß der Jude das Kind mitsammt dem Bade ausschütten wollte, ist mir sehr rührend, du hast vortreflich nachgehauen, die Moritze sind uns nicht günstig, dir Itzig mir Bethmann, grüße Bettine, und bringe dem Göthe ein Vaterunser von mir, vor allem aber mache, daß du das Portrait von Dürer mit nach Berlin bringst, ich bitte dich um alles in der Welt.«

KAPITEL DREIZEHN

Meine Pläne sind alle sehr gut, aber ich bin meinen Plänen nicht gewachsen

Berlin – Bukowan

Als die Wohngemeinschaft mit Arnim in Berlin aufgelöst und das komplexe Dreiecksverhältnis Arnim-Bettine-Clemens zunächst aufgehoben ist, schließt Brentano Freundschaft mit Karl Friedrich Schinkel. Der Maler und Architekt – drei Jahre jünger als Brentano und noch nicht mit den großen staatlichen Bauprojekten in Preußen betraut – scheint nicht zu den Mitgliedern von Arnims »Christlich-deutscher Tischgesellschaft« gehört zu haben, er subskribierte jedoch Brentanos Philistersatire und gehörte zur Liedertafel Zelters. Dort könnte ihn Brentano im Frühjahr 1811 näher kennen gelernt haben, denn Anfang Juni stellt er ihn in einem Brief an den Verleger Zimmer bereits wie einen alten Freund vor. Er nennt ihn einen »herrlichen kindlichen ernsten wundergeschickten Landschaftsmahler und Architeckten« und kündigt an, mit dem »Geheimen OberBauAssesor Schinkel und seiner Frau eine kurze Reiße an den Rhein zu machen« – ein Plan, der jedoch nicht verwirklicht wird. Auch die Kindermärchen, zu denen Brentano »unter Schinckels Direktion unentgeldlich zeichnen« will, werden nicht fertig, obwohl Brentano dem Verleger, dem er sie bereits mehr als fünf Jahre zuvor versprochen hatte, nun erneut zusichert: »sie mögen daß Manuskript von mir erhalten, wenn Sie wollen«.

Schinkel fertigt ein farbiges Bild zu der geplanten Märchensammlung an, eine Illustration zum *Liebseelchen*, die mit der Überschrift *mährchen von den mährchen* versehen ist. Brentano und Schinkel folgen damit der Quelle, dem *Pentamerone* von Giambattista Basile, das im Untertitel ebenso bezeichnet ist wie Schinkels Bild: *Lo Cunto de li Cunti*, zu deutsch *Das Märchen von den Märchen*. Der Sinn dieser Formel ist: In Form eines Märchens (dem als Rahmenmärchen vorgesehenen *Liebseelchen*) wird der Anlass für die »klassische« Erzählsituation entwickelt. Durch fesselndes Geschichtenerzählen soll ein Prinz aus den Händen einer bösen Fee befreit werden.

Schinkels Bild stellt diese Situation dar. Vor einem arabisch anmutenden »Baldachin« haben sich zehn »alte Mütterchen [...] mit ihren Spinnrädern« eingefunden, »welche schöne Geschichten erzählen«, um das »Prinzchen« aus der Gewalt der »Mohrin Rußika« zu befreien. Schinkel bildet ab, was Brentano schildert: »In der Mitte saß die böse Mohrin Rußika; auf dem Schoß hatte sie das mit roten Windeln zugedeckte Prinzchen, auf dem Arm die goldspinnende Puppe, zur Linken saß der schöne Papagei auf einer Stange, zu ihren Füßen in einem silbernen Hühnerkorb aber die Goldglucke mit den zwölf Küchlein [...] und damit die Gesellschaft recht vollkommen sei, hatte sich ein Klapperstorch, ein Gockelhahn und ein Pfau oben auf den Baldachin gesetzt; auch viele Vögel, Katzen, Kaninchen und Hündchen fanden sich ein.« Kaum zu glauben, dass sich alle diese Details auf einem Bild im Format einer Postkarte versammeln lassen. Schinkel versteht sein Handwerk; das Aquarell gibt die fantastische Märchenszene Brentanos im Einzelnen sehr genau wieder.

Wie viele der zahlreichen Binnenmärchen – bei Basile sind es fünf mal zehn – bereits aufbereitet sind, als Schinkel 1815 sein Bild entwirft und Brentano das Projekt erneut zum Druck anbietet, bleibt fraglich. Keinesfalls ist das Projekt so weit fortgeschritten, wie er seinen Verlegern weiszumachen versucht. Bereits im Dezember 1805 hatte er nämlich Arnim von einer unmittelbar bevorstehenden Publikation beim *Wunderhorn*-Verleger Mohr berichtet: »Ich denke auf Michälis [zur Herbstmesse 1806], wenns zuschlägt, die Italiänischen Kindermährchen für Deutsche Kinder zu bearbeiten, Mohr wills nehmen, ich will wo möglich die kleinen Bilderchen selbst dazu kritzeln.« Im Januar 1811 ist dann lediglich von einem fertig gestellten »Einleitungs Mährchen« und geplanten Illustrationen die Rede, an denen Ludwig Emil Grimm beteiligt werden soll: »Zu meinen Kindermährchen habe ich das Einleitungs Mährchen [...] geschrieben es ist die Veranlassung, wegen welcher alle übrigen erzählt werden [...], Die Bilder entwerfe ich selbst dazu und sende sie sodann, an Louis um sie zu korrigiren und zu radiren«, heißt es in einem Brief an die Brüder Grimm.

Damit greift Brentano bereits weit in die Zukunft voraus, denn zu der geplanten Zusammenarbeit mit Grimm kommt es erst in der letzten Arbeitsphase der »italienischen« Märchen, als Brentano Basiles wenige Seiten umfassendes *La Preta de lo Gallo* (*Der Hahnenstein*) zum *Märchen von Gockel, Hinkel und Gackeleia* ausarbeitet und eine illustrierte Ausgabe kurz vor der Fertigstellung ist. Erst im Jahre 1837, als die Künstlerin Maximiliane Pernelle, die das Projekt begonnen hatte, gestorben war, bittet Brentano Ludwig Emil Grimm um Hilfe: »er las mir Bruchstücke daraus vor und hat mich nachher mit den Zeichnungen, die er dazu hat machen lassen und die ich ihm korrigieren sollte, entsetzlich geplagt«, weiß Grimm über die Ausarbeitung des Märchens in seinen Memoiren zu berichten.

Wie nachdrücklich Brentano die beteiligten bildenden Künstler bei der Illustrationsarbeit zu seinen Werken »anleitete«, zeigt ein Vergleich von Vorzeichnungen des Autors mit vollendeten Kupferstichen prominenter Künstler aus seinem Bekanntenkreis. Zu einer Szene der Rheinmärchen haben sich eine detaillierte Federzeichnung Brentanos und ein Kupferstich Wilhelm Hensels erhalten. Hensel (Bruder der von Brentano umworbenen Luise) folgt bei der Bildkomposition jeder Einzelheit von Brentanos Skizze, für eigene Fantasien bei der Ausgestaltung lässt ihm der Autor keinen Spielraum. Brentano arbeitet den Plan wie ein Komponist detailliert aus; Maler und Kupferstecher werden unter seiner Aufsicht zu reproduzierenden Künstlern, die sich streng an die vorgegebene Partitur zu halten haben.

Auch die Kooperation mit Wilhelm Hensel gehört jedoch schon zu einer Arbeitsphase, in der Brentano von dem ursprünglichen Konzept insofern abweicht, als er aus dem Komplex der *Mährchen vom Rhein* ein neues Rahmenmärchen für seine geplante Sammlung konzipiert. Die »italienischen« Märchen lassen sich nicht ohne weiteres in diesen neuen Zusammenhang integrieren, weil alle Rheinmärchen aufs engste miteinander verbunden und in einem Wurf entstanden sind, während die nach Basile gearbeiteten Märchen eine bunte Reihe selbstständiger Texte bilden: *Myrtenfräulein, Witzenspitzel, Baron von Hüpfenstich, Dilldapp, Fanferlieschen Schönefüßchen, Schulmeister Klopfstock, Gockel und Hinkel, Komanditchen* und *Schnürlieschen.* In jedem dieser Märchen werden neue Helden eingeführt, während die Hauptfiguren der Rheinmärchen den gesamten Zyklus verbinden. Erst in den dreißiger Jahren arbeitet Brentano das Rahmenmärchen aus dem Basile, das von Schinkel illustrierte *Liebseelchen*, zu einem weiteren, in sich geschlossenen *Märchen von Fanferlieschen Schönefüßchen* um.

Nach den Erkenntnissen von Brigitte Schillbach – Bearbeiterin der historisch-kritischen Ausgabe der *Märchen vom Rhein* – sind die Jahre 1810 bis 1812 als Hauptarbeitsphase für diesen Märchenkomplex anzusehen. Bei dieser Annahme ist es jedoch erstaunlich, dass Schinkel noch 1815 das Rahmenmärchen aus dem »italienischen« Zyklus als Titelblatt konzipiert. Hatte er das Bild schon früher begonnen und erst bei Fertigstellung datiert, oder arbeitet er nach einer älteren Text-Vorlage Brentanos, ohne sich bei seinem Freund nach dem Stand der Arbeit zu erkundigen? Die Forschung tappt hier noch im Dunkeln, denn über die Fortschritte seiner Arbeit berichtet Brentano in seinen Briefen selten, und in seinen Fantasien und Prognosen ist er immer bereits fertig, obwohl kaum ein Kapitel ausgeführt ist. »Meine Pläne sind alle sehr gut, aber ich bin meinen Plänen nicht gewachsen«, hatte er in einem Anflug von Selbstkritik bereits 1803 formuliert.

Noch bevor die italienischen Märchen druckfertig ausgearbeitet sind, verdrängen demnach die *Märchen vom Rhein* das alte Projekt, und es bleibt offen, wie die beiden Projekte schließlich ineinandergearbeitet werden sollen. Nach der neuen Konzeption werden die einzelnen Märchen von Bürgern der Stadt Mainz vorgetragen, um »die Prinzessin Ameley und die andern Kinder bei dem alten Vater Rhein auszulösen«. Diesen Plan entwirft Brentano in einem Brief an den Berliner Verleger Georg Andreas Reimer vom 26. Februar 1816: »Der Plan des Buches ist folgender. Durch ein mährchenhaftes Geschick gerathen alle Kinder der Stadt Mainz und auch die Kronprinzessin Ameleya in die Gewalt und Gewahrsam des alten Flußgottes Rhein und wohnen bei ihm in einem gläsernen Haus. Ein Müller von feenhafter Abkunft wird der Bräutigam der Prinzessin und König von Mainz, nun sitzt er auf seinem Thron vor den Bürgern immer Morgens am Fluß, und da werden Mährchen erzählt, denn der alte Flußgott hat sich erboten, jedes einzelne Kind gegen ein an seinem Ufer erzähltes Mährchen herauszugeben. Dieses ist der Eingang [...] Die erste Erzählung womit der König seine Braut selbst von dem Rheine auslöst, eröffnet die Mährchenreihe [...], nun erzählt ein armer Fischer ein Mährchen, Murmelthierchen, um sein geliebtes Kind [...] auszulösen, [...] dann erzählt ein Schneider ein Mährchen […], um seinen Sohn auszulösen […]. So weit ist das M[anu]s[kri]pt fertig.«

Erst bei der Ausarbeitung der *Märchen vom Rhein* kommt es auch zum Auftritt der Brüder Grimm, den Brentano in seinem Brief von 1811 bereits angekündigt hatte – ein weiteres Rätsel der Entstehungsgeschichte. In einem Lied des Wassermanns erscheinen die beiden Freunde als Forscher, die im Rhein nach dem Schatz der Nibelungen suchen und – wie die ebenfalls genannten Kollegen Friedrich Heinrich von der Hagen und Bernhard Joseph Docen – viele »Scherben« an den Tag bringen. Bei ihrer mühsamen, trocknen Arbeit vergreisen sie vorzeitig:

Es ist ein Schatz, der hier versencket,
Der Rhein des selbst nicht mehr gedencket,
Wer ihm den Schatz geschencket,

Doch leben noch vier alte Greise
Macht ihr zu ihnen eine Reise,
So werdet ihr hierinn gar weise.
[…]
Willst einen um den Schatz du fragen,
So werden alle vier dir sagen,
Daß sie ihn nicht in Rhein getragen.

Und werden drei von ihnen sterben
So wird der viert' die Weisheit erben
Den ganzen Schatz und alle Scherben.

Sehr deutlich wird an solchen Einlagen von Brentanos Märchen, dass er ganz anderen Leitbildern folgt als die Brüder Grimm, die ihrerseits Brentanos Arbeiten skeptisch gegenüberstehen, weil er die von Basile überlieferten Märchen »verbrillantieren wird«, wie Wilhelm seinem Bruder Jacob bereits im September 1810 prophezeit, ohne auch nur den Text zu kennen. Anfangs helfen sich Brentano und die Brüder Grimm gegenseitig bei der Arbeit. »Ich habe jezt angefangen, Kindermährchen zu schreiben, und ihr könnt mir eine große Liebe erweißen, wenn ihr mir mittheilt, was ihr derart besitzet; da ich sie ganz frei nach meiner Art behandle, so entgeht euch nichts dadurch, und ihr kommt mir, dadurch zu Hilfe. Sendet mir doch was ihr habt«, bittet Brentano Anfang September 1810.

Vorher hatte er den Brüdern neun »Volksmärchenskizzen«, die er vermutlich zwischen 1805 und 1810 nach mündlichem Vortrag aufzeichnete, übermittelt. Daraus entsteht die »älteste Märchensammlung« der Brüder Grimm. Auch auf Basiles *Pentamerone*, von dem Brentano selbst schließlich mindestens drei Exemplare besitzt, hatte er die beiden Sammler aufmerksam gemacht; das Werk wird eine wichtige Quelle für die »Kinder- und Hausmärchen« der Brüder Grimm. Doch gehen die beiden mit dieser italienischen Vorlage ganz anders um als Brentano.

Während Brentano versucht, unter Verwendung alles nur verfügbaren Quellen-Materials neue, anspruchsvolle Kunstwerke zu schaffen, bemühen sich die Brüder Grimm, einen »ursprünglichen« oder »authentischen« Text (unter Zuhilfenahme von Zeugnissen aus der europäischen Märchentradition, auf die sie in gelehrten Anmerkungen vorsichtig hinweisen) zu »rekonstruieren«. Anspielungen auf historische Personen oder Zeitgenossen – wie etwa die Erwähnung der Nibelungenforscher – sind bei dieser Konzeption undenkbar. »Kinder- und Hausmärchen« sollen es sein, also möglichst überschaubare, von historischen und anzüglichen Anspielungen freie Texte, die sich für Kinder eignen. Die Stilideale, denen sie bei der Bearbeitung folgen, sind denen Brentanos gänzlich entgegengesetzt. Denn Ziel der Brüder Grimm ist es zugleich, die Fiktion eines »deutschen« Ursprungs ihrer Märchen aufrechtzuerhalten. Hugenottische Abstammung und Französischkenntnisse der Gewährspersonen verschweigen sie, und die wirklichen Quellen (neben Basile auch der Franzose Charles Perrault, von dem das vermeintlich deutsche »Rotkäppchen« stammt) werden nur zum Vergleich in den Anmerkungen genannt.

Mit ihren puristischen Stilidealen haben die Brüder Grimm erst das geschaffen, was wir heute als typisch deutsche Märchen ansehen. Brentanos Märchen dagegen gehören in die Tradition der Kunstmärchen. Er reichert seine Texte mit literarischen Komponenten an, die von Kindern kaum verstanden werden können, und spricht eher die »Erfindsamkeit« und das Bildungspotenzial der Eltern an. Zwar bezeichnet Brentano seine Texte ebenfalls als »Kindermärchen«, doch geht er von dem idealisierten (von praktischer Kinderpsychologie gänzlich unbeeinflussten) Kindheitsbegriff der Romantik aus. Auch spielt bei ihm die Vorstellung, dass die Erwachsenen beim Vorlesen selbst zu Kindern werden und die kindgerechte Aufbereitung und Variation der schriftlichen Texte übernehmen, eine wichtige Rolle.

Im Gegensatz zu den Brüdern Grimm wird Brentano mit seiner Arbeit des »Brillantisierens« jedoch nicht fertig, und bis auf das erweiterte *Gockel*-Märchen erscheint kein einziges seiner Märchen zu seinen Lebzeiten im Druck. Noch bevor die Geschichte mit der Mohrin Rußika fertig gestellt ist, hat er neue Ideen, entwirft er den neuen Einstieg mit veränderter Erzählsituation, und wir wissen nicht, wie es dem kleinen Märchenprinzen in der Obhut der bösen Mohrin nach dem Vortrag der Auslösemärchen weiter ergehen soll, da die Spätfassung dieses Märchens ganz anders angelegt ist.

Es mag deshalb auch ein gewisser Neid mitschwingen, wenn sich Brentano verächtlich über die 1811 erschienenen *Kinder- und Hausmärchen* der Brüder Grimm äußert. Sein Konkurrenz-Unternehmen war im Anfangsstadium stecken geblieben. Wohl hatte er anfangs selbst die Brüder zum Sammeln angeregt, ihnen die wichtigsten Quellen genannt und eine ganze Reihe von Märchentexten übermittelt – als die *Kinder- und Hausmärchen* vorliegen, distanziert er sich jedoch und zeigt sich entsetzt über das Buch: »Grimms Märchen habe ich vor einigen Tagen gekauft, in der Vorrede ist recht schön gesprochen, es sind auch da viele Märchen zussammen, aber das Ganze macht mir weniger Freude, als ich gedacht«, schreibt er Arnim. »Ich finde die Erzählung, (aus Treue) äußerst liederlich, und versudelt, und in Manchen dadurch sehr langweilich, wenngleich die Geschichten sehr kurz sind, Warum die Sachen nicht so gut erzählen als die Rungenschen erzählt sind, sie sind in ihrer Gattung vollkommen. Will man ein Kinderkleid zeigen, so kann man es mit aller Treue, ohne eines vorzuzeigen, an dem alle Knöpfe herunter gerißen, das mit Dreck beschmiert ist, und wo das Hemd den Hosen heraushängt. [...] ich könnte zum Beispiel wohl Zwanzig der Besten aus diesen Geschichten auch getreu und zwar viel besser oder auf ganz andere Art schlecht erzählen [...] Ich habe bei diesem Buch recht empfunden, wie durchaus richtig wir beim Wunderhorn verfahren, und das man uns höchstens gröseres Talent hätte zumuthen können; denn dergleichen Treue, wie hier in den Kindermärchen macht sich sehr lumpicht, und der dort so sehr gepriesene Basile in seinem Pentamerone oder Cunto delli Cunti, der als Muster aufgestellt wird, zeigt sich nichts weniger als also treu, da er die Mährchen nicht allein in einen erzählenden Rahmen gefaßt sondern sie auch mit allerlei eleganten Reminiscensen und so gar mit Petrarchischen Versen bespickt.«

Hier weist Brentano ausdrücklich darauf hin, dass es sich beim *Pentamerone* um eine Sammlung von »Kunst«-Märchen, um künstlerisch von einem individuellen Barock-Autor ausgeformte Texte handelt. Basile schreibt nicht für Kinder, er liebt es, mit satirisch-kritischem Unterton schlüpfrige Geschichten aus dem höfischen Milieu mit Mord und Vergewaltigungen drastisch zu erzählen. So wird der böse König im *Lo Dragone* von Basile dadurch charakterisiert, dass er allen Frauen der Stadt Ehre oder Leben raubt.

Brentano kommt das barocke Vorbild entgegen. Zwar mildert er Einzelheiten ab, doch schmückt er dafür andere Details aus. So unterschlägt er die erotischen Untaten des Königs in beiden Fassungen des Märchens. Im *Fanferlieschen Schönefüßchen* findet sich lediglich die Angabe, dass der König tyrannisch herrscht. Statt die Brutalität des Herrschers zu schildern, beschreibt Brentano – barock fabulierend – die Atmosphäre der Trauer, die das Land überschattet. Liebseelchen ist – in der ersten Fassung der Bearbeitung – die einzige Tochter eines »Königs von Schattenthalien«. Sie ist »unter einem traurigen Stern geboren und stets so still und traurig und nie zum Lachen zu bringen, daß alle, die sie kannten, sie, statt Liebseelchen, Trübseelchen nannten«.

So fasst sie den Vorsatz, den Prinzen Röhropp aus dem Grab zu weinen, »und es kamen ihr so traurige Gedanken, daß ihr die Augen wie zwei Kristallquellen von Tränen überflossen [...] es ward Abend, die Sonne sank; es ward Nacht, die Sterne kamen und der Mond; und der Morgen kam und fand Liebseelchen immer noch weinend [...] da kam das Pferdchen zu ihr hergelaufen und schaute sie an, und da es seine liebe Prinzessin so blaß und so verweint sah, ward es gar betrübt, und es flossen dem treuen Tier auch große Tränen aus den Augen und in das Gefäß nieder, so daß in wenig Minuten der Krug bis auf einen Finger breit voll war«. Brentano liebt es, derartige Extremsituationen immer weiter zu steigern. Was in der Vorlage (bei Basile) oft nur in wenigen dürren Sätzen an-

Schwarzer Schmetterling, Scherenschnitt von Luise Duttenhofer, vor 1829.

gedeutet ist, malt er zu grotesken, oft traurig-düsteren Bildern aus, wobei die schwarze Fantasie häufig mit ihm durchgeht.

Eine völlig schwarz gezeichnete Welt mit surrealen Zügen entsteht, als Brentano die Trauerfeier zum Andenken an den »verstorbenen guten König Laudamus« im *Fanferlieschen* schildert: »Alle Häuser waren mit schwarzem Tuch behängt, auf allen Türmen und Rauchfängen wehten schwarze Fahnen. Alle Glocken, die geläutet wurden, hatten schwarze Flöre an den Schwengeln. Alle Bürger zogen schwarze Wäsche und Kleider an, alle Perückenmacher puderten schwarz, alle Schimmel waren Rappen, man aß nichts als Schwarzwildpret und Schwarzwurzeln und Schwarzsauer. In solcher entsetzlichen Schwärze waren bereits alle Einwohner in der großen Kirche der heiligen Nigritia um das Grab des Königs Laudamus versammelt, auf welchem viele tausend schwarze Fackeln brannten, und wartete nur noch auf das Fräulein Fanferlieschen, um ihre Trauergesänge anzustimmen. [...] Sie kam immer an der Spitze ihres sämtlichen schwarzen Horn- und Federviehs durch die Stadt zur Kirche gezogen, und es war den guten Bürgern nichts so rührend, als alle die schwarzen Pferde, Esel, Stiere, Kühe, Böcke, Ziegen, Schafe, Schweine, Hunde, Katzen, Puthahnen, Pfauen, Haushähne, Hühner, Schwanen, Gänse, Enten usw. die bittersten Tränen vergießen zu sehen [...] und man sah Fanferlieschen in schwarzem Samt gekleidet mit einer Krone von schwarzen Brillanten neben einer schwarzen Portechaise hergehen, die von zwei schwarzen Eseln getragen wurde. Vor ihr her ging ein schwarzer Pudel auf den Hinterbeinen [...]. Als jedermann und jedes Vieh seinen Platz eingenommen, wurde eine kohlrabenschwarze Melodie gesungen, und dann stieg Fanferlieschen auf das Grab des Königs Laudamus und erzählte den Bürgern alle seine guten Eigenschaften, worüber sie alle gallenbittere Tränen weinten, so schwarz wie Tinte.« Für diese schwarze Welt gibt es gar keine Entsprechung in Brentanos Vorlage. In Basiles Märchen *Lo Dragone* (Der Drache), dem Brentano den Handlungsstrang seines *Fanferlieschen Schönefüßchen* entnimmt, fehlt die Episode, Brentano hat sie erfunden.

Mit den Mitteln von Schinkels Kunst ist diese makabre schwarze Kunstwelt Brentanos nicht darzustellen. In seinem Bild wird selbst die Bedrohung, die von der »Schwarzen«, der bösen »Mohrin Rußika«, ausgeht, nicht spürbar. Doch andere skurrile Einzelheiten, von denen Brentanos epische Texte geradezu manieristisch überwuchert werden, kann Schinkel präzise einfangen.

Diese Fähigkeit zeigt nicht nur das Titelbild der geplanten Märchenausgabe, sondern auch das malerische Ergebnis eines Wettbewerbs der Künste, zu dem Brentano seinen Freund herausfordert. Alfred von Wolzogen berichtet, dass »sich oft ganz ohne alle Vorbereitung eine höchst interessante, geistvolle Gesellschaft Abends« bei Schinkel in Berlin zusammenfindet. »Einst war es zur Sprache gekommen, wie schwer es sei, in einer Zeichnung das auszudrücken, was sich durch dichterische Darstellung so leicht erreichen lasse. Schinkel opponirte dagegen, und Brentano wollte beweisen, daß er im Stande sein würde, aus dem Stegreife eine Erzählung zu erfinden, die Schinkel nicht im Entferntesten durch Zeichnen zu verfolgen und verständlich auszudrücken vermöchte. Nach längerem Hin und Herreden und nach Festsetzung der Ausdehnung solcher Geschichte, wurde unter allgemeinem Jubel eine Probe beschlossen. Brentano erzählte, und Schinkel componirte. [...] Mit dem Ende der Woche war die Erzählung beendet, aber auch die Zeichnung dazu.« Brentanos Erzählung mit der »sehr geistreiche[n] und umständ-

Karl Friedrich Schinkel, Bleistiftzeichnung von Wilhelm Hensel, 1824.

liche[n] Beschreibung eines alten Jagdschlosses«, mit einem Hirschen und einem kleinen Kind mit einer Pusteblume, ist nur aus der mageren Zusammenfassung Wolzogens bekannt. Schinkels Werk jedoch ist (in einer Fassung als Ölgemälde von 1820) unter dem Titel *Schloß am Strom* überliefert.

Die Kontakte zu Schinkel entwickeln sich im Frühjahr 1811 rasch freundschaftlich. Gemeinsam besuchen die beiden im Juli eine Versteigerung in Köpenick, über die Brentano einen launigen Bericht an Susanne Schinkel schickt. Vielleicht wohnt er bei seinem Freund, während dessen Ehefrau sich vorübergehend in Stettin aufhält: »Schöne und tugendhafte Unvernünftige, wie konnten sie sich nur entschließen ihren Gatten, der jezt ganz meiner brennenden Leidenschaft hingegeben da er kein Gartenthürchen von Barets mehr vor sich hat, durch das er entwischen könnte, ach wie werden Sie den angenehmen bekehrten Wilden wiederkennen, stellen sie sich vor, er hat seit ihrer Abwesenheit erst einmahl von Fichtens, und zweimahl von Ihren Verdiensten mit mir gesprochen.«

Gemeinsam mit Schinkel reist Brentano wenig später nach Bukowan in Böhmen. Von diesem Land hatte Brentano schon als Kind geträumt. »In frühester Jugend sah ich in einem alten Buche Europa als eine wohlgekleidete, mit allen Herrscherinsignien ausgerüstete Jungfrau abgebildet«, schreibt er in seiner Vorankündigung zum Drama *Die Gründung Prags* und identifiziert dieses Buch korrekt als »Buntings Reisebuch über die heilige Schrift«. Die beschriebene Landkarte mit den Umrissen eines bekleideten Frauenkörpers scheint so fantastisch, dass Brentano-Forscher seine Beschreibung anfangs für eine Erfindung hielten. »Der Rhein liegt über ihrer Brust, wie eine Ehrenkette, an welcher Frankfurth, meine Vaterstadt, wie ein Schloß hängt, von diesem herab aber schwebt Böhmen, als ein von Edelsteinen umfaßtes Geschmeid. Damals entstand in mir ein kindisches Interesse für dieses Land, wozu die böhmischen Glashändler, die ihre Buden voll bunter Glasflüße in unsern Messen ausstellten, nicht wenig beitragen mochten; ich glaubte, das seien lauter Edelsteine, die aus jenem Geschmeide herausgebrochen worden; denn ich konnte mir Böhmen nun nicht anders, als unter einer zierlichen, schimmernden Klosterarbeit, unter einem reichen Amulet denken, in dem Prag wie eine Reliquie eingeschlossen seie.«

Als die Brüder Brentanos sich 1809 entschließen, unweit von Prag ein böhmisches Gut zu erwerben, sind dabei allerdings keine poetischen Träume, sondern handfeste Überlegungen zur Sicherstellung des Kapitals ausschlaggebend. In Frankfurt weiß man bereits von den Abgaben, die Napoleon von allen Ländern in seinem Einflussbereich verlangt, und den weitsichtigen Kaufleuten scheint es sinnvoll, einen Teil des Firmenkapitals, das allen Geschwistern gehört, vor dem französischen Zugriff zu bewahren und gewinnträchtig in einer Immobilie anzulegen. Teilhaber des Gutes Bukowan sind unter anderem die Geschwister Bettine, Clemens, Christian und Gunda. Die Kapitalanlage bringt jedoch nicht den erhofften Gewinn, und Christian wird beauftragt, die Verwaltung in die Hand

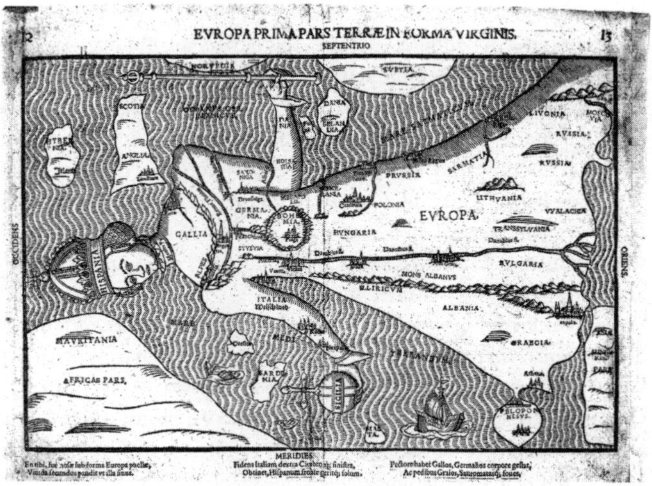

Europa in Form einer Frau, Illustration aus Buntings Itinerarium Sacrae Scripturae, *Helmstedt 1582.*

zu nehmen und den Verlusten auf den Grund zu gehen. Als dies zu keinem greifbaren Erfolg führt, regt der Geschäftsführer der Frankfurter Firma – Clemens' Stiefbruder Franz – an, dass auch Clemens nach Böhmen reisen soll, um nach dem Rechten zu sehen.

Bei einer kurzen Stippvisite mit Arnim hatte Brentano das Gut im Sommer 1810 bereits kennen gelernt. Die Freunde treffen dort das Ehepaar Savigny, das gemeinsam mit Bettine einige Tage auf dem neu erworbenen Landgut der Familie zubringt. Auch Auguste hält sich zu dieser Zeit vorübergehend in Böhmen auf, da die Bethmanns ebenfalls dort Güter erworben haben, und Brentano weiß denn auch sogleich eine neue Anekdote über die inzwischen schwangere Auguste an die Brüder Grimm zu berichten: »Zu den vielen Mirackeln der Auguste gehöret noch, daß Sie in Böhmen auf den Bethmänischen Gütern Hirsch und Hasen geschoßen. Sie die doch so blind ist, und in Prag zum Erstaunen aller Husaren auf einer so steilen Straße, als irgend eine in Marburg Carriere bergab geritten.« Zu einer persönlichen Begegnung in Prag kommt es jedoch nicht; die Freunde halten sich nur wenige Tage in Böhmen auf.

Die Landschaft beim Gut entspricht genau romantischen Traumbildern: »In Bokowan ist eine Wilde, wunderbare Gegend«, berichtet Brentano den Brüdern Grimm, »das ganze Terrain liegt so hoch, daß 10 Minuten hinter dem Schloß auf einem Berg Ptetsch genannt, ein Panorama von 300 Stunden im Umkreiß zu sehen ist, eine Stunde von uns berührt unser Terrain die Moldau mit einem Dorfe in tiefem Felsengrund, und wenn wir hin wollen, und immer bergab gegangen treten wir endlich in ein kleines romantisches Jäger hauß, auf der Spitze eines steilen Felsens, von dem etwa 8 Minuten herab wir auf unsere Dorfs Tichnitzch Dächer und die wunderbar gekrümmte Wilde Moldau sehen.«

Das Naturerlebnis wird allerdings bereits bei diesem Aufenthalt durch die Erfahrungen mit der allgegenwärtigen Korruption in Bukowan gestört, und Brentano fährt in seinem Bericht an die Brüder Grimm fort: »Uebrigens ist außer dem Erstaunen an der Natur keine Freude dort zu holen, die Böhmen, welche kein Wort Deutsch können sind ein ganz *unbeschreiblich* häßliches, boshaftes, dummes, und diebisches Volck, wir können kaum die Räder am Wagen behalten und die Pflüge werden oft gestohlen, auf dem Schloße ist täglich Execution [Strafvollzug], und Knechte und Mägde gehen in Eisen auf den Acker, die Oestreichische Justitz ist die elendste und niederträchtigste, und ich habe besonders durch meinen Aufenhalt in Böhmen einen solchen Wiederwillen gegen diesen Staat gekriegt, daß ich nicht nach Wien mochte. Christian ist dabei in einen traurigen Zustand, von Hoffarth, Faulheit, und Bißarerie gefallen, daß schwer mit ihm umzugehen ist, und daß er einem innerlich leid thut.«

Die Situation in Bukowan mag für die an Ordnung gewöhnten Frankfurter Kaufleute schwierig gewesen, die Schilderungen des Bruders Clemens mit dichterischen Übertreibungen angereichert sein, doch ist Christian, der im Wesen offenbar seinem poetischen Bruder und der nicht minder fantasie- und temperamentvollen Schwester Bettine ähnelt, sicher nicht der geeignete Ökonom, um diese böhmische Wirtschaft zu steuern. Hier hatte man den Bock zum Gärtner gemacht: Trotz guter Vorsätze bringt es Christian nicht einmal fertig, die fälligen Abrechnungen für die Geschwister pünktlich zu erstellen. Mit immer neuen, kaum sorgfältig abgewogenen Projekten, wie einer Zuckerfabrikation aus Rüben, versucht er, das Gut in die Gewinnzone zu manövrieren und lässt sich dabei mit zweifelhaften Spekulanten aus Prag ein.

Es ist also keine reine Erholungsreise, zu der Brentano auf Wunsch der Geschwister im Juli 1811 – diesmal in Begleitung von Schinkel – nach Bukowan aufbricht. Fast zwei Jahre wird Brentano in Böhmen bleiben, bevor er Anfang Juli 1813 nach Wien wechselt und schließlich – nach einem erneuten Aufenthalt in Böhmen – im Winter 1815 nach Berlin zurückkehrt.

Schinkel und Brentano machen auf ihrer Reise Ende Juli 1811 zunächst in Muskau Station, sie legen einen »wunderliche[n] Aufenthalt bei dem Grafen Pückler« ein. Von dort reisen die beiden in das böhmische Bad Teplitz weiter, wo Brentano Karl August Varnhagen von Ense, den Freund und späteren Ehemann Rahels, kennen lernt. Am 4. August schließlich treffen Brentano und Schinkel in Bukowan ein. Wenig später fährt der Freund nach Wien weiter, während sich Brentano in den kommenden Jahren abwechselnd in Bukowan und Prag aufhält.

Die Berichte über das Landgut und die mehr poetisch-fantasievolle als ökonomische Verwaltung des Gutes durch den Bruder Christian entbehren nicht der Komik. Brentano gibt zunächst Savigny, der über seine Frau Gunda an dem Besitz beteiligt ist, eine Schilderung der Zustände. Bereits in Prag hatte er von abenteuerlichen Plänen seines Bruders erfahren: »Altmann sagte mir in Prag Christian lege große Zuckerfabriquen in Bukowan an, er wiße von nichts, nur fürchte er, er möge sich garstig dabei verbrennen. [...] Als ich nach Buckowan kam, sah ich im Herabfahren gleich ob die Schmiede eingefallen sey, sie steht noch aber ohne Fenster und Etwas delabrirter, als sonst. Im Hof, da niemand im Hauß war, wartete ich eine Stunde lang, und betrachtete mancherlei neuerfundenes Akergeräthe mit einiger Traurigkeit, Christian empfieng sehr fröhlich und ließ mich seinen zolllangen Bart sehr empfinden, er hatte eine neue Prager Huterfindung auf dem Kopf, einen infamen mit schwarzer Leimfarbe überschmierten Strohhut.«

Bei Christian »zu Gast ist Herr v Hillmer aus Prag ein Destillateur, derselbe der Hier die RunkelrübenZuckerfabrick anlegt, ein Mensch von einem anscheinend gutmüthigen Wiener Schmatzcharakter, entsetzlich Kauderwelsch, der immer von Pomaden, Philosophie, Senf, Lebensgenuß, Brantweinbrennerei, Phantasmagorie, und Runkelrüben so durcheinander spricht, daß man anfangs in beständigem Lachen, hernach in ziemlichem Eckel ist, doch ist er

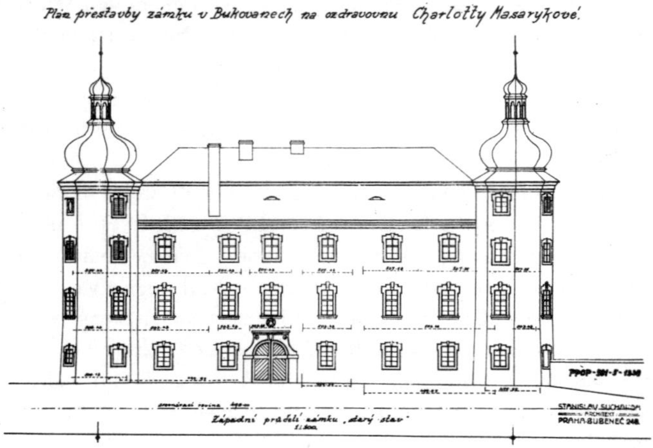

Aufriß des Gutshauses von Bukowan.

sehr geschäftig und emsig. Dieser ist es der hier Runkelzucker fabriziren soll, wozu ihm Christian den ganzen unteren Theil des Schloßes und die lezten Stuben neben dem Saal vermiethet hat, [...] wo er nun baut und einreißt. [...] Gott weiß, waß es wird, ich fürchte der Prager Hanswurst wird den Vortheil haben.«

Die Befürchtungen sollten sich bewahrheiten: Es bleibt bei hochfliegenden Plänen, »da die Runkelrüben aber zu spät gepflanzt und also sehr schlecht stehen«, kommt die für Oktober geplante Zuckerproduktion nicht in Gang. Der Kompagnon erweist sich als »windig«, eine geplante Ausgabe von Aktien kommt wegen Schwierigkeiten mit den Ämtern in Prag nicht zu Stande. Brentano muss erkennen, dass sich sein Bruder buchstäblich in Marginalien verliert: »Es war mir ganz rührend eckelhaft«, fährt er im Bericht an Savigny fort, »als ich gestern, eine ungeschickte Rungische Randzeichnung um die Buckowaner Acktien, die er gemacht und in Prag hat in Kupfer stechen laßen vorlegte, da aber die Ochsendumme Prager Censur ihm Beschwerden darüber gemacht, kann er sie nicht ausfüllen laßen und ist diese Tollheit auch umsonst, wenn ich bedencke, daß der Mensch, der mir klagt, er habe noch nicht zur Abrechnung Zeit finden können, derselbe von dem ich kaum mein Obligation erhalten konnte, Zeit hat, zu einem Gut, das nichts einträgt, Randzeichnungen um Aktien in Kupfer stechen zu laßen, mögte ich des Gukuks werden.«

Von diesen Aktien hat sich ein Musterexemplar erhalten. Das Papier zeigt lediglich eine Darstellung des Gutes am oberen Rand, sonst ist das Blatt leer und der Vergleich mit Runges Arabesken weit hergeholt. Doch ist Brentanos Skepsis, was Christians Eignung zum Ökonom betrifft, vollkommen berechtigt: »übrigens sagte mir Christian, daß er jetzt ein leidenschaftlicherer Oekonom als jemals sey, waß sich mit dem beständigen Liegen und Schlafen gar nicht reimen kann, ich wünsche alles Gute, und daß ich helfen könnte, es ist keine Hoffnung für mich hier.«

Mit einer Geschichte zu einem Wagenkauf in Prag, bei dem Christian »ein *zwei*räderichtes original englisches Wägelchen« erwirbt, das jedoch wegen abweichender Spurweite »nur im flachsten Land« und also nicht in der Umgebung Bukowans »fahren kann« und daher auf abenteuerlichen Wegen nach Berlin geschafft werden müsste, rundet Brentano seinen Bericht an Savigny ab. Einen Monat später ist er davon überzeugt, dass nur eine Ablösung von Christian den Weg frei machen kann, um den verfahrenen Karren der maroden, korrupten Bukowaner Wirtschaft aus dem Dreck zu ziehen. Selbst die von Savigny nach Bukowan geschickten beiden »Motze«, der Hanauer Justizrat Gerhard Heinrich von Motz und sein Vetter Carl Ämilius von Motz, wissen keinen Rat.

So wendet sich Brentano aus Prag auch hilfesuchend an Arnim, der ja wegen Bettines Anteil an Bukowan ebenfalls betroffen ist, beschreibt ihm das sich abzeichnende Debakel und dringt darauf, »daß Christian Buckowan verläst, der sich und uns dort total ruinirt, die Motze sind recht sehr treffliche Vernünftige und ungemein ordentliche Leute, und lassen dich durch mich nochmals dringend bitten, so schnell als möglich nach Buckowan zu kommen, um mit Ihnen über unsere Lage zu conferiren. Also lasse dich nicht erwarten, und komme, denn du bist nöthig. [...] dein bestimmtes Urtheil über unsre Lage, deine Mitwirkung den Christian zu irgend einem Entschluß zu bringen, uns allen, und besonders mir, den man mit all seinem Hab und Gut in diese leere Mausefalle gelockt äußerst nöthig ist, du bist nun einmahl unser Bruder, nun zeige dich uns als solcher in diesem Geschäfft, erscheine bald, du könntest ja Betinen auf die Vierzehn Tage in Weimar laßen und ich reiste sodann mit dir biß auf die Gränze zurück, wenn du wüstest, wie ungemein nöthig es ist, so zögertest du keinen Augenblick, mit den Motzen noch hier zusammen zu sein, welche Ende September, abreissen. Wie soll ich es dir dringend genug machen.«

Arnim gelangt mit Bettine nur bis Weimar, wo es zu dem spektakulären Auftritt mit Christiane Vulpius kommt, der Goethe dazu veranlasst, die Kontakte mit seiner jungen Verehrerin auf einige Jahre abzubrechen. Immerhin bezeichnet sie im Eifer eines mit Regenschirmen ausgetragenen »Gefechts« Christiane Vulpius als »Blutwurst«! Bettine ist bei diesem Weimarbesuch bereits schwanger, dieser Umstand mag zur Überreaktion der ohnehin temperamentvollen Frau beigetragen haben. Über ihr Befinden meldet Arnim seinem Freund am 14. September aus Weimar: »hier entschied es sich mit entsetzlichen Uebelkeiten, daß sie gesegneten Leibes, das ist nun herrlich, aber es muß mit mancher Sorge errungen werden, [...] sie wäre in der elendesten Einsamkeit hier geblieben, wenn ich nach Böhmen gereist wäre. Dazu kam noch, daß ich wirklich sehr wenig Gutes in Bukowan zu stiften wuste.« In den Wintermonaten meldet er sich aus Frankfurt und kann am 24. November berichten: »Meine Frau, die Dich grüst, wird schon rundlich, schlägt das Kindchen erst den Tackt, wenn sie singt, dann wollen wir uns auf den Reisewagen setzen und nach Berlin ziehen, etwa in vier Wochen. Hast du Göthe's Leben erster Band, ein herrliches Bild von Frankfurt, wenig von ihm und von den Seinen. Grüß Christian, gedenke mein bey Büchern und Kunstsachen, ich möchte ein schönes elfenbeinernes Crucifix für Bettinen haben, such es doch in Prag zu kaufen.«

Brentano hatte tatsächlich in Prag Antiquitäten erworben. In Briefen an Savigny, Arnim und Pistor berichtet er von »Elfenbein Arbeiten, Dolchen, Bechern, geschnitzten Kokusschaalen, schönen Holz und Marmor Ba[s]reliefs, der Pantofel des Pabstes Ganganelli« und versucht, einen zollfreien Transport nach Berlin zu organisieren. Die Maler, deren Bilder er nennt, haben berühmte Namen: »2 Landschaften von Cajetan Rosa, 2 von Salvator Rosa, 2 von Orient, 1 Cranach, 1 [Portrait von] L[ucas von] Leiden, ein Christus von Screta« zählt er in seinen Briefen vom 3. September 1811 auf.

In Bukowan versuchen die Brüder inzwischen, fachkundige Hilfe aus Deutschland heranzuholen. Die von Savigny geschickten »Motze« haben »durch Ordnung und liniiren und berechnen« ermittelt, »daß nichts herauskömmt, daß Christian über allen Begriff unordentlich ist«. Ab Mitte Dezember ist der Landgerichtsrat Bodmann aus Hanau in Bukowan. »Seine Arbeit wurde jedoch erschwert, weil sein Verhältnis zu Christian unsicher war. Dieser sollte auf Wunsch aller Betroffenen die Verwaltung aufgeben und nach Berlin kommen. Er zögerte jedoch so lange, bis Bodmann – etwa Mitte März 1812 – wieder nach Hause reiste. […] Der hessische Landwirt Georg Rieß […], der Christian untergeordnet war, blieb in Bukowan.«

Brentano, der in Prag »bei Fräulein Georg auf einem Hinterstübchen eingezogen« ist, »um Prag etwas näher kennen zu lernen«, hält schließlich Savignys »Anwesenheit« für unumgänglich. Brentano ist sich darüber im Klaren, dass seine Mission in Bukowan gescheitert ist, und er schließt einen Brief an Savigny mit dem Eingeständnis ab: »ich fühle mich je unmündiger, je länger ich lebe.« Savigny kann jedoch weder nach Bukowan kommen, noch auf raschem Wege eine endgültige Klärung der Situation herbeiführen. Eine Sanierung des Gutsbesitzes gelingt den herbeigeholten Helfern nicht, und auch Entlassungen von Personal bringen keinen Durchbruch. Es wird noch Jahre dauern, bis das Gut verkauft werden kann und Brentano von seinen Sorgen um Verlust des Kapitals und ausbleibende Zinsen befreit wird. Noch Ende 1812 bittet er den befreundeten Heinrich Christian Bang in Marburg aus Bukowan um Vermittlung »mehrere[r] Subjecte, sehr *dringend*. Vors Erste einen Jäger, oder Förster […] keinen Forstbeamten, sondern einen tüchtigen Waldaufseher, Holzanschlager, und Ansäer.« Im Einzelnen listet er auf, was der Jäger an Sonderleistungen in Bukowan erhält: »eine hübsche Wohnung auf dem Berg über der Moldau, eine Stunde vom Schloß, dabei einen Morgen Feld, den er sich bestellen kann, womit er will, sodann« neben dem Gehalt »Bier, Waitzen, Korn, Gerste, Erbsen, Salz, Holz« und eine »Kuh« sowie »Schiesgeld« für erlegte Tiere und zwei Drittel der »Strafgelder«, die bei »angezeigtem Waldfrevel« erhoben werden.

Brentano selbst kann auf Bukowan keinen Frieden finden. Zum Arbeiten fehlt ihm die Anregung, und er fasst in einem Brief an seine Schwester Meline in Frankfurt zusammen: »Hier geht alle edlere Freude für einen verloren, selbst die innre Ruhe, die einem die

Einsamkeit geben könnte, ist durch die infamsten und schändlichsten Erfahrungen verbittert, ich darf nicht einmahl vor den Hof eine halbe Stunde spazieren, ohne ausser gewöhnlicher Verschließung noch meiner Thüre mit einem Hängeschloß zu versehen, Abgaben, und Gränzenlose, unverschämte, untereinander verschworene Dieberei und Betrügerei aller Dienerschaft vom Beamten biß zum Schinder, und dazu aller Unterthanen, dabei gar keine Hülfe durch die Gesetze bringen einen zur Verzweiflung, unter einer nothwendigen theuren Dienerschaft von 53 Personen auf der Herrschaft ist kein einziger von dessen Schlechtigkeit wir nicht überzeugt wären, und morgen müßen wir bei ¾ von Ihnen entlaßen, ohne kaum zu wissen, wo andere hernehmen. So etwas muß man erleben, um es glauben zu können.«

KAPITEL VIERZEHN

O Zorn, du Abgrund des Verderbens

Prag

Prag fasziniert Brentano bereits bei seinem ersten Aufenthalt: »Die Stadt ist die herrlichste gröste, die ich je sah, doch ziemlich jesuitisch modern«, schreibt er an die Brüder Grimm und kennzeichnet mit dem Begriff »jesuitisch« die Verwurzelung im katholischen Glauben, die er – aus dem protestantischen Berlin kommend – in dem von den Habsburgern regierten Böhmen auch auf dem Lande sogleich wahrnimmt: »Wallfahrten begegnen einem von allen Seiten«, heißt es in seinem Bericht nach Kassel. Zugleich eröffnet sich für den Sammler von Antiquitäten und Büchern ein Paradies. Brentano erwirbt nicht nur die bereits erwähnte Mischung von Kuriositäten und Gemälden bedeutender Meister, auch deutschsprachige ältere Literatur gibt es preiswert, und Brentano kauft für die Brüder Grimm gleich mit ein: »In einem Wallfahrts Ort habe ich Ihnen auf der Rückreiße zwei Dutzend Volksbücher [...] gekauft«, meldet er, weitere »Volksbücher, deren unzähliche da waren«, habe er in Prag erwerben wollen, »Arnim aber der unsre Kasse führte und das Geld in der Tasche hatte, spazierte in Gedancken weiter und ich konnte nicht kaufen, da ich ihn ganz verlor« – eine Erfahrung, die an einen Basarbesuch erinnert. Tatsächlich berichtet Brentano vom »grösten Trubel in Prag« während des dreitägigen Aufenthalts mit Arnim.

Ein Jahr später nimmt er sich mehr Zeit, richtet sich im kleinen Stübchen des Fräulein Georg im Zentrum der Stadt auf Dauer häuslich ein und recherchiert in Volksbüchern und bei befreundeten Forschern wie dem »Altmeister der historisch-kritischen Forschung in Böhmen« (Goethe), dem Abbé Josef Dobrovsky, sowie dem Prager Gymnasialprofessor und Dichter Joseph Georg Meinert. Zwei große Dramenprojekte treiben ihn um, darunter ein gewaltiges Werk zur Geschichte der Stadt mit dem Titel *Die Gründung Prags.*

Als »romantisches Schauspiel« bezeichnet Brentano das Drama in einer Selbstanzeige, die er im Januar 1813 in der Prager Zeitschrift

Kronos veröffentlicht. Diese Anzeige und ein handschriftlich überlieferter Widmungstext an »Ihre Kaiserliche Hoheit die Frau Herzogin von Oldenburg« mit dem Titel *Inbegriff des historisch-romantischen Dramas* zeigen, wie eng Brentanos Konzeption mit dem Geschichtsdenken der Romantik verbunden ist. Es geht ihm darum, die fabelhafte, sagenhafte, mythische Urzeit dichterisch zu fassen und lebendig zu machen. In seiner Argumentation bedient sich Brentano der romantischen Analogie zwischen globaler Menschheitsgeschichte und dem individuellen Entwicklungsprozess jedes einzelnen Menschen. Die zur goldenen Zeit stilisierte »Urgeschichte« der Menschheit entspricht hier dem ebenso idealisierten Kindheitszustand des Individuums. Die Urzeit wird zum »Jugendtraum« der Völker: »Wie wir aus unserer zarten Kindheit uns wenig erinnern, und wie alles, waß uns daraus bewust ist, gegen das zußammenhängende Bild der Gegenwart einem schönen Traume ähnlig sieht, den man zurückblickend mit Rührung gern den goldnen Jugendtraum nennt, so hat auch die Geschichte der ganzen Welt und aller einzelnen Völker einen solchen Jugendtraum, die historische Fabel. Wenige Staaten aber besitzen eine so schöne Geschichtsfabel ihrer Jugend als Böhmen, das als ein von Wäldern bedecktes Land von einwandernden Slavischen Völkerstämmen besetzt wurde, deren erste und höchste Abkunft von den erleuchteten Geschichtsforschern in dem heilgen Orient gesucht wird, von dem das Herrlichste über die Erde ausgeflossen ist. Aus dieser Historischen Fabelzeit Böheims ist der Gegenstand des vorliegenden Dramas genommen.«

Unter »erleuchteten Geschichtsforschern« versteht Brentano nicht Historiker (im heutigen Sinne), sondern Mythenforscher wie Georg Friedrich Creuzer und Joseph Görres, die von den Ideen der Romantik inspiriert sind. Es sind – nach Friedrich Schlegels berühmter Prägung – »rückwärtsgewandte Propheten«, die in Sagen, Märchen und Mythen nach Belegen für eine Vorzeit suchen, in der alle Wesen der Erde – Götter, Menschen und Tiere – noch in paradiesischer Harmonie zusammenlebten. Dieses irdische Paradies vermuteten die Romantiker östlich von Europa, im Orient. Bereits 1808 hatte Schlegel selbst eine Abhandlung *Über die Sprache und Weisheit der Indier* verfasst; 1810 erschien Joseph Görres' *Mythengeschichte der asiatischen Welt*. Beide suchen die »Urmythe« und das »Urvolk« (mit dem auch die geheimnisvollen Zigeuner Europas in unmittelbare

Verbindung gebracht werden) im »heilgen Orient«. Zeugnisse dieser »Jugendzeit« der Völker sind die Reste alter Poesie, die für den germanisch-deutschen Bereich von den Romantikern gesammelt, »restauriert« und nachdichtend »rekonstruiert« werden.

Die einzelnen Formen dieser Urzeit-Poesie werden nicht so scharf nach Gattungen abgegrenzt wie dies in der heutigen Wissenschaft üblich ist. Brentano benutzt in seinem Widmungs-Entwurf zur *Gründung Prags* den Begriff »historische Fabel«. Fabel ist hier im Sinne des »Fabelhaften«, nicht historisch Nachweisbaren, »nur dichterisch zu Umschreibenden« gemeint. Entsprechend personifiziert er die »böhmische Geschichte« in seinem Drama als »eine Seherin, eine Dichterin, eine Künstlerin, die uns, wo die historische Urkunde verstummt, eine höhere, überzeitliche ewige poetische Wahrheit, die Sage, giebt«. Die Sage bezeichnet Brentano als »Amme« der »frühste[n] Kindheit der Geschichte«. Weil historische Quellen fehlen, können nur die Sagen, die – wie die Märchen der Ammen – zunächst mündlich tradiert wurden, von der goldenen, paradiesischen Urzeit künden: »Wo die historische Wahrheit eintritt, steht der Engel mit dem feurigen Schwerdte bereits vor dem verlorenen Paradies.« Ein forschender Historiker kann nach Brentanos Meinung kaum Zugang zu den in Sagen verborgenen »Träumen der Geschichte« finden – »der Dichter [...] wird sie verstehen und auslegen«.

Diese Darstellung zeigt, welche bedeutende Rolle dem Dichter in der romantischen Geschichtsphilosophie zukommt, er wird zum messianischen Retter. Seine Aufgabe ist es, das »verlorene Paradies« wieder ins Bewusstsein zu rufen, um in der tristen Zeit der Gegenwart Perspektiven für die Zukunft zu eröffnen. Im Widmungstext heißt es deshalb mit Bezug auf die politische Gegenwart: »Mit den Sonnen des Frühlings wird allmählich die Zornfluth wieder zum Abgrund der Erde niederrinnen und ihre ausgetrockneten Adern mit wohlthätigen Flüßen erquicken, dieser Frühling wird dem Tag der Auferstehung gleichen, und die Glieder der durch das Schicksal getrennten Völker Europas werden sich wieder vereinigen, Gott Lob zu singen.« Auf diese Weise ist das »historisch-romantische Drama«, wie Brentano die *Gründung Prags* im Untertitel nennt, eng mit dem triadischen Geschichtsmodell der Romantik verbunden, das Zukunftsvisionen aus der Einsicht in eine vergangene »goldene Zeit« erhofft.

Die Gründungsgeschichte Prags verbindet Brentano in seinem Werk mit den »allgemeinen slavischen Göttersagen«. Denn auch das gehört zur Urzeit-Poesie: Götter- und Menschenwelt sind noch nicht getrennte Sphären. Während in den Märchen Tiere, Pflanzen und Naturgeister mitwirken, sind es in den Sagen oft Götter und Halbgötter. Brentanos Drama beginnt, wie er in seinem *Kronos*-Aufsatz erläutert, »mit der Wahl Libussens zur Herzogin, umfaßt ihre Verbindung mit Przemisl, und schließt mit ihrer Vision von der Prager Stadt. Ich habe mich darin, so viel es nöthig war, der allgemeinen slavischen Göttersagen bedient, doch vorzüglich jener, welche den verbreitesten mythischen Vorstellungsweisen und der ewigen Naturdichtung am nächsten liegen. Es begegnen sich hier die weißen himmlischen und schwarzen irdischen Dämonen, wie in allen Glaubenssystemen entgegengesetzt, und motiviren wie im ganzen Leben vieles im dramatischen Conflict. Ein Anklang des Christenthums, welches später in Böhmen erschienen, schwebt episodisch durch das Ganze, geht aber unausgesprochen nothwendig darin unter, und bewirkt einen tragischen Effekt in historischer Vorahndung. Die drei sibillischen Schwestern, Tetka, Cascha, Libussa stehen, die Erste zum Himmel, die Zweite zur Natur, die Dritte zum Leben prophetisch gewendet, welches in der letzten durch ihre Verbindung mit Przemisl zur Geschichte wird; […]. Zwischen diesem Kampfe des Lichts und der Finsterniß schwankt von Stolz und Leidenschaft bis zur Raserei zerrissen, Wlasta […] und geht Trinitas, eine byzantinische Christin, die mit heiligem Berufe kaum das heidnische Land betrat, tragisch unter. Wlasta gedenke ich in einer zweiten Tragödie, der Mägdekrieg, zu erschöpfen; mit Trinitas ist mir eine dritte, Ludmilla, begründet, wenn anders meine Muse schonender Freunde genießt.« Diese Andeutungen lassen erkennen, dass Brentano eine Trilogie plant; die Tragödien *Der Mägdekrieg* und *Ludmilla* nimmt er jedoch später nicht einmal in Angriff.

Zwischen 1812 und 1814 schreibt Brentano an seinem monumentalen Werk. Zunächst denkt er an eine Oper, liest Varnhagen Ende März 1812 einen ersten Akt daraus vor. Dann entsteht eine Prosafassung des Schauspiels, die er im Herbst des gleichen Jahres zur Versfassung in gereimten fünffüßigen Jamben umarbeitet und Ende Dezember 1812 fertig stellt. Auf Juni 1813 ist der Prolog datiert; im Frühjahr und Sommer 1814 überarbeitet Brentano das Werk jedoch erneut, bevor es in der zweiten Oktoberhälfte – vordatiert auf 1815 – als Buch erscheint.

Einige benutzte Chroniken, Geschichtswerke und Märchen (wie die Darstellung der Libussa in Musäus' *Volksmärchen*) nennt Brentano in seiner Voranzeige und den umfangreichen Anmerkungen zum Stück. Unter den literarischen Vorbildern gewinnt vor allem der spanische Dichter Calderon für ihn große Bedeutung. Er kennt August Wilhelm Schlegels Bände *Spanisches Theater* (1803/1809) mit Übersetzungen von Calderons Dramen und hatte Bettine bereits Ende Juni 1809 die Lektüre des *Standhaften Prinzen* mit den Worten empfohlen: »eine so erquickende Größe des Helden, so bitter das Tragische und so schonend auf den Händen der Kunst getragen, aller Schmerz geht in Bewundrung unter; in der Oekonomie des Stücks keine Person zu viel, unendlich reich doch ganz in leichter Uebersicht, alles nothwendig und frei, herrlich, dieses lesend fühlt man kein Bedürfniß nach Shakespear, hier liegt auch eine Unendliche Welt.«

In einem undatierten Brief an den befreundeten Pfarrer Johann Heinrich Christian Bang, den Brentano 1813 – dem Poststempel nach am 19. Februar – schreibt, als er sein »bestes vollendetstes Gedicht *Die Gründung Prags* [...] in Versen abschriftlich zu Ende gebracht«, heißt es: »Glaubt nicht, daß ich je zu dichten aufgehört, ich weiß nur seit etwa zwei Jahren erst, waß dichten ist, und habe an Calderons standhaftem Prinzen zuerst einen deutlichen materiellen Begriff erhalten, waß ein Kunstwerk ist, wie [Jako]b Böhm durch den Glanz einer zinnernen Schüssel zur Anschauung seiner [Th]eosophie gekommen.«

Die Leküre von Calderon, dessen Drama *Das Leben ein Traum* Brentano vermutlich im spanischen Original liest und in der *Gründung Prags* verarbeitet, ist für ihn so etwas wie ein »Erweckungserlebnis«. In seinem Brief vergleicht er die Wirkung des »Kunstwerks« mit einer Erfahrung des philosophierenden Schusters Jakob Böhme, den die Romantiker als Mystiker und Propheten einer neuen, zukünftigen Zeit der »doppelten Morgenröte« verehren. Da Calderon (und Böhme) die Welt aus der Perspektive eines unangefochtenen Christentums deuten, lassen sich aus Brentanos Brief bereits die Vorzeichen für seine religiöse Rückbesinnung herauslesen, die dann in der Berliner Zeit 1816/1817 manifest wird. Seine Rückkehr zum Glauben der Kindheit – verbunden mit Mystizismus und rigoroser Verurteilung einer weltlichen Ausrichtung der Kunst – ist nicht das Ergebnis einer einmaligen Krise oder eines spektakulären Bekehrungserlebnisses, das ihn wie ein Blitz aus heiterem Himmel trifft. Hinweise auf diese Neuorientierung zeigen sich in allen labilen Phasen der ersten Lebensabschnitte. Periodisch wiederholen sich in Brentanos Leben Krisenzeiten, in denen er verzweifelt nach einem Sinn, nach einer gesellschaftlichen Aufgabe und existenzieller Fundierung seines Lebens sucht.

Die Anlehnung an Calderon hängt daher eher mit der fundamental-christlichen Ausrichtung seiner Dichtung als mit den dichterischen Qualitäten seiner Werke zusammen. Jedenfalls gelingt es Brentano nicht, ein aufführbares Stück zu schreiben; gerade das, was er am *Standhaften Prinzen* bewundert – die »Oekonomie des Stücks« – erreicht er mit seinen fast zehntausend Versen in der *Gründung Prags* nicht. Die Freunde beurteilen das gigantische Werk von vierhundertfünfzig Druckseiten so, wie es eben Freunde tun: mehr oder weniger zustimmend mit verdeckter Kritik. Nur die Brüder Grimm, die sich an der umfassenden Aufarbeitung des Sagenmaterials erfreuen, sind von Brentanos Poesie wirklich überzeugt. Jacob teilt sein Votum bereits am 21. Oktober 1814 seinem Bruder mit: »So viel ich an dem Buch selbst sehe, ist es höchst ausgezeichnet und merkwürdig und vermuthlich des Clemens beste Arbeit.« Nach der Lektüre der Hälfte des Bandes schränkt er am 2. November nur wenig ein: »Das Buch ist durchweg gescheidt und nirgends leer, vieles ausnehmend schön; im Ganzen fehlt ihm wohl eine gewisse Gesundheit und Geradheit.«

Als Wilhelm mit der Hälfte fertig ist, schreibt er am 12. November zurück: »die schwarze Kunst darin gefällt mir bis jetzt noch besser als die weiße, die Hexe ist trefflich und schreitet, so wie sie kommt, die Handlung fort, die sonst leicht stockt, viel Sorgfalt ist überall sichtbar bis in jedes Einzelne.« Die dramaturgischen Mängel, die Wilhelm hier nur andeutet, streicht ein Kritiker der *Jenaischen Allgemeinen Zeitung* heraus, der im Mai 1815 von einem »gänzliche[n] Mangel an Handlung, an wahrhaft dramatischem Leben« spricht und behauptet: »was die innere poetische Kraft versagt, soll durch eine Spiegelfechterei der Phantasie geschaffen werden, und daraus entsteht die ganze Handlung.« Allerdings lobt der unbekannte Rezensent die Trinitashandlung des Stückes als »überschwenglich liebliche Dichtung, die sich wie ein goldener Faden durch das scheckige Gewirr des ganzen Dramas windet«.

Arnim, der aus Berlin in seinen Briefen warmen Anteil an dem Libussa-Projekt seines Freundes genommen und selbst eine Reihe von Dramen mit mythologischen Elementen entworfen hatte, ist von dem fertigen Werk enttäuscht; ihm fehlen offensichtlich die psychologische Motivierung der Personen und daraus resultierende dramatische Effekte. An Wilhelm Grimm schreibt er am 10. Februar 1815, es sei ihm »unbegreiflich, wie bei so viel Schönheit, Ausarbeitung und Vollendung im Einzelnen ein herrlicher tragischer Stoff als Ganzes betrachtet so verdorben werden kann. Welch eine Tragödie liegt in der alten Libussa, die nicht heirathen will, aber vom Geiste des Volkes überschauert sich selbst einen Mann an gewissen Kennzeichen erschaut, wie ihn die Abgesandten finden werden am Eisernen Tisch; die sich selbst nicht versteht und über ihr Leben doch entscheiden muß; dann die Verwunderung dieses einsamen, frommen, von aller Welt vergessenen Primislaus, wie er zum Throne berufen wird und seinen Acker betrachtet. Ich glaube Clemens sollte mit einem andern zusammenarbeiten, wie Beaumont und Fletcher, wenn zu seiner Erfindsamkeit im Einzelnen ein guter Planmacher käme, so würde alles herrlich.«

Arnim behält Recht mit seiner Skepsis: Das Stück wird nicht aufgeführt und gerät bald in Vergessenheit. Erst eine nochmalige Bearbeitung des Libussa-Stoffes, die Grillparzer zwischen 1837 und 1847 vornimmt, führt zu einem (auch für Grillparzer postumen) Bühnenerfolg. »Grillparzer, der Dramatiker, griff – die Gattung eines symbolischen oder symbolistischen Stückes beibehaltend – mit sicherer Hand aus dem von Brentano behandelten Stoffe das dramatisch Wirksame heraus; der ganze große mythologische und ethnologische Apparat fiel, der Konflikt wurde in das rein Persönliche verlegt, die Charaktere scharf umrissen herausgearbeitet, Bild und Ausdruck ohne Überschwang gefügt, die Dunkelheit Brentanos zu einer großzügigen Nachdenklichkeit vertieft«, bemerkt Otto Brechler in der Einleitung seiner kritischen Ausgabe von Brentanos Werk und beobachtet zugleich, »die ersten Entwürfe [Grillparzers], die sich erhalten haben, zeigen die Beziehungen zu Brentano noch sehr deutlich«.

Lesedramen, die sich für die Darstellung auf der Bühne nicht eignen, sind für die Romantik kennzeichnend. So gut die Vertreter der neuen Schule Shakespeare und Calderon übersetzen und damit für die Aufführungen in Deutschland aufbereiten können, so schlecht – dramentechnisch mangelhaft und ungeeignet für die Theaterpraxis – sind die Stücke, die sie in Anlehnung an diese großen Dramatiker der Weltliteratur schreiben. Es entstehen Werke mit einer dichten Folge von poetisch gestalteten Einzelszenen, denen es an dramatischer Kraft mangelt. Brentanos *Gründung Prags* ist hier keine Ausnahme, und selbst von Eichendorff ist nur ein einziges Werk in den Kanon der Bühnenstücke eingegangen, das selten genug gespielt wird (die Komödie *Die Freier*). Geschichtsträchtige Stücke Eichendorffs, wie der *Der letzte Held von Marienburg* oder *Ezelin von Romano*, erreichen noch nicht einmal die zeitgenössischen Bühnen. Immer wieder gibt es in diesen romantischen Dramen lyrische Passagen und wunderbare Stimmungsbilder, die für sich genommen hochpoetisch wirken, aber diese Elemente tragen die Handlung nicht, wirken bei einer Aufführung retardierend und ermüdend.

Das dramatische Werk von Zacharias Werner macht hier eine Ausnahme. Er gilt als Schöpfer der »Schicksalsdramen«, in dem ein bestimmtes Requisit und damit verbundene Prophezeiungen eine konstituierende Rolle spielen. Für die *Gründung Prags* waren Werners *Das Kreuz an der Ostsee* von 1806 mit den Darstellungen der Sitten und Religion im alten Preußen und *Wanda* von 1810 wesentlich, das die heidnischen Traditionen polnischer Bräuche aufgreift und wie Brentanos Werk persönliche Erfahrungen des Dichters in einem noch relativ urtümlichen, von abergläubischen Relikten aus vorchristlicher Zeit mitgeprägten slawischen Land einarbeitet.

Werners Technik, einen »schicksalsträchtigen« Gegenstand einzuführen, der die tragische Entwicklung der Handlung auslöst, übernimmt Brentano in einem anderen Drama, das parallel zur *Gründung Prags* entsteht, in *Aloys und Imelde*. Das Schicksal wird hier von einem Racheschwert bestimmt, und eine Zigeunerin prophezeit kommendes Unheil. Die erste Fassung dieses Trauerspiels, das Brentano nach dem Helden des Stückes in Briefen auch *Comingo* nennt, entsteht 1811/12. Es basiert auf einer Novelle der Madame de Tencin: *Les Mémoires du Comte de Comminges*, 1735 anonym erschienen, und einem Drama von François-Thomas de Bacular d'Arnaud (nach Voltaire), das 1790 mit Erfolg am Théatre Français in Paris aufgeführt wurde.

Brentano verlegt die Handlung in den Cevennenkrieg und kann dabei auf die poetische Verarbeitung eines Zeitgenossen zurückgreifen. Der mit Hölderlin befreundete Isaak Sinclair aus Bad Homburg, den Brentano und Bettine persönlich kennen, hatte bereits eine Trilogie von Trauerspielen zum Cevennenkrieg veröffentlicht. Darin beschreibt er, wie die protestantischen Bauern der Cevennen unter der Führung von Jean Cavalier in den Jahren 1702 bis 1704 (nach der Aufhebung des Ediktes von Nantes 1685) gegen Ludwig XIV. kämpften.

Brentanos Stück spielt im Todesjahr von Cavalier. Sein Leitmotiv ist die Rolle von Hass und Liebe im Leben (auch dem politischen Leben), womit Brentano an Shakespeares *Romeo und Julia* anknüpft. Die Liebenden selbst – Aloys (Comingos Sohn) und Imelde (aus dem verfeindeten Hause Lussan) – reflektieren ihre Situation vor einem Bild von Romeo und Julia, das der als Maler verkleidete Aloys entworfen hat. Imelde ist zu diesem Zeitpunkt bereits mit einem blinden ungeliebten Mann vermählt. Nachdem ihr die – falsche – Nachricht zugetragen worden war, dass ihr Geliebter Aloys geheiratet habe, war sie auf Druck ihres Vaters die Ehe eingegangen.

Wie bei Shakespeare ist die Verfeindung der Familien Ursache für das tragische Ende der Liebesbeziehung zweier argloser junger Menschen. Die Gründe für die Familienfehde sind vielfältig: Neben konfessionellen Differenzen spielen alte Besitzansprüche eine Rolle; sie sind durch einige fatale Papiere verbürgt, und die abgründige Vaterfigur ist nicht bereit, auf diese Ansprüche zu verzichten. Comingo scheint von teuflischem Hass getrieben. Er verfolgt seinen Sohn, als dieser die Papiere (mit der guten Absicht, eine neue Ära des Friedens vorzubereiten) verbrannt hat, sperrt ihn in einsamer Gegend in ein Turmverließ und bereitet die Hochzeit mit einer Frau namens »Magelone« vor. Dann übergibt er ihm das Racheschwert, mit dem sich die geheimnisvollen Prophezeiungen der Zigeunerin verknüpfen. Der Hochzeitsplan wird durch Verkleidungsaktionen unterlaufen, eine Szene, die – was das Hochzeitsspiel angeht – vermutlich durch Andreas Gryphius' *Peter Squentz* angeregt wurde, aber auch an Auftritte der Schäfer und Schäferinnen in Shakespeares

Wintermärchen und der Handwerker im *Sommernachtstraum* erinnert.

Die Personen im Stück sind alle durch Kriegsereignisse entwurzelt. Aloys von Lussan, seine Schwester Zinga (lange Zeit als Mann verkleidet) und Othon (von Lussan; ein Cousin der beiden) erfahren erst im Laufe des Stückes, zu welcher Familie sie gehören und wie sie miteinander verwandt sind. Brentano benutzt diese Rollenspiele für komische und tragische Effekte und ist gerade mit dieser Mischung Shakespeares Dramen verpflichtet. Der Marquis von Comingo und Benavides erinnern darüber hinaus an Shakespeares Schurken *Richard III.* und *Macbeth*; denn wie diese plagt die beiden Bösewichte bei Brentano ein schlechtes Gewissen, das sich in Träumen Luft macht. Noch in seiner Todesstunde setzt Benavides alle Mittel der Intrige ein, um seine vermeintlichen Gegner zu vernichten, zu denen er am Schluss auch seine Frau zählt.

Zu einem Happy End nach Art der traditionellen Verwechslungskomödien, in denen der Sohn den Vater, die Mutter die Tochter wiedererkennen und Paare sich zusammenfinden, kommt es in *Aloys und Imelde* nicht, obwohl eine solche Wendung im Verlauf des Stückes immer wieder nahe zu liegen scheint. Doch Imelde lehnt eine Flucht mit Aloys ab, weil sie sich dem ungeliebten blinden Ehemann Benavides trotz der Umstände, die zur Hochzeit wider Willen geführt haben, verpflichtet fühlt. Streng christliches Denken verhindert hier, dass die Liebenden ihrer Neigung folgen. Als Benavides Imelde mit dem Schwert verletzt, scheint sie dies wie eine Märtyrerin erleichtert aufzunehmen. »Wohl mir, ich bin verwundet«, ruft sie aus. Auch der verletzte Aloys lehnt trotz der persönlichen Gefährdung die Flucht ab, da er Imelde nicht verlassen will, und wird vom todkranken Benavides erneut in einen Turm gesperrt. Imelde geht es ähnlich: Benavides lockt sie heimtückisch kurz vor seinem Tode in ein verstecktes Gefängnis, in dem er jahrelang den Camisarden Benserade de Mirimam verborgen hatte. Der Brand des Schlosses ermöglicht allen drei die Rettung durch unterirdische Gänge; Frieden aber tritt erst durch den Tod ein: Als Aloys stirbt, stürzt Imelde sich ins Schwert. Die Prophezeiung der Zigeunerin erfüllt sich.

Neben dem jungen Paar Aloys und Imelde, das sich – wenn auch tragisch mit einem Selbstopfer – für eine neue Welt unter dem Zeichen der Liebe einsetzt, ist es der alte Cavalier, der einstige Anführer der Camisarden, der für eine Versöhnung eintritt und als Hüter eines »Friedenstempels« auftritt. Der Tempel ist zugleich eine Felsengruft, in dem die Opfer der Religionskriege und verfeindeten Geschlechter friedlich beieinander liegen und die Ordensbrüder nach dem Zimmern der eigenen Särge selbst bestattet werden. Dorthin zieht sich der alte Cavalier zurück, als er seinen nahen Tod spürt; dort finden sich auch Aloys und Imelde sterbend als Pilger ein.

Ein Chor intoniert die Verse, die als Leitmotiv über der Tragödie stehen und vielfach variiert im Stück vorgetragen werden. Es handelt sich um zwei Strophen aus einem Lied des 1712 erschienenen pietistischen Gesangbuchs *Anmuthiger Blumen-Krantz aus dem Garten der Gemeinde Gottes*. Von dem elfstrophigen Lied hatten Arnim und Brentano sechs Strophen unter dem selbstformulierten Titel *Erziehung durch Leidenschaft* im 3. Band des *Wunderhorn* aufgenommen. In *Aloys und Imelde* erscheinen die erste und letzte (im Gesangbuch vorletzte) Strophe geringfügig variiert:

O Zorn, du Abgrund des Verderbens,
Du unbarmherziger Tyrann,
Du nagst und tötest ohne Sterben
Und brennest stets von neuem an;
Wer da gerät in deine Haft,
Bekömmt der Hölle Eigenschaft!

O Liebe, wo ist deine Tiefe,
Der Urgrund deiner Wunderkraft?
Herz, nur ein einzges Tröpflein prüfe
Von dieses Quelles Eigenschaft;
O, wer in diesem tiefen Meere
Gleich einem Tröpflein sich verlöre!

Im Gegensatz zu Shakespeare geht es Brentano nicht allein um die Feier der reinen, ursprünglichen Liebe der jungen Generation, die sich über die gesellschaftlichen Konventionen, Verkrustungen und Verfeindungen der Älteren hinwegzusetzen sucht. Sein Liebesopfer und die Schilderungen des teuflischen Hasses spielen auch auf die zeitgenössische politische Situation an: Vom »Gleichgewicht Europas« ist einmal die Rede, und das Stück kann als Plädoyer für friedliche Konfliktlösungen gelesen werden – in einer Zeit, in der ein großer Teil Europas von Napoleon beherrscht wird und mörderische Auseinandersetzungen noch bevorstehen, die für Deutschland in den Befreiungskriegen gipfeln. Brentano plädiert für Mäßigung, für den Abbau von aufgestauten Gefühlen des Hasses und der Rache; er tritt auch für die friedliche Überwindung konfessioneller Spannungen ein, ist jedoch skeptisch, ob sich die tief im Menschen wurzelnde zerstörerische Kraft des Hasses – der »Abgrund des Verderbens« – durch Liebe überwinden lässt. Erst im Angesicht des Todes und durch das Erbarmen Gottes scheint ihm dieser Friede erreichbar.

Neben diesen politischen, psychologischen und religiösen Aspekten des Werkes scheinen persönliche Anspielungen, die Brentano in eine zweite Fassung seines Stückes einbringt, eher zweitrangig. Doch spiegeln sie eine Auseindersetzung, die Brentano so irritiert, dass er zeitweise um seine Schaffenskraft – seinen »Liedesmuth« – fürchtet. Ein geradezu handgreiflicher Streit mit Varnhagen zwingt ihn dazu, aus dem Gedächtnis eine Neufassung von *Aloys und Imelde* zu formulieren. Die Umstände dieser Fehde sind in jüngster Zeit aus verschiedener Perspektive neu beleuchtet worden, bleiben aber dennoch im Dunkeln, weil einige wichtige Schriftstücke fehlen und alle Beteiligten und Berichterstatter dieser Affäre zu Legendenbildung, zu Literarisierung und Selbststilisierung neigen.

Brentano lernte Varnhagen 1806 in Halle kennen und beschreibt ihn in einem Brief an Joseph Görres vom Februar 1810 spöttisch als Menschen, »der mit der Scheere kleine Landschaften aus Papier schneidet, und eine biß zum Unsichtbaren Zierliche Hand schreibt, er schreibt Sonnette in den Raum eines Groschens, die nicht 6 pfennige Werth sind«. Bei der Begegnung in Prag bahnt sich zunächst eine Freundschaft an. Brentano liest ihm Partien aus seinen Projekten vor, übergibt ihm Manuskripte zur Begutachtung. »Du wirst dich wundern zu hören, wer mich alle Tage besucht, und mich ziemlich lieb hat: Clemens Brentano«, schreibt Varnhagen an Rahel Levin am 24. Oktober 1811 und fügt hinzu: »Dann las er mir auch Bruchstücke aus einem Roman vor, der das ›todte Meer‹ heißt, und worin der Zustand einer H…, die nicht lieben kann, aber geliebt ist, geschildert wird, ein Gegenstand, den gewiß nur Brentano so fassen kann.«

Karl August Varnhagen von Ense,
Bleistiftzeichnung von A. Jebens, vor 1839.

Überschattet wird die freundschaftliche Beziehung jedoch durch beleidigende Worte über Rahel, die bereits bei der Begegnung in Teplitz 1811 – Brentano macht mit Schinkel dort kurz Station – gefallen sein sollen. Rahel – durch Varnhagen informiert – berichtet Alexander von Marwitz rückblickend im Brief vom 8. Dezember 1812: »das erste Wort, das Clemens in Töplitz [= Teplitz] zu Varnhagen sagt, das ist, daß seine Schwester sich über die garstige, zudringliche Jüdin beklagt« habe.

Auf der Grundlage dieses Berichts und der Behauptung Rahels, Bettine sei mitten in einem freundschaftlichen Gespräch »plötzlich in ihren Frankfurter Judenhaß« zurückgefallen, wurde Bettine noch in jüngster Zeit des Antisemitismus verdächtigt. Auch Brentanos Ruf leidet unter den Berichten über die Teplitzer Begegnung und ihre Folgen. Denn auf Initiative von Varnhagen schreibt Brentano im Januar 1812 einen (nicht erhaltenen) Brief an Rahel. Es ist offenbar ein mutwilliger Brief, der entsteht, als Varnhagen verlangt, Brentano möge seiner Braut einen freundlichen Brief schreiben und seine Verehrung für sie bekunden. Brentano »läßt sich scheinbar überzeugen, verfaßt jedoch [...] eine parodistische Wiederholung dessen, was Varnhagen ihm gerade dargelegt hat«.

Den Wortlaut des Briefes kennen wir nicht, und die Reaktion von Rahel ist widersprüchlich. In ihrem Brief an Varnhagen macht sie sich einerseits über den »Esel« Brentano lustig, spricht andererseits aber auch von einem »Gefühl von Beleidigtsein« und von »Bosheit«: »Ich schwöre Dir, daß ich nicht gewußt habe, daß es solche Bosheit außer den *schlechten* Büchern, worin ich sie immer falsch fand, giebt. Er spricht mir ja mit einem wüthenden Wünschen von meinem Tod, als wär' ich eine böse alte Kaiserin, die ein Serail von jungen Schönheiten hätte todtmartern lassen, worunter ihm eine Geliebte war. Er ist ein Esel; und weiter nichts. Und sag mir um Gottes willen, wo nimmt er *das* her, daß ich so sehr ambitionire, unglücklich sein zu wollen? *Hunger* wünscht er mir auch sous cape. Ich habe mich sehr geärgert – nachher die Ursach –, aber zweimal mußt' ich doch lachen; als er sagte, ›ich sei *sitzen* geblieben‹ – und ›ich sei nicht schön‹, damit meint er häßlich. Jetzt erst find' ich es so gemein, wie in dem Bierhause *hinter* dem Teplitzer Garten; besoffen. Lachen mußt' ich, weil es so fehl schoß mit dem großen Effort. Betrübt aber, wie Du meinst, hat mich nichts. Mein Brief muß ihn gräßlich geärgert haben.«

Rahels Zorn richtet sich bereits in diesem Brief mehr gegen Varnhagen als gegen Brentano, denn sie macht ihm schwere Vorwürfe: »Du mußt aber *komplet* die *Besinnung* verloren haben, daß Du ihn diesen Brief abschicken ließest! So pronirst Du mich! und so läßt Du mich beleidigen, wenn einige Hiebe mich schützen können? Du wirst *begreifen*, daß es jetzt dazu *durchaus* zu spät ist: und das Ridikül auf unserer Seite wäre. Denn die Sache würde dadurch divulgirt; und Jesus und alles käme zur Sprache. [...] Warum trägst Du mein Inneres zur Schau! Bedenke *ja*! jetzt, daß seinem Buckel eine Tracht Prügel nicht mehr schadet, als schon geschehen ist, und daß in Deinem Stande eine *Berührung* Dich entehrt. Warte also lange, auf eine andere, *ganz* günstige Gelegenheit. [...] Ich *begreife* nicht, wie Du Dich hast *so* beleidigen lassen können!«

Damit ist nun Varnhagens Stolz verletzt, und er wendet Hass und Zorn gegen Brentano. Es sind starke Worte, die er in einem Antwortbrief an Rahel ausspricht: »Als er mir den Brief vorlas, würfelte ich, es ging um Leben und Tod. Die Würfel fielen noch gut für ihn: ich hielt den Brief nicht zurück [...] Ich hätte es eine Anmaßung gefunden, [...] wenn ich Dir den Brief vorenthalten hätte [...] Aber jetzt stehen wir anders: bei *Dir* sind ihm die Würfel anders gefallen, er *hat verspielt*, und soll bezahlen mit allen Pfändern, die er eingesetzt hat! Du fühlst Dich beleidigt, und damit hört alles auf. Eines nur kann ich beklagen, daß die Rache so gar leicht und gefahrlos ist; [...] [so] wird die Strafe nicht ausbleiben, wenn ich auch, folgsam Deinem Rathe, sie klug verzögere.«

Nach diesen finsteren Drohungen fürchtet Rahel das Schlimmste. Ein Kampf auf »Leben und Tod« scheint ihr nicht angemessen, und sie beschwört ihren Verlobten, sich zurückzuhalten: »Bei Deiner *Ehre*, Du thust Clemens *nichts*, bis ich es schreibe. Ich habe ihm in der Krankheit verziehen, wie allen Menschen. Und so etwas ist ein Akt, der unwiderruflich ist; und besteht in nicht Rache nehmen. [...] thu Clemens nichts. [...] Clemens und Du, ihr meint es anders als ich. Gott schickte mir die Krankheit und die hat es geändert. Sag dem Esel *kein* Wort. Und besänftige *Dich* über die meinigen! [...] Mit einem Kourier möcht' ich *diesen Brief* schicken, wegen Clemens [...] Wenn Du Clemens nichts thust, seh' ich ihn auch: und erwähne nichts.«

Varnhagen folgt Rahels Ratschlägen nur zum Teil. Um den 24. April 1812 kommt es zum Eklat. Zunächst holt er die von Rahel ursprünglich geforderte handgreifliche Reaktion auf den ehrverletzenden Brief nach. Bei einer Begegnung in Prag versetzt er dem verblüfften Brentano »zwei gewaltige Ohrfeigen«. Zugleich führt er den von langer Hand vorbereiteten Racheakt aus: Er konfisziert das noch unvollendete Manuskript von *Aloys und Imelde*, das ihm Brentano nichtsahnend zur Korrektur überlassen hatte.

In einem Brief an die Schwester Meline stellt Brentano diese Ereignisse Anfang Dezember aus seiner Sicht dar: »Ich habe nehmlich in dem letzten Jahre zwei Trauerspiele mit grosem Fleiße ausgearbeitet, das liebste und beste, ja das Vorzüglichste, waß ich vielleicht je geschrieben oder noch schreiben kann, an dem ich an vier Monate Tag und Nacht mit einem mir sonst unmöglichen Fleiß und Lust gearbeitet, ist mir auf die schändlichste Weiße von einem niedrigen Heuchler, den ich für meinen Freund hielt gestohlen worden. Du kannst Dir meinen Kummer und Jammer gedencken, so um meine schwere und geliebte Arbeit von vier Monaten zu kommen, die ich Jahre lang in der Seele ausgearbeitet hatte, ich wuste mich kaum zu fassen.« Erst nach Intervention von Rahel, die seit Juni 1813 mit Brentano in engeren Kontakt kommt, gibt Varnhagen das Manuskript im Herbst 1814 zurück. In der Zwischenzeit hatte Brentano eine neue Fassung der ersten beiden Akte von *Aloys und Imelde* entworfen, die mit zahlreichen Anspielungen auf die Varnhagen-Affäre durchsetzt sind: Der hasserfüllte Comingo erhält Züge von Varnhagen, Lussan Züge Brentanos, »der Streit beider um die Familienpapiere zu Clairvaux ist zum Streit Varnhagens und Brentanos um das Manuskript der ersten Fassung geworden. [...] Die [...] Schilderung der Maintenon zeigt, wie Brentanos Urteil über Rahel zwischen der Vorstellung von einer Heiligen und einer Hexe hin und her schwankt.«

Bei seiner literarischen Verarbeitung übertreibt Brentano, doch entwerfen auch neutrale und zuverlässige Beobachter kein positives Bild von Varnhagen. Wilhelm Grimm beschreibt seine erste Begegnung im April 1810 so: »Wir haben in diesen Tagen durch Steffen's Empfehlung einen Berliner zum Besuch gehabt, den Varnhagen, ein Mensch, der mir aus allen Kräften zuwider ist, und auf dem Leben mit einer matten, geistlosen Frechheit steht. [...] Es scheint nach dem, was er spricht, als ob er seinen Lebensbaum, an dem auch nicht ein einziges frisches grünes Blatt hängt, mit allen möglichen Erfahrungen ausputzen wolle.« Es ist die etwas enge, pedantische, wenig inspirierende Art Varnhagens, verbunden mit persönlichem Ehrgeiz, die den Zeitgenossen auffällt. Er fühlt sich als Dichter, scheint aber eher der Typ eines trockenen Archivars gewesen zu sein, der nur durch die Begegnung mit der witzigen, inspirierenden Rahel Levin über sich hinauswächst.

Die beiden bilden ein ungleiches Paar, gegensätzlich in ihrem Auftreten und Charakter. Karl August Varnhagen von Ense ist Medizinstudent, als Rahel ihn 1808 näher kennen lernt. Am 27. September 1814 heiraten die beiden in Berlin, vier Tage vorher hatte sich Rahel taufen lassen. Sie ist zu diesem Zeitpunkt 44 Jahre alt, Varnhagen 29. 1816 wird er zum preußischen Geschäftsträger in Karlsruhe berufen, 1819 wegen seiner demokratischen Gesinnung wieder entlassen und 1824 endgültig in den Ruhestand versetzt. Danach versteht er sich als kritischer Chronist seiner Zeit und zeichnet in Tageblättern sorgfältig die politischen Ereignisse, Stimmungen und ihm zugetragene Informationen in Berlin auf. Erinnerungen an die gemeinsame Zeit mit Rahel (gestorben 1833) durchziehen diese Tagebuchaufzeichnungen, die bis heute nicht vollständig veröffentlicht sind.

Neben »Zeitbildern« publiziert er Charakterbilder bedeutender Persönlichkeiten. Auch eine Charakteristik Brentanos stammt aus seiner Feder. Darin spielt die Prager Affäre um das »gestohlene« Manuskript eine große Rolle; Varnhagen will sich rechtfertigen, stellt seinen Ausbruch und sein Vorgehen als gezielten erzieherischen Akt dar, der einem Menschen gilt, dem er »Schalkheit und Tücke« sowie eine Portion Masochismus attestiert. Von Brentano berichtet er: »Er hatte die gräßlichste Furcht und Angst vor jeder Tätlichkeit, ruhte aber nicht, bis er sie erlitten hatte; mit unermüdlicher Steigerung reizte er jeden Umgang, jedes Verhältnis auf, und nachdem er verführereisch durch Anteil, Schmerz, Vertrauen und Neigung, dies alles hervorgelockt, mißachtete und zerstörte er freventlich alles wieder, verletzte in willkürlicher Laune sich und Andre schonungslos, und wenn die Folgen seiner Ungebühr dann hart ihn selber getroffen, erweckte er wieder neues Erstaunen und oft neue Teilnahme durch die Qualen und den Jammer, die er hierauf mit dichterischer Meisterschaft aus sich herausspann, doch immer lauernd bereit, das Erhabene und Rührende, bei erstem Schimmer der Gefahrlosigkeit, durch Schalkheit und Tücke zu unterbrechen.«

Bereits bei der ersten Begegnung in Teplitz wurde Brentano nach Varnhagens Bericht »immer dreister«, und als er endlich »von einem meiner Freunde Unwürdiges vorbringen wollte – daß er Prügel bekommen zum Beispiel – mußte ich unwillig gegen ihn auffahren, und wiewohl er gleich wieder einlenkte und das Gesagte zurücknahm, so blieb doch das gute Vernehmen zwischen uns aufgehoben, und ich entließ ihn mit Worten, nach denen ich glauben mußte ihn nicht wiederzusehen. Er reiste auch noch desselbigen Tages ab.«

Durch die Charakteristik eines derart »undisziplinierten« Menschen »mit Koboldsart« vorbereitet, erfährt der Leser nun, wie es zum »Pfand« der *Aloys und Imelde*-Handschrift kam. Varnhagen selbst »suchte [...] meine besten und höchsten Menschen in ihrem wahren Werte zu zeigen, wobei denn natürlich Rahel obenanstand. Brentano unterwarf sich ungern, tat es aber doch, und gestand gerührt, so großen Vorzügen müsse er unbedingt huldigen [...] und auch selbst an Rahel schreiben. Er schrieb wirklich, aber im Schreiben bezwang ihn die Schalkheit wieder [...] in den Ausdruck der Verehrung mischte er tolle Fratzen, aus denen bald unziemlicher Hohn und verletzende Tücke wurden.« Dieser Brief findet – als Brentano ihn vorliest – nicht die Zustimmung Varnhagens, und Brentano schreibt »einen zweiten Brief, aber einen, der schlimmer war, als der erste; wahre Kränkungen und Beleidigungen sprach er mit dem größten Aufwande verführerischen Witzes und unterhaltender Schilderung aus. Er las mir nur Einzelnes vor, und überging gewiß das Ärgste. [...] Er sollte den Brief nicht abschicken, verlangte ich; dem Eigensinn der schlechten Laune fröhnend, tat er es doch.«

Nach Varnhagens Bericht kommt es dann in den folgenden Wochen in Prag zu weiteren Spannungen: »Clemens setzte meine persönliche Geduld durch böse Neckereien und Anzüglichkeiten auf harte Probe. [...] Es vergingen düstere Wochen, voll Zweifel und Kampf. Brentano benahm sich mit jedem Tag unangenehmer. [...] Auch zog er mich für seine Schriften nicht mehr zu Rat. Er hatte in Prag zwei Schauspiele zu dichten angefangen, deren Entstehen ich schrittweise mit Anteil gefolgt war [...] eines dieser Stücke, *Aloys und Imelde*, lag bei mir verwahrt, ich sollte es durchsehen und etwanige Besserungen vorschlagen. Nach längerem Wegbleiben, während dessen der Kobold in ihm aber nicht geruht, sondern gegen mich die ärgsten Frevel verübt hatte, kam Brentano eines Morgens und forderte ungestüm sein Manuskript. Er kam mir eben recht, das Maß war voll, ich hielt ihm sein Betragen vor, und warnte ihn, dasselbe nicht fortzusetzen; aber das war ihm nur zum Lachen. ›ich sehe‹, rief ich endlich ergrimmt, ›mit Ihnen muß man anders verfahren, damit Sie Respekt haben‹, und legte Hand an ihn. Erschrocken fuhr er zusammen: ›Warum schlage Sie mich?‹«

Es kommt dann zu einer Beruhigung, und Brentano hofft, dass sich trotz der Ohrfeigen, die – nach Varnhagen – nur »symbolisch

Aufschrift Varnhagens auf dem konfiszierten Manuskript Brentanos, 1812.

waren«, nun eine Freundschaft entwickelt, wie seinerzeit bei Joseph Görres. Aber weit gefehlt. Varnhagen entschließt sich zu seiner erzieherischen Maßnahme, und auf die erneute Bitte um Rückgabe des Manuskripts antwortet er: »Das sollen sie wiederhaben [...] aber erst über's Jahr, bis dahin dient es mir zum Pfand Ihrer guten Aufführung.« Die Aufschrift »Pfand von Clemens Brentano« ziert noch heute in riesigen Lettern die Handschrift der ersten Fassung des Trauerspiels. Brentano aber ist gezwungen, aus dem Gedächtnis eine zweite zu schaffen. Das schürt seinen Hass, steigert seinen Zorn, den er nach außen nicht zeigen kann, weil er weiter auf die Rückgabe des Manuskripts hofft.

Varnhagen verehrt Rahel glühend. Die Vergötterung dieser jungen Frau »zu einer dritten Lichtgeburt der jüdischen Nation«, deren »Jünger« und »Apostel« er sein möchte, geht ihm über alles. Daraus erklärt sich seine Reaktion auf Brentanos »Beleidigungen« in dem vermutlich eher launig-mutwilligen Brief an Rahel, daraus erklärt sich auch, dass er in seinem Kult-Buch *Rahel. Ein Buch des Andenkens für ihre Freunde* (1834) Berichte über ihren ersten Berliner Salon, den er selbst gar nicht besucht haben kann, fingiert. Er will der Nachwelt ein Idealbild dieses Salons überliefern – mit einer glänzenden, schlagfertigen, allen überlegenen Rahel im Zentrum. Der am häufigsten zitierte Bericht eines Grafen Salm ist in jüngster Zeit als manipulierte Schilderung Varnhagens entlarvt worden, die allein diesem Zweck dient.

Rahel. Ein Buch des Andenkens für ihre Freunde,
Titelstich von C. E. Weber nach M. M. Daffinger, Berlin 1834.

Vor Eingriffen schreckt Varnhagen auch bei seinen Autografen nicht zurück, wenn es um die Ehre von Rahel geht. Hier will er nur seine Sicht der Vorgänge zulassen. Briefstellen Brentanos über Rahel und die Prager Affäre mit der konfiszierten *Aloys und Imelde*-Handschrift schneidet er später aus den Handschriften seiner Sammlung heraus oder macht sie durch Streichungen unleserlich. Selbst einen Brief Brentanos an Sophie Mereau aus dem Jahr 1804 »zensiert« er, weil dort von der ersten Begegnung Brentanos mit Rahel die Rede ist. Von dem zerstörten Briefteil bewahrt er – in seiner »Abschrift«! – lediglich eine positive Äußerung über Rahels Salon auf, die mit Sicherheit in dieser Form nicht authentisch ist, zumal Brentano wenig später berichtet, dass es in Rahels Salon »sehr langweilig« war. Varnhagen dagegen untermauert mit seinem Zitat, dessen Kontrolle durch zukünftige Leser er verhindern will, seine Darstellung des faszinierenden Salonlebens und legt Brentano in den Mund: »Ich war gestern bei der berühmten Mademoiselle Levi, die einen nicht unangenehmen Ton in ihrer Gesellschaft hat […], sie ist über dreißig Jahre alt, ich hielt sie für fünfundzwanzig, ordentlich klein, aber graziös; sie ist ohne Anspruch, erlaubt dem Gespräch jede Wendung bis zur Unart, bei welcher sie nur lächelt, sie ist selbst äußerst gutmüthig und doch schlagend witzig. Daß Prinz Louis Ferdinand und Fürst Radziwill zu ihr kommen, erregt vielen Neid, aber sie macht nicht mehr daraus, als ob es Lieutenants oder Studenten wären, mit so viel Geist und Talent wie jene würden ihr diese eben so willkommen sein.«

Das Bild des objektiven Archivars musste nach diesen Entdeckungen Schaden nehmen, und so schildern ihn einige Zeitgenossen und Forscher als intrigant und unsympathisch. Brentano überzeichnet diese Charakterzüge in der Dichtung, wenn er seinen Comingo-Varnhagen sprechen läßt:

> Pocht mir das Herz, und sehn ich mich nach ihm?
> O ja, es pocht, doch ist es nur von Haß,
> Von grimmem Haß gen diesen meinen Feind!
> Hat er mir doch mit seinem süßen Wesen
> Sein Weib entzogen, die versprochen mir!
> Ich liebt sie nicht, denn nie hab ich geliebt,
> Nie, nie, es ist ein kaltes Gift in mir,
> Und alles Leiden macht mir einen Kitzel.
> […]
> Was ich ersinne, es ist kalt und dürr,
> Und nur zu quälen ist mir eine Lust! –
> O hätt ich einen Dolch für seine Brust,
> Jetzt müßt er sterben, da die Schriften er nicht hat.

Solche Mordgelüste, die Brentano seinem Comingo in der zweiten Fassung seines Stückes in den Mund legt, wird man Varnhagen nicht zutrauen können. Seine Schriftzüge verraten einen bis zur Pedanterie genauen, etwas blutleeren Menschen, wie ihn Wilhelm Grimm beschreibt. Varnhagens Schilderung der Prager Ereignisse zeigt, dass er die Normen von Anstand und Sitte peinlich genau beachtet und Brentano in entsprechendem Sinne zu erziehen versucht. Ein übertriebener pädagogischer Impetus und die Vorschläge Rahels, eine günstige Gelegenheit abzuwarten, verführen ihn offenbar dazu, die erzieherischen Maßnahmen zu provozieren und zu inszenieren.

Wie der Einblick in seine – heute in Krakau aufbewahrte – Autografen-Sammlung von mehr als 250 Kisten lehrt, beschränkt er sich bei der Aufarbeitung seiner kostbaren Sammelstücke in der Regel darauf, auf kleinen farbigen Zetteln Angaben zur Person des Schreibers und Provenienz der Handschriften zu überliefern, die äußerst verlässlich und präzise sind. Nur mit Brentano hatte er sich so überworfen, dass er überreagiert und noch nachträglich die Spuren dieser Fehde zu vernichten sucht. Vermutlich ist ihm auch die Versöhnung der beiden artverwandten Geister Clemens und Rahel suspekt, und Eifersucht spielt bereits bei den Kontakten mit Brentano in Teplitz und Prag eine Rolle.

Denn ähnlich wie Brentano ist Rahel eine spontane und zugleich exaltierte Persönlichkeit. In ihren Briefen wechseln ihre Themen und Stimmungen sprunghaft; scharfsinnig beobachtet sie – bewundernd oder satirisch spottend – ihre Zeitgenossen, schwärmerisch ist ihre Goethe-Verehrung, die – nach Varnhagen – den Goethe-Kult des 19. Jahrhunderts initiiert: »Schon sehr früh, weit früher, als irgend eine literarische Meinung der Art sich gebildet hatte, war Rahel von Goethe's Außerordentlichkeit getroffen, von der Macht seines Genius eingenommen und bezaubert worden, hatte ihn über jede Vergleichung hinausgestellt, ihn für den höchsten, den einzigen Dichter erklärt, ihn als ihren Gewährsmann und Bestätiger in allen Einsichten und Urtheilen des Lebens enthusiastisch angepriesen. [...] Die Liebe und Verehrung für Goethe war durch Rahel im Kreise ihrer Freunde längst zu einer Art von Kultus gediehen [...] ehe die beiden Schlegel und ihre Anhänger, schon berührt und ergriffen von jenem Kultus, diese Richtung in der Litteratur festzustellen unternahmen.«

Die in großer Zahl überlieferten Briefe an Freundinnen und Freunde – unter denen sich berühmte Namen wie Alexander von Marwitz, Friedrich Daniel Ernst Schleiermacher, Pauline Wiesel und der schwedische Diplomat Karl Friedrich von Brinkmann finden – zeigen ihre innere Verwandtschaft mit Brentano: Beißend satirisch und stets treffend kann sie ihre Zeitgenossen darstellen, um dann geradezu hypochondrisch-egozentrisch ihre eigene Befindlichkeit auszubreiten und in Selbstmitleid zu zerfließen.

Das Verhältnis mit dem jüngeren, seinerseits schwierigen Varnhagen ist anfangs durch starke emotionale Spannungen gefährdet.

So schreibt Rahel noch im März 1812 an Alexander von Marwitz sehr despektierlich über ihren Bräutigam – im Ton sehr ähnlich wie Brentano in seinen lästernden Briefen: »Ich habe den Sonnabend den allernichtswürdigsten Brief von Varnhagen erhalten, den er noch fabriziert hat. Viermal las ich ihn, und er hat mich jedesmal so progressiv geärgert – ich dachte das Gegenteil –, daß ich ihm den bündigsten, kürzesten, beinah ärgerlichsten antwortete [...] Ich würde Ihnen seinen Brief mitschicken, wenn er, ohne von mir kommentiert zu werden, nicht an Richtigkeit, Ausgelassenheit, Präsumption, Unsinn, Eitelkeit, Mikroskopie und Auseinandergehn des ganzen Denkens verlöre. Dieses schöne Produkt [...] ist [...] wie ein Nürnberger schlechtestes Spielzeug, auf den Puff gemacht, inwendig ganz ohne Absicht und verabsäumt; denn ist das tolle Häuschen auch klein, so könnte doch auch das Größenverhältnis beibehalten, kein Geschöpf hinein, noch darin sich aufhalten. – Ich scheine ärgerlicher, als ich jetzt über ihn bin; der große Unsinn des Machwerks ruft nur die doppelte Schärfe aus dem beurteilenden Geiste hervor. Aber der – Varnhagen – zeitigt sich mit und durch eigene Gewalt in mir. Ich sehe nun wirklich ein, ich muß ihn gebrauchen, wozu er gut ist, und sonst nichts. Kluge Leute tun das mit der größten Gelassenheit mit allen Menschen. Sie zu einer Höhe zwingen und haben, wo sie sich nicht halten können, ist wahrlich schülerhaft. Aber nichts ist schwerer wieder mit aus der Welt zu nehmen, als der Drang nach Bewunderung, Liebe, Wohlwollen; die Reich- und Weichherzigen übereilen sich diese Schätze auszuschütten, und nur sehr wenige, auch mit Maß und großer Stärke zu jenen Gaben Begabte sind weise vor dem großen Defizit. Ich bin es mit und während der größten Einsicht nicht. Da steh' ich wieder. Fest hatt' ich mir vorgenommen nicht mehr von mir zu sprechen.«

Die maßlosen Übertreibungen bei der Beschreibung von Varnhagens Brief, die vernichtende Kritik und daraus abgeleitete geistreich und pointiert formulierte Aphorismen mit kühnen Bildern und mystifizierenden Vergleichen, die Rückkehr zum eigentlichen Zentrum, dem eigenen Ich, das sich ständig selbst bespiegelt: All dies gehört auch zum Stil der Briefe Brentanos. Mag sein, dass Rahel im Umgang mit ihren Freunden direkter, ehrlicher, mitfühlender ist als Brentano; in der Art, die Zeitgenossen in den Briefen brillant und originell zu charakterisieren, und in der Tendenz, in weinerliches

Selbstmitleid und bodenlose Verzweiflung abzugleiten, sind die beiden einander sehr ähnlich.

Im mündlichen Gespräch können sie daher die Spannungen rasch wieder abbauen; die beiden sind in der Lage, sich gleichsam über den Kopf Varnhagens hinweg zu verständigen – was ihn kränkt und Eifersuchtsreaktionen hervorruft. Brentano weiß, dass sie »zum Verstehn berufen« ist, wie er einmal in einem Versöhnungsbrief formuliert, und nichts nachträgt. Brentanos beleidigenden Brief konnte sie ebenso vergessen wie den »allernichtswürdigsten Brief von Varnhagen«, der sie »so progressiv geärgert« hatte, dass sie sich vorgenommen hatte, diesen Menschen nur zu »gebrauchen, wozu er gut ist« – zwei Jahre später wird sie ihn heiraten!

Als Varnhagen ins Feld gezogen ist, um in den Befreiungskriegen zu kämpfen, und Rahel sich allein in Prag aufhält und mit Brentano sprechen kann, verfliegen die bösen Stimmungen, kommt es rasch zu einer Versöhnung. Rahel zuliebe verlängert Brentano seinen Prag-Aufenthalt um acht Tage. Er »sah mich sechsmal vom ersten Tag an. Ich hatte einen namenlosen Anreiz für ihn«, berichtet sie. »›Sie sind gut, Sie sind sehr brav!‹ schrie er immer Frankfurtisch. ›Sie sind sehr menschlich‹, sagt' er ganz leise und nachdenklich. [...] Er erzählte mir von allen seinen Frauen, Schwestern, Freunden, Ehen, Achim, Schlegel; *von allem. Ich ihm von nichts.* Auch lachten wir viel; Du weißt, ich hab' solchen Geist und Laune wie er: das sagte er auch: und daß man's sage. Nun mußt' ich einen förmlichen Frieden mit ihm abschließen, daß wir nicht mehr mit einander scherzen wollten.« Soweit Rahels Darstellung dieser Begegnungen, die sehr deutlich zeigt, dass sich die beiden – abseits von Varnhagen – gut verstehen, dass sie in ihrer Spontaneität zueinanderfinden trotz aller Verletzungen, die Brentano ausgelöst hatte.

Brentano ist durch Varnhagens Vorgehen in Prag so konsterniert, dass er noch in der Einleitung zur *Gründung Prags* auf die Affäre im »Prolog« anspielt:

> Einsiedlerisch der Gott den Dichter stellte,
> [...]
> Bis ich entsetzt, getäuschet und verlachet,
> Um Lied und Liedesmuth beraubt, erwachet.

Bei der fleißigen und gründlichen Arbeit an der *Gründung Prags* fasst Brentano dennoch neuen »Liedesmuth«. Er ist davon überzeugt, daß dieses Drama nach dreimaliger Umarbeitung »recht schön dasteht«. Die gereimte jambische Rede »gefällt mir so, daß ich Sie wahrscheinlich auf eigne Kosten und auf Subscription drucken zu lassen gedencke, ich werde deswegen vielleicht in Wien und Prag öffentlich draus vorlesen, und ich vermuthe Erfolg davon«, kündigt er Savigny in einem Brief vom 20. Dezember 1812 an. Das Selbstbewusstsein ist jedoch nicht von Dauer. Die erhoffte öffentliche Anerkennung lässt sich ad hoc mit einem solchen Lesedrama nicht erreichen. Der für Brentanos sensible Seele notwendige Erfolg stellt sich eher hinter den Kulissen des Theaters ein. Er knüpft Kontakte zu Auguste Brede, einer berühmten und umschwärmten Schauspielerin. Über seine Prager Affäre berichtet er Arnim: »Eine Berlinerin, die in Stettin, Leipzig und Dresden gespielt, nach der Bethmann, die beste Schauspielerinn, die ich in Deutschland gesehen, entzückt hier alle Welt, alles was Sitte und Urtheil hat, verehrt Sie und liebt sie, sie ist seit Jahren die treue Geliebte, des Nostitz, der beim Prinz Louis war, ich habe ihn kennen gelernt, er ist ein braver Kerl, und recht naiv und ernst. Sie heist Brede, gleich[t] der Steffens sehr, und hat in ihrem Benehmen gegen die Welt viel von Sophien, auch ich war drei Wochen ernsthaft in sie verliebt, und habe ihr viel Lieder und Briefe geschrieben, auch eine ganze Nacht unter ihrem Fenster den Kometen angeschaut. sie hat alles bescheiden und mit Grazie und vertraulich aufgenommen, ich aber habe die Passion zierlich abgebrochen, weil zu viele Leute in sie verliebt sind, und Sie allen gleich artig ist, übrigens werde ich Sie immer sehr hochhalten, sie ist eine der anmuthigsten, einfachsten, klarsten Holdseeligkeiten, die ich in der Welt begegnet habe.«

Ein einziges Brieffragment an Auguste Brede ist überliefert. Es wird auf November oder Anfang Dezember 1811 datiert und zeigt, dass Brentano sich der umschwärmten Schauspielerin – diplomatisch vorsichtig – mit einem Gedicht und Komplimenten für ihren Geliebten (Johann Karl Georg von Nostitz) nähert. Auf der Rückseite dieses Briefentwurfs steht das Gedicht zu dieser ersten Annäherung in der Garderobe des Theaters. Brentano stellt sich als »Hirte« vor, der von einer Frauenstimme bezaubert, die Sängerin aufsucht, sich in den »Zauberwonnen« ihrer Augen verliert, dann jedoch erkennen muss, dass »ein Mann mit tapfrem Wesen« (ein Abbild von Nostitz) zu ihr gehört:

Durch die stummen Wälder irrte
Ohne Lämmer, ohne Liebe,
Träumerisch ein armer Hirte,
Unbekümmert, wo er bliebe.
[...]
Doch bald hört er tief erquicket,
Eine nur aus all den Stimmen,
[...]
Und die Stimme schien das Siegel
Eines klaren Mondeskusses.
[...]
Also, wenn der Tag gesunken,
Folgen gern der Sehnsucht Blicke
Schweifenden Johannisfunken
Zu geträumtem Liebesglücke.

Die umschwärmte Schauspielerin scheint in der fraglichen Aufführung eine Perücke getragen zu haben, denn bei der Begegnung ist der Hirte des Gedichts überrascht:

Ach welch wunderbar Erstaunen,
Die sein Traum sich golden sonnte
Sie gehöret zu den Braunen,
Und er dacht' an eine Blonde.
[...]
Schauend in den dunklen Bronnen
Ihrer Augen, und verwirrte
Sich in tausend Zauberwonnen.

Der die Hirtin wollte finden
Hat die Zauberin gefunden,
Der nur Kränze wollte winden,
Ward mit Frauenhaar gebunden.

Ein weiterer Besuch bei der »Zauberin« führt zu der Begegnung mit ihrem Verehrer. Der Hirte muss sich bescheiden und erwartet, dass die Verehrte ihre Gunst auf beide verteilt:

Sieh, da trat zu ihrer Zelle
Fest ein Mann mit tapfrem Wesen,
Ihre Blicke wurden schnelle,
In den Augen ihm zu lesen.

Und er war so schön gerüstet,
Mit den Narben deutsch geschmücket
In der Brust so treu gebrüstet,
Daß sie seine Hände drücket.
[...]
Und der Hirte spricht: du Fromme
Er ist tapfer, ich bescheiden,
Und wenn ich nun zu dir komme
Bist du himmlisch allen beiden.

Am Rande dieser Handschrift hat Brentano die Interpretation zu diesem Gedicht notiert: »Ich – werde im Schauspiel durch den Ton ihrer Stimme gerührt, – finde einen Führer zu Ihnen, erwarte Sie anders, komme zu Ihnen erstaune, fürchte mit Recht, zu spät, – frommer Entschluß, Nachwehen und Freuden. Ich schreibe Ihnen – sehe sie wieder und Preußens großen Helden – Sie sind gütig.«

An Auguste Brede gerichtet ist auch das Sonett, das Brentano ein Jahr später in Wien unter einem vielsagenden Titel publiziert:

Geheime Liebe

Unbeglückt muß ich durchs Leben gehen,
Meine Rechte sind nicht anerkannt;
Aus der Liebe schönem Reich verbannt,
Muß ich dennoch stets ihr Schönstes sehen!

Nicht die schwache Zunge darf's gestehen,
Nicht der Blick verstohlen zugesandt,
Was sich eigen hat das Herz ernannt,
Nicht im Seufzer darf's der Brust entwehen!

Tröstung such' ich bei der fremden Nacht,
Wenn der leere lange Tag vergangen,
Ihr vertrau' ich mein geheim Verlangen;

Ist in Tränen meine Nacht durchwacht,
Und der lange leere Tag kommt wieder,
Still ins Herz steigt meine Liebe nieder.

Vielleicht gelten weitere Liebeslieder aus dem in Prag entstandenen Liebesdrama *Aloys und Imelde* ebenfalls der prominenten Schauspielerin, etwa *An dem Feuer saß das Kinde* oder die Variation eines alten Lieds: *Die Lilie blüht, ich bin die fromme Biene* – oder die Antwort, in der sich die Biene als verwandelter Schmetterling im »sehnsuchtsvollen Strom« des Lebens vorstellt?

Dein Lied erklang, ich habe es gehöret,
Wie durch die Rosen es zum Monde zog;
Den Schmetterling, der bunt im Frühling flog,
Hast du zur frommen Biene dir bekehret,
Zur Rose ist mein Drang,
Seit mir dein Lied erklang.
[…]
Dein Lied erklang, es war kein Ton vergebens,
Der ganze Frühling, der von Liebe haucht,
Hat, als du sangest, nieder sich getaucht
Im sehnsuchtsvollen Strome meines Lebens,
Im Sonnenuntergang,
Als mir dein Lied erklang.

Brentano pflegt gefundene Motive und Liebeslieder in immer neuen Varianten zu verarbeiten und bringt es auch fertig, seine Schöpfungen nacheinander verschiedenen Frauen zu widmen. Berühmteste Beispiele dafür sind die Gedichte an Luise Hensel, die er später wenig verändert auch der »schwarzlaubigen Linde« (Emilie Linder) übereignet. Von den Botschaften an Auguste Brede hat sich leider so gut wie nichts erhalten, so dass nur Spekulationen darüber möglich sind, welche Gedichteinlagen der in Prag entstandenen Werke durch die Begegnungen mit der umschwärmten Schauspielerin inspiriert werden und wie Brentano sie als Briefeinlage oder Geschenk möglicherweise variiert.

Auguste Brede ist auch nicht die einzige Frau, die Brentano in Prag umwirbt: »in diesem Prag habe ich die lächerlichsten Liebesavanturen gehabt, die alle sehr rührend ausgiengen, an einige welche noch concret sind, muß ich nächstens hinten einen Knopf und Register machen, das Hält mich verflucht auf«, berichtet er Pistor in einem launigen Brief am 25. September 1811 aus Bukowan. Die Zurückweisung – als solche empfindet er das Verhalten der Brede, »allen gleich artig« zu sein – kränkt ihn. Der Brief an Arnim, in dem er von dem Abschluss seiner Affäre berichtet, schlägt um in Selbstmitleid und einen verzweifelten Ruf nach Hilfe und Geborgenheit.

So reagiert Brentano stets, wenn eine innere Krise ihren Höhepunkt erreicht hat. Allen Ernstes schlägt er Arnim vor, zu dritt mit Bettine zusammenzuleben. Nur in dieser Dreiergemeinschaft könne er wieder eine Zukunftsperspektive gewinnen, würde er als unmündiger Mensch wieder Halt finden – »wenn jemand auf der Welt einen Vormund bedarf, so bin ich es«, behauptet er und präzisiert seine Vorstellung vom erneuerten Zusammenleben in Berlin: »Ich habe einen innigen einzigen Wunsch jezt auf der Welt, von dessen Erfüllung ich allein einige Rettung für meine ganze Person auf Erden erwarte. Es ist der, wieder mit dir zußammen zu wohnen, und dein Tischgenoße zu werden. Du bist nicht eitel genug, um recht deutlich begreifen zu können, waß ich innerlich verlohren, als du von mir weg zogst; die dunckle Stube, die ich blos gern bewohnte, um dich manchmal mit deiner Hackennase am Fenster silhouettirt zu sehen, lag mir traurig auf dem Leib, und ich mochte sie in einen noch so abentheuerlichen Zauberstall umbauen, alle Zauberei war hinaus. Mir that es innerlich weh, mit der festen Ueberzeugung höchstens wie ein Thier ein eignes Leben haben zu können, dir mit allem meinem Gerümpel nachgeflüchtet zu sein, und dich wie einen blosen guten Bekannten im Luftballon der Liebe von mir abfahren zu sehen, und nichts vor mir zu haben, als die Bäncke und garstigen Füllfässer, an denen ich schon so früh mit dir selber gestanden. Ich kam mir vor, wie ein Zambekari, oder ein Claudius dem die Polizei verboten, nie wieder Unglück oder Spektackel zu machen, und meine veruchte Liebschaft, in die ich mich nun hinein warf mit allen Kräften und Schwächen hat viel Ähnlichkeit mit des lezteren Flugmaschiene. […] Mein theurer Freund und Bruder! überlege doch mit Betinen, die mir und ich ihr doch auch manches gegenseitig gelehrt und genützt, ob es euch schädlich sein würde, mich armen Ausschüßling in eurer poetischen Nähe wieder zu erwärmen und gegen Gemeinheit zu isoliren, daß die Freude einem Bruder, Freund und guten Jungen etwas aufzuhelfen es nicht aufwöge, hat sie mir und dir nicht so herzlich geholfen das kleine Mädchen nebst Familie auf zu stützen, warum mir nicht selber unter die Arme greifen, dem es noch nöthiger thut.«

Immer wieder kommt er in diesem Brief auf seine Idee zurück, klagt und bettelt, als sei er endgültig verloren, wenn die beiden seinen Bitten nicht entsprechen und die Aufnahme in ihre Lebensgemeinschaft in Berlin verweigern: »Lieber bester Bruder, nimm dich mit deiner Frau meiner ein wenig an, ich will mich eurem Willen ganz unterziehen, ich will euch nicht stören, ich will euch Freude machen auf alle Weise, ihr sollt mich rufen und schicken auf alle Weise und Wege, eine gänzliche Offenheit, eine deutliche Erklärung von beiden Seiten soll allem vorausgehen, alles was euch Unrecht scheint, will ich vermeiden, ich will beichten und bekennen, und einen Generalpardon verlangen, ich will fleißig sein, und euch meine Arbeiten, wie ein Pensum mittheilen, nur laßt mich bei Euch leben, damit ich mich wieder sammle und wieder auf die Bahn des Rechten komme, ich habe einen recht gründlichen Durst zu einer gewißen Reinheit der Seele zurückzukehren, aber ich fühle, daß ich es allein nicht vermag, daß ich Hülfe und Trost und Liebe und Aufmunterung bedarf, ihr werdet mir sie nicht versagen, da ihr nun zußammen so glücklich seid, warum wollt ihr in eurer Umarmung mich, der so lange zwischen euch stand, wie ein Janus euch beide ansah, jezt wie einen Keil heraustreiben. Keinem Menschen thut Liebe so wohl, als mir. […] Jezt während ich dies schreibe, bin ich in einiger Angst, wie ihr diesen Brief lesen werdet, wie ihr überlegen werdet, wie ihr mir meinen Wunsch abschlaget, und wie ihr nicht wißt, daß ihr mich ohne das ruinirt.«

Doch Arnim kennt seinen Freund, er weiß es zu nehmen, wenn Brentano sich zum untertänigsten »Diener« stilisiert und die Vergangenheit des Zusammenlebens verklärt. Statt im Einzelnen auf die Zumutungen einzugehen, wäscht er seinem Freund den Kopf. Vorsichtig und diplomatisch geht er das heiße Thema in seinem

Antwortbrief an und weist zunächst auf die räumliche Enge hin: »Ich denke mit Schrecken, der mancherley Bücher, die ich von hier mitnehme, mancher neuen Bilder – ich verzweifle! – Und du meinst, du wolltest noch dazu einziehen? – Und das Kind im April und die Wartfrau, – ich armer Corfiz. Lieber Clemens wenn mir nicht Voß ein Paar Zimmer in seinem Hause einräumen kann, so muß ich selbst ausziehen, zwar hat er mir das vorläufig versprochen, aber wer weiß, was daraus wird. – Ja, Lieber, etwas opfert der Mensch allerdings auf beym Heirathen, aber es geschieht auch nichts Grosses und nichts Schönes ohne Opfer, manche Umgangsberührung, in die du noch mit rechter Lustigkeit eingehst, ist mir verschlossen, aber vor allem ist ein gewisses nomadisches Zusammenleben, was im Junggesellenstand mich erfreute, unmöglich, darum gräme dich nicht, wenn wir jezt nicht zusammenziehen, vielleicht läst es sich künftig einrichten, wo ich dennoch fürchte, du möchtest bald einen Ueberdruß an der Art Lebenseinförmigkeit empfinden, die mein Glück ausmacht. Denk nur daran, daß die ganze Klasse von Leuten, die dich bey Ingenheim entzückte, in meine Wirthschaft gar nicht mehr passen, und daß ich immer mehr Neigung in mir spüre meiner eignen Einsamkeit thätig froh zu werden, und den geselligen Welteffeckt zu meiden. Stelle Dir dein Wohnen bey Pistor nicht wieder so verkümmert vor, wie es damals durch die fatale Geschichte geworden, oder haftet dir ein gewisser Trübsinn an jenem Hinterzimmer, so suche das Vorderzimmer dir einzurichten, oder wähle dir eine Wohnung in der Nähe, wenn du gar nicht da ausdauern magst, ich wollte dir aber wohl zusichern, daß du schwerlich so freundliche Wirthe, die in ihrer ganzen Lebensgewohnheit *so viel Bequemes* haben, wie Pistors, finden wirst, deren Haus so angenehm nahe Savignys und uns liegt, daß du mit wenigen Schritten unter uns bist.«

Dann wird Arnim jedoch deutlicher und spielt auf Brentanos Umgang mit Berliner Dirnen an, um zu zeigen, dass dieser Lebenswandel nicht zu seinem Eheleben passen würde: »Was sprichst du von heraustreiben aus unsrer Nähe, du bist uns willkommen, so oft du uns besuchst. Wenn wir dich in der letzten Zeit weniger sahen, so kam das von Zufälligkeiten, die zum theil aufhören; wenn du in der Hitze die Reisen nach dem Hallischen Thore und zu der Nichtjungfer gemacht hattest, so warst du nicht sonderlich aufgelegt zum

Besuchen, das war natürlich; daß du ein paarmal meine Frau Deiner Laune aufgeopfert, ihr angedeutet, sie könne sich mit jener Geliebten gar nicht messen, das war eine Art Fühllosigkeit, die wir dir gern überhört haben, sie kam nicht von deinem Genius, sondern von deinem Dämon, der dich damals besetzt hielt; der ist ausgetrieben, du wirst meine Frau auch da, wo sie dir nicht ganz recht ist, achten und schonen, wirst uns die Urtheile der Leute über uns, aus denen wir nimmermehr besser geworden und oft vom Rechten abgelenkt sind, verschweigen und ich sehe nicht ein, was in der Welt das vieljährige zwischen uns bestandene Bündniß stören könnte. Vergiß doch ja nicht, daß vom Schlafen unter einem Dache, vom steten Zusammenfrühstücken, Mittagessen die vertrauliche Annehmlichkeit des Lebens Dir nie abgehangen, daß diese Einförmigkeit, der Du Dich nur ungern unterwirfst, Dir ein Haupttrübsal bey Sophieen war, daß wir selten so vergnüglich einander berührten, als da uns die piramidale Lichterstrasse in Cassel von einander trennte und daß wir in Berlin nimmermehr mit einander frühstückten und selten mit einander zugleich zum Essen gingen, als wir Zimmer an Zimmer wohnten.«

In einem parallelen Brief an Savigny spricht Arnim von all den »kuriose[n] Freundschaften, die er zum Spas auf ein paar Wochen schliest und die er sicher auch meiner Frau zuführen würde«. Der Hinweis auf Platzmangel ist offensichtlich nur vorgeschoben, eine Anwesenheit Brentanos hätte das Eheglück – das weiß Arnim – mit Sicherheit nachhaltig gestört, zumal Arnim nach der Lektüre des Jugendbriefwechsels seines Freundes mit seiner Frau inzwischen detaillierte Kenntnisse über die Beziehung der beiden gewonnen hatte. Mit einigem Schrecken hatte er die Intensität dieser Geschwisterliebe und die seltsamen Ratschläge des älteren Bruders wahrgenommen und hellsichtig festgestellt: »Daß ihm das Bedürfniß sich recht auszulieben den Streich spielt auch in der Schwester etwas Ausschließliches besitzen zu wollen [...] verstimmt das Verhältnis beyder und macht es da traurig, wo er indem er heirathet der selbstgeschaffenen Illusion geradezu widerspricht.« So lautet eine Notiz in einem seiner Sudelbücher, die er nach Einblick in die Jugendbriefe der Geschwister um diese Zeit formuliert. Nun wieder an die alten Zeiten anzuknüpfen und damit die allmählich gewachsene Vertrautheit mit Bettine zu gefährden, scheint ihm nicht tunlich, und so hat er einen sehr drastischen, nicht wörtlich zu nehmenden Rat für seinen Freund bereit, den er im Ton der *Schelmuffsky*-Kumpanei formuliert: »Mensch, was soll mit Deinen ewigen Liebeleien aus dir werden, ich sehe keinen andern Rath, du must dich entweder kastrieren lassen, oder eine schöne reiche liebevolle, geistreiche, heitere, junge und nimmer altwerdende Frau heirathen, die statt deiner die Schwanzsterne besieht, damit du ruhig schlafen kannst.«

KAPITEL FÜNFZEHN

Österreichs Adlergejauchze und Wappengruß in Krieg und Sieg

Wien

Ich habe nach dem ich vier Wochen um einen Paß nach Wien suplizirt, ihn endlich erhalten und werde in einigen Tagen hier abreisen«, schreibt Brentano Anfang Juli 1813 aus Prag an Arnim. Zu diesem Zeitpunkt waren schon zahlreiche Flüchtlinge aus Preußen in Böhmen eingetroffen, darunter die Familie Savigny, Ludwig Tieck und Rahel. Warum Brentano weiter nach Süden reist und sich nach Wien wendet, wissen wir nicht. Vielleicht glaubt er sich in der Hauptstadt des Habsburger Reiches bei den drohenden Auseinandersetzungen mit Napoleon noch sicherer als in Prag. Vielleicht lockt ihn das reiche kulturelle Leben Wiens mit seinen zahlreichen Theatern und der Chance, die *Gründung Prags* auf die Bühne zu bringen?

Eines jedenfalls ist klar: Patriotisch gesonnene Dichter reisen um diese Zeit in die entgegengesetzte Richtung, denn Preußen hatte sich im Februar mit Russland verbündet und am 15. März Napoleon den Krieg erklärt. Wer sich unter den jungen Intellektuellen gegen Napoleon engagieren will, schließt sich den »Lützower Jägern« an, einer Truppe von Freiwilligen, die – nur notdürftig in aller Eile ausgerüstet und kaum ausgebildet – von der militärischen Führung als »poetisches« Unternehmen betrachtet wird. »Heute lernte ich den Lützower Jäger Freiherrn von Eichendorff kennen«, schreibt ein Zeitgenosse und fügt hinzu, »ein lieber Kamerad, der aber nach seiner träumerischen, sanften Art für das rauhe Kriegshandwerk nicht geschaffen scheint.« Brentano weiß selbst, dass er zum Soldaten nicht taugt. Heroische Gesten sind ihm fremd, das Kriegshandwerk hat er nicht gelernt. Dennoch behauptet er in dem zitierten Brief an Arnim – bereits auf den Koffern zur Reise nach Süden sitzend – dessen »Landsturmscompagnie« zu beneiden. Zum Schluss bittet er den Freund, Grüße an »Pistor und Schinckel und Savigny in ihrer Rüstung« auszurichten – alle drei hatten sich ebenfalls der Berliner Truppe angeschlossen.

Arnim – glühender Patriot, aber stets bereit, den eher pazifistisch gesonnenen Freund zu tolerieren – versteht sofort, dass es mit Brentanos Neid auf die »Landsturmscompagnie« nicht weit her sein kann. Er weiß, dass seine Behauptung, »gern wäre ich drunter gewesen«, nur ein Lippenbekenntnis sein kann, da der Weg nach Berlin für ihn jederzeit offen steht. Schließlich reisen auch Joseph von Eichendorff und sein junger Freund Philipp Veit (Sohn Dorothea Veits) in die umgekehrte Richtung, von Wien nach Dresden, um sich als Freiwillige bei den Lützower Jägern zu melden.

Im Antwortbrief heißt es deshalb lakonisch: »Hättest Du Dich so sehr danach gesehnt in meiner Compagnie zu dienen« – Arnim war immerhin Hauptmann und Vizechef des Landsturmbataillons –, »so hättest Du so leicht hieher wie nach Wien kommen können.« Dann wünscht er dem »Stücke« seines Freunds (gemeint ist wohl die *Gründung Prags*) – mit spöttischem Unterton – »viel Beyfall bey den Wienern und Dir eine papierne Krone in den öffentlichen Blättern. Hier [in Berlin] weiß man nicht mehr wie ein Journal aussieht!«

Joseph von Eichendorff schreibt Gedichte über das Lützowsche Freikorps und ist enttäuscht, dass die Lützower nur in der Etappe eingesetzt werden. In Wien eingetroffen, verfasst nun auch Brentano Kriegslieder und übergibt sie, wie er Arnim berichtet, dem Bruder Wilhelm von Eichendorff, der nach Tirol aufbricht: »Ich dichtete eine Menge ziemlich gelungene Kriegslieder, die wegen der hiesigen sehr matten diplomatischen Lage nicht gedruckt werden können, ich laß sie ihm Abends vor, sie erfreuen ihn sehr, ich muß Sie ihm geben, er bittet mich auch um Lieder fürs Tirol, ich bringe sie ihm Abends, ich finde ihn im Einpacken beschäftigt, er sagt er reise für den Maximilian nach Grätz, er nimmt meine Lieder mit, er ist fort, vor wenigen Tagen sagt mir die Müller, er lasse mich aus dem Tirol grüssen.« Arnim hatte schon 1806 eine Serie Kriegslieder publiziert und zeigte sich enttäuscht, dass seine Landsleute nicht alle begeistert seinem Ruf gefolgt waren, hatte er ihnen doch zugerufen:

> Frisch auf, ihr Preußischen Soldaten!
> Ihr, die ihr noch mit deutschem Blut,
> Ihr, die ihr noch mit frischem Muth
> Belebet, suchet große Thaten.

Ihr Landsleut, ihr Brüder, frisch auf!
Deutschland, die Freyheit sich verlieret,
Wo ihr nicht muthig schlaget drauf,
Und überwindend triumphiret.

Nun gibt es in Berlin Gelegenheit, den »frischen Muth« unter Beweis zu stellen, und die Entschlossenheit zum Widerstand – anfangs durch das vorsichtige Taktieren der preußischen Regierung und den Friedensvertrag mit Napoleon gebremst – ist in der Bevölkerung inzwischen gewachsen. Die wehrtüchtige männliche Bevölkerung Berlins gliedert sich in den »Landsturm« ein, doch wird die Truppe nach wenigen Tagen (am 17. Juli) bereits wieder aufgelöst. Arnim formuliert am 28. Juli ein Schreiben an den preußischen König, in dem er ihn bittet, »ein *Ehrendenkmal auf den Landsturm* [...] auf einer der vom Landsturm errichteten Schanzen« anzulegen. »Das Denkmal sollte eine Zusammenstellung der Waffen des Landsturms unter einer Krone darstellen. [...] Eine Inschrift müßte in Deutlichkeit und Kürze die Tage dem Gedächtnisse bewahren, an welchen sich das französische Heer aus Furcht vor dem Landsturme zurückzog.«

Eine »poetische« Lagebeurteilung auch dies, denn eher sind es taktische und strategische Überlegungen und nicht »Furcht«, die Napoleons Entscheidungen beeinflusst haben dürften. Das erkennt schließlich auch Arnim, denn in seinem Gesuch an den König folgt eine realistische Lagebeurteilung. Die Berliner Truppe hätte »bei unsrer damaligen Ungeübtheit, bei dem Mangel an Waffen, unter der Führung alter hinfälliger Offiziere, die der ganzen Sache höchst abgeneigt waren [...] einem, wie es uns schien, unvermeidlichen Untergange« entgegengesehen, bekennt er. Denn noch war die Armee Napoleons trotz der Schwächung in Moskau den Berliner Freiwilligen allemal überlegen. Kein Kampf hatte stattgefunden – insofern war die eiserne Krone des geplanten Landsturm-Denkmals kaum substanzieller als die »papierne«, die er dem Freund in Wien gewünscht hatte. Die Franzosen hatten die preußische Metropole »links liegengelassen«, ein brüchiger Waffenstillstand galt. Einen Tag nach Ablauf der Waffenstillstandsfrist, am 11. August, erklärt jedoch auch Österreich Napoleon den Krieg, und am 16. bis 19. Oktober kommt es in der Völkerschlacht bei Leipzig zur Niederlage der Franzosen.

Ein koloriertes Flugblatt, auf dessen Rückseite Arnim seinen Brief an Brentano vom August 1813 geschrieben hatte, weist auf dieses Ende voraus. Es zeigt zwei Soldaten, die über Napoleons Russlandfeldzug spotten. Unterschrift: »Wer zuletzt lacht, lacht am besten.« Am 14. September 1812 hatten die Franzosen Moskau erreicht, nach dem Brand von Moskau trat die Große Armee am 19. Oktober ihren entbehrungs- und verlustreichen Rückzug aus Russland an. Damit begann die Serie von Niederlagen, die Napoleons Herrschaft in Europa beendete.

Arnim legt seinem Brief an Brentano ein Exemplar seiner Sammlung von Theaterstücken bei, die unter dem Titel *Ludwig Achim von Arnim's Schaubühne* gerade im Berliner Verlag der *Realschulbuchhandlung* erschienen war: »wenn Du mit den Theaterdirektoren dicke dran bist«, schreibt er dem Freund nach Wien, »so frag sie doch ob sie nicht die Befreiung von Wesel, den Jann oder die Mißverständnisse« – alles Titel seiner Theaterstücke – »aufführen wollen, doch möglich ohne meinen Namen, und mit der Bitte mir noch viel Geld dafür zu geben, denn seit der Landsturm aufgehoben ists mein Eigenthum.«

Brentano findet drei Stücke, nämlich: »Wesel, Appelmänner und Auerhahn [...] ganz ungemein vortreflich, Wesel ganz Klassisch [...] wäre es nicht gedruckt, ich würde es gewiß mit kleinen Veränderungen die Religion und Croaten betreffend, auf die Bühne bringen können, aber für gedruckte Stücke erhält man nichts, auch hier ist die Bühne Geldarm, doch ist der Kreiß der Schauspiele weit größer als in Berlin [...]. Die Appelmänner sind ganz herrlich, sie müßten bei Beschränkung der Rede, und mit einem tragischen End von der ungeheuersten tragischen Wirkung sein.«

Bei den Bemühungen, Arnims Werken in Wien zur Aufführung zu verhelfen, arbeitet Brentano zunächst die *Befreiung von Wesel* um: »Waß den Wesel angeht, habe ich es jezt abschreiben laßen, und die Stellen die das Lutherthum betreffen, weggestrichen, um es *vielleicht* als Mspt [Manuskript] auf die Bühne zu bringen. Der Gewinn wird klein sein, denn die Bühnen sind durch *liederliche* Wirthschaft hier so herunter, daß dem Directktor Lobkowitz von den Schauspielern, die seit 11 Monat keine Gage erhalten, 6 Staatskutschen, alle Möbel, aller Wein, kurz waß er hat Konfiszirt ist, es ist ein Skandal, und doch sind 6 hiesige Theater täglich angefüllt, es ist eine Theaterwuht im Volk, das bei der gänzlichen Verbotenheit, jeder geschloßenen Gesellschaft, jedes Kränzchens und Picknicks und Gastmahls [...] kein anders Vergnügen hat.« Neben der Vettern- und Misswirtschaft an den Theatern ist es die politische Situation, die sich auch in Wien als eine lastende »Schwühle der Zeit« niederschlägt und die Behörden zu Zensurmaßnahmen im Bühnenbetrieb veranlasst. Metternich befürchtet, dass sich die patriotischen Bestrebungen – wie in Tirol – verselbständigen und gegen die Regierung wenden könnten. Die nationalistische, antifranzösische Stimmung soll in Österreich nicht gefördert werden, allzu unübersichtlich ist die Lage in Europa, bevor Napoleon sich endlich geschlagen gibt und abdankt. Metternich taktiert: Er will Österreich vor einer Invasion bewahren, aber auch Frankreich als Gegengewicht gegen Preußen erhalten. Sein geheimes Ziel ist es, das Reich Napoleons auf das französische Kernland zu reduzieren.

Brentano schildert die Auswirkungen dieser Politik in einem Stimmungsbild seines Briefes von Anfang Oktober 1813: »Biß jezt ist in Wien ganz unbekannt, und auch in keiner Zeitung gedruckt, (wahrscheinlich wegen der noch nicht ganz vollendeten bairischen Allianz mit Östreich, die man hier täglich anmurmelt) daß die Tiroler bereits den Brenner paß, und den von Stürzen haben, daß Brixen von Ihnen genommen ist, wo sie 300 Franzosen und 2 Kanonen gefangen. Der Aufstand ist komplett, 15 000 Büchsen hatten sie vergraben, 20 000 Mann sind auf den Beinen, Bairen haben es ganz geräumt [...] Es ist hier überhaubt ein Mistrauen in die Regierung und den Erfolg, ein so häufiges Verbreiten, der niederschlagendsten Nachrichten, eine Mattheit, die einen entpört, alle Anstalten sind so langsam, weitläufig und schwanckend, keine Reserve keiner Art ist da, Wien allein könnte, wenn es wollte in vierzehn Tagen eine Armee von 20 000 Pflastertretern aufstellen, aber es ist kein Wille, kein Enthusiasmus da. Nur ein Beispiel der hiesigen Misere, 6 Stunden von hier im vollen Frieden wird an der Donau seit mehreren Monaten, von etwa 600 sich ablösenden conscribirten Bauern und hiesigen Bürgern und Tagelöhnern geschanzt, von diesen Leuten sind durch Arschprügel, Hunger, Ruhr, Ersaufen, und ungeschicktes Baumfällen bereits an 250 Todt, etwa 200 liegen in den Hospitälern; alles, waß hier begonnen wird, gränzt in nachläsigkeit, Betrug, Barbarei, und militärischer Dummheit ans Viehische. Die Insurrection in Ungarn ist aus Angst ihnen die Waffen zu geben, jezt wieder ganz abgesagt. Wenn Oestreich nur den Begriff hätte, von der preusischen Gesinnung, es könnte ohne sich weh zu thun, 200 000 Tausend Mann in ein paar Monaten mehr haben, die mit bloßen Märschen die Sache enden könnten. Das ist die Ansicht der Einsichtsvollen selbst.«

Brentano kennt die Hintergründe und Ziele der Metternich'schen Politik nicht, deshalb versteht er auch die seltsamen Reaktionen der Wiener Zensurbehörden nicht. Nach wie vor sieht er große Chancen, auf dem Theater mit politischen Stücken Karriere zu machen. Im Singspiel *Victoria und ihre Geschwister* will er den Leipziger Sieg über Napoleon feiern und die aufkommende Begeisterung der Wiener schüren.

Arnim schlägt er vor, die Nachfolge des in den Befreiungskriegen gefallenen Theaterdichters Theodor Körner anzutreten: »Wärst du hier, es könnte dir bei deiner Schnelligkeit der Produckzion sehr leicht sein, die Stelle des bei Wallmoden gebliebenen Hoftheaterdichters Körner zu erhalten, er hatte fix 1500 fl und stand sich auf 3000 unter den angenehmsten Verhältnißen, dafür lieferte er 3 Stücke jährlich, die noch extra honorirt wurden. Man sucht einen neuen, ich bin zu ängstlich, zu persönlich, zu langsam, zu ungeschickt im Connexionensuchen, mich drum zu bewerben, ich bin versichert, ja gewiß, wenn du hier wärst, nur 6 Wochen, du hättest die Stelle schon für Wesel und die Misverständniße, willst du emigriren, so thue es hierher, ich bringe dann auch meine Bibliothek her, und arbeite mit, fürs Theater könntest du viel, hier alles thun. Aber es fodert einen baldigen Entschluß, ich bin versichert, so etwas würde dich bei deinem Character, und deinem Talent glücklich machen und ganz deine Spähre sein.«

Dass der aufrechte und patriotische Arnim, der in Berlin vorübergehend den *Preußischen Correspondenten* redigiert, »im Connexionensuchen« in Wien mehr Erfolg gehabt hätte als Brentano, ist unwahrscheinlich. Auch die Idee, Arnims Stücke mit der Aufschrift »von einem preusischen Landsturmmann« einzureichen, dürfte in Wien – jedenfalls bei der Zensurbehörde – kontraproduktiv gewirkt haben. Vermutlich lenkt Brentano mit seinem »Stellenangebot« an den Freund hauptsächlich davon ab, dass er selbst auf die Position des Hoftheaterdichters spekulierte.

Doch so sehr er sich auch anstrengt, patriotisch und volkstümlich zu schreiben und die Dramen des Freundes und seine eigenen zu »verwienern«, ein durchschlagender Erfolg stellt sich nicht ein; das schnelle, leichte Geld ist auf der Wiener Bühne für die Außenseiter aus dem Norden nicht zu verdienen. Kein einziges Stück Arnims wird gespielt, und es gelingt Brentano auch nicht, eines von den vielen Eisen, die er ins Feuer legt, zu schmieden.

Dabei sind die verschiedenen Projekte, die er Anfang Dezember auflistet, dieses Mal tatsächlich so weit gediehen, wie er Arnim mitteilt. Das »Intrigenstück«, das er bei Goethe 1802 zum Wettbewerb eingereicht hatte, *Ponce de Leon*, ist unter dem Titel *Valeria oder Vaterlist* den Wiener Verhältnissen angepasst, es wird im Februar 1814 im Burgtheater zur Aufführung kommen; *Viktoria und ihre Geschwister* war Ende Oktober 1813 bereits abgeschlossen. Brentano beschreibt es als »groses Festspiel, das einen ganzen Abend füllt, voll Leben und Getümmel und in recht braven Versen auf den Leipziger Sieg«. Nach seiner Angabe ist es »in Vierzehn Tagen, mit einer Anstrengung, die ich nicht gekannt bis jezt, geschrieben«.

Dann listet er weiter auf: »mit der Bearbeitung der Libussa für die Bühne bin ich mit der des Ponce werd ich fertig, ein Festspiel die Siegsfeier Deutschlands am Rhein hab ich eingereicht.« Die *Siegsfeier Deutschlands am Rhein* dürfte eine erste Fassung des *Festspiels der Flußgötter* sein, die erst 1841 unter dem Titel *Am Rhein, am Rhein* in Wilhelm Gubitz' Taschenbuch *Blätter und Blüthen* erscheint. Einen ähnlichen Text – als Kantate angelegt und auf die Kriegserklärung Österreichs an Napoleon vom 11. August bezogen – trägt den lustigen Titel *Österreichs Adlergejauchze und Wappengruß in Krieg und Sieg* und wird bereits 1814 im *Wiener Taschenbuch für die vaterländische Geschichte* publiziert. Nach Auseinandersetzungen mit der Zensur war eine erste Fassung des *Adlergejauchze* auf der Leopoldstädter Bühne vorgetragen worden.

Trotz der problematischen Zusammenarbeit mit der Theaterdirektion und den Zensoren ist Brentano im Dezember 1813 immer noch optimistisch: »Die Befreiung von Wesel habe ich, wie auch die Mißverständniße zweimahl abgeschrieben, und in ersterer was die Religion betrift verändern müßen, im zweiten muß ich die Scene vom Wurstmachen, welches hier anstößig umschreiben müßen, es ist auf der Censur zum Aufführen am Wiedner Theater, der Ertrag wird klein sein, weil es gedruckt ist, übrigens melde ich dir, sobald es aufgeführt ist. […] Bei alle dem ist jezt Geld mit dem Theater hier zu verdienen, und du thust dir wohl, wenn du schnell mancherlei Arbeitest […] ich verwienere es eben so schnell und kann dir alle Monate wenigstens so viel als der Correspondent eintragen, und habe selbst den Vortheil in schnellere Berührung mit der Bühne zu kommen […] Willst du oder kannst du mir aber nichts senden, so schreibe mir wenigstens einige Sujets.«

Dann setzt er jedoch im gleichen Brief zu einer allgemeinen Schelte auf die Wiener Theaterszene und ihren allmächtigen Grafen Pálffy an. Ferdinand Graf Pálffy von Erdöd gehört zu der 1806 in Wien gegründeten »Gesellschaft der Cavaliere«, die die Hoftheater in Wien pachtet. Zwischen 1813 und 1825 leitet er das Theater an der Wieden. Brentano gelingt es rasch, mit ihm in Kontakt zu kommen. Ob er die Sympathien des undurchsichtigen Grafen gewinnt, wissen wir nicht. Deutlich wird jedoch, dass es Brentano schwer fällt, in der Wiener Adelsgesellschaft und dem damit eng verbundenen Theatermilieu Anerkennung zu finden.

Die Vielzahl der Theater und die Theaterbegeisterung der Wiener bieten Bühnenschriftstellern ideale Entfaltungsmöglichkeiten, doch gehorcht diese Szene in Österreich ganz anderen Gesetzen als in Preußen. Brentano kann sich in Wien offensichtlich nicht durchsetzen, verfügt auch nicht über die nötigen Erfahrungen, um bei der praktischen Theaterarbeit die Widerstände und Skepsis bei den Schauspielern und Regisseuren zu überwinden, zumal Intrigen hinter den Kulissen an der Tagesordnung sind: »Wo ich mich noch mit dem Theater berührte, habe ich es niederträchtig gefunden. Graf Palfi, ein in Händen von Wucherern, Kammerdienern, Regisseuren, lebender verschuldeter Roué, ohne Treu und Glauben, ja selbst ohne Unterschrifts Glaubwürdigkeit, hat das Wiedner Theater, ich war mit ihm zussammen, ich habe die grösten Versprechungen und Maulverehrungen und die grösten Kränckungen durch Unwahrheit und Zerstreuung und Verlumptheit erfahren. […] nachdem ich ihm unter der Arbeit Scene vor Scene [des Festspiels] vorgelesen, keine Zeile ohne seinen Willen geschrieben, geriethen seine Meister die Kammerdiener u. s. w. in Sorge, weil ich ihm vertrauter nahte, und dachten ich könnte dem verlohrnen Sohn ein Licht aufstecken, und es ward beschloßen, meine Arbeit zu unterdrücken, ich erfuhr es,

Ferdinand Graf Pálffy von Erdöd,
graue Eminenz des Wiener Theaters, Lithographie.

während er mir immer zu schwor sie entzücke ihn, sie werde ihm viel Geld eintragen, und somit ward ich von ihm geprellt, daß ich nach sechs Wochen kaum mein Manuskript, das mich meine Gesundheit gekostet zurück erhielt, bei Allem dem drängt er mich um Stücke, und weiß nicht, waß er will, dein Wesel und die Mißverständniße hat er noch, nach der gemachten Erfahrung suchte ich sie ihm durch zwanzigerlei Mittel zu entreißen; da er sie nicht erkauft, sondern nur zur Ansicht hatte, jezt scheint er sie aufführen zu wollen, den Erfolg erwarte ich.«

Zur Aufführung von Brentanos *Österreichs Adlergejauchze* hat sich eine kuriose Notiz in den Zensurakten der Polizeihofstelle erhalten. Der »Inspektionskommissär« berichtet, dass »die Wappenschilder der alliierten Mächte gezeigt und hiebei das Volkslied ›Des österreichischen Adlers Frohlocken und Wappengruß‹ von dem Theaterpersonale gesungen wurde. Nach dem vierten Absatz sei ganz unerwartet ein Genius mit dem bayrischen Wappen, gleichsam in den Wolken schwebend, erschienen und von dem Publikum mit lautem Vivatrufen begrüßt worden.« Das Volk jubelt, weil Bayern eine Woche zuvor (am 8. Oktober) aus dem Rheinbund ausgeschieden, Tirol an Österreich zurückgegeben und Bayern der Koalition gegen Napoleon beigetreten war. Die Regie hatte dieser neuen politischen Situation Rechnung getragen und den Genius mit dem bayrischen Wappen einschweben lassen, vermutlich zu Brentanos Text:

> Der bairische Löwe
> Sein deutsches Schwert schwingt

Aus dem Zensurbericht wird deutlich, dass Brentanos Text anonym – als »Volkslied« – dargeboten wird. Der gegenüber der Publikation abweichende Titel – *Frohlocken* statt *Gejauchze* – beruht darauf, dass die Zensurbehörden bei den Bühnentexten strenger verfuhren als bei Publikationen. Brentano selbst berichtet in einer Art Gedächtnisprotokoll über seine Kontakte mit dem Zensor vor der Aufführung: »Man darf sich nur sonorer Worte Bedienen, wir finden daher auf den Zetteln [zur Aufführung] statt Adlergejauchze, Frohlocken, welches wonicht so kräftig, so hinlänglich erscheint.« Bei der Veröffentlichung ein Jahr später darf Brentano seine ursprüngliche Formulierung beibehalten.

Die Stellungnahme der Behörde auf den Bericht ihres »Inspektionskommissärs« ist ebenfalls erhalten und rügt, dass die Darstellung durch den überraschenden Regieeinfall »etwas in die höhere Staatspolitik Eingreifendes« erhalten habe, »welches ein Theaterunternehmen ohne vorläufige Anfrage wegen möglicher Mißgriffe nicht aufführen sollte«. Konsequenzen für das weitere Verfahren werden angeordnet: »Den Inspektionskommissären wird es zur Pflicht gemacht, derlei Darstellungen ohne Bewilligung nicht zu gestatten.«

Weitere Eingriffe der Zensur in Brentanos »Volkslied«, die er selbst in seiner Niederschrift ironisch protokolliert, zeigen die von der Behörde verfolgte Linie: »*Soll nicht auf der Bühne ausgesprochen werden, daß durch diesen Kampf Europa siegen werde.* Und dieses ist recht, den[n] die Weltgeschicke, so lang sie in Gottes Hand stehen, gehören nicht auf des Dichters Lippe.« So darf auch auf der Bühne nicht gezeigt werden, »daß Krieg geführt wird«. Nach Meinung des Zensors, mit dem Brentano zu tun hat, sei – wegen der »Macht des Oesterreichischen Thrones – das allgemeine Beitreten des Volkes zum Streite, wie im Preußischen nicht nothwendig geworden, so darf wohl der Soldat über den Krieg als seine offne Laufbahn jauchzen, das allge[mei]ne [Volk] aber muß in seiner Liebe zum heilbringenden Frieden verweilen, und somit wird durch diese Beschränkung der Wunsch des Volkes zum Segen des Friedens gefeiert, und ist dem Dichter nur gezeigt worden, daß er aus dem Charakter des Liedes gefallen.« Die politisch motivierten Zensureingriffe werden auf diese Weise in einer abenteuerlichen Argumentation als Korrektur von »technischen« Fehlern des Dichters hingestellt, denn, so das Diktum des Zensors: »die Kantate spricht eine allgemeine Weltgesinnung aus, in welcher die Gesinnung aller Staatsglieder, also sowohl die Militärische als Bürgerliche ausgesprochen werden muß.«

Der Gelegenheitsreimerei Brentanos wird damit ein gar nicht angesteuertes dichterisches Ziel untergeschoben. Nicht um »allgemeine Weltgesinnung« geht es ihm, sondern um die Darstellung von Begeisterung über die aktuelle politische Entwicklung in Österreich – und damit indirekt um Zustimmung und um seine eigene Popularität in Wien. Mit einem patriotisch-volkstümlichen Singspiel zur Tagespolitik, das naturgemäß nicht die »Gesinnung aller Staatsglieder« ausdrücken kann, erhofft er sich einen durchschlagenden Erfolg auf der Bühne. Der kleine Auftritt – Brentanos Lied wird nur als Zwischenspiel eines anderen Stücks aufgeführt – geht in die Geschichte der Wiener Zensur ein, verschafft ihm jedoch nicht den erhofften Durchbruch in der Wiener Theaterlandschaft. Bei seinem größeren Projekt, dem später unter dem Titel *Viktoria und ihre Ge-*

schwister veröffentlichten Festspiel, kommt ihm Heinrich Schmidt mit dem am 4. Oktober aufgeführten Stück *Das Österreichische Feldlager* zuvor. Michael Grus, der sich gründlich mit Brentanos missglücktem »Gastspiel« in der Wiener Theaterwelt beschäftigt hat, fasst zusammen: »Gegen durchweg arrivierte Autoren, die mit zahlreichen Arbeiten an den Wiener Bühnen vertreten waren, gegen Aloys Weißenbach (*Germanias Wort und Gruß*), Karoline Pichler (*Heinrich von Hohenstaufen*) und Johanna Franul von Weißenthurn (*Hermann*) besaß der ›Neuling‹ Brentano keine Chance.«

Als Theaterrezensent ist Brentano erfolgreicher. In der kurzen Phase seines Wiener Aufenthalts schreibt er Kritiken zu zahlreichen Theaterstücken und Konzerten und veröffentlicht sie zum größten Teil im *Dramaturgischen Beobachter*, den sein zwei Jahre jüngerer Freund Josef Karl Bernard zwischen September 1813 und März 1814 herausgibt. Brentano kennt ihn aus der Wiener »Mittwochsgesellschaft«, der er kurz nach seiner Ankunft in Wien beitritt und selbst erst Profil und Gewicht gibt. Sie tagt im »Haus zum Strobelkopf« (dem Eckhaus Wollzeile 10/Strobelgasse 2) und wird bald von der Polizei beobachtet. Ein Agentenbericht vom 21. Oktober 1815 hat sich erhalten: »Sie sprechen über alle Erscheinungen der Literatur äusserst schnell und keck ab, und geben einige Proben zuweilen von eigenen Aufsätzen und Verbesserungen. Ehemals waren auch Theilnehmer

Brentano, der Verfaßer der Valeria,
und Grimm, der die alten deutschen Sagen sammelt und erklärt, jetzt bey der Hessen Cassel'schen Gesandschaft.
Die übrigen Mitglieder sind mir zur Zeit noch unbekannt.
Einige Aufmerksamkeit möchte dieses Treiben wohl verdienen, wenn man auch die nachtheiligen Folgen davon nicht befürchten darf.«

Agentenberichte dieser Art sind charakteristisch für die polizeistaatlichen Methoden, die Metternich in Österreich lange vor den Karlsbader Beschlüssen einführt. Während der internationalen Konferenz, dem berühmten Wiener Kongress, werden Briefe zensiert, Freund und Feind bespitzelt. Jacob Grimm ist als Gesandter Hessens bei diesem Kongress akkreditiert und wird – wie alle diplomatischen Vertreter – beobachtet. Brentano hatte zu diesem Zeitpunkt Wien bereits den Rücken gekehrt, doch hatte der Agent offenbar in

Erfahrung bringen können, dass Grimm seinen Freund Brentano in der Strobelkopf-Runde hochleben ließ.

Den Hinweis auf die »Mittwochs-Gesellschaft« verdankt Jacob Grimm nämlich Brentano, wie sein Brief vom 18. Dezember 1814 verrät, der seinerseits den vom Agenten beobachteten Auftritt im Strobelkopf beschreibt: »Ihre hiesigen Empfehlungen sind mir vom größten Frommen gewesen. [...] Eckstein [...], Schmiedel, Passy, Hornpostel und alle, bei denen Sie herzlich angeschrieben stehen, thun mir alle Freundlichkeit an und in ihrer Mittwochabendgesellschaft lesen und sprechen wir, bei passablem Braten und schlechten Bier und Wein, etwas zusammen, nie, ohne Ihrer zu gedenken.«

Über die Art des Umgangs in dieser »Mittwochabendgesellschaft«, über Profession und Neigungen der einzelnen Mitglieder, geben zwei erhaltene Gedichte weitere Aufschlüsse. Ein kurzes Lied wurde von den Freunden vorgetragen, als Brentano Ende April oder Anfang Mai Abschied aus Wien nimmt. Mit einer Anspielung auf das *Wunderhorn* heißt es in diesem Abschiedsgedicht:

> Das Horn erfaßt er nun; die Leier in der Hand,
> So ziehet er hinweg in ein entferntes Land.
> Ade, du Ritter mein, Ade, du Ritter mein,
> Und nie vergess' ich Dich! Ade, Ade, Ade!

Im Vergleich zu dieser kläglichen Reimerei, die »nach der Melodie ›vom Marschall Catinat‹« von der »Ganze[n] Gesellschaft aus dem Strobelkopf« gesungen wurde, nimmt sich Brentanos Gelegenheitsdichtung zur Jahreswende 1813/14 sehr kunstvoll und witzig aus. Zweifellos überragt er die anderen Mitglieder des Kreises an dichterischem Potenzial und ist als eigentlicher Gründer dieses Zirkels anzusehen, der vorher eher ein Stammtisch gewesen sein muss: »ich habe hier einige junge Wiener gefunden, von dem reinsten Streben, und angenehm bescheiden erregten Talent, Kaufleute, Studenten, etwa sechs, sie sind der einzige hier fürs Bessere unbemerkt begeisterte Kreis.« So beschreibt Brentano selbst Arnim diese Gruppe in seinem ersten Brief aus Wien. Im Neujahrsgedicht charakterisiert er in mehr als fünfzig Strophen alle inzwischen gewonnenen Freunde aus dem Strobelkopf-Kreis, darunter auch den Herausgeber des *Dramaturgischen Beobachters*:

Doch dort steht noch ein neuer Mann,
Ein wenig starck ästhetisch,
Wer ihn nicht pracktisch schütteln kann
Den quält er theoretisch.

O dramaturgscher Theriak
O Taschenapotehke
Grose Rosinen in dem Sack
Und kleine Hipothecke.

O Storax der Empfindsamkeit,
O Kritisches Franziskerl
Du riechst, doch leuchtest du nicht weit
Du wärst was fürs Faniskerl.
[…]
Drum mein Herr Bernhard halt er sich
Nicht zu den alten Huren,
Den Mußen [Musen] rein entfalt er sich,
Sonst kommt er ins Merkuren.

Die Anspielungen in diesem freundschaftlich spöttelnden Text sind nur schwer zu entschlüsseln. Wolfgang Jung, der dieses Gedicht zum ersten Mal 1983 aus dem Nachlass Brentanos publizierte, vermutet, dass Bernard für eine von ihm verehrte »Faniskerl« (eine Fanny, die bislang nicht näher identifiziert werden konnte) sein kleines Licht – ein wohlriechendes »Franziskerl« (Räucherkerzchen) – leuchten ließ. Was für die Freunde in Wien sofort verständlich war – weil man einander kannte –, ist für heutige Germanisten nur durch aufwendige Recherche zu dechiffrieren. Auf der Suche nach tieferem Sinn werden Banalitäten dann oft gänzlich falsch verstanden. Bei der Bezeichnung »Merkuren« vermutete der Interpret eine Anspielung auf die Zeitschrift *Merkur*. Doch dürfte im Kontext des Gedichts eher eine Warnung vor Syphilis gemeint sein, die bei Kontakten mit »alten Huren« zu befürchten war und eine Behandlung mit Quecksilber – von den Alchimisten als Mercurius communis bezeichnet – erforderlich machte. Deftigkeiten dieser Art durchziehen das gesamte Gedicht Brentanos.

Bernard räumt seinem Freund im *Dramaturgischen Beobachter* viel

Raum ein. Unter den Publikationen Brentanos ist die in Versform gestaltete »Konzertkritik«, die am 7. Januar 1814 unter dem Titel *Nachklänge Beethovenscher Musik* in dieser Zeitschrift erscheint, am bedeutendsten. Brentano bezieht sich auf Beethovens Schlachtenmusik op. 91: *Wellingtons Sieg oder Die Schlacht bei Vittoria*, die am 8. und 12. Dezember 1813 in der Aula der Wiener Universität aufgeführt und am 2. Januar 1814 im Redoutensaal wiederholt wird. Die allgemeine Begeisterung für diese Musik, die nach Beethovens Wunsch mit simuliertem Schlachtenlärm möglichst unter Beteiligung echter Kanonen auszuführen ist, reißt auch Brentano mit. Sein Zyklus endet:

> Triumph, auf Klängen getragen!
> Wellington, Viktoria!
> Beethoven, Gloria!

Doch kennt die Dichtung Brentanos auch leisere Töne, und die ersten drei Abschnitte des Zyklus beziehen sich mit Sicherheit auf andere musikalische Werke Beethovens, zumal Brentano eine erste Fassung seiner Gedichte bereits vor seinem Konzertbesuch an Beethoven schickt. Von ihm waren ja bereits sechs Sinfonien uraufgeführt worden, als Brentano in Wien eintrifft, und auch die Oper *Fidelio*, deren Berliner Aufführungen Brentano später sieht und rezensiert, wurde in Wien schon gespielt.

Im Dezember 1813 kommt es zu einer Wohltätigkeitsveranstaltung zugunsten der Angehörigen von Opfern des Krieges, bei der die siebte Sinfonie gemeinsam mit der Schlachtenmusik aufgeführt wird. Der Komponist dirigiert selbst und bedankt sich bei den Mitwirkenden mit den Worten: »Uns alle erfüllte nichts als das reine Gefühl der Vaterlandsliebe und des freudigen Opfers unserer Kräfte für diejenigen, die uns so viel geopfert haben.« Vermutlich gehört Brentano zu den Besuchern dieses Konzerts, und die *Nachklänge*, die in die Hochrufe auf Wellington münden, beziehen sich zum größten Teil auf Kompositionen, die Brentano bereits kannte.

Seinen Zyklus beginnt Brentano mit der Darstellung des »einsamen Genies« Beethoven:

Einsamkeit, du Geisterbronnen,
Mutter aller heil'gen Quellen,
Zauberspiegel innrer Sonnen,
Die berauschet überschwellen,
Seit ich durft' in deine Wonnen
Das betrübte Leben stellen,
[…]
Hab zu tönen ich begonnen,
Und nun klingen all die hellen
Sternenchöre meiner Seele,
[…]
Gott, dein Himmel faßt mich in den Haaren,
Deine Erde zieht mich in die Hölle,
Gott, wie soll ich doch mein Herz bewahren,
Daß ich deine Schätze sicherstelle,
Also fleht der Sänger und es fließen
Seine Klagen hin wie Feuerbronnen,
Die mit weiten Meeren ihn umschließen;
[…]
Selig, wer ohne Sinne
Schwebt, wie ein Geist auf dem Wasser,
[…]
Selbst sich nur wissend und dichtend
Schafft er die Welt, die er selbst ist,
[…]
Einsam ist er und dient nicht,
So auch der Sänger!

Brentano sieht in Beethoven einen verwandten Geist, er kann sich – anders als Goethe und sein Freund Zelter – dieser romantischen Musik öffnen und stellt in seinem Gedichtzyklus *Nachklänge Beethovenscher Musik* die ungeheure Wirkung von Beethovens Kompositionen kongenial dar.

Eine vergleichbare Popularität wie Beethoven erreicht Brentano jedoch weder über seine Veröffentlichungen im *Dramaturgischen Beobachter* noch über seine Kontakte zu den einflussreichen Kreisen des Theaters und der Publizistik. Ein enttäuschender Höhepunkt seiner Anstrengungen in Wien ist die Aufführung eines Stückes am angesehenen Burgtheater: Am 18. Februar 1814 kommt es zur Premiere von *Valeria oder Vaterlist*, eine Bearbeitung seines *Ponce de Leon.*

Die Änderungen an dem 1801 entstandenen, bereits 1803 veröffentlichten Drama sind geringfügig. Brentano nennt den Helden *Ponce* in *Lope* um und stellt die weibliche Hauptfigur in den Titel: *Valeria oder Vaterlist.* Dann versucht er – offensichtlich auf Einfluss der Theaterpraktiker –, das Werk dramaturgisch aufzubereiten. Für die Bühnenfassung nimmt er Streichungen vor, die allerdings (nach dem Votum der Germanistik) »grade die Elemente treffen, die der feineren Charakteristik, dem reicheren poetischen Schmuck, zumal auch der Stimmung dienten«.

In der Fabel des Stückes weicht Brentano dagegen nicht wesentlich vom *Ponce* ab. Zu einer »Politisierung« ist das nach dem Muster Shakespearescher Komödien entworfene Stück auch schwerlich geeignet. Doch obwohl er darauf verzichtet, ein patriotisches Singspiel und damit eine politische Eintagsfliege aus seinem Werk zu machen, ist die *Valeria* nicht völlig frei von politischem »Opportunismus«: Die Heldin singt ein Lied zu Wellingtons Sieg bei Vittoria, ähnlich dem letzten Abschnitt der *Nachklänge Beethovenscher Musik.*

Nach dieser Liedeinlage thematisiert Valerio jedoch die Vergänglichkeit derartiger Lieder – eine für Brentano typische selbstironische Wendung, die zeigt, dass er dem Hurrapatriotismus selbst doch eher skeptisch gegenübersteht: »Vortreflich, vortreflich – aber sieh, das ist noch schlimmer, das hör ich morgen auch nicht mehr«, lässt er seinen Helden zweideutig feststellen, um dann am Schluss des Stückes wieder ungebrochene Kriegsbegeisterung zu signalisieren: »Heut noch ein frohes Fest, und morgen zur Armee«, ruft Sarmiento aus, und Porporino schließt sich an: »Erst geliebet und gerungen, / Dann die Fahne hoch geschwungen.«

Dass diese politischen Anspielungen der Verwechslungskomödie beim Wiener Publikum keinen großen Effekt machen und das Stück bei seiner Uraufführung in der Wiener Burg am 12. Februar 1814 »ausgepfiffen« wird, wie Brentano in der Vorrede selbst mitteilt, nimmt nicht wunder. Brentano behauptet sicher nicht zu Unrecht, »die deutsche Bühne [sei] sehr gesuncken«, seine Versuche, die Mängel bei der Aufführung seines oberflächlich politisierten frühen Stückes auf die Zustände am europäischen Theater zurückzuführen, sind jedoch wenig überzeugend. Alle Texte zur Aufführung der *Valeria*, mit denen er seinen Misserfolg erklären will, wirken recht hilflos.

In den nach dem Debakel publizierten polemischen Artikeln setzt Brentano zu einem Rundumschlag gegen alle Beteiligten der Theaterproduktion an. So behauptet er, bei der Leseprobe hätten die Schauspieler alle ihre Rollen separat gelesen und folgert daraus: »Als ich die Leseprobe verließ, wuste ich bereits das Geschick meines Stücks«.

Dann beklagt er sich über die außerordentlich kurze Probezeit: »Nach vier Tagen sollte das Stück aufgeführt werden, welches bereits wenigstens zwei Monate übergeben war, wenige Personen hatten auch nur eine Idee von ihrer Rolle [...], während nun die Spielenden um den Soufleur herumstanden und ihm langsam nach sprachen, stürmten allerlei Leute, die ich nie gesehen, mit allerlei Mundarten, die ich nie gehört mit allerlei Fragen, die ich nicht verstand, zugleich auf mich ein [...]. Da ich aber nachher vernahm, daß mein Rath von einzelnen übel aufgenommen war, daß man es für süffisant hielt, wenn ich große Künstler zurecht wieß schwieg ich ganz, und empfand keine Art von Zorn, sondern nur ein bitteres Mitleid mit mir selbst.«

Soweit ein handschriftlicher Entwurf Brentanos, der weitere Einzelheiten zu Proben und Aufführung des Stückes in einer kleinen Posse über die Vorgänge hinter den Kulissen verarbeitet. Bei der kurzen Notiz, die er im *Dramaturgischen Beobachter* dann am 25. Februar 1814 tatsächlich veröffentlicht, geht er diplomatischer vor, hebt besonders die prominenten Hofschauspieler hervor, nach deren Rat er Veränderungen des Stückes vorgenommen habe. Dann heißt es jedoch lakonisch: »Ich verließ beym Anfange des dritten Akts das Haus, mit der Empfindung, daß dieses meine Arbeit nicht seyn oder ich mich mit allen obengenannten ausgezeichneten Kennern sehr geirrt haben müßte.«

Während diese Notiz mit »C. B.« gekennzeichnet ist, erscheinen zwei weitere Texte von Brentano anonym in der gleichen Zeitschrift. Der erste – unter der Chiffre »D-n« am gleichen Tag publiziert wie die Notiz – ist aus der Perspektive eines unbedarften Premierenbesuchers geschrieben und berichtet indirekt über die Erfahrungen des Autors: »ich hatte viel Gutes von dem Stücke aus dem Munde geistreicher Männer und Schauspieler, die es vom Verfasser selbst vortragen hörten, vernommen«, behauptet der erfundene Zuschauer und erwähnt zugleich weitere Erfolge des Autors: »Ich darf nur das trefliche Lied auf Wellington anführen. Was haben wir an Kriegsliedern besseres? Ein Dichter, der dieses und vieles Andre in diesem Stücke geschrieben, kann unmöglich so empfangen werden!« Nach diesem Selbstlob lässt sich Brentano von seinem fiktiven Premierenbesucher selbst Mut machen: »Ich schreibe Ihnen dies, damit es dem Verfasser der Valeria vor Augen kommen möge und damit er nicht etwa in Unmuth sein ausgezeichnetes Talent ganz aufgebe.«

In einem weiteren Beitrag, der am 2. März 1814 erscheint, kommt die satirische Ader Brentanos stärker zur Geltung. Barock ist bereits der Titel: *Kurzgefasste Anweisung, ein jedes Schauspiel, es sey von welchem Werthe es wolle, auf eine unfehlbare Art durchfallen zu machen. Von einem alten Praktikus.* Doch Brentano war – was die Bühne betrifft – kein »alter Praktikus«. Der Vorwurf, man habe sich mit der Produktion wenig Mühe gegeben und lieblos und hastig inszeniert, ist sicher begründet, Brentano hatte jedoch von der Praxis hinter den Kulissen keine Ahnung. Leseproben, bei denen die mehr oder weniger vorbereiteten Schauspieler nachlässig mit dem Text umgehen und sich langsam an ihren Stoff »herantasten«, gehören auch heute noch zum Theateralltag und führen nicht automatisch zu schlechten Aufführungen. Brentano gelingt es offenbar nicht, die Schauspieler für seine Person und sein Stück zu gewinnen.

Auf den unter der Chiffre »D-n« erschienenen Artikel veröffentlicht der Hofschauspieler Rose eine Entgegnung, in der er betont: »Unrichtig ist, daß Valeria in dieser Vorlesung [Leseprobe] mit Beifall aufgenommen worden sey.« Vielmehr betont Rose, die Regiemitglieder hätten Brentano bedeutet, »daß unter dieser Gestalt man sich nicht einen erwünschten Erfolg von der Darstellung versprechen könne. [...] Sie konnten dem Herrn Verfasser nur höflich und freundschaftlich die Stellen anzeigen, die Aenderungen bedurften. – Hat Herr C. B. dies als Beyfall und Bedingung der Annahme seines Stücks genommen, so haben diese Herrn keine Schuld über den Mißverstand, da die Direction allein über die Annahme zu entscheiden hat. Der Herr Verfasser hat sein Stück zurückgenommen und bald darauf der Direction – wie man sagt – in einer verbesserten Gestalt wieder überreicht.« Brentano entwirft eine Antwort an Rose (»Sub Rosa«) und verfasst zwei weitere Repliken im Namen des befreundeten Herausgebers Josef Karl Bernard. Gedruckt wird (am 11. März 1814) lediglich eine »Erklärung des Verfassers der Valeria«, in der Brentano den Streit als nichtig erklärt und mit einem »Memento mori« endet: »ich aber finde bey dieser Sache gar nichts zu denken, [...] da der Gedanke: daß alle Dichter, Kritiker, Antikritiker, Schauspieler, Zuschauer, ja sogar die ganze Welt einstens sterben muß, mir weit interessanter ist, und ich mache hier für mich allen Valerianis mit dem Spruche:

> Mensch bedenke!
> das Ende.
>
> C. B.«

Indirekt wird damit deutlich, dass der Theaterskandal das Selbstwertgefühl Brentanos stark erschüttert hat. Wie gelassen er sich auch gibt, dieser Schlussappell des abreisenden Dichters zeigt doch die tiefe Enttäuschung über den Misserfolg. Brentano zweifelt an dem Sinn seiner Schriftstellerei. An das Wiener Theater hatte er die Erwartung geknüpft, dort eine sinnvolle, von der Gesellschaft getragene Funktion, eine »notwendige«, allseits anerkannte Aufgabe zu übernehmen. Noch im Januar 1814 hofft er auf den Posten eines Theatersekretärs und wendet sich in einem Bewerbungsschreiben an Pállfy. »Grad und rund« und ohne »tausend Schleichwege« zu benutzen, fragt er am 22. Januar 1814 den designierten Direktor der großen Wiener Bühnen, ob er »in einen einfachen, lebendigen, und gesitteten Menschen, das Vertrauen setzen« wolle, ihm »auf alle Weise in Ihren Bemühungen für die Kunst [...] behülflich zu werden.« Brentano konnte nicht wissen, dass zu diesem Zeitpunkt längst ein anderer Kandidat seine vorläufige Zustimmung für ein Engagement als Hoftheatersekretär gegeben hatte.« Als nun am 18. Februar *Valeria oder Vaterlist* an der Burg durchgefallen ist, führt Brentano nur noch Rückzugsgefechte und versucht sich mit seinen Beiträgen zum *Dramaturgischen Beobachter* selbst zu beruhigen.

Zugleich kündigt sich die große »Wende« seines Lebens an. Tiefgreifende Selbstzweifel, die zur Besinnung auf die religiösen Grunderfahrungen führen, artikuliert er wenig später in einem Brief an eine Wiener Gönnerin und mütterliche Freundin zum ersten Mal so eindringlich, dass eine Lebensperspektive als Priester der katholischen Kirche aufscheint. Insofern ist das »Memento mori« am Schluss der Auseinandersetzung mit dem Wiener Theater mehr als nur eine billige Pointe. Nach Prag zurückgekehrt, spricht er am 12. Juni 1814 in seinem Brief an die Baronin Hügel von einem »großen eingefleischten Satanismus der Welt« als »Ursache, warum in dieser Zeit sich so viele edlere und tiefsinnigere Geister zur Religion zurückwenden«, und deutet an, dass er selbst diese Wendung als einzigen Ausweg für sein weiteres Leben sieht: »Nur in der Gottheit und ihrer Verehrung kann der Mensch noch Freiheit finden, diese aber Allein ist es, die ihn zum Ebendbilde Gottes macht, da aber ein Schwancken, eine Halbheit in seiner Erkenntniß uns nie ganz vom Anblick und der Einwirkung der dummen, verkehrten, und Hoffärtigen, ja recht abgeschmackten Welt abwendet, so ist kein Mittel zur Ruhe und Freiheit und zu einem Leben ohne Aegerniß zu gelangen, als durch ein gänzliches Eingehen in Gott und alle seine Äußerungen. Dieser Weg ist sehr schwer, da nur wenige auf Erden sind, die ihn zeigen können, und wir selbst mit tausend eitlen und thörichten Beziehungen an die Zeit gebunden sind, aber ich fühle täglich in meiner Seele einen lebendigeren Trieb, der mich forttreibt, ob ich je dahin gelange! Welches Leben ist auf Erden noch beneidenswehrt in dieser schmählichen wahnsinnigen verkehrten Zeit, als das eines wirklich frommen begeisterten und edlen Priesters, der die zertretenen, zerrissenen Halme aufrichtet zum Lichte, das uns allen abgewendet ist! Jeder Busen hat eine Heftige Sehnsucht, keiner weiß recht wornach, aber alle haben sie nach dem Licht, selbst die, welche sich nach dem Tode sehnen! Was hilft es die Welt mit Klagen zu erfüllen, die Klage selbst ist Sünde, und glücklich zu sein ist jedem vergönnt, der gerecht und tugendhaft und mit Gott sein will. O könnte je mein innerer Beruf recht lebendig werden, und fände ich einen väterlichen Freund, der sich meiner annähme und mich auf dem gerechten Wege leitete!«

KAPITEL SECHZEHN

Dieser unversöhnliche Kampf mit dem eigenen Dämon

Wiepersdorf – Berlin

Ich fühle »das tiefe Bedürfniß an einem katholischen Orte zu sein, denn meine Sündenkluge Vernunft ist niedergeworfen von dem Glauben und ich schmachte nach vollem geistlichem Trost. Meine dichterischen Bestrebungen habe ich geendet, sie haben zu sehr mit dem falschen Wege meiner Natur zussammengehangen, es ist mir alles mislungen, denn man soll das Endliche nicht schmücken mit dem Endlichen um ihm einen Schein des Ewigen zu geben. [...] Meine Bücher liegen alle auf dem Speicher, und manchmal sitze ich mit Thränen auf dem Schutte meiner Thorheit und weine das verlohrne Leben. Ich habe keinen Grund und Boden in nichts, und muß ihn im Leben und in Jesus zugleich suchen.« Diese Zeilen aus Brentanos Brief an Wilhelm Grimm vom 15. Februar 1815 erwecken den Eindruck, Brentano habe nun – nach seinem Scheitern in Wien – der Dichtung endgültig Ade gesagt. Dabei setzt um diese Zeit noch einmal eine Schaffensperiode höchster Produktivität ein.

In dichter Folge erscheinen zwischen 1815 und 1818 Erzählungen Brentanos in Zeitschriften. Dass Brentano gerade diese Gattung und Publikationsform (in Fortsetzungen) wählt, hängt sicherlich mit seiner Sorge zusammen, zu verarmen, schreibt er doch im gleichen Brief: »Uebrigens zwingt mich meine Armuth hier zu leben, wo ich durch Pistors Güte freie Wohnung habe.« Vermutlich ist es die Angst, das in Bukowan angelegte Kapital könnte verloren gehen, die Brentano zu solchen maßlos übertriebenen Äußerungen veranlasst. Denn noch ist das Gut nicht verkauft. Auf der Rückreise von Wien macht Brentano noch einmal in Böhmen Station, informiert sich über die nach wie vor desolate Situation von Bukowan, das sein Bruder Christian mittlerweile verlassen hat: »Christian ist vor drei Wochen hier plötzlich bei mir erschienen, und mit allerlei zerbrochenen Maschinen und dem Projeckt in zwei Jahren ungeheuer reich zu werden und groser Faulheit nach Ungarn gereißt, ich weiß noch nicht, wo er ist, und Gott weiß, wer sich jezt um Bukowan bekümmert, denn ich bin versichert, daß wir kaum erfahren werden, wo er sich aufhält, bei seiner Faulheit«, hatte Brentano bereits aus Wien berichtet.

Nach Zwischenstationen in Prag und dem nordböhmischen Bad Liebwerda trifft Brentano Anfang September 1814 bei Arnim und Bettine in Wiepersdorf ein. Fast zwei Monate hält er sich auf diesem Gut zwischen Jüterbog und Dahme (ca. 80 km südwestlich von Berlin) auf – weit enfernt von aller städtischen Zivilisation. Die junge Familie lebt zu dieser Zeit noch nicht permanent auf dem Lande; Arnim und Bettine sind mit ihren Kindern – Freimund war 1812, Siegmund 1813 zur Welt gekommen – zu einem längeren Sommeraufenthalt von Berlin nach Wiepersdorf gekommen, um das abgewirtschaftete Gut in Schuss zu bringen. So hat auch Brentanos Besuch in Wiepersdorf etwas Vorläufiges, bedeutet nicht, dass er nun auf Dauer in die Hausgemeinschaft von Freund und Schwester aufgenommen wird.

»Seit voriger Nacht ist Clemens hier«, schreibt Arnim Anfang September an Savigny, »er grüst herzlich, wir haben viel gesprochen und wenig geschlafen. Er will jezt 5 Jahre studieren alles mögliche um nachher zu allem brauchbar zu seyn, insbesondre aber bey hohen böhmischen Fürsten Alles in Allem zu werden.« – »Du kannst wohl denken, daß die Anwesenheit von Clemens unsern Lebenslauf hier sehr variirt, aus unserm Duett ist ein Terzett geworden«, ergänzt er vielsagend etwa eine Woche später.

Das bäuerliche Leben auf dem Gut – die endgültige Übersiedlung nach Wiepersdorf sollte sich bald als unumgänglich erweisen – bedeutet für Arnim eine gravierende Umstellung seiner Lebensgewohnheiten und -ziele. Zwar ist er es gewohnt, im Sinne »preußischer Tugenden« Pflicht über Neigung zu stellen (und sogar im Nachhinein die Erfüllung der Pflicht als eine Wahl aus Neigung darzustellen), doch bedeutet der Umzug nach Wiepersdorf dennoch so etwas wie ein »Schicksalsschlag« für ihn und seine Familie. Wilhelm Grimm gegenüber beklagt er, als die Entscheidung gefällt werden muss, dass »die allmächtigen Geschicke über mich beschließen, daß ich die Wirthschaft übernehmen muß, wie es nun eben scheint. Was thut man nicht für seine Kinder, und denen solls fruchten« – eine Anspielung auf die vertrackte Fideikomissregelung. Von dem desolaten Zustand der Wiepersdorfer Gebäude und dem hohen Grad der Ver-

Wiepersdorf, Gutshaus der Arnims,
Skizze unbekannter Hand aus dem Arnim-Nachlaß.

schuldung kann sich Grimm zwei Jahre später bei einem Besuch selbst ein Bild machen. Seinem Bruder liefert er ein Stimmungsbild mit trübem Hintergrund: Arnim »fühlt sich wohl durch seine Lage gedrückt [...]. Er hat manche Widerwärtigkeiten gehabt und am meisten betrübt ihn wohl, daß noch keine Aussicht da ist aus seiner verwirrten Lage herauszukommen [...] Arnims Haus ist geräumig und der Garten daran und der Wald von Birken dahinter schön, doch ist jenes inwendig ziemlich verfallen, war aber mit Pracht und eigentlich fürstlich eingerichtet. Zimmer mit purpurseiden Tapeten und reichen Goldleisten und getäfelter Boden. In seiner Stube liegt alles ziemlich untereinander, die Bettine führt die Haushaltung selbst, hat alles Schwere z. B. gutes Kochen leicht erlernt, hat aber keine Lust an diesem Wesen, daher wird ihr alles sauer und ist doch in Unordnung. Dabei wird sie betrogen und bestohlen von allen Seiten. Beiden wär zu wünschen, daß sie aus dieser Lebensart herauskämen; obgleich Arnim an seinen Pflanzungen im Garten Freude hat, so würde ihm die eigentliche Landwirtschaft doch schwer fallen, wenn er sie übernehmen sollte. Das ganze Ländchen, das aus drei Gütern besteht, die ihm und seinem Bruder gehören, trägt an Pacht

8000 Tl. ein, die aber für, glaube ich, 150,000 Tlr. die Zinsen ausmachen, so daß ihm sehr wenig übrig bleibt. […] Brentano war nicht sehr verändert in seinem Wesen, äußerlich aber dicker und älter geworden; er hat einen Anstrich von Frömmigkeit angenommen, stellt sich öfter edel an, als sonst, zankt aber leichter.«

Als Brentano in Wiepersdorf eintrifft, ist Arnim noch Landwirt »auf Probe«, sammelt Erfahrungen beim Pflanzen und Bauen. Die ökonomisch wichtigen Teile des Gutes müssen in Ordnung gebracht werden, damit die verpachteten Ländereien Erträge abwerfen; die Schuldenlast drückt und zwingt Arnim zu einem Engagement als Gutsherr, das er sich kaum erträumt hatte. Brentano beteiligt sich an den Arbeiten, packt mit an, als neue Stallgebäude errichtet werden. Bettine berichtet darüber in einem Brief an ihren Schwager Savigny: »Lieber Alter! […] Arnim ist jetzt mit einem neuen Bau beschäftigt, auch wird er noch, wenn's die Zeit gestattet, vor unsrer Abreise [zurück nach Berlin] eine große Obstplantage anlegen. Clemens wirtschaftet auch hier recht friedfertig mit uns; nach dem Frühstück geht ein jeder in seine Stube, wo Clemens mehre Merkwürdigkeiten, die er aus der Bibliothek hervorgeschnuppert hat, wieder durchschnuppert. Nachmittags helfen wir beim Bauen; die beiden fällen große Bäume mit Hülfe einiger Arbeiter oder sie graben und karren Steine zum Fundament. Abends (wir essen um 7 Uhr zu Nacht) geht's an ein Erzählen und Aufschneiden, daß die Balken krachen. Clemens ist voller Geschichten und Seltsamkeiten.«

Brentano schreibt an der Novelle *Die Schachtel mit der Friedenspuppe.* Sein »Schnuppern« in der Bibliothek des Freundes hatte zur Entdeckung der *Mémoires de la Jeunesse du Comte de Letaneuf* von 1740 geführt, aus der er wesentliche Abschnitte seiner Erzählung gewinnt. Auch die Erlebnisse in Wiepersdorf gehen in den Novellentext ein. Sehr genau wird die Lage des Arnimschen Gutshauses »dicht an der sächsischen Gränze« in einer »Ebene von leichtem Sandboden« beschrieben. Für den Baron und seine Familie in der Erzählung haben Achim und Bettine und die Söhne Freimund und Siegmund Pate gestanden. Im Gegensatz zu Arnim hat der fiktive »preußische Edelmann« allerdings »die Schlachten auf der Katzbach, bey Laon und auf dem Montmartre mitgeschlagen« und »geholfen, die entführte preußische Viktoria [vom Brandenburger Tor] nach Berlin […] zurück zu begleiten.«

Hier lässt Brentano seine Fantasie spielen, wenngleich bei Wiepersdorf – etwa 30–40 km entfernt – tatsächlich im August und September 1813 Gefechte stattgefunden hatten. Auch die Bauarbeiten am Stallgebäude von Wiepersdorf finden ihren Niederschlag in einer Schlüsselszene der *Schachtel mit der Friedenspuppe*: Der Baron versucht – unter Assistenz seines Amtsboten –, einen größeren Stein durch Hitzeeinwirkung zu zerlegen. Reste von einem französischen Feldlager, die dabei entdeckt werden, sind Anlass für die Erzählung des Amtsboten, der etwa 150 Mann zurückkehrende französische Truppen im Schloss empfangen hatte und später von einem Anführer bei diesem Lager misshandelt worden war. Einige vorbeiziehende Kosaken (damals mit Preußen gegen Napoleon verbündet) führten zur Flucht der Franzosen.

Noch während der Arbeiten an dem Stein taucht jedoch erneut »ein Zug aus russischer Gefangenschaft rückkehrender Franzosen« in Sichtweite auf. Einer von ihnen (Frenel alias Montpreville) hilft mit seinem schweren Gerät beim Anheben des Steins. Wie sich dann herausstellt, ist seine Frau im nahen Gebüsch versteckt und führt in einer bunten Schachtel eine »Pariser Friedenspuppe« mit sich, die der Baron einst von einer Trödlerin in Paris gekauft hatte. Dieses Objekt steht nun im Zentrum der Erzählung, und alle Beteiligten verbinden mit der Schachtel verschiedene Erinnerungen, die ein Gerichtshalter durch Verhöre ermittelt und die sich erst allmählich zu einer abenteuerlichen Geschichte mit versöhnlichem Ausgang zusammenfügen.

Während Brentano diese Novelle konzipiert, arbeitet Arnim an seinen Erzählungen weiter, unter anderem an dem kleinen Meisterwerk *Der tolle Invalide auf dem Fort Ratonneau*, das 1818 in Berlin erscheint. Auch in seinen Dichtungen dieser Zeit spielen Politik, Militär und Friedenshoffnungen eine große Rolle. Die beiden Freunde arbeiten wieder eng zusammen: »Clemens ist seit beinahe vierzehn Tagen bei mir, seitdem lesen wir einander unsre aufgehäuften Manuskripte vor«, berichtet Arnim am 1. Oktober 1814 den Brüdern Grimm. Eine von Brentano in Wiepersdorf entworfene Erzählung, die unter dem Titel *Der arme Raimondin* (oder auch *Fragment einer Erzählung aus der Französischen Revolution*) bekannt ist, wird nicht fertig. Arnim korrigiert daraufhin Brentanos Handschrift und versucht das Werk fortzusetzen. Seine im Nachlass gefundenen

Entwürfe gingen unter der Bezeichnung *Melusinenfragmente* in die Literaturgeschichte ein und wurden erst relativ spät als Fortsetzung von Brentanos *Raimondin*-Fragment identifiziert.

Die lebhafte Produktion Brentanos setzt sich – ungeachtet seiner Kassandrarufe zum »Satanismus der Welt« und dem Ende seiner »dichterischen Bestrebungen« – in Berlin fort. In kurzer Folge erscheinen Erzählungen von ihm in der Zeitschrift *Der Gesellschafter oder Blätter für Geist und Herz*, zunächst *Die mehreren Wehmüller und ungarischen Nationalgesichter*, dann *Die drei Nüsse* und schließlich die *Geschichte vom braven Kasperl und dem schönen Annerl*. Allesamt sind sie zwischen 1814 und 1816 in Wiepersdorf und Berlin entstanden und verarbeiten zugleich Reminiszenzen an die Aufenthalte in Böhmen.

Es ist Brentanos Spezialität (wie bei der Komposition der Märchensammlung), jeweils einen erzählten »Rahmen« zu konstruieren, in den einzelne kunstvoll mit der Rahmengeschichte verknüpfte »Binnenerzählungen« eingepasst werden. In den *Mehreren Wehmüllern* erzählen drei verschiedene Personen, die auf die Auflösung eines Pestkordons warten, schaurige Geschichten. Die ganze Welt des Aberglaubens wird aufgeboten, Katzen und Hexen, wilde Jäger und Vampire bevölkern die vorgetragenen Geschichten. Durch die Gruselgeschichten mit allerlei unerklärlichen Erscheinungen unterhalten, wartet man auf den Maler Wehmüller, der sich sein Geld damit verdient, Porträts in großer Serie zu produzieren. »39 ungarische Nationalgesichter« (Charaktere) hält Wehmüller bereit, was nach Wolfgang Frühwald den »berüchtigten 39 Vaterländer[n] der Deutschen, die aus der Neuordnung Europas auf dem Wiener Kongreß (1814/15) hervorgegangen waren«, entspricht. In die vorgefertigten Bilder malt der »Künstler« lediglich nach Bestellung einige individuelle Züge der Auftraggeber hinein. Da er mit diesem Verfahren sehr erfolgreich ist, reist bereits ein betrügerischer Doppelgänger herum, der nach der gleichen Methode seinen Lebensunterhalt verdient. Wehmüllers Frau ist auf der Suche nach ihrem Mann und benutzt dabei dessen Papiere. So wird sie für den dritten Wehmüller gehalten, bis der Pestkordon schließlich aufgelöst und alle Verwechslungen aufgeklärt werden.

Die Gestalt dieses fragwürdigen Kunstmalers, der sich auf zunächst undurchschaubare Art und Weise in »mehrere Wehmüller«

verwandelt, ist eine typische Brentano-Erfindung, die ihm nebenbei noch zahlreiche Diskussionen über echte und falsche Kunst ermöglicht; und bei den Spukgeschichten, die ein kroatischer Edelmann, der Savoyarde Devillier und der Italiener Baciochi vortragen, ist Brentano in seinem Element: Er liebt die dunkel-schaurige Welt von Aberglauben und Spuk. Aus seiner Bibliothek wurde nach seinem Tode eine Abteilung *Ueber Hexerei, Zauberei, Prophezeiungen, Magie* mit fast 300 Titeln verkauft. In den »wissenschaftlichen« Anmerkungen der *Gründung Prags* erklärt Brentano mit Vorliebe Stichworte wie Wechselbalg, Rabenstein, Schlangenei, Einhorn, Basilisk und viele Heil- und Hexenkräuter, wie der Aberglaube sie deutet: mit seltsamen Geschichten, die oft aus »Volksethymologien« hergeleitet sind und durch lokale Sagen und Bräuche tradiert werden. So erläutert Brentano für die Leser seines Dramas: »Die Krone des Froschkönigs, welche zur Entdeckung der Hexen, auch als Gegengift u. s. w. dienen soll, zu erlangen, liegt folgendes Recept vor mir: Werfe im August-Monath in eine froschreiche Pfütze einen Bocksschlauch, so sammeln sich alle Frösche um den Schlauch, und der König setzt sich mit schwarz und weisser Krone oben darauf, diesen muß man nun mittelst eines subtilen Pfeiles, und einer guten Armbrust schießen, um die Krone zu gewinnen.« Es ist die fantasievoll-absurde Geschichte, die Brentano fasziniert und die er mit Lust seinen Lesern darbietet, als wäre es das selbstverständlichste von der Welt und nur eine Frage von Geschicklichkeit, sich mit dieser präzisen Anweisung in den Besitz der Krone des Froschkönigs zu bringen.

Die erste der Binnenerzählungen in den *Wehmüllern* spielt in Ungarn »nahe der türkischen Grenze« und erzählt von einem schauerlichen Katzenkonzert. Die jammernden Tiere sitzen auf einem großen Eichbaum, hoch oben spielt »Mores«, der entlaufene Kater des Erzählers, Dudelsack. Der Held schießt mit einer Schrotflinte in die Katzengesellschaft, um sie zum Schweigen zu bringen. Daraufhin verfolgen ihn die Tiere – keines scheint getroffen, doch am nächsten Tag hängt die »slavonische Magd Mladka« blutend im Baum. Als Hexe wird sie ins Gefängnis geworfen und stirbt – zum Christentum bekehrt – »zu ihrem Glücke an dem Schuß [...] andere Weibspersonen in der Gegend« werden »gefangen genommen, aber man fand zwei todt in ihren Betten«.

Illustration zu Brentanos Erzählung Die mehreren Wehmüller, *Zeichnung von Edward von Steinle, 1849.*

Der von Schrotkugeln durchlöcherte Dudelsack gilt dem Erzähler als Beleg dafür, dass sich diese Schauergeschichte wirklich zugetragen hat. Eine gerichtliche Verfolgung und ärztliche Untersuchung, ob er »auch völlig bei Verstand sey«, kann er durch Bestechungen unterbinden – hier werden Brentanos Erfahrungen in Böhmen verarbeitet. Am Ort des Geschehens eröffnet der Kroate eine Schenke und läßt seinen Knecht zur Unterhaltung der Gäste in der Krone der Eiche Dudelsack spielen. Völlig offen bleibt, ob der Erzähler Halluzinationen erlegen war, ob er Katzen für Hexen oder Hexen für Katzen gehalten oder ob wirklich Verwandlungen stattgefunden haben. Möglich ist auch, dass der Erzähler sich mit einer weitgehend erfundenen Schauergeschichte lediglich in Szene setzen und Gäste für seine Schenke anlocken will.

Um Katzen und Hexen geht es auch in der zweiten Erzählung. Denn die »Hexen auf dem Austerfelsen«, über die der Franzose berichtet, sind wiederum jammernde Katzen. Sie scheinen festgewachsen, weil ihre Füße in geschlossenen Muscheln eingeklemmt sind, »bis die Austern, von der Fluth überschwemmt, sich wieder öffneten und ihre Gefangenen entließen«. Eine naturwissenschaftliche Erklärung diesmal für die Katzenversammlung, absurd dennoch, weil keine Katze so dumm wäre, sich ihre Pfoten von Muscheln einklemmen zu lassen, und so heißt es denn zum Abschluss: »bei strenger Untersuchung und weniger Phantasie, würde unser Freund bei seinem Katzen-Abentheuer eben so gut lauter Fisch-Diebe, wie wir Auster-Diebe entdeckt haben. [...] Nachdem die Aufklärung dieses

Ereignisses die Erzählung des Kroaten in ihrer Schauerlichkeit sehr gemildert hatte, kam man auf allerlei Jagdgespenster zu sprechen.«

Der italienische Feuerwerker Baciochi erzählt die letzte Gespenstergeschichte, die überraschend in die Rahmengeschichte einmündet. Denn der vermeintliche »wilde Jäger«, der bei einem jungen Mädchen im Zimmer erwischt und mit einem Eimer Wasser übergossen wird, war kein anderer als der Erzähler der zweiten Geschichte, Devillier, der Baciochi plötzlich ins Wort fällt: »Das Wasser, das kalte Wasser […] war das Allerfatalste […] soll ich länger schweigen? habe ich nicht schrecklich ausgehalten und mich hier in der Erzählung nochmals mißhandeln lassen?« Als Schmuggler hatte er in der Nacht sein Liebchen besucht, das den Aberglauben der Dorfbewohner an den »wilden Jäger« benutzt, um die heimlichen Besuche ihres Liebhabers zu verschleiern. Brentanos Geschichte endet damit, dass sich auch dieses Liebchen zu erkennen gibt, und die »schöne Mitidika all ihren Schmuck« anlegt, »den sie einst von Devillier empfing«.

Einige Motive und die Grundstimmung dieser Erzählung erinnern an E. T. A. Hoffmann. Aus dessen Werken kennen wir den Doppelgänger, kennen wir geheimnisvoll-schaurige Vorgänge, die nicht restlos aufgeklärt werden; der *Kater Mores* Brentanos scheint sogar ein Verwandter von Hoffmanns *Kater Murr* zu sein, und ein missglücktes Feuerwerk, wie es der Italiener in Brentanos Erzählung schildert, findet sich auch in den *Lebensansichten des Katers Murr*. Das Werk E. T. A. Hoffmanns ist jedoch später veröffentlicht als Brentanos Erzählung, und wenn von einer »Abhängigkeit« gesprochen werden kann, so kann nur Brentano der Anreger gewesen sein. Tatsächlich wird man besser von einer psychischen Verwandtschaft der beiden Autoren sprechen, die dazu führt, dass beide – auf der Grundlage romantischer Ideen – zu ähnlich schauerlich-hintergründigen Erzählformen und Motiven kommen.

Brentano hat die Seelenverwandtschaft bemerkt und wendet sich mit einem Brief an E. T. A. Hoffmann, der 1816 ebenfalls in Berlin lebt: »Ich habe heute den vierten Band der Fantasiestücke gelesen […]. Ihr Wesen hat mich lebendig gerührt, vieles war mir als hätte ich es selbst geschrieben, was ich beinah noch nie gethan habe.«

Der Brief, den Brentano allerdings nicht abschickt, gewährt einen tiefen Einblick in sein Fühlen und Dichten. Als ob er entsetzt neben sich steht – das Doppelgängermotiv! – und beobachten muss, wie die Worte ihn unkontrolliert verlassen, so schildert er den Schreibvorgang. Zugleich betont er seine Einsamkeit bei diesem schöpferischen Prozess: »Daß ich unmittelbar an Sie schreibe, ist erstens, weil ich Sie nicht gleich da habe, und gewissermaaßen immer niemand da habe; denn lieber Hofmann! Ich bin leider so alt, daß mir die Worte nicht als rechtmäßige Bewohner, sondern als Mäuße, Raubthiere, Diebe, Buhler, Flüchtende, und d. gl. mit meinen Empfindungen aus dem Maule laufen, Gott erhalte sie in seinem Schutz.«

E. T. A. Hoffmann, als Zeichner und Musiker ebenso talentiert wie als Dichter, hat einen bebilderten Stadtplan von Berlins kulturellem Zentrum entworfen, in den er die eigene Wohnung, das Schauspielhaus, das Gericht und sein Weinlokal einzeichnet. Auf diesem Plan ist Clemens Brentano als Flaneur erkennbar. Mit einem großen Hut, ähnlich wie auf den Porträts von Kaulbach und Steinle, schreitet Brentano durch die Straße, ein in sich versunkener, träumender Literat, wie ihn auch Wilhelm Hensel in seinen Zeichnungen von 1817 und 1819 sieht.

Dabei hatte Brentano tatsächlich in Berlin zu studieren begonnen, so wie Arnim in seinem Brief an Savigny bereits angedeutet hatte. Auf der Suche nach einer nützlichen Aufgabe in der Gesellschaft beginnt er ein Studium an der Berliner Bauakademie Schinkels. Es ist ein bewusster Akt der Selbstdisziplinierung, dessen ist er sich von Anfang an bewusst. Er will das lernen, was ihm schwer fällt, was seiner Natur zuwider ist, angetrieben durch die Angst, in Armut zu versinken. »Weil ich mich nun durch die falschen Bestrebungen meines Geistes ganz misbraucht und einseitig nach der Fantasie hin ausgebildet fühle, habe ich mit schwerem Kampf, und ganz gegen meine Natur, mich dahin gewendet, wo ich am verlassensten bin, nach der Mathematischen Erkenntniß«, schreibt er am 15. Februar an Wilhelm Grimm. »Ich lerne Rechnen und Geometrie und laufe täglich vier Stunden mit einem schweren Zeichenbrett und langen Lineal auf die Bauackademie, wo ich unter vielen jungen Burschen frage, wie spricht der Hund, und erfahre, Vitruv spricht, u. s. w. Da kann ich alle Gedult und Demuth entwicklen, denn ich zeichne auf, was mir nicht gefällt und was ich doch lernen muß und gar nicht kann.« Der Versuch scheitert bereits im Laufe des Sommers. »Was du mir prophezeiht hast, ist eingetroffen, ich bin nicht im Stand,

Architeckt zu werden und habe so etwa 100 rtl in Dreck geworfen. Jeder bleib bei seinem Leisten«, meldet er am 29. Juli 1815 Arnim aus Berlin.

Die Spannungen im Wesen Brentanos werden immer deutlicher. Diese wachsende Unausgeglichenheit versucht Grimm in seinem Brief zu beschreiben, wenn er berichtet, Brentano »stellt sich öfter edel an, als sonst, zankt aber leichter«. In Gesellschaften fällt er durch brillante Erzählungen und geistreiche Witze auf, doch kann seine Stimmung urplötzlich umschlagen. Joseph von Eichendorff fasst diese Sprünge in seinem Wesen in ein originelles Bild und behauptet: Brentano war »selber wie ein Gedicht, das, nach Art der Volkslieder, oft unbeschreiblich rührend, plötzlich und ohne sichtbaren Übergang in sein Gegenteil umschlug und sich beständig in überraschenden Sprüngen bewegte. Der Grundton war eigentlich eine tiefe, fast weiche Sentimentalität, die er aber gründlich verachtete, eine eingeborene Genialität, die er selbst keineswegs respektierte und auch von andern nicht respektiert wissen wollte. Und dieser unversöhnliche Kampf mit dem eigenen Dämon war die eigentliche Geschichte seines Lebens und Dichtens, und erzeugte in ihm jenen unbändigen Witz, der jede verborgene Narrheit der Welt instinktartig aufspürte und niemals unterlassen konnte, jedem Toren, der sich weise dünkte, die ihm gebührende Schellenkappe aufzustülpen, und sich somit überall ingrimmige Feinde zu erwecken.«

Brentano streitet mit sich selbst, er ist sich mit sich selbst nicht eins. »Daher auch bei ihm, jenachdem die eine oder die andere der im Kampf begriffenen Gewalten die Oberhand gewann, das Aphoristische, Improvisierte in seinem Leben, eine in seltsamsten Kontrasten wechselnde, scheinbare Doppelgängerei, jenes chamäleontische, aber immer prächtige Farbenspiel, womit uns seine Erscheinung oft in Erstaunen setzt.« Eichendorff sieht einen »lebenslangen inneren Kampf« und vergleicht Brentano mit dem Dichter Zacharias Werner, der sich vom Dichter zum missionierenden Prediger wandelte: »der Feind, mit dem sie rangen, war bei Beiden nicht ganz derselbe, während Werner gegen eine zaumlose Leidenschaft kämpfte, hatte der Andere einen bei weitem geistigeren Gegner in sich zu bestehen. [...] Jeder Dichter nämlich hat zwar, oder soll doch sein bescheiden Teil Genie haben; aber Brentano hatte dessen unbescheiden viel; darüber erschraken die Einen, den Andern dagegen war das grade recht, und sie wollten eben anfangen, jubelnd in die Hände zu klatschen; da fiel es ihm bei, despektierlich von der Genialität überhaupt zu reden und ihnen den ganzen unverhofften Spaß wieder zu vereiteln. So verdarb er's mit Beiden.«

Nachdrücklich nimmt Eichendorff Brentano gegen den Vorwurf in Schutz, »ein scheinheiliger, unredlicher Faselant« zu sein: »Es ist begreiflich, ein so außerordentlich komponiertes Talent, wo Licht und Schatten, weil sie miteinander rangen, dicht neben einander lagen, ja oft stoßend und drängend ineinander überzugehen schienen, wo neben hingebender Andacht und aller wunderbaren Süßigkeit der Romantik ein übermächtiger Witz mit den Dingen koboldartig spielte, Alles verletzend was er liebte – eine so ungewöhnliche Natur, sagen wir, mußte häufig verkannt und mißverstanden werden [...]. Kein Unbefangener wird in jenem ergötzlichen Tumulte der verschiedenen Seelen die rechte, wahre Seele, den Kristallquell, der insgeheim alle die wildspielenden Springbrunnen treibt, wir möchten sagen, das eigentlich Wunderbare seiner Wunderlichkeiten verkennen; es ist das unverwüstlich tiefe religiöse Gefühl, das er mit Werner gemein hatte«.

Die Enttäuschungen in Wien, die gescheiterte Ehe, die existenziellen Sorgen wegen der Bedrohung seines Vermögens und tiefe Zweifel an dem Sinn seines Dichtens: all dies ballt sich in Berlin im Jahre 1816 zu einer seelischen Krise zusammen, die dieses von Eichendorff beschriebene »tiefe religiöse Gefühl« bei Brentano freisetzt. Zwar begründet er auch hier einen gesellig-literarischen Zirkel – die so genannte »Maikäferei«, benannt nach dem Wirt des Tagungslokals namens Mai – und besucht auch andere Salons in dieser Stadt, in der man nach seinen Worten »unter einer Menge kluger und gebildeter Leute lustig, und oft bis zur tollen Freude kindisch und ausgelaßen« sein kann, doch tritt seine Unausgeglichenheit immer deutlicher zu Tage. Brentano ist auf der Suche nach einem Ziel, nach einer neuen Ordnung, nach einem Sinn seines Dichtens, nach innerer Ruhe.

Kein Wunder, dass er in dieser Situation, in der er den Zusammenbruch aller Werte und Ziele seines bisherigen Lebens wahrzunehmen meint, offen ist für eine neue Liebe. Kein Wunder auch, dass er die neupietistischen Tendenzen in Berlin aufnimmt und die

Nachrichten über ähnliche Erneuerungsbewegungen in der katholischen Kirche Bayerns begierig aufsaugt. Die Abendgesellschaft der »Maikäferei« besteht zum großen Teil aus Neupietisten, Anhängern des Predigers Justus Gottfried Hermes von der Berliner St. Gertrauden-Kirche. »Zu ihren Mitgliedern zählen die Brüder Gerlach, Carl von Voß, Carl Rappard, Friedrich Karl von Bülow, August Wilhelm Goetze, Cajus Graf von Stolberg, Felix Graf von Stosch und der Postsekretär Otto. Als die Hauptinteressen der ›Maikäfer‹ benannte Ernst Ludwig von Gerlach die Beschäftigung mit ›patriotisch-romantisch-genial-christlicher Poesie‹, die Förderung einer antirevolutionären Politik im Sinne der Haller'schen Staatslehre und den Besuch der Gottesdienste des erweckten Pfarrers Justus Gottfried Hermes.«

Ein Brief Brentanos an den befreundeten Johann Nepomuk Ringseis, den er aus Landshut kennt, macht sein Ringen um den richtigen Weg deutlich. Als getaufter Katholik will er sich nicht den protestantischen »Erweckten« anschließen, die katholische Amtskirche scheint ihm jedoch ebenfalls suspekt: »Daß ich nicht glücklich bin, fühle ich, aber ich fühle auch, daß, wenn ich mich, zum Beispiel um gänzliche innre Ruhe im Catholischen Christenthum bemühen will, ich in eine solche Quälerei und Verwirrung hineingerathe, daß es mir viel schlechter zu Muthe wird als vorher, und ein tiefes allgemeines religiöses Gefühl in mir dabei in solche Abnahme kömmt, daß ich mir nicht zu helfen weiß, […] unsere Form für die Lehre Jesu will an mir nicht wirken, wie der Gestirnte Himmel, oder das Aufgehende Licht, oder ein Wehen der Luft.«

Bereits in diesem Brief, den Brentano ein halbes Jahr liegen lässt, bevor er ihn im April 1815 abschließt und wegschickt, sucht er nach einem Menschen, dem er sich in Liebe anschließen kann, der ihn wie einen Blinden führen soll: »Ich fühle durch und durch, daß mir religiös nicht zu helfen ist, als durch das Anschließen an einen Menschen, dem ich unbedingt traue und den ich innigst liebe, und daß ich dann allen eignen Willen aufgebe, und ihm gänzlich folge, wie ein Knecht. […] Dieser müßte mich an sich bannen durch die göttliche Atmosphäre der Unschuld und Frömmigkeit und mich leiten, wie einen freiwilligen Blinden, denn mir selbst kann ich nicht trauen.« Diesen Menschen glaubt Brentano, folgert Kristina Hasenpflug in ihrer Dissertation, »in der achtzehnjährigen Luise Hensel

Luise Hensel, Zeichnung von ihrem Bruder Wilhelm Hensel, 1856.

gefunden zu haben«, die nach dem Tode ihres Vaters, eines Pfarrers aus Linum in der Mark Brandenburg, 1809 mit ihrer Mutter und zwei Geschwistern nach Berlin gekommen war und sich dort dem Gerlach-Kreis anschloss.

Brentano lernt sie auf einer Gesellschaft bei der angesehenen Familie Staegemann kennen und umwirbt das 18-jährige Mädchen. Über die erste Begegnung gibt es differierende Berichte. Hedwig von Staegemann schreibt im Oktober 1816 an ihre Freundin Antoinette Schwinck: »Den letzten Donnerstag [am 10. Oktober] war […] ich mit Laura [Gedicke], Minna und Luise [Hensel] zu Hause. Das

Schicksal wollte, daß gerade diesen Abend eine Menge junger Leute kamen, die August [von Staegemann, Hedwigs Bruder] als zu seiner Gesellschaft gehörig sich nicht scheute anzunehmen. Wir saßen alle um einen großen runden Tisch, und es entstanden lebhafte, amüsante Gespräche. Unter anderem kam es auf Brentano. Einige sprachen für, andere wider ihn. Man verglich ihn mit Tieck, und August rief: ›Wie kann man nur Brentanos oft einseitigen Humor mit Tiecks großartigem Geist und gemütlichem Witz vergleichen wollen‹ – und in diesem Augenblick sieht ein schwarzer Lockenkopf durch die Türe, und Brentano tritt mit dem spitzen, satyrischen Lächeln, dessen Du Dich erinnern wirst, herein. – Wir Mädchen kicherten, und die jungen Männer zogen lange Gesichter. Er sprach viel und witzig [...] er zog [...] einige Manuskripte aus der Tasche, woraus er vorzulesen versprach. Ich sollte zwischen einigen slavischen Gedichten wählen und entscheiden, welches in Försters ›Taschenbuch‹, das nächstens im Druck erscheint, aufgenommen werden soll. – Ich verbat es und bat Brentano, lieber die allegorische Komödie [Viktoria und ihre Geschwister], welche er kürzlich geschrieben, uns vorzulesen. Er tat es [...]. Wie sehr diese Komödie uns belustigt, kann ich Dir nicht schreiben. Wir lachten zuweilen so, daß wir sekundenlang wegblieben. Dennoch halte ich den ernsthaften Teil für den schönsten. Luise und ich heulten nach Deinem Ausdruck zuweilen wie die Biber. [...] Einige Lieder hatte er selbst wunderschön komponiert und sang sie teils uns vor. Beim Abschiede sagte er mir ›Gute Nacht, Viktoria‹, nach der Heldin seines Stückes.«

Luise Hensel selbst scheint andere Erinnerungen an diesen Abend zu bewahren, berichtet allerdings rückblickend aus großer Distanz und bezeichnet sich selbst, um dem Ganzen einen objektiven Anstrich zu geben, als »junge Freundin des Hauses«: »Der Sohn und ein Freund des Hauses erzählten einem jungen Mädchen, daß der ausgezeichnete, geistreiche Cl. Br. kommen und etwas vorlesen würde. Man sprach von seinen schlagenden Witzen, von seinen Sarkasmen, und da man öfters das Wort ›geistreich‹ wiederholte, ward es der jungen Freundin des Hauses endlich zu viel und sie äußert: ›Wenn er weiter nichts ist als geistreich, kann er dabei noch ein sehr unglücklicher und erbärmlicher Mensch sein.‹ In diesem Augenblick stand er dicht neben ihr, die allein auf dem Sopha saß, und sagte düster ›Guten Abend‹.«

Während die Gesellschaft erstarrt, weil man befürchtet, Brentano habe die vorausgegangenen bösen Worte über seine Person gehört, »erwiderte sie seinen Gruß ganz unbefangen und bot ihm den Plaz neben sich. Er sah ihr starr und düster ins Gesicht mit den Worten: ›Mein Gott, wie gleichen sie meiner verstorbenen Schw[ester] Sophie.‹ [...] Er las aus seiner *Victoria* und auch Einiges aus der *Gründung Prag's*, ward außerordentlich lebhaft und entzückte die ganze zahlreiche Gesellschaft, der er das Versprechen geben mußte, öfters Donnerstags zu kommen. Dies that er auch, und jedes Mal beherrschte er die Unterhaltung der Gesellschaft, zu der häufig die ersten Geister und besten Gestalten Berlin gehörten. Auch Gneisenau war oft dort.«

Die beiden Berichte geben ein lebendiges Bild von den Berliner Salons und bestätigen, dass Brentano trotz aller Selbstzweifel und Zerknirschung, die aus einigen Briefen dieser Zeit sprechen, nach wie vor durch seinen brillanten Witz, das Vorlesen aus seinen Dichtungen und gelegentliche Liedeinlagen die Salonbesucher zu begeistern versteht. Der Vergleich mit Tieck kommt nicht von ungefähr: Ludwig Tiecks Begabung, umfangreiche Theaterstücke – sämtliche Rollen allein lesend – vorzutragen, ist berühmt. Bei Brentanos Auftritten in der Berliner Gesellschaft fällt jedoch sein Sarkasmus auf und signalisiert eine innere Zerrissenheit, deren tiefere Gründe nur wenige seiner Zeitgenossen – wie Joseph von Eichendorff – verstehen. So kommt es, dass einzelne Salonbesucher mit Staunen oder Abwehr auf seine Erscheinung reagieren. Der geistreiche Gast, dessen Laune blitzschnell umschlagen kann, ist ihnen unheimlich.

Brentanos spontaner Vergleich Luise Hensels mit der 16 Jahre zuvor gestorbenen Schwester Sophie dürfte kaum auf eine frappierende Übereinstimmung im Äußeren zurückgehen. Sophie hatte ein durch einen Unfall entstelltes Auge, das sie geschickt mit ihrer Hand zu verdecken verstand. Wenn Brentano sie dennoch bei der ersten Begegnung mit Luise vergleicht, so wird er Ähnlichkeiten im Wesen und in der Art des Auftretens wahrgenommen und sich an seine Erlebnisse mit dieser Lieblingsschwester erinnert haben. Sophie galt unter den Geschwistern zunächst seine besondere Zuneigung, sie war in gewissem Sinne die »Vorgängerin« Bettines. Doch waren mit dieser Geschwisterliebe auch Enttäuschung und Frustration verbunden. Sophie wehrte das Werben ihres Bruders

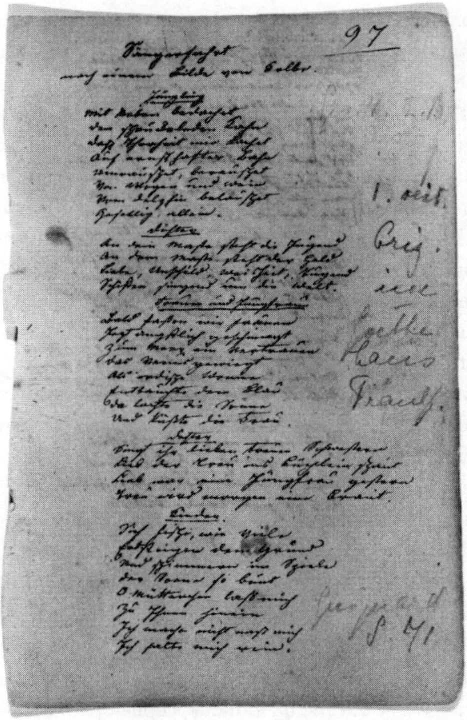

Clemens Brentano: Reinschrift des Gedichts Sängerfahrt *in einem Brief an Karl Wilhelm Kolbe, 1816.*

Clemens um ihre Zuneigung ab und hielt ihn auf Distanz. Neutrale Beobachter haben sie als kalte Schönheit beschrieben. Im Verhältnis Brentanos zu Luise Hensel sollte es ähnliche Zurückweisungen geben. Kühl hält auch Luise ihren Bewerber auf Abstand und erklärt alle sinnlichen Regungen für Sünde. Als Brentano sie kennen lernt, haftet ihr bereits etwas Altjüngferliches an, das ihn jedoch anzuziehen scheint – als suche er das Scheitern in der Liebe, als gefalle er sich in der Rolle des vergeblich Liebenden. Auch seine späte Münchener Liebe, Emilie Linder, ist ähnlich unnahbar und spröde, Brentano bezeichnet sie sogar gelegentlich als »Prüdchen«.

Luise, die mit ihrem gebetsartigen Gedicht *Müde bin ich, geh' zur Ruh* in die Geschichte der populären deutschen Erbauungslyrik eingeht, ist nicht ohne künstlerischen Ehrgeiz. In dem von Hedwig von Staegemann erwähnten Almanach, den Friedrich Förster nach Brentanos Vorschlägen 1818 publiziert, erscheint die Darstellung einer »Sängerfahrt«, die Carl Wilhelm Kolbe als Kahnfahrt mit Gitarrenspiel und taktschlagendem Goethe auf einem Ölbild gestaffelt hatte, als Titelstich. Dazu schreibt Luise ein interpretierendes Gedicht, das den bezeichnenden Titel trägt *Will auch mit.* Brentano nimmt es in den Band auf und steuert selbst das Fragment *Chronika eines fahrenden Schülers* und serbische Volkslieder bei.

Die Freundschaft mit dem jungen Mädchen steht von Beginn an unter dem Zeichen gemeinsamen Dichtens im Sinne der religiösen Erweckungsbewegung. Als Brentano einige Gedichte von Luise Hensel in Abschrift erhalten hat, schreibt er seinem Bruder Christian: »Diese Lieder haben zuerst die Rinde über meinem Herzen gebrochen, durch sie bin ich in Thränen zerflossen, und so sind sie mir in ihrer Wahrheit und Einfalt das Heiligste geworden, was mir im Leben aus menschlichen Quellen zugeströmt.« Eine Neuausgabe von Friedrich Spees *Trutznachtigal* ist ein gemeinsames Projekt mit Luise, und einzelne Strophen seiner Freundin verarbeitet Brentano in seiner Lyrik.

Seine Annäherungsversuche wehrt die behütete Tochter aus der Pfarrersfamilie jedoch energisch ab. Wie ihre Tagebücher belegen, gilt ihre heimliche Zuneigung einem Anderen, Jüngeren: sie hatte sich in Ludwig von Gerlach verliebt, der jedoch von dieser Verehrung nichts merkt (oder nichts merken will). Mit Brentano, der bereits im Dezember 1816 um ihre Hand angehalten haben soll, erwägt sie nur eine »Josephsehe«, eine Bindung also, bei der sie neben dem älteren Partner ein keusches Leben führen kann. Es bleibt auch fraglich, ob Brentanos Werben tatsächlich auf eine förmliche Ehe zielt. Aus den sehr lückenhaft überlieferten Zeugnissen ist darüber keine Klarheit zu gewinnen. Luise schreibt drei Jahre später: »Ich glaubte, du wolltest mich heiraten«, und Brentano formuliert in einem Brief an Luise, kurz nachdem er einen Korb erhalten hatte: »selbst verneinend, warst du mir ein heilendes, schaffendes Ja.«

Rührende Liebesbriefe, die von originell verarbeiteten Bibelanspielungen wimmeln und mit Wehklagen über die Zurückweisungen durchsetzt sind, zeigen Brentano so, wie er auch in den Korrespondenzen mit Sophie Mereau und Auguste Bußmann auftritt:

als Meister »poetischen«, einschmeichelnden Werbens. Neu sind lediglich die anspielungsreichen religiösen Bilder, die sich nur dem Bibelkenner (und damit der Adressatin) vollkommen erschließen: »Wir stehen recht rührend und ernst gegen einander über, zwei Geister, die sich diesseits nicht gefunden und von unerfüllter Sehnsucht getrieben, nach einem heiligen Strome eilen, sich zu erquicken, erblicken sich da, und Du hast Alles, was mir fehlt, und das verlorene Leben schreit mich bei Deinem Anblick an. O lass' mich trinken aus Deiner Hand, denn Du sollst mich heilen [...] Kennst Du Dich, Du lieber stiller Engel, mit dem Thau, dem schweren, reinen in den Flügeln, in den Rosen des Hauptes, in den Locken, in den Augen, in der Lilie, die Deine Hand trägt, in der ich ertrinken muß wie ein verspäteter Schmetterling; kennst Du meine Angst, meine Trauer, meinen Jammer, meine Liebe? Das bist Du mir. O Herr! wie habe ich es verdient, daß du mir deine Herrlichkeit in so himmlischem Kelche zeigst [...]. O wie muß der Herr leuchten, da ich schon blind werde über Dich, die in seinem Lichte steht, Du lieber Gottesspiegel!«

Als er in diesem Brief auf die »Talente« Luise Hensels zu sprechen kommt, versäumt er nicht, seine Bibelkenntnisse mit einem Verweis auf das betreffende Evangelium zu signalisieren. Wie ein Theologe notiert er in Klammern: »Matth. 25, 14.« In einem anderen Brief entwirft er ein skurriles Bild und bringt seine Liebe zugleich mit dem frühromantischen Begriff der »Progression« in Verbindung: »Ich möchte wohl wissen, ob in der Liebe zu einem Menschen nicht eine unendliche Progression ist? – ich meine, meine Neigung zu Dir trägt schon alle Früchte Himmels und der Erde. Die Weltgeschichte ist ganz aus für mich. Kurios ist es, aber ich muß in diesem Augenblick denken und fühlen, und es ist mir, als wär's wahrhaftig so, nämlich, als wäre meine Brust ein Badezuber und Deine Füße stünden badend und plätschernd in meinem Herzen, und Du sagst: endlich krieg ich warme Füße.«

So erscheinen Liebes- und Glaubensbekenntnis in Brentanos Briefen an Luise unlösbar miteinander verflochten. Eine Tarnung oder ein Köder? Wohl beides. Jedenfalls will Brentano Luise Hensel zugleich für die katholische Kirche und als Geliebte gewinnen. Liest man die werbenden Briefe als Heiratsanträge, so sind sie paradox, eine Quadratur des Kreises. Denn mit geradezu theologischem

Eifer will er beweisen, dass er sich korrekt auf der Linie der katholischen Kirche bewegt; mit aller Kraft versucht er ja, die umworbene Protestantin zum Übertritt in diese Kirche zu bewegen. Dabei konnte er als überzeugter Katholik nicht davon ausgehen, dass er nach der Scheidung noch einmal das Sakrament der Ehe erhalten würde. Die Anträge wären danach die Aufforderung zu einer nicht sanktionierten, einer »wilden Ehe«, die sich mit dem kanonischen Recht der katholischen Kirche niemals in Einklang bringen ließe.

Vermutlich sind es nur die Intensität und Entschlossenheit seines poetischen Werbens sowie Brentanos Bezeichnung »neue Braut« und seine Rede von einer »üblen Brautfarth« nach Berlin, die zu der Vermutung führten, er habe förmlich um Luises Hand angehalten. Im Grunde ist auch in dieser Beziehung die verzweifelte Suche nach Anerkennung und Liebe der Motor für Brentanos Handeln, und der Widerstand des jungen Mädchens reizt ihn dazu, die buchstäblich angehimmelte Braut immer wieder auf die Probe zu stellen. Weihnachten 1816 scheint Luise bereit, ihm zu folgen, wehrt jedoch zugleich den Verdacht ab, sie habe »sündige Gedanken«: »Wenn Du meine Hand in Deinen Händen wärmst, geht es mir warm und menschlich und vertraulich an die Seele (ich glaube nicht sündlich), und dann zucken ein paar Flügel in mir und möchten davonfliegen mit Deiner Seele, und Du weißt nicht wohin: und wenn Du Deinen Kopf in meinen Schoß legst, möcht ich ihn Dir manchmal abreißen und damit fortfliegen, ich weiß nicht wohin. Verstehst Du das? ich nicht. Daß Deine Liebe sich mir äußert, stör' ich nicht, das ist vielleicht schon Unrecht. Ich weiß es wohl, ich müßte sie streng erziehn, dann würde sie uns eine fromme Tochter werden, oder sie würde uns aus der Zucht laufen.«

Solche Briefpassagen zeigen, dass an dem gemeinsamen Weihnachtsabend, auf den Luise anspielt, »ein subtiles erotisches Moment« mitschwingt und sich die Freundschaft »rasch zu einer engen, durchaus erotisch gefärbten Beziehung entwickelt«. Sobald jedoch der Verdacht aufkommt, es ginge um etwas anderes als eine »keusche« Liebe, wie sie Luise nach eigenem Bekunden anstrebt, betont auch er: »Mein Zustand zu dir ist nicht Begierde, wie könnte ich armer und elender Mensch dein begehren«, nicht allerdings, ohne seine Eifersucht und seinen Schmerz in dieser Situation zu beschreiben und ein Lied seines »jammernden Herzen« beizufügen.

Brentano, der Konvertit (als Marionette Luise Hensels), Scherenschnitt von Luise Duttenhofer, zwischen 1817 und 1829.

Die Frau eines anderen wurde Luise Hensel nicht, sie blieb unverheiratet und wirkte noch bei der ersten Sammelausgabe von Brentanos Werken mit, die nach dem Tode des Dichters 1852 erscheint. Von den Briefen, die ihr Brentano geschrieben hatte, überlässt sie den Herausgebern jedoch nur Bruchstücke, die dann 1855 unter der Überschrift *An eine jüngere Freundin* erscheinen. Später übergibt sie Brentanos Dülmener Tagebuch und seine Briefe einem befreundeten Pater mit der Bitte, Anstößiges zu vernichten. Auf diese Weise wurden die anzüglichsten und oft poetischsten Passagen seiner Liebesbriefe vernichtet.

Erhalten blieben eine Reihe von religiösen Gedichten, die Brentano in der Zeit freundschaftlich-liebevollen Umgangs schreibt. Zum Teil integriert er diese Lyrik in Briefe an Luise Hensel (manchmal parallel dazu auch in Briefe an Freunde). Zum Teil trägt er sie auch in ein Gedicht-Büchlein für die Freundin ein, das er ihr versprochen hatte, aber nicht zu Ende führt.

Die Gedichte, in denen er um seinen Glauben ringt, gehen noch heute »unter die Haut«. So der *Frühlingsschrei eines Knechtes aus der Tiefe*, von dem mehrere Fassungen überliefert sind. Im Weihnachtsbrief an Luise Hensel leitet er den Text folgendermaßen ein: »Damit Sie aber einen Begriff habe, wie es mir in der Einsamkeit des Herzens zu Muthe ist, so schreibe ich Ihr ein Lied hieher, das die Betrachtung im vorigen Frühling sang aus der Tiefe des Lebens. Während der Witz eingeschlafen und von Schätzen geträumt an einem Schachte liegend, stand die Ironie neben ihm und legte ihm Schlacken unters Haubt, da klang aber aus dem Schachte folgendes Frühlingslied, und die Ironie weinte herzlich darüber und weckte den Witz mit Schluchzen auf, der fand die Schlacken statt dem geträumten Schatz, und dankte der Ironie und legte, gerührt von dem Liede eine Kapelle an aus den Schlacken […] aber weil die Schlacken unförmlich sind, und der Mörtel fehlt, rutscht alles oft wieder ein, aber sie fangen täglich geduldig wieder an, […] und die arme Betrachtung singt immer unten im Schachte noch das Frühlingslied, denn Sie weiß da unten nichts von der Welt […] So möge dann meine liebe Freundinn hören.

Meister ohne dein Erbarmen
Muß im Abgrund ich verzagen,
Willst du nicht mit Liebes Armen
Wieder mich zum Lichte tragen

Jährlich greifet deine Güte
In die Erde, in die Herzen,
Jährlich weckest du die Blüthe
Weckst in mir die alten Schmerzen
[…]
Herr erbarme du dich meiner,
Daß mein Herz neu blühend werde
Mein erbarmte sich noch Keiner
Von den Frühlingen der Erde.
[…]

Immer stürzen mir die Wände,
Jede Schicht hat mich belogen,
Und die Arbeitblutgen Hände
Brennen in den bittern Wogen.

Weh! der Raum wird immer enger,
Wilder wüster stets die Wogen,
Herr, o Herr! ich treibs nicht länger,
Schlage deinen Regenbogen.«

Im barocken Stil ist ein Lied gehalten, das Brentano mit dem Titel *Wiegenlied eines jammernden Herzen* versieht. Lange Zeit glaubten die Brentano-Forscher, dies sei ein allzu süßer Titel, den nachträgliche Bearbeiter über ein Gedicht Brentanos gesetzt hätten, das – ohne Titel – nur in einem Brief an Luise Hensel und einem Entwurf ohne Überschrift erhalten war. Erst in den siebziger Jahren fand ich ein Konvolut von Abschriften, die Brentano selbst für eine geplante Gedichtausgabe hatte anfertigen lassen, darunter auch die Abschrift mit der eigenhändig vom Dichter eingesetzten, pietistisch klingenden Überschrift, die nur Hans Magnus Enzensberger stets für einen Brentano-Titel gehalten hatte.

Im Brief an die Freundin leitet Brentano das Gedicht mit Reflexionen über die Zukunft von Luise ein: »Es thut mir weh, unendlich weh, daß ich dein bin, und daß du doch eines andern seyn darfst und vielleicht einst auch seyn magst. Siehe, da wird das Schreckliche der einzige Trost, da mögte ich dem Ende aller Dinge ein Loblied singen.

O schweig nur Herz! die rächende Sibille
Die über deiner Zukunft. Wehe! Kreischt,
Den giergen Geyer, der dich lang zerfleischt,
Bannt ein gottseelig Kind, und deckt ganz stille
Die schreinde Wunde dir mit Taubenflügeln,
Weckt dir den Morgenstern auf stummen Hügeln.«

Ein düsteres, ein apokalyptisches Gedicht, dessen Ton zunächst in Resignation, dann in Erleichterung und Glücksgefühle umschlägt. Die eingeschobenen Briefpassagen beschreiben Brentanos Erlebnisse bei einem abendlichen Rendezvous mit Luise und zeigen die sehr persönlichen Aussagen, die sich in dieser Liebeslyrik an Luise verstecken: »Um neun Uhr konnte ich nicht mehr ruhen, ich zog mich an zu St[aegemanns ?] zu gehen. Sie ist fort, dachte ich […] als ich so in der dunklen Treppenecke auf dich harrte und die Leute an der Thüre vorüber giengen, sang ich still vor mich folgenden lächerlichen Vers, bei dem ich schier weinte.

Ach alles geht vorbei
Selbst dieser Unverstand
Den ich in einer wunderseelgen Stunde
An einer Wand empfand
Hat nicht Bestand.

Da kamst du, und ich war der aller glücklichste Mensch und der Allerweiseste […] und so gieng ich bis 12 Spazieren; meine Brust war frei, und ich sang fort

Ja Alles geht vorbei,
Doch daß ich auferstand,
Und wie ein Irrstern ewig sie umrunde,
Ein Geist den sie gebannt,
Das hat Bestand
[…]
Ja Alles geht vorbei,
Nur dieser heiße Brand,
In meiner Brust die bittre süße Wunde,
Die ihre Hand verband,
Die hat Bestand!«

Während dieses Gedicht geradezu hermetisch wirkt – vollkommen verständlich nur im Kontext des Briefes für die Angesprochene –, finden andere religiöse Texte, die Brentano um diese Zeit in Berlin schreibt, ihren Weg in die Öffentlichkeit. Am populärsten wird das Gedicht *Die Gottesmauer*. Die Ballade erzählt von dem »frommen Mütterlein«, das sich in Kriegszeiten an Gott wendet mit dem Gesang: »Eine Mauer um uns baue […] daß dem Feinde vor uns graue« und dann über Nacht tatsächlich die erbetene Schutzmauer erhält:

Rings in alle Gärten brechen
Schwed' und Russe mit Geschrei,
[...]
Und der Enkel spricht in Sorgen
Mutter, uns verräth das Lied.
Aber sieh, das Heer vom Morgen
Bis zur Nacht vorüber zieht.
Eine Mauer um uns baue
Singt das fromme Mütterlein.

Und am Abend tobt der Winter
An das Fenster schlägt der Nord
Schließt den Laden, liebe Kinder,
Spricht die Alte und singt fort
[...]
Bange Nacht voll Kriegsgetöse
[...]
Eine Mauer um uns baue
Singt sie fort die ganze Nacht.
Morgens ward es still, o schaue
Enkel, was der Nachbar macht?
Auf nach Innen geht die Thüre,
Nimmer käm er sonst hinaus.
Daß er Gottes Allmacht spüre,
Lag der Schnee wohl Mannshoch draus
Eine Mauer um uns baue,
Sang das fromme Mütterlein!

Das im Frühjahr 1816 entstandene Lied ist nicht nur bei den Berliner Neupietisten beliebt und findet in Wackernagels *Auswahl deutscher Gedichte* von 1832 Aufnahme, sondern wird auch durch die bis in unser Jahrhundert immer wieder aufgelegte *Kleine Missionsharfe im Kirchen- und Volkston* und verwandte geistliche Liederbücher verbreitet. Offensichtlich gelingt es Brentano, mit seiner volkstümlichen Ballade die Botschaft des wieder entdeckten Glaubens zu vermitteln. Denn so wie in der letzten Strophe geschildert, hofft er, dass eine missionarische Wirkung, eine »Erweckung« zum Glauben, von dieser wunderbaren Geschichte ausgeht:

Ja der Herr kann Mauern bauen,
Liebe fromme Mutter komm,
Gottes Mauer anzuschauen,
Sprach der Enkel und ward fromm.
Achtzehnhundert vierzehn War es,
Als der Herr die Mauer baut,
In der fünften Nacht des Jahres
Hats dem Feind vor ihr gegraut.
Eine Mauer um uns baue,
Sing ich mit dem Mütterlein.

KAPITEL SIEBZEHN

An dem Bette dieser wundervollen Seeligen

Berlin – Dülmen

Die Zeiten der ersten apostolischen Gemeinden sind wiedergekehrt, Hurer, Säufer, Spieler, Betrüger sind fromm und innig voll Glauben und Liebe geworden, Mägde und Knechte haben ganz verklärte, veredelte Gesichter und zeigen eine Einsicht in die heiligen Schriften, vor der ich mich mit Beschämung und Rührung beugen mußte, der Pfarrer mit seiner Gemeinde der Baron mit seinen Dienstboten leben in brüderlichen oder schwesterlichen Verhältnißen. Fast täglich sind Versammlungen in den Häußern unter gemeinschaftlichen Gebet.«

So beschreibt Johann Nepomuk Ringseis seine Erlebnisse im bayrischen Baindlskirchen (in der Nähe von Dachau). Brentano kopiert den auf 28. Mai 1816 datierten Brief seines Freundes, den er in Landshut kennen lernte, und reicht ihn im Zirkel der Berliner Neupietisten weiter. Denn hier wie dort – in Bayern wie in Preußen, bei den Protestanten wie bei den Katholiken – keimt im zweiten Jahrzehnt des 19. Jahrhunderts eine Erweckungsbewegung auf. Während der naturwissenschaftliche Rationalismus mehr und mehr den Zeitgeist bestimmt, wächst zugleich die Sehnsucht nach wunderbaren Erscheinungen und nach Bestätigungen für die Existenz einer höheren Ordnung. »Es war mir unbegreiflich, warum der lebendige Glaube nicht auch in unsrer Zeit eben die Wunder und Wirkungen hervorbringen sollte, die er zu der Apostelzeiten hervorbrachte«, heißt es denn auch einleitend in der Ringseis-Brentano-Epistel, die eng gedruckt einen Umfang von 17 Seiten ergibt und von Brentano mit dem Titel versehen wird: »R[ingsei]s famoser Brief über die Erweckungen in Lindls Gemeinde zu Beindelskirchen«.

Im Zentrum steht ein Pfarrer namens Ignaz Lindl, der »nie eine Predigt vorher« aufschreibt und sich gänzlich »der höhern Eingebung« überlässt, die ihm oft »wie ein Blitz durch alle Glieder« fährt. Im gemeinsamen Gebet »erweckt« er seine Gemeinde, ähnlich wie dies amerikanische Prediger, indische Gurus oder Esoteriker auch in heutiger Zeit vermögen: »öfter hat man gesehen, daß alle Zuhörer in Trähnen der Liebe und des Schmerzes zerfloßen, und nach jeder Predigt war eine sichtbare Zunahme der Gnade und Liebe und Erleuchtung unter den Zuhörern zu bemerken.« Der Ruf des Predigers hat sich in Bayern verbreitet, und von weither angereiste Zuhörer »gehen häufig ganz verwandelt wieder heim«, schreibt Ringseis.

Dann berichtet der Brief über wunderbare Erscheinungen im Umkreis des modernen Evangelisten. Die seltsame Geschichte eines Menschen, in dessen Seele zwei gegensätzliche Kräfte miteinander kämpfen, ist das erste Beispiel. Brentano wird bei diesem Fall Parallelen zu seiner eigenen inneren Situation entdeckt haben. Denn geschildert wird ein gespaltener, geradezu in zwei Hälften zerrissener Mensch: »Es ist ein Mensch von 30 Jahren in der Gegend von B. [...], dieser zeigt zwei ganz verschiedene Naturen. Wenn die eine, die gute, ihn regiert, so ist er voll Liebe, Demuth, voll des eifrigsten Gebets [...]. Wenn die böse, die andre ihn beherrscht, so spürt er daß ein ihm innerliches Wesen sich seiner Sprache und Bewegungs Organe bemächtigt, er muß Gott und Jesum und die Gemeinde lästern.«

Soweit lässt sich der innere Zustand mit dem Brentanos vergleichen, der sich ebenfalls von einem »Dämon« beherrscht fühlt. Denn auch bei ihm bemächtigt ein »innerliches Wesen sich seiner Sprache«, und er klagt in seinem Brief an E. T. A. Hoffmann, »daß mir die Worte nicht als rechtmäßige Bewohner, sondern als Mäuße, Raubthiere, Diebe, Buhler, Flüchtende, und d. gl. mit meinen Empfindungen aus dem Maule laufen«. Auch bei ihm ist zu beobachten, dass die gutmütig-weiche Sentimentalität in einen manchmal bösartigen Sarkasmus umschlägt, und auch hier führt die pietistische Perspektive zu der (Leopold von Gerlach zugeschriebenen) Behauptung, »dies Vernichten sei eben der Teufel in Brentano«.

Doch ist Clemens Brentano natürlich nicht der im Brief beschriebene naive Bauernbursche, der »nicht schreiben kann«. Vielmehr könnte die folgende Schilderung, die das Bild eines zu grotesken Auftritten neigenden Dreißigjährigen entwirft, in ihren Einzelheiten von Brentano selbst, dem reflektierenden, literaturkundigen Poeten, gestaltet und formuliert sein. Zumindest der Vergleich mit Shakespeares *Ophelia* und weitere Ausschmückungen der effektvoll vorgetragenen Geschichte könnten seine Zutat sein, denn stets korrigiert er in »Abschriften« hinein, überliefert also keine wortgetreuen Kopien seiner Vorlagen. Der Originalbrief von Ringseis aber ist nicht erhalten, so dass nur der Bericht aus Brentanos Feder unter den Berliner Freunden in Umlauf kommt. Textkritische Vergleiche, die seinen Anteil isolieren könnten, sind daher heute nicht möglich.

Über den offensichtlich psychisch gestörten (vermutlich schizophrenen) Menschen, der von einem Rede- und Laufzwang beherrscht wird, berichtet der Brief weiter: »er muß brüllen, daß alle sich entsetzen und man ihn über 1 Stunde weit hört, er schwingt sich oder es schwingt ihn mit Pfeilesschnelligkeit über Zäune, Bäche und Häuser hinüber, er schwimmt oder sitzt vielmehr (wie die Ophelia, aber ohne Reifrock) wie Lotos auf der Wasserfläche ohne Untergehn, eine Viertelstunde lang stekt er mit dem Kopfe im Wasser, die Füße aufwärts gerichtet, ohne zu ersticken. Man sagt der Geist mache leicht und trage über die Erde, es muß vielleicht ein geistreiches Wesen in ihm stecken, vielleicht ist es eine neue Art magnetischen Zustands, man muß die Naturforscher fragen.«

Dann begibt sich der besessene Läufer nach einer Exkursion von 17 Stunden auf den Heimweg und kehrt unterwegs in München, »ohne je dagewesen zu sein, im Hauße einer gläubigen Seele ein, wohin ihn der andre, bessere Geist trieb«. Zeichen eines Martyriums stellen sich ein: »Weils bei seinen Exkursionen durch Distel und Dorn geht, so sind seine Fußsohlen und Unterfüße fast immer entzündet, geschwollen und geschwürig, einmal waren sie so brandig, daß große Stücke mußten weggeschnitten werden, aber das hindert ihn nicht seine Läuferkünste fortzusetzen.« Danach folgen Aufzeichnungen von Zwiegesprächen der beiden verfeindeten Naturen und Schilderungen von »Gesichten« (Visionen, Träumen). »Der Mann redete immer während den Gesichten, ob er gleich wie starr da lag. [...] Die Geistlichen sah er schaarenweiß in die Hölle ankommen« – seinen Pfarrer und Kaplan allerdings im Himmel. Am Schluss zieht der Romantiker (Brentano) – oder der Freund des Romantikers (Ringseis) – das Fazit: »O ich könnte einem Dramendichter vielen Stoff liefern, es wäre der Mühe wehrt, sich dran zu machen, der Gegenstand ist in unsrer Zeit neu und originell, Göthe hat ihn nicht erschöpft.«

Hätte Brentano sich doch dieses Fantasten angenommen und seine missionarischen Dichtungen von den Ausbrüchen dieses Bayernburschen inspirieren lassen! Denn Erscheinungen dieser Art faszinieren ihn, lassen seine dichterischen Qualitäten bei der anekdotischen Verarbeitung aufblühen.

Statt nach Bayern zieht es ihn jedoch ins westfälische Dülmen, wo es weniger spektakulär, weniger dramatisch zugeht. Doch auch in dieser Kleinstadt zwischen Osnabrück und Münster trägt sich – so wird in Berliner neupietistischen Kreisen kolportiert – etwas Wunderbares zu. Am Körper einer ehemaligen Nonne zeigen sich die blutenden Wunden Christi. In ekstatischen Zuständen schildert die stigmatisierte Anna Katharina Emmerick ihre »Gesichte« – ähnlich wie der bayrische Bauernbursche. Dorthin zieht es die Brüder Brentano: im August 1817 zunächst Christian für drei Monate, ein Jahr später – im September 1818 – auch Clemens. Beide hatten zuvor eine Generalbeichte abgelegt, Christian am 24. Januar 1817, Clemens am 27. Februar 1817.

Die Idee, mit seinem bisherigen Leben in Form einer Beichte abzurechnen, um damit seine Lebenskrise zu bewältigen, bewegt Brentano schon seit dem Scheitern seiner Pläne in Wien. Nach dem Brief an die Baronin Hügel vom 12. Juni 1814 scheint ihm sogar das Leben »eines wirklich frommen begeisterten und edlen Priesters« erstrebenswert. Im Februar oder März 1815 wendet er sich hilfesuchend an den befreundeten Theologen Sailer in Landshut (später Bischof in Regensburg). Leider ist der Brief nicht erhalten, und wir können nur aus Sailers Antwort schließen, dass es sich um einen längeren »Bekenntnisbrief« handelt und Brentano auch die Frage der Beichte anspricht.

Seine Vorstellung, dass eine schriftliche Darstellung der Sünden die Grundlage einer Generalbeichte bilden kann, ist jedoch irrig. Sailer weist ihn auf die Notwendigkeit des »lebendigen Wortes von Mund zu Ohr und Herz« hin. Brentano trifft daher bald die Entscheidung, diese Ohrenbeichte in Berlin abzulegen, und kündigt diesen Schritt im Februar 1817 seinem Bruder Franz in Frankfurt an. Seine Rückbesinnung auf den Glauben seiner Kindheit bedeutet ja zugleich eine Wiederannäherung an die Frankfurter Familie, denn beide Brüder, die Geschäftsführer der Brentano-Handlung, Franz und Georg, fühlen sich der katholischen Gemeinde in Frankfurt –

eine Minderheit in der Gesellschaft der Freien Reichsstadt – ihr Leben lang treu verbunden. Der »verlorene Sohn« kündigt nun brieflich seine Rückkehr an: »Lieber Bruder, du hast durch Gottes Gnade deinen Glauben von Jugend auf unerschüttert fest und rein erhalten, du standst immer treu und rein da, wohin ich mit schwerem Herzen aber mit beseeligender Zerknirschung zurück kehren muß«, schreibt Clemens und zeigt sich entschlossen, »mit ganzer Seele vor Gott und seinen Priestern auf Erden mein Herz in einer Generalbeichte zu ergießen«.

Brentano vertraut sich Ende Februar 1817 dem Probst Ambrosius Tauber von der Berliner St. Hedwigskirche an. Auf eine schriftliche Abrechnung mit seinem bisherigen Leben verzichtet er auch dabei nicht, aber wir wissen nicht, ob er diese Niederschrift seinem Beichtvater übergibt oder vorliest oder ob sie ihm als Gedächtnisstütze für die Ohrenbeichte dient. Als »Beichtzettel« ist dieser Bericht über die »sündige« erste Lebenshälfte allerdings ungewöhnlich umfangreich. Es dürfte sich mehr um eine Dichtung »de profundis« als um einen »Zettel« gehandelt haben, denn Arnim weiß Ringseis zu berichten: »Klemens hat vor einigen Tagen eine Generalbeichte von 10 Bogen eng geschrieben abgelegt. Sie geht von alten Jahren an. Er versicherte mir, es sei ein ungeheurer Sündenhaufen gewesen.« Der Text dieser schriftlichen Abrechnung mit dem vergangenen Leben ist nicht überliefert. Ob Brentano selbst seine Lebensbeichte später vernichtet hat oder Nachlassverwalter dieses taten, wissen wir nicht. Belegt ist jedoch, dass er seine Bekenntnisse der jungen Freundin, die er auf den rechten Weg führen wollte – Luise Hensel –, zum Lesen gab. Sie beklagte sich später darüber, dass er sie durch seine Schilderungen erst mit zahlreichen »Sünden« bekannt gemacht und auf diese Weise »verdorben« habe.

Obwohl Arnim Brentanos Reversion mit einiger Skepsis betrachtet, kommt es nicht zu einem Bruch im freundschaftlichen Verhältnis. Noch im Jahre 1816 beginnen sie ein gemeinsames Projekt und entwerfen einen fiktiven Briefwechsel zum modernen Theaterwesen, nachdem Brentano in Wien negative Erfahrungen hinter den Kulissen gesammelt und auch Arnim in Berlin Kontakte mit dem Intendanten Brühl aufgenommen hatte. Die Idee zu dieser Publikation, die anfangs als selbstständiges Buch gedacht ist, kommt bei Gesprächen in Wiepersdorf auf. Im Briefwechsel wird das Projekt weiter diskutiert und Brentano – inzwischen wieder in Berlin eingetroffen – erwägt, E. T. A. Hoffmann als Musiker und Kenner der Berliner Musik- und Theaterwelt in das Projekt einzubeziehen; Arnim ermahnt ihn zur Diskretion und versucht, seine eigenen Vorstellungen zu präzisieren: »Will Hofmann mitarbeiten, so habe ich ihm zwey Recepte aufgesetzt für Musiker, theile sie ihm mit, ob er dann noch Lust behält, an dem Spas Theil zu nehmen. Lieber wäre es mir gewesen, Du hättest zu niemand von der Sache gesprochen aber das kannst du nun einmal nicht lassen; hindre wenigstens daß kein allgemeines Geklatscht daraus wird, sonst ist der ganze Spas verdorben. Um dir nun die Richtung anzugeben, so kannst du alles, was du als verständig fürs Theater glaubst dem vorwitzigen Düsterhaupt beylegen, er soll vieles [–] alles [–] Wahre sagen und immer mit so viel Uebertreibung versetzt so ohne Rücksicht auf Zeit und Umstände, daß kein anderer davon überzeugt wird. So z. B. muß er jezt den lebenslustigen bequemen Lachmann damit hetzen, daß er den Calderon nicht einmal durchlies[t] und seine Zeit mit Kantaten auf den Putha[h]n verthun will.«

Dann folgen Andeutungen zu weiteren Charakteren und eine Wendung, die Brentano als Drohung empfindet. Notfalls will Arnim – so deutet er an – »das Buch« bei Gelegenheit allein schreiben: »Psycharion heist eigentlich Mamsell Schmakeduzken (eine Art Rose), sie hält aber den Namen sehr geheim sie schmeichelt allen heimlich den Juden wegen seines Geldes, der Düsterhaupt glaubt sie sehr geistreich, sie ist aber dumm. – Pomuffel heist der Jude, nächstens mehr über ihn. – Wollt Ihr beyde nicht, we[der] du noch Hoffmann, in den Plan eingehen, so quält euch gar nicht, gebt rundweg eine abschlägliche Antwort und ich schreibe das Buch gelegentlich allein, was es an Mannigfaltigkeit dann verliert gewinnt es vielleicht durch Einheit.«

Brentano ist mit der ihm angetragenen Rolle grundsätzlich einverstanden, versucht jedoch, die Fantasien seines Freundes über die Affären hinter den Kulissen des Theaters einzugrenzen, und unterstellt Arnim, dass er ohne klaren Plan vorgeht. »Alles treibst du mit so munterem frischem Ungestüm, daß du das, was du begehrst selbst unmöglich machst, indem du zum Gukuck mit deinem Beine fortrennst ohne zu sagen, wohin, woher, wozu, womit, was. Ich armer Teufel aber diene von Herzen gern, nur möchte ich wissen, wer der Herr ist. Also vor allem sage deutlich, was soll eigentlich das Buch für ein Licht aufstecken, das du übers Theater vorhast.«

Die Rolle des genialischen »Düsterhaupt« möchte Brentano positiver gestalten: »Wo soll am Ende die Nothwendigkeit eines bessern Strebens sich aussprechen, da du selbst die guten Worte, einem Narren Düsterkopf in den Mund legen willst, wie er nie existirt hat, einer um so gefährlicheren Figur, als er durchaus eine Hirngeburt der Direcktoren ist, welche sie ausstecken um ihren gänzlichen Unverstand und verkehrten Willen vor der Welt zu beschönigen. Eine Gestalt, die, wenn du sie ins Leben rufst, dem Bösen ein Verfechter wird, eine Gestalt, die, wenn wir ihr einige lebendigkeit geben, manchem trefflichen Dichter einen Spottnahmen geben kann, der ihn erdrückt. Ich kann mir nicht denken, daß es dich erfreuen könnte, eine so tief versunkene Kunst auf eine Art zum Inhalte eines Gedichts zu machen, welche ihr den reinen Himmel nicht eröffnen sollte. Alles will ich dir gern überlassen, [...] nur muß mir ein Charakter erlaubt sein, wie ich ihn mir denken und wie ich ihn lieben kann. Der Düsterkopf wäre mir ganz recht, aber als ein Charackter, wie ich selbst, er dürfte vielleicht noch interessanter werden, im Conflickt mit deinen Umständen, als deine Karikatur. Vor allem muß ich wissen, ob denn bei der ganzen Sippschaft kein einziger edler Charackter sein kann. Waß soll der Jude?«

Dann setzt er zu einer scharfen Kritik an Arnims Erzählstil im Roman *Dolores* an und wirft seinem Freund ästhetische Zuchtlosigkeit vor. Damit scheint sich die Wende in seiner Kunstanschauung anzudeuten, denn was er wenig später selbstkritisch an der eigenen Dichtung seiner ersten Lebenshälfte wahrnimmt, wirft er hier bereits Arnim vor. Seine Attacken dürften jedoch primär »Retourkutschen« sein, denn Arnims Andeutungen, er könne das Projekt notfalls allein verwirklichen und dabei dem Ganzen eine ästhetische »Einheit« verleihen, haben ihn provoziert. Nun gibt er dem Freund zu verstehen, seinen Dichtungen fehle die Zucht: »und hauptsächlich müste ich eine Bedingung machen, welche dem Buche allein helfen kann, die Zucht. Ohne dieße kann es nie wirklich ins Leben eingehn. Die geistreichsten Arbeiten scheitern und werden blos leckeres Gericht für den Frevel durch die Unzucht. Der Ardinghello, Hildegard von Hohenthal, die Dolores selbst, dies herrliche Buch, haben gelitten in den Augen der Welt durch *zwar sehr verschiedene* Freiheit. Thorheit möge drinn walten, aber um Gottes willen, kein niederes Verhältniß mit Lust drinn behandelt werden. Mache aus dem Juden lieber einen keuschen Bartholdy, einen Kunstanbeter, doch das steht bei dir, ich wünsche nur, daß wir etwas bilden, was Nutzen bringe und in allen Händen unverdächtig wircken könne, sonst ist keine Freude bei.«

Arnim, der zwei Briefe aus der Perspektive des Theaterdirektors formuliert, geht zum Teil auf Brentanos Argumente ein. So verzichtet er auf die Einführung eines Juden und überlässt es dem Freund, die Rolle des Dichters wie gewünscht zu gestalten. Die Schauspielerin erhält in der veröffentlichten Fassung den Namen *Psyche*, Schauspieldirektor und Poet bleiben ohne Namen.

Brentano formuliert aus der Position des fiktiven Poeten, der nun einen »Charakter« erhält, wie er »ihn [...] denken und [...] lieben kann«, ein energisches Plädoyer für den Dichter Calderon: »Warum ich Ihnen [dem Theaterdirektor] den Calderon geschickt, will ich Ihnen sagen. Ich wollte, daß Ihnen etwas zugemutet werde; denn das geschieht das ganze Jahr nicht. Sie gehen mit Ihrer Kunst im ewigen Einerlei unter. Sie haben bei dieser Gelegenheit den Calderon doch gelesen, Sie haben doch gefühlt, daß die Bühne einst etwas konnte, wovon sie keinen Begriff mehr hat.«

Ähnlich wie Eichendorff, der neben August Wilhelm Schlegel zahlreiche Stücke des spanischen Dichters übersetzte, sieht Brentano Calderon als Vertreter einer tiefsinnig christlich-allegorischen Kunst, die vom Theater in Deutschland erst wieder erobert werden muss. Vehement fordert der erfundene Poet im Dienste Brentanos eine neue, eine christliche Orientierung der Kunst und fällt dabei fast in einen missionarischen Predigerton: »O so ihr erst dahin gelangt wärt, nur das menschlich Wahre und Große fromm und würdig und ohne Eitelkeit, und niedrige Heuchelei, und schmutzige Buhlerei um den Beifall und das Geld niedrigen Gesindels alles Rangs, mit demütiger Begeisterung darzustellen – man würde euch nicht mehr verbieten, das Heilige und Ewige selbst vor unsre Augen zu führen. […] Wie muß eine Kunst versunken sein, die den Menschen zur Aufgabe hat, aber dessen Bestimmung, die Heiligung, nicht aussprechen darf, um diese nicht zu profanieren. Euch ist die niedre Welt angewiesen, ihr seid die frechen lüderlichen, infamen Priester des vergänglichen Lebens, eure Schwungfedern holt ihr aus den Flügeln des Satans.« So wie der Poet hier mit dem Kunstverständnis des Theaterdirektors ins Gericht geht, wird Brentano wenig später auch die eigene Kunst verurteilen.

Seit Februar 1816 arbeitet er mit Arnim an diesem fiktiven Briefwechsel. Erst zwei Jahre später, im März und April 1818, erscheinen die drei *Briefe über das neue Theater* in der Zeitschrift *Wünschelruthe*. In diesen zwei Jahren vollzieht sich Brentanos Wende. Im September 1818 kehrt Brentano Berlin endgültig den Rücken und reist in das westfälische Städtchen Dülmen. Als er von dort aus den Briefwechsel mit seinem Freund Arnim wieder aufnimmt, schlägt er ähnliche Töne an wie der fromme Poet im Theaterbrief. Zwar verdammt er seinen protestantischen Freund nicht und betont immer wieder, wie wichtig ihm diese Freundschaft sei, doch ist der missionarische Unterton unüberhörbar. Zugleich beginnt er aus der Perspektive des Bekehrten die Grundlage der langjährigen Freundschaft anzuzweifeln.

Der erste erhaltene Dülmener Brief an Arnim – im Druck 24 Seiten umfassend – datiert vom Ende April bis 26. Mai 1820 und nimmt auf zwei Briefe seines Freundes Bezug, die leider verloren sind. Aus dem Jahre 1819 ist nur von einem einzigen Brief Arnims ein Exzerpt erhalten. Die überlieferten Zeilen deuten darauf hin, dass Arnim dem Freund bei seiner kritischen Sicht auf die Gegenwart durchaus folgen kann. In einem Sudelbuch notiert er als zentralen Gedanken seines Briefs vom 12. Juli 1819:

> An C B
> C. [?] der Hohlspiegel, der wenn er sich kaum die Hände am Aergsten gereinigt hat, wo er hineingefalen, die ganze Erleuchtung d. Welt dem Segen seiner Hände zuschreibt,
> Ja denk an sie und weine,
> D[u] kannst nichts bessres thun
> Ja denk an sie alleine
> Und laß die andern ruhn.

Brentanos Epistel aus Dülmen zeigt – trotz aller Freundschaftsbekundungen – die radikale Wendung, die er mit seiner Reversion zum Glauben seiner Kindheit vollzieht. Die bisherige Freundschaft scheint ihm nun eine Art Götzendienst: »lieber Bruder, ich habe immer gefühlt, es sey Gutes und Göttliches in uns, das gern beißammen seyn möchte, aber das keine Form finden könne, in der es sich würdig opfern könne, keinen Altar, keinen Gott. So haben wir dann lange manichfaltig mehr oder weniger irrend allerlei Götzen geschmückt, mit Gedanken, Wort und Werk, aber wir haben uns doch geliebt und lieben uns noch. Das ist die Geschichte aller Freundschaft und Liebe der durch die erste Sünde zerstreuten Menschen, wenn sie sich nicht vereinen in dem einen, der sie alle gesammelt, Jesus Christus, durch seine heilige Katholische Kirche. Lass dich den Beinahmen nicht stören, ich bin viel zu schwach und unwissend um mit diesem Beinahmen polemisch auf den Tisch klopfen zu wollen, ich habe nur keinen anderen Weg gefunden, der meinen Unglauben, meine Sünde, meine Verderbtheit und alle meine verirrten Fähigkeiten gesammelt gerichtet und geführt hat, auf daß ich sagen kann, ich habe nichts verlohren, nichts vergeudet, denn ich habe die Kirche gefunden, in welcher Alles ganz und unvergänglich ist, und in der selbst der Tod geheilt wird.«

Radikal bricht er mit der Dichtkunst seiner ersten Lebenshälfte, die er als Ergebnis menschlicher Hybris interpretiert: »Daß ich das Kunsttreiben habe seyn lassen, reut mich nicht einen Augenblick, die Kunst, wie sie so ein einzelner jezt treibt, macht nur die Eigenheit, Selbstheit des Künstlers für Augenblicke ihm weniger drückend, indem sie sich mit den Farben einer allgemeinen Einheit anschminckt, aber sie füttert nichts als eine ewig hungernde Schlange in der Brust des Künstlers und der genießenden Welt, mit einem Leben, das *der* geopfert werden muß, welche der Schlange allein das Haupt zertritt, Maria, der Mutter, der Braut, der Kirche, damit die Schlange getödtet werde. Aber ich habe bei diesem Aufgeben des Dichtens kein Verdienst, es überfiel mich schon lange ein Eckel davor, ich mußte mir eingestehen, daß mich diese Beschäftigungen manichfach schlechter machten, sie amüsirten mein Gewissen und hielten es von Tag zu Tag hin, an Besserung zu gedenken, sie rissen meine verderbte Einbildungskraft fortwährend in eine Welt, welche durch und durch vergiftet ist, und machten das Sündigen mit Gedanken zu einem scheinbar unschuldigen Studium. Ach Mancher der ein schuldloses Gartenhäuschen zu bauen glaubt, baut einen Tempel des Teufels, während dieser die Materialien dazu aus dem Tempel Gottes im Dichter abbricht und ihm hinreicht. Alles Schaffen des Menschen ist nothwendig vom Fluche tingirt, der ihn traf, als er wie Gott seyn wollte, wenn er nicht eingegangen in Jesum Christum, der wie die armen Menschen seyn wollte, um uns den Segen lehrend, sühnend, und auferstehend wiederzubringen. Ich habe drum gern abgelassen von einem Treiben, mit welchem ich nie Gott gedient, denn ich hatte keinen heiligen Geist, ich hatte den bösen Geist der Welt. Manches hätte mir besser gedient, ich wollte lieber, ich hätte ein wenig mahlen oder Bildhauen gelernt, ich könnte dann den armen Bauern die Kreuzwege flicken.« Brentanos Kehrtwende bei der Beurteilung von Kunstwerken ist erstaunlich. Während er die Rolle des Poeten bislang nach den Ideen der Frühromantik als die eines fantastischen »Weltenretters« begriffen hatte, lässt er in diesem Brief nur eine dienende, christlich-naive Gebrauchskunst – die Reparatur eines Kreuzwegs – als Aufgabe der Kunst zu.

Im Sinne dieser Neuorientierung lässt Brentano seine Bibliothek – sofern sie nicht dieser neuen Aufgabe der Kunst entspricht – im Dezember 1819 versteigern. Im Brief an Arnim berichtet er über die »Aucktion meiner Mühsam gesammelten Bücher« und behauptet: »Wie fremd mir alle diese Bücher waren, kannst du daraus ermessen, daß ich den Katalog nicht einmahl gelesen, ich habe die Empfindung der Ertrag des Verkaufs sey mir geschenckt, ein Kind, das sich die Mütze voll Hasselnüsse pflückt, hat sie theurer erkauft, als ich dies Geld mit dem ich allerlei Gottessegen stiften kann. Könnte ich alle unnütze, vergebliche Gedanken und Worte, die in ihre[r] Art eben so kostbar und kurios und leider noch viel theurer und mühsamer und unter ebenso täuschenden schönen Strebungen gesammelt sind, auch so gut los werden, ich wäre der glücklichste reichste und noch dazu einer der vollkommensten Menschen.« Der gedruckte Katalog der Berliner Versteigerung hat sich erhalten, und es lässt sich ermessen, von welchen Schätzen sich Brentano trennt. Eine Abteilung heißt *Französische, holländische u. deutsche Volksbücher*, dann folgen *Deutsche Romane, Comica, Satyrica* und Büchergruppen aller europäischen Literatursprachen, schließlich eine Abteilung, die Brentano bereits mit der Überschrift im Katalog abwertet: *Robinsone, Abentheurer u. dergleichen lächerliche Romane.*

Der Versteigerungskatalog verzeichnet alle Titel, auf die Brentano verzichtet – was er insgeheim behält, lässt sich nur ahnen oder aus dem Nachlaßbestand erschließen. Denn unzählige »weltliche« Bücher aus seinem Besitz werden erst nach seinem Tode versteigert. Zwar verlagert sich der Schwerpunkt seiner Sammlung zugunsten von Heiligenviten und Predigtensammlungen, doch gibt es im Versteigerungskatalog von 1853 neben riesigen Abteilungen religiöser Bücher immer noch Märchensammlungen (wie das *Pentamerone* des Basile), Romane und Dramen. Sie verbergen sich in Abteilungen wie *Französ., italienische, spanische etc. Sprachenkunde und Literatur, nebst Uebersetzungen* sowie *Alt- und neudeutsche Sprachenkunde u. Literatur etc.*

Einige wichtige und »poetische« Bücher, wie das Einsiedlerbuch Sadlers und einige Emblembücher, werden überhaupt nicht versteigert und erscheinen nur in handschriftlichen Listen. Erst 1978 tauchen einige seiner Lieblingsbücher – wie das genannte Buch mit den skurrilen Darstellungen von Eremiten beiderlei Geschlechts – aus dem Besitz der Brentano-Familie auf. Brentano lässt sie 1819 nicht versteigern, und auch die Nachlassverwalter halten sie im Auftrag der Erben zurück. Brentano kann sich offensichtlich auch nach seiner Reversion nicht vollkommen von seinem poetischen Lebensentwurf und seiner Lust an skurrilen, fantastischen Geschichten verabschieden: er behält seinen Sinn für literarische Qualität und weiß um die eigenständige Bedeutung von Literatur – ungeachtet aller Beteuerungen, dass allein die christlich-katholische Ordnung das Maß aller Dinge sei.

Vielleicht ist dies einer der Gründe, warum die Freundschaft mit Arnim nicht ganz erlischt, obwohl Arnims Ehefrau Bettine ihren Spott über den missionierenden Bruder nicht zurückhält. Dass die Emmerick ein Kind von Brentano bekomme, will sie gehört haben, eine Nachricht, die sie rasch wieder dementieren muss. Arnim besucht seinen Freund drei Tage im November 1820. Dabei beschließen die Freunde, Anna Katharina Emmerick als Patin für Arnims Tochter Armgart zu wählen, eine voreilige Entscheidung, die vermutlich von der Mutter Bettine nicht mitgetragen wird. Das tut der Freundschaft jedoch keinen Abbruch, denn in zwei weiteren Briefen aus dem Frühjahr 1821 kommt Arnim auf seinen Besuch in Dülmen zurück und notiert in seinem Exzerpt: So »kann ich nun ohne Sorge an Dich denken. [...] Du hast deine Thätigkeit gefunden und bey der Ausdauer deiner Arbeit einen so reichen Genuß, als ein Mensch ihn sich nur träumen ließ. Bewahre rein und unvermischt mit dem Deinen was du von ihr erhältst.«

Im zweiten Brief vergleicht er den Lebenslauf der beiden Freunde und scheint zu dem Ergebnis zu kommen, Brentano habe das bessere Los gezogen: »Wie oft ich nach deinem stillen Lande die Hände ausstrecke. So wunderlig gehts nach höherem Willen. Du bist von der Welt geschieden, die in alles Augen Hände und Nase gesteckt, ich der ich die ganze Welt wie ein zerbrechlig Ey säuberlich von fern betrachtete werde mit allen Welthände[ln] verflochten, daß ich mich der Thränen über meine Zerstückelung nicht erwehren kann.«

Im »stillen Land« bleibt Brentano nicht untätig. Mit größtem Ernst und rigoroser Konsequenz widmet er sich seiner neuen, selbstdefinierten Aufgabe als »Schreiber«. Als Protokollant des Wunderbaren darf der Dichter nach seiner Auffassung wirken, denn auf diese Weise kann er helfen, die Kunde von den Zeichen Gottes zu verbreiten. Schon in der *Geschichte vom braven Kasperl und dem schönen Annerl*, die er 1817 in den *Gaben der Milde [...] zum Vortheil hilfsloser Krieger* veröffentlicht, taucht diese neue Bezeichnung für den Schriftsteller auf. Die professionellen, »weltlichen« Dichter, »die von der Poesie leben«, haben das innere Gleichgewicht verloren, weil sie eines ihrer Organe wie eine »übergroße Gänseleber« allzu einseitig ausgebildet haben, sie gehören für Brentano zu einer kranken Zeit: »es ist auch wirklich ein verdächtiges Ding um einen Dichter von Profession, der es nicht nur neben her ist. Man kann sehr leicht zu ihm sagen: mein Herr, ein jeder Mensch hat wie Hirn, Herz, Magen, Milz, Leber und dergleichen, auch eine Poesie im Leibe, wer aber eines dieser Glieder überfüttert, verfüttert [im Sinne von: falsch füttert], oder mästet, und es über alle andre hinüber treibt, ja es gar zum Erwerbszweig macht, der muß sich schämen vor seinem ganzen übrigen Menschen. Einer der von der Poesie lebt, hat das Gleichgewicht verloren, und eine übergroße Gänseleber, sie mag noch so gut schmecken, setzt jedoch immer eine kranke Gans voraus.« Als die alte fromme Frau der Geschichte, die mit dem alten

Mütterchen aus dem Gedicht *Die Gottesmauer* innerlich »verwandt« ist, den Erzähler der Geschichte nach seinem »Handwerk« fragt, findet er die Lösung: »Da fiel mir ein Wort ein, das mir vielleicht eine Brücke zu ihrem Verständniß schlagen könnte: Liebe Mutter, sagte ich, ich bin ein Schreiber.«

Als »Schreiber« bezeichnet sich Brentano selbst auch in seinen Emmerick-Schriften. Mit kühl-naturwissenschaftlicher Diktion hält er die Fakten fest und berichtet über seine Erfahrungen in der dritten Person: »Graf Fr. Leopold von Stolberg veranlaßte die erste Bekanntschaft des Schreibers mit dieser Person; Dechant Bernard Overberg, ihr außerordentlicher Gewissensführer, und Bischof J. M. Sailer, mehrfach ihr Berather und Tröster, forderten sie zu fleißiger Mittheilung an den Schreiber auf«, heißt es zum Beispiel im *Lebensumriß der Anna Katharina Emmerich.* Zunächst denkt Brentano daran, eine ausführliche Biografie der ehemaligen Augustinernonne zu schreiben, dann entschließt er sich jedoch, einen knappen *Lebensumriß dieser Begnadigten* als Einleitung des 1834 erschienenen Buches *Das bittere Leiden unsers Herrn Jesu Christi. Nach den Betrachtungen der gottseligen Anna Katharina Emmerich, Augustinerin des Klosters Agnetenberg zu Dülmen* zu veröffentlichen.

Der Bericht erweckt den Eindruck, als sei Brentano von angesehenen Persönlichkeiten der Kirche beauftragt worden, die wunderbare Erscheinung dieser Stigmatisation zu protokollieren. Briefberichte, die Brentano an Luise Hensel nach Berlin schickt, wirken persönlicher und zeigen auch, dass Brentano in Dülmen nicht gerade gern gesehen wurde und von kirchlichen Instanzen eher geduldet als gefördert wurde. Über seine ersten Eindrücke schreibt er der Freundin: »Der Arzt brachte mich zur Emerich, die er vorbereitete, damit sie nicht vor Freuden ohnmächtig werde. Durch ein Scheune, wo Flachs gebrochen wurde, und aller alte Hinterhäußer eine Wendeltreppe hinauf, durch eine kleine Küche in ein angeweißt Stübchen, da liegt die liebe Seele das liebste, freundlichste, heiterste, reinste, lebendigste Angesicht, mit schwarzen treuen tiefen Augen voll Leben und Feuer, schnell wechselnder Farbe, sie streckte mir die Hände mit den Wunden freudig entgegen, und sagte mit heiterer, freundlich schneller Rede, Ei Gott grüß Sie, ja, nu sieh einmahl, das ist der Bruder [von Christian], den hätte ich unter tausenden gekannt. Meine Herz liebe Luise, sey nicht bös, ich war ohne Schrecken, ohne Schauder, ohne Verwunderung, ich hatte nur ein Gefühl, eine große Freude und Liebe an dem schön lebendigen natürlichen schuldlosen geprüften durch inneres Leben geistreichsten heitersten Geschöpf, sie war in 6 Minuten so vertraut mit mir, als kenne sie mich von Jugend auf, hat mir viel Liebes und natürliches gesagt, und ich mein Herz! empfand mit tiefem Entzücken, daß ich eben das empfand, was hier, als ich in den ersten Tagen und in der Natur mit dir war, alle die Jesum lieben sind eins und dasselbe. O mein Kind jezt weiß ich, wo du seyn müßtest hier, in dieser Stube, bei dieser Seele, sie zu pflegen zu lieben, ihr Freundinn zu seyn, denn sie ist von manchen *rohen* und fürchterlich verletzenden Menschen umgeben.«

Wenig später hebt er jedoch auch in den Briefen an die Freundin seine bedeutsame Rolle – »neben einem beständigen Wunder Gottes sitzend« – hervor und analysiert die Situation: »Sie trauert heftig über den Verfall der Kirche in allen ihren Theilen und besonders der Priester, um deren Erweckung sie täglich und nächtlich die heißesten Gebete zum Himmel schickt. An dem Bette dieser wundervollen Seeligen, lieblichen, liebenswürdigen, bäurischen, einfältigen, lustigen, Todkrank, nahrungslos übernatürlich lebendigen Freundinn habe ich erst ganz begriffen, was die Kirche Gottes ist. Man sieht recht, daß die Kirche der Leib des Herrn ist, mit dem der Herr immer wesentlich zu schaffen hat. Wie soll ich dir, liebes Herz, die Lage der guten E. schildern, ich werde es kaum mündlich können. Wärst du hier, so wäre ihr geholfen, und du wärst ein hülfreicher Engel für diesen ganzen armen Ort und die seeligste würdigste Pflegerin der Kränksten verlassensten Freundin Gottes.«

In den Publikationen gibt Brentano seinen Texten den Anschein distanzierter Objektivität. Über die ersten Zeichen der Stigmatisation »etwa in ihrem 24ten Jahr« lässt er Anna Katharina Emmerick in wörtlicher Rede berichten. »Wir führen hier ihre Worte an«, leitet er diesen Bericht ein: »Etwa vier Jahre, ehe ich ins Kloster ging [...] war ich einmal um Mittagszeit in der Jesuitenkirche zu Coesfeld und kniete auf der Orgelbühne vor einem Kruzifix in lebhaftem Gebet. Ich war ganz in Betrachtung versunken, da wurde mir so sachte und so heiß, und ich sah von dem Altare der Kirche her, aus dem Tabernakel, wo das heilige Sakrament stand, meinen himmlischen Bräutigam in Gestalt eines leuchtenden Jünglings vor mich hintreten. Seine Linke hielt einen Blumenkranz, seine Rechte eine

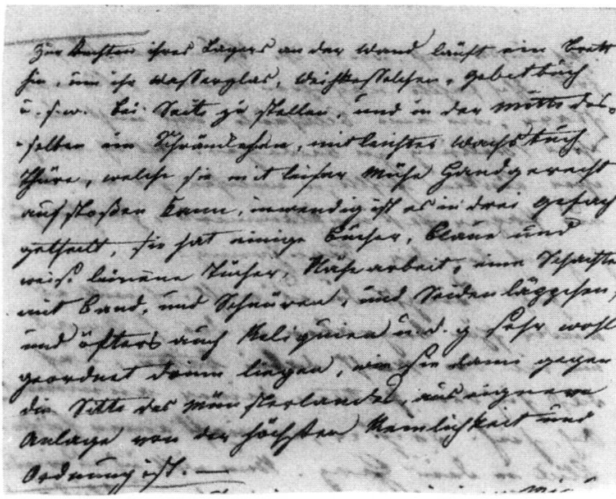

Anna Katharina Emmerick in ihrem Zimmer,
Federzeichnung und eigenhändige Beschreibung Brentanos.

Dornkrone, er bot sie mir zur Wahl dar. Ich griff nach der Dornenkrone, er setzte sie mir auf, und ich drückte sie mit beiden Händen auf den Kopf, worauf er verschwand, und ich mit einem heftigen Schmerz rings um das Haupt wieder zur Besinnung kam. […] Am folgenden Tag war mir der Kopf über den Augen und an den Schläfen bis zu den Wangen nieder stark geschwollen und ich hatte furchtbare Schmerzen. […] Das Bluten um meinen Kopf merkte ich nicht eher, als da mich meine Gefährtinnen mahnten, eine andere Kopfbinde anzulegen, die ich auf habe, sey voller Rostflecken.«

Man mag über diese Erscheinungen denken, wie man will, eines ist jedoch sicher: Es ist nicht Anna Katharina Emmerick, deren Bericht Brentano wörtlich aufzeichnet, denn sie war eine einfache Frau vom Lande, die Münsterländer Platt sprach. In wohlgesetzter Rede spricht hier der Autor, Clemens Brentano, der sich hinter der Larve eines »Schreibers« und Protokollanten versteckt.

Über ihre Herkunft lässt er Anna Katharina Emmerick gleichfalls in vermeintlich wörtlicher Rede berichten: »Meine Eltern waren sehr fromm und einfach. Sie hatten 12 Kinder von denen Eins Todt geboren wurde. […] Lesen lehrte mich der Vater selbst. Den ersten Religionsunterricht erhielt ich von einem frommen Bauern […]. Aber ich bin nicht viel zur Schule gewesen, und habe immer zu Hauße Allerlei zu thun gehabt. Wo ich alles herhabe, was ich so weiß, kann ich nicht sagen. Ich habe nie viel gelesen, ich kann nicht viel lesen, gleich bin ich mit der Seele weg. Ich kann nie ein Capitel im Thomas a Kempis auslesen. Ich bin Allem so kurz, es muß Alles so kurz sein.« Es ist Brentano, der die Geduld zur Lektüre zahlreicher Heiligenviten, theologischer Abhandlungen und mystisch-religiöser Literatur aufbringt und bei der Abfassung seiner Emmerick-Schriften eine umfangreiche Bibliothek zusammenträgt, die er als Quelle bei der Ausformulierung benutzt. Die Lebensgeschichte Anna Katharina Emmericks bietet keinerlei Anhaltspunkte dafür, dass sie so formulieren lernt, wie es der Schreiber-Dichter vermag. In seiner Biografie will Brentano »A. K. Emmerick in den Rang kirchlich anerkannter Heiligkeit […] erheben, der ihr aus Brentanos Sicht als Vermittlerin objektiver Wahrheit, als Medium der Offenbarung Gottes zustand«.

»Endlich ward ihre Sehnsucht nach dem Kloster erfüllt«, heißt es im *Lebensumriß*: »Am 13ten November 1802, 8 Tage vor Mariä Opferung, ward sie als Novizin eingekleidet.« Im Kloster der Augustinerinnen zu Dülmen erleidet sie jedoch »ungerechte Beschuldigung, Verschmähung und Strafe […] mit ihrer Unfähigkeit, natürliche Nahrungsmittel zu nehmen« wird sie »Vielen ein Aergerniß […] Ihre Lage im Kloster war mannigfach mühselig. Keine ihrer Mitschwestern, kein Priester, kein Arzt hatte einen Begriff von ihrem Zustande. […] So mußte sie vielen Kummer und auch wohl den Vorwurf ertragen, daß man sie als ein ungeschicktes blutarmes Bauernmädchen aufgenommen habe.«

Die zum Martyrium stilisierte Leidensgeschichte – Brentano weist selbst auf die Parallelen im Leben anderer Stigmatisierten hin – setzt sich nach Auflösung des Klosters fort: »Am 3ten December 1811 ward das Kloster aufgehoben und die Kirche geschlossen. Die Klosterfrauen zogen nach und nach aus. Anna Catharina blieb krank und arm zurück. Eine mitleidige Magd des Klosters diente ihr aus Barmherzigkeit. Auch ein alter frommer emigrirter Priester, der im Kloster die Messe las, blieb noch in seiner Wohnung. Er, sie und die Magd, als die Aermsten, verließen das Kloster erst im Frühjahr 1812.«

Die Amtskirche und der Orden, dem sie angehörte, nehmen nach Brentanos Bericht kaum Notiz vom Leiden der jungen Frau, die nun in einem »armen Kämmerchen« lebt und noch einmal ihr Quartier wechseln muss. Erst als die Stigmata zum Stadtgespräch werden und der »Physikus des Ortes« nach einer Untersuchung »gegen alle seine Erwartung von der Wahrheit überzeugt« wird, erwirbt sie sich »das Wohlwollen ihrer Obrigkeit und die Freundschaft des gottseligen Dechants Overberg«. Overberg ist es auch, der »Graf v. Stollberg und dessen Familie aus Münster« nach Dülmen begleitet. Brentano berichtet weiter ausführlich, wie er, der »Schreiber«, durch einen Brief Stolbergs, der in Berlin als Abschrift kursiert, »umfassendere Kenntniß ihres Zustandes« erhält und als Vorhut von Bischof Sailer anreist. »Gütig aufgenommen, besuchte er sie am 17ten Sept. 1818 zum erstenmal. Sie erlaubte ihm bis zu Sailer's Ankunft täglich mehrere Stunden bei ihr zuzubringen, und bewies ihm mit rührender Arglosigkeit ein so kindliches Vertrauen, als er es nie von irgend einem anderen Menschen genossen.«

Der *Lebensumriß der Erzählerin* bietet nur einige Proben der Gesichte Anna Katharina Emmericks, die Brentano scheinbar neutral wie ein Versuchsprotokollant berichtet. Was er hier und in den Texten zum Leben Jesu bietet, hat er in jahrelanger Arbeit nach dem Tode von Anna Katharina Emmerick (1824) sorgfältig formuliert. Um eine Wiedergabe von wörtlicher Rede, wie sie ein Gerichtsschreiber oder Sitzungsprotokollant festhält, handelt es sich bei diesen für die Publikation aufbereiteten Texten keinesfalls. Bereits Melchior Diepenbrock, der Sekretär Bischof Sailers, erkennt nur den biografischen Teil der Emmerick-Schriften an. »Das Uebrige ist mir, in soweit es über die historische Ueberlieferung hinausgeht, ein frommes, Andacht, mitunter auch Graus und wieder Lächeln erregendes altdeutsches Bild [...] Aus vielen Gesichtern und Gesichten schaut mir der Clemens gar so leibhaft hervor; und da ich ihn so lieb habe, möchte ich ihn herzen, und nach ihm greifend, find ich ein Bild.«

Die ersten Niederschriften, die Brentano im so genannten *Dülmener Tagebuch* festhält, belegen, wie mühselig dieser »Schreiber« die Informationen aus Anna Katharina Emmerick förmlich »heraussog«, wie er die bettlägerige Frau gelegentlich geradezu quält und dadurch in Streit mit ihren Betreuern gerät. Als Brentano zu einem kurzen Aufenthalt nach Berlin zurückreist, bittet der betreuende Arzt Wesener den Bruder Christian, den »Protokollanten« an einer Rückkehr nach Dülmen zu hindern. Dieser ist jedoch von seiner Aufgabe so erfüllt, dass er auf Ratschläge nicht hört. Fast sechs Jahre bringt er in Dülmen zu, hatte er sich doch in den Kopf gesetzt, Einzelheiten über die Lebensgeschichte Jesu aus der kränkelnden Frau »herauszufragen«. Von seinem Besuch in Dülmen berichtet Arnim seiner Frau Bettine vielsagend: »Es giebt vielleicht ein neues Martirthum, in welchem die Leute nicht aus Haß, sondern blos aus Wißbegierde, um zu sehen, was eine fromme Seele eigentlich sey in Scheidewasser und Feuer gesteckt, lebendig anatomirt werden.« Brentanos Plan ist eine Trilogie, die mit dem *Marienleben* beginnen und mit der Leidensgeschichte Jesu enden soll. Mittelstück sind die *Lehrjahre Jesu*. Alle drei Werke stellt er für den Druck fertig, doch verzögert er die Publikation, als David Friedrich Strauß 1834 sein *Leben Jesu* veröffentlicht, so dass nur die Leidensgeschichte zu seinen Lebzeiten erscheint.

Was die Nonne in ekstatischen Zuständen über ihre Träume mitteilt, zeichnete Brentano zunächst in Stichworten auf:

»Weg Betlehem, Mutter Gottes, Beten, Abschrecken, Pilger, Führer fort, Kreuz Luft, Pilger rechts – von weitem Kerl mit dem Pferd, was thun? Mann, greift mich – tüchtig geflucht – Ablernen – Führer da, Kerl fort – Kindergedanke bei Schrecken, willst noch einmahl so viel beten. Thiere heilige oben. rings umher, lauter Teufel, doch kriegen – im Herzen nicht bange, geschwitzt. [...] Jeden Verdruß im Traum gemeldet im Kloster, wenn ichs verschmäht gehts mir übel. –

Nach dem Brocken muß man den Mund machen. Sprichwort der Mutter. – Das Thier, das sie wie Luisen zerrt und nachschleift auf dem Weg.«

Das Material, das ihm die Emmerick übermittelt, besteht offensichtlich aus lose miteinander verbundenen Bildbeschreibungen und apokryphen Äußerungen, die sich teils auf die Bibel, teils auf Erlebnisse der Kindheit und das Klosterleben, teils auch auf Luise Hensel und andere Personen beziehen, von denen Brentano seinem »Medium« zuvor berichtet. (Das »Sprichwort der Mutter« verzeichnet das Sprichwörter-Lexikon in der Fassung: »Wie der Brocken ist, so muß man den Mund öffnen.«)

Die Einwirkung des »Schreibers« auf die »Gesichte« wird in den dialogartigen Passagen dieses Tagebuchs deutlich: Stichworte Brentanos, seine Einwände, Fragen und Kommentare erscheinen dann in Klammern: »(waren all Heiligen da) nein die Vier und noch einige, sie haben mir geholfen, ach Clemens ist mir so freundlich, (waren die Jungfr auch freundlich.) (ja) ich war so schwach ich konnt nicht in die Kirche, sie haben mich dar geführt, (die Jufrauen fassten dich unterm Arm) Ja, es gieng ganz leicht. Ich bin erquickt. (Stille, süßes Zuhorchen sie grüßte Kopfneigend) (wer sprach mit dir,) mein Führer, er sagt ich soll ein bischen besser werden. […] Ich will nach Hauß (warum) Mein lieber Beichtvater soll mich nicht in der Kirche finden, er soll mich hier nicht finden, er könnte mich zanken. (Wenn er kömmt, will ich ihn rufen, will auf dem Jagdhorn blasen, sie lacht).«

So fröhlich geht es freilich nicht immer zu. Brentano achtet darauf, dass Anna Katharina Emmerick sich keine Erleichterung verschafft und ihre Leiden wie eine Märtyrerin auf sich nimmt: »Ich bin in der Nacht bei ihr und finde sie Wachend, beschäftigt die Schmerzen der Wunden mit Essig und Wasser zu kühlen. Ich verweise ihr das, […] ich sage ihr es scheine, sie wolle die Wunden los seyn, sie soll ihr Gemüth zu Gott erheben und heute Nacht die Pein tragen, sie solle Gottes Siegel nicht erbrechen, ob sie nicht weinen werde von diesen Wunden Abschied zu nehmen, (sie weiß nicht).«

Dann experimentiert Brentano mit Reliquien, um deren Echtheit und Wirkung auf sein Medium zu prüfen: »ich berühre ihren Arm und bitte um Gebet und Trost sie antwortet mit Sehnenhüpfen, ich traure heftiger, sie reicht mir ihre Hand, ich gebe ihr Chr[istians] Reliquie – sie faßt sie ich lege die Hand drum, sie antwortet mit dem kleinen Finger, auf meine Trauer über die unverehrten Reliquien mit ungemeiner Liebe […] Sie hat gestern den Kreuz Partikel erkannt. – […] Sonntag. 1. Novemb Allerheiligen. Sie hat gestern meinen Brief mit großer Liebe empfangen. Mir abends ihre Reliquie umgehängt. sie hat den Kreuzpartikel Christians als ächt erkannt. […] Sie gibt auf Limbergs Schoos mir noch Zeichen und Wesners Reliquie zurück, sie sey nichts gegen die andre mit den Gebeinen, sie leuchte wenig.«

Limberg und Wesener sind zwei Dülmener Betreuer der Emmerick, mit denen Brentano des Öfteren in Streit gerät. Alois Josef Limberg ist ihr Beichtvater, Franz Wilhelm Wesener der Amtsarzt in Dülmen, von dem bereits im *Lebensumriß* die Rede war. »Vom 23. März bis zum 3. November 1819 führte er über Anna Katharina Emmerick ein genaues Tagebuch unter medizinischem Aspekt.« Brentanos Tagebuch gibt sich ebenfalls naturwissenschaftlich, verfolgt jedoch andere Ziele. Er will die Schilderungen der Bibel durch die »Gesichte« der Emmerick ergänzen und zugleich belegen, dass es sich bei den Stigmata um ein nachweisbares Wunder, ein Zeichen Gottes in gottloser Zeit, handelt. »Nazareth hatte 5 Thore«, heißt es im Manuskript (zu den *Lehrjahren Jesu*): »Hier war eine kleine Viertelstunde von der Stadt selbst der Berg, von dessen jenseitigem steilem Rande sich oft Leute herabstürzen, und von dem sie später Jesum einmal herabstürzen wollten.«

Dazu formuliert der »Schreiber« die Anmerkung: »Der Berg des Absturzes wird heutzutage südlich von Nazareth über eine Halbe Stunde weit gezeigt. Nazareth muß dem nach Veränderungen erlitten haben, oder ihre Angabe ist schwankend«. Brentano war nie in Palästina, verfügt aber über eine stattliche Sammlung an Karten und Reiseberichten. Sein Kartenmaterial hat sich zum Teil erhalten und trägt deutliche Spuren häufigen Gebrauchs. Er verwendet diese Karten zu virtuellen Reisen ins Heilige Land, die auf der Bettdecke Anna Katharina Emmericks stattfinden. Dort breitete er nämlich seine *Klödensche Karte* zur Kontrolle der Emmerick-Visionen aus und korrigiert gegebenenfalls die von ihr angegebenen Distanzen und Richtungen. So kommt es in den vermeintlich genauen Aufzeichnungen auch zu Anmerkungen wie: »Der mittlere Taufort liegt zwischen Betharba und dem Einflus des zwei armigen Flüßchens, das von Dibon her in den Jordan fließt. Es war höchstens ein paar Stunden stromaufwärts […] sie bildete dies mit den Falten ihrer Bettdecke […] Sie irrt meistens über den Lauf der Flüsse […] und der Lauf ist umgekehrt.« Eine Skizze im Manuskript mit Angabe der Fließrichtung des Gewässers zeigt die korrekte Topographie. An anderen Stellen versucht Brentano in seinem Manuskript als Bild zu skizzieren, was sein Medium im ekstatischen Zustand schildert: Skizzen von Napoleon, der Peterskirche oder dem Stall zu Betlehem finden sich in seinen Aufzeichnungen; dazwischen Details wie ein Altar, ein Kelch, gefaltete Hände, eine Schale, die Rose von Jericho, ein Baum, ein Leuchter, Schalen und Schüsseln.

Wer heute den Weg zum Haus der Maria bei Ephesus in der Türkei findet, erfährt, dass sich die Entdecker des Hausfundaments von den Visionen der Anna Katharina leiten ließen, die Brentano publizierte. Archäologische Befunde und Erkenntnisse der Historiker zu den Lebensstationen Marias, die dieser Identifikation als Geburtshaus Marias entgegenstehen, vermögen auch heute nichts gegen den Wunsch touristischer Wallfahrer, an die absolute Wahrheit dessen zu glauben, was die Stigmatisierte in ihren Visionen sah. Dabei stammen die Schilderungen nachweislich von einem »Schreiber«, der insgeheim Dichter bleibt. Folgt man der Formulierung des Titels – *Nach den Betrachtungen der gottseligen Anna Katharina Emmerich* –, so wird der Anspruch, dass die visionären Bilder präzise – nach Art eines Protokolls – wiedergegeben werden, auch gar nicht erhoben.

Von besonderer Pikanterie sind die »Gesichte« zu Brentanos Freundin Luise Hensel. Schon bald nach seiner Ankunft in Dülmen bittet Brentano Anna Katharina Emmerick, für Luise und ihre Konversion zu beten. Die zunächst von ihm aufgezeichneten Träume handeln daher recht häufig von der noch in Berlin lebenden Luise, und Brentano übermittelt seiner Freundin in umfangreichen Briefen diese Schilderungen, um seiner Forderung nach Übertritt in die katholische Kirche und seinen Warnungen vor weltlichen Liebhabern Nachdruck zu verleihen. Eigens für sie beginnt er die Reinschrift eines Dülmener Tagebuchs. In seinen Aufzeichnungen heißt es: »Sie [A. K. Emmerick] liebt L[uise] sehr, ist sehr traurig, sehr schwer, muß noch sehr beten, ist etwas von Natur in ihr, Jesus hat sie selbst an der Hand, läßt sich durch einen Strohhalm irren, sie muß durchdringen […] ich wünschte nicht, daß sie heuratete in diesem Zustand, ach ich wollt, sie wäre bei mir.« Und Brentano mahnt in seinem Brief vom 22. Oktober 1818: »flehe, daß Gott dich in die Kirche führe […] meide allen Umgang, wo du gefällst, das ist gefährlicher als Lob.«

»Ehe du gedenkest dich nach einem irdischen Haupt und Gefährten umzusehen, sey im vollen Wandel auf dem rechten geistlichen Weg, vor einer menschlichen Verbindung denke an den Verband der Kirche«, heißt es bereits im ersten Brief aus Dülmen, und für den Fall ihrer Übersiedelung nach Dülmen kündigt Brentano an: »Dann, lieb Kind, wäre ich ruhig, und würde etwa nach Münster ziehen, so Gott will, ein Priester zu werden.«

Während Brentano Luise noch bedrängt, zu konvertieren, hat sich seine Freundin längst zu diesem Schritt entschlossen. Das Datum ihres Übertritts zur katholischen Kirche hält sie jedoch geheim, und Brentano wähnt sie noch auf dem falschen Weg, als der Schritt bereits vollzogen ist. An seinen objektiv falschen Angaben orientiert sich aber Anna Katharina Emmerick in den Visionen, die Brentano von ihr erbittet, um sie nach Berlin zu übermitteln. In ihrem »dritte[n] Gesicht von Freitag Nacht. den 11 December. 1818« sieht die Emmerick Luise Hensel noch in gefährlicher Situation am Brunnenrand, in beständiger Gefahr, abzustürzen. Das Bild hält Brentano mit Datumsangabe in mehreren Zeichnungen fest. Eine davon trägt die Unterschrift »Freitag Abend den 11 December 18 Die große Vision von Luisen Abends. Nachts noch einmahl, und Morgens zum drittenmale im Bilde. Alles im lezten Brief, an Luisen, den ich ihr mitbringe.«

Auf diese Weise ›instrumentalisiert‹ Brentano die Visionen der Emmerick, steuert er ihre Träume mit seinen Vorgaben, um damit seine Freundin in Berlin zu beeinflussen. Es waren jedoch in diesem Falle falsche Informationen, mit denen er sein Medium an diesem 11. Dezember 1818 beeinflusst. Tatsächlich hatte Luise nämlich bereits am 7. Dezember ihren Übertritt zur katholischen Kirche vollzogen, »eigenmächtig und unsere Arbeit ganz störend«, wie Brentano nachträglich voller Zorn feststellen muss.

Am 12. Januar 1819 reist Brentano noch einmal nach Berlin zurück. Dort kommt es zunächst zu einer Versöhnung mit Luise Hensel. Die Freundin übergibt ihm ihr Tagebuch, damit er sie »nicht so überschätzen werde«, überlässt ihm den Text ihrer Generalbeichte und gibt dem Freund auch dessen Briefe zurück, auf dass er »die schönen Lieder daraus abschreiben und die Briefe dann verbrennen« möge. Brentano legt ein kleines Büchlein mit Gedichten für sie an, stellt aus seinen Unterlagen ein Dülmener Tagebuch zusammen und gibt ihr seinerseits seine Generalbeichte zu lesen. Dennoch empfindet er den Aufenthalt in Berlin als Fehlschlag und nennt diese Reise nachträglich eine »üble Brautfahrth«. Seine Hoffnungen, Luise Hensel für sich zu gewinnen, waren gescheitert.

Erfolg hatten dagegen seine Bemühungen, die Freundin in die Umgebung Dülmens zu locken. Er verschafft ihr die Stelle einer Gesellschafterin bei Fürstin Maria Anna zu Salm-Reifferscheidt, einer Tochter der Fürstin Gallitzin. Am 9. März 1819 reist sie nach Dülmen, während Brentano zunächst in Berlin bleibt und erst nach Abschluss der amtlichen preußischen Untersuchungen zur Stigmatisation der Emmerick am 18. September in Dülmen eintrifft. Während dieser Zeit kommt es erneut zu Verstimmungen: »Er schrieb mir von Berlin einige Mal und gab mir Vorschriften, die unausführbar waren, die er auch im folgenden Brief oft selbst widerrief, und leider kam ein Brief von ihm, der in großer Verwirrung und Aufregung geschrieben war, in die Hand des Fürsten«, berichtet Luise. Als Brentano wieder in Dülmen eingetroffen ist, stellt ihn der Fürst zur Rede: »Nun ward mir verboten, mit ihm allein zu sprechen und ich mußte Zeuge eines harten Wortwechsels zwischen beiden Männern sein […]. Mir aber war nun aller Verkehr mit ihm und Dülmen verboten und unmöglich gemacht, worüber ich unbeschreiblich litt.«

Was war der Kern dieser Auseinandersetzung, die zu einer Distanzierung der beiden führte? Die »verwirrten« Briefe Brentanos mit ihren »unausführbaren Vorschriften« sind nicht erhalten, doch lässt sich erschließen, dass Brentanos Versuche, Luise zum Eintritt in einen katholischen Orden zu bewegen, und die Art und Weise, wie er über vermeintliche »Gesichte« der Stigmatisierten »eine Art von peinlicher Abhängigkeit« seiner Freundin erreichte, die Spannungen auslösen. Denn erneut bedrängt er die Freundin, übermittelt er Botschaften von Anna Katharina Emmerick, die sie zu diesem Schritt veranlassen sollen. In ihren Mitteilungen an den »Pilgram« (Brentano) spielt nun ein »Hochzeitshaus« eine große Rolle, das Brentano in seinen Aufzeichnungen auch skizziert.

Als »Braut« bei dieser Hochzeit ist Luise Hensel vorgesehen, und ihr Bräutigam soll nun Christus werden. Anna Katharina Emmericks »Vision von dem 1sten auf 2ten Januar 1819« notiert Brentano (zur Ermahnung für die Freundin): »O Herr! […] diese Leiden ich schenke sie dem Brautschmuck deiner Braut, ach mögen diese Leiden zu ihrem Brautschmuck gelegt den häslichen Flecken auslöschen, und das böse versteckte Geschwür heilen, welches sie nicht bergen konnte und das durch alle ihre von seeligen Geistern gewebte Hochzeitskleider gestuncken hätte, mit denen sie zu deinem Geheimnis gieng, aber Gott sey Dank! sie hatte sie noch nicht, diese Kleider, und der Feind hat sie in ihrem schmutzigen Kleid des Eigenwillens hingetrieben. Herr vergieb ihr, sie wußte nicht, was sie gethan – […] Sie schrie in meinen Armen entsetzlich und wir weinten beide um dich, denn wir wußten beide das Gräsliche, was du so vermessen angestellt […] o du süßer Bräutigam, ach was thust du um eine Seele, die gegen deinen Willen begehrt, die so betet, daß du nicht erhören kannst – ach Pilgram, sey nun zufrieden.« Doch Brentanos Bemühungen blieben vergeblich, und der Bruch in der Beziehung zu Luise Hensel ist nie mehr ganz verheilt. Auch nachdem sie sich im April 1821 zum ersten Mal wiedergesehen hatten, kam es nur zu einer vorsichtigen Annäherung. Der Kontakt blieb in Zukunft auf wenige Treffen und eine sporadische Korrespondenz beschränkt.

Bettine hat also nicht Unrecht, wenn sie spöttisch feststellt: »Mit Prophezeiung und Vorauswissen giebt er sich auch ab, aber nicht eher, als biß man es ihm gesagt hat, dann behauptet er, es längst gewußt zu haben, kein Mensch glaubt ihm ein Wort, obschon er immer seine Seligkeit zum Pfande setzt, daß es wahr sei […] die Lüge fliegt ihm immer vor der Wahrheit aus dem Munde.« Auch Luise Hensel erkennt später, dass sie ein Opfer von Brentanos Manipulationen wurde. In einem Brief an Pater Schmoeger berichtet sie am 9. Juni 1868, dass Brentano Passagen aus ihrem Tagebuch und ihrer Generalbeichte »*später* aus seinen Notizen *als von der Emmerich gesehn* irrig vorlas.«

Bettine sieht auch den Umgang des Bruders mit Emmerick-Reliquien mit Skepsis und Ekel: »er hat einen ganzen Koffer voll blutiger Tücher und Binden von der Nonne, die will er jedermann zum Anrühren geben, und wer sich davor ekelt, der kriegt eine tüchtige Salve; ans Übertreiben hat er sich so gewöhnt, daß nichts wie Wunder und Wunder aus nichtsbedeutenden Dingen gemacht werden«, berichtet sie ihrem Mann aus Schlangenbad nach einer Begegnung mit dem Bruder in Winkel.

Was Brentano als Belege für die Stigmata der Emmerick aufbewahrt und vorzeigt, sind die Tücher, auf denen sich die Wunden Anna Katharina Emmericks in Blutspuren abzeichnen. Einige dieser Reliquien haben sich bis heute erhalten und können in einem kleinen Museum in Dülmen besichtigt werden. In punktierter Form zeichnen sich verschiedene Formen des Kreuzes auf weißem Leinen ab. Die Formen dieser Kreuze zeichnet Brentano auch in seinen Manuskripten nach. Zugleich berichtet er, dass andere Zeugen bereits seit 1812 die verschiedenartigen Kreuze, die an bestimmten Tagen des Kirchenjahres erschienen, auf dem Körper der Nonne wahrgenommen hätten. Er zitiert aus Berichten des »Dr. Wesner«, des »Medizinalrath v. Druffel«, des »Paters Limberg« und einem Brief des Grafen Stolberg vom 23. Juli 1813: »Mit dem Kreuz auf dem Magen und dem starken Rinnen des Wassers aus demselben hat 1812 ihr bezeichneter Zustand begonnen. Es erschien so + Das Kreuz auf dem Brustbein *soll sie den 28 August,* Augustinustag, dem Fest ihres Ordenspatrons empfangen haben. Als ich es zuerst sah, war es einfach ᛉ, später erschien ein kleineres wie daraus hervorwachsend ⸸«.

Mit der naturwissenschaftlichen Genauigkeit eines Arztes beobachtet auch Brentano den Körper der Stigmatisierten und protokolliert den »Befund«. Zum »Römischen Kreuz auf der Magengegend« berichtet er: »Ich selbst sah unter andern Malen dieses Kreuz Freit. den 6 April 1821, wo es vieles Wasser ergoß. Es war unter der Herzgrube auf dem Bauch, und erschien an diesem Tage dunkel Leber Braun mit bestimmter Begränzung [...] Sie war an diesem Tage sehr kranck [...]. Es rann das Wasser, klar und heiß in Tropfen wie kleine Quellstrahlen, so starck wie sie etwa ein irdnes Pfeifenrohr ergießen kann aus diesem Kreuze und auch aus dem Seitenmahle und wo es floss hatten sich kleine gerissene Hautblasen gebildet von weisgelber Farbe. Man mußte mehrere Tücher voll dieser Feuchtigkeit auswinden.« Kein Wunder, dass Bettine und andere Beobachter Ekel empfinden, wenn Brentano unter derlei drastischen Schilderungen seine blutigen Tücher auspackt und dazu aus seinen religiösen Schriften vorliest: »Er möchte gar zu gern seine mühsam zusammengebrachten Beschreibungen des Lebens Christi p. p. vortragen; ich habe mich gehütet, ihm den geringsten Lust dazu zu bezeigen«, schreibt sie in ihrem Brief an Arnim.

Als »Schreiber« und »Protokollant des Wunders«, der allen Erscheinungen am Körper der Nonne auf den Grund gehen will, überschreitet Brentano jede Konvention und respektiert auch nicht immer die Intimsphäre der leidenden Frau. Eifrig sammelt er die abgeschnittenen Fingernägel und den Schorf der heiligen Wunden: »Sie giebt mir die losgesprungne Wundenrinde von den Händen und einem Fuß die andre ist verlohren in den Betten«, notiert er. Die Wunden auf Brust und Bauch behandelt er mit Weihwasser und tupft sie mit Tüchern ab. Auch die Emmerick scheint keine Scheu zu haben, ihm ihren Oberkörper nackt zu zeigen. Oft befindet sie sich allerdings in einem Zustand von Trance oder »Extase«, wie Brentano schreibt, und nimmt ihre Umgebung nur bedingt wahr.

So kann es vorkommen, dass sich ihre emphatischen Liebesbekundungen zugleich an den himmlischen Bräutigam und an den anwesenden Brentano richten. Dieser bezeichnet sich in seinen Aufzeichnungen dann auch als »Pilger« oder »Pilgram« und protokolliert etwa Folgendes: »Ich rede mit meinem Bräutigam, er muß mein Alles Luisen geben, er thuts auch, ich kenne ihn – ach du himmlisch süßer, ach kein Feuer ist so heiß, als heimliche Liebe, die keiner weiß, ach auch meinem lieben Pilgram gieb mein Herz und gieb mir das Seine, er ist ja so gut und meint es so gut. Ach Herr thu es, o du mußt, du lieber, lieber, süßer Bräutigam. O ich kann es nicht mehr aushalten, ich brenne innerlich das Herz verbrennt mir, ich muß mich los machen (sie lüftet die Brust) sieht mich – Wie kommst du hierher? ich fürchte dich nicht sage es niemand, ich rede in süßester Heimlichkeit mit meinem Bräutigam, (ich kühle ihre Brust mit Weihwasser,) es muß, es muß verbrennen – sage es Niemand, sie können mich hier nicht finden (sie finden Sachen von dir) Ach ich will mich nun anders antrecken, und meine Kleider liegen lassen, da finden sie mich nicht. – Ich bin nicht mehr heiß.«

Den kirchlichen Instanzen ist eine solche Mischung von gelebter und erträumter Erotik – mit himmlischen und irdischen Partnern – höchst suspekt. Argwöhnisch werden Brentanos häufige Besuche bei der bettlägerigen Frau beobachtet. Zwar ist es auch im Sinne des Klerus, das Wunder göttlicher Einwirkung nachzuweisen – deshalb passen der Besuch dieses »Pilgers« und seine Aufzeichnungen von den Visionen der »Begnadeten« ins Konzept der katholischen Kirche, die sich gerade in Westfalen gegen die protestantische Herrschaft Preußens durchzusetzen hat –, doch muss das Material auch »Reinheit« und »Unschuld« von Anna Katharina Emmerick und ihrem Protokollanten belegen. Schließlich hat man sich zunächst gegen Anfeindungen aus Berlin zu wehren. Das katholische Westfalen war beim Wiener Kongress dem protestantischen Preußen zugeordnet worden. In Berlin hält man die Stigmata der Emmerick für Betrug und schickt 1819 eine amtliche Untersuchungskommission, die ihre Nachforschungen in Dülmen vom 7. bis 29. August betreibt. Brentano, dem der Ruf eines religiösen Eiferers bereits anhaftet, wird in diesem Verfahren ausdrücklich als Zeuge ausgeschlossen.

Doch auch die Gegner dieser Untersuchungsaktion sehen Brentano nicht als gehorsamen Diener der Kirche und beobachten seine Aktivitäten in Dülmen mit Skepsis. Dieser »Schreiber« agiert zu unabhängig, ist nicht weisungsgebunden, diskret und kirchentreu wie ein Beichtvater. Sein Einwirken kann den Interessen des Klerus schaden und die Ereignisse in Dülmen in Verruf bringen. So wird das überlieferte Material Brentanos zwar später für einen Seligsprechungsprozess in Rom sehr wichtig, da es von Anna Katharina selbst keine Niederschriften gibt und »Protokolle« von Augenzeugen erforderlich sind, doch mussten diese Aufzeichnungen auch das belegen, was in das Konzept der Kirche passt. Also wurden Brentanos erste Niederschriften zu seinen Erlebnissen in Dülmen noch nachträglich »zensiert«, bevor sie in den kirchlichen Prozess der Seligsprechung in Rom eingingen. Zwar gibt es noch heute ein großes Handschriften-Konvolut mit den Aufzeichnungen der ersten Dülmener Zeit Brentanos, das im Zuge literaturwissenschaftlicher Forschungen in Rom entdeckt und gesichert werden konnte, doch ist dieses Material verwüstet. Mindestens die Hälfte dieser Manuskripte ist vernichtet. »Blattstege«, auf denen nur noch die ersten Buchstaben der Handschriftenzeilen erhalten sind, verzeichnet die historisch-kritische Brentano-Ausgabe in großer Zahl.

Es war zunächst Pater Karl Eduard Schmoeger, der 1868 in den Handschriften »Einflechtungen von unbegreiflicher Indiskretion« entdeckt. Auf seine Bitte, die entsprechenden Passagen vernichten zu dürfen, antwortet Luise Hensel am 9. Juni 1868: »Was Ew. Hochwürden Wunsch betrifft, eine Autorisation zu haben um in den Tagebüchern des sel: Clemens Br: die auf mich bezügliche Stelle zu vernichten so gebe ich diese von *Herzen gern*, ja bitte darum sowohl in Bezug auf mich wie auch meine Angehörigen oder näheren Freunde. [...] Manches, was der gute sel: Clemens geschrieben hat, der immer von Leidenschaften *beherrscht* war (auch selbst von guten) und dessen immense Phantasie so oft über das nüchterne Urtheil und die einfache Wahrheit ging, kann nur zu leicht mißverstanden werden und Ärgerniß geben.«

Luise fügt ihrem Brief eine entsprechende Vollmacht zur Manuskript-Vernichtung bei und kündigt Pater Schmoeger auch an, ihm testamentarisch alle Briefe Brentanos zu überlassen. »Sie mögen dann auch damit thun wie Sie gut finden.« Die Verwüstungen in den Dülmener Aufzeichnungen sind beträchtlich, und von den Briefen Brentanos an Luise Hensel sind nur etwa ein Drittel erhalten, von etlichen Briefen sind nur kleine Schnipsel (ausgeschnittene Sätze und Absätze) im Kölner Jesuitenarchiv überliefert.

Ob weitere »Bearbeiter« bei den Vorbereitungen des Seligsprechungsprozesses in Rom derart rigoros mit der Schere umgingen, ist schwer zu sagen. Zweifellos fielen die Textpassagen, in denen der »himmlische Bräutigam« mit dem poetischen »Pilger« und »St. Clemens« verschmilzt, weitgehend der Vernichtungsaktion zum Opfer. Die Grenzüberschreitungen von mystischer Bräutigams-Erotik – seit dem Mittelalter in der Mystik nicht ungewöhnlich – zur liebevollen Zweisamkeit mit dem anwesenden Protokollanten sind jedoch so häufig, dass selbst noch das mit der Schere zensierte Material in der Kirche Anlass zu Bedenken gab. Der Prozess in Rom scheitert daher im ersten Anlauf, in einem zweiten wird nun versucht, Brentanos Niederschriften aus dem Seligsprechungsprozess herauszuhalten. Die Begründung dafür ist sehr einfach: Es lässt sich nicht leugnen, daß diese Manuskripte das Werk eines fantasievollen Poeten und eben keinesfalls verlässliche Protokolle sind.

Diese Begründung verschweigt, was ebenfalls offensichtlich ist: Auch Anna Katharina Emmerick ist kein himmlisches Wesen ohne irdische Bedürfnisse, sie empfindet als Frau, und sie ist eine fantasievolle Träumerin, die ihre verdrängte Sexualität im Zustand der Trance entfaltet. Daher sind vermutlich gerade die Passagen in Brentanos Manuskript, in der sich erotische und religiöse Sphären mischen, eine relativ genaue Wiedergabe ihrer Äußerungen und Traumbilder.

Brentano selbst vollzieht seinerseits eine »innere« Zensur, als er seine Manuskripte für die Publikation vorbereitet. Aus den ersten tagebuchartigen Aufzeichnungen wird die unterkühlte biografische Einleitung zur Lebensgeschichte Anna Katharina Emmericks. Die Träume zu den biblischen Ereignissen werden sorgfältig nach Daten aufbereitet und – von persönlichen Anspielungen auf Luise Hensel und Clemens Brentano vielfach gereinigt – dargeboten. Brentano verfolgt sein Projekt verblüffend professionell, er arbeitet mit einer Datumskonkordanz, die er eigens anfertigt. Der hebräische Kalender wird in einer Tabelle mit dem modernen in Bezug gesetzt, und der »Schreiber« kann so die Ereignisse im Leben Jesu »abfragen«.

Vermutlich liest er Anna Katharina die Darstellung der Evangelien vor, um zu erfahren, was sie dazu in ihren Traumbildern sieht. Mit Karten und Quellentexten in der Hand verfolgt und korrigiert er ihre Darstellungen in statu nascendi. Was er dann niederschreibt, durchläuft weitere Bearbeitungsstufen, und das bedeutet bei Brentanos Arbeitsweise: Er zerschneidet selbst seine Aufzeichnungen, klebt die ausgeschnittenen Partien neu auf, korrigiert und ergänzt sie und schreibt sie wieder und wieder ab, um eine druckreife Vorlage zu gewinnen. Nur in den seltensten Fällen lässt sich diese Bearbeitungsprozedur im Einzelnen verfolgen.

Es liegt auf der Hand, dass dieser Schreibprozess nicht wirklich dazu dient, die spontanen Äußerungen Anna Katharina Emmericks ungefiltert aufzuzeichnen. Hier entfaltet sich wieder der Dichter Brentano, der seine Kunst jedoch primär mit dem Ziel einsetzt, seine Spuren zu verwischen. Der Anteil seiner Fantasie und seiner Eingriffe im Text soll nicht deutlich werden. Authentisch sollen seine Aufzeichnungen wirken; allein diesem Ziel dient seine Schreibkunst.

Vorbereitung zum Ostermahl ist ein Kapitel im publizierten *Bitteren Leiden* überschrieben; danach eine Datumsangabe und die vermeintlich präzise Berechnung des Alters von Jesus: »Gründonnerstag den 13ten Nisan = 29sten März, als Jesus 33 Jahre 18 Wochen weniger 1 Tag alt war« sowie die Anmerkung: »Sie [A. K. Emmerick] sieht den historischen Tag seiner Geburt am 25sten November.« Darauf folgt – in Anlehnung an den Bibeltext, aber »nach« ihren »Betrachtungen« neu erzählt – die Schilderung des Ostermahls: »Gestern war die letzte große Mahlzeit des Herrn und seiner Freunde im

Traumbild Anna Katharina Emmericks, Skizze Brentanos aus den Emmerick-Papieren.

Hause Simons, des geheilten Aussätzigen in Bethanien, da Maria Magdalena Jesum zum letzten Male salbte; woran Judas sich ärgerte, nach Jerusalem lief, und nochmals mit den Hohenpriestern unterhandelte, ihnen Jesum zu überliefern.«

Nur selten wird die Dülmener Situation vergegenwärtigt und das Datum des zu Grunde liegenden »Gesichts« angegeben: »Am Samstage, den 8. März 1823, nach Sonnenuntergang, als die Ermüdete kaum die Bilder von der Geißelung unseres Herrn erzählt hatte, ward sie stille, und der Schreiber dieses glaubte nicht anders, als daß ihre Seele bereits in das Bild der Dornkrönung Jesu übergegangen sey. Aber nach einigen ruhigen Minuten gewann ihr erschöpftes, zum Tode müdes Angesicht eine liebliche Klarheit, und sie sprach einige Worte mit jener Freundlichkeit, in welcher die Unschuld zu Kindern spricht. Sie sprach: ›ach, der liebe kleine Knabe kommt zu mir, wer ist er nun? warte, ich will fragen – er heißt Josephchen – o wie lieb er ist! […] warte, ich will dich ein Bischen zudecken;‹ nach diesen mit solcher Wahrheit gesprochenen Worten, daß man sich nach dem Kinde hätte umsehen mögen, nahm sie einige Tücher, die neben ihr lagen, und machte mit ihnen alle die Bewegungen einer mitleidigen Person, die ein liebes Kind gegen Kälte verhüllt. Der Schreiber beobachtete dieses mit Aufmerksamkeit […] Es konnte ihm aber jetzt keine Erklärung von dem Grunde ihrer Worte und Handlung werden.« Grund der Unterbrechung ist der Eintritt einer Pflegeperson, die durch Aussprechen des Wortes »Gehorsam« die Vision unterbricht. »Der Schreiber verließ sie, um das heut Erfahrene aufzuzeichnen.« Erst am folgenden Tag ergibt sich Gelegenheit zur Nachfrage: »Sonntag den 9. März 1823. Heute morgen fragte der Schreiber jene pflegende Person: ›was mag die Kranke nur gestern Abend mit einem Knaben, Josephchen, gemeint haben, von dem sie sprach?‹ und jene Person erwiederte: ›ja, sie hat sich nachher noch lange in ihren Aeußerungen mit dem Josephchen beschäftigt, sie hat dieses Söhnchen meiner Verwandten so lieb […]‹ – Hier erinnerte sich der Schreiber, jenes Kind, Josephchen, wirklich manchmal auf dem Bette der Kranken spielen gesehen zu haben, und er glaubte nicht anders, als daß sich ihre Seele mit diesem Kinde gestern Abend im Traume beschäftigt habe.«

So versteht es Brentano, dessen Fähigkeiten über die eines »Schreibers« weit hinausgehen, die Situation am Krankenbett seines Mediums zu vergegenwärtigen. Der Leser wird eingefangen und glaubt, die biblischen Geschichten mit den Augen einer »Seherin« neu und lebendig wahrzunehmen. Als Erbauungsbücher hatten diese Werke Brentanos – und um nichts anderes handelt es sich – mehr Erfolg als alle anderen Publikationen aus seiner Feder. Vom *Bitteren Leiden* erschienen bis 1842 bereits sechs Auflagen, und ein Aschaffenburger Verlag druckt das Werk immer wieder nach und vermarktet es bis heute mit stetigem Erfolg. Der Autor wird dabei allenfalls an versteckter Stelle genannt, denn bei den Lesern katholischer Erbauungsliteratur gilt er nach wie vor als »Schreiber« im Dienste einer höheren Wahrheit.

KAPITEL ACHTZEHN

Sein Name ist in der letzten Zeit fast verschollen

Dülmen – Koblenz – Paris

Der Tod Anna Katharina Emmericks löst bei Brentano erneut eine tiefe Krise aus. Seine Aufgabe als »Schreiber«, sein Wohnort, die Gegenwart einer verehrten und geliebten Person: all dies, was ihm in Dülmen ein Gefühl von Geborgenheit und zugleich die Befriedigung über eine bedeutende Aufgabe als Schriftsteller gibt, ist nun auf einmal dahin. Brentano verliert seine Mitte, seinen Halt, er ist erneut entwurzelt. »Noch weiß ich keinen Ausweg, keine Zukunft, Gott muß helfen«, schreibt er am 11. Februar 1824 an Karl Joseph Windischmann und gibt dem Ereignis zugleich eine historische Dimension: »Sie lebt nicht mehr, die Welt scheint mir viel leerer und schwerer!«

In den religiösen Werken gelingt es ihm, diesen Abschied zu einem geradezu theatralischen, pathetischen Bild zu gestalten. Er beschreibt sich selbst als weinenden »Freund« am Bett der Sterbenden. Zum Zeitpunkt ihres Todes ergreift dieser »Freund« ihre Hand und muss feststellen, dass die Wärme gewichen ist. Im *Lebensumriß der Erzählerin*, der dem *Bitteren Leiden unsers Herrn Jesu Christi* von 1834 vorausgeht, lesen wir: »Ein Freund, der weinend zu Füßen ihres Lagers kniete, hatte den Trost, ihr öfters Wasser zur Labung zu reichen; da legte sie plötzlich ihre rechte Hand auf die Bettdecke, die vernarbte Stelle des Wundmals schimmerte weißlich, er ergriff ihre Hand, sie war kalt, und da er sich innig nach einem Zeichen des Abschiedes sehnte, drückte sie seine Hand leise. Ihr Anblick war rein, ruhig und friedlich, aber von einem erhabenen Ernste, und hatte den Ausdruck eines mit höchster Anstrengung zum heiligen Ziele Rennenden, der den Kranz ergreifend niedersinkt und stirbt. Jetzt betete der Priester noch die Sterbegebete bei ihr […] der Priester klingelte und sprach: ›sie stirbt‹ […] sie hatte die brennende Sterbkerze in der Hand […] und nun eilte die reine bräutlich geschmückte Seele von den keuschen Kinderlippen ihres gekreuzigten Leibes ihrem himmlischen Bräutigam entgegen […] – Leise sank ihr entseelter Leib nach der Seite auf die Kissen nieder, um halb 9 Uhr Abends den 9. Februar 1824.«

Ein privater Brief, den er einen Tag nach dem Tode der Emmerick an Bischof Sailer und dessen Sekretär Melchior Diepenbrock in Regensburg schreibt, ist auch nicht frei von dieser verklärenden Erinnerung an die Todesstunde, lässt jedoch mehr von der Erschütterung spüren, die Brentano ergreift, als er erkennen muss, dass er nun wieder allein und ungeliebt dasteht wie vor der Übersiedlung nach Dülmen. Anna Katharina Emmerick hatte Brentano Halt gegeben, auf sie hat er seine brachliegende Liebe projiziert, in der intensiven Beziehung zu ihr hatte er eine Art Schutz vor sich selbst gefunden. Nach ihrem Tod ist er erneut in Gefahr, in Depressionen zu versinken: »Mein Herz ist sehr zerschmettert. Ich Gescheiterter war gerettet an die einsame Höhle der wundervollsten, begnadigsten, ärmsten Seele; sie ist ausgeflogen, und singt nicht mehr, und bannt den Sturm nicht mehr. Ich fasse ihr Kreuz und flehe, daß die Welle mich nicht verschlinge. [...] O, ich Aermster! Liebe brauche ich und habe nicht Liebe. O betet für mich armen Diener unser Aller so treuen, so armen, so leidenden, so demüthigen Dienerin vor Gott. [...] O, ich bin nun sehr verlassen, außer in Eurer Liebe, und Alles ist mir finster geworden, außer meine Schuld und das Kreuz!«

Der Brief geht zunächst an Windischmann in Bonn mit dem Kommentar: »beikommenden traurigen Brief lese, gönne meinem Schmerz in deinem lieben Herzen ein Gefäß, das ihn vor Gott ausschüttet, und mache gleich ein Couvert darüber adresse von Bischoff Sailer, oder Melchior Diepenbrok, Weltpriester bei Herrn Bischoff Sailer Regensburg, ich bin zu betrübt, zweimahl zu schreiben.« An Luise Hensel richtet er einen separaten Brief, in dem er sich beklagt, dass er Anna Katharinas Sterbestunde fast verpasst habe, weil man versäumt habe, ihn zu benachrichtigen. Der Freundin übergibt er am 18. April 1824 auch das Sterbekissen: eine Reliquie der Stigmatisierten, aber zugleich Erinnerung an Brentanos Frau und seine gestorbenen Kinder.

Brentano hatte nämlich der Emmerick das Kissen von Sophie Mereau sozusagen »unter den Kopf geschoben« und sie dann zu Träumen und Gebeten für Luise inspiriert. Versehen mit einer detaillierten »Bedienungsanleitung« gibt er das teure Stück nun an Luise Hensel weiter: »Hier, mein liebes Linum! Das Sterbekissen der E. – auch meiner Frau oder meiner Kinder! Es ist mit dem Blute der E. befleckt, du sollst mit Garn in der Mitte das ᛉ nähen und Hierauf starb A. C. Emmerik ½9. Abends. 9 Febr. 1824. zu Dülmen. Dann mache dir einen Ueberzug drüber und schlaf und stirb drauf, und bete für mich auch viel drauf, und denke meiner drauf, ich habe gewiß viel an dich drauf gedacht, ich habe sonst immer drauf geschlafen, und es hat dich [niemand so] lieb gehabt, als ich. –« Zwei hier sinngemäß ergänzte Wörter und die Fortsetzung des Briefes fehlen, weil der Rest der Seite abgeschnitten und vernichtet ist.

Dass Luise Hensel ausgerechnet die Briefpassage zum blutigen Sterbekissen der Emmerick aufbewahrt, mag uns heute seltsam erscheinen, ist jedoch charakteristisch für ihre Haltung, die sich bis zu ihrem Tode nicht ändert. Sie empfindet Brentanos Vorschlag, auf dem Sterbe- und Kindbettkissen zu schlafen, nicht als Zumutung – wird das Objekt doch durch die höheren Weihen der Anna Katharina Emmerick geheiligt.

Brentano ist es gelungen, Luise Hensel von seiner Dülmener Mission zu überzeugen. Die Verehrung für die Emmerick, der Glaube, dass sich hier ein epochales, heiliges Ereignis abspielt, das als Zeichen Gottes in gottloser Zeit zu werten ist und die Menschen zur Umkehr bewegen könnte, überträgt sich auf die Freundin. Die inzwischen konvertierte Pfarrerstochter ist auch gleich bereit, einen anderen Auftrag von Brentano anzunehmen, bei dem es heutigen Betrachtern den Atem verschlägt. In einer »Nacht- und Nebel-Aktion« begibt sie sich mit zwei Helfern auf den Friedhof, um den Leichnam der Emmerick wieder auszugraben. Die Vorgeschichte dazu berichtet Brentano in seinem *Lebensumriß*. Denn es ist nicht die erste Exhumierung der Emmerick und sollte auch nicht die letzte bleiben. Aus einer Zeitung zitierend, berichtet Brentano: »Ungefähr 6 oder 7 Wochen nach ihrem Tode wurden (wegen dem Gerüchte, der Leib sey entwendet) das Grab und die Lade auf geheimen höheren Befehl in Gegenwart von 7 Zeugen eröffnet. Mit frohem Erstaunen sahen diese, daß die Verwesung über den Leichnam der Frommen noch keine Macht erhalten hatte. Lieblich waren ihre Gesichtszüge, wie einer Schlafenden unter seligem Traume. Sie war wie eine vor wenigen Augenblicken Begrabene. Nicht der mindeste Leichengeruch ward bemerkt.« Was Brentano hier verschweigt: Luise Hensel hatte bereits am 20. März 1824 (zwei Tage vor dieser offiziellen Öffnung, die vom Landrat angeordnet worden war) auf seine Initiative gemeinsam mit Vikar Niesing und dem Kupferschmied Johann Theodor Meiner seine Graböffnung vorgenommen. Der schauerliche Bericht darüber hat sich erhalten und zeigt, dass es gerade Zeichen einsetzender Verwesung sind, die – zusammen mit Luises Furcht, die Vergänglichkeit der heiligen Leiche wahrnehmen zu müssen – zu einem Abbruch des abenteuerlichen Unternehmens führen. Brentano schreibt über das in der Handschrift Luise Hensels überlieferte Protokoll: »Eigenhändiger Bericht Einer betrübten Freundin (der sogenannten Braut), wie sie in der Nacht vom Freitag auf Sonnabend das Grab der seeligen Emerick heimlich öffnen ließ, und ihre Empfindungen dabei.

Geschehen am 19 März
auf 20 Maerz 1824. 5. Wochen
nach dem Tode der Emerick
1824.

Der liebende Muth und die Anmuthige Dringlichkeit dieser Person räumten alle Hindernisse bei Seite [...]. Sie mag es mit einem ewig erschütternden Eindruck erkauft haben. Ihr Geist sieht aus den folgenden Zeilen. –

Der Pilger«

Dann folgt in Luise Hensels Hand: »Man war zweifelhaft über die Stelle wo die geliebte Verstorbene begraben sei [...]. Ich kam aus der Ferne und betrachtete diese Reise als eine Wallfahrt nach ihrem Grabe. [...] Auch beunruhigte mich das früher gehörte Gerücht ihre liebe Hülle sei gestohlen. [...] Ich überredete einen frommen, braven Bürgersmann mit leichter Mühe, mich in der nächsten Nacht auf den Kirchhof zu begleiten und einen Mann mit einem Spaten dorthin zu bestellen. Wir gingen 12½ Uhr, als der Mond eben aufgegangen und in der Stadt alles ruhig war, mit allem nöthigen Geräth versehen auf den Kirchhof. [...] Ich kniete oder stand abwechselnd neben der Grube und leuchtete hinein, da der Mond noch nicht hoch genug war um hinein zu scheinen. Als sie auf den rechten Sarg stießen, den sie an der Form von den nebenstehenden zu unterscheiden wußten, gruben sie die Erde weiter los bis sie ihn bequem bewegen konnten. Wir hoben ihn herauf – mir schlug das Herz Lieb-

und Erwartungsvoll bei dieser Arbeit. – Der Deckel des Sarges ward geöffnet, ich schaute begierig hin, voll Sehnsucht die geliebten Züge zu erblicken und – ach ich mußte mich abwenden um meinen Schrecken zu verbergen – ihr liebes Gesicht war von der einen Seite fast ganz mit Schimmel überzogen, was den ersten Anblick grauenvoll machte. [...] Es war schon 5 Wochen daß sie in der Erde lag, dennoch war nicht der *geringste Leichengeruch* zu bemerken, auch kein *Wurm.*«

Brentanos Plan, der Luise zu dieser Aktion veranlasste, wird erst im weiteren Verlauf ihrer Schilderung deutlich. Sie legt eine »von Clemens schön hergestellte Bleitafel« unter den Kopf der Toten und beabsichtigt ein postumes Reliquien-Experiment: »Ich hob mit dem Kissen ihr Haupt ein wenig auf, und mein Begleiter schob [...] eine Bleitafel, mit ihrem Namen und dem Datum des Todes, darunter. Ich hatte nach den Stichmata ihrer Hände sehn wollen; auch einige Reliquien hatte ich bei mir, womit ich ihre rechte Hand berühren wollte um zu sehn ob die Verheißung, daß dieselbe auch nach dem Tode noch, so wie im Leben, Heiligthümer unterscheiden würde, sich schon jezt erfüllen sollte. Leider hielt mich die weichliche Furcht, ich möchte bei Enthüllung ihrer Hände dieselben schon verwesend finden und dadurch einen unangenehmen Eindruk von ihr für mein ganzes Leben behalten, von allen fernern Untersuchungen ab; ich weiß nicht ob nicht eine geheimer Ekel dabei war, auch trieben die Männer zur Eil. Ich machte eine Kreuz über die geliebte Leiche und ließ in Gottes Namen den Sarg wieder schließen, während ich abseits an einer Todtenbahre niederknieete und zu beten suchte.«

In den Dülmener *Emmerick-Blättern* findet sich im Jahrgang 1990 ein Bericht mit dem Titel *Das Emmerickgrab viermal geöffnet.* Im gleichen Blatt berichtet Pfarrer Heinrich Schleiner ausführlich über die Graböffnung vom 7. Februar 1975. Im 20. Jahrhundert geht es noch »wissenschaftlicher« zu als bei Brentanos fragwürdigen Experimenten. Diesmal werden die Gebeine unter Aufsicht eines Arztes sorgfältig in Skelettform auf einem Tisch ausgebreitet. Ein Farbfoto zeigt die Szene mit der vielköpfigen Kommission, die nun erneut zu bestätigen weiß, dass die Vergänglichkeit nicht in normalem Maße wirksam wurde. Die Vollzähligkeit und der hervorragende Zustand der Gebeine werden von Experten dokumentiert, bevor Anna

Katharina Emmerick – diesmal in der Kreuzkirche von Dülmen – erneut beigesetzt wird. Zuvor war auch die von Luise Hensel versenkte Gedenktafel Clemens Brentanos gefunden und fotografiert worden.

Während Luise Hensel nach dem Tode der Emmerick aktiv wird und im Namen Brentanos noch einmal ein Experiment vornehmen will, das die übersinnlichen, wunderbaren Erscheinungen am Körper der Stigmatisierten nachweisen soll, hält sich Brentano in Bocholt auf. »Vom 18. Februar bis längstens Mitte März [1824] war er zum letzten Mal in Dülmen«, weiß der Chronist und Bearbeiter der historisch-kritischen Edition der Emmerick-Schriften, Jürg Mathes, zu berichten. Bereits einen Tag nach ihrem Tode verlässt Brentano Dülmen und reist gemeinsam mit Pfarrer Friedrich Karl Büttner von Haltern zunächst nach Bocholt, um bei der Familie seines Jenenser Studienfreunds Johann Christian von Bostel für einige Tage Unterschlupf zu suchen. Die Beerdigung von Anna Katharina Emmerick findet »mit großer Theilnahme des ganzen Ortes« – jedoch in Abwesenheit des »Pilgers«, des »Freundes« und des »Schreibers« – auf dem Dülmener Friedhof statt: »die Angst vor der Toten und der Abscheu vor dem Gerede und dem umlaufenden Gerücht, die Leiche sei gestohlen worden«, sollen für seine Flucht ausschlaggebend gewesen sein.

Über die nächsten Zwischenstationen seiner Lebensreise sind wir unzureichend informiert. Brentano schreibt in dieser Zeit nur wenige Briefe, wechselt mehrfach sein Quartier, bis er sich in Koblenz, wo er neue Freunde gewinnt und sich wohl fühlt, wieder für eine Zeitspanne von mehreren Jahren niederlässt. Im Sommer 1824 besucht er von Bocholt aus seinen Freund Karl Joseph Windischmann in Bonn. Den August verbringt er in Winkel, auf dem Landgut seines Bruders Franz am Rhein. Von dort aus besucht er seine Schwester Bettine, die gerade zur Kur in Schlangenbad weilt. Die verächtlichen Berichte über den missionierenden Clemens, die Bettine ihrem Mann nach Wiepersdorf übermittelt, beruhen auf dieser Begegnung.

Unter den von ihr kolportierten Geschichten ist Folgende besonders aufschlussreich, weil sie zeigt, dass Clemens den »sozialen, frommen Menschen« mit geheimer Selbstdistanz demonstrativ

»vorspielt« wie ein Schauspieler in Brechts epischem Theater: »Letzt ließ er den Schneider kommen, um sich einen feinen schwarzen Rock machen zu lassen; er verlangte große, sehr große Taschen, denn er müsse Eier darin herumtragen für die armen Leute; als der Schneider ganz bekümmert war über die ungeheuere Taschengröße machte er's immer ärger und verlangte eine hinten und eine vorn, wo kein Mensch Taschen trägt, immer mit dem Bedeuten, daß er nicht zur Ehre des Menschen, sondern zur Ehre Gottes den Rock machen lasse, und daß er durchaus bequem Eier darin transportieren wolle ohne Risiko, sie zu zerbrechen. Der erstarrte Schneider wagte kein Wort vorzubringen und ließ sich die Taschen anempfohlen sein; da er aber sichs gefallen ließ, die Taschen nach Befehl zu machen und wegging, rief ihn Clemente zurück und sagte: Machen Sie den Rock, daß er gut sitzt und nach der neuesten Mode, denn es ist feines Tuch, und lassen Sie es vorderhand bei gewöhnlichen Taschen bewenden.«

Im September 1824 finden wir Brentanos Spur in Wiesbaden, zum Jahreswechsel hält er sich bei seiner Familie in Frankfurt auf. Dort schließt er Freundschaft mit Johann Baptist Joseph Leopold Steingaß, Professor am Gymnasium in Frankfurt. Steingaß, der mit einer Tochter von Joseph Görres verheiratet ist und Verbindungen nach Koblenz hat, macht Brentano mit dem Koblenzer Fabrikanten Hermann Joseph Dietz bekannt, als dieser in Frankfurt zu Besuch ist. Die Begegnung mit dem »Vorbild im echten christlichen Sinn und Glauben«, der in Koblenz »Armenvater« genannt wird, führt zu einer lebenslangen Freundschaft. Dietz erwirbt sich beim Aufbau des Bürgerhospitals in Koblenz große Verdienste, seine Frau ist Vorsitzende des *Katholischen Frauenvereins*, der sich gleichfalls in der Armenpflege und beim Aufbau des Hospitals tatkräftig engagiert. Bei dieser Familie, die ihrerseits seit Jahren mit Brentanos langjährigem Freund Joseph Görres bekannt ist, bezieht Brentano im Mai 1825 Quartier. Gemeinsam entwerfen sie den Plan einer Ordensgeschichte der Barmherzigen Schwestern, eines Krankenpflegeordens, der seine Wurzeln in Frankreich hat, aber dann auf das Betreiben von Dietz und dem *Katholischen Frauenverein* auch im Koblenzer Hospital wirkt. Die Borromäerinnen in Nancy schicken sechs Schwestern, die seit dem Frühling 1826 in Koblenz tätig sind.

Wer die Idee zu diesem schriftstellerischen Projekt Brentanos, einem historischen »Sachbuch« zur Geschichte der Borromäerinnen, entwickelt, das er neben seiner Arbeit an den Emmerick-Schriften seit 1827 mit Nachdruck verfolgt, ist nicht sicher. Renate Moering hält es für ein »Auftragswerk Sailers an Dietz und Brentano«, weil dieser nach zwei Kurzbesuchen in Koblenz 1827 seinen Sekretär Diepenbrock an Dietz hatte schreiben lassen: »Der versprochenen und ausführlicheren Beschreibung von der Anstalt und Wirksamkeit der Barmherzigen Schwestern sieht er [Bischof Sailer] erwartend entgegen, um davon höhern Orts Gebrauch zu machen. Er läßt Sie und Clemens bitten, nicht darauf zu vergessen.« Möglicherweise greift Sailer bei seinem Besuch eine Idee von Dietz und Brentano auf, die sie im Gespräch bei der Durchreise des Regensburger Bischofs in Koblenz entwickeln, und sieht nach dieser Unterhaltung sogleich die Chance, die Schrift dem bayrischen König Ludwig I. vorzulegen, um ihn zur Einrichtung entsprechender sozial wirksamer Orden in Bayern anzuregen. An seiner Stelle legt Joseph Görres – vermutlich stellvertretend für den bereits schwerkranken Sailer – 1831 den zu einem stattlichen Buch herangereiften Text Brentanos in München vor und erreicht tatsächlich die Gründung von Krankenhäusern des Ordens in Bayern.

Um Material für sein Sachbuch zu gewinnen, wendet sich Brentano bereits am 27. Oktober 1827 an seinen Frankfurter Freund Johann Friedrich Böhmer und bittet ihn, in historischen Werken über das Mutterhaus der »Hospitalschwestern von Nancy und Lothringen« zu recherchieren, »weil ich gern ein kleines Büchelchen über dieses Institut schreiben möchte, dessen wir uns auch hier [in Koblenz] erfreuen, und welches der Segen, die Erbauung dieser Stadt und aller ist [...]. Der Besuch, den ich etwa alle 14 Tage diesen einfachen, grosartigen, kindlichen, erfinderischen, Engeln des Trostes und des Mitleids mache, gehört zum grösten Fest meines sehr einfachen Lebens hier.«

Die Schilderung zeigt, dass Brentano in Koblenz wieder eine sinnvolle Aufgabe findet. Ähnlich wie in seinen ersten Berichten aus Dülmen stilisiert er sich und sein Umfeld: Es sind einfache, sich aufopfernde fromme Nonnen, die sich der Krankenpflege hingeben. Brentano – der Chronist – führt ebenfalls ein »sehr einfaches« Leben, wie er betont. So kommt er zur Ruhe, kann seine schriftstellerischen Fähigkeiten entfalten, dient einer guten Sache und findet bei den Koblenzer Katholiken Anerkennung.

Auch bei einer Naturkatastrophe, als Anfang des Jahres 1830 der Eisgang der Mosel zu katastrophalen Überschwemmungen und Zerstörungen im Dorfe Lay (nahe Koblenz) führt, setzt sich Brentano tatkräftig ein. Er sammelt Spenden für die am schlimmsten betroffenen Familien und veröffentlicht das rasch entworfene *Mosel-Eisgangs-Lied* zugunsten der Opfer. Dieses soziale Engagement steht im Widerspruch zu der koketten Frömmigkeit, die in der Schneiderszene zu Tage tritt. Brentano ist bereit, im Rahmen seiner Möglichkeiten als Schriftsteller den Armen und Kranken selbstlos zu helfen, und so setzt er sich auch mit ganzer Kraft für den Erfolg der Barmherzigen Schwestern ein.

Von den Wirkungen, die er mit seinem Buch bereits beim Vorlesen erzielte, ist er jedoch auch in diesem Fall selbst überrascht und distanziert sich dann – ähnlich wie bei der Begegnung mit dem Schneider – wieder von seinem eigenen Projekt, als sei er selbst nicht ganz von seinem Engagement überzeugt. So kommt es auch in Koblenz zu einer überraschenden »Pointe«, die wiederum eine seltsame Gespaltenheit und Selbstdistanz erkennen lässt. Auf wohlwollende Betrachter wirken diese Kehrtwendungen von Brentano komisch – skeptische Beobachter stellen seine innere Beteiligung infrage und vermuten, dass er auch mit seiner Rolle als Autor der »katholischen Propaganda« (Heine über Brentano) nur ein eitles Spiel treibt. Jedenfalls bleibt er Künstler, der sich vorübergehend mit solcher Intensität in eine Rolle versetzen kann, dass er selbst darin völlig aufgeht und bei den Lesern oder Zuhörern eine enorme Wirkung auslöst, dann aber doch – wie ein Schauspieler – von der Wirkung seines Auftritts selbst überrascht werden und auch in wenigen Augenblicken wieder aus der Rolle heraustreten kann.

Der Koblenzer Auftritt verläuft so: »im Winter 1827/28 las Brentano daraus [aus dem Manuskript der Ordensgeschichte] den Koblenzer Freunden vor. In dieser Zeit entschloß sich Margarethe Verflassen, in den Orden der Barmherzigen Schwestern einzutreten.« Dazu berichtet Amalie Hassenpflug (die Freundin von Margarethe Verflassen) in ihrer Biografie von 1870 Folgendes: »Oft kam er [Brentano] Abends in ihrer [Margarethes] Eltern Haus, setzte sich zu ihrem Nachtessen und las ihnen aus seinen Manuscripten, oder was ihn eben interessirte, vor. […] Nach ihrer Art, von dem was sie am tiefsten bewegte, am wenigsten zu sprechen, hatte sie Clemens Brentano nie gesagt, wie ernst es ihr mit ihrem Klostergedanken sei; als er's erfuhr, war er äußerst unzufrieden und suchte auf alle Weise sie davon abzubringen, ja er ging so weit, sich selbst zum Lügner zu machen, indem er ihr einst sagte: ›Ach Du bist nur durch mein Buch so toll geworden, glaub doch nicht alles, was drinsteht […].‹«

Margarethe Verflassen lässt sich von ihrem Plan nicht abbringen. In Nancy, wo sie im Frühsommer 1828 mehrere Wochen in St. Charles zubringt, wird sie jedoch von der Generalvorsteherin wegen »zu schwacher Constitution« wieder nach Hause geschickt. Ihre Berichte aus Nancy kann Brentano für seine Beschreibung der Postulantinnenzeit der Barmherzigen Schwestern in seinem Buch noch verwerten.

Von den Verhältnissen in Nancy macht sich Brentano bei einem Besuch im Frühjahr 1827 selbst ein Bild. Auf den Spuren der Borromäerinnen bricht er gemeinsam mit seinem Freund Dietz am 9. März zu einer Reise nach Frankreich auf und besucht auch Paris. Dort nimmt er die »Gegenwelt« zum frommen Ordensleben wahr, das sündige Großstadtleben mit den – für Brentano – unseligen Nachwirkungen der Französischen Revolution. In einer Aufsatzserie zeichnet er seine Reiseeindrücke auf und veröffentlicht einen Teil der Entwürfe unter dem Titel *Bilder und Gespräche aus Paris* 1839 in den *Historisch-politischen Blättern*, einer katholischen Zeitschrift, die Joseph Görres und sein Sohn Guido gemeinsam mit George Phillips in München herausgeben. Neben Brentano gehört auch Eichendorff zu den Autoren dieser *Blätter*.

Der erste Beitrag Brentanos beginnt mit einer Gegenüberstellung der sündigen Pariser Welt mit der moralisch integren Welt der katholischen Orden, die seit der Französischen Revolution in Frankreich nur ein Schattendasein führen. Der krasse Kontrast von Sündenbabel und idyllischer Gegenwelt wirkt in Brentanos deftiger Schilderung geradezu barock: »Ist es ja doch das Laster, welches sich überall, und vor Allem in den Hauptstädten, den großen Residenzen des Weltgeistes, schamlos vordrängt, und den Pfauenschweif der Welteitelkeit mit seinen tausend bunten Farben schillern läßt, und mit gellender Stimme den Vorübergehenden seine Reize anpreist; während das Gute in stiller Verborgenheit, in den Hütten des Kum-

Paß Brentanos für seine Reise nach Paris mit Behördeneintragungen, 1827.

mers und des Elends, fern ab von dem Prunke und den geräuschvollen Festgelagen der Welt demüthig und geräuschlos sein Werk vollbringt. – So kam ich nach Paris.« Es ist der Blick eines Gryphius, mit dem Brentano »die in allem Glanze berauschte Ausstellung von Lust und Laster [...] als die stete Variation desselben Lügenthums« ansieht und konstatiert: »es giebt ein weltliches und ein geistliches Paris«.

Unter der Überschrift *Das Tagebuch* folgen nach dieser Einleitung atmosphärisch dichte Beschreibungen, die das hektische Treiben einer Weltstadt schildern, das noch heute für die reichen Metropolen in Europa oder Amerika kennzeichnend ist. Es gelingt Brentano, die aggressiv-egoistischen Umgangsformen moderner Großstädte zu beschreiben und als Abbild einer von Konkurrenzdenken geprägten Gesellschaft zu deuten, die wir heute als »bürgerlich« oder »kapitalistisch« bezeichnen: »Alle, die ich sah, gingen dieselbe Straße neben einander, und doch schien jeder seinen eigenen, einsamen Pfad zu gehen. Keiner kannte, keiner grüßte den Andern, jeder folgte seinem eigenen Interesse. Die Aufmerksamkeit, die sie einander schenkten, beschränkte sich vorzüglich darauf, einander auszuweichen, und in dem Gedränge, wenn sich die Straße sperrte, sich vor den Taschendieben [...] und den Rädern der Wagen vorzusehen. [...] Mir erschien dies Treiben wie ein großes Bild des Egoismus, und es ward mir dadurch klar, wie der Geist eines Hauptstädters, der stets in diesem ruhelosen Meere gleich einer der tausend Wellen hin- und hergetrieben wird, so leicht den Charakter eines kalten, in jedem Augenblicke sein Interesse verfolgenden Egoismus annehmen wird. Denn wie sie hier auf den Straßen, einer unbekümmert um den andern, an einander vorüberrennen, wie sie sich drängen und stoßen, einer dem andern zuvorzukommen sucht, und im Geschrei einander überbieten, so rennen sie, dachte ich, in den Büreaux der Administration nach Aemtern, so suchen sie in den Ministerien einander zu stürzen, so überschreien sie sich in den Kammern, so überbieten sie sich auf der Börse und so möchte einer den andern in den Salons überglänzen.«

Der Betrachter dieses nervösen Getriebes kann sich dieser Hektik nicht entziehen: »Die Unruhe, die die Straße bewegte, theilte sich auch mir mit und meine Gedanken drängten sich wirr durcheinander gleich den Vorübereilenden. Ich hätte gern nach den stillen Sternen hinaufgeschaut, aber die Häuser gegenüber waren so hoch, daß man den Himmel nur wie durch die schmale Spalte eines Gefängnisses erblickte; und die Gaslichter rings in den Häusern warfen ein so blendendes Licht, daß das mildere der Sterne wie verschüchtert sich vor ihnen barg.«

Da er auch bei geschlossenem Fenster keine Ruhe findet, weil der Boden »bei jedem vorüberrollenden Wagen zitterte«, fragt er sich: »Wie kann hier der Mensch [...] bei dieser Uebermacht der Aeußerlichkeit zu sich selbst kommen.« Daraus folgt, »daß er wähnt, er schreibe seine eigenen Emfindungen nieder, während es nichts ist, als der Nachhall des Geschreies auf den Straßen und das Ohrengesumse dessen, was er in den Salons gehört.« Erst die Abstumpfung gegen die äußeren Reize und die Konzentration auf die Erinnerung führen dann zu »Friedensbildern« einer anderen, stillen Welt mit ihren »Anstalten der Barmherzigkeit und Andacht, die Jahrhunderte ihren Segen über die christliche Welt verbreitet« haben. »Alle diese Anstalten, von heiligen Priestern erweckt, gegründet, geregelt und in ihren Individuen geleitet und getröstet, haben den gräulichsten Sturm gegen die Religion und Ordensvereine, die Revolution überlebt. [...] Ist aber nicht die allgemeine Bewunderung dieser Anstalten [...] eines der tröstlichsten Zeichen der Zeit?«

Ein großer Teil von Brentanos *Aufzeichnungen nach der Parisreise* bleibt zunächst ungedruckt und ist nur bruchstückhaft als Handschrift überliefert. Es ist der am stärksten poetisierte Teil, denn Brentano setzt im Manuskript zu einer großen Parabel an, die den Verlust eines paradiesischen Gartens schildert. Dieses »verlorene Paradies« ist der Garten der katholischen Kirche, der vom Exodus der Reformatoren geschwächt und bedroht wird: »Ein Vater hatte seinen Kindern einen Herrlichen Obst und Blumengarten im Schweiß seines Angesichts erbaut, Alles brachte er jährlich, was Leib und Seele ernähren und erquicken konnte [...] die ersten Nachfolger des Vaters, die ihn noch gekannt, hatten Vieles von seinem Wandel, von seinen Worten und Lehren und seiner Art den Garten zu bauen in einem Büchlein aufgeschrieben, das über Alles Hochgehalten wurde. Es war aber vieles im Garten von Anfang an, was nicht in dem Buche stand, oder was mit geheimnisvollen Worten drinn stand, und was die Nachfolger des Vaters, den Arbeitern im Garten mündlich übergaben und was treu fortgeübt wurde. So wuchs und erweiterte sich der Garten Jahrhunderte hindurch und die Wüste umher wurde immer kleiner [...] die ganze Fülle der beseeligenden Früchte war allein in ihm.« In der Reformation werden dann »die Knechte ungehorsam [...] sie assen vom Baume der Spaltung, schaarten sich mit den Weltklugen und Schwachen, und Fleisch und Blut empörte sich in ihnen. So brachen sie gelobten Dienst und rissen Stücke des Gartens an sich und warfen viele Pflanzen und Bäume hinaus, deren Bau ihnen zu mühsam, zu uneinträglich und ihrem Geschmack nicht zusagte [...] und es entstand ein allgemeines Verwüsten und Zertrümmern. [...] Das Feldgeschrei der Abgefallnen aber war Freiheit, und sie hatten jenes alte Büchlein vom Leben und Arbeiten des ersten Gründers mit herausgenommen, das alle angestelte Gärtner besaßen, und sie schrieen: Hier sey die einzige Wahrheit, hier allein stehe, wie der Garten gebaut werden müße, und jeder könne es auslegen, und verstehen.« Das Garten-»Büchlein« in Brentanos Parabel ist die Bibel, die nicht nur neu ausgelegt, sondern auch selbst statt des Gartens »bearbeitet« wird.

Folgt die Parabel bis zu diesem Punkt noch recht brav der Linie der katholischen Kampfzeitschriften (des *Katholiken* und der *Historisch-politischen Zeitschrift*, in denen Brentano in dieser Lebensphase publiziert), so geht die Fantasie in der Fortsetzung mit ihm durch. Endpunkt ist die Zeit der Französischen Revolution, die mit dem Hinweis auf »Kraut und Rüben« gemeint ist: »sie begannen nun statt dem Garten, das Büchlein zu bearbeiten, ihre Erde war Papier, und ihre Quellen Dintenfässer, und ihre Früchte waren verkehrte Auslegungen geworden und sie predigten sich diese einander vor, und einer laß Kraut, der andere Rüben, und das pflanzte jeder für dieselbe Sache […] und so zerackerten, zerjäteten, zerharkten sie das Büchlein […]. Nur in einem waren sie Einig, der alte Garten sey der rechte nicht und sie beschädigten ihn wo sie konnten.« Damit nicht genug: Brentano schildert noch die Verarbeitung des Holzes zu Möbeln und sieht in den Verwerfungen des polierten Holzes Zeichen von einem Aufbegehren gegen die Reformation, die eine erwünschte Erneuerung – eine Gegenreformation – anzeigen. Holzwürmer, verschiedene Holzarten, die Politur und ihre Spiegelungen erhalten in seiner Parabel eine Bedeutung, die sich nur dem in der Kirchengeschichte Kundigen völlig erschließt.

Brentano führt seine Leser in ein verworrenes Bildlabyrinth: »man verarbeitete die Bäume nach und nach in Tische, Schränke, Bettladen und Wiegen und Büchergestelle, um die vielen Arbeiten über das Büchlein darauf zu stellen, das war alles Glatt und gebeizt und Polirt und das Häusliche Glück und Unglück spiegelte sich darin, und schnitt Gesichter, wenn der Alte Garten draus vor dem Fenster darin sichtbar war, je feiner aber die Politur der Kunst und Wissenschaft ward auf diesen todten Mobilien, je heller spiegelten sich die Wehenden Blüthenwipfel und goldnen Früchte drinn, und erregten manche Sehnsucht aus der litterarischen Stuben Wüste der Freiheit, in den Lebendigen Gottes Garten der Kindschaft des Vater. Das fatalste aber war, Wenn draus der Saft in die Bäume trieb, da regte es sich auch im verwandten Holz der Mobilien, sie krachten und warfen sich und man fuhr erschreckt auf und schrie Umtriebe, Umtriebe aus dem alten Garten.« Auch die Gegenwart des Konfessionskampfes kommt in den Blick. Das Herausquellen von Harz aus den Möbelstücken wird von der katholischen Seite als »Geheimniß der Sehnsucht Eins zu seyn in Allem daseyn« anerkannt, von den Gegnern jedoch als »Mystizismus, Supranaturalismus, und Hinneigung zum Alten Garten« verworfen. Das Ziel der katholischen Erweckungsbewegung, wie sie Brentano selbst mit seinen Emmerick-Schriften und den *Barmherzigen Schwestern* vertritt, solle – nach protestantischer Meinung – »die durchdringende Sonne der Aufklärung verfinstern, und dem armen Volk für den blauen Himmel einen blauen Dunst vormachen und ihm mit Wohlgerüchen den Kopf berauschen. –«

Einzelne Bilder dieser fantastischen Gartenparabel verwendet Brentano bereits in Briefen an seinen Frankfurter Freund, den Archivar, Bibliothekar und Historiker Johann Friedrich Böhmer, den er im Juli 1823 im Kreis Marianne von Willemers kennen lernt. Böhmer ist Protestant, was Brentano nicht hindert, auch ihm gegenüber das Verhalten der abtrünnigen Christen mit drastischen Worten zu beschreiben. Im Brief vom 8. Februar 1824 heißt es: »Dieselben Abtrünnigen, deren Voreltern die heilige Kirche und ihr Haupt als Babel und seine Hure geschmäht, verwünscht und beraubt haben, sind in den romantischen Fiebern der Umwälzungen sich ihrer Dürre und Leerheit bewußt geworden und die Krähe besteckt sich dem eignen Bedürfniß und der Mode und der Kälte zu entsprechen überall mit den fremden Federn des Phönix. Alles was von dem innern Lichte der Kirche geschmückt ist, und sich jährlich, wie Blatt, Blume oder Feder als ein Opfer oder Zeugniß der Spur für die einsamen in der Wüste niederstreut, sammeln sie auf und schmücken mit diesen von theologisch poetisch Philosophisch ästhetischen Friseurs und Haubensteckern […] zurechtgestutzten Perücken und Mützen und Kronen ihre kalte Glatze vor dem Herrn zu erscheinen, und so sie auch die das Fleisch der Früchte des Brautleibs Jesu christi essen möchten, so kochen sie dieselben […] doch vorher in einer kritisch mitleidigen Brühe ab, schneiden den Saamen aus und füllen seine Zelle mit dem Zucker der Selbstgefälligkeit und dem Gewürze des Widerspruchs, und schmaußen mit tolerantem Maulwischen nach der Kirche schauend ihre kastrirten Früchte.«

Die Phalanx hypertroph wuchernder Bilder ist an dieser Stelle des Briefes noch lange nicht zu Ende. Beim Leser entsteht der Eindruck, als sei Brentano lange zum Schweigen verurteilt gewesen, als habe er seine fantastisch-märchenhaften Bilderwelten, die gerade bei der Schilderung eines irdisch-christlichen Paradieses aufblühen, bei seiner asketischen Arbeit an den Emmerick-Schriften vergessen und verdrängen müssen, als habe er sich selbst nicht gestattet, die wuchernden Träume zu Papier zu bringen. Nun bricht es aus ihm hervor, und er benutzt seine befreite Fantasie, um die Positionen der Gegner im Konfessionskampf zu charakterisieren.

Böhmer nimmt solche Attacken nicht übel. Er sieht vielmehr das poetische Potenzial, das in derartigen Phantasien steckt. Daher wird er auch nicht müde, Brentano nach seinen Poesien zu fragen, und ihn zu bedrängen, seine noch unvollendeten großen Werke abzuschließen und zur Publikation freizugeben. Brentano sperrt sich diesen Vorschlägen nicht gänzlich. Er überlässt dem Freund die Manuskripte seiner Märchen und *Romanzen vom Rosenkranz* zur Abschrift.

»Abgeschrieben 1831« notiert Böhmer in einer sorgfältig gebundenen Kopie der *Rheinmährchen*, die er in Frankfurt von einem Schreiber hatte anfertigen lassen und teilweise selbst korrigierte. Auch von den *Romanzen vom Rosenkranz* existiert eine prachtvoll gebundene Abschrift im »Kardinalsrock«, wie sie nach der Farbe des Einbands von Brentano einmal bezeichnet wurde. Um seinen Freund zur Publikation dieser Werke zu bewegen, schreckt Böhmer nicht davor zurück, ohne Genehmigung des Autors Passagen aus den Märchen heimlich zur Publikation zu geben. Das geschieht bereits Ende 1826. Ohne Wissen des Autors erscheint in der Zeitschrift *Iris*, einem *Unterhaltungsblatt für Freunde des Schönen und Nützlichen* ein Fragment aus Brentanos *Märchen vom Rheine*. Mitte Januar folgt in der gleichen Zeitschrift – ebenfalls ohne Nennung des Autors – das *Mirthenfräulein*.

Dem gleichen Ziel, nämlich den Autor zur Publikation der Märchen zu bewegen, dient auch eine Petition aus dem Hause des Frankfurter Bürgermeisters Johann Gerhard Christian Thomas. Böhmer hatte den Kindern von Thomas im Dezember 1825 aus Brentanos Märchen vorgelesen und erwirkt, dass der Vater den Autor um Veröffentlichung dieser Texte bittet. Brentano kannte Thomas aus dem Willemer-Kreis und fand bei ihm Mitte Juli 1826 freundliche Aufnahme. Dennoch lehnt er die Veröffentlichung der (von Böhmer bereits fein säuberlich kopierten) *Romanzen vom Rosenkranz* und der Märchen energisch ab.

Am 5. Februar 1827 reagiert er auf die von Böhmer lancierten *Iris*-Drucke und untersagt seinem Freund weitere Publikationen: »In die

Buchhandlung gekommen finde ich mit einem, mich wunderlich ergreifenden Eckel, meine in Frankfurt sorgenlos zurückgelassnen Mährchen in die Iris abgedruckt. Ich kann nicht sagen, wie sehr mich das innerlich verlezte. Ich ersuche sie daher dringend, sich das Manuskript zurückgeben zu lassen und diese Mittheilungen in der Iris *ein für alle mahl* zu verhindern. […] Es war mir, als sähe ich mich am Pranger einer dünnen weltlichen leeren Eitelkeit, welche den Abtritt möblirt, ich nehme es hin, für meine Thorheit, solche Sünden der Langeweile mitgetheilt zu haben. Böhmer! warum hat das mir beinahe Erbrechen verursacht. Nehmen Sie es doch gleich zurück, auch keine Zeile mehr, ja mitten im Wort abgebrochen.« Brentano unterschreibt mit »ihr geärgerter CBrentano«, deutet jedoch bereits verklausuliert die Möglichkeit an, einen Druck zugunsten der Armen zuzulassen, indem er anmerkt: »Ja wäre es noch für die hier verhungernde, verfrierende Armuth, das man es erlitt.« Im Brief vom 16. Februar betont er noch einmal: »Meinen innern Widerwill gegen das Drucken kann ich gar nicht beschreiben, […] jezt stellt man mich ohne Hosen auf den Markt.«

Dann folgt jedoch in einer abrupten Wendung ein konkreter, sehr detaillierter Publikationsplan mit Erwägungen zum Buchpreis, zu Honoraren und zur Ausstattung dieser projektierten Märchenausgabe: »Es sey, wie Sie es wünschen, das unnütze Zeug möge gedruckt werden. *Aber es gehört nicht mehr mein, sondern der hiesigen Armenschule, für deren Vortheil es Herr Diez will drucken lassen* und ein hiesiger Buchhändler als Almosen den Vertrieb übernehmen. […] Ich wünschte, daß das ganze in Hefte zerfalle, was zum Verkauf vortheilhaft ist, und daß es nach und nach könne abgeliefert werden broschürt.« Böhmer bittet er, das Manuskript selbst zu überarbeiten »oder, wo sie es nicht vermögen, es von anderm Freund thun lassen, vielleicht hälfe der liebe Thomas, oder gar Frau Will[e]mer, die so viel Sinn und Talent hat, das wäre ja ein rechter Liebesdienst. […] Ich ersuche sie auch, Kapitel, Abtheilungen, Ueberschriften, Erklärungen, Absätze im Text, wenn es nöthig Noten, dazu zu schreiben und überhaubt wie mit einem Todten um zu gehen«. Auch einen Titel für die Märchensammlung formuliert Brentano bereits:

»Mährchen
nachläßig erzählt
und mühsam hingegeben oder dergleichen
von. C. Brentano.
Als Almosen für eine Armenschuhle
erbeten, geordnet, und herausgegeben
von milden Freunden.

Und dann weiter die Untertitel. – Gott sey gedankt, das wäre gethan!«

Das klingt recht selbstironisch, und »gethan« war es noch lange nicht, denn Brentano storniert das Projekt bald wieder. Nur ein einziges Märchen aus dem Komplex der *Italienischen Märchen* erscheint zu seinen Lebzeiten, das *Märchen von Gockel, Hinkel und Gackeleia.* Marianne von Willemer, die Brentano schon als junge Schauspielerin vor ihrer Ehe mit dem Frankfurter Bankier kennen gelernt hatte, war bei der Erweiterung und Überarbeitung dieses Textes nicht beteiligt, aber die umfangreiche Widmung gilt ihr, dem »Großmütterchen«.

Böhmer verfolgt den Plan einer Edition von Werken Brentanos weiter, aber die Aversionen des Autors gegen die Werke seiner frühen Schaffensperiode vermag er zunächst nicht zu beseitigen. Brentano beschäftigt sich weiterhin mit seinen religiösen Werken und ist auch nicht bereit, die Überarbeitung der für ihn problematischen Texte seiner Frühzeit tatsächlich einem andern zu überlassen. Neben Dietz ist es vor allem Joseph Görres, der ihm bei der Fertigstellung der religiösen Trilogie mit Rat und Tat zur Seite steht.

So erschienen Anfang der dreißiger Jahre zunächst die beiden religiösen Werke Brentanos, in denen sich der romantische Fantast bewusst zurückhält: 1831 *Die Barmherzigen Schwestern in Bezug auf Armen- und Krankenpflege. Nebst einem Bericht über das Bürgerspital in Coblenz und erläuternden Beilagen. Zum Besten der Armenschule des Frauenvereins in Coblenz* und 1833 *Das Bittere Leiden unsers Herrn Jesu Christi. Nach den Betrachtungen der gottseligen Anna Katharina Emmerich, Augustinerin des Klosters Agnetenberg zu Dülmen, († 9ten Februar 1824) nebst dem Lebensumriss dieser Begnadigten.*

Besonders das *Bittere Leiden*, von dem bereits ein Jahr später eine *durch die Mittheilungen über das letzte Abendmahl vermehrte zweite*

Auflage erscheint, wird ein großer schriftstellerischer Erfolg – als Erbauungsbuch in katholischen Kreisen. Dass Brentano der Autor ist, dürfte nur wenigen Zeitgenossen bekannt gewesen sein. Beide Werke erscheinen anonym; der romantische Autor Brentano wird mit diesen Werken nicht in Verbindung gebracht und gilt als »verschollen«. Eichendorff stellt 1847 fest: »Brentano ist bekanntlich nun schon seit mehreren Jahren tot; die Leute haben im Leben wenig von ihm gewußt, und nach dem Tode ihn kaum vermißt.« Das wird durch die Äußerung Heinrich Heines in seiner *Romantischen Schule* eindrucksvoll bestätigt: »Herr Clemens Brentano mag wohl jetzt 57 Jahr alt seyn, er lebt in Frankfurt, einsiedlerisch zurückgezogen, als ein korrespondirendes Mitglied der katholischen Propaganda. Sein Name ist in der letzten Zeit fast verschollen.«

KAPITEL NEUNZEHN

Es wird Ihnen nie Etwas bei mir gelingen, als höchstens ein Lied

Frankfurt – Regensburg – München

Nach Fertigstellung der *Barmherzigen Schwestern* verlagert Brentano seinen Lebensmittelpunkt mehr und mehr nach Frankfurt. Anfang Juni 1829 reist er gemeinsam mit seinem Bruder Christian in seine Heimatstadt, wo er die Fahnenkorrektur zu seinem Band erledigt und zusammen mit den Schwestern Katharina und Anna von Hertling eine Publikation von Friedrich Spees *Güldenem Tugendbuch* vorbereitet. Diese Gedichtsammlung des barocken Jesuitendichters erscheint – behutsam modernisiert und mit einer Vorrede Brentanos versehen – Ende 1829. Erst nach einem Vierteljahr, im April 1830, kehrt er noch einmal nach Koblenz zurück, bleibt jedoch nur etwa einen Monat dort.

Weitere Stationen im gleichen Sommer sind: Marienberg bei Boppard, Wiesbaden (zur Kur) und wieder Frankfurt. Dort trifft er mit Bettine von Arnim und Joseph Görres zusammen.

Mit Frankfurt, das ihm in seiner Studentenzeit wie eine »Goldgrube« erschienen war, zu der er auch die väterliche Firma zählte, hat sich Brentano inzwischen versöhnt: Seine Brüder Franz und Georg, die Geschäftsführer des weiterhin prosperierenden Ex- und Importgeschäfts, sieht er nun nicht mehr allein als profitorientierte Kaufleute, sondern als engagierte Förderer der katholischen Gemeinde Frankfurts. Zu dieser Minderheit der Katholiken in der Freien Reichsstadt gehören inzwischen auch bedeutende bildende Künstler, die aus der Schule der Nazarener hervorgehen und von den Brentanos protegiert werden. Der prominenteste, der am 12. Oktober 1830 »von Rom als Direktor des Städel'schen Instituts« nach Frankfurt kommt, ist Philipp Veit, ein Sohn Dorothea Schlegels aus erster Ehe, der sich in Wien auch mit Joseph von Eichendorff angefreundet hatte und damit nicht nur in der Gemeinschaft der in Rom lebenden Malerfreunde, sondern auch in der literarischen Romantik verwurzelt ist. Nun lebt er »mit Weib und Schwägerin und fünf Kindern« in Frankfurt, »recht gute, einfache, sinnvolle Leute«, wie Brentano anmerkt: »Frau von Schlegel, seine Mutter, vor ihm von Wien gekommen, wohnt bei ihm, eine gemüthliche, kluge, angenehm altgewordene, fromme Jugendbekannte von mir.« Die »Jugendbekannte« hatte er vor mehr als dreißig Jahren in Jena kennen gelernt, seither hatte sie ein bewegtes Leben an der Seite Friedrich Schlegels geführt. Hochzeit feierten die beiden 1802 in Paris, gemeinsam konvertierten sie 1808 zum katholischen Glauben und begaben sich wenig später nach Wien. Seit 1829 ist Dorothea Witwe, kümmert sich nun in Frankfurt um eine Wohnung für ihren Sohn Philipp und dessen Familie und lebt dann im großen Haushalt der Veits. Auch Brentano findet »spätestens Anfang Oktober«, wie Konrad Feilchenfeldt schreibt, »in Frankfurt einen neuen Lebenskreis in der Familie Philipp Veits«.

Im August 1831 kommt ein anderer berühmter Nazarener als Gast der Veits nach Frankfurt: der Malerfreund Friedrich Overbeck. Er war zunächst als Städeldirektor vorgesehen, aber die Verhandlungen, die Brentanos Freund Böhmer für das Städelsche Institut führte, waren nicht erfolgreich: Overbeck entschied sich, in Rom zu bleiben, und empfahl seinen ebenfalls dort lebenden Freund Veit. Wieweit die Brentanos bei der Berufung mitwirkten, ist nicht geklärt. »Überliefert ist, daß die Verhandlungen über Christian Brentano, den Bruder des Dichters, geführt wurden.« Overbeck kommt dann zu einer Stippvisite nach Frankfurt und besucht im September 1831 den etablierten Malerfreund, der als Museumsdirektor die Kunstsammlung leitet und zugleich »Professor der Malerei« an der assoziierten »Lehranstalt« des Städel ist. Zu diesem Zeitpunkt gehört Brentano bereits zum Freundeskreis Veits, denn gemeinsam mit den beiden Malern reist er im September zu einer Kirchenbesichtigung nach Oberwesel am Rhein. Anfang Oktober begleiten Veit und Brentano Overbeck auf seiner Rückreise in Richtung Italien bis Heidelberg.

Erst im Sommer 1832 entscheidet sich Brentano, Frankfurt wieder den Rücken zu kehren; er entschließt sich, nach Regensburg zu Melchior Diepenbrock überzusiedeln. Vielleicht spielt dabei die Überlegung, seinen Freund über den Verlust von Bischof Sailer hinwegzutrösten, eine Rolle. Im Mai war Sailer, dem Diepenbrock als Sekretär zur Seite stand, gestorben. Vielleicht ist aber auch die Nähe des Münchener Görres-Kreises ausschlaggebend für Brentanos

Übersiedlung nach Bayern. Tatsächlich bleibt er nur etwas mehr als ein Jahr bei Diepenbrock in Regensburg; Ende September 1833 wendet er sich bereits nach München und bezieht am 10. Oktober eine Wohnung bei dem Akademieprofessor und Maler Joseph Schlotthauer in der Glockengasse 11, die nun für die letzten Lebensjahre sein Quartier wird.

Schlotthauer, Joseph Görres und sein Sohn Guido, Johann Nepomuk Ringseis und George Phillips bilden hier eine Gruppe spätromantischer Künstler und Publizisten, die sich den Zielen des aufbrechenden konfessionellen Kulturkampfes verpflichtet fühlen. Während die in Frankfurt regierenden Patrizierfamilien nur ausnahmsweise zur katholischen Minderheit der Stadt gehören und Veit auch in der Administration des Städel mit konfessionellen Widerständen zu kämpfen hat, steht Ludwig I. von Bayern den Nazarenern nahe. Er hatte selbst eine Reise nach Rom unternommen, um die deutsche Künstlerkolonie dort zu besuchen. In München werden die Aktivitäten des spätromantisch-katholischen Kreises daher vorbehaltlos unterstützt. Publizistisches Sprachrohr dieser Gruppe sind die von Guido Görres und George Phillips herausgegebenen *Historisch-politischen Blätter*, in denen Brentano seine *Bilder und Gespräche aus Paris* und Eichendorff später seinen Essay *Brentano und seine Märchen* veröffentlicht. Auch die erste kleine Biografie – Guido Görres' *Erinnerungen an den Dichter Clemens Brentano* – erscheint in dieser Zeitschrift.

Joseph Görres und Daniel Bonifaz Haneberg, ein Orientalist der Münchener Universität, unterstützten Brentano bei der noch immer nicht abgeschlossenen Bearbeitung der Dülmener Papiere. Lediglich das *Bittere Leiden* war erschienen: noch vor Brentanos Aufbruch nach München wird es ausgeliefert, »150 Exemplare der Passion« transportiert er in seiner Kutsche, als er aus Regensburg abfährt. Vom *Marienleben* werden zu seinen Lebzeiten nur einige Bögen ausgedruckt, es sollte als zweite Publikation der Emmerick-Trilogie folgen. Das »Mittelstück«, die *Lehrjahre Jesu*, ist zwar weitgehend fertig – eine korrigierte Abschrift, die als Druckvorlage gedacht ist und nur einige leicht zu ergänzende Lücken aufweist, hat sich erhalten –, doch stellt Brentano die Publikation des Bandes vermutlich wegen der großen Resonanz des *Leben Jesu* von David Friedrich Strauß zurück.

Seine Gastgeber in München, die Schlotthauers, beschreibt Brentano zunächst ähnlich wie die Dietz-Familie in Koblenz, als idealisiertes Idyll. Seinem Bruder Franz berichtet er am 20. November 1833 nach Frankfurt: »Ich lebe nun in München und bin hier, durch Gottes Erbarmen mit mir, Mitglied einer lieben, frommen, bürgerlichen Familie geworden [...]. Ich theile auch den mäßigen Tisch dieser patriarchalisch tugendhaften und mit allen Armen theilenden Leute, welche doch auch selbst arm sind, aber reich an allgemeiner Achtung und an Wohlgefälligkeit vor den Augen Gottes. – Einen treuen Hausfreund habe ich an Görres, der hier in allgemeiner Verehrung steht, und wie von je eine liebevolle Gastfreiheit und Milde ausübt, die nur bei Herrn Diez in Koblenz ähnlich zu finden ist. Alle legitim und katholisch gesinnte Männer besuchen sein Haus und sind im wahren Worte Hausfreunde, und lebte er nicht hier, so wäre München für viele Menschen ein gewöhnlicher Ort.« Die im Vergleich zu Frankfurt stärker von einem »gewachsenen« Katholizismus geprägte Stadtgesellschaft beschreibt er im gleichen Brief so: »Hier im Volk und in der Bürgerschaft sind trotz des langen Illuminatenwüthens und des noch immer perennirenden, schleichenden, industriellen Bildungs- und Aufklärungsfiebers noch sehr viele altkatholische Schaustücke und Mutterpfennige in der Sparbüchse der Masse. Die Priester sind großentheils geachtet, die Predigten mehrerer streng katholischer Prediger sehr frequentirt, auch herrscht Klostersinn unter dem Volk, und zwar hie und da der ächte strenge«.

Zweieinhalb Jahre später – in einem Brief an den Bruder Christian – ist der frömmelnd-brave Ton zurückgedrängt, Brentano lässt den Schalk wieder zu Wort kommen. Das Leben in der Schlotthauer-Familie vergleicht er in einem launigen Brief vom 8. Juli 1836 mit einem Aufenthalt in der Arche Noah: »Ich wohne hier bei Professor Schlotthauer und Frau mit Arras, Spitzl, Septemberli, einen Vogel, zwei Hunden und Lieschen der Magd, in einer der frömmsten und heitersten Archen Noäh. Ich sitze wie immer, das Salzfaß zur Tabaksasche hängt neben mir, und schreibe wie sonst. Die vierte Auflage der Passion erscheint und nächstens das Leben Mariä. Ich habe wenig Umgang außer Görres, Phillips und Möhler, seltener Ringseis.«

Der neue Ton, dem nicht länger das Katholisch-Biedere eines missionierenden Pfarrers anhaftet, beruht auf einer neuen Liebe. Wenn

Brentano sich in München wohl fühlt und nach unstetem Wanderdasein nun als Fünfundfünfzigjähriger einen letzten Ruhepunkt gefunden hat, so liegt dies nicht nur an den alten Freunden und »Gesinnungsgenossen« des spätromantischen Kreises, sondern auch an der Freundschaft mit einer Malerin, die Brentano in dieser Umgebung kennen und lieben lernt. Emilie Linder wird seine neue Lebensmitte. Brentano lernt sie schon kurz nach der Ankunft in München kennen. Sie studierte Malerei bei seinem Wirt, bei Joseph Schlotthauer.

Die Ereignisse aus der Berliner Zeit scheinen sich zu wiederholen: Wieder ist es eine Protestantin, die Brentano umwirbt und zugleich auf den rechten Glaubensweg bringen will. Wieder erfährt er nach spontanem Werben in kürzester Frist eine energische Abfuhr. Nach einer kurzen Zeit intensiver Werbung im Herbst folgt die erste Zurückweisung in der darauffolgenden Weihnachtszeit. Konrad Feilchenfeldt spricht von einer »ernsthaften Krise« im November und Dezember 1833; Brentano kennt die Malerin nicht einmal ein Vierteljahr, lässt sich jedoch auch dieses Mal nicht durch einen Korb entmutigen. Wieder schreibt er bittere und bittende Gedichte und Briefe, zum Teil unter Verwendung der Lieder, die er bereits fünfzehn Jahre vorher an Luise Hensel gerichtet hatte. Wieder will er »seine protestantische Freundin gleichzeitig zur Konversion veranlassen«, zumal er bereits bei der ersten Begegnung festgestellt hatte: »Das Katholisch werden lehnte sie nicht ab […] und ließt Vieles vom h. Augustinus.« Auch der große Altersunterschied ist auffällig und entspricht der Hensel-Beziehung: Die aus Basel stammende Emilie ist 36 Jahre alt, als sie den 55-jährigen Brentano in München kennen lernt.

»Wie Luise Hensel in Berlin, so traf Brentano auch Emilie Linder in München in der Mitte eines großen Freundeskreises und der von ihm […] gestellte Ausschließlichkeitsanspruch konzentrierte sich nun auf die Baslerin«, bemerkt der Entdecker der lange verschollenen Linder-Briefe, Wolfgang Frühwald, und ein anderer Brentano-Forscher deutet die Münchener Entwicklung als eine »steiler angebahnte Wiederholung seiner Berliner Lebenskurve«, wobei Brentano das in Berlin »bruchstückhaft Verbliebene in schärfstem Anlauf seiner Leidenschaft diesmal zu einer glückhaften Vollendung führen wollte«. Es wundert deshalb nicht, dass Luise Hensel, mit der

Brentano auch in München noch in losem Briefkontakt steht, eifersüchtig reagiert, als sie von dem neuen Verhältnis erfährt. Für sie ist es »unbegreiflich […] wie ein Mensch, der so mit dem Leben gebrochen und nachher vier Jahre in so ernster Beschäftigung mit den wunderbarsten Dingen (wie er in Dülmen) gelebt, noch so eine jugendliche, glühende Leidenschaft fassen und sich derselben so hingeben konnte, er, der Greis, zu einer 40jährigen Jungfrau.«

Eine gewisse Gehässigkeit wird man dieser Äußerung nicht absprechen können, doch gibt es auch bei den Münchener Beobachtern Stimmen, die zeigen, dass das Werben des alternden Brentano auf seine Umgebung peinlich wirkt. Was an Gerüchten und böswilligem Klatsch die Runde macht, schreibt Julie von Egloffstein am 26. Oktober 1835 aus München an ihre Mutter: »Kürzlich lernte ich Brentano kennen, der zu den Füßen der Fräulein Linder den glühenden Liebhaber spielt (ein sehr unerfreulicher Anblick); auch ist die Stadt oder doch der Kreis, in dem sie lebt, in großer Wut darüber, da man überzeugt ist, er wolle nur ihr Geld, nicht sie, und sie sei schwach genug, seinen Schmeicheleien und Zudringlichkeiten Gehör zu geben, nicht als Bewerber zwar, aber doch als Liebhaber, der zu jeder Stunde Zutritt bei ihr hat und ihr große Summen aus dem Beutel lockt. Er hat den schlechtesten Ruf und sieht in der Tat etwas satanisch aus, während sie sehr alt und häßlich geworden ist.«

Auch hier ist die Perspektive etwas verzerrt, denn die Darstellungen der noch nicht 40-jährigen ledigen Emilie Linder, die wir kennen, zeigen, dass sie allenfalls – ähnlich wie auch Luise Hensel – etwas altjüngferlich und keineswegs »sehr alt« wirkt. Offenbar wird Brentano von Frauen mit etwas herbem, versteckten Charme angezogen. Vielleicht ist sogar die Ablehnung, das Sich-Verweigern dieser Frauen für ihn von besonderem Reiz. Dass er wie ein Gigolo auf Geld aus ist, lässt sich ausschließen. Wenn er den Geldbeutel von Emilie erleichtert, so geht es um Almosen. Er weiß von ihrem Reichtum und ist der Meinung, »sie solle mit Ihrem Vermögen etwas zum Heile der Armen und Unmündigen beginnen«. Bereits bei der ersten längeren Begegnung mit Emilie – »vier Stunden in sehr vertrautem Gespräch« – hat er Erfolg beim Einwerben von Almosen; von einer Armenspende von »10 Kronenthaler« und »monatlich 4 fl. für einen armen Studenten« berichtet sein Brief.

Emilie Linder, Bleistiftzeichnung von Rosalie Wieland-Rottmann, München und Rom 1829/1830.

Julie von Egloffstein benutzt in ihrem Brief nur das gängige, bis heute wirksame Klischee von der unverheirateten reichen Frau, die hauptsächlich wegen ihres Vermögens begehrt und in Wirklichkeit nie wirklich geliebt wird. Und vermögend ist Emilie Linder tatsächlich. Bis in die fünfziger Jahre – Brentano war längst gestorben, Emilie Linder konvertiert – ist ihr reich ausgestattetes Domizil am Karlsplatz für die katholischen Intellektuellen ein beliebter »Mittagstisch«. Aus diesem Kreis stammt die Beschreibung von 1854: »Fräulein Emilie Linder ist eine ebenso hochgebildete und kunstsinnige wie reiche Schweizerin, eine Millionärin, nicht minder ausgezeichnet durch ihr edles, schlichtes, frommes Wesen und ihre großartige Wohltätigkeit wie durch ihr ideales künstlerisches Streben. Sie sieht ihre alten Freunde an bestimmten Tagen zu Tisch bei sich, wo dann Ringseis die Honneurs macht, und sie hat es gern, wenn er gelegentlich auch jüngere Freunde und fremde Künstler und Gelehrte mitbringt.« Emilie Linder führt also eine Art spätromantischen Salon, »nur ist die Gesellschaft etwas ausschließend, meist hochkatholisch wie die Dame selbst. Die Zeit der alten Münchener Romantiker«, berichtet der Gewährsmann, »lebt wieder auf in dieser Tafelrunde, die Zeit von Joseph Görres, […] die Zeit, wo Clemens Brentano wie ein Komet durch diese Münchener Gesellschaft fuhr, bezaubernd und bezaubert, letzteres, wie man sagt, ganz besonders durch Fräulein Linder.«

Der »Komet« dieser Münchener Romantik, Clemens Brentano, schreibt seiner Freundin, von der das heute in der Münchener Abtei St. Bonifaz aufbewahrte Ölporträt stammt, zahlreiche Briefe und Gedichte, die jedoch den Zeitgenossen unbekannt bleiben. Brentanos Werk aus dieser Zeit ist von der strikten Trennung von öffentlichem und privatem Bereich gekennzeichnet. Während die Liebesgedichte der Frühzeit unmittelbar in die Werke eingingen, hält er die poetischen Liebesbekundungen seiner Münchener Zeit unter Verschluss.

Die Veröffentlichung von *Gockel, Hinkel und Gackeleia* 1838 macht hier keine Ausnahme, denn obwohl die Widmung an das »Großmütterchen« Marianne von Willemer viel Autobiografisches enthält, so sind doch die aktuellen Liebesbeziehungen des Autors weitgehend ausgespart. Hinweise auf Emilie Linder und Luise Hensel, die sich zum Beispiel in Gedichten des Märchentextes finden, sind so verklausuliert, dass sie allenfalls von den »Adressaten« solcher »Botschaften«, von Luise und Emilie selbst, verstanden werden. Die Liebesgedichte und -briefe aus der Münchener Zeit kennen wir erst seit den Entdeckungen und Publikationen von Wolfgang Frühwald.

Der erste erhaltene Brief an Emilie – auf Ende 1833 datiert – zeigt, dass die Freundin das poetische Talent Brentanos sofort erkennt. »Fräulein Rineker sagte mir, daß Sie ein Bedauern für mich äußerten, weil ich mein Talent der Poesie entzogen habe«, schreibt Brentano und distanziert sich dann energisch – wenn auch nicht ohne Eitelkeit – von seinen publizierten Werken: »Wie! sollten wir einen Menschen dauern, der gute Beine und etwas Gehör und Gefühl hat, daß er sich dem Operntanz entzogen hat, weil er in seiner Jugend

Clemens Brentano, Stich nach dem Ölbild von Emilie Linder, München, um 1835.

als Figurant einige Hoffnung gab? Es ist nie etwas von mir gedruckt worden, dem ich volle Anerkennung gebe. Alles schien mir in verwirrter Stimmung entrissen. [...] Soll ich das vergängliche und sündenvolle Leben noch mehr schminken helfen, als die Gluth der Begierde es bereits thut? [...] Mein Leben ist das wundervollste Gedicht, das je gedichtet worden, es hat weder meinen, noch der Menschen, noch Gottes Beifall! Ich möchte es gerne zurücknehmen und es umarbeiten und Seiner Allerhöchsten Majestät zu Füßen legen. Menschen können es nicht gebrauchen; ich habe es oft gratis hingeboten [...]. – Wenn ich's noch länger mit Schmerzen ausfeile, nimmt es der liebe Gott wohl noch an. Er zieht sich auch oft von mir zurück, weil ich vor den Thüren, wo Er nicht allein aus- und eingeht, um ein Stück Brod bettele. Mein Gott und Herr, wie bist du eifersüchtig.«

Diesem kurzen Brief folgt am 5. Juni 1834 ein Brief nach Karlsbad, in dem er die Freundin schon mit Kosenamen als das »arme Lind« anspricht und auf einen Brief von ihr reagiert, in dem »viel

Liebes und Gutes«, aber doch keine positive Antwort auf seine Werbungen zu lesen war: »Auf Deinen Brief habe ich noch nicht geantwortet«, schreibt er, »ich zittre immer, so ich ihn anblicke, o es ist viel Liebes und Gutes drinn, und dennoch fehlt Eines, wovon Du hättest tröstend sprechen sollen!« – Und wieder distanziert er sich von einem seiner Werke, da er erfahren hatte, dass Emilie es gelesen hat: »Ich bitte dich um keine Kritick der *Gründung Prags*, das Buch ist voll Poesie, ein wunder und Blumen volles Sumpfgeflechte, es ist mir leid, daß Du es [...] gelesen, ich hatte damals keine Religion und ergab mich ganz der sogenannten Kunstwahrheit. Ich kann das Buch nicht mehr ansehen, es verlezt mich.« Aus dem Jahre 1834 sind nur Bruchstücke von Liebesbriefen erhalten. Hier ist es wieder die Adressatin, Emilie Linder selbst, die eine nachhaltige »Zensur« vollzieht. Lediglich eine Missionarsepistel Brentanos ist vollständig überliefert. Deren Sinn und Absicht fasst Brentano selbst in seinem Schlußsatz zusammen: »O diese Kirche, diese liebevolle Kirche, welche täglich für diejenigen, deren Luther sie vom Teufel gestiftet nennt, betet, ladet auch Dich ein, an ihren Segnungen Theil zu nehmen.«

Aufschlussreicher als dieser Brief sind die Dichtungen, denn von den Liebesgedichten vernichtet Emilie vermutlich kein einziges, war sie doch von dem poetischen Vermögen ihres Bewerbers überzeugt. Ähnlich wie bei zahlreichen Gedichten an Luise Hensel bezeichnet die Überschrift Anlass oder Datum. So können wir unter dem Titel *22. Juni 1834 nach Karlsbad* sehr viel mehr über die neue Liebe erfahren als aus den erhaltenen Bruchstücken der gleichzeitig nach Karlsbad geschickten Briefe:

Den ersten Tropfen dieser Leidensflut,
In der ich wehrlos, elend bin ertrunken,
Und auch von dieser grimmen Glut,
Die all mein Sein verzehrt, den ersten Funken,
Des Traumes Blumenrand, wo ich geruht,
Eh' in des Schmerzes Abgrund ich gesunken.
Das erste Tröpflein von dem Feuerblut,
In das ich wagt', den Finger einzutunken,
Um wehe mir! mit irrer Wut
An Leib und Seele liebeszaubertrunken

Von mir zu schleudern, weh! mein letztes Gut,
Und weh! mit meinem Elend noch zu prunken
Vor meiner Seele, arger Übermut!

Darauf folgt im gleichen Gedicht die Antwort, die er seiner Geliebten in den Mund legt:

Die Hand, die mich getauft, genährt mit Zaubertrank,
Sie hebt sie drohend – es schallt zu meinen Ohren:
»Mein armer lieber Freund! Wie krank! wie krank!
Horch! Schlummerlied vom Schicksal eines Toren,
Viel hättest du mir helfen, nützen können,
Nun muß die Flut, die uns umarmt, uns trennen,
Die Woge die mich kühlet, dich verbrennen! [...]«

Dann schließt sich – immer noch aus der Perspektive der Geliebten – das in anderem Versmaß gehaltene »Schlummerlied« an. Eine frivole Schlussstrophe zeigt an, dass die Beziehung zu diesem Zeitpunkt wohl kaum mehr rein platonischen Charakter hat:

Und als sie so gesungen
Ein bißchen süß gekaukelt,
Und sich herumgeschwungen
Geschlungen und geschaukelt
Rief sie: »Gut' Nacht mein Brüderchen
Addio! schreib, mach Liederchen.«

Nun streifet mein Gebieterchen
Schon ab das feine Miederchen
Und streckt die reinen Gliederchen,
O Engel seine Hüterchen,
Deckt sie mit dem Gefiederchen,
Und singt ihr kleine Liederchen,
Baut eure keuschen Nesterchen
Und legt ein englisch Pfästerchen
Ans Herz dem neuen Schwesterchen,
Daß es, was gut es eingeschnürt,
Nun aufgeschnürt nicht gleich verliert!

In dichter Folge entstehen Liebesgedichte, die in ihren Bildern und sprachlichen Nuancen weitaus origineller sind als die Berliner Lieder an Luise Hensel. Für das Jahr 1834 ergibt die poetische Ausbeute eine lange Liste: *10. Jänner 1834 – An eine Feder 17. Jenner 1834 – 7. April 1834 – 14.–15. April 1834 – 7. Juni 1834. Aus einem Briefe nach Karlsbad – 11. Juni 1834 nach Karlsbad. Alles lieben oder Eins lieben. All-Eins – 22. Juni 1834 nach Karlsbad – Die Blumen an Sie. 10. oder 11. Juli 1834 – 12. Juli 1834. Als sie mir Taschentücher geschenkt, die sie in Karlsbad gesäumt – 14. Juli 1834 – Text zum Oratorium von Ett zu lesen Im Laboratorium vor dem Bett. Montagabend 21. Juli 1834 – Donnerstag 21. August 1834. Sie reist mit Schubert zum Achensee – 24. August 1834 – Im Wetter auf der Heimfahrt. Am Dienstagnacht des Winters von 1833–34 gegeben 17. September 1834.*

Neuerlich bearbeitet er für Emilie Linder im gleichen Jahr das quälend schöne Liebesgedicht, das bereits Auguste Bußmann auf ihre Ehe bezogen hatte. Tatsächlich ist es noch weit älter und begleitet Brentano sein ganzes Dichterleben. Gemeint ist das Sonett, in dem Rosenbett und Todesbahre miteinander verschmelzen: »In Lieb'? – In Lust? – im Tod? Verschmachtet? trunken?« lautet die erste Zeile seiner Fassung für Emilie Linder.

Auch das ursprünglich an Luise Hensel gerichtete Lied *Die Abendwinde wehen* entsteht in neuer Fassung 1834. Aus dem gleichen Jahr stammen weiterhin die umfangreiche *Alhambra*-Dichtung mit dem Untertitel *Am Vorabend des Advents* sowie zwei Weihnachtsgedichte (*Eine Rose hat geblühet* und *Nachtrag zum Weihnachtsliede 1834. Bescherung der Armen an die Wohltäterin*). Mit der Zeile »Leb wohl du Jahr voll Tränen!« beginnt Brentano sein Lied mit dem Titel *Abschied dem Jahre 1834*, schließt dann jedoch noch ein Gedicht mit dem bezeichnenden Titel an: *Kettenlied eines Sklaven an die Fesselnde zur letzten Stunde des Jahres 1834 geschlossen.* Dessen erste Strophe zeigt die tiefe Verzweiflung des Zurückgewiesenen:

Einsam will ich untergehen
Keiner soll mein Ende wissen
Wird der Stern, den ich gesehen,
Von dem Himmel mir gerissen,
Will ich einsam untergehen
Wie ein Pilger in der Wüste.

Auch das in der Werkausgabe nächstfolgende Lied an die Geliebte deutet die Frustration bereits im Titel an: *20. Jenner nach großem Leid.* Nach neueren Überlegungen wird es allerdings auf den 20. Januar des Jahres 1834 datiert, wäre also ein Beispiel für die bereits nach der ersten Zurückweisung einsetzende Enttäuschung und Verzweiflung.

Eine harmonische, spannungsfreie Liebesbeziehung wird sich auch in den folgenden Jahren in München nicht entwickeln. Doch die poetische Ernte dieser Zeit ist ungewöhnlich reich. An die Stelle von brav-katholischen Gelegenheitsdichtungen, die Brentano nun selbst mit der verräterischen Überschrift *Bestellte Poesie* versieht und oft auch bei mehreren »Gelegenheiten« pflichtgemäß variiert abliefert, tritt nun eine erotische Alterspoesie, in der Brentano noch einmal den Reichtum seiner poetischen Möglichkeiten entfaltet. Dabei bezieht er bei seinen Bemühungen, Emilie zu gewinnen, auch das Metier seiner Freundin, die bildende Kunst, mit ein. Nach seinem Entwurf entsteht ein »Lebensbaum« für Emilie Linder. Die von Brentano auf zusammengeklebtem Schreibpapier entworfene Vorzeichnung hat sich erhalten, das danach angefertigte Ölbild gehört zu den wenigen Kriegsverlusten des Freien Deutschen Hochstifts; erhalten ist nur eine fotografische Reproduktion.

Das Bild nennt Brentano *Lilia sub tilia*, die Lilien unter der Linde. Es wird vermutlich im Jahre 1836 fertig, war aber offensichtlich zu Emilie Linders Geburtstag, dem 19. Oktober im Jahre 1834, gedacht, denn der dazu passende Erläuterungstext lässt sich auf dieses Jahr datieren. Brentano bringt seine Beschreibung nicht zu Ende; nach der Ausdeutung der oberen Bildhälfte reißt der erklärende Text ab. Der Autor selbst gibt den Grund dafür an: Der vorgelesene, zum Geburtstagstermin fertig gestellte Text findet bei dem Geburtstagskind nicht die erhoffte Resonanz.

Brentano beginnt mit seiner deutenden Bildbeschreibung, in der Emilie Linder als »Kind« bezeichnet wird: »Oben erscheint Tag und Datum des 19 Octobers, St. Lukas, der Evangelist und Mahler, dessen Tag der 18 October ist, reitet auf dem geflügelten Ochsen und läßt seine Staffelei leer stehen. St. Petrus von Alcantara, der Beichtvater der h. Theresia, dessen Tag der 19 October ist, setzt ein Kind vor die Staffelei des hl. Lucas. Das Kind mahlt eine Lilie darauf, eine Lieblingsblume, von welcher dieses Kind einst eine poetische Erfahrung gemacht und ich ein Lied, welches das Kind gerührt.« Die Details mit dem auf einem Ochsen reitenden St. Lukas und St. Petrus mit dem Kind lassen sich auf dem oberen Bildrand von Brentanos Skizze erkennen. Mit dem erwähnten Lied, das Emilie »gerührt« hat, spielt Brentano auf sein Gedicht *20. Jenner nach großem Leid* und das dort geschilderte Lilienerlebnis von Emilie an:

> Sieh dorten um die süße Linde
> Steht eine reine Lilienschar,
> Der Engel zeigte sie dem Kinde,
> Sie leuchteten ganz wunderbar.

Alle Einzelheiten des »Lebensbaumes« sind derart beziehungsreich im Geburtstagstext aufgeschlüsselt. Wie oft in den Gedichten an Emilie schlägt der Ton auch in diesen Erläuterungen plötzlich um und wird »direkter«: »Bis hier hin ist Alles in dem Bilde noch ganz artig, wie bei jedem Menschen gleich nach der Taufe, aber nun kommt der Mensch zum Lauf durch die Traufe«, heißt es, und dann folgen Stellen, die sich auf die weitere Entwicklung Emilies beziehen und auch ihren Umgang mit Bewerbern darstellen sollen: »Unter diesem Lilienkelche sitzt ein Genius in nachdenkender Stellung und ließt in Fragmenten, welche ihm Schmetterlinge vorhalten. Schmetterlinge, welche zu früh oder zu spät nach her zu Emilien fliehen werden, die sie treu pflegt mit ihrem Hauche wärmt, und mit Zuckerwasser in ihrer lieben Hand ernährt.« Sollte sich Brentano in einem dieser Schmetterlinge oder dem Genius selbst darstellen?

Die Kommentatoren schweigen sich hier aus und erläutern lediglich den Topos vom verlorenen Paradies, der mehrfach erwähnt und wenig später in der »Zueignung« des Gockel-Märchens zum Schlüsselbegriff von Brentanos Poetik wird. Im Kontext seiner eigenen Erläuterungen weist Brentano auf Dantes *Göttliche Komödie* hin, die offensichtlich zu Emilies bevorzugter Lektüre gehört: »Das Kind aber sehnte sich das verlohrne Paradies und den als einen gefesselten Engel auf die Erde gefallenen Menschen zu besingen […] und es erschien als die Larve des Dichters Dante, Lange begeisterte sich das Kind an dessen Anblick, […] Hilaris […] pflückte einem tändelnden Genius ein Lorber reis aus des Dichters Krone und sang ihm ein Liedchen, die eine Saite der dargebotenen Lyra mit einem Fingerchen berührend. Unter dieser Lilie schwenckte ein trompetender

Genius einen Komödienzettel, worauf steht la divina Comoedia.« Dann rät Brentano: »Suche Deine Sehnsucht nach dem Erhabenen in der Tonkunst zu befriedigen, da kannst Du von allen gehört und von Niemandem belauscht, als von Dir selbst und von Gott, alle Sehnsucht nach dem Erhabenen all das Heimweh nach dem verlohrnen Paradies, an welchem der gefesselte Engel kranket, in Tönen ausströmen, und sie werden Dir Friede geben.«

Die heilige Caecilie, Schutzpatronin der Kirchenmusik, erscheint auf der vierten Lilie des Bildes, das seine Anleihen bei Runge nicht verleugnen kann. Brentano weist auf Emilie Linders Verbindungen zum Kirchenmusiker Ett hin, der zum Kreis der Münchener Spätromantik gehört. Im Plauderton spielt er auf Emilie Linders musikalisches Dilettieren an: »was die Musik angeht, so hast du ja Gelegenheit, Deine Sehnsucht nach dem Erhabenen zu befriedigen bei Herrn Etti und bleibst doch ein Kind, ein demüthiges Schulkind, das Alles thut, was der Meister will, außer Etwas lernen. Willst Du aber einmahl dem Drang der Seele zu höherem Schwunge nachgeben, so ziehe bedächtig die Harfe hervor, entschnüre sie feierlich, stimme und stimme wieder, setze Dich aufs hohe Stühlchen und spiele ein bischen und fühle sehr viel Harfe, wir wollen so um Dich herschweben, daß Du zum Entzücken hehr und gros und edel und Lieb und Alles dabei bist, was das Erhabene geniesbar macht.«

Von der Bildbeschreibung entfernt sich Brentano mit derartigen Anspielungen immer weiter, und noch anzüglicher wird sein Text, als die »nackte Wahrheit« der Emilie Linder, ihr Körper, von den Grazien beschrieben wird: »wenn Du gleich ein bischen mager bist, so ist doch alles dieses die nackte Wahrheit [...]. Nakt aber bist Du wie die Wahrheit zur Welt gekommen und so wird dich die Erde wieder verzehren, o es ist kein Trug an Dir, alle Deine Knöchelchen und Beinchen dringen durch das bischen Fleisch hindurch und sprechen, daß Du ein armes Klipperklapperbein, daß Du eine Tochter der Rippe, daß Du gerippt bist. Mit allem übrigen haben wir die Grazien Dich bekränzt, und Dir Dein Körbchen gefüllt. ein bischen Fleisch, viel Nerven und Äderchen viel Blut, ein Herz, wie ein Bienenkorb, viele getrennte Zellchen, voll Honig und Wachs [...] und nur eine Königin Du selbst.«

Schließlich spricht Brentano diese »Königin« seines Herzens an: »sie ist mir die arme, die einfache, die einzelstehende Waise, die zierlichste, lieblichste, hinreissendste, unbefangenste unter allen Menschenkindern, mein arm Lind, mein süß Lieb, die schwarzlaubige Linde, vor der ich zittre und bebe, die mich tödten kann und mir ein Kummervolles Leben fristen! [...] daß ich sie lieben muß, und keine Gewalt erkenne auf Erden, als diese, – ich weiß es nicht – aber ich fühle es! ich weiß nichts mehr!«

Auf diese Liebesbekundungen, die Brentano seiner Liebsten zum Geburtstag vorträgt, reagiert Emilie offensichtlich nicht mit Gegenliebe, denn Brentano fährt im Text fort: »So weit hatte ich am 25 October geschrieben. Ich laß es Abends der Fr. L. vor. – Sie antwortete mit keiner Silbe darauf und doch enthält es Dinge von großer Wahrheit und Symptome eines tiefen innern Leidens. Auf die Frage, ob es misfalle: sagte sie halblaut: es ist schön, aber doch geschmeichelt.« Resignierend fügt er nach einem kurzen Dialog hinzu: »Ich habe bis jetzt selten erkannt, was sie versteht, denn mein Verhältniß zu ihr von ihrer Seite ist keine Freundschaft und keine Liebe, sondern eine Fledermaus zwischen beidem, da ist Dämmerung und Grauen. Ich werde in meinem Leben die Worte nie vergessen: Es wird Ihnen nie Etwas bei mir gelingen, als höchstens ein Lied; und ›es kann mir manchmal leid thun, daß Sie an Leib und Seele bei mir verhungern müssen[‹].« Brentanos Fazit ist: »meine Seele liebt, die ihre läßt sich lieben – aber in ihrem Annehmen ist kein Grund, keine Stätigkeit, kein Verlaß.«

KAPITEL ZWANZIG

Die besseren Lieder aus Godwi, Ponce, lustigen Musikanten

München – Aschaffenburg

Die Wiedererweckung der poetischen Potenz, die Brentano in seiner neuen Liebe in München erfährt, wirkt sich auch auf die Bewertung der eigenen frühen Dichtungen aus. Brentano fühlt sich nun stark genug, um die halb fertigen Projekte seiner ersten Lebensperiode zu revidieren und fertig zu stellen. In neuer Form sollen die »Lieder und Trümmer« in einer Sammelausgabe seiner Werke erscheinen. Von seinem Frankfurter Freund Böhmer verlangt er im Herbst 1834 eine Liste der Handschriften, die sich noch in dessen Obhut befinden. Daraufhin erneuert Böhmer, der Brentanos Absichten wohl schon ahnt, seinen Vorschlag, eine Werkausgabe unter Einschluss der Märchen zu veranstalten. »Gerade jetzt ist dafür eine günstigere, stillere Zeit eingetreten«, behauptet er. Eine Antwort Brentanos ist nicht überliefert, aber es gibt Anzeichen dafür, dass er die von Böhmer zurückgeschickten Materialien genauestens durchsieht, denn er vermisst Entwürfe zu einem Gedicht an Schinkel (die Böhmer dann wiederfindet) und beginnt mit der Überarbeitung der Märchen.

Der Freund drängt weiter: »Wollen sie keine Gedichtsammlung herausgeben in zwei Bänden, geistlich und weltlich, poetisch-musikalisch wie nur Rückert philologisch-poetisch ist?« Daraufhin trägt Brentano, der sich schon einmal – bei den *Iris*-Drucken von Märchentexten – heftig gegen das eigenmächtige Vorgehen Böhmers gewehrt hatte, erneut schwere Bedenken vor: »Ich besitze zwar noch einige dutzend Lieder, habe sie aber seit 30 Jahren unter so speziellen Irren und Leiden geschrieben, daß ich sie kaum zu lesen, viel weniger abzuschreiben wage, was eine Verrätherei an mir und dem Leben sein würde. […] ich habe eine krankhafte Angst vor aller Öffentlichkeit. Es ist eine solche Vortrefflichkeit in der Poesie eingerissen, daß ich mich schäme mit meinen Hobelspänen her vor zu treten, man wird sie anzünden und mich auslachen.«

Noch im gleichen Brief vollzieht er jedoch eine Kehrtwende und erklärt sich überraschend mit Böhmers Plan einverstanden. »Ist es aber eine fixe Idee ihrer Freundschaft, so sey ihr das Opfer gebracht. – Schreiben Sie einmahl die Titel zussammen, viel wird nicht da sein. Vielleicht könnte man auch die poetischsten Stellen aus der Gründung von Prag, welche ein abgeschloßenes Bild aussprechen, ohne dramatisch zu seyn dazu nehmen, suchen Sie dieselben einmahl aus, eben so die Romanzen aus Godwi – ob die vom Rosenkranz auch? – Ich erwarte Ihre Antwort!« Am Schluss des Briefes listet er noch einmal auf: »die besseren Lieder aus Godwi, Ponce, lustigen Musikanten« und das Gedicht »St. Meinrad aus dem Wunderhorn«; von seinen neueren Gelegenheitsdichtungen scheinen ihm die Stammbuchverse für Marianne von Willemer und Lebrecht Guaita besonders geeignet. »Haben Sie Abschrift«, fragt er und schließt: »Bitte um Verzeichniß, was Sie haben.«

Böhmer entwirft daraufhin einen detaillierten Plan zur Bandaufteilung der Ausgabe, die »Nowellen und kleine Schriften in Prosa« sowie weltliche und geistliche Gedichte umfassen soll. Brentano stimmt zu und deutet in seinem Brief vom 9. März zum ersten Mal an, dass er in München Abschriften in Auftrag geben wird: »Was sie von meinen schlechten Versen etwa haben, lassen sie mir ordinair abschreiben, daß ich hie und da etwas corrigiren kann«, schlägt er dem Freund vor und ergänzt: »Ich will mit dem was ich selbst habe ebenso thun, dann können wir das Lumpengesindel zussammenrücken lassen.«

Die Ausgabe kommt in der von Böhmer geplanten Form nicht zustande, aber die Abschriften, die Brentano in München anfertigen lässt, belegen, dass er mit diesem Projekt ernsthaft und zielstrebig beginnt. Anna Barbara Sendtner, seine Schreiberin, ist eine Professoren-Witwe und Mutter zahlreicher Kinder, der Brentano durch seine Kopieraufträge zu einigem Verdienst verhilft. »Meine Achtung gegen diese in jeder Hinsicht ausgezeichnete Frau ist volkommen. Sie ist eines der verstehendsten und all ihren Lebensaufgaben genügendsten Wesen, die mir je begegnet sind«, urteilt Brentano über sie.

Die gebildete und fleißige Frau schreibt alles ab, was Brentano in München in Arbeit hat und zum Druck vorbereitet. Überliefert sind Manuskripte ihrer Hand von den Emmerick-Werken (*Lehrjahre Jesu,*

Marienleben) und dem unveröffentlichten Drama *Aloys und Imelde* sowie von zahlreichen Gedichten aus verschiedenen Lebensperioden Brentanos. Neben der *Lureley* der Frühzeit finden wir Gedichte an Luise Hensel wie *O schweig nur Herz* und die an Emilie Linder gerichtete *Alhambra*-Dichtung sowie die *Legende der heiligen Marina.* Wenige Korrekturen und eigenhändig von Brentano eingefügte Gedichtüberschriften (wie das berühmte *Wiegenlied eines jammernden Herzen*) zeigen, dass er die Sammelausgabe neben den Emmerick-Werken vorantreibt und einige dafür angefertigte Kopien durchsieht. Alle Materialien gehen nach Brentanos Tod an den Bruder Christian über, und es sind dessen Frau Emilie und ein befreundeter Aschaffenburger Philologe namens Josef Merkel, die den Bestand an Sendtner-Kopien nach Brentanos Tod erneut durchkorrigieren und in den Satz geben.

Zwei Gedichtbände umfassen die *Gesammelten Schriften* von 1852. Sie können modernen Vorstellungen einer kritischen Ausgabe nicht entsprechen – denn die Herausgeber lassen in erster Linie den braven, frommen Clemens der Spätzeit zu Wort kommen und ergänzen auch hin und wieder Fragmente –, doch geht immerhin einiges von dem ausgewählten und vorbereiteten Material des Dichters in die postume Ausgabe ein. Brentanos Anstrengungen der Münchener Zeit, in einer Werkausgabe die Summe seines Lebens zu ziehen und eine Auswahl seiner Dichtkunst zu bieten, die seinen eigenen hohen Ansprüchen an Poesie genügt, bleiben damit nicht folgenlos. Die bereits überarbeitete Lyrik erscheint nach seinem Tode ohne gravierende Veränderungen im Druck.

Vielleicht war Anna Barbara Sendtner bereits mit der Anfertigung einer Reinschrift des *Märchens von Gockel, Hinkel und Gackeleia* befasst. Diese Abschrift dürfte dann beim Setzen des Werkes zugrunde gelegen und danach vernichtet worden sein – so war es damals im Verlagsgeschäft üblich. Bis zu ihrem Tode arbeitet Anna Barbara Sendtner fleißig für Brentano. Luise Hensel, die Brentano 1839 zum letzten Mal in München sieht, berichtet von diesem Besuch und ihrer Begegnung mit Frau Sendtner: »Br: schätzte sie als Freundin u lud sie mit den Familien Görres, Phillips u Ringseis zusammen für mich ein zu einem ländlichen Abendfeste auf der Nuckerschwaig bei München [...]. Er war ungemein heiter, trank aber leider sehr viel Bier, was seine Freunde immer ungern sahen weil es jedenfalls seine schon drohende Krankheit beförderte. Er stellte Fr: v. Sendtner (die Abschreiberin) u mich einander vor u nannte sie seine Freundin.«

Als Brentano sein Quartier bei Schlotthauers räumen muss, zieht er zu dieser »Freundin«, die ihm spontan ein Zimmer zur Verfügung stellt. Doch dann geschieht etwas für Brentano Schockierendes. Nur wenige Tage nach seinem Einzug stirbt seine Wirtin an einem plötzlichen Herztod: »ich saß zwischen meinen Büchern und Geräthen an der Erde«, berichtet er seinem Bruder Christian am 1. November 1840, »sie begann mit den liebvollsten Trostworten zu ordnen, ich staunte sie an in ihrem hohen Christenmuth [...] sie ging zur Thüre hinaus, fiel in Ohnmacht – nach 3 Tagen war sie todt!!! Sie starb in Folge eines Herzfehlers, der in der Familie erblich ist, höchst erbaulich; so lag ich plötzlich in der höchsten Verwirrung mitten in einer wehklagenden sich auflösenden Familie von 7 Kindern.«

Vielleicht ist der Tod der fürsorglichen Freundin und kaum ersetzbaren, tüchtigen Helferin eine der Ursachen dafür, dass Brentano, der auf Böhmers Initiativen bereits Ende 1839 erneut recht unwirsch reagiert, das Projekt endgültig abbricht und auf einen letzten Vorstoß Böhmers im Januar 1841 gar nicht mehr antwortet. Dabei hatte er den Plan des Buchhändlers Mohr, *Des Knaben Wunderhorn* erneut aufzulegen, noch im März 1839 sehr positiv aufgenommen. Nach dieser Idee soll die Liedersammlung der Heidelberger Zeit in erweiterter Form neu erscheinen, und Brentano wendet sich sofort an Bettine, die das Erbe des einstigen Mitherausgebers Arnim zu vertreten hat. Am 7. Mai 1839 präzisiert er seine Vorstellungen zu diesem Projekt: »Alles langweilige lederne und auch das Polemische soll heraus bleiben, eben so das Moderne. [...] Meine Meinung wäre, man solle das Wunderhorn ganz neu zusammenstellen [...] Alle seitdem erschienenen Sammlungen [...] sind dabei auszubeuten, wie auch die Bibliotheken und Privatsammlungen [...] Vor allzuvielen historisch politischen Liedern ist sich zu hüten, sie sind auch damals wie heut zu Tage außer wenigen, kaum gelesen und nicht gesungen worden, nur was so kurz dauert wie die Liebe, wird gesungen, weil es ewig wiederkömmt.«

Das nach dieser Konzeption riesige Arbeitsprogramm ist kaum von einem Einzelnen in überschaubarem Zeitrahmen zu leisten, und Brentano schlägt Bettine deshalb vor, einen ihrer Söhne zu beteiligen: »Ist einer Deiner Söhne reif und bemuset nicht mit Muß von Pflaumen, sondern von den Musen, und will mit mir bemoosten Oheim die Arbeit des Vaters noch mals beginnen, so bin ich, wenn er *fleißig* und deutlich ist, bereit.« Die Zusammenarbeit kommt nicht zu Stande – keiner der Söhne hatte genug Muse und Muße –, doch entschließt sich Bettine in den vierziger Jahren, unter Mithilfe der Studenten Rudolf Baier und Ludwig Erk, eine revidierte und auf vier Bände erweiterte Ausgabe innerhalb von *Arnims sämmtlichen Werken* zu veröffentlichen, die allerdings die hohen Ansprüche, die Brentano formuliert hatte, auch nicht annähernd erfüllen können.

Die Diskussion über den *Wunderhorn*-Plan führt zu einer Wiederannäherung der Brentano-Geschwister, die Bettine mit der Publikation ihres Buches *Goethes Briefwechsel mit einem Kinde* bereits vorbereitete. Ihre Aufarbeitung der Vergangenheit findet den Beifall von Clemens, und er ist bereit, ebenfalls den Faden wieder aufzunehmen. »*Freude* brachte mir die Erinnerung der eignen Jugend in diesen Briefen«, schreibt er Bettine am 17. Juni 1834 aus München (nach einer Korrespondenzpause von immerhin zwanzig Jahren!), »ich fühlte Etwas drinn, was in gewissem Maaße auch mich bewegt hatte […] diese bunten Schwalben aus einer JugendInsel machten mir viele Freude und erregten mir bei öfterer Wiederholung einen gewissen frischen Muth. Ich verstand dich wohl, und hatte dich lieb, und fühlte von meinem Fleisch und Bein in dir.« Allerdings teilt er zugleich Vorbehalte seiner Münchener Freunde mit: »*Sorge*, brachte mir, das Ärgeniß ohne alle Noth gegeben, pag. 11 wird dem ganzen dadurch irgend ein Nutzen gebracht? daß alle Menschen in Europa wissen, daß du nicht wohlerzogen auf dem Sopha sitzen kannst, und dich übelerzogen auf eines Mannes Schoos setzest, und daß dieser die Würde eines armen närrischen Mädchens nicht achtend, es duldet, u. s. w.«

Was steht auf dieser Pagina 11 von Bettines Buch, die ihr Bruder zu eliminieren vorschlägt? Es ist die erste Begegnung des jungen Mädchens mit dem großen Dichter in Weimar, die beschrieben wird: »Ich sagte plötzlich: hier auf dem Sopha kann ich nicht bleiben, und sprang auf. – Nun! sagte er, machen Sie sich's bequem; nun flog ich ihm an den Hals, er zog mich auf's Knie und schloß mich an's Herz. Still, ganz still war's, alles verging. Ich hatte so lange nicht geschlafen; Jahre waren vergangen in Sehnsucht nach ihm, – ich schlief an seiner Brust ein; und da ich aufgewacht war, begann ein neues Leben.« Bettine auf dem Schoß Goethes an seiner Brust schlafend: Clemens sieht voraus, dass dieses Bild Aufsehen erregen und den Ruf Bettines auf lange Zeit schädigen wird. Bis heute wird sie tatsächlich von Goethe-Forschern oft als aufdringliche, unreife Verehrerin angesehen, die mit Brieffälschungen und Lügen dem Denkmal Goethe schadet. Nichts spricht jedoch dagegen, dass ihre Darstellung der Weimarer Begegnung im Wesentlichen zutrifft – es sind nur die prüden Goethe-Forscher, denen es nicht ins Konzept passt, dass der verehrte »Dichterfürst« es zulässt, wenn sich das junge Mädchen auf seinen Schoß setzt. Bettine sieht keinen Grund zur Verheimlichung der harmlosen Annäherungsszene, sie geht auf den Münchener Vorschlag, den Bogen des noch nicht fertig gestellten Bandes einzustampfen, nicht ein.

Einem völligen Konsens der Brentano-Geschwister stehen in den dreißiger Jahren auch politische Differenzen entgegen. Während Clemens bei dem *Wunderhorn*-Plan insbesondere für die Aufnahme von unpolitischen Liebesliedern plädiert, verstrickt sich Bettine in Berlin mehr und mehr in politische Auseinandersetzungen. Engagiert kämpft sie für die Wiedereinstellung der entlassenen Brüder Grimm und setzt sich beim preußischen Kronprinzen mit Erfolg für sie ein. Die skeptischen Worte Brentanos über »historisch politische Lieder« dürften sich gegen diese politischen Tendenzen der Schwester richten, die mit Brentanos Auffassungen der Münchener Zeit kaum in Einklang zu bringen sind.

Die grundlegenden politischen Differenzen werden erkennbar, als ein Sohn Bettines seinen Onkel in München und Frankfurt besucht. Mit den konservativ-katholischen Kreisen, in denen Brentano verwurzelt ist, kann Friedmund wenig anfangen. »Denk dir«, berichtet er seiner Mutter am 30. Mai 1834 aus München, »ich habe den Clemens hier getroffen: Ich weiß nicht, wie mir zu Muth ist, manchmal möchte ich mich freuen ihn gesehen zu haben, dann möchte ich wieder aus München, um ihn nicht zu sehen.« Als er Brentanos Bekanntenkreis in Frankfurt näher kennen gelernt hat, wird er 1841 deutlicher: »hier unter allen Katholicken vorzüglich aber dem Clemens, findet man eine außerordentliche Besorgniß, daß man nicht den rechten Weg gehe. Denn bei der angezwungenen Demuth ohne Liebe, glauben sie mit der katholischen Religion doch immer etwas voraus zu sein. Bei alle dem kommen sie aber doch zu keinem innerlichen Frieden.«

Friedmund versucht, Brentano – ganz im Sinne der Mutter – aus diesem Zirkel herauszulösen und mit den Kontrahenten der linksliberalen Linie bekannt zu machen. Auf Hinweis von Bettine hatte Brentano bereits eine Liedersammlung von Ferdinand Freiligrath gelesen und ihm einen begeisterten Brief geschrieben, der so gar nicht zu seiner generellen Verurteilung »historisch politischer Lieder« passt. Nun erreicht es Friedmund von Arnim in Darmstadt, Freiligrath – der auf Brentanos Brief nicht reagiert hatte – zu einem Besuch in Frankfurt zu bewegen. Nach dem Treffen beschreibt Brentano den jungen Dichter als »stämmigen gutmüthigen Gesell, mit der Phisionomie eines Bootsknechts, gesund und bescheiden, ohne alle Schüchternheit [...] aber derb und gradheraus«.

Was er an Freiligraths Lyrik verehrt, ist der frische, volksliedartige Ton, der diesem Auftritt entspricht. Die konträre politische Position zeigt sich dagegen in dem Vorschlag, den er dem Dichter zum Schluss seines Briefes gemacht hatte: »Außerdem wage ich noch eine Bitte an Sie, es ist die um irgend ein Gedicht, das sich auf Palästina als ein Land christlicher Sehnsucht bezieht, *von Ihrer Hand geschrieben*, könnte Sie ein aufgegebener Stoff bewegen, mit großer Freude wollte ich Ihre Muße würdig honoriren [...] der einleitende Faden ist hinreichend in Lamartins Reiße in den Orient gegeben, und zwar in der Schilderung seiner Zusammenkunft mit Lady Stanhope auf dem Libanon am Schluße des ersten Bandes.« Freiligrath nimmt diese »Auftragsarbeit« des Kollegen verständlicherweise nicht an.

Der neue Schwung, den Brentano in München gewinnt, führt also keineswegs dazu, dass er den Kreis der katholisch-konservativen Gruppe verlässt. »Palästina als ein Land christlicher Sehnsucht« ist ihm wichtiger als der Kampf der Liberalen gegen die Verkrustungen des deutschen Staatswesens, dem sich Bettine und Freiligrath widmen. Brentano kehrt auch nicht zu den Positionen seiner Frühzeit zurück, indem er seine frühen Werke überarbeitet und die Editionspläne mit aller Kraft vorantreibt. Revidiert wird nur die radikale Forderung an den Dichter, sich auf die Funktionen eines »Schreibers« beziehungsweise katholisch-konservativen Publizisten zu beschränken. Kunst, die sich der Fantasie bedient und nach eigenen Gesetzen entfaltet, lässt Brentano nun wieder gelten.

Am deutlichsten wird die neue Freiheit des Poeten bei der Überarbeitung der Märchen. Als er die Neuedition des *Wunderhorn* erwägt und seine Lyrik-Ausgabe vorbereitet, ist das bedeutendste Werk dieser Schaffensperiode, das *Märchen von Gockel, Hinkel und Gackeleia*, längst im Buchhandel. Brentano hatte sich entschlossen, »die Mährchen *nach und nach* und nicht auf einmahl drucken zu lassen«, und dies Böhmer gegenüber begründet: »denn es ist durchaus eine Revision nöthig.« Die ungeheure Erweiterung des Gockel-Märchens zeigt, dass diese »Revision« über Korrekturen und kleinere Einschübe weit hinausgeht. Der Vergleich des »Urgockel«, den Böhmer noch 1831 hatte abschreiben lassen, mit der Buchausgabe von 1838 zeigt, dass Brentano seiner Fantasie noch einmal freien Lauf lässt. Geht man von der Quelle, dem *Pentamerone* von Basile, aus, so ergibt sich ein zweifacher Expansionsschub: In der italienischen Vorlage trägt das Märchen den Titel *La preta delo Gallo* (Der Hahnenstein) und umfasst etwa zehn Seiten. Die erste Fassung Brentanos hat (im Erstdruck von 1846) einen Umfang von 130 Druckseiten. Daraus wird in München ein selbstständiges Buch mit fast 350 Seiten. Darin eingeschlossen ist allerdings die an das »Großmütterchen« Marianne von Willemer gerichtete *Herzliche Zueignung* (14 Seiten) und der 108 Seiten umfassende Anhang *Aus dem Tagebuch der Ahnfrau*. Die beiden dem eigentlichen Märchentext zugeordneten Abschnitte enthalten neben biografischen Anspielungen auch die Essenz der Kunstauffassungen des späten Brentano.

Doch auch der Haupttext ist gewachsen – durch Texterweiterungen und zahlreiche eingelegte Lieder. Brentano verbindet seine fantastischen Bilder zu einem rankenartig wuchernden Gebilde, das am besten durch die Bezeichnung »Arabeske« charakterisiert wird. Auch dies ein Rückgriff auf Elemente der Ästhetik seiner ersten Lebensperiode. Denn es waren die Frühromantiker, die diesen Begriff der bildenden Kunst – unter Arabeske versteht man in der Kunstgeschichte ineinander verschlungene Gebilde, die Wände oder Buchseiten umrahmen – zum Leitbild für die neue »romantische« Literatur erhoben hatten. Brentano hatte versucht, Runge zu bewegen, solche Arabesken für seine *Romanzen vom Rosenkranz* zu entwerfen. Nun wird das Organisch-Wuchernde, durch eine Vielzahl von Bezügen Verschlungene zum Formprinzip des Wortkunstwerks, des *Märchens von Gockel, Hinkel und Gackeleia*. Kein Zweifel,

Brentanos Fantasie funktioniert so: Jedes Detail der Geschichte setzt neue Ideen frei. Nur mühsam hält er diese Einfälle im Zaum, ordnet er sie einer fortschreitenden Handlung unter oder deutet sie im Sinne seiner christlich-katholischen Vorstellungen. Die *Zueignung* und das *Tagebuch der Ahnfrau* sind der Versuch, Grenzen und Ziele zu setzen, gleichsam ein stützendes Gerüst in das blumige Rankenwerk einzuziehen. Doch auch diese Begleittexte zum Märchen werden von Brentanos fantastischer Bilderwelt durchwuchert, und Differenzen zur »reinen Lehre« der katholischen Spätromantik tun sich auch in diesem Entwurf seiner Münchener Poetik auf.

So ist Goethe für den Linder-Kreis ein geächteter Dichter. Auf dem Hausaltar, den Konrad Eberhard für Emilie Linder anfertigt, ist das Programm der Münchener Gruppe bildlich dargestellt: »Vor einer im Hintergrund brennenden antiken Stadt predigt der Apostel Paulus in Athen (vgl. Apostelgeschichte 17, 16–34). Entsprechend dem biblischen Bericht wenden sich einige spottend ab, andere werden von Paulus bekehrt. – In der Gruppe rechts vom Apostel stehen die Verstockten, die Heiden bleiben, darunter Goethe [...]. In der Gruppe links vom Apostel sitzen und stehen die Gläubigen, Porträts aus dem Kreis von Freunden und Bekannten des Malers: schreibend links der Philologe Ernst von Lasaulx, rechts der Kirchenmusiker Kaspar Ett; stehend von links, der Maler Johann Martin von Rohden, der Dichter Clemens Brentano, der Sammler altdeutscher Kunst Sulpiz Boisserée, der Maler Joseph Anton Koch (?) sowie zwei weitere Mitglieder der sich in München versammelnden katholischen Erneuerungsbewegung.« Die Mitglieder dieser »Erneuerungsbewegung« sind zum Teil heute schon vergessen und daher nur schwer auf dem Altarbild mit dem bezeichnenden Titel *Der Triumph der Kirche* zu identifizieren. Deutlich ist jedoch, dass Goethe und Brentano hier einander verfeindeten Gruppen zugeordnet werden.

Doch Brentano, der »Bekehrte«, der nach diesem simplen Bildprogramm des Münchener Kreises für die abtrünnigen Heiden nichts als Verachtung übrig haben sollte, richtet seine *Herzliche Zueignung* ausgerechnet an eine Freundin des späten Goethe, an Marianne von Willemer. Ihr legt er »die ganze Bescherung märchenhaft zu Füßen«, und meint, sie könne ihn »mit gutem Gewissen für dein Enkelchen halten.« Ihr »weiht« er »dieses Paradieschen, diese Rarität, diese Kunst, diese verspäteten Schmetterlinge, dieses Adonisgärtchen, dieses Märchen«. Dann schildert er ausführlich sein Kinderphantasiereich »Vadutz«, um gerade »Frau Rath« – Goethes Mutter – mit den Prognosen zur eignen Künstlerlaufbahn zu zitieren.

Bei der Erklärung des »so oft im Märchen wiederkehrenden Reims: Keine Puppe, sondern nur eine schöne Kunstfigur« spielt er nicht nur auf den Harlekin-Auftritt der Tänzerin Marianne Jung (spätere Willemer) an, sondern nennt erneut »Frau Rath« und ihren Sohn »Wolfgang« als Gewährsleute: »Als ich der Frau Rath sagte: ›Wenn der Osterhas solche Eier legen würde‹« – Marianne Jung stieg zu Beginn ihres Auftritts aus einem überdimensionalen Ei –, »›möchten die Hasen und die Eier gewaltig im Preise steigen‹, erwiderte sie: ›Ja, und wenn man mit den Eiern kippte, würde man behutsamer sein, um dem Harlekin nicht ein Loch in das allerliebste Köpfchen zu stoßen. Hätte nur der Wolfgang diesen Harlekin im Ei gekannt, was hätte er für schöne Märchen von ihm erzählt, denn, wenn er seine Kameraden am Osterfest die Ostereier im Garten suchen ließ, bewirtete er sie immer mit einem ganzen Eierkuchen von Märchen aus dem großen Weltei, das über dem Brüten zerbrochen, so daß aus dem obern Teil der Schale der Himmel, aus dem untern die Erde entstanden ist.‹« Diese Anekdoten lassen sich kaum als radikale Abkehr von Goethes Kunstanschauungen interpretieren. In Goethes *Eierkuchen* hätten Märchen über die Kunstfigur des Harlekins Marianne Jung gefehlt, meint »Frau Rath«, und Brentano distanziert sich nicht von diesen Auffassungen, sondern lässt das fantastische Spiel mit den Kunstfiguren wieder zu, wobei die »Moral« seines Märchens – nämlich die Gefährdung, die von der »Kunstfigur« ausgeht – hinter dem fantastischen Märchenstoff kaum mehr durchschimmert.

Eine Art Synthese aus frühromantischen Vorstellungen (mit der Idealisierung der »Arabeske«) und den spätromantischen Ideen einer dezidiert christlichen Ästhetik gelingt Brentano in der Spätfassung seines Gockel-Märchens durchaus, doch lässt sich darüber streiten, ob Brentano das Märchen durch die Erweiterungen »verbessert« hat. Von den Idealen der Brüder Grimm entfernt er sich jedenfalls immer weiter: Die komplexen Rahmentexte mit ihrer diffizilen Kunstthematik sind nur für Erwachsene verständlich. Anspielungen auf Marianne von Willemer, Apollonia Diepenbrock, Luise Hensel und Emilie Linder stellen kaum eine Bereicherung dar: Sie sind

Brentanos Entwurf zum Titelblatt des Märchens von Gockel, Hinkel und Gackeleia, *Frankfurt 1838.*

überhaupt nur von einem sehr kleinen Leserkreis von Zeitgenossen und belesenen Germanisten vollständig zu entschlüsseln. Demgegenüber bleibt der Grundtext des Märchens auch in seiner überarbeiteten Form verständlich und reizvoll, gerade für Kinder. Die beigefügten Illustrationen – wie der Einzug der Gockelfamilie in die Ruinen ihrer Stammburg bei Gelnhausen, die Szene nach dem Tod der Henne mit den Küklein oder die Darstellung der Mäuseresidenz – erleichtern den Zugang. Brentano selbst hat an den Entwürfen zu diesen Stichen intensiv mitgearbeitet. Jedem Bild dürften detaillierte Skizzen von ihm zu Grunde liegen, wie sie für das Titelblatt in einer ersten Rohfassung erhalten sind. Maximiliane Pernelle und Ludwig Emil Grimm haben die Vorlagen für die Lithographien gezeichnet.

In München lernt Brentano 1837 auch den Nazarener Edward von Steinle kennen, der in diesem Jahr von Rom nach Frankfurt wechselt. Nach der Begegnung entwickelt sich ein reger Briefwechsel, wobei Brentano hofft, einen Künstler zu gewinnen, »der ihm den so früh gestorbenen Philipp Otto Runge ersetzen« könnte. Tatsächlich kommt es zur Planung eines illustrierten Gebetbuchs und weiterer gemeinsamer Projekte. Vorgesehen sind Ausgaben der *Lehrjahre Jesu*, der Rheinmärchen und der *Romanzen vom Rosenkranz*, doch entstehen die meisten Entwürfe Steinles zu diesen Texten erst nach Brentanos Tod – zum Teil als Auftragsarbeiten für die Frankfurter Brentano-Familie, die sich Erinnerungsräume mit Motiven zu Brentanos Dichtungen schmücken lässt. Ein Fries von insgesamt fast 18 Metern Länge mit Motiven der Rheinmärchen wird im Frankfurter Städel aufbewahrt; zum Bestand des Freien Deutschen Hochstifts gehören ein großformatiges farbiges Bild zu den *Romanzen vom Rosenkranz* und ein Karton zu den *Mehreren Wehmüllern*.

Am bekanntesten ist vielleicht die Loreley-Darstellung Steinles, die im Besitz der Münchener Schack-Galerie ist. Das Bild zeigt eine gewaltige Frauenfigur, mit ausgestrecktem Arm an einem Felsenhang stehend. Sie wirkt wie ein »Vamp«, verführerisch und beherrschend, mit der Germania-Figur des späten 19. Jahrhunderts verwandt, wie sie das Rüdesheimer Denkmal zeigt. Tatsächlich schuf Steinle dieses Ölgemälde erst 1864 und nahm Brentanos Lied von 1801 aus dem Blickwinkel des von Heines Loreley-Version ausgelösten Loreley-Kults wahr.

Ein Jahr vor Brentanos Tod entstehen einige Bleistiftzeichnungen Steinles, die seine Meisterschaft im präzisen Skizzieren nach der Natur belegen: Brentano, seine Erzählung *Die mehreren Wehmüller* lesend, und – nicht ganz so meisterlich – Brentano stehend, in der rechten Hand ein kleines Buch, die linke in der Hosentasche, vermutlich vor oder nach der Lesung der Novelle von Steinle skizziert. »Einem frohen Abend, wo er sich überreden ließ, bei Steinle seine Wehmüller vorzulesen, verdankt das geistreich aufgefasste Porträt

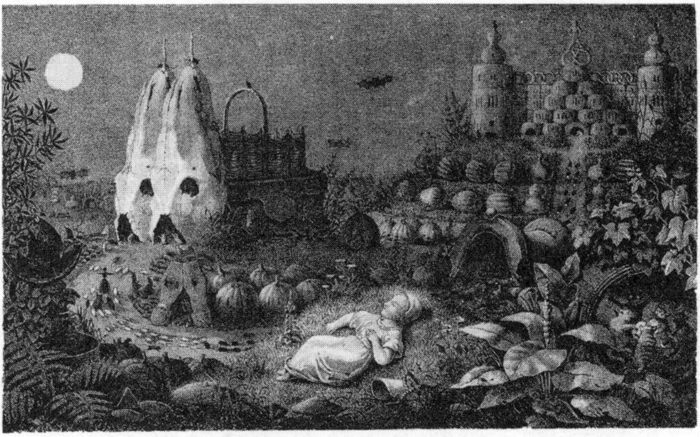

Gackeleia im Mäusereich, Illustration zum Märchen von Gockel, Hinkel und Gackeleia *(1838), Lithographie nach Entwürfen von Maximiliane Pernelle und Ludwig Emil Grimm.*

von Clemens Brentano, welches dieser Künstler während dem Vorlesen derselben gezeichnet, und welches wir in Lithographie besitzen, seine Entstehung«, heißt es in der Kurzbiografie der *Gesammelten Schriften.*

Am 14. September 1841 besucht Brentano Steinle in seinem Atelier und fährt dann gemeinsam mit dem Künstler und seinem Bruder Georg zu dessen Besitz in Rödelheim. Nach einem Zwischenaufenthalt bei seinem Halbbruder Franz in Winkel ist Brentano dann am 4. November zum letzten Mal bei Steinle zu Gast, und in der Nacht vor Brentanos Tod kommt es in Aschaffenburg zu einer letzten Begegnung. Steinle widmet ihm ein Gedenkblatt, das seine Vorbilder in der Nazarener-Tradition nicht verleugnen kann: Brentano als Pilger, dessen bigott wirkender Blick gen Himmel gerichtet ist, während er ein Kreuz am Wegesrand umarmt. Kaum vorstellbar, dass dieses Bild Brentano gefallen hätte! Was zu Lebzeiten des Dichters entsteht und von ihm zur Publikation freigegeben wird, gehört nicht in diese frömmelnde Tradition.

Die Bildkompositionen des Gockel-Märchens etwa folgen einem additiven Prinzip und verarbeiten Anregungen von Philipp Otto Runge ebenso wie von Hieronymus Bosch, Albrecht Dürer und William Hogarth. Zugleich sind die fertigen Kompositionen der von Brentano inspirierten Stiche des Gockel-Märchens auch mit modernen Bildwerken der Surrealisten verwandt, wie Peter-Klaus Schuster durch Vergleich mit Bildern von Max Ernst überzeugend demonstriert: »Die parataktische Verwendung von vorgegebenem Material, die neu zusammengestückte und disparat verbleibende Kunstwelt, das alles sind Aspekte der Illustrationen des Gockelmärchens, die auf die Moderne vorausweisen.«

Bei einem Besuch von Emilie Linder am 30. Dezember 1841 klagt Brentano, »er fühle es durch und durch, daß er bald zusammenbreche«. Im Januar 1842 ordnet der Arzt an, dass er die Wohnung nicht verlassen dürfe. Er hat geschwollene Füße, Symptome einer »Wassersucht«, wie es damals hieß. Herzschwäche, die zu Ödemen führt, würden wir heute sagen. Im Februar kommt es noch einmal zu einer Besserung. Brentano kann wieder die Messe besuchen, »die Geschwulst an den Füßen hat ganz abgenommen, auch hat er wieder Appetit«. Am 18. Februar taucht er überraschend zu Fuß bei seiner Freundin Emilie auf. Im Mai muss er jedoch wieder das Bett hüten, und er bittet seinen Bruder Christian, nach München zu kommen.

Zugleich beginnt er unter Assistenz von Görres sein Testament aufzusetzen. Christian wird als Universalerbe eingesetzt. Ferner gilt: »Von einem Drittel seines Vermögens erhält seine Schwester Bettine von Arnim die Nutznießung, von einem weiteren Drittel erhalten die Barmherzigen Schwestern in Koblenz und München, das von Apollonia Diepenbrock geleitete Krankenhaus in Regensburg und andere Institutionen einmalige Spenden. Alle Aufzeichnungen aus der Zeit seiner Begegnung mit Anna Katharina Emmerick sollen Daniel Bonifaz Haneberg, die Handschriften der Märchen Guido Görres übergeben werden, die beide je für die ihnen anvertrauten Nachlaßteile als Herausgeber verantwortlich werden sollen.« Soweit die komplizierten testamentarischen Verfügungen Brentanos, wie sie der Chronist Konrad Feilchenfeldt zusammenfasst.

Über Brentanos Zustand informiert Emilie Linder am 30. Mai Edward von Steinle: »was soll ich Ihnen von unserem guten, armen Freunde sagen? Das Herz ist mir recht schwer und bange. Sehr lange kann es nicht mehr dauern, seine Kräfte nehmen so sichtlich ab, von Woche zu Woche, ja von Tag zu Tag. Jetzt verläßt ihn auch oft das Gedächtniß. Görres meinte, heute, das käme wohl jetzt vorzugsweise von der Medicin her, von nöthig gewordenen starken Dosen Digitalis [...] es ist mir ein ganz zerreißender Schmerz, ich kann es gar nicht aussprechen. Es ist auch so eine unendliche Trauer in seinem ganzen Wesen. Er hat beinahe nur noch Thränen und ist gut wie ein Kind.«

Über die nächsten Tage in München berichten Briefe des angereisten Bruders Christian an seine Frau Emilie. Der erste vom 8. Juni enthält Schilderungen über eine vom Arzt angeordnete »Roßkur«, die angeblich Besserung bringt, vom Kranken jedoch als ungeheure Quälerei empfunden wird: »Zu meinem großen Trost scheint es wirklich zur Beßerung gekommen zu seyn, wenigstens in der Richtung. Ja wir meinen schon seit gestern ein nicht unbemerkbares Stüfchen höher zu stehen, und dies zwar in Folge von Spritztouchen mit kaltem Wasser, die ich Cl alle 1 a 2 Stunde nach Vorschrift des Arztes auf den Kopf beibringe, jedes mal 5 Minuten lang. Es ist dieses aber keine leichte Sache, denn es hat jedes mal die größte Noth bis man ihn dahin bringt sich der Sache zu unterziehen und vor meiner ist es noch Niemand geglückt. [...] sein Gehirn scheint freier u darin besteht eben die Beßerung, deren wir uns freuen. Sein Puls aber geht traurig regellos, einzelne Schläge folgen so träg aufeinander, daß es Schrecken einjagt, dann folgen sie wieder schneller, doch nicht fieberhaft. Auch ist der Puls an den beiden Armen verschieden«. Am 10. Juni berichtet er noch einmal über Brentanos »Abscheu gegen die 4mal des Tags jedesmal 8 Minuten ihm von mit ertheilten Kopftouchen.«

Die aufwendige und geradezu brutale Prozedur »geschieht unter unabläßigem Widerspruch seiner u Zuspruch u Bitten meinerseits«, ergänzt Christian. Am 6. Juli wird der problematische Entschluss zur gefährlichen Reise nach Aschaffenburg gefasst: »Da Clemens immer schwächer u schwächer wird, so habe ich heute mit dem Arzte gesprochen, daß es wohl beßer sein möchte, mit den Arzneien, mit welchen er bisher (fast immer dieselben) drei Monate lang behandelt ist, da es Giftmittel sind welche eine endliche Zerstörung der Kräfte herbeizuführen nicht verfehlen können, auszusetzen, und ihm zugleich zu erklären, daß ich morgen mit ihm abzureisen entschloßen sei. Er könnte meine Gründe bezüglich der Reise nicht mißbilligen und gab das Verhalten für dieselbe an. – Ich denke also unter Gottes Beistand Morgen in der Frühe abzureisen.«

Über die Reise berichtet Christian seiner Schwester Gunda in einem ausführlichen Brief vom 25. Juli. Zunächst packte er »38 Centner Bücher 3½ Ctr Manusskripte ein, engagirte einen Arzt u einen Bedienten, kaufte einen Wagen, u brachte endlich auch die Reiseopponenten zu dem Geständnis, daß keine Wahl blieb als Clemens mitzunehmen oder in das Hospital zu geben«. Bischofsheim an der Tauber erreicht er »des andern Morgen gegen 7 Uhr«; drei Stunden später trifft die Gruppe in Miltenberg ein, »welches nur 8 Stunde von hier [Aschaffenburg] ist, wenn ich eine Nacht durchführe, so zog ich dieses bei dem erfreulichen Umstande vor, daß Cl sich bis dahin ganz gut gehalten, unterwegs mit Apetit gespeist, die Beine Geschwulst nicht im Mindesten zugenommen, der Kopf nicht eingenommener als gewöhnlich war«. Die Erschöpfung beider Brüder zwingt dann aber doch zu einer Übernachtung in Miltenberg. Von dort schickt Christian in der Nacht einen Boten nach Aschaffenburg und bittet seine Frau um Hilfe. Emilie Brentano trifft am nächsten Tag allein mit der Kutsche ein, und nach nochmaligen Kopfduschen reisen sie schließlich nach Aschaffenburg. Dass Brentanos Zustand hoffnungslos ist, verschweigt Christian in seinem Brief nicht: »Hofnung ihn zu erhalten ist keine. Das Ende aber auch noch nicht zu bestimmen.«

Ob Brentano selbst auf die Idee kommt, in Aschaffenburg – sechs Tage vor seinem Tod – einen Nachtrag zum Testament zu formulieren, um etwaige Ansprüche von Auguste Bußmanns Kindern auf sein Erbe auszuschließen oder notfalls auf ein Pflichtteil zu beschränken, wissen wir nicht. Das von zwei Abgesandten des Kreis- und Stadtgerichts Aschaffenburg aufgenommene Protokoll vom 22. Juli 1842 besagt, dass die Hilfe des Gerichts erbeten wurde, um das Testament von Clemens Brentano »zu übernehmen«. Zugleich wird dann jedoch der Nachtrag formuliert, beglaubigt und versiegelt. Erst 1929 öffnete der Direktor des Frankfurter Stadtarchivs den Umschlag.

Christian Brentano, in dessen Haus die Kommission Clemens »in dem unteren Zimmer […] ausserhalb des Bettes« antraf, berichtet in seinem Brief vom 30. Juli lediglich über die Letzte Ölung am 27. Juli, »als gerade Edward Steinle und August van der Meulen aus Frankfurt eintreffen«. Am Abend des gleichen Tages finden sich auch Apollonia Diepenbrock und Emilie Linder ein, um Abschied von

Brentano im Bischofsgewand, Scherenschnitt von Luise Duttenhofer, zwischen 1817 und 1829.

dem Todkranken zu nehmen. Am darauffolgenden Morgen, dem 28. Juli, um neun Uhr stirbt Brentano, am 30. Juli wird er in Aschaffenburg beigesetzt. »Das Aussehen von Cl nach dem Tode war wunderschön«, schreibt Christian seiner Schwester Gunda, »wir stellten Lorbeer und Granatbäume um sein Bett; da lag der liebe Bruder so milden so ernsten Angesichts, daß er ohne Tiefste Rührung nicht angeblickt werden konnte.«

In der Kurzbiografie der *Gesammelten Schriften* Brentanos, die 1855 ebenfalls von den Aschaffenburgern veröffentlicht wurde, ist die Tendenz, einen »milden, ernsten« Menschen darzustellen, der mit seiner Lebenswende den Weg zu Harmonie und Frieden gefunden hat, noch deutlicher als in den privaten Briefberichten. Über seinen Tod heißt es: »Um halb neun Uhr Mogens am 28. Juli 1842 kehrte seine müde, vielgeprüfte und geläuterte Seele zu ihrem Schöpfer zurück, um in seligem Schauen den Lohn ihres thätigen Glaubens zu empfangen.« Statt eines Amen, das zu diesem pastoralen Schlusssatz passen würde, folgt eine Schlussbemerkung, die aufhorchen lässt und der sorgfältig aufgebauten Stimmung der Aschaffenburger

Sterbeszenen Hohn spricht: »Aus dieser einfachen, getreuen, mit Belegen bewahrheiteten Erzählung von des Dichters Leben, Seyn und Thun, widerlegt sich von selbst, was vielfach über ihn gefaselt worden, von Übertritt von der protestantischen zur katholischen Religion, von seinem Wirken in Rom (das er nie gesehen) für die Propaganda, in deren Sold er gestanden haben soll, und von seinem Bußleben als Mönch in einem Kloster.«

Schon die abfällige Formulierung »faseln« zeigt, woher der Wind weht. Der aufkommende »Kulturkampf« führt zu konträren Darstellungen von Brentanos Werk und Leben. Um die Bewertung der einzelnen Lebensphasen und dazugehörigen Werke wird seit dem Tode Brentanos erbittert gestritten. Gegen Heinrich Heine, der in seiner *Romantischen Schule* Brentano als geistesverwandten, zerrissenen Menschen darstellt, soll bereits in der ersten Sammelausgabe, den »Gesammelten Werken« und der Briefauswahl von 1855, das Bild des katholischen Kämpfers gestellt werden, der in Harmonie mit den kirchlichen Lehren wirkt und stirbt. Als Gewährsmann dient dabei Joseph von Eichendorff, der am Schluss dieser Kurzbiografie zum Zeugen aufgerufen wird:

»Dem, was von manchen Seiten über seine Zerfahrenheit ist gesagt worden, stellen wir zum Schlusse noch das Urtheil eines geistreichen Recensenten seiner Mährchen im neunzehnten Bande der historisch politischen Blätter entgegen:

›Nach allem diesem könnte in der That nur eine sehr beschränkte Beurtheilung, die für die unsichtbaren Geisteskämpfe überhaupt kein Verständniß hat, Brentano zu den Zerrissenen zählen wollen; denn was bei ihm wohl zuweilen so erscheint, beruht keineswegs, wie bei den Zerrissenen, auf Unglauben, auf einer bloßen Negation und Blasirtheit, mit einem Worte: nicht auf innerem Bankerott, sondern auf einem geistigen Überschusse, der in den hergebrachten Formeln der Poesie nicht aufgehen will. Und wenn jene ihre Blöße mit den Lappen der Genialität, die Brentano verschwenderisch als Lumpen weggeworfen, mühselig zu flicken und zu behängen trachten und mit ihrer Armuth obendrein noch kokettiren; so hat er den Zwiespalt in sich stets als eine Krankheit erkannt, die man nicht freventlich hegen, sondern bezwingen soll. Auch er zwar handhabt die Ironie scharf und gewandter als irgend einer seiner Zeitgenossen; aber seine Ironie ist keine sich selbst genügende, ästhetisch aufgebaute Kunst, sondern eine aus innigster Entrüstung hervorbrechende, moralische Kraft, um das Schlechte und Gemeine im Leben zu vernichten.‹«

Das Zitat aus Eichendorffs Aufsatz passt den Verfassern der Kurzbiografie gut ins Konzept, da sich Eichendorff mit seiner Polemik gegen Heine als vermeintlicher Verbündeter im Kulturkampf zu erkennen gibt. Doch Eichendorff hatte zunächst eine Privatfehde mit Heine auszufechten, der ihn in seiner *Romantischen Schule* von 1837 nur in einem Nebensatz erwähnt: als Dichter, bei dem die Natur noch grüner sei als bei Uhland! Dagegen setzt Eichendorff seine Darstellung der romantischen Schule; im Kampforgan der katholischen Bewegung, den Münchener *Historisch-politischen Blättern*, veröffentlicht er 1846 seine Essays *Zur Geschichte der neuern romantischen Poesie in Deutschland.* Darin erscheint Heine, wie es der Perspektive der Münchener Gruppe entspricht, als Nihilist, als politisch fragwürdiger Emigrant und Anhänger der Marseillaise, »der aller Poesie das Teufelchen frivoler Ironie anhängt«.

Der konfessionell und politisch motivierte Kulturkampf, der sich in derart einseitigen »Würdigungen« austobt, sollte noch bis zum Zweiten Weltkrieg in der Edition und Wertung von Brentanos Werk nachwirken. Eichendorff weitet in den fünfziger Jahren seine Betrachtungen über die Romantik zu umfangreichen Literaturgeschichten aus, deren Lektüre heutigen Germanistikstudenten kaum anzuraten ist. Oberflächlich sortiert er die Werke und Dichter unter konfessionellen und politischen Gesichtspunkten, oft ohne die besprochenen Werke auch nur gelesen zu haben. Bei der Darstellung der Romantiker geht er jedoch mit größter Sorgfalt vor. Arnim und Brentano hatte er noch persönlich gekannt, und die protestantische Konfession Arnims hält ihn nicht davon ab, ihn als zu Unrecht verkannten, hochbegabten Dichter vorzustellen.

Das in der Kurzbiografie der *Gesammelten Schriften* ausgewählte Zitat gibt sein Urteil nur unzureichend wieder. Im gleichen Aufsatz findet sich die bemerkenswerte Beobachtung, dass Brentano »der Kunst, und nur der Kunst sein ganzes Leben weiht«. Dann heißt es zu den Märchen: »Hier ist es nun allerdings zunächst wieder das ursprünglich Dämonische, das uns übermächtig entgegentritt, in dem fast magischen Naturgefühl, in dem beständigen Wetterleuchten des Witzes, der wie eine unabwendbare Naturgewalt über Freund und

Feind ergeht, in einer ganz entfesselten Phantasie, die den verborgenen Zusammenhang des Entlegensten blitzartig aufdeckt, als ob sich das Unerhörte eben von selbst verstünde.« Zum Briefwechsel mit der Schwester Bettine, dem 1844 erschienenen *Frühlingskranz*, notiert Eichendorff: »Überall […] ist die heimliche Angst vor sich selber sichtbar, vor dem eigenen Dämon, den er in der gleichgenaturten Schwester wie ein erschreckendes Spiegelbild wiedererkennt, und daher aus allen Kräften niederzukämpfen strebt, fast wie der Monolog eines Besessenen, dessen feindliche Geister wechselweis in verschiedenen Stimmen miteinander streiten. Oder ist es nicht, als spräche er recht eigentlich von sich selbst, wenn er in Beziehung auf Bettina sagt: ›Wehe! mir ist, als stehe ich auf einem vulkanischen Boden, wo die verwitterte Lava, von der schaffenden Natur üppig begrünt, hervorbricht in Flammen und verzehrt es wieder. Und hier und da liegen Brandstätten unter dem blauen Himmel. Was nützt mein guter Wille, meine Stimme, mein Wort? Wie könnte das diesen Boden erschüttern, in dem ein innerliches Wirken verborgene Wege schleicht, und dann, jeder Gewalt unerreichbar, plötzlich das begonnene Gepflegte zerstörend aufflammt.‹«

Die »Angst vor dem eigenen Dämon«, »der Monolog eines Besessenen, dessen feindliche Geister wechselweis in verschiedenen Stimmen miteinander streiten«: Treffender kann man Brentano und sein Werk nicht darstellen. Aber es ist das Bild eines »Zerissenen«, von der Kunst »Besessenen«, das Joseph von Eichendorff und Heinrich Heine – nur in Nuancen differierend – von Clemens Brentano zeichnen, und das im 20. Jahrhundert von Hans Magnus Enzensberger wiederbelebt wurde. Es sind innere, nicht auflösbare Spannungen, die sein Werk und Wesen bestimmen. Sie lassen Brentano als radikal modernen Menschen erscheinen: Einem grenzenlosen »romantischen« Liebesbedürfnis steht die Empfindung einer lieblosen, von Entfremdung geprägten Gesellschaft gegenüber, der Sehnsucht nach Ordnung und übergreifendem Sinn die Erkenntnis, dass die überlieferten Werte extrem gefährdet sind und Nihilismus mehr und mehr um sich greift. Selbst die Flucht in eine religiöse Erweckungsbewegung kann nicht gelingen, denn die Hoffnung auf das göttliche Wunder wird durch eine von naturwissenschaftlichem Denken genährte Skepsis und die fieberhafte Suche nach experimentellen »Beweisen« konterkariert.

Brentano wird von diesen Spannungen und Krisen beherrscht, durch einen labilen Charakter und traumatische Kindheitserlebnisse entwurzelt, reagiert er egozentrisch und übersensibel auf die Einflüsse der sich radikal ändernden Zeit. Die in der Studentenzeit unter dem Eindruck der ersten großen Krise gefällte Entscheidung, sich den Gesetzen der kommerziellen Frankfurter Bürgerwelt zu entziehen und eine Erfüllung in der Kunst zu suchen, führt dazu, dass sein Werk zum Spiegel dieser neuen Zeit wird, die im 19. Jahrhundert beginnt und bis heute das Denken und Fühlen der Menschen bestimmt. Brentano ist der Künstler, der die Krisen der Moderne in seinem Leben durchleidet und in seinem Werk exemplarisch darstellt. »Die Muse die uns aus den Poesien des Herren Clemens Brentano so wahnsinnig entgegenlacht, […] zerreißt […] die glattesten Atlasschleppen und glänzendsten Goldtressen, und ihre zerstörungssüchtige Liebenswürdigkeit, und ihre jauchzende blühende Tollheit erfüllt unsere Seele mit unheimlichem Entzücken und lüsterner Angst.« (Heinrich Heine)

NACHWORT

Die Brentano-Forschung ist seit dem Zweiten Weltkrieg in Bewegung gekommen: Zwei bedeutende Habilitationsschriften – Bernhard Gajeks *Homo poeta* (1971) und Wolfgang Frühwalds *Das Spätwerk Clemens Brentanos* (1977) – zeugen von der intensiven wissenschaftlichen Beschäftigung mit diesem Autor, der von den Germanisten stets als bedeutendster Lyriker und typischer Vertreter der deutschen Romantik angesehen wurde, aber nie die Popularität eines Eichendorff oder Heine erreichte. Eine auf mehr als 50 Bände berechnete historisch-kritische Ausgabe, die so genannte Frankfurter Brentano-Ausgabe, die in Zusammenarbeit mit diesen beiden Forschern im Freien Deutschen Hochstift (Frankfurter Goethe-Museum) in den sechziger Jahren konzipiert wurde, sollte zunächst die über ein Jahrhundert fehlende verlässliche Textgrundlage zu diesem Autor zur Verfügung stellen. Seit 1975 erscheint diese Edition kontinuierlich. 25 gewichtige Bände, die in der Tradition wissenschaftlicher Monumentalausgaben einen vollständigen Lesartenapparat und umfangreiche Erläuterungen bieten, sind bis heute verfügbar, drei weitere stehen kurz vor der Publikation.

Ohne diese systematische Erschließung des Brentano-Nachlasses, die das Ziel verfolgt, eine umfassende, ungefilterte Werk-Ausgabe zu erarbeiten, war kein einigermaßen objektives Bild dieses Autors zu gewinnen. Mit den nun vorliegenden Bänden (darunter zahlreiche Brief-Bände) und dem im Brentano-Archiv erarbeiteten Material ist inzwischen ein tragfähiges Fundament für einen biografischen Ansatz vorhanden. Christoph Perels, dem Direktor des Freien Deutschen Hochstifts, danke ich für die Möglichkeit, die in der Brentano-Redaktion gewonnenen Erkenntnisse und im Archiv aufbereiteten Materialien auch publizistisch außerhalb der historisch-kritischen Edition auszuwerten. Denn als Leiter der Brentano-Redaktion im Freien Deutschen Hochstift, der für diese Edition mitverantwortlich ist, bin ich »von Amts wegen« mit der Brentano-Forschung eng verbunden und kann kaum trennen zwischen dem bereits in der Ausgabe Veröffentlichten und dem, was an Forschungserkenntnissen und Materialen – für jeden Brentano-Forscher zugänglich – in der Frankfurter Arbeitsstelle zur Verfügung steht.

Titel und Untertitel meiner Biografie weisen darauf hin, dass ich keine Standard-Biografie für die Literaturwissenschaft vorlegen möchte, die jede einzelne Station im Leben dieses Autors dokumentiert und im Namen der Forschung abschließend »würdigt«. Vielmehr geht es mir darum, auf der Grundlage gesicherter Texte und Daten ein möglichst lebendiges Bild des Autors zu entwerfen. Es schien mir sinnvoll, dabei – soweit möglich und vertretbar – auf Brief- und Werkzitate zurückzugreifen, denn niemand kann die Eskapaden und Wendungen dieses »Schmetterlings« so pointiert und brillant darstellen wie der Autor selbst. Dass dabei Brentanos wechselnde Perspektiven und seine Tendenz zu effektvoller Selbstdarstellung einwirken und seine Fabulierkunst die Fakten anreichert – gelegentlich sogar überwuchert –, ist so offensichtlich, dass es müßig ist, darauf eigens hinzuweisen. Aber schließlich kommt es auch darauf an, Werk und Person Brentanos überhaupt erst einem breiteren Publikum bekannt zu machen. Die Selbstdarstellung in den Briefen – nach romantischer Auffassung selbst Kunstwerke – verrät sehr viel über den Autor und gibt dieser Biografie stellenweise den Hauch einer Selbstbiografie.

Es war Hans Magnus Enzensberger, der mir den Weg zu dieser eher biografisch-essayistischen Betrachtungsweise ebnete. Auf seine und Konrad Feilchenfeldts Anregung konnte ich den lange Zeit nur in verfälschter und verkürzter Form zugänglichen Briefwechsel Achim von Arnims mit Clemens Brentano in einer vollständigen kritischen Ausgabe vorlegen. Dieser mit leserfreundlichem Kommentar und einem Essay angereicherte Freundschaftsbriefwechsel erschien 1998 in der *Anderen Bibliothek* Enzensbergers.

Von dieser Lese-Ausgabe auf wissenschaftlicher Grundlage war es nur ein Schritt zu einem weiteren Desiderat: zu einer Brentano-Biografie. Nach der von zwei Jesuitenpatres geschriebenen, äußerst einseitigen und lückenhaften Biografie von 1877/78 war im 20. Jahrhundert lediglich eine von der Brentano-Forschung kritisch beurteilte Arbeit von Werner Hoffmann erschienen, die 1966 noch nicht die neueren Erkenntnisse der Nachkriegs-Forschung aufnehmen konnte. Die von Konrad Feilchenfeldt dann 1978 zusammengestellte »Brentano Chronik« konnte und wollte diese Lücke einer

Brentano-Biografie nicht füllen. Feilchenfeldts nach den Konditionen der Hanser-Reihe erarbeitete Chronik verfolgt Brentanos Leben auf der Grundlage der bis 1978 veröffentlichten Quellen »von Tag zu Tag«, sie hat sich als vorzügliches, verlässliches Nachschlagewerk für Forscher und Interpreten bewährt.

Doch was wäre die Literaturwissenschaft ohne die Aufbereitung ihrer Erkenntnisse für ein breiteres Publikum, sei es in abgeleiteten Ausgaben und Materialienbänden für Studenten, sei es in Form von Essays oder einer Biografie, die sich an einen größeren, literarisch interessierten Leserkreis richtet. Daher schien es mir sinnvoll, Biografisches episodenartig aufzubereiten. Zwar sind die Einzelheiten positivistisch abgesichert, doch möchte ich einen Anspruch auf Vollständigkeit nicht erheben. Um dem Leser stets den Rückgriff auf die Chronologie zu ermöglichen, habe ich den zwanzig Episoden-Kapiteln eine knappe Chronik an die Seite gestellt.

Durch Kritik und Korrekturen haben hilfreiche Leserinnen den »Schwarzen Schmetterling« von Anfang an begleitet. Zunächst waren es Regina Seidler und Marianne Iden, die sich der einzelnen Kapitel in statu nascendi annahmen und mir mit freundlichem Rat und korrigierender Tat zur Seite standen. Gemeinsame Überlegungen mit Regina Seidler zur Gestaltung des Buchumschlags führten zum Scherenschnitt Luise Duttenhofers und dem davon abgeleiteten Buchtitel. Bereits 1970 hatte der Schmetterlings-Scherenschnitt das Plakat der ersten Brentano-Ausstellung des Hochstifts beherrscht, und noch heute ziert der Schmetterlingskopf dieses Plakats mein Arbeitszimmer.

Vor dem Umbruch sahen die Münchner Bettine-Forscherin Ulrike Landfester und – als Lektorin des Berlin Verlags – Julia Graf das gesamte Werk noch einmal gründlich durch und halfen mit Nachfragen und Korrekturvorschlägen, die ich gern aufgenommen habe. Katja Kaluga aus der Hofmannsthal-Redaktion des Hochstifts kontrollierte sämtliche Zitate, bevor dann im Berlin Verlag das Register erstellt und die Abbildungen einmontiert wurden.

Allen Helferinnen danke ich herzlich für die engagierte Unterstützung!

Frankfurt, im Juni 2000 *Hartwig Schultz*

CHRONIK

1778 9. September: Clemens Wenzeslaus Brentano wird als drittes Kind des Frankfurter Kaufmanns Peter Anton Brentano (1735–1797) und seiner zweiten Frau Maximiliane, geb. von La Roche (1756–1793), in Ehrenbreitstein bei Koblenz im Hause der Großeltern La Roche geboren. Taufpate ist Clemens Wenzeslaus, der letzte Kurfürst von Trier. Brentano selbst hat den 8. September, den Tag Mariae Geburt, als seinen Geburtstag betrachtet und den Namen Maria bei seinen ersten großen Publikationen als Pseudonym verwendet.

Kindheit im Frankfurter Haus *Zum Goldenen Kopf* in der Großen Sandgasse unweit von Goethes Elternhaus. Der *Goldene Kopf* (mit zwei Seitenflügeln, Speicher, Büro und Wohnräumen) war die Zentrale eines ursprünglich italienischen Handelshauses, das sich vom Stammsitz der Brentanos bei Tremezzo am Comer See über ein Netz von Handelsniederlassungen in Westeuropa ausgebreitet hatte. Brentano profitierte bis zur Auflösung der Frankfurter Firma (1841) von den Zinsen, die seine Brüder Franz (1765–1844) und Georg (1775–1851) erwirtschafteten.

1784 Mit der 1776 geborenen Schwester Sophie im Hause der Tante Luise Möhn (geb. von La Roche, 1759–1832) in Koblenz in »strenger und unmütterlicher Zucht«. Ende des Jahres kehren die Geschwister nach Frankfurt zurück.

1787 Frühjahr: Im Pensionat eines »alten, sehr frommen Ex-Jesuiten« bei Heidelberg.

Herbst: Wieder in Koblenz. Brentano besucht drei Jahre lang das Jesuitengymnasium, zur gleichen Zeit wie Joseph Görres (1776–1848), mit dem ihn eine lebenslange Freundschaft verbindet.

1790 Ende des Jahres: Rückkehr nach Frankfurt.

1791 Zögling im Mannheimer »Kurpfälzischen öffentlichen Erziehungsinstitut für Zöglinge des männlichen Geschlechts aller drei christlichen Religionsparteien« des Johann Jakob Winterwerber.

1793 Oktober: Rückkehr nach Frankfurt.

19. November: Tod der Mutter. Claudine Piautaz (1772–1840) wird als Erzieherin der Kinder engagiert.

November: Brentano reist über Koblenz nach Bonn, wo er im Dezember ein Studium der Bergwissenschaften beginnt; dann im väterlichen Kontor in Frankfurt.

1794 Im Frühling Rückreise nach Frankfurt (mit Station in Koblenz).

1795 15. August: Das erste Gedicht (an den Freund Heinrich Büschler) erscheint im Privatdruck.

Juni: Lehrling im Kontor von Herrn Polex in Langensalza.

August: wieder in Frankfurt; erneut Tätigkeit im Kontor der väterlichen Firma.

1797 Anfang des Jahres: In Schönebeck bei Magdeburg beim Bruder der Mutter, dem Bergrat Carl von La Roche (1766–1839), Vorbereitung auf das Studium der Bergwissenschaften.

9. März: Tod des Vaters. Die Brüder lehnen die angebotene Mitarbeit von Clemens in der Firma ab.

19. Mai: Immatrikulation an der Universität Halle, Studium der Kameralwissenschaften im Sommer- und Wintersemester.

1798 April: Wiedersehen mit der 13-jährigen Schwester Bettine (1785–1859).

5. Juni: Immatrikulation an der Universität Jena als Student der Medizin.

Juni/Juli: Bekanntschaft mit Sophie Mereau (1770–1806); Beginn der Arbeit am Roman *Godwi.*

1799 Mai: Bekanntschaft mit Minna Reichenbach (1782–1835).

23. Juli: Clemens Brentano und Sophie Mereau besuchen Sophie von La Roche und Clemens' Schwester Sophie (1776–1800) bei Wieland in Oßmannstedt (bei Weimar).

Ende August: Durch Vermittlung der Großmutter Sophie von La Roche Bekanntschaft mit Friedrich Karl von Savigny (1779–1861), die sich zu einer lebenslangen Freundschaft entwickelt.

9. Oktober: Abreise von Jena nach Frankfurt.

Vor dem 19. Dezember: Wieder in Jena. Dort hat sich nach Übersiedlung von Dorothea Veit (6. Oktober) und Ludwig Tieck (17. Oktober) im Hause der Brüder Schlegel ein Zentrum der Frühromantik gebildet (mit dem *Athenaeum* als Programmzeitschrift). Brentano wird im Schlegel-Tieck-Kreis (in dem auch Novalis ständiger Gast ist) zunächst nur als ehrgeiziger Schüler angesehen und nicht ganz ernst genommen. Brentano trägt in Anwesenheit von Tieck und Fichte seine *Naturgeschichte des Philisters* vor, die Ur-Fassung seiner erst 1811 veröffentlichten und stark erweiterten Philistersatire.

1800 Anfang des Jahres: Brentanos Märchenfragment *Die Rose* und zwei Gedichte erscheinen in der Zeitschrift *Memnon* (hg. von August Klingemann).

Juni: Brentano verlässt Jena und reist nach Leipzig und Altenburg. Das Verhältnis zu Sophie Mereau ist getrübt.

Vor dem 29. Juli: *Satiren und poetische Spiele von Maria. Erstes Bändchen. Gustav Wasa* erscheint, ein im Stil der dramatischen Märchensatiren Tiecks geschriebenes Werk, mit dem Brentano zum Mitstreiter der Romantiker gegen den populären Theaterautor August von Kotzebue wird.

Juli: Täglicher Umgang mit den Schwestern Reichenbach in Altenburg. Minna weist einen Heiratsantrag Brentanos ab.

Sommer: Das Manuskript der Erzählung *Der Sänger* wird an Sophie Mereau gesandt.

August: Zerwürfnis mit Sophie Mereau, sie notiert in ihr Tagebuch: »Umgang mit B. gänzlich aufgehoben.«

19. September: Tod der Schwester Sophie in Oßmannstedt auf dem Gute Wielands.

1801 Nach Neujahr: Der erste Band von *Godwi oder Das steinerne Bild der Mutter. Ein verwilderter Roman von Maria* erscheint.
Januar: Brentano zieht nach Marburg zu Savigny. Beginn des intensiven Briefwechsels mit seiner Schwester Bettine (1844 von ihr unter dem Titel *Frühlingskranz* veröffentlicht). – In Sophie Mereaus Zeitschrift *Kalathiskos* erscheint anonym Brentanos Erzählfragment *Der Sänger*.
21. Mai: Immatrikulation als Student der Philosophie an der Universität Göttingen.
Juni: Beginn der Freundschaft mit dem Göttinger Kommilitonen Achim von Arnim (1781–1831), der jedoch bald zu einer Kavalierstour durch Europa aufbricht.
7. Juli: Sophie Mereau wird geschieden.
Anfang Juli: Brentano hat – veranlasst durch eine Preisaufgabe von Goethe und Schiller – zwei Akte seines Lustspiels *Ponce de Leon* geschrieben.
Ende Juli: Abschluss der Arbeit am 2. Band des *Godwi*.
Mitte September: Brentano sendet sein Lustspiel an Goethe.
Oktober: Reise mit Savigny an den Rhein.
Anfang November: Der 2. Band des *Godwi* ist erschienen.
Ende November: Überstürzte Abreise aus Frankfurt nach Jena.
31. Dezember: Reise nach Weimar mit der Hoffnung, Sophie Mereau wieder zu sehen.

1802 2. Januar: Brentano sieht Sophie in der Uraufführung von August Wilhelm Schlegels *Ion* im Theater.
4.–11. Januar: Reise zu Savigny nach Marburg.
Ende März: Abreise nach Frankfurt.
April/Mai: Erneut in Marburg; Beginn der Arbeiten an den *Romanzen vom Rosenkranz*, einem Zyklus von Romanzen zur Entstehung des Rosenkranzes, den Brentano nie abschließen wird.
Juni: Rheinreise mit dem »Herzbruder« Achim von Arnim, der vom ersten Abschnitt seiner Kavalierstour zurück ist. Die Freunde trennen sich in Koblenz. Brentano verliebt sich in Benedikte Korbach und Hannchen Kraus, den »neuen Arnim«. Arnim begibt sich nach dem Abschied auf der »fliegenden Brücke« in Koblenz auf den zweiten Abschnitt seiner Kavalierstour und korrespondiert mit Brentano aus der Schweiz, Frankreich und England.
Mitte Juli: Rückkehr Brentanos nach Frankfurt.
2. August: Wieder in Marburg.
8. September: Brentano fordert den *Ponce de Leon* von Goethe zurück. Der ausgesetzte Preis ist nicht vergeben worden.
Oktober: Aufenthalt in Frankfurt und Koblenz.
16. Oktober: Goethe sendet das Stück an Brentano.
4. November: Brentano in Düsseldorf.
November: Innerhalb von vier Tagen entsteht das Singspiel *Die lustigen Musikanten* in der Tradition der commedia dell'arte.

10. Dezember: Im Auftrag von Clemens schreibt der Bruder Christian (1784–1851) an Sophie Mereau, um den Kontakt wieder herzustellen.

1803 Januar: Reise nach Marburg; dort findet Brentano einen Brief von ihr vor, den er am 10. Januar beantwortet.

Januar/Februar: Vorrede, Widmung und Epilog zum *Ponce de Leon* entstehen.

19. März: Zum Geburtstag von Claudine Piautaz entwirft Brentano ein Schattenspiel; ein Teil daraus (*Claudia*) erscheint im Privatdruck.

Anfang April: Von Marburg nach Frankfurt.

6. April: *Die lustigen Musikanten* in Düsseldorf aufgeführt. Zur Ostermesse erscheint das Singspiel in Buchform.

14. oder 15. Mai: Wiedersehen und Versöhnung mit Sophie in Weimar.

Juni: Auseinandersetzungen mit der Brentano-Familie um die geplante Verbindung mit Sophie Mereau. Auch Sophie scheut eine neue Bindung und entscheidet sich erst für die Heirat, als ihre Schwangerschaft feststeht.

9. September: An seinem 25. Geburtstag wird Brentano mündig. Sein Erbteil, auf das er nun Zugriff erhält, erlaubt ihm ein bescheidenes, sorgenfreies Leben auf der Grundlage der Zinsen seines in der Frankfurter Firma verwalteten Vermögens.

September: Die von Friedrich Tieck (1776–1841; Bruder des Dichters) geschaffene Büste Brentanos ist fertig. *Ponce de Leon* erscheint als Buch.

29. November: Clemens Brentano und Sophie Mereau werden in Marburg getraut und richten sich dort mit Sophies sechsjähriger Tochter Hulda ein. Enger Kontakt mit den Brüdern Grimm und ihrem Lehrer Savigny (seit dem 13. Mai dort Professor).

1804 Neujahrsabend: Aufführung der *Lustigen Musikanten* im Mannheimer Nationaltheater.

April/Mai: Band I der *Spanischen und Italienischen Novellen hg. von Sophie Brentano* (Übersetzungen aus dem Spanischen, an denen Brentano vermutlich mitwirkte) erscheint.

17. April: Savigny heiratet Clemens' Schwester Gunda (1780–1863).

1. Mai: Beginn des Briefwechsels mit der Schriftstellerin Karoline von Günderrode (1780–1806), der Freundin Bettines.

11. Mai: Geburt des Sohnes Achim Ariel Tyll, Arnim soll Taufpate werden, kehrt jedoch von seiner Kavalierstour erst zurück, als Brentanos Sohn bereits tot ist.

19. Juni: Tod von Achim Ariel Tyll Brentano.

Mitte Juli: Drei Wochen in Frankfurt, wo Brentano seine Frau Sophie der Familie vorstellt.

Ende Juli: Brentano in Heidelberg; ab Mitte August auch Sophie Mereau und ihre Tochter Hulda.

27. Oktober: Brentano reist zu einem Besuch Arnims nach Berlin. Plan zu einem »Volksliederbuch«.

1805 Neujahr: Brentano wieder in Heidelberg.

6. April: Aufführung des Singspiels *Die lustigen Musikanten* in der Vertonung von E. T. A. Hoffmann am Warschauer Deutschen Theater.
Mitte bis Ende April: Aufenthalt in Frankfurt.
13. Mai: Geburt der Tochter Joachime Elisabeth, Taufpaten sind Arnim, Savigny und Bettine; am 17. Juni stirbt dieses zweite Kind Brentanos an Scharlach.
Juli: Beginn des Druckes von *Des Knaben Wunderhorn.*
September: Arbeit an den italienischen Märchen; der erste Band von *Des Knaben Wunderhorn* mit einer Zueignung an Goethe erscheint.
16.–20. Dezember: Arnim hält sich in Jena und Weimar auf und besucht Goethe mit einem druckfrischen Exemplar des *Wunderhorn.*

1806 Anfang des Jahres: Publikation von Band II der *Spanischen und Italienischen Novellen* (ausschließlich Übersetzungen aus dem Spanischen).
21./22. Januar: In der *Jenaischen Allgemeinen Literaturzeitung* veröffentlicht Goethe eine eingehende und zustimmende Rezension zum *Wunderhorn.*
Mai – Juli: Verbreitung eines Zirkularbriefs und Veröffentlichung einer »Aufforderung, altdeutschen Volksgesang betreffend«, um Beiträge zur Fortsetzung des *Wunderhorn* zu gewinnen.
September: Aufenthalt in Frankfurt.
11. September: Joseph Görres wird als Dozent an die philosophische Fakultät der Universität Heidelberg gewählt und trifft am 29. Oktober ein.
31. Oktober: Sophie Mereau stirbt in Heidelberg bei der Totgeburt ihres dritten Kindes; Görres versucht, Brentano zu trösten.

1807 1. Hälfte Januar: In Frankfurt.
Mitte April: Die von Brentano und Görres gemeinsam verfasste Satire von *BOGS dem Uhrmacher* erscheint.
April: Nach Auflösung der Heidelberger Wohnung Aufenthalt in Frankfurt.
Mai/Juni: Reise nach Holland mit dem Bruder Georg.
24. Juli: Liebesaffäre mit Auguste Bußmann (1791–1832; Mündel von Moritz von Bethmann). Überstürzte Abreise mit dem jungen Mädchen nach Kassel zur Schwester Lulu, die dort mit ihrem Mann Karl Jordis lebt. Georg Brentano und Moritz von Bethmann versuchen, den Skandal zu vertuschen, und arrangieren eine rasche Hochzeit. Brentano wird ermahnt, einen bürgerlichen Beruf zu ergreifen, Auguste von der Bethmann-Familie scharf gerügt.
21. August: Trauung mit der 16-jährigen Auguste in Fritzlar.
23. Oktober: Nach heftigen Auseinandersetzungen mit Auguste bricht Brentano allein nach Giebichenstein (Halle) auf, wo er Arnim bei dem Kapellmeister Johann Friedrich Reichardt (1752–1814) trifft.
30. Oktober: Proteste aus Frankfurt gegen Brentanos Alleingang.
November: Reise mit Arnim nach Weimar; täglicher Umgang mit Goethe.
10. November: Mit Arnim wieder in Kassel; gemeinsame Arbeit an der Fortsetzung des *Wunderhorn*; Zusammenarbeit mit den Brüdern Grimm.
Dezember: Erneut heftige Auseinandersetzungen mit Auguste Bußmann und erste Scheidungspläne.

1808 März: Nach zahlreichen Vermittlungsversuchen von Savigny, Arnim und Jacob Grimm und einer Selbstmordszene Augustes wird entschieden, sie zu einem Aufenthalt bei der befreundeten Pfarrersfamilie Mannel in Allendorf (bei Marburg) zu überreden. Sie willigt ein und fühlt sich anfangs dort sehr wohl.
April: Die ersten Nummern der von Arnim und Brentano zusammengestellten *Zeitung für Einsiedler* erscheinen.
März: Beginn des Sonettenstreits zwischen der »Vossischen Clique« und den Romantikern.
29. April: Brentano als Redakteur der *Zeitung für Einsiedler* in Heidelberg.
Juni: Wechsel von Liebesbriefen mit Auguste. Es kommt zu einem Besuch in Allendorf mit Versöhnung und erneuten Streitszenen.
August: Die Konflikte mit der antiromantischen Gruppe um Johann Heinrich Voß (1751–1826) eskalieren und führen zur Auflösung der Heidelberger Gruppe. Die *Zeitung für Einsiedler* stellt ihr Erscheinen ein (als Buchausgabe erscheint die gesamte Folge unter dem Titel *Trösteinsamkeit*).
Auguste in Frankfurt, wo sie sich mit ihrem Stiefvater Aléxandre Vicomte de Flavigny (1770–1819) versöhnt; das Verhältnis zur Mutter und Moritz von Bethmann bleibt gespannt. Heimliches Treffen mit Clemens.
Ende August: Brentano siedelt gemeinsam mit Auguste (in Begleitung von Bettine) nach Landshut zu Savignys über.
September: Band II und III von *Des Knaben Wunderhorn* (mit dem Anhang *Kinderlieder*) erscheinen.
November: Freundschaft mit Johann Nepomuk Ringseis (1785–1880).

1809 um den 22. Februar: Auguste fingiert einen Selbstmordversuch und versucht damit, Clemens an sich zu binden, der nach München ausweicht.
27./28. Februar: Auguste ist in München eingetroffen und inszeniert in einem Wirtshaus eine Selbstmordszene, die öffentliches Aufsehen erregt. Clemens ist bereits vor ihrer Ankunft geflohen und verbirgt sich vor Auguste in Stallwang (bei Landshut) bei dem Insektensammler und Exbenediktiner Candidus Huber.
März/April: *Der Goldfaden* (Bearbeitung nach Jörg Wickram) erscheint.
25. März: Auguste hat nach erneuten Auseinandersetzungen in die Trennung von Clemens eingewilligt und Landshut verlassen. Doch erst 1812 kann eine formelle Scheidung erreicht werden.
Mitte Juli: Aufenthalt bei Bettine in München.
28. Juli: Beginn der Reise zu Arnim nach Berlin (über München).
1./2. August: Nürnberg; Besuch bei Gotthilf Heinrich Schubert (1780–1860) und Georg Wilhelm Friedrich Hegel (1770–1831).
Vermutlich 4.–7. August: Bamberg.
Ab 7./8. August: Jena; Besuch bei Goethe in Weimar.
10. August bis Mitte September: Giebichenstein/Halle; Umgang mit Henrik Steffens (1773–1845), Reichardts und Wilhelm Grimm.
Mitte September: Ankunft in Berlin. Kontakte u. a. mit Adam Müller,

Friederike Unzelmann, den Brüdern Eichendorff, Adelbert von Chamisso, Friedrich Heinrich Karl de la Motte Fouqué und Heinrich von Kleist.

1810 21. Januar: Großer Bekenntnis-Brief an Philipp Otto Runge (1777–1810).
März: Teilabschrift der *Romanzen vom Rosenkranz* für Runge, der Brentanos Wunsch, die *Romanzen* mit Arabesken zu illustrieren, jedoch nicht mehr folgen kann und noch im gleichen Jahre stirbt.
Juli: *Kantate auf den Tod der Königin Louise von Preußen.*
15. Oktober: Kantate zur Einweihung der Berliner Universität.
Oktober bis Dezember: Mitarbeit an Heinrich von Kleists *Berliner Abendblättern* (mit einem Beitrag zu C. D. Friedrichs *Seelandschaft*).

1811 18. Januar: Gründung der »Christlich-deutschen Tischgesellschaft« durch Arnim. Fichte, Kleist, Adam Müller, Savigny, Fouqué, Zelter und zahlreiche weitere Intellektuelle Berlins werden Mitglied. Die Statuten dieser vierzehntägigen Herren-Runde schließen die Teilnahme von »Philistern«, Juden und Frauen aus.
März: Brentano trägt in der »Tischgesellschaft« seine Satire *Der Philister vor, in und nach der Geschichte* vor. Noch im gleichen Jahr erscheint die Satire im Druck.
11. März: Vermählung Achim von Arnims mit Bettine Brentano.
Ende Juli: Brentano reist mit dem befreundeten Karl Friedrich Schinkel (1781–1841) über Muskau (Besuch beim Fürsten Pückler) nach Böhmen, um die Bewirtschaftung des von der Brentano-Familie erworbenen Guts Bukowan bei Prag zu beaufsichtigen. Die Bemühungen seines Bruders Christian, das marode Gut zu sanieren, waren gescheitert. Die Kapitalanlage erwies sich als wenig lukrativ. Brentano ist nicht in der Lage, sinnvoll einzugreifen, und begibt sich nach Prag.
Oktober: Liebe zur Prager Schauspielerin Auguste Brede. Das Romanfragment *Der schiffbrüchige Galeerensklave vom toten Meer* entsteht. Freundschaft mit Karl August Varnhagen von Ense (1785–1858) und dessen späterer Frau Rahel Levin (1771–1833).
Ende des Jahres: Beginn der Arbeit an dem Drama *Aloys und Imelde*.

1812 Anfang des Jahres: *Die Gründung Prags* wird in Angriff genommen.
Ende April: Zerwürfnis mit Varnhagen, der als Pfand für Brentanos »gute Aufführung« (seiner Braut Rahel gegenüber) das Manuskript der ersten Fassung von *Aloys und Imelde* konfisziert.
August: Aufenthalt in Teplitz, dort Treffen mit Arnim, Bettine, Gunda und Savigny.

1813 Januar: In der Zeitschrift *Kronos* erscheint die Selbstanzeige der *Gründung Prags*: »Die Entstehung und der Schluß des romantischen Schauspiels, die Gründung Prags«.
Ende Juni: Versöhnung mit Rahel Varnhagen.
5. Juli: Abreise von Prag nach Wien; dort Verkehr im Kreise um Adam Müller und Clemens Maria Hoffbauer. Arbeit an der Bühnenfassung des *Ponce de Leon* und intensive Bemühungen, in der reichen Theaterszene Wiens Fuß zu fassen.

30. August: Schlacht bei Kulm. »… zwischen dem Kulmer und dem Leipziger Sieg« (19. Oktober) entsteht Brentanos Festspiel *Viktoria und ihre Geschwister mit fliegenden Fahnen und brennender Lunte* (veröffentlicht 1817) für das Theater an der Wieden. Zur Aufführung kommt keines der vaterländischen Spiele Brentanos. Seine Bemühungen, in der Nachfolge des gefallenen Theodor Körner die Position eines Wiener Theaterdichters zu gewinnen, scheitern.

1814 Mitte Januar: Nach Eintreffen der Nachricht »von der Befreiung des Rheins« schreibt Brentano »in wenigen Stunden« das Festspiel *Am Rhein, am Rhein.*

Januar/Februar: Theaterkritiken in Carl Bernards Wiener *Dramaturgischem Beobachter.*

12. Februar: Im Burgtheater wird Brentanos Gedicht »Die drei Namen der Liebe des Österreichers« als Einlage gesprochen. Die Zensur beobachtet den Vortrag des »Volkslieds«.

18. Februar: Uraufführung der *Ponce*-Bearbeitung unter dem Titel *Valeria oder Vaterlist* am Burgtheater in Wien. Das Stück fällt durch. Brentano nimmt dazu im *Dramaturgischen Beobachter* mehrfach Stellung.

Ende April/Anfang Mai: Abschied von Wien. Verstärkte Anzeichen einer schweren Lebenskrise und Erwägungen, Priester zu werden.

14. September: Brentano in Wiepersdorf auf dem Gut Arnims. Produktive Arbeit an zahlreichen Erzählungen und gemeinsame Projekte.

Oktober: *Die Gründung Prags. Ein historisch-romantisches Drama* erscheint im Druck.

12. November: Mit Arnim nach Berlin.

1815 Januar: In der Wiener Zeitschrift *Friedensblätter* veröffentlicht Brentano die Novelle *Die Schachtel mit der Friedenspuppe.*

15. Februar: »Ängstlicher Brief« an Wilhelm Grimm, erneut deutliche Krisenzeichen. Brentano verkehrt jedoch weiter in den Berliner Salons.

Ende Februar: Bekanntschaft mit Ludwig von Gerlach.

April/Mai: Mathematische Studien an Schinkels Bauakademie mit dem bald wieder aufgesteckten Ziel, Architekt zu werden.

17. Oktober: In der Spenerschen Zeitung veröffentlicht Brentano seine Kritik »Erste Vorstellung des Fidelio von Be[e]thoven«.

1816 Jahreswende: Bericht Ringseis' über die Erweckten in Bayern. Brentano stiftet mit Freunden eine »Maikäferei« genannte politisch-literarische Abendgesellschaft und wird Mitanreger der Berliner Erweckungsbewegung. Das Gedicht *Die Gottesmauer* (*Draus bei Schleswig vor der Pforte*) entsteht.

Januar: Entwurf eines Briefes an E. T. A. Hoffmann. Planung des Theaterbriefwechsels mit Arnim. Brentano erwägt, Hoffmann zu beteiligen und trifft sich mit ihm.

4. Februar: Erste Nachricht von der stigmatisierten ehemaligen Augustiner-Nonne Anna Katharina Emmerick (1774–1824) in Dülmen.

26. Februar: Dem Verleger Georg Andreas Reimer (1776–1842) bietet Brentano Märchenmanuskripte zum Druck an.

April: Planung eines Almanachs mit Friedrich Förster.
30. Mai bis 10. Juni: Besuch in Wiepersdorf, Treffen mit Wilhelm Grimm.
Mitte bis Ende Juni: Brentano verbreitet Abschriften des Ringseis-Briefes über die Erweckungsbewegung in Bayern.
10. Oktober: Erste Begegnung mit der protestantischen Pfarrerstochter Luise Hensel (1798–1876) im Hause Friedrich von Stägemanns. Brentano schreibt Gedichte für sie und versucht, sie zur Konversion zu bewegen.
Ende Dezember: Brentano wirbt intensiv um Luise Hensel und wird abgewiesen.

1817 7. Januar: Im Kreise der Berliner Freunde des Gerlach-Kreises liest Brentano aus *Viktoria* vor. Im gleichen Jahr erscheint das Festspiel im Druck.
24. Januar: Generalbeichte Christian Brentanos.
27. Februar: Generalbeichte Clemens Brentanos in der Berliner St. Hedwigs-Kirche.
30. März: Die in Zusammenarbeit mit Luise Hensel entstandene Bearbeitung von Friedrich Spees *Trutz Nachtigal* erscheint.
5. April – 4. Juli: Christian Brentano in Dülmen bei A. K. Emmerick.
27. Juni: Im Kreise der Berliner Freunde liest Brentano seine *Geschichte vom braven Kasperl und dem schönen Annerl* vor; die Erzählung erscheint im gleichen Jahr in *Gaben der Milde*, hg. von Friedrich Wilhelm Gubitz.
Juli–Oktober: In Gubitz' Zeitschrift *Der Gesellschafter oder Blätter für Geist und Herz* publiziert Brentano u. a. *Aus einem geplünderten Postfelleisen, Die drei Nüsse* (9.–15. August) sowie *Die mehreren Wehmüller und ungarischen Nationalgesichter* (24. Sept. – 13. Okt.).
Dezember: Christian Brentano berichtet Clemens über seinen Besuch bei A. K. Emmerick.

1818 Jahreswende: Im Almanach *Die Sängerfahrt*, hg. von Friedrich Förster, erscheint das Fragment *Aus der Chronicka eines fahrenden Schülers*.
12. Januar: Weitere Publikationen (Nacherzählungen) im *Gesellschafter*.
25. März bis 6. April: Von Brentano erscheint anonym in der Zeitschrift *Wünschelrute* innerhalb der Gemeinschaftsarbeit mit Arnim *Briefe über das neue Theater* der Beitrag *Zweiter Brief. Der Poet an den Direktor*, mit einem energischen Plädoyer für die Dramen Calderons.
14. September: Abreise nach Dülmen zu Anna Katharina Emmerick.
24. September: Ankunft in Dülmen; Brentano beginnt die Aufzeichnungen der »Visionen« A. K. Emmericks, versucht, Luise Hensel durch Mitteilung von »Gesichten« der Emmerick zur Konversion und Übersiedlung nach Dülmen zu bewegen. Er experimentiert mit Reliquien, zeichnet seine Beobachtungen zu den Stigmata akribisch auf und fasst den Plan einer Emmerick-Biografie (in der Tradition der Heiligen-Viten). Brentano sieht sich als »Schreiber« und »Pilger«.
Ende Oktober: Besuch von Christian Brentano und Johann Michael Sailer (1751–1832).
7. Dezember: Konversion Luise Hensels in Berlin. Nach Brentanos Meinung »eigenmächtig und unsere Arbeit ganz störend …«.

1819 12. Januar: »üble Brautfahrt« nach Berlin.
März: Luise Hensel gibt Brentano seine Briefe zurück mit der Bitte, ihr die darin eingestreuten Lieder abzuschreiben.
11. März: Während er zunächst in Berlin bleibt, tritt Luise in Münster beim Fürsten Salm die von Brentano vermittelte Stelle einer Gesellschafterin an. Der Fürst verbietet ihr jedoch – nach der Lektüre eines Brentano-Briefs – den Umgang mit dem Dichter und der Emmerick. Abkühlung im Verhältnis zu Luise. Er bedrängt seine Freundin, in einen Orden einzutreten.
Anfang April: Brentano bereitet seine Bildersammlung und seine Bibliothek, aus der er alle »theologischen Bücher abgesondert« hat, zum Verkauf vor.
Anfang Mai: Rückkehr nach Dülmen.
7.–29. August: Gerichtlich-polizeiliche Untersuchung Anna Katharina Emmericks. Brentano als Berater der Untersuchungskommission »besonders ausgeschlossen«. Er hält sich während dieser Zeit bis Mitte September bei der Familie Diepenbrock in Bocholt auf; Freundschaft mit den Geschwistern Apollonia (1799–1880) und Melchior Diepenbrock (1798–1853).
13. Dezember: In Berlin wird Brentanos Bibliothek bei Friedrich Wilhelm August Bratring versteigert; der gedruckte Katalog ist überliefert.
28. Dezember (bis 21. August 1821): Christian Brentano in Dülmen.

1820 Ende Juli: Beginn der Niederschriften zum *Leben Jesu*.
18. November: Besuch Arnims in Dülmen.

1821 27. April: Wiedersehen mit Luise Hensel in Dülmen; gemeinsame Reise nach Bocholt Anfang Mai.
6. August: Übersiedelung der Emmerick in eine andere Wohnung in Dülmen.

1822 Anfang des Jahres: Brentano rechnet die Daten zu den Visionen der Emmerick in den althebräischen Kalender um.
14. bis 18. März: Luise Hensel wieder in Dülmen.
21. Juni: Besuchsreise nach Köln zu Frau Hirn und nach Bonn zu Karl Joseph Windischmann (1775–1839). Vermehrte Krankheitszeichen und Erschöpfungszustände der Emmerick.

1823 9. Juni: Brentano in Frankfurt. Freundschaft mit dem Historiker Johann Friedrich Böhmer (1795–1863) und Marianne von Willemer (1784–1860), die Brentano schon als Schauspielerin Marianne Jung kannte.
Zweite Augusthälfte: Besuch in Regensburg bei Sailer.
26. August: Rückkehr mit ihm nach Frankfurt.
Ende September: Reise über Koblenz (mit Böhmer) zurück nach Dülmen.
Mitte Oktober: Wieder in Dülmen.

1824 9. Februar: Tod Anna Katharina Emmericks.
20. März: Auf Brentanos Veranlassung exhumiert Luise Hensel mit zwei Helfern die Leiche der Emmerick und fertigt dazu ein Protokoll an.
Ende März bis Juli: Bei dem Freund Johann Christian von Bostel (1779–1839) in Bocholt.
August: Bei Windischmann in Bonn.

Herbst: Im Rheingau (Winkel), in Wiesbaden und Frankfurt, Bekanntschaft mit dem Koblenzer Stadtrat Hermann Joseph Dietz (1782–1862). Ende Oktober: Mit Dietz nach Koblenz (bis Mai 1827).

1825 Brentano stellt sich von nun an bewusst in den Dienst der »katholischen Propaganda«.
Herbst: Reisen nach Straßburg, Lothringen und in die Schweiz. In Straßburg bei Görres Entwurf eines großen katholischen »Bücherverbreitungsprojects«, wie es später im Borromäusverein verwirklicht wird. Kleine Beiträge zur Zeitschrift *Der Katholik*.

1826 Januar: Rückkehr nach Koblenz; Weiterarbeit an den Dülmener Papieren.
März: Anfertigung von Registern zum Emmerick-Material mit dem Plan, ein »Weltepos« auszuarbeiten mit den Teilen Marienleben, Leben Jesu und Leidensgeschichte sowie einer Emmerick-Biografie.
3. Juli: Die von Böhmer forcierte Veröffentlichung der *Romanzen vom Rosenkranz* und Märchen lehnt Brentano ab.
Herbst: Plan einer Bearbeitung des *Goldnen Tugendbuchs* von Friedrich Spee.
31. Dezember: Auf Initiative von Böhmer erscheint in der Zeitschrift *Iris* das erste Kapital aus Brentanos *Märchen vom Rhein*.

1827 17.–20. Januar: Weitere anonyme Märchenpublikation in der gleichen Zeitschrift (*Das Mirthenfräulein*).
5. Februar: Protest des Autors gegen die Veröffentlichung, die daraufhin eingestellt wird.
9. März: Aufbruch zu einer Reise nach Paris und Nancy mit Dietz (später verarbeitet in den *Aufzeichnungen nach der Parisreise* und den ersten Kapiteln der *Barmherzigen Schwestern*).
Anfang Mai: Rückkehr nach Frankfurt. Dort Treffen mit Böhmer, der ihm vermutlich die Märchenmanuskripte zurückgibt, sowie mit Görres und Sailer.
24. August: Reise mit Sailer, Diepenbrock und Johann Karl Passavant über Mainz nach Koblenz.
28. August – 12. September: Mit Sailer nach Köln und Bocholt; zurück nach Koblenz mit Station in Düsseldorf und Bonn. Plan einer Ordensgeschichte *Die Barmherzigen Schwestern*, die Brentano spätestens im November beginnt.

1828 Anonyme Veröffentlichung von Korrespondenzbeiträgen in *Der Katholik* durch den Herausgeber der Zeitschrift Andreas Räß.
August–Oktober: Reise in die Schweiz zu einem verabredeten Treffen mit dem aus Rom zurückgekehrten Bruder Christian in Luzern. Im September Exkursion nach Bern und Freiburg, dann Rückreise über Lindau, München, Regensburg, Nürnberg nach Frankfurt (Mitte Oktober).
Dezember: Gemeinsam mit Christian nach Koblenz.

1829 März: Arbeit an den *Barmherzigen Schwestern*; der von Melchior Diepenbrock hg. *Geistliche Blumenstrauß* mit Gedichten von Brentano und Luise Hensel erscheint.

Zweite Jahreshälfte: In Frankfurt; Korrektur an den *Barmherzigen Schwestern.*

Dezember: Die Bearbeitung des *Goldnen Tugendbuchs* erscheint.

1830 Februar/März: *Das Mosel-Eisgangs-Lied* (zugunsten des vom Eisgang zerstörten Dorfes Lay) entsteht (erschienen anonym Anfang April).

11. April: Reise nach Koblenz; Besuch auf dem Marienberg (Boppard) bei seinem Bruder Christian.

Anfang Mai – Mitte Juni: Frankfurt.

August: Kur in Wiesbaden.

Ab Mitte September: Frankfurt; enge Kontakte zu Philipp Veit (Sohn Dorothea Schlegels) und seiner Familie. Arbeit an den Emmerick-Papieren.

1831 21. Januar: Arnim stirbt in Wiepersdorf.

Sommer: Aufenthalt in Bocholt.

Mitte September: Von Bonn gemeinsame Reise mit Friedrich Overbeck (1789–1869) über Koblenz nach Frankfurt (23. September).

Oktober: Das Buch *Die Barmherzigen Schwestern in Bezug auf Armen- und Krankenpflege* erscheint (anonym) »zum Besten der Armenschule des Frauenvereins in Coblenz«.

1832 17. April: Brentanos zweite Frau (Auguste Bußmann), inzwischen erneut verheiratet und Mutter von vier Kindern, begeht Selbstmord in Frankfurt.

20. Mai: Tod Sailers.

28. Juni: Gemeinsam mit Sophie Steingaß nach Regensburg (Eintreffen am 7. Juli).

Ende September (nach einem Besuch in München am 18. September): Rückkehr nach Frankfurt.

24. Oktober: Übersiedlung nach Regensburg.

1833 Februar: Verstärkte Arbeit an den Emmerick-Papieren.

25.–28. März: Gemeinsam mit Diepenbrocks in Nürnberg.

August/September: *Das bittere Leiden unsers Herrn Jesu Christi. Nach den Betrachtungen der gottseligen Anna Katharina Emmerich, Augustinerin des Klosters Agnetenberg zu Dülmen* erscheint als einziger Teil des geplanten Zyklus der Emmerick-Schriften zu Lebzeiten des Autors im Druck. Das anonym veröffentlichte Erbauungsbuch erlebt zahlreiche Auflagen.

22. September: Über Landshut nach München.

Oktober: Im katholischen Kreis der Münchener Spätromantik, bei Joseph und Guido Görres (1805–1852), Johann Nepomuk Ringseis, George Philipps (1804–1872) und Joseph Schlotthauer (1789–1869) findet Brentano in den letzten Lebensjahren eine neue geistige Heimat. Dort lernt er auch die Baseler Malerin und Kunstsammlerin Emilie Linder (1797–1867) kennen, die umworbene Freundin seines letzten Lebensjahrzehnts und Schöpferin des Ölporträts von Brentano.

1834 Januar: Nach einer Krise in der Beziehung zu Emilie Linder entstehen werbende Gedichte wie *Wo schlägt ein Herz das bleibend fühlt* und *Danke, danke, süße Feder.*

Juni: *Was heiß aus meiner Seele fleht.*
Juli: *Als Sonnenfeuer sprühte; Die Liebe gab mir Tränen*
Oktober: Brentano reist Emilie nach Basel nach. Im November hält sie sich wieder in München auf. Eine große Zahl weiterer Liebesgedichte entsteht.

1835 Februar: Böhmer bemüht sich erneut, Brentano zu einer Sammelausgabe seiner Werke zu bewegen.
Ende April: Arbeit an einer neuen Fassung des Märchens *Fanferlieschen Schönefüßchen.*
3.–18. September: Reise nach Südtirol, um einige Stigmatisierte (u. a. Maria von Mörl) zu besuchen.
19. Oktober: Brentano übergibt Emilie (zum angenommenen Tauftag) das Gedicht *Heidnische Antwort auf ein †* und Bettines Buch *Goethes Briefwechsel mit einem Kinde.*
Dezember: Arbeit an der erweiterten Fassung des Märchens *Gockel, Hinkel und Gackeleia.*

1836 November: Brentano geht nun zunächst auf die Pläne Böhmers zu einer Sammelausgabe seiner Werke ein.
Mitte Dezember: Abschluss der Arbeiten am *Gockel*-Märchen.

1837 März: Der gemeinsam mit Böhmer entwickelte Plan einer Sammelausgabe wird konkreter. Brentano lässt ausgewählte Werke von der befreundeten Witwe Anna Barbara Sendtner abschreiben.
Juli: Arbeit am *Marienleben*, Herstellung der Lithographien zum *Gockel*-Märchen; Bekanntschaft mit dem Maler Edward von Steinle (1810–1886), mit dem er in der Folgezeit einen umfangreichen Briefwechsel entfaltet und Zusammenarbeit plant (Gedichte, *Lehrjahre Jesu*, Märchen, Gebetbuch).
3.–17. Oktober: Mit Apollonia Diepenbrock Reise nach Kaltern zum Besuch der Maria von Mörl.
November: Das *Gockel*-Märchen erscheint (unter der Jahreszahl 1838) mit einer Zueignung an Marianne von Willemer.

1838 Veröffentlichungen in den *Historisch-politischen Blättern.*
November: Arbeit an der versifizierten Marina-Legende, die Steinle illustrieren soll, weit fortgeschritten.

1839 März: Besuch bei Apollonia und Melchior Diepenbrock in Regensburg.
März – Mai: Korrespondenz mit Bettine zur Neuauflage von *Des Knaben Wunderhorn*, die innerhalb der Arnim-Ausgabe ohne Mitwirkung Brentanos später in vier Bänden erfolgt.
Juli/August: Besuch des Ehepaars Schinkel in München.

1840 21.–29. April: Besuch von Böhmer.
August: Der Orientalist Daniel Bonifaz Haneberg (1816–1875) unterstützt Brentano bei den Korrekturarbeiten zum *Marienleben.*
Anfang Oktober: Brentano zieht zur Witwe Sendtner.
5. Oktober: Tod der Abschreiberin Brentanos und damit Ende der Vorarbeiten zur Sammelausgabe. Christian und dessen Frau Emilie Brentano (1816–1875) verarbeiten die Gedichtabschriften später in den 1852 erschienenen siebenbändigen *Gesammelten Schriften.*

1841 Januar: Die prosperierende Frankfurter Familienfirma wird aufgelöst. Brentano bittet die Brüder Franz und Georg, sein Vermögen weiterhin zu verwalten.
März: Die *Legende von der heiligen Marina* erscheint.
April: Vom *Marienleben* liegen zwölf Druckbogen vor.
31. August: Abreise nach Aschaffenburg zum Bruder Christian (Eintreffen am 3. Sept.).
13. September: Nach Frankfurt, von dort am 24. Ausflug nach Mainz und Winkel.
24.–28. November: Rückreise nach München.

1842 Januar: Zeichen von Herzschwäche (»Wassersucht«).
Juni: Brentano bittet seinen Bruder Christian, nach München zu kommen, und setzt sein Testament auf, in dem Christian zum Generalerben eingesetzt wird; einzelne Werkkomplexe werden jedoch Guido Görres (*Märchen*; erschienen 1846 f.) und Haneberg (Emmerick-Schriften) zur Veröffentlichung übereignet. Die von Christian und Emilie Brentano verantworteten *Gesammelten Schriften* erscheinen erst 1852; das *Leben der Jungfrau Maria* im gleichen Jahr; *Gesammelte Briefe* in zwei Bänden 1855.
12. Juli: Gemeinsam mit Christian reist Brentano nach Aschaffenburg.
22. Juli: Brentano formuliert und unterzeichnet einen Nachtrag zu seinem Testament, der ausschließen soll, dass Kinder Auguste Bußmanns Ansprüche geltend machen.
28. Juli: Tod in Aschaffenburg.

Zusammengestellt unter Benutzung der *Brentano Chronik* von Konrad Feilchenfeldt und der *Lebens- und Werkchronik* im Band *Memoria*.

ABKÜRZUNGS- UND LITERATURVERZEICHNIS

AM	*Die Andacht zum Menschenbild. Unbekannte Briefe von Bettine Brentano.* Hg. von Wilhelm Schellberg † und Friedrich Fuchs, Jena 1942
Arnim-Kat.	*Achim von Arnim 1781–1831*, Ausstellungskatalog des FDH, bearbeitet von Renate Moering und Hartwig Schultz, hg. von Detlev Lüders, Frankfurt 1981
Arnim, Werke	Achim von Arnim: *Werke in sechs Bänden*, hg. von Roswitha Burwick, Jürgen Knaack, Paul Michael Lützeler, Renate Moering, Ulfert Ricklefs und Hermann F. Weiss, Frankfurt 1989–1994
Baumgart	Hildegard Baumgart: *Bettine Brentano und Achim von Arnim. Lehrjahre einer Liebe*, Berlin 1999
Bettine-Kat.	*Herzhaft in die Dornen der Zeit greifen. Bettine von Arnim 1785–1859*, Ausstellungskatalog des FDH, hg. von Christoph Perels, Frankfurt 1985
Betz	*Bettine und Arnim. Briefe der Freundschaft und Liebe*, hg. von Otto Betz und Veronika Straub, Frankfurt 1986 f.
Brentano-Kat. 1978	*Clemens Brentano. 1778–1842.* Ausstellungskatalog des FDH, Katalogtexte: Jürgen Behrens, Werner Bellmann, Wolfgang Frühwald, Renate Moering, Heinz Rölleke, Hartwig Schultz, hg. von Detlev Lüders, Frankfurt 1978
Brentano, Werke	Clemens Brentano: *Werke*, hg. von Wolfgang Frühwald, Bernhard Gajek, Friedhelm Kemp (Bd. 1), Friedhelm Kemp (Bde. 2–4), München 1963–1968; 2. Aufl. 1978
Chronik	Konrad Feilchenfeldt: *Brentano Chronik. Daten zu Leben und Werk*, München, Wien 1978
Clemens Brentano (Literaturstudium)	Hartwig Schultz: *Clemens Brentano* (Literaturstudium), Stuttgart 1999
DA	Heinrich Heine: *Sämtliche Werke*, Düsseldorfer Ausgabe, hg. von Manfred Windfuhr, Hamburg 1973 ff.
Diel/Kreiten	*Clemens Brentano. Ein Lebensbild nach gedruckten und ungedruckten Quellen von P. Johannes Baptista Diel S. J.* Ergänzt und hg. von Wilhelm Kreiten S. J., 2 Bde., Freiburg im Breisgau 1877 f.
Eichendorff, Werke	Joseph von Eichendorff: *Werke in sechs Bänden*, hg. von Wolfgang Frühwald, Brigitte Schillbach und Hartwig Schultz, Frankfurt 1985–1993
Eichendorff-Chronik	*Eichendorff Chronik. Daten zu Leben und Werk*, zusam-

	mengestellt von Wolfgang Frühwald, München, Wien 1977
Enzensberger	*Requiem für eine romantische Frau. Die Geschichte von Auguste Bußmann und Clemens Brentano.* Nach gedruckten und ungedruckten Quellen überliefert von Hans Magnus Enzensberger, Berlin 1988
FBA	Clemens Brentano: *Sämtliche Werke und Briefe* (Frankfurter Brentano-Ausgabe). Historisch-kritische Ausgabe, veranstaltet vom Freien Deutschen Hochstift, hg. von Konrad Feilchenfeldt, Wolfgang Frühwald, Ulrike Landfester, Christoph Perels und Hartwig Schultz, Stuttgart u. a. 1975 ff.
FDH	Freies Deutsches Hochstift / Frankfurter Goethe-Museum
Feilchenfeldt/Frühwald	Konrad Feilchenfeldt und Wolfgang Frühwald: *Clemens Brentano. Briefe und Gedichte an Emilie Linder*. Ungedruckte Handschriften aus dem Nachlass von P. Johannes Baptista Diel S. J., in: Jb FDH 1976, S. 216–315
Feilchenfeldt, Runge	*Clemens Brentano – Philipp Otto Runge. Briefwechsel.* Hg. und kommentiert von Konrad Feilchenfeldt, Frankfurt 1974
Freundschaftsbriefe	Achim von Arnim und Clemens Brentano. *Freundschaftsbriefe*. Vollständige kritische Edition von Hartwig Schultz, 2 Bde., Frankfurt 1998
Frühwald	Wolfgang Frühwald: *Das Spätwerk Clemens Brentanos (1815–1842). Romantik im Zeitalter der Metternichschen Restauration*, Tübingen 1977
Gedichte	Clemens Brentano: *Gedichte*, hg. von Hartwig Schultz, Stuttgart 1995
Gersdorff, Biographie	Dagmar von Gersdorff: *Dich zu lieben kann ich nicht verlernen. Das Leben der Sophie Brentano-Mereau*, Frankfurt 1984
Gersdorff, Mereau-Briefwechsel	*Lebe der Liebe und liebe das Leben. Der Briefwechsel von Clemens Brentano und Sophie Mereau.* Mit einer Einleitung, hg. von Dagmar von Gersdorff, Frankfurt 1981
Goes 1	Martin Goes: »Die intimen Clementinischen Papiere«, in: *Die Aschaffenburger Brentanos*, hg. von Brigitte Schad, Aschaffenburg 1984, S. 142–157
Goes 2	Martin Goes: »Über die Scheidung des Clemens Brentano«. In: *Aschaffenburger Jahrbuch für Geschichte und Kunst des Untermaingebietes*, Bd. 13, 1990, S. 319
Grus	Michael Grus: »›Die Weltgeschicke gehören nicht auf des Dichters Lippe.‹ Clemens Brentanos Probleme mit der Wiener Theaterzensur«, Jb FDH 1995, S. 118–137

GS	*Clemens Brentano's Gesammelte Schriften*, Bd. 1–7: hg. von Christian Brentano, Frankfurt 1852; Bde. 8/9: Gesammelte Briefe [hg. von Emilie Brentano, Joseph Merkel und Johann Friedrich Böhmer], Frankfurt 1855
Hasenpflug	Kristina Hasenpflug: *Clemens Brentanos Lyrik an Luise Hensel*, Frankfurt 1999
Isselstein	Ursula Isselstein: »Rahel und Brentano«, in: Jb FDH 1985, S. 150–201
Jb FDH	*Jahrbuch des Freien Deutschen Hochstifts*, Frankfurt am Main 1962 ff.
Jung	Wolfgang Jung: »›Es ist Gebrauch seit langer Zeit‹. Ein unbekanntes Gelegenheitsgedicht Clemens Brentanos für die ›Gesellschaft aus dem Strobelköpf‹ in Wien«, in: Jb FDH 1983, S. 171–212
KA	*Kritische Friedrich Schlegel-Ausgabe*, hg. von Ernst Behler, Paderborn u. a. 1958 ff.
Liebesleben	*Clemens Brentanos Liebesleben. Eine Ansicht von Lujo Brentano*, Frankfurt 1921
Linderbriefe	Clemens Brentano: *Briefe an Emilie Linder*. Mit zwei Briefen an Apollonia Diepenbrock und Marianne von Willemer, hg. und kommentiert von Wolfgang Frühwald, Bad Homburg u. a. 1969
MA	Johann Wolfgang Goethe: *Sämtliche Werke nach Epochen seines Schaffens* (Münchener Ausgabe), hg. von Karl Richter in Zusammenarbeit mit Herbert G. Göpfert, München 1985 ff.
Memoria	*Clemens Brentano. 1778–1842 (Memoria)* zum 150. Todestag, hg. von Hartwig Schultz, Bern, Berlin u. a. 1993
Nienhaus	Stefan Nienhaus: »Vaterland und engeres Vaterland. Deutscher und preußischer Nationalismus in der Tischgesellschaft«, in: *Die Erfahrung anderer Länder. Beiträge eines Wiepersdorfer Kolloquiums zu Achim und Bettina von Arnim*, hg. von Heinz Härtl und Hartwig Schultz, Berlin, New York 1994, S. 127–151
Rahel-Bibliothek	Rahel Varnhagen: *Gesammelte Werke*, hg. von Konrad Feilchenfeldt, Uwe Schweickert und Rahel E. Steiner, München 1983
Roethe	*Brentanos »Ponce de Leon«, eine Säcularstudie* von Gustav Roethe, Berlin 1901
Rölleke, Anmerkungen	Heinz Rölleke: »Anmerkungen zu ›Des Knaben Wunderhorn‹«, in: *Clemens Brentano. Beiträge des Kolloquiums im Freien Deutschen Hochstift* 1978, hg. von Detlev Lüders, Tübingen 1980, S. 276–294
Savigny-Briefwechsel	*Arnims Briefe an Savigny 1803–1831*, hg. und kommentiert von Heinz Härtl, Weimar 1982

Schiel	Hubert Schiel: *Clemens Brentano und Luise Hensel.* Mit bisher ungedruckten Briefen, Aschaffenburg 1956
Schuster	Peter Klaus Schuster: »Bildzitate bei Brentano«, in: Clemens *Brentano. Beiträge des Kolloquiums im Freien Deutschen Hochstift 1978*, hg. von Detlev Lüders, Tübingen 1980, S. 334–348
Seebaß	Clemens Brentano: *Briefe*, hg. von Friedrich Seebaß, Nürnberg 1951
Steig I–III	*Achim von Arnim und die ihm nahestanden.* Hg. von Reinhold Steig und Herman Grimm. I: *Achim von Arnim und Clemens Brentano*, Stuttgart 1894; II: *Achim von Arnim und Bettina Brentano*, Stuttgart und Berlin 1913; III: *Achim von Arnim und Jacob und Wilhelm Grimm*, Stuttgart und Berlin 1904
Suhr	Norbert Suhr: *Philipp Veit (1793–1877): Leben und Werk eines Nazareners.* Monographie und Werkverzeichnis, Weinheim 1991
SW	Clemens Brentano: *Sämtliche Werke*, hg. von Carl Schüddekopf, München und Leipzig 1909–1917
UL	*Das unsterbliche Leben.* Unbekannte Briefe von Clemens Brentano. Hg. von Wilhelm Schellberg † und Friedrich Fuchs, Jena 1939
Varnhagen, Werke	Karl August Varnhagen von Ense: *Werke in fünf Bänden*, hg. von Konrad Feilchenfeldt, Frankfurt 1987 ff.
Vorarbeiten	Hartwig Schultz: »Vorarbeiten Clemens Brentanos zu einer Sammelausgabe seiner Werke«, in: Jb FDH 1976, S. 316–351
Vordermayer	Martina Vordermayer: *Antisemitismus und Judentum bei Clemens Brentano*, Frankfurt, Berlin u. a. 1999
Vordtriede	*Achim und Bettina in ihren Briefen.* Briefwechsel von Achim von Arnim und Bettina Brentano, hg. von Werner Vordtriede, Frankfurt 1961
Werke	Vgl. Brentano, *Werke*
Wieneke	*Caroline und Dorothea Schlegel in Briefen*, hg. von Ernst Wieneke, Weimar 1914

Weiterführende Literatur ist in den Bibliographien des Memoria-Bandes und des ersten Bandes der Werke Brentanos (Hanser-Ausgabe) verzeichnet.

ANMERKUNGEN

KAPITEL EINS

9 »Dein Reich ist …« – Werke 3, S. 626.
»Frau Rath« – So bezeichnen Clemens und Bettine von Arnim Goethes Mutter Catharina Elisabeth Goethe in ihren Publikationen – so wurde die Witwe in Frankfurt auch genannt, nachdem Goethes Vater zum »Kaiserlichen Rath« ernannt worden war. Eine Tätigkeit im Magistrat war mit diesem Titel, für den eine Gebühr zu entrichten war, nicht verbunden.
»Einsiedelei …« – Werke 3, S. 620.
»Wo dein Himmel …« – Werke 3, S. 626.
»Ich wünsche einen …« – Werke 3, S. 626.

10 »Liebstes Vermächtnüß …« – Die Briefe der Frau Rath Goethe. Gesammelt und herausgegeben von Albert Köster, Leipzig 1923, Bd. 2, S. 186 und 188. Der Brief ist der letzte, der von Goethes Mutter überliefert ist.
»Demoiselle Busmann …« – Die Briefe der Frau Rath Goethe. Gesammelt und herausgegeben von Albert Köster, Leipzig 1923, Bd. 2, S. 165 f.
»Märchens von Gockel, Hinkel …« – Werke 3, S. 617–629.

11 »verlornen Paradiesgärtchen« – Werke 3, S. 617.

12 »verheiratet wurde« – 13. Buch; Hamburger Ausgabe 9, S. 586 f.

13 »Goldnem Kopp« – Die in der Winkler Brentano-Familie kolportierte Geschichte deckt sich allerdings nicht mit Clemens Brentanos Darstellung in der »Herzlichen Zueignung« des *Gockel*-Märchen: »das goldne Zeichen über unserem Haustor selbst schien mir aus diesem gelobten Ländchen, als es in wirrer Zeit den Kopf verloren, zu uns emigriert« (Werke 3, S. 620).
»Familiengründungen entstanden …« – Peter Anton Brentano: *Schattenzug der Ahnen der Dichtergeschwister Clemens und Bettina Brentano*, Regensburg 1940, S. 49.

15 »Bilderbüchern« – FBA 16, S. 168.
Buntings Reisebuch … – FBA 14, S. 524.

16 »war eine der bedeutendsten …« – Schattenzug, S. 97.
»Zur Stube …« – FBA 10, S. 13 ff.

19 In weiter Kammer … – FBA 10, S. 5.
»Getrennet lebte fern …« – FBA 10, S. 11.
»hartes Schicksal bei …« – Frankfurt, undatierter Brief aus dem von Bettine von Arnim bearbeiteten *Frühlingskranz* (Jugendbriefwechsel mit dem Bruder, publiziert 1844); FBA 30, S. 38 f.

20 »alten, sehr frommen Ex-Jesuiten« – GS 9, S. 427.
»da ich auf dem Berg …« – An Sophie Mereau, Marburg, den 4. September 1803; FBA 31, S. 165.

20 »Spielräume« – An Sophie Schönauer, eine Nichte der Basler Malerin Emilie Linder; zit. nach dem Jahresbericht des Freien Deutschen Hochstifts, in: Jb FDH 1994, S. 334 f.
21 Aus Mannheim stammen … – Vgl. FBA 29, S. 9–24.
22 »Elend zu klagen …« – An Carl Brentano, Mannheim, um den 20. Oktober 1793; FBA 29, S. 25 f.
»Der Vater kanns nicht …« – Undatiert überliefert im *Frühlingskranz*; FBA 30, S. 100.
23 »hochbeinigen, durchs Stoppelfeld …« – UL, S. 56.
»zum Kaufmann taugst du nichts« – Frankfurt, den 8. April 1797; zit. nach *»Frankfurt aber ist der Nabel dieser Erde«. Das Schicksal einer Generation der Goethezeit*, Stuttgart 1983, S. 250.
»er malte zur Seite …« – Diel/Kreiten 1, S. 65.
24 »Peter Anton erzürnte …« – Diel/Kreiten 1, S. 65 f.
»mit Entschiedenheit …« – Diel/Kreiten 1, S. 66.
»wird es mir …« – Schönebeck, den 20. März 1797; FBA 29, S. 84.
»Fürchte nichts von …« – Schönebeck, den 20. März 1797; FBA 29, S. 84.
25 »ich muß aufrichtig …« – Frankfurt, den 8. April 1797; zit. nach *»Frankfurt aber ist der Nabel dieser Erde«. Das Schicksal einer Generation der Goethezeit*, Stuttgart 1983, S. 250.

KAPITEL ZWEI

27 »vom Mittelalter noch …« – Joseph von Eichendorff: »Erlebtes«; Werke 5, S. 419 f.
28 Brentano trat vermutlich … – Chronik, S. 19 f.
29 »in 11 Tagen …« – FBA 29, S. 106.
»Ordensregeln des Heiligen Clemens …« – FBA 29, S. 107 f.
»An die Linde …« – FBA 29, S. 109 f.
»Ich habe dabei …« – FBA 29, S. 128.
30 »ihr seid würklich …« – FBA 29, S. 128 f.
31 wie der junge Joseph Görres … – Die Urteile über Sophie werden in UL, S. 12 zitiert.
»Ich habe das einzige Weib …« – Frankfurt, Ende September 1800; FBA 29, S. 276.
»An S. …« – FBA 16, S. 330–334.
32 »daß Sophie bei Wieland …« – Frankfurt, Ende September 1800; FBA 29, S. 276.
»ich ahndete ihren Tod …« – FBA 29, S. 276.
»fremden Mann …« – Mit diesen Worten beschreibt sie Clemens im *Frühlingskranz*; FBA 30, S. 47.
34 »es dämmert schon …« – FBA 16, S. 229.
»die Leute zu malen …« – FBA 16, S. 226 f.
»stille Herrscherin …« – UL, S. 12.

34 »Ich sah Dich an …« – Die Beschreibung könnte Bettine nachträglich in den *Frühlingskranz* von 1844 einmontiert haben; FBA 30, S. 47. Da die zu Grunde liegenden Briefe im Zweiten Weltkrieg vernichtet wurden, ist ein Vergleich mit den Originalen nicht mehr möglich.
wie Konrad Feilchenfeldt … – Chronik, S. 20.
wie Sibylle von Steinsdorff … – Bettine-Kat., S. 9.
35 »Dein freundlich Abschiedsblättchen …« – FBA 30, S. 18 (undatiert und vermutlich ebenfalls von Bettine bei der Publikation von 1844 überarbeitet).
»ein halbes Jahrhundert …« – Die deutsche Salon-Poesie der Frauen (1847); Werke 6, S. 294.
36 »Die Macht der Gewohnheit …« – FBA 30, S. 27.
37 »Da kam so früh …« – FBA 30, S. 24 f.
»ist das nicht …« – FBA 30, S. 24.
»wie auf dem Grund …« – FBA 30, S. 28.
»ich weiß […] daß …« – FBA 30, S. 71 f.
»Clemens! Weist du …« – Brentano zitiert diese Briefstelle in seinem Marburger Brief an den Freund Achim von Arnim von Anfang Mai 1802 (Freundschaftsbriefe 1, S. 14).
38 »diesen Krämern …« – An Arnim, Frankfurt, den 30. April 1803; Freundschaftsbriefe 1, S. 118.
»unsre Liebe zu einander …« – FBA 30, S. 211.
»Schau mir …« – FBA 30, S. 288.
39 »tiefer innere[r] Betrübniß …« – Frankfurt, den 30. April 1803; Freundschaftsbriefe 1, S. 117 f.
Drama *Cecilie* – Vgl. FBA 12, S. 227–338.
41 »Was soll ich …« – FBA 30, S. 180.
42 »Das Leben des Weibes …« – FBA 30, S. 215.
»das Weib berührt …« – FBA 30, S. 215.
»Auffallende« – FBA 30, S. 214.
»Ich habe unlängst …« – FBA 30, S. 213.
»Wie schön wird …« – FBA 30, S. 210 f.
»das ist die Tonart …« – FBA 30, S. 219–224.
43 »Eines Strebens …« – FBA 30, S. 219.
»man spotte meiner …« – Die kritischen Äußerungen zur Ehe finden sich in Bettine von Arnims 1840 veröffentlichtem, aus bearbeiteten Briefen zusammengesetztem Buch *Die Günderode*; zit. nach der Taschenbuchausgabe, Frankfurt 1983, S. 453.
»verzweifelten Emigranten« – Berlin, vermutlich den 20. April 1811; Freundschaftsbriefe 2, S. 601.
»warum wollt ihr …« – Prag, den 10. Dezember 1811; Freundschaftsbriefe 2, S. 622.

KAPITEL DREI

45 »Clemens ist hier …« – Frankfurt, den 17. April 1798; UL, S. 100.
»ich will nicht …« – Jena, den 20. Dezember 1798; FBA 29, S. 148.
»Ich habe soviel …« – Jena, den 20. Dezember 1798; FBA 29, S. 149.
»ungeheuer theuren medizinischen …« – Jena, den 20. Dezember 1798; FBA 29, S. 150 f.
46 »Wilhelm Schlegel ist nun …« – Weimarer Ausgabe, Abt. IV, Bd. 11, S. 66 f.
48 »das Leben und die Gesellschaft …« – *Athenäum* I, 1798, S. 204.
»umfaßt alles …« – *Athenäum* I, 1798, S. 204 f.
49 »Statthalter des poetischen Geistes …« – Novalis in einem Aphorismus (*Athenäum* I,1, S. 103 f.).
50 »Geschritten in die Welt …« – KA 5, S. 508.
»fast von den Stühlen …« – Wieneke, S. 139.
51 »Ach wie gefällt …« – KA 5, S. 508.
»Hardenberg ist hier …« – Jena, den 15. November 1799; Wieneke, S. 307 f.
»Wilhelm will nicht …« – Friedrich Schlegel an Auguste, Jena, den 30. September 1799; Wieneke, S. 135.
52 »Lucinde ist eine …« – DA 8,1, S. 166.
54 »Hundert Prügel vorn A- …« – FBA 16, S. 606.
»es sind Romanzen …« – Jena, den 10. Dezember 1801; Wieneke, S. 197.
»Sprich aus der Ferne …« – FBA 16, S. 184 f.
55 »Zu Bacharach …« – FBA 16, S. 535.
56 »Wer hat dies Lied …« – FBA 16, S. 539.
57 »Wir brauchen eine …« – Vgl. die »Rede über die Mythologie«, *Athenäum* III,1, S. 94–105.
58 »Jeder Dichter nämlich …« – *Über die ethische und religiöse Bedeutung der neueren romantischen Poesie in Deutschland (1847)*, *Werke* 6, S. 180.
»sind gut, die muß man …« – Jena, den 10. Dezember 1801; Wieneke, S. 197.
»glücklich bin ich nicht …« – FBA 30, S. 184.
59 »Darf ich nennen …« – FBA 16, S. 564.
»andern Dichter« – FBA 16, S. 782.
»Seine äußere Erscheinung …« – FBA 16, S. 563–565.
60 Literaturwissenschaftler mögen … – »Die Nachrichten [beziehen sich] nicht […] auf den Ich-Erzähler des zweiten Romanteils, dessen Tod Godwi wenige Seiten vorher mitteilt. Vielmehr führt Winkelmann einen zweiten, ebenfalls bereits verstorbenen Dichter Maria ein, der als Verfasser des *Godwi* und des Gustav Wasa bezeichnet wird und von dem es […] heißt, dass Clemens Brentano sein ganzes Vertrauen besessen habe.« (FBA 16, S. 780) Diese »Erläuterung« Werner Bellmanns setzt die romantische Ironie des *Godwi* unfreiwillig fort. Selbstverständlich bezieht der Leser den Bericht über Maria auf den Autor des *Godwi*, in dessen Titelei steht »von Maria«. Wo liegt das Problem? Dieser Maria ist Clemens Brentano und selbstverständlich erläutert auch Werner Bellmann alle im fiktiven Nachruf genannten Personen mit Bezug auf die Biografie Brentanos! Fiktiv ist nur sein Tod, und daher muss Win-

kelmann eine weitere »Verwirrung« in diesen »verwilderten Roman« einführen, indem er Maria als Vertrauten Brentanos bezeichnet (FBA 16, S. 564).

60 »*Charackteristicken des seligen Maria* ...« – FBA 16, S. 602–605. Dort zum ersten Mal (1978) veröffentlicht.
»Im verwilderten Sinne ...« – FBA 16, S. 604 f.

61 »Die Französische Revoluzion ...« – *Athenäum* I,2, S. 232.

62 »Bei der izzigen ...« – Jena, den 20. Dezember 1798; FBA 29, S. 147 f.
eine von drei Schwestern ... – FBA 16, S. 7.
auch im Roman ... – FBA 16, S. 164.
»Hinunter mit ...« – Frankfurt, November 1800; FBA 29, S. 288.

KAPITEL VIER

63 »Hör', es klagt ...« – Gedichte, S. 54 f.

65 »Verschaffe dir doch ...« – Marburg, Anfang März 1801; FBA 29, S. 308.
wie in der Erzählung – Gerhard Kluge läßt die Frage offen, ob das Werk im Frühjahr oder Herbst 1800 entstand (vgl. FBA 19, S. 475).
»Hier schien der Fremdling ...« – FBA 19, S. 50.

66 »wunderbaren Sängers« – FBA 19, S. 50.
»verlohrnen Schwester ...« – FBA 19, S. 49.
»Werde ich doch bald ...« – FBA 19, S. 51.

67 »Hier verlor sich ...« – FBA 19, S. 52.
»Fortsetzung dieses vorzüglichen Produkts« – Der Brief von Sophie Mereau (Gersdorff, Briefwechsel, S. 86) wurde von Gerhard Kluge neu und überzeugend auf Ende Januar/Anfang Februar 1801 datiert; vgl. FBA 19, S. 478.
»Ihren *Sänger* haben wir ...« – Jena, den 2. Februar 1801, zit. nach FBA 19, S. 482.
»Ihr Sänger nimmt sich ...« – Jena, den 27. Februar 1801; zit. nach FBA 19, S. 481.

68 Brentano schreibt sie ... – Vgl. FBA 19, S. 453.
er wählt eine Episode ... – Vgl. FBA 19, S. 454–470.
»In der französischen Vorlage ...« – FBA 19, S. 455.
»Einfachheit, Schlichtheit, Herzlichkeit ...« – Gerhard Kluge in: FBA 19, S. 455 f.

69 »Klingemann und Brentano ...« – Undatierter Brief; zit. nach FBA 19, S. 457.
»Die Natur ist ...« – Zit. nach FBA 19, S. 457.
August Klingemann ... – Chronik, S. 33.
»Züchtigung« – Friedrich Schlegel an Ludwig Tieck am 22. August 1800; zit. nach Brentano-Kat. 1978, S. 32.
»die kalte ...« – Arnim an Brentano, Zürich, den 9. Juli 1802; Freundschaftsbriefe 1, S. 22.
Während die Beziehung ... – Vgl. Chronik, S. 40.
Sein Einfluss reicht jedoch ... – Vgl. Chronik, S. 42.

70 »Arabesken und andere Verzierungen ...« – FBA 12, S. 3.

71 »Man giebt hierbey ...« – Propyläen, S. 169 f.; vgl. Brentano, Werke 4, S. 920.

71 »Die Charactercomödie erfodert ...« – Propyläen, S. 170 f.; Werke 4, S. 920 f.
»[...] nicht eines ist ...« – Zit. nach Roethe, S. 4.
72 »der Zuschauer ...« – Frankfurt, um den 10. September 1801; FBA 29, S. 378 f.
»der letzte Ackt ist ...« – FBA 29, S. 380.
»So sey dann ...« – FBA 12, S. 631.
»guten Humor ...« – Weimar, den 16. Oktober 1802; zit. nach Werke 4, S. 922.
73 »alles wegzuschneiden ...« – FBA 29, S. 379.
»Vorerinnerung ...« – FBA 12, S. 356.
74 »mach die Tür zu ...« – FBA 12, S. 399.
75 »Die einseitige, alle andern ...« – Roethe, S. 13.
»von allen kritischen ...« – 1814 im Dramaturgischen Beobachter, einer Wiener Zeitschrift, vgl. FBA 12, S. 934.
»unfreundliche« – Roethe, S. 11.
»Brentano hat mir ...« – Jena, den 7. Dezember 1801; Wieneke, S. 346.
»Ich mache besonders aufmerksam ...« – DA 8/1, S. 200.
76 »wundervollen Lustspiele ...« – Eichendorff, Werke 6, S. 185.
Wir kennen diese Satire ... – Vgl. Kap. 12.
»Philister leben nur ...« – *Athenäum* 1, 1798, S. 94 f.
77 »Philister, heist in der Sprache ...« – Zit. nach Eichendorff, Werke 4, S. 806.
Nach dieser Darbietung ... – »Jahrelang zählte auch die Dichterin Sophie Mereau zu den Besuchern des Professorenclubs«, konnte Hermann F. Weiss ermitteln (Der Mittwochs- und der Professorenklub. Zur Geselligkeit in Jena am Ausgang des 18. Jahrhunderts, in: Jb FDH 1999, S. 94–120; hier: S. 112). Sophie Mereau war am 9. Dezember 1798 und am 3. und 24. Februar 1799 sowie am 21. Mai 1800 als Gast im Mittwochsklub der Professoren, der streng organisiert war. Brentano gehörte zu einer im gleichen Lokal tagenden »Gesellschaft zur Rose«, könnte jedoch (ebenso wie Tieck) gelegentlich auch die Professorenrunde besucht haben, deren »besonderen Mittelpunkt« Fichte darstellte (Weiss, S. 114). Während Besuche von August Wilhelm und Caroline Schlegel sowie von Friedrich von Hardenberg, Hölderlin, Goethe und Schiller belegt sind, fehlen jedoch konkrete Hinweise auf einen Besuch von Tieck und Brentano (vgl. Weiss, S. 107–113).
»Nun werde ich ...« – Ludwig Tieck. Erinnerungen aus dem Leben des Dichters von Rudolf Köpke, Leipzig 1855, Bd. 1, S. 251.
»drei Kapitel über ...« – Vgl. Werke 2, S. 970–986 und 1209.
»Schilderung eines Musterphilisters ...« – Werke 2, S. 987–1003.
»Schmierstiefeln ...« – Werke 2, S. 1000.
78 »wo die Jugend ...« – Werke 2, S. 983.
»sammelt Zeitungen, Wochenblätter ...« – Werke 2, S. 991 f.

KAPITEL FÜNF

81 »*Anweisung zum Gebrauche* ...« – Otto Mallon: *Arnim-Bibliographie*, Berlin 1925, S. 1–6.

81 »Im *Godwi* steht ...« – Düsseldorf, Weihnachten 1802; Freundschaftsbriefe 1, S. 79.

82 »Hättest Du wohl ...« – Arnim-Kat., S. 21.
»Lieb war es mir ...« – Regensburg, den 8. Dezember 1801; Freundschaftsbriefe 1, S. 1.
»Es ist mir jezt ...« – Kahlenberg bei Wien, den 17. April 1802; Freundschaftsbriefe 1, S. 10.

84 Obwohl sich Achim ... – Vgl. Arnim-Kat., S. 10 f.
»Mein Vater ist gestorben ...« – Freundschaftsbriefe 2, S. 824.

85 »Um zu erblicken ...« – Freundschaftsbriefe 2, S. 824.
»Durchwache eine trübe Nacht ...« – London, den 2. März 1804; Freundschaftsbriefe 1, S. 214.
»Dein Vorschlag wegen ...« – Regensburg, den 21. Januar 1802; Freundschaftsbriefe 1, S. 5, vgl. auch Freundschaftsbriefe 2, S. 796 f.

86 »Lieber Clemens ...« – Bern, Mitte August 1802; Freundschaftsbriefe 1, S. 28.
»laß mich nicht ...« – Marburg, den 6. September 1802; Freundschaftsbriefe 1, S. 35.
»auf einen Punkt ...« – Düsseldorf, Weihnachten 1802; Freundschaftsbriefe 1, S. 77.

88 »Ich nenne jezt ...« – Lyon, den 12. Januar 1803; Freundschaftsbriefe 1, S. 88.
»Es wird mir ...« – Marburg, Anfang bis Mitte August 1802; Freundschaftsbriefe 1, S. 26.
»Ich habe seit ...« – Frankfurt, den 12. Oktober 1803; Freundschaftsbriefe 1, S. 179 f.
»wie du klangst ...« – München, den 1. Dezember 1808; Freundschaftsbriefe 2, S. 561.

89 »du allein lößest ...« – Frankfurt, den 12. Oktober 1803; Freundschaftsbriefe 1, S. 179.
»Kein Mensch kann ...« – Marburg, um den 6. Februar 1803; Freundschaftsbriefe 1, S. 97 f.

90 »nothzüchtigt ...« – Paris, den 7. März 1803; Freundschaftsbriefe 1, S. 113.
»ich kann jezt ...« – Marburg, den 6. September 1802; Freundschaftsbriefe 1, S. 35 f.

91 Das kunstvolle Gedicht ... – Vgl. FBA 19, S. 556 f.

92 »Dichtkunst und Musick ...« – Zürich, den 9. Juli 1802; Freundschaftsbriefe 1, S. 22.
»Du klagst noch ...« – Genf, den 23. September 1802; Freundschaftsbriefe 1, S. 56.
»Er sucht schon lang' ...« – Zürich, den 9. Juli 1802, als Probe aus *Ariel's Offenbarungen* zitiert; Freundschaftsbriefe 1, S. 17.

93 »Lieber Achim du ...« – Marburg, Anfang bis Mitte August 1802; Freundschaftsbriefe 1, S. 24.
einem seiner Freundschaftsgedichte ... – Tooting, den 19. August 1803; Freundschaftsbriefe 1, S. 153 f.

94 »Ach ich gemeiner ...« – London, Ende März bis Mitte April 1804; Fragment

eines vermutlich nicht abgeschickten Briefes; Freundschaftsbriefe 1, S. 227, 2, S. 827 f.

94 »Du bist mein Pollux ...« – Tooting, den 19. August 1803; Freundschaftsbriefe 1, S. 152. Überschrift und einzelne Motive gehen auf ein 1802 von Johann Friedrich von Meyer (dem sog. »Bibel-Meyer«; 1772–1849) veröffentlichtes Drama zurück.

95 Auf diese, studentische ... – Vgl. Freundschaftsbriefe 2, S. 365, 570 und 859.
»Ach Gott Bruder ...« – Tooting, den 19. August 1803; Freundschaftsbriefe 1, S. 155.
»Gänsespiel« – Vgl. Freundschaftsbriefe 2, S. 688. Das Spiel wurde mehrmals auf dem Autographenmarkt angeboten, zuletzt bei Stargardt am 16./17. November 1999. Seitdem ist es im Besitz der Bodmeriana (Genf).

96 »wo die Kunst ...« – Marburg, den 6. September 1802; Freundschaftsbriefe 1, S. 34 f.
»Ich habe eine Idee ...« – Frankfurt, den 30. April 1803; Freundschaftsbriefe 1, S. 127 f.

97 »ich habe wieder ...« – Weimar, den 23. August 1803; Freundschaftsbriefe 1, S. 165.
»*Sing Decameron*« – Frankfurt, den 11. Mai 1803; Freundschaftsbriefe 1, S. 135.
»wohlfeilen Volksliederbuchs« – Heidelberg, 15. Februar 1805, Freundschaftsbriefe 1, S. 263.
»Zugabe« – FBA 12, S. 634.

98 »So sind wir dann ...« – FBA 12, S. 636.
Brentano ließ sein Abbild ... – Ein »Mutterstück« aus Marmor oder einem anderen Gestein fertigte Tieck nicht an. Alle überlieferten Exemplare sind daher Kopien des von Tieck bereits in Gips modellierten ersten Exemplars.

99 »Wenn du zurückkehrst ...« – Weimar, den 23. August 1803; Freundschaftsbriefe 1, S. 162.

100 »Mein gröster Lusten ...« – Weimar, den 17. Juni 1803; FBA 31, S. 115.

KAPITEL SECHS

101 von Friedrich Schlegel umworben ... – Vgl. Brentanos ersten Brief an Arnim, Marburg, den 11. Januar 1802 (Freundschaftsbriefe 1, S. 4): »mit Friedrich stehe ich jezt sehr steif, mit Veit mehr noch, diese Leute halten sich fürs höchste Liebestribunal, und haben mir wie ich jezt weiß meine Liebe mit der Mereau zu Grunde gerichtet, Friedrich liebte die Mereau selbst«.
»ich sehne mich ...« – Marburg, den 8. September 1803; FBA 31, S. 175.
»Unser Leben wäre ...« – Marburg, den 8. September 1803; FBA 31, S. 175–177.

102 »vortrefliche Dichterinn Profeßor Mereau ...« – Jena, den 20. Dezember 1798; FBA 29, S. 149.

104 Bereits 1795/96 ... – Gersdorff, Biographie, S. 67–85.
im September 1796 ... – Gersdorff, Biographie, S. 87.

105 »2. November. …« – Gersdorff, Biographie, S. 132.
»von Brentanos Anwesenheit …« – Gersdorff, Biographie, S. 133.
1794 war ihr Roman … – Vgl. die Übersicht Gersdorff, Biographie, S. 430–435.
»23. Juli 1799 …« – Gersdorff, Biographie, S. 136.

106 »lieber, schrecklicher, göttlicher …« – Gersdorff, Mereau-Briefwechsel, S. 75.
»Wenn ich denke …« – Jena, den 18./21. August 1799; FBA 29, S. 178.
»enthält einiges …« – Jena, Ende November 1799; Gersdorff, Mereau-Briefwechsel, S. 85.
»Zwei von Ihren …« – Camberg, November 1801; Gersdorff, Mereau-Briefwechsel, S. 87.

107 »In deinem ganzen Wesen …« – Jena, den 18./21. August 1799; FBA 29, S. 181.
»Der Freund ist krank …« – Jena, Ende November 1799; Gersdorff, Mereau-Briefwechsel, S. 85.
»Sei stolz und bescheiden …« – Gersdorff, Mereau-Briefwechsel, S. 85.
»Hexe in Jena« – An Arnim, Marburg, um den 6. Februar 1803; Freundschaftsbriefe 1, S. 102.

108 »Den schönen Launen …« – FBA 16, S. 7.
»Festeres Verhältnis …« – Gersdorff, Biographie, S. 212.
Nicht nur Minna Reichenbach … – Vgl. FBA 29, S. 453–487.
»auf einer einsamen Insel …« – Marburg, Anfang bis Mitte August 1802; Freundschaftsbriefe 1, S. 25 f.

109 »lang wirds kaum …« – FBA 30, S. 180. Bei den Zitaten aus dem *Frühlingskranz* ist zu berücksichtigen, dass Bettine die Briefe bei der Publikation (1844 nach Brentanos Tod) veränderte. Nur wenige dieser Briefe sind in der Handschrift überliefert (vgl. FBA 30, S. 329–347), deshalb ist nicht zu entscheiden, wo Bettine ergänzte und interpolierte. So bleibt fraglich, ob sie im Sommer 1802 schon soviel Abstand von ihrem Bruder hatte, dass sie Brentanos Liebschaften als Eitelkeit bewerten und sich und ihre Freundin Karoline von Günderrode in die Reihe dieser Liebschaften einordnen konnte. Die erwähnte Louise de Gachet war eine attraktive Emigrantin aus Frankreich; Bettine nennt ferner Walpurgis Ackermann, die Wirtstochter aus Rüdesheim, Benedikte Maria Korbach, die Braut von Brentanos Freund Franz de Lassaulx, sowie Wilhelmine und Caroline von Günderrode.
»O Clemente …« – FBA 30, S. 181.
»Alle Erinnerungen …« – FBA 16, S. 564.
»wenn mich die Mereau …« – Marburg, den 8. September 1802; Freundschaftsbriefe 1, S. 36 f.

110 »in mir ist …« – An Friedrich Karl von Savigny, Frankfurt, Anfang November 1800; FBA 29, S. 285.

111 »Lieb und Leid …« – An Savigny, Koblenz, den 22. Juni 1802; FBA 29, S. 448 f.
»die mir die schöne Hexe …« – An Arnim, Marburg, um den 6. Februar 1803; Freundschaftsbriefe 1, S. 102.
»ohne Veranlassung« – Marburg, um den 6. Februar 1803; Freundschaftsbriefe 1, S. 102.

111 »Madame! Ein Auftrag …« – Gersdorff, Mereau-Briefwechsel, S. 36.

112 »die alle ihre Gemüthsevolutionen …« – An Arnim, Frankfurt, den 30. April 1803; Freundschaftsbriefe 1, S. 117.

»mit Füssen soll …« – Marburg, um den 6. Februar 1803; Freundschaftsbriefe 1, S. 102.

»Merkwürdigkeiten meines Lebens …« – Marburg, um den 6. Februar 1803; Freundschaftsbriefe 1, S. 102.

»glücklichste Brief …« – Marburg, den 10. Januar 1803; FBA 31, S. 27.

113 »Es ist nicht unmöglich …« – Gersdorff, Mereau-Briefwechsel, S. 121.

»Nun – so geschehe …« – Gersdorff, Mereau-Briefwechsel, S. 128.

»Die Mereau hat sich …« – Frankfurt, den 30. April 1803; Freundschaftsbriefe 1, S. 117.

»ich bin NB …« – Frankfurt, Anfang bis Mitte April 1803; FBA 31, S. 65.

»Mein Streit ist aus …« – Weimar, den 23. August 1803, Freundschaftsbriefe 1, S. 159–161.

114 »Dein Verhältniß …« – Paris, den 7. März 1803; Freundschaftsbriefe 1, S. 111.

»kannst Du es …« – Paris, den 5. Mai 1803; Freundschaftsbriefe 1, S. 130.

»London Christnacht 1803 …« – Freundschaftsbriefe 1, S. 181.

115 »*Von Liebe und Freundschaft* …« – London, Christnacht 1803; Freundschaftsbriefe 1, S. 207 f.

»Zu dir lieber …« – Frankfurt, den 30. April 1803; Freundschaftsbriefe 1, S. 118, 126.

116 »laß mich ein wenig … Ich will es …« – Beide Briefe zitiert nach: *»Frankfurt aber ist der Nabel der Erde«. Das Schicksal einer Generation der Goethezeit*, Stuttgart 1983, S. 252.

117 »Unsre Freiheit ist …« – Frankfurt, den 22. September 1803; FBA 31, S. 196.

»führe mich in …« – FBA 31, S. 168 f.

119 »*Die Zucht Deiner Geschwister* …« – Weimar, den 13. September 1803; Gersdorff, Mereau-Briefwechsel, S. 201.

Zitate aus dem Werbebrief … – FBA 31, S. 164–172.

»zweimahl schon hörte ich …« – FBA 31, S. 168.

»Bettine wird …« – Frankfurt, Anfang bis Mitte April 1803; FBA 31, S. 65 f.

»Ich schwöre Dir …« – FBA 30, S. 283.

120 Als es Bettine … – FBA 30, S. 286.

»Was hat Dein Brief …« – FBA 30, S. 287 f.

»er ist zu freundlich …« – FBA 30, S. 296.

»Clemens Du bist …« – FBA 30, S. 299.

»Du bist ein närrisches …« – FBA 30, S. 302.

»Liebster Clemente …« – FBA 30, S. 310 f.

121 »ein mit dem Sakrament …« – Weimar, den 23. August 1803; Freundschaftsbriefe 1, S. 160.

KAPITEL SIEBEN

123 »O Sophie hilf mir …« – Weimar, Mitte Juli 1803; FBA 31, S. 125.
»gute Natur« – Gersdorff, Mereau-Briefwechsel, S. 156.
»Dämon« – Nicht nur Eichendorff sieht in den Brentano-Geschwistern etwas »Dämonisches«, auch Sophie Mereau benutzt mehrfach diese Bezeichnung, so in einem ihrer letzten Dialoge mit Clemens: »Klemens du bist ein Dämon« (FBA 31, S. 603) und im Brief aus Weimar im April 1803: »Gebrauchen Sie die einfachsten, natürlichsten Mittel den Dämon namenloser Unruhe zu verbannen, der in Ihnen, nicht außer Ihnen wohnt« (Gersdorff, Mereau-Briefwechsel, S. 125 f.).
124 »ich bin unendlich …« – Marburg, den 25. oder 26. August 1803; FBA 31, S. 148.
Für die Erziehung … – Marburg, den 25. oder 26. August 1803; FBA 31, S. 149.
125 »wie blühen alle …« – Marburg, den 25. oder 26. August 1803; FBA 31, S. 150.
126 »Ich bin wieder …« – Marburg, den 1. September 1803; FBA 31, S. 157 f.
»Ich bin betrübt …« – Marburg, den 4. September 1803; FBA 31, S. 164 f.
»Glaube mir, Lieber …« – Weimar, den 6. September 1803, Gersdorff, Mereau-Briefwechsel, S. 184 f.
127 »Da ich törigterweise …« – Weimar, den 6. September 1803; Gersdorff, Mereau-Briefwechsel, S. 183 f.
128 »wirst du dann …« – Marburg, den 8. September 1803; FBA 31, S. 179.
»Clemens, ich werde …« – Weimar, etwa 28. Oktober 1803; Gersdorff, Mereau-Briefwechsel, S. 285.
»Wärst Du in …« – Weimar, etwa 28. Oktober 1803; Gersdorff, Mereau-Briefwechsel, S. 285.
»Ich bin zu sehr …« – Weimar, den 20./21. September 1803; Gersdorff, Mereau-Briefwechsel, S. 205.
129 »schneidenden, verachtenden, schrecklichen …« – Weimar, den 20./21. September 1803; Gersdorff, Mereau-Briefwechsel, S. 205.
»er verschmäht sie …« – Weimar, den 20/21. September 1803; Gersdorff, Mereau-Briefwechsel, S. 206.
»Redesucht« – Weimar, den 20/21. September 1803; Gersdorff, Mereau-Briefwechsel, S. 207.
»Ich bin wohl …« – Weimar, den 20/21. September 1803; Gersdorff, Mereau-Briefwechsel, S. 207.
130 »wieder mit versöhntem …« – Weimar, den 20/21. September 1803; Gersdorff, Mereau-Briefwechsel, S. 207.
131 »Ich habe Deinetwegen …« – Weimar, etwa den 28. Oktober 1803; Gersdorff, Mereau-Briefwechsel, S. 285 f.
Dann wird sie ganz konkret … – Weimar, etwa den 28. Oktober 1803; Gersdorff, Mereau-Briefwechsel, S. 286.
»wunderbar überrascht« – Marburg, den 3. November 1803; FBA 31, S. 289.
»*Meine Liebe an Sophien* …« – Frankfurt, den 12. Oktober 1803; Freundschaftsbriefe I, S. 175–177.

133 »privatisirenden Gelehrten ...« – Chronik, S. 41.

134 »das Kind weint ...« – Marburg, den 28. Mai 1804; FBA 31, S. 323.

135 »Es ist der laute Tag ...« – Jena, gegen Ende Februar 1800; FBA 29, S. 198–200.
»Eine rechte Freude ...« – Marburg, den 31. Mai bis 2. Juni 1804; FBA 31, S. 329 f.
»wohlfeiles Volksliederbuch« – Heidelberg, den 15. Februar 1805; Freundschaftsbriefe 1, S. 263.

136 Ruf Savignys – Chronik, S. 41.
»Lieber Arnim! Ich komme ...« – Heidelberg, den 28. August 1804; Freundschaftsbriefe 1, S. 235.

137 »Ein anderes Wort ...« – Zernikow, den 20. September 1804; Freundschaftsbriefe 1, S. 237.
»muthlos bin ich zwar nicht ...« – Heidelberg, den 3. Oktober 1804; Freundschaftsbriefe 1, S. 239–241.

139 »unmündige Kind« – »ich fühle mich je unmündiger, je länger ich lebe«, schreibt er am 6. September 1811 aus Prag an Savigny (FBA 32, S. 340). Die Selbststilisierung zum Kind stellt Gerhard Schaub in seiner vorzüglichen Studie *Le Génie Enfant. Die Kategorie des Kindlichen bei Clemens Brentano* (Berlin/New York 1973) im Einzelnen dar.
»lange habe ich ...« – Leipzig, den 9. November 1804; FBA 31, S. 354 f.
»ich kenne dich ...« – Berlin, den 14.–17. November 1804; FBA 31, S. 358 f.

140 »Du liebst sie ...« – Paris, den 7. März 1803; Freundschaftsbriefe 1, S. 111.
»Beinahe schon einen Monat ...« – Paris, den 7. März 1803; Freundschaftsbriefe 1, S. 211 f.
»Soll ich weinend ...« – Heidelberg, den 17. September 1804; Gersdorff, Mereau-Briefwechsel, S. 324.

141 »Es ist wahr ...« – Heidelberg, den 17. September 1804; Gersdorff, Mereau-Briefwechsel, S. 324.
»gewaltthätigen Sehnsucht nach Liebe« – Berlin, den 24. November 1804; FBA 31, S. 365.
»Ach daß mich Gott ...« – Berlin, den 24. November 1804; FBA 31, S. 367.

142 »daß mir ...« – Frankfurt, den 16. August 1805; FBA 31, S. 447.
»Was Du von Savigny ...« – Heidelberg, den 18. August 1805; Gersdorff, Mereau-Briefwechsel, S. 354.
»Herder ist von uns gegangen ...« – Vgl. meinen Beitrag im Jahrbuch des Freien Deutschen Hochstifts 1986 sowie die Dissertation von Brigitte Schad: Quellenanverwandlung beim frühen Brentano, Frankfurt/Main 1983.

143 »Das Kind ist ...« – Trages, Mitte Oktober 1805; FBA 31, S. 469.
»Ach Sophie ...« – Trages, den 18. Oktober 1805; FBA 31, S. 470 f.

144 »ich bete alle Tage ...« – Heidelberg, den 30. August 1805; Gersdorff, Mereau-Briefwechsel, S. 359.
»Ich kann Dir ...« – Heidelberg, den 20. Juni 1806; Gersdorff, Mereau-Briefwechsel, S. 375.

145 »Sophie, die mehr zu leben ...« – Frankfurt, den 14. Juli 1807; Freundschaftsbriefe 2, S. 445.

145 »Sie war froh …« – Frankfurt, den 14. Juli 1807; Freundschaftsbriefe 2, S. 445–448.

146 »Alles, alles ist hin …« – Frankfurt, kurz nach dem 2. November 1806; FBA 31, S. 592; der Brief enthält einen ähnlichen Bericht zum Tode der Sophie wie der an Arnim.
»Gestern um 10 …« – Freundschaftsbriefe 2, S. 874.

KAPITEL ACHT

147 »Ich habe dir …« – Heidelberg, den 15. Februar 1805; Freundschaftsbriefe 1, S. 263.
»Ueber das Volksliederbuch …« – Berlin, den 27. Februar 1805; Freundschaftsbriefe 1, S. 268.
Vermutlich hatten die beiden … – Chronik, S. 45.

148 »gemeinsame[n] Bearbeitung …« – Heinz Rölleke, in: FBA 9,1, S. 19.

149 Eingangslied … – FBA 9,1, S. 76–79.
»Statthalter des poetischen Geistes …« – *Athenäum* I,1, S. 103 f.
»Göthe, der viel …« – Jena, den 16. Dezember 1805; Freundschaftsbriefe 1, S. 316.

150 8. Band von Goethes *Schriften* – S. 105 f.

151 »dieser alte Praktikus …« – Heidelberg, kurz vor dem 20. Mai 1806; Freundschaftsbriefe 1, S. 376.
»zu Straßburg« – Vgl. FBA 6, S. 136 und 9,1, S. 283 sowie Clemens Brentano (Literaturstudium), S. 44.
Für die fünf Strophen … – Vgl. FBA 9,2, S. 111–113.
»Laß rauschen, Lieb …« – FBA 7, S. 51.

152 »Die Kritik dürfte …« – MA, Bd. 6,2, S. 602.
»Haben wir gleich …« – MA 6,2, S. 616.

153 »Diese Art Gedichte …« – MA 6,2, S. 614.
»Von Rechtswegen sollte …« – MA 6,2, S. 603.

154 »Band I kostete …« – Vgl. Rölleke, Anmerkungen, S. 280.
»singenden Schichten …« – Rölleke, Anmerkungen, S. 281.
»von selbst« gedichtet … – Vgl. Kap. 3, S. 54 mit Anmerkung.

155 »Wenn wir alte Lieder …« – Kassel, kurz nach dem 25. Januar 1808; Freundschaftsbriefe 2, S. 485 f.

156 Bei der Arbeit … – Vgl. dazu Rölleke, Anmerkungen, S. 286–290.
»Wo ich zuerst …« – FBA 6, S. 409.
»über die eigenthümlige …« – Heidelberg, den 1. Januar 1806; Freundschaftsbriefe 1, S. 329 f.

157 »Alles hat zwei Seiten …« – Heidelberg, den 1. Januar 1806; Freundschaftsbriefe 1, S. 326–328.
Der Preusse, ein Volcksblat – Eine Vorläufige Anzeige zu dieser Zeitung fügt Arnim seinem Göttinger Brief an Brentano vom 8. September 1806 bei (Freundschaftsbriefe 1, S. 424–427).

157 1817/18 eine Serie … – Die Serie fiktiver Briefe orientierte sich an dem *Corriere svagliato* des Ferrante Pallavicino aus dem 17. Jahrhundert (vgl. Werke 2, S. 1144–1153 und 1232 f.).
»Lieber Bruder …« – Heidelberg, den 1. Januar 1806; Freundschaftsbriefe 1, S. 325 f.
158 »einige dreisig theils neue …« – Kassel, kurz nach dem 25. Januar 1808; Freundschaftsbriefe 2, S. 482; Kassel, um den 24. Februar 1808; Freundschaftsbriefe 2, S. 506.
»ohne Übereinkunft …« – Heinz Rölleke, in: FBA 9,1, S. 22.
»Aufforderung, altdeutschen Volksgesang …« – FBA 8, S. 353 f.
159 Die Resonanz … – FBA 9,3, S. 663.
Zu diesem Zeitpunkt … – FBA 9,1, S. 23.
schon im September 1808 … – FBA 9,1, S. 22.
Den gedruckten Zirkularbrief … – Vgl. die Listen der Adressaten FBA 9,3, S. 658–662.
Forschungen Heinz Röllekes … – Vgl. FBA 9,3, S. 794–848.
»Tiefe und gründliche Motive …« – MA 6, 2, S. 608.
162 *Zu allem Überfluß* … – FBA 9,3, S. 683.
»Die bei Mohr und Zimmer …« – FBA 9,3, S. 666.
»modern höflichen Krazfuß …« – FBA 9,3, S. 666.
»heillose[n] Mischmasch …« – FBA 9,3, S. 666.
163 »Arnim, Brentano und andere …« – *Briefwechsel zwischen Goethe und Zelter 1799–1832*. Hg. von Max Hecker, Frankfurt 1987, Bd. 1, S. 239 f.
»Hofrath Voß« – Chronik, S. 51.
166 »Heidelberg ist selbst …« – Eichendorff, Werke 5, S. 430 f.
167 »in Bildern denkend[en] Propheten …« – Eichendorff, Werke 5, S. 431–433.

KAPITEL NEUN

169 »Clemens hat die Bußmann …« – Zit. nach: Enzensberger, S. 7.
»Demoiselle Busmann …« – Frankfurt, den 8. September 1807; Enzensberger, S. 30.
»durch einen Fußfall …« – Kassel, den 22. Oktober 1807; Freundschaftsbriefe 2, S. 463 f.
170 »oft wiedergekäuten Geschichte …« – Frankfurt, August 1807; Betz 1, S. 109 f.
171 »ich gehe ruhig …« – Kassel, den 22. Oktober 1807; Freundschaftsbriefe 2, S. 464.
»Nun dachte ich …« – Kassel, den 22. Oktober 1807; Freundschaftsbriefe 2, S. 464 f.
172 »meine Lage …« – Kassel, den 22. Oktober 1807; Freundschaftsbriefe 2, S. 463.
»Lieber Jordis! …« – Marburg, den 29. Juli 1807 (Mittag 11 Uhr); FBA 31, S. 615 f.
173 »Ich hoffe dich glücklich …« – Frankfurt, den 31. Juli 1807; Enzensberger, S. 12.
uneheliches Kind … – Joseph Joachim Alexander Hagedorn wuchs bei einer

Pflegemutter in Dessau auf. Aus dem Nachlass seiner Mutter erhielt er 1843 einen von Moritz von Bethmann am 3. März 1807 ausgestellten Wechsel (Institut für Stadtgeschichte, Frankfurt am Main; freundlicher Hinweis von Bernhard Reichel).

174 »Rasch und mächtig …« – Frankfurt, den 3. August 1807; Enzensberger, S. 14 f.
»bunten Schmetterling …« – Frankfurt, den 3. August 1807; Enzensberger, S. 15 f.

175 »gemeinen Roman …« – Frankfurt, den 3. August 1807; Enzensberger, S. 16 f.
»Ungesetzliche …« – Frankfurt, den 7. August 1807; Enzensberger, S. 18 f.

176 »Firnhaber! …« – Königsberg, den 21. August 1807; Freundschaftsbriefe 2, S. 458 f. Im gleichen Brief macht Arnim Vorschläge für ein repräsentatives Grabmal für Sophie Mereau.

177 »die nöthige[n] Documente …« – Kassel, den 8. August 1807; Enzensberger, S. 20.
»die ganze Woche …« – Kassel, den 8. August 1807; Enzensberger, S. 21.
»Wenn Ihr und Moritz …« – Hannoversch-Münden, den 11. August 1807; Enzensberger, S. 24.
»auch soll ihm …« – Kassel, den 15. August 1807; Enzensberger, S. 24 f.

178 »Grand-Lecteur …« – Kassel, den 15. August 1807; Enzensberger, S. 25.
»die Familie Bethmann …« – Kassel, den 22. Oktober 1807; Freundschaftsbriefe 2, S. 466.
Als Zeugen … – Enzensberger, S. 26.
»endlich ward ich …« – Kassel, den 22. Oktober 1807; Freundschaftsbriefe 2, S. 465 f.

179 »Bettina ist in Frankfurt …« – Kassel, den 7. August 1807; Enzensberger, S. 18.
»Sie sind krank …« – Kassel, den 23. August 1807; Enzensberger, S. 27.

180 »Er glaubte mich lieben …« – Kassel, den 11. September 1807; Enzensberger, S. 31 f.

181 »Auguste hat mich …« – Kassel, den 22. Oktober 1807; Freundschaftsbriefe 2, S. 466.

182 »Ich habe bei alle …« – Kassel, den 22. Oktober 1807; Freundschaftsbriefe 2, S. 467.

183 »Schicken Sie mir …« – Ohne Ort und Datum; Enzensberger, S. 36.
»Arnim lassen Sie mich …« – Ohne Ort und Datum; Enzensberger, S. 34.

184 »In meinem grosen Elend« – Kassel, den 15. März 1808; Freundschaftsbriefe 2, S. 520.

186 »Was aber ›die Romantik‹ angeht …« – Enzensberger, S. 231 f.
»Du bist von Caßel …« – Frankfurt, den 30. Oktober 1807; Enzensberger, S. 35.
»Wie kannst du …« – Frankfurt, den 30. Oktober 1807; Enzensberger, S. 35.

187 »Savigny, retten Sie …« – Kassel, den 18. Dezember 1807; Enzensberger, S. 36.
»Die Sache hat …« – Kassel, den 18. Dezember 1807; FBA 31, S. 627 f.

188 »Nachdem sie es …« – Kassel, den 18. Dezember 1807; FBA 31, S. 628.
»Acht Tage vorher …« – Kassel, den 18. Dezember 1807; FBA 31, S. 628 f.

189 »Gestern habe ich ...« – Frankfurt, den 22. Dezember 1807; Enzensberger, S. 38 f.
»zweymal bei Bettmann ...« – Frankfurt, den 12. Januar 1808; Freundschaftsbriefe 2, S. 474
»Ich war noch ungefähr ...« – Kassel, um den 12. Januar 1808; Freundschaftsbriefe 2, S. 469.
190 »Clemens weiß es ...« – Kassel, den 25. Dezember 1807; Enzensberger, S. 40.
191 »Briefwechsel mit Auguste ...« – Goes 1, S. 149.
»die gesamte Correspondenz« – Goes 1, S. 150.
»daß die Papiere ...« – Goes 1, S. 151.
»Tauschvertrag ...« – Goes 1, S. 156.
192 Nach den Recherchen ... – Goes 2, S. 319.
»die beiden Bearbeitungen ...« – Goes 1, S. 156 f.
»Berlin den 3. Februar 1911 ...« – Goes 2, S. 319.
»Es ist üblich ...« – Liebesleben, S. 103 und 128.
193 »Sie war ein ...« – Liebesleben, S. 171.
»Die Grundempfindung aller ...« – Frankfurt, den 11. März 1808; Enzensberger, S. 49 f., UL, S. 372.
194 »Etwas geschehen muß ...« – Frankfurt, den 15. März 1808; Enzensberger, S. 54, Liebesleben, S. 148 ff.
195 »Mir scheint allerdings ...« – Frankfurt, den 15. März 1808; Enzensberger, S. 54.
»Aussicht hätte, durch ...« – Frankfurt, den 15. März 1808; Enzensberger, S. 54.
»an welchen sich Auguste ...« – Frankfurt, den 18. März 1808; Enzensberger, S. 56.
»an Scheidung ist ...« – Frankfurt, den 18. März 1808; Freundschaftsbriefe 2, S. 523–525.
196 »kommt mir erstaunlich unglücklich ...« – Heidelberg, den 22. März 1808; Enzensberger, S. 57; Betz 1, S. 189.
197 »das elendste schändlichste ...« – Frankfurt, den 25. März 1808; Enzensberger, S. 57 f. Im Gegensatz zu Betz (1, S. 192) zitiert Enzensberger nach der Handschrift!
»Mit Auguste ...« – Kassel, den 25. März 1808; Enzensberger, S. 59 f.
»Was den Ort angeht ...« – Kassel, den 25. März 1808; Enzensberger, S. 59.
»Gestern Morgen früh ...« – Kassel, den 25. März 1808; Enzensberger, S. 60.
199 »Sollte sich der Mannel ...« – Kassel, den 25. März 1808; Enzensberger, S. 61.
»das grund böße Weib ...« – Kassel, spätestens am 19. April 1808; FBA 32, S. 61 f.

KAPITEL ZEHN

201 Unter Peitschenhieben ... – An die Brüder Grimm, Heidelberg, den 7. Mai 1808; FBA 32, S. 62.

201 »Auguste wurde freudig ...« – Allendorf, den 11. Juni 1808; Enzensberger, S. 71.
»Christian erzählt mir ...« – Winkel, den 21. Mai 1808; Enzensberger, S. 69 f.
202 »Ich denke jetzt ...« – Allendorf, den 21.–23. Juni 1808; Enzensberger, S. 73 f.
204 »du lieber Dichter ...« – Allendorf, den 21.–23. Juni 1808; Enzensberger, S. 74.
»Clemens' Ideal ...« – Liebesleben, S. 173.
»den Trieben seiner ...« – Liebesleben, S. 175.
»Sehnsucht nach Reinheit ...« – Liebesleben, S. 176.
205 »Ist das Seelied ...« – Allendorf, den 21.-23. Juni 1808; Enzensberger, S. 75.
206 »Ein Fremder ...« – FBA 19, S. 246.
207 »Ich mag, ich will ...« – Kassel, kurz nach dem 8. März 1808; FBA 32, S. 49.
»Bin ich gleich ...« – FBA 19, S. 247–249.
208 Vielleicht ist es die Keimzelle ... – Gerhard Kluge in FBA 19, S. 623–632.
Von dem traurigen ... – FBA 19, S. 152.
Clemens in einem Brief ... – Frankfurt, den 12. Oktober 1803; Freundschaftsbriefe 1, S. 175-177.
Gesang der Liebe ... – Werke 1, S. 168-172 und 1075.
zweiten Fassung der *Chronicka* ... – FBA 19, S. 193–196.
»Ich bin ein bischen böse ...« – Allendorf, den 21.-23. Juni 1808; Enzensberger, S. 75.
209 »Es steht übrigens ...« – Heidelberg, den 26. Juni 1808; Enzensberger, S. 76 f.
»Brentano ist seit ...« – Heidelberg, den 3. Juli 1808; Enzensberger, S. 77.
»Clemens ist unterdessen ...« – Frankfurt, den 5. Juli 1808; Enzensberger, S. 78.
»sehr viel von den schlechten ...« – Schlangenbad, Ende Juli 1808; Enzensberger, S. 80.
»Während Ihr alle ...« – Allendorf, den 5. August 1808; FBA 32, S. 78.
210 »Wie ich den ersten ...« – Landshut, den 1. Februar 1809; Enzensberger, S. 110.
»daß ich nach Landshut ...« – Heidelberg, den 18. August 1808; FBA 32, S. 79.
»Er sprach mit mir ...« – Frankfurt, den 21. August 1808; Enzensberger, S. 83.
211 »Und nun sein Wunsch ...« – Frankfurt, den 21. August 1808; Enzensberger, S. 83–85.
»Als ich dich ...« – Allendorf, den 27./28. August 1808; Enzensberger, S. 86 f.
212 »ich weiß seit langem ...« – Paris, den 23. November 1808; Übersetzung nach Enzensberger, S. 99.
»das nach nur einjährigem ...« – Paris, den 23. November 1808; Übersetzung nach Enzensberger, S. 99 f.
213 »Auguste, welche jetzt ...« – An Achim von Arnim, München, den 3. Januar 1809; Enzensberger, S. 101.
214 »auf die Zähne ...« – Landshut, nach dem 14. November 1808; Freundschaftsbriefe 2, S. 556.
»Grimm sizzt seit ...« – Landshut, nach dem 14. November 1808, Freundschaftsbriefe 2, S. 556.
»Hier ist die Universität ...« – Landshut, nach dem 14. November 1808, Freundschaftsbriefe 2, S. 557.

216 »neulich sagte Savigny …« – Landshut, nach dem 14. November 1808; Freundschaftsbriefe 2, S. 557.
satirisches Stück über Jacobi … – FBA 12, S. 909–920.
»Von Folianten …« – FBA 10, S. 280–283.

217 »du hast mich mißhandelt …« – Landshut, den 8. Januar 1808; Enzensberger, S. 101 f.

219 »Es ist sehr brav …« – Landshut, zwischen dem 29. Januar und dem 1. Februar 1809; FBA 32, S. 133.
»so solltest du …« – Landshut, den 1. Februar 1809; Enzensberger, S. 107 f.
»Du weist wohl …« – Landshut, den 2. Februar 1809; FBA 32, S. 134.
»Du Armer …« – Landshut, den 2. Februar 1809; Enzensberger, S. 111.
»laße mir nur …« – Landshut, den 2. Februar 1809; FBA 32, S. 135.
»Wenn du es …« – Landshut, den 2. Februar 1809; Enzensberger, S. 114.
»Wenn du unter …« – Landshut, den 2. Februar 1809; FBA 32, S. 135.

220 »Die dreyhundert Gulden …« – Landshut, den 2. Februar 1809; Enzensberger, S. 114.
»alle Mühe, die …« – Landshut, Anfang Februar 1809; Übersetzung nach Enzensberger, S. 119 f.
»Und doch, doch …« – Landshut, Ende Februar 1809; Enzensberger, S. 122 f.
»Clemens ist wieder …« – An Achim von Arnim, Landshut, den 1. März 1809; Enzensberger, S. 123 f.

221 »Auguste hat hier …« – München, den 28. Februar und 2. März 1809; Enzensberger, S. 124 f.

222 »sollte das nicht Verrücktheit sein? …« – Stallwang, kurz nach dem 2. März 1809; FBA 32, S. 143 f.
»Es ist hier nicht …« – Savigny an Brentano (?), Mitte März 1809; Enzensberger, S. 130 (nach Liebesleben, S. 168 f.).
»Auguste kann mir …« – Stallwang, um den 1. März 1809; FBA 32, S. 142 f.
»im Gebirg 2 Stunden …« – Stallwang und Landshut, März bis Mai 1809; Freundschaftsbriefe 2, S. 571.

223 »Du glaubst nicht …« – Stallwang und Landshut, März bis Mai 1809; Freundschaftsbriefe 2, S. 577.
»in Mannskleidern als Uhlane …« – Brentano an Joseph Görres, Berlin, nach dem 15. März 1810; FBA 32, S. 245.
»satirische Zeichnung …« – Wilhelm an Jacob Grimm, Berlin, den 28. Oktober 1809; Enzensberger, S. 168 f.
»des österreichischen Gesandten …« – An Savigny, Berlin, den 14. Oktober 1809; Enzensberger, S. 165.
»aus der Zwischenzeit …« – Frankfurt, den 16. Oktober 1820; Enzensberger, S. 221.

224 »Die unglückliche Auguste …« – Frankfurt, den 21. April 1832; Enzensberger, S. 222 f.

225 »*Nachtrag*« – Für den Hinweis auf die Akte im Institut für Stadtgeschichte in Frankfurt am Main danke ich Bernhard Reichel.

KAPITEL ELF

227 »mitten unter der Verwüstung ...« – Landshut, spätestens am 28. Juli 1809; Freundschaftsbriefe 2, S. 591 f.
»Selbst wir, die ...« – Halle, um den 15. August 1809; Freundschaftsbriefe 2, S. 594.
228 »Nelson schwört ...« – Arnim, Werke 3, S. 255.
»Von der Bühne ...« – Arnim, Werke 3, S. 263.
»Sie zerreißt ...« – Arnim, Werke 3, S. 267.
229 »Also beide sich begegnen ...« – Arnim, Werke 3, S. 269.
»ist die Geschichte wirklich ...« – Arnim, Werke 3, S. 271.
230 Vorbild seiner Diva ... – Vgl. Renate Moering, in: Arnim, Werke 3, S. 1062–1064.
231 »Ihre Bekanntschaft ...« – London, nach dem 21. März 1804; Freundschaftsbriefe 1, S. 218.
233 »Narrenwust dieser letzten Tage ...« – An Reinhard, 7. Oktober 1810; WA IV, Bd. 21, S. 395.
»Form- und Charakterlose[n]« ... »Zu jedem Ihrer ...« – Weimar, den 30. Oktober 1808; *Briefwechsel zwischen Goethe und Zelter 1799–1832*. Hg. von Max Hecker, Frankfurt 1987, Bd. 1, S. 239 f. und 244 f.
234 *Phantasien über Kunst* ... – Die Autoren der kleinen Schrift waren Wackenroder und Tieck.
235 Goethes *Wilhelm Meister* – In der ersten Fassung seines Romans, der so genannten Theatralischen Sendung, ist das Ziel des Helden noch die Welt der Kunst. Möglicherweise hatten die Brüder Schlegel davon bei ihren Gesprächen mit Goethe gehört.
236 »Ich habe auf der Reise ...« – Halle, um den 15. August 1809; Freundschaftsbriefe 2, S. 594.
»seit 5 Tagen ...« – Halle, um den 15. August 1809; Freundschaftsbriefe 2, S. 593.
»Soll ich nun ...« – Halle, um den 15. August 1809; Freundschaftsbriefe 2, S. 594.
»Herzbruder bist du ...« – Berlin, den 5. September 1809; Freundschaftsbriefe 2, S. 596.
237 »Der Goldfaden macht ...« – Berlin, den 12. Dezember 1809; FBA 32, S. 187 f.
»Waß meine Romanzen betrifft ...« – Berlin, den 12. Dezember 1809; FBA 32, S. 188.
Sieben von den geplanten ... – Berlin, den 18. und 26. März 1810; FBA 32, S. 266. Vgl. den Paralleldruck der *Romanzen vom Rosenkranz* in FBA 10, S. 16–193.
238 »Ich habe sowohl ...« – Berlin, um den 21. Januar 1810; FBA 32, S. 201.
»mein Selbstgefühl glich ...« – Berlin, um den 21. Januar 1810; FBA 32, S. 201.
»die ernsten frommen Kinder ...« – Berlin, um den 21. Januar 1810; FBA 32, S. 202.
239 »ich muß sagen ...« – Berlin, um den 21. Januar 1810; FBA 32, S. 204.
»Ach und sie tröstet ...« – Vgl. Gabriele Brandstetter: Hieroglyphik der Liebe.

Überlegungen zu Brentanos »Fortsetzung von Hölderlins Nacht«, in: Jb FDH 1983, S. 213–266.

240 »Während ich so …« – Berlin, um den 21. Januar 1810; FBA 32, S. 204 f.

»daß unsre Wirksamkeit …« – Feilchenfeldt, Runge, S. 7.

»ein Mann, den …« – Berlin, um den 21. Januar 1810; FBA 32, S. 208.

241 »Ihren werthen langen Zwillingsbrief …« – Hamburg, den 9. Februar 1810; Feilchenfeldt, Runge, S. 28.

»Weil die Verwirrung …« – Hamburg, den 9. Februar 1810; Feilchenfeldt, Runge, S. 30 f.

»Das ganze ist …« – Berlin, gegen den 26. März 1810; FBA 32, S. 262 f.

242 »Ihre Gedichte kann ich …« – Hamburg, den 4. Mai 1810; Feilchenfeldt, Runge, S. 37.

243 »Ihr Gedicht habe ich …« – Harvestehude bei Hamburg, den 5. August 1810; Feilchenfeldt, Runge, S. 41 f.

»vier Simbolischen Blätter …« – Feilchenfeldt, Runge, S. 44–48; vgl. Werke 2, S. 1042.

245 »Nicht alle wissen …« – Vgl. Jb FDH 1991, S. 113 f.

»Der Aufsatz …« – Berliner Abendblätter, 19. Blatt, 22. Okt. 1810, S. 78.

246 »Es ist herrlich …« – Werke 2, S. 1034; eine in der Handschrift gestrichene Eingangspartie, die noch auf beide Friedrich-Bilder Bezug nimmt: Jb FDH 1991, S. 110 f.

»Erste Dame: Hast du …« – Werke 2, S. 1035 f.

247 »Diese Rede gefiel mir …« – Werke 2, S. 1038.

»hätte ich eine eignere …« – Bukowan, den 25. September 1811; FBA 32, S. 348–352.

248 »richtete sich […] die Stube …« – 1809, zit. nach Freundschaftsbriefe 1, S. XV.

»Im Februar besuchte …« – Eichendorff, Werke 5, S. 285.

»Das plötzl. (Brentano so gefallende) …« – Eichendorff, Werke 5, S. 287 f.

250 »Reisen nach …« – Frankfurt, den 28. Dezember 1811; Freundschaftsbriefe 2, S. 630.

»Von seinem letzten …« – Varnhagen, Werke 4, S. 351.

»Wohlan so bin ich …« – Werke 1, S. 264.

251 »Du kannst Dir dencken …« – Berlin, gegen Ende Oktober 1809; FBA 32, S. 182.

252 »sie mag übrigens …« – Berlin, gegen Ende Oktober 1809; FBA 32, S. 182.

253 »Wo wir zuerst …« – Werke 1, S. 265 f.

KAPITEL ZWÖLF

255 »Es wird mit dem Anfange …« – Vgl. Hartwig Schultz: »Zwei Zirkulare Arnims zur deutschen Tischgesellschaft«, in: *Aurora* 46, 1986, S. 11–14 mit Abbildung der Zirkulare.

»In der Tischgesellschaft …« – Viele Namen finden sich allerdings ausschließlich auf der Subskribentenliste für Brentanos Philistersatire. »Da keine Präsenzliste erhalten ist und wohl auch keine solche geführt wurde, ist es unmöglich, eine genaue Angabe über die Zahl der regelmäßigen Besucher zu machen.« (Nienhaus, S. 128 f.).

256 »wer von zehn Mitgliedern …« – Vgl. *Aurora* 46, S. 12.

258 »Täuflinge […] aufzunehmen …« – Arnim, Werke 6, S. 481 f. Arnims Darstellung wird von den Dokumenten allerdings nicht gedeckt, vgl. Zitate S. 255 f.

259 »Den 18ten Januar …« – Vgl. *Aurora* 46, S. 12.
»den furchtbaren Sturz …« – Meyers Konversations-Lexikon, 5. Aufl., 11. Bd., Leipzig und Wien 1896, S. 599.
»Der bösen Jüdin …« – Arnim, Werke 4, S. 1038.
Identifikationsmuster für Brentano … – Vgl. Vordermayer, bes. das Kapitel: *Jüdische Thematik als Kontinuität im Werk Brentanos*, S. 71–178; zur Identifikation mit dem »ewigen Juden« besonders S. 102–112.

260 »ich aber bin …« – Düsseldorf, den 15. Dezember 1802; FBA 29, S. 550.
»In mir ist …« – München, spätestens am 22. Juli 1809; FBA 32, S. 165.
»mit allen Juden …« – Zit. nach Vordermayer, S. 111.
Damit wird die Konzeption … – Vgl. Kapitel 3 sowie Vordermayer, S. 110 f.
»drei Kapitel über …« – Vgl. Werke 2, S. 970–986 und 1209.
»Kein Jude kann …« – Werke 2, S. 963.
»Diese Figur stellt …« – Werke 2, S. 1007, zu vergleichen mit Abb. 4.

261 »die Gesellschaft außer sich …« – Chronik, S. 81.
»welscher Teufel« – Vgl. Vordermayer, S. 202.
»Was die Kantate betrifft …« – Werke 1, S. 1083 f.
»Ach, des Leides Maß …« – Werke 1, S. 205 f.

262 »Nimmer sollen Fremde …« – Arnim, Werke 5, S. 764; Arnims Text zur Trauerfeier für Luise, ebd., S. 754.

263 Brentanos Text erscheint … – Vgl. dazu Werke 1, S. 1085 f.
»Zu dir, zu dir …« – Werke 1, S. 219 f.

264 *Der Studenten erstes Lebehoch* … – Vgl. Brentano, Werke 1, S. 1086.
»Ursach meiner Aengstlichkeit …« – Berlin, den 20. April 1811; Freundschaftsbriefe 2, S. 599 f.

265 »Ich bin nicht gestern …« – Berlin, den 20. April 1811; Freundschaftsbriefe 2, S. 600 f.

266 »Daß meine Äußerungen …« – Berlin, den 20. April 1811; Freundschaftsbriefe 2, S. 602 f.
»Ich fuhr mit Bettinen …« – Berlin, den 20. April 1811; Freundschaftsbriefe 2, S. 603 f.

267 »Meine Großmutter entriß …« – Betz 2, S. 358 f.

268 »weiter und weiter …« – Baumgart, S. 390.
»Da weckte mich …« – Betz 2, S. 366–370.
»am 4ten December …« – Baumgart, S. 411.

269 »vor einem Haus …« – Baumgart, S. 412.
»Madame Levy …« – Baumgart, S. 412 mit einem Zitat aus den Erinnerungen von Fanny Lewald nach Wilhelmy, S. 498.
»Um 1800 …« – Petra Wilhelmy: Der Berliner Salon im 19. Jahrhundert (1780–1914), Berlin/New York 1989, S. 719.

269 »in der Juden Hände ...« – Caroline von Labes an Arnim, 18. Oktober 1808; zit. nach Savigny-Briefwechsel, S. 270.
Die Berliner Bankiers ... – Savigny-Briefwechsel, S. 270. Nach Härtl gab es in Berlin 1807 30 jüdische und 22 christliche Bankiers; »ihr wirkliches Übergewicht war vielleicht noch größer, da die christlichen teilweise das Geldgeschäft nur als Anhängsel des Waren-, Kommisions- und Speditionshandels betrieben« (Hugo Rachel: »Die Juden im Berliner Wirtschaftsleben zur Zeit des Merkantilismus«, in: *Zeitschrift für die Geschichte der Juden in Deutschland* 2, 1930, S. 194).
270 »lächerliche Streitigkeit ...« – Berlin, den 25. Juni 1811; Steig III, S. 130.
»Ich sass im Badehause ...« – Berlin, nach dem 17. Juli 1811; Freundschaftsbriefe 2, S. 604. Vgl. Chronik, S. 83.
»die hier viel Redens ...« – An Wilhelm Grimm, Berlin, den 25. Juni 1811; Steig III, S. 130.
271 »Daß der Jude ...« – Prag, den 3. September 1811; Freundschaftsbriefe 2, S. 607.

KAPITEL DREIZEHN

273 Dort könnte ihn Brentano ... – Vgl. FBA 3,1, S. 369.
»herrlichen kindlichen ernsten ...« – Berlin, den 6. Juni 1811; FBA 32, S. 318.
»unter Schinckels Direktion ...« – Berlin, den 6. Juni 1811; FBA 32, S. 318.
274 »alte Mütterchen ...« – Werke 3, S. 312.
»In der Mitte saß ...« – Werke 3, S. 313.
Bild im Format einer Postkarte ... – Das Aquarell ist seit 1999 im Besitz des Freien Deutschen Hochstifts (Frankfurter Goethe-Museums) und wird im Jb FDH 2001 farbig abgebildet.
»Ich denke auf Michälis ...« – An Arnim, Heidelberg, den 23. Dezember 1805; Freundschaftsbriefe 1, S. 323.
»Zu meinen Kindermährchen ...« – An Jacob und Wilhelm Grimm, Berlin, gegen den 8. Januar 1811; FBA 32, S. 309.
275 »er las mir ...« – Zit. nach Werke 3, S. 1120.
Kupferstich ... Brentanos Skizze – Vgl. FBA 17, Abb. 5 und 6.
276 Jahre 1810 bis 1812 ... – FBA 17, S. 349.
»Meine Pläne sind ...« – An Arnim, Frankfurt, den 12. Oktober 1803; Freundschaftsbriefe 1, S. 177.
»die Prinzessin Ameley ...« – FBA 17, S. 121.
»Der Plan des Buches ...« – Zit. nach FBA 17, S. 338 f.
277 »Es ist ein Schatz ...« – FBA 17, S. 108.
»verbrillantieren wird ...« – FBA 17, S. 351.
»Ich habe jezt angefangen ...« – Berlin, den 3. bis etwa 11. September 1810; FBA 32, S. 283.
278 »Volksmärchenskizzen ...« – Vgl. Heinz Rölleke: Neun Volksmärchenskizzen Clemens Brentanos, in: *Fabula* 18, 1977, S. 105–116.
»älteste Märchensammlung ...« – Die älteste Märchensammlung der Brüder

Grimm. Herausgegeben und erläutert von Heinz Rölleke, Cologny-Genève 1975, S. 15 f.

279 »Grimms Märchen habe ich …« – Prag, Anfang Februar 1813; Freundschaftsbriefe 2, S. 674 f.

280 »Königs von Schattenthalien …« – Werke 3, S. 297.
»und es kamen ihr …« – Werke 3, S. 306.

281 »Alle Häuser waren …« – Werke 3, S. 387 f.

282 »sich oft ganz ohne …« – FBA 19, S. 443.

283 Schinkels Werk … – Vgl. FBA 19, Abb. 4.
»Schöne und tugendhafte …« – An Susanne Schinkel, vermutlich gegen Ende Juli 1811; FBA 32, S. 326.

284 »In frühester Jugend …« – FBA 14, S. 523. Der von Brentano beschriebene Stich findet sich in Buntings *Itinerarium Sacrae Scripturae* (Helmstedt 1582). Oskar Seidlin formuliert noch 1978 in seinem Beitrag über Brentanos Heraldik sibyllisch: »Wir wollen der Frage nicht nachgehen, ob diese emblematische Konfiguration in Buntings Buch wirklich anzutreffen ist« (in: *Clemens Brentano. Beiträge eines Kolloquiums im Freien Deutschen Hochstift* 1978, hg. v. Detlev Lüders, Tübingen 1980, S. 350). Wenig später gelang es, den Stich nach Brentanos Beschreibung in einem Frankfurter Antiquariat zu identifizieren.
»Der Rhein liegt …« – FBA 14, S. 524.

285 »Zu den vielen Mirackeln …« – Berlin, den 3. bis etwa 11. September 1810; FBA 32, S. 280. Schon im Brief vom 8. Mai 1810 hatte er sich bei Wilhelm Grimm für die Nachricht über Augustes Schwangerschaft bedankt und geschrieben: »Es kann sein, daß Sie die Schwangerschaft verbirgt, und nach der Scheidung erst den Mannel heurathet und das Kind unter der Bank herfür zieht« (FBA 32, S. 270).

286 »In Bokowan ist …« – Berlin, den 3. bis etwa 11. September 1810; FBA 32, S. 280.
»Uebrigens ist …« – Berlin, den 3. bis etwa 11. September 1810; FBA 32, S. 280 f.

287 »wunderliche[n] Aufenthalt bei …« – Bukowan, den 7. August 1811; FBA 32, S. 328.
»Altmann sagte mir …« – Bukowan, den 7. August 1811; FBA 32, S. 329.
»zu Gast ist Herr …« – Bukowan, den 7. August 1811; FBA 32, S. 330.

288 »da die Runkelrüben …« – Bukowan, den 7. August 1811; FBA 32, S. 332.
»Es war mir …« – Bukowan, den 7. August 1811; FBA 32, S. 331.

289 »übrigens sagte mir …« – Bukowan, den 7. August 1811; FBA 32, S. 331.
»ein *zwei*räderichtes original …« – Bukowan, den 7. August 1811; FBA 32, S. 333.
»Motze« – Vgl. Savigny-Briefwechsel, S. 249.
»daß Christian Buckowan verläst …« – Prag, den 3. September 1811; FBA 32, S. 335 f.

290 »hier entschied es sich …« – Weimar, den 14. September 1811: Freundschaftsbriefe 2, S. 608.
»Meine Frau, die …« – Frankfurt, den 24. November 1811; Freundschaftsbriefe 2, S. 617.

290 »Elfenbein Arbeiten, Dolchen …« – An Karl Philipp Heinrich Pistor, Bukowan, den 25. September 1811; FBA 32, S. 351.
»2 Landschaften von …« – Brief an Achim von Arnim, Prag, den 3. September 1811; Freundschaftsbriefe 2, S. 606.
291 »durch Ordnung und liniiren …« – Prag, den 6. September 1811; FBA 32, S. 337.
»Seine Arbeit wurde …« – Savigny-Briefwechsel, S. 249 f.
»bei Fräulein Georg …« – Prag, den 6. September 1811; FBA 32, S. 339.
»um Prag etwas näher …« – Prag, den 6. September 1811; FBA 32, S. 338.
»ich fühle mich …« – Prag, den 6. September 1811; FBA 32, S. 340.
»mehrere[r] Subjecte …« – Bukowan, den 24. Dezember 1812; FBA 32, S. 426 f.
»eine hübsche Wohnung …« – Bukowan, den 24. Dezember 1812; FBA 32, S. 429.
»Hier geht alle …« – An Meline von Guaita, Bukowan, den 8. Dezember 1812; FBA 32, S. 422.

KAPITEL VIERZEHN

293 »Die Stadt ist …« – Berlin, 3. bis etwa 11. September 1810; FBA 32, S. 281 f.
»In einem Wallfahrts Ort …« – Berlin, 3. bis etwa 11. September 1810; FBA 32, S. 282.
»grösten Trubel in Prag …« – Berlin, 3. bis etwa 11. September 1810; FBA 32, S. 282.
Selbstanzeige – FBA 14, S. 521–535.
294 *Inbegriff des historisch-romantischen Dramas* – FBA 14, S. 537–540.
»Wie wir aus unserer …« – FBA 14, S. 537.
295 »böhmische Geschichte …« – FBA 14, S. 522.
»Wo die historische Wahrheit …« – FBA 14, S. 523.
»Träumen der Geschichte …« – FBA 14, S. 523.
»Mit den Sonnen …« – FBA 14, S. 539 f.
296 »mit der Wahl Libussens …« – FBA 14, S. 528 f.
297 »eine so erquickende Größe …« – Landshut, vor dem 30. Juni 1809; FBA 32, S. 161.
»Glaubt nicht, daß ich …« – SW X, S. XVII; hier zit. nach der Handschrift.
Die Lektüre von Calderon … – Vgl. SW X, S. XVI–XIX.
298 »So viel ich …« – Alle Zitate nach SW X, S. LXIV.
»gänzliche[n] Mangel an …« – Zit. nach SW X, S. LXV.
299 »unbegreiflich, wie bei …« – Zit. nach SW X, S. LXIV.
»Grillparzer, der Dramatiker …« – SW X, S. LXVI.
300 Für die *Gründung Prags* … – Vgl. SW X, S. XXIII f.
Die erste Fassung dieses Trauerspiels … – Vgl. Werke 4, S. 927 f.
301 Die Liebenden selbst … – Werke 4, S. 462, 479–483.
Er verfolgt seinen Sohn …« – Werke 4, S. 401, 439.
Der Hochzeitsplan … – Werke 4, S. 416, 426.
das Hochzeitsspiel … – Werke 4, S. 401–447.
vermutlich durch Andreas Gryphius' … – Vgl. Agnes Harnack in der Einleitung zu SW IX,2, S. XXX f.

301 aber auch an Auftritte ... – SW IX, 2, S. XXXI.
302 Der Marquis von Comingo ... – Werke 4, S. 468–470.
Doch Imelde lehnt ... – Werke 4, S. 491, 499 f.
Wohl mir, ich bin ... – Werke 4, S. 492.
Auch der verletzte Aloys ... – Werke 4, S. 492, 495.
Imelde geht es ähnlich ... – Werke 4, S. 502.
in dem er jahrelang ... – Werke 4, S. 511.
Als Aloys stirbt ... – Werke 4, S. 523.
303 Dorthin zieht sich ... – Werke 4, S. 513 f., 522.
Von dem elfstrophigen Lied ... – Vgl. FBA 8, S. 210 f. sowie 9,3, S. 359–361.
»O Zorn, du Abgrund ...« – Werke 4, S. 523.
»Gleichgewicht Europas« – Werke 4, S. 424.
304 Erst im Angesicht ... – Vgl. das eingelegte Gedicht, Werke 4, S. 522.
in eine zweite Fassung ... – Vgl. SW IX,2, S. 271–472.
»Liedesmuth« – FBA 14, S. 12.
Die Umstände dieser Fehde ... – Vgl. Ursula Isselstein: Rahel und Brentano, in: Jb FDH 1985, S. 150–201, sowie Vordermayer, S. 179–200.
»der mit der Scheere ...« – Berlin, nach dem 13. März 1810; FBA 32, S. 247.
»Du wirst dich wundern ...« – Prag, den 24. Oktober 1811; Rahel-Bibliothek IV,2, S. 170 f.
305 »das erste Wort ...« – Berlin, den 8. Dezember 1812; Rahel-Bibliothek IX, S. 285.
»plötzlich in ihren ...« – Berlin, Oktober 1810; Rahel-Bibliothek IX, S. 60.
306 einen (nicht erhaltenen) Brief ... – Vgl. ihren Brief an Varnhagen, 1. Februar 1812; Rahel-Bibliothek IV, 2, S. 236. Isselstein schreibt über den Brief Brentanos in einer Anmerkung: »Falls dieser Brief sich nicht doch noch im Varnhagen-Nachlaß finden sollte, ist er vermutlich vernichtet worden, vielleicht von Rahel selbst, die ihn gleich nach Erhalt, zusammen mit dem Begleitbrief Varnhagens, im Koffer ihres Mädchens verstecken ließ [...]. Varnhagens Brief wurde von Ludmilla Assing [...] abgedruckt, ist also irgendwann aus dem Versteck hervorgeholt worden. Was aus seinem Begleiter geworden ist, wissen wir nicht.« (S. 152)
»läßt sich scheinbar ...« – Chronik, S. 87.
»Ich schwöre Dir ...« – 1. Februar 1812; Rahel-Bibliothek IV, 2, S. 236 f.
307 »Als er mir ...« – Prag, den 10. Februar 1812; Rahel-Bibliothek IV, 2, S. 248 f.
»Bei Deiner *Ehre* ...« – 16. Februar 1812; Rahel-Bibliothek IV, 2, S. 253.
»zwei gewaltige Ohrfeigen ...« – Varnhagen an Rahel, 22. Mai 1812; Rahel-Bibliothek IV,2, S. 286.
»Ich habe nehmlich ...« – Bukowan, den 8. Dezember 1812; FBA 32, S. 421.
308 seit Juni 1813 ... – Vgl. Chronik, S. 91.
»der Streit beider ...« – SW IX, 2, S. LXIV ff.
»Wir haben in diesen Tagen ...« – Wilhelm Grimm an Clemens Brentano, Kassel, den 25. April 1810; Reinhold Steig: Clemens Brentano und die Brüder Grimm, Berlin 1914, S. 97 f.
309 »Er hatte die gräßlichste ...« – Varnhagen, Werke 4, S. 349.

309 »immer dreister …« – Varnhagen, Werke 4, S. 349 f.
310 »suchte […] meine besten …« – Varnhagen, Werke 4, S. 352–358.
311 Varnhagen verehrt Rahel … – Vgl. Vordermayer, S. 185 (Zitate) sowie Isselstein, S. 152.
»Bericht eines Grafen Salm« – Vgl. Barbara Hahn: »Der Mythos vom Salon. ›Rahels Dachstube‹ als historische Fiktion«, in: *Salons der Romantik. Beiträge eines Wiepersdorfer Kolloquiums zu Theorie und Geschichte des Salons*, hg. v. Hartwig Schultz, Berlin/New York 1997, S. 213–234; hier: S. 223–228.
312 Briefstellen Brentanos … – Die Ausführungen von Martina Vordermayer dazu können nicht überzeugen. Sie berichtet kommentarlos, dass der erste Teil von Brentanos Brief vom 24./26. November 1804 »nur in einer Abschrift Varnhagens überliefert ist« (S. 179). Demnach lag dieser Briefteil Varnhagen noch vor. In seinem Nachlass jedoch wird Brentanos Brief verstümmelt überliefert (vgl. FBA 31, S. 365 f. und 868). In weiteren Briefen, die im Nachlass überliefert sind und durch Varnhagens Hände gingen, finden sich Zensurlücken und -streichungen, die jeweils Passagen betreffen, in denen von Rahel, Varnhagen oder der Prager Affäre die Rede ist. So ist der Brief Arnims an Brentano vom 23. Oktober 1812 »unvollständig überliefert« wegen der »Affäre zwischen Brentano und Varnhagen« (Heinz Härtl: Briefe Arnims an Brentano aus dem Arnim-Nachlaß des Goethe- und Schiller-Archivs, in: *Neue Tendenzen der Arnim-Forschung*, hg. von Roswitha Burwick und Bernd Fischer, Bern u. a. 1990, S. 188; Freundschaftsbriefe 2, S. 663–666 und 925). Im Brief Brentanos an Arnim (Prag, Ende Juni bis 5. Juli 1813) sind nach dem Namen Varnhagen mehrere Worte (offensichtlich von Varnhagen) unleserlich gemacht (Freundschaftsbriefe 2, S. 675–677 und 929); auch dieser Brief ist – wie der vorausgehende (Prag, vermutlich Anfang Februar 1813; Freundschaftsbriefe 2, S. 673–675 und 927) außerdem beschnitten.
»sehr langweilig« – Berlin, den 26. November 1804; FBA 31, S. 369.
»Ich war gestern …« – Vgl. Brentanos verstümmelten Brief; Berlin, den 24. November 1804; FBA 31, S. 365–368 sowie Isselstein, S. 157 und 200 f. Isselstein hält diese Notiz für »die in ihrer Kürze wohl treffendste Beschreibung des dort [in Rahels Salon] herrschenden Geistes« (S. 157, Anm.). Varnhagens herausgeschriebenes »Zitat« entspricht jedoch kaum Brentanos normaler Diktion, und wenn Brentano so uneingeschränkt positiv geschrieben hätte, so ist es schwer erklärlich, warum Varnhagen gerade das zuverlässigste Zeugnis, den Brief selbst, nicht aufbewahrt. Auffällig ist auch die Ähnlichkeit des vermeintlichen Briefzitats mit der manipulierten Salon-Beschreibung des Grafen Salm. Hier wie dort wird der Besuch des Prinzen Louis Ferdinand besonders herausgestrichen. Kein einziges Mal erwähnt Brentano in seinen Briefen der Jahre 1792 bis 1805 den preußischen Prinzen! Auch die Darstellung der geschickten Gesprächsführung Rahels ähnelt dem fingierten Salonbericht Varnhagens, und wir gehen davon aus, dass Brentanos Äußerungen von ihm verfälscht wurden. Um diese Manipulation zu verschleiern, zerschnitt Varnhagen die Vorlage.
313 »Pocht mir das Herz …« – SW IX,2, S. 289.

314 »Schon sehr früh …« – Rahel. Ein Buch des Andenkens, S. 21 f.
315 »Ich habe den Sonnabend …« – Berlin, den 24. März 1812; Rahel-Bibliothek IX, S. 248 f.
316 »sah mich sechsmal …« – Prag, den 10. Juli 1813; Rahel-Bibliothek V, 1, S. 127.
»Einsiedlerisch der Gott …« – FBA 14, S. 12.
317 »recht schön dasteht« – Bukowan, den 20. Dezember 1813; FBA 32, S. 424.
»Eine Berlinerin …« – Prag, den 10. Dezember 1811; Freundschaftsbriefe 2, S. 622.
Ein einziges Brieffragment … – Prag, zwischen Ende Oktober und dem 10./11. Dezember 1811; FBA 32, S. 358 f.
318 »Durch die stummen Wälder …« – Werke 1, S. 252–254.
»Ach welch wunderbar Erstaunen …« – Werke 1, S. 256.
319 »Sieh, da trat …« – Werke 1, S. 257 f.
»Ich – werde im Schauspiel …« – Werke 1, S. 1093.
»Geheime Liebe …« – Werke 1, S. 258 f.
320 »Dein Lied erklang …« – Werke 1, S. 262.
321 »in diesem Prag …« – Bukowan, den 25. September 1811; FBA 32, S. 351.
»wenn jemand auf der Welt …« – Prag, den 10. Dezember 1811; Freundschaftsbriefe 2, S. 618–622.
323 »Ich denke mit Schrecken …« – Frankfurt, den 28. Dezember 1811; Freundschaftsbriefe 2, S. 629.
»Was sprichst du …« – Frankfurt, den 28. Dezember 1811; Freundschaftsbriefe 2, S. 630.
324 »kuriose[n] Freundschaften …« – Freundschaftsbriefe 2, S. 920.
»Daß ihm das Bedürfniß …« – Freundschaftsbriefe 2, S. 919.
325 »Mensch, was soll …« – Frankfurt, den 28. Dezember 1811; Freundschaftsbriefe 2, S. 628.

KAPITEL FÜNFZEHN

327 »Ich habe nach …« – Prag, Ende Juni bis 5. Juli 1813; Freundschaftsbriefe 2, S. 676.
Zu diesem Zeitpunkt … – Vgl. Chronik, S. 90.
»Heute lernte ich …« – Eichendorff-Chronik, S. 65.
»Landsturmscompagnie …« – Prag, Ende Juni bis 5. Juli 1813; Freundschaftsbriefe 2, S. 675.
328 »Hättest Du Dich …« – Berlin, den 3. August 1813; Freundschaftsbriefe 2, S. 678.
»Ich dichtete eine Menge …« – Wien, Anfang Oktober 1813; Freundschaftsbriefe 2, S. 685.
»Frisch auf, ihr …« – Achim von Arnim und Clemens Brentano. Bearbeitet von Reinhold Steig (Steig I), Stuttgart 1894, S. 196.
329 »ein *Ehrendenkmal auf* …« – Steig I, S. 314.
»bei unsrer damaligen Ungeübtheit, …« – Steig I, S. 314.

330 »Wer zuletzt lacht, ...« – Berlin, den 3. August 1813; Freundschaftsbriefe 2, S. 679.

»wenn Du mit den Theaterdirektoren ...« – Berlin, den 3. August 1813; Freundschaftsbriefe 2, S. 678.

»Wesel, Appelmänner und Auerhahn ...« – Wien, Anfang Oktober 1813; Freundschaftsbriefe 2, S. 679 f.

»Waß den Wesel angeht, ...« – Wien, Anfang Oktober 1813; Freundschaftsbriefe 2, S. 686.

331 »Biß jezt ist ...« – Wien, Anfang Oktober 1813; Freundschaftsbriefe 2, S. 685 f.

332 »Wärst du hier, ...« – Wien, Anfang Oktober 1813; Freundschaftsbriefe 2, S. 687.

»von einem preusischen Landsturmmann« – Wien, Anfang Oktober 1813; Freundschaftsbriefe 2, S. 687.

333 *Viktoria und ihre Geschwister* ... – Chronik, S. 92.

»groses Festspiel, ...« – Wien, Anfang Dezember 1813; Freundschaftsbriefe 2, S. 693 f.

Die *Siegsfeier Deutschlands* ... – Vgl. Grus, S. 120. Wieweit es mit dem Werk, das Brentano nach Überschreitung des Flusses durch Blücher am 1. Januar 1814 angeblich »in wenigen Stunden« niederschrieb, übereinstimmt, bleibt unklar. Vgl. Chronik, S. 93.

Nach Auseinandersetzungen mit ... – Grus, S. 123 f.

»Die Befreiung von Wesel ...« – Wien, Anfang Dezember 1813; Freundschaftsbriefe 2, S. 693 f.

334 »Wo ich mich ...« – Wien, Anfang Dezember 1813; Freundschaftsbriefe 2, S. 693 f.

336 »Inspektionskommissär ...« – Grus, S. 123.

»Der bairische Löwe ...« – Grus, S. 123.

»Man darf sich nur ...« – Zit. nach Grus, S. 124.

337 »*Soll nicht auf der Bühne* ...« – Zit. nach Grus, S. 128.

»daß Krieg geführt wird ...« – Grus, S. 129.

»die Kantate spricht ...« – Grus, S. 129.

338 *Das Österreichische Feldlager* ... – Grus, S. 133 ff.

»Gegen durchweg arrivierte Autoren, ...« – Grus, S. 137.

»Haus zum Strobelkopf ...« – Vgl. Wolfgang Jung: »Es ist Gebrauch seit langer Zeit«. Ein unbekanntes Gelegenheitsgedicht Clemens Brentanos für die »Gesellschaft aus dem Strobelkopf« in Wien, in: Jb FDH 1983, S. 171–212; hier S. 175.

»Sie sprechen über ...« – Jung, S. 174.

339 »Ihre hiesigen Empfehlungen ...« – Zit. nach Jung, S. 173 f.

»Das Horn erfaßt er nun; ...« – Diel/Kreiten I, S. 248.

»nach der Melodie ...« – Diel/Kreiten I, S. 248, und Jung, S. 175.

»ich habe hier einige ...« – Vgl. Jung, S. 177; Wien, Anfang Oktober 1813; Freundschaftsbriefe 2, S. 682 f.

340 »Doch dort steht ...« – Jung, S. 200.

Bei der Bezeichnung ... – Jung, S. 186.

341 *Nachklänge Beethovenscher Musik* – Werke 1, S. 308–311.

341 Brentano bezieht sich … – Werke 1, S. 1111.
die ersten drei Abschnitte … – Werke 1, S. 1110
deren Berliner Aufführungen … – Vgl. Werke 2, S. 1125 ff. und 1228 f.
»Uns alle erfüllte …« – Konzertbuch Orchestermusik, hg. von Hansjürgen Schaefer, 6. Aufl. 1987, Bd. 1, S. 149.
342 »Einsamkeit, du Geisterbronnen, …« – Werke 1, S. 308–310.
343 »grade die Elemente …« – Roethe, S. 86.
»Vortreflich, vortreflich – …« – FBA 12, S. 695.
»Heut noch ein frohes Fest, …« – FBA 12, S. 796.
»ausgepfiffen …« – FBA 12, S. 639.
344 Alle Texte zur Aufführung … – FBA 12, S. 929–955.
»Als ich die Leseprobe …« – FBA 12, S. 932.
»Nach vier Tagen …« – FBA 12, S. 932 f.
»Ich verließ beym Anfange …« – FBA 12, S. 934.
345 »Ich darf nur …« – FBA 12, S. 935.
»Ich schreibe Ihnen …« – FBA 12, S. 936.
»Unrichtig ist, daß Valeria …« – FBA 12, S. 942.
Brentano entwirft eine Antwort … – FBA 12, S. 947–953.
346 »Erklärung des Verfassers …« – FBA 12, S. 954 f.
Grad und rund … – Grus, S. 137.
347 »großen eingefleischten Satanismus …« – Zit. nach Heinz Härtl: »Briefe Clemens Brentanos. Mit einem Brief Ludwig Tiecks an Brentano als Anhang«, in: *Im Vorfeld der Literatur. Studien*, hg. von Karl-Heinz Hahn, Weimar 1991, S. 173–176.

KAPITEL SECHZEHN

349 »das tiefe Bedürfniß …« – Berlin, den 15. Februar 1815; Seebaß 2, S. 125, 127; korrigiert nach der Handschrift in Krakau.
»Uebrigens zwingt mich …« – Berlin, den 15. Februar 1815; Seebaß 2, S. 125; korrigiert nach der Handschrift in Krakau.
»Christian ist vor drei Wochen …« – An Arnim, Wien, Anfang Oktober 1813; Freundschaftsbriefe 2, S. 688.
350 »Seit voriger Nacht …« – Wiepersdorf, Anfang September 1814; Savigny-Briefwechsel, S. 101.
»Du kannst wohl denken, …« – Wiepersdorf, den 7. September 1814; Savigny-Briefwechsel, S. 101.
»die allmächtigen Geschicke …« – Helene M. Kastinger Riley: Achim von Arnim, Reinbek bei Hamburg 1979, S. 92.
351 »fühlt sich wohl durch …« – 13. Juni 1816, zit. nach: Vordtriede 1, S. 37 f.
352 »Lieber Alter! […] …« – Wiepersdorf, Ende September 1814; AM, S. 198.
»dicht an der sächsischen Gränze …« – FBA 19, S. 315.
»preußische Edelmann …« – FBA 19, S. 315.
353 »ein Zug aus russischer Gefangenschaft …« – FBA 19, S. 319.

353 »Clemens ist seit ...« – FBA 19, S. 753.
Seine im Nachlass gefundenen ... – FBA 19, S. 753–782.

354 »Satanismus der Welt« – Zit. nach Heinz Härtl: »Briefe Clemens Brentanos. Mit einem Brief Ludwig Tiecks an Brentano als Anhang«, in: *Im Vorfeld der Literatur. Studien*, hg. von Karl-Heinz Hahn, Weimar 1991, S. 173–176.
»dichterischen Bestrebungen« – Berlin, den 15. Februar 1815; Seebaß 2, S. 125, 127; korrigiert nach der Handschrift in Krakau.
Die mehreren Wehmüller ... – FBA 19, S. 251–439.
»39 ungarische Nationalgesichter« ... – Wolfgang Frühwald: Achim von Arnim und Clemens Brentano, in: Handbuch der deutschen Erzählung. Hg. von Karl Konrad Polheim, Düsseldorf 1981, S. 155.

355 »Die Krone des ...« – Vgl. FBA 14, S. 503.
Die erste der Binnenerzählungen ... – FBA 19, S. 272.

356 »Hexen auf dem Austerfelsen ... – FBA 19, S. 280.
»bei strenger Untersuchung ...« – FBA 19, S. 280.

357 »Das Wasser, das kalte ...« – FBA 19, S. 298.
»schöne Mitidika ...« – FBA 19, S. 310.
»Ich habe heute ...« – Berlin, Januar 1816; Seebaß 2, S. 163 f., korrigiert nach der Handschrift im Freien Deutschen Hochstift.

358 »Daß ich unmittelbar ...« – Berlin, Januar 1816; Seebaß 2, S. 164, korrigiert nach der Handschrift im Freien Deutschen Hochstift.
»Stadtplan von Berlins kulturellem Zentrum ...« – Vgl. die Reproduktion bei Ulrich Helmke: E. T. A. Hoffmann, Kassel 1975, nach S. 102.
Porträts von Kaulbach und Steinle – Chronik, Abb. 9 und 11.
Wilhelm Hensel ... – Chronik, Abb. 4 und 5.
»Weil ich mich ...« – An Wilhelm Grimm, Berlin, den 15. Februar 1815; Seebaß 2, S. 125; korrigiert nach der Handschrift in Krakau.
»Was du mir prophezeiht ...« – Berlin, den 29. Juli 1815; Freundschaftsbriefe 2, S. 717 f.

359 »selber wie ein Gedicht, ...« – Joseph von Eichendorff: Erlebtes, Kapitel: Halle und Heidelberg, Werke 5, S. 432.
»Daher auch bei ihm, ...« – Über die ethische und religiöse Bedeutung der neueren romantischen Poesie in Deutschland, Kapitel: Brentano, Werke 6, S. 182.
»lebenslangen inneren Kampf ...« – Über die ethische und religiöse Bedeutung der neueren romantischen Poesie in Deutschland, Kapitel: Brentano, Werke 6, S. 180 f.

360 »ein scheinheiliger, unredlicher ...« – Über die ethische und religiöse Bedeutung der neueren romantischen Poesie in Deutschland, Kapitel: Brentano, Werke 6, S. 183.
»unter einer Menge ...« – An Savigny, Berlin, den 22. Dezember 1809; FBA 32, S. 193.

361 »Zu ihren Mitgliedern zählen ...« – Kristina Hasenpflug: Clemens Brentanos Lyrik an Luise Hensel, Frankfurt 1999, S. 24.
»Daß ich nicht glücklich ...« – Berlin, November 1814/April 1815; zit. nach Hasenpflug, S. 24.

361 »in der achtzehnjährigen …« – Hasenpflug, S. 25.

362 »Den letzten Donnerstag …« – Zit. nach Hubert Schiel: Clemens Brentano und Luise Hensel. Mit bisher ungedruckten Briefen, Aschaffenburg 1956, S. 15 f.

363 »Der Sohn und …« – Aufzeichnungen und Briefe von Luise Hensel. Hg. von Dr. Hermann Cardauns, Hamm 1916, S. 7.

366 »Diese Lieder haben …« – Berlin, den 3. Dezember 1817; GS 8, S. 238.
Wie ihre Tagebücher belegen, … – Vgl. Hasenpflug, S. 37.
Luise schreibt … Brentano formuliert … – Beide Zitate nach Hasenpflug, S. 27.

367 »Wir stehen recht rührend …« – GS 8, S. 219 ff. Dort datiert auf Christnacht 1816.
»Ich möchte wohl wissen, …« – GS 8, S. 202. Dort als Nachschrift zu einem Brief mit der Angabe: Berlin 1816.

368 »neue Braut …« – Von der »neuen Braut« spricht er schon am 26. Oktober 1818; Mitte Dezember taucht die Bezeichnung im so genannten »Dülmener Tagebuch« auf (Hasenpflug, S. 35 f.). Rückblickend bezeichnet Brentano im gleichen Tagebuch seine Reise nach Berlin als »üble Brautfarth« (Hasenpflug, S. 41).
»Wenn Du meine Hand …« – Schiel, S. 111.
»ein subtiles erotisches Moment« – Hasenpflug, S. 28 und 26.
»keusche …« – Hasenpflug, S. 27.
»Mein Zustand zu dir …« – Januar 1817; vgl. GS 8, S. 223.

369 Später übergibt sie … – Vgl. S. 402 mit Anm.

370 in ein Gedicht-Büchlein … – Vgl. die Edition dieses Büchleins bei Hasenpflug, S. 44–211.
Frühlingsschrei eines Knechtes … – Werke 1, S. 329; FBA 3,1, S. 36–41.
»Damit Sie aber …« – FBA 3,1, S. 282 und 39–41.

371 »Es thut mir weh, …« – FBA 3,1, S. 114–117 und 525 f.

372 »frommen Mütterlein …« – FBA 3,1, S. 11 f.

373 Das im Frühjahr 1816 … – FBA 3,1, S. 216 f.

374 »Ja der Herr …« – FBA 3,1, S. 12.

KAPITEL SIEBZEHN

375 »Die Zeiten der …« – FBA 28,2, S. 366.
»Es war mir unbegreiflich …« – FBA 28,2, S. 365–382; das Zitat S. 365.
»nie eine Predigt …« – FBA 28,2, S. 366.

376 »öfter hat man gesehen, …« – FBA 28,2, S. 366.
»Es ist ein Mensch …« – FBA 28,2, S. 367.
»daß mir die Worte …« – Berlin, Januar 1816; Seebaß 2, S. 164; korrigiert nach der Handschrift im Freien Deutschen Hochstift.
»dies Vernichten sei eben …« – Ausspruch Leopold von Gerlachs, von dessen Bruder Ludwig im Tagebuch notiert (zit. nach Hasenpflug, S. 30).

377 stets korrigiert er … – Vgl. FBA 22,2, S. 494.

377 »er muß brüllen …« – FBA 28,2, S. 368.
»Der Mann redete …« – FBA 28,2, S. 368.
»O ich könnte …« – FBA 28,2, S. 369.
378 »eines wirklich frommen …« – Vgl. S. 347 mit Anm.
»lebendigen Wortes von …« – Zit. nach Hasenpflug, S. 24.
379 »Lieber Bruder, du hast …« – Zit. nach Hasenpflug, S. 31; ergänzt nach der Handschrift.
»Klemens hat vor …« – Berlin, 25. April 1817; zit. nach Chronik, S. 106.
380 »Will Hofmann mitarbeiten, …« – Wiepersdorf, Februar 1816; Freundschaftsbriefe 2, S. 734.
»Psychiarion heist eigentlich …« – Wiepersdorf, Februar 1816; Freundschaftsbriefe 2, S. 734 f.
381 »Alles treibst du …« – Berlin, Februar 1816; Freundschaftsbriefe 2, S. 735 f.
»Wo soll am Ende …« – Berlin, Februar 1816; Freundschaftsbriefe 2, S. 736.
»und hauptsächlich müste …« – Berlin, Februar 1816; Freundschaftsbriefe 2, S. 736 f.
382 »Charakter …« – Werke 2, S. 1160.
»O so ihr …« – Werke 2, S. 1662.
383 *Briefe über das neue Theater* … – Werke 2, S. 1154–1171.
»An C B …« – Wiepersdorf, den 12. Juli 1819; Freundschaftsbriefe 2, S. 741.
384 »lieber Bruder, ich …« – Dülmen, Ende April bis 26. Mai 1820; Freundschaftsbriefe 2, S. 743 f.
»Daß ich das Kunsttreiben …« – Dülmen, Ende April bis 26. Mai 1820; Freundschaftsbriefe 2, S. 749 f.
385 »Aucktion meiner Mühsam …« – Dülmen, Ende April bis 26. Mai 1820; Freundschaftsbriefe 2, S. 745 f.
Der gedruckte Katalog … – Einen fotomechanischen Abdruck publizierte Bernhard Gajek (zusammen mit dem Katalog der Versteigerung von 1853) unter dem Titel: *Clemens und Christian Brentanos Bibliotheken. Die Versteigerungskataloge von 1819 und 1853*, Heidelberg 1974.
386 Dabei beschließen die Freunde … – Dülmen, den 9. Januar 1824; Freundschaftsbriefe 2, S. 770 und 947.
387 »kann ich nun …« – Berlin, Anfang 1821 (?); Freundschaftsbriefe 2, S. 767.
»Wie oft ich …« – Berlin, April 1821; Freundschaftsbriefe 2, S. 767.
»es ist auch wirklich …« – FBA 19, S. 410.
388 »Da fiel mir …« – FBA 19, S. 411.
»Graf Fr. Leopold …« – FBA 26, S. 13.
»Der Arzt brachte …« – Dülmen, den 25. September 1818; FBA 33 (im Satz).
389 »neben einem beständigen …« – Dülmen, den 1. bis 9. Oktober 1818; FBA 33 (im Satz).
»etwa in ihrem 24ten Jahr …« – FBA 26, S. 19.
391 »Meine Eltern waren …« – FBA 28,1, S. 238.
Es ist Brentano … – Vgl. das Quellenverzeichnis zum *Bitteren Leiden*, FBA 27,2, S. 19–26.
»A. K. Emmerick in den Rang …« – Bernhard Gajek in: FBA 27,2, S. 42 f.

391 »Endlich ward ihre Sehnsucht …« – FBA 26, S. 20.
»ungerechte Beschuldigung, Verschmähung …« – FBA 26, S. 20–22.
392 Brentano weist selbst … – Vgl. FBA 26, S. 30.
»Am 3ten December 1811 …« – FBA 26, S. 26.
»armen Kämmerchen« – FBA 26, S. 26.
»Physikus des Ortes …« – FBA 26, S. 31.
»Graf v. Stollberg …« – FBA 26, S. 31.
»umfassendere Kenntniß …« – FBA 26, S. 33.
»Gütig aufgenommen, …« – FBA 26, S. 33.
»Das Uebrige ist mir, …« – Zum *Bitteren Leiden*; Brief an Joseph Görres, Regensburg, Aschermittwoch 1834, zit. nach FBA 27,2, S. 191.
393 »Es giebt vielleicht …« – Dülmen, den 21. November 1820; Brentano-Kat. 1978, S. 103.
»Weg Bethlehem, Mutter Gottes …« – FBA 28,1, S. 120.
394 »(waren all Heiligen da) …« – FBA 28,1, S. 51.
»Ich bin in der Nacht …« – FBA 28,1, S. 62.
»ich berühre ihren Arm …« – FBA 28,1, S. 32 f.
395 »Vom 23. März …« – FBA 28,2, S. 95.
»Nazareth hatte 5 Thore …« – FBA 24,1, S. 89.
Sammlung an Karten … – Vgl. die Liste FBA 27,2, S. 23.
Klödensche Karte … – Vgl. Hartwig Schultz: Brentanos Landschaften, in: Clemens Brentanos Landschaften, Koblenz 1986, S. 68, sowie FBA 24,2, S. 163.
»Der mittlere Taufort …« – FBA 24,1, S. 435 f.
396 Skizzen von Napoleon, … – FBA 28,1, S. 215, 208 und 210.
dazwischen Details … – FBA 28,1, S. 193 f., 135, 127, 45 und 221.
Dülmener Tagebuchs – Jürg Mathes: Ein Tagebuch Clemens Brentanos für Lusie Hensel, in: Jb FDH 1971, S. 198–310.
»Sie [A. K. Emmerick] liebt …« – FBA 28,1, S. 26.
»flehe, daß Gott dich …« – Dülmen, den 22. Oktober 1818; FBA 33 (im Satz).
397 »Ehe du gedenkest …« – Dülmen, den 1.-9. Oktober, 1818; FBA 33 (im Satz).
Das Bild hält Brentano … – FBA 28,1, S. 205.
»Freitag Abend den 11 December 18 …« – Brentano-Kat. 1978, S. 100.
»eigenmächtig und unsere Arbeit …« – Zit. nach Memoria, S. 261.
»nicht so überschätzen …« – FBA 3,1, S. 459 ff.; Frühwald, S. 387.
398 »üble Brautfahrth« – FBA 3,1, S. 459.
Er verschafft ihr … – FBA 3,1, S. 460.
»Er schrieb mir …« – FBA 3,1, S. 461.
»Nun ward mir verboten …« – FBA 3,1, S. 461.
»eine Art von peinlicher …« – Luise Hensel an Pater Karl Eduard Schmoeger, Wiedenbrück, den 9. Juni 1868; Frühwald, S. 387.
»Hochzeitshaus …« – FBA 28,1, S. 182 und 184, sowie 28,2, S. 197 ff.
»Vision von dem 1sten …« – FBA 28,1, S. 181 f.
399 Der Konktakt blieb … – Kristina Hasenpflug in FBA 3,1, S. 461 f.
»Mit Prophezeiung …« – Bettine an Achim von Arnim; Schlangenbad, den 31. August 1824; Vordtriede 2, S. 476 f.

399 »*später* aus seinen Notizen ...« – Wiedenbrück, den 9. Juni 1868; Frühwald, S. 386 f.
»er hat einen ganzen ...« – Schlangenbad, den 24. August 1824; Vordtriede 2, S. 474.
400 Er zitiert aus ... – FBA 28,1, S. 466.
»Mit dem Kreuz ...« – FBA 28,1, S. 467.
»Ich selbst sah ...« – FBA 28,1, S. 464 f.
»Er möchte gar zu gern ...« – Schlangenbad, den 31. August 1824; Vordtriede 2, S. 476 f.
401 »Sie giebt mir ...« – FBA 28,1, S. 155.
»Ich rede mit ...« – FBA 28,1, S. 122 f.
402 »Einflechtungen von unbegreiflicher ...« – FBA 3,1, S. 459.
»Was Ew. Hochwürden Wunsch ...« – Wiedenbrück, den 9. Juni 1868; Frühwald, S. 387.
403 »Sie mögen dann ...« – Wiedenbrück, den 9. Juni 1868; Frühwald, S. 387.
Die Verwüstungen in ... – Vgl. FBA 33 (im Satz).
404 »Gründonnerstag ...« – FBA 26, S. 69.
405 »Am Samstage, den ...« – FBA 26, S. 256 ff.

KAPITEL ACHTZEHN

409 »Noch weiß ich keinen ...« – Dülmen, den 11. Februar 1824; GS 9, S. 75 f.; ergänzt nach der Handschrift im Privatbesitz.
»Ein Freund, der weinend ...« – FBA 26, S. 60.
410 »Mein Herz ist ...« – Dülmen, den 10. Februar 1824, GS 9, S. 73 f.
»beikommenden traurigen Brief ...« – Dülmen, den 11. Februar 1824, GS 9, S. 75; ergänzt nach der Handschrift im Privatbesitz.
»Hier, mein liebes Linum! ...« – Dülmen, den 28. April 1824; Hochland 1916, S. 598; korrigiert nach der Handschrift in Dortmund.
411 »Ungefähr 6 oder 7 Wochen ...« – FBA 26, S. 62 f.
Luise Hensel hatte bereits am ... – Vgl. Chronik, S. 128, sowie FBA 28,2, S. 19 und 25.
412 »Eigenhändiger Bericht ...« – FBA 28,2, S. 401–403.
414 Gedenktafel Clemens Brentanos ... – FBA 28,2, Abb. 3.
»Vom 18. Februar bis ...« – FBA 28,2, S. 25.
Bereits einen Tag ... – Chronik, S. 127 f.
»mit großer Theilnahme ...« – FBA 26, S. 62.
»die Angst vor ...« – FBA 28,2, S. 25.
415 »Letzt ließ er ...« – Schlangenbad, den 31. August 1824; Vordtriede 2, S. 477 f.
»Vorbild im echten ...« – Charakteristik des Tübinger Theologen Johann Adam Möhler; zit. nach FBA 22,2, S. 74.
Die Borromäerinnen in ... – Chronik, S. 130.
416 »Der versprochenen und ...« – Diepenbrock an Dietz, 28. Oktober 1827; zit. nach FBA 22,2, S. 73.

416 »Hospitalschwestern von Nancy …« – Zit. nach FBA 22,2, S. 75.
417 »im Winter 1827/28 …« – Renate Moering in FBA 22,2, S. 77.
»Oft kam er …« – Zit. nach FBA 22,2, S. 77.
418 Ihre Berichte aus Nancy … – Renate Moering in FBA 22,2, S. 78.
»Ist es ja doch …« – FBA 22,1, S. 595.
419 »die in allem Glanze …« – FBA 22,1, S. 595 f.
»Alle, die ich sah …« – FBA 22,1, S. 599 f.
420 »Die Unruhe, die …« – FBA 22,1, S. 600.
»Wie kann hier …« – FBA 22,1, S. 600.
»daß er wähnt, …« – FBA 22,1, S. 600 f.
»Anstalten der Barmherzigkeit …« – FBA 22,1, S. 601.
»Alle diese Anstalten, …« – FBA 22,1, S. 603 f.
421 »Ein Vater hatte …« – FBA 22,1, S. 624 f.
»die Knechte ungehorsam …« – FBA 22,1, S. 626 f.
422 »sie begannen nun …« – FBA 22,1, S. 627 f.
»man verarbeitete die Bäume …« – FBA 22,1, S. 628 f.
423 im Juli 1823 … – Chronik, S. 126.
»Dieselben Abtrünnigen, deren …« – Zit. nach FBA 22,2, S. 458 f.
424 Brentano kannte Thomas … – Chronik, S. 126 und 134.
»In die Buchhandlung gekommen …« – Koblenz, den 5. Februar 1827; GS 9, S. 174; korrigiert nach der Handschrift im Freien Deutschen Hochstift.
425 »Meinen innern Widerwill …« – Koblenz, den 16. Februar 1827; GS 9, S. 177; korrigiert nach der Handschrift im Freien Deutschen Hochstift.
426 »Mährchen nachläßig erzählt …« – Koblenz, den 16. Februar 1827; GS 9, S. 177; korrigiert nach der Handschrift im Freien Deutschen Hochstift.
427 »Brentano ist bekanntlich …« – Werke 6, S. 180.
»Herr Clemens Brentano …« – DA VIII/1, S. 201.

KAPITEL NEUNZEHN

429 Dort trifft er … – Chronik, S. 145.
am 12. Oktober 1830 – Vgl. Norbert Suhr: Philipp Veit (1793–1877): Leben und Werk eines Nazareners. Monographie und Werkverzeichnis, Weinheim 1991, S. 79.
»von Rom als Direktor …« – An Luise Hensel, Frankfurt, den 27. November 1830; GS 9, S. 253.
»mit Weib und Schwägerin …« – An Luise Hensel, Frankfurt, den 27. November 1830; GS 9, S. 253.
430 »spätestens Anfang Oktober …« – Chronik, S. 145.
»Überliefert ist, daß …« – Suhr, S. 79.
Overbeck kommt dann … – Suhr, S. 80.
Zu diesem Zeitpunkt … – Chronik, S. 147.
Erst im Sommer 1832 … – Chronik, S. 148 f.
431 Ende September 1833 … – Chronik, S. 151.

431 »150 Exemplare der Passion …« – Chronik, S. 150.

432 »Ich lebe nun …« – München, den 20. November 1833; GS 9, S. 290 f.
»Hier im Volk …« – München, den 20. November 1833; GS 9, S. 292.
»Ich wohne hier …« – München, den 8. Juli 1836; GS 9, S. 343 f.

433 Sie studierte Malerei … – Chronik, S. 151.
»ernsthaften Krise …« – Chronik, S. 151 f.
»seine protestantische Freundin …« – Chronik, S. 152.
»Das Katholisch werden …« – An Apollonia Diepenbrock, München, Mitte Oktober 1833; zit. nach Linderbriefe, S. 16.
»Wie Luise Hensel …« – Linderbriefe, S. 307.
»steiler angebahnte Wiederholung …« – Wilhelm Fraenger: Clemens Brentanos Alhambra. Eine Nachprüfung, 2. Aufl. Amsterdam 1964, S. 10.

434 »unbegreiflich […] wie …« – Nettesheim, S. 158; zit. nach Linderbriefe, S. 307.
»Kürzlich lernte ich …« – Zit. nach Linderbriefe, S. 303.
denn die Darstellungen der … – Vgl. die Kreidezeichnung von Wilhelm Ahlborn von 1833, reproduziert in: Linderbriefe, S. 14, sowie Abb. hier S. 435.
»sie solle mit Ihrem Vermögen …«- An Apollonia Diepenbrock, München, Mitte Oktober 1833; Linderbriefe, S. 16.

435 »Fräulein Emilie Linder …« – Heinrich Wilhelm Riehl: Im Hause Emilie Linders, zit. nach Linderbriefe, S. 305 f.

436 Brentanos Werk aus dieser Zeit … – Wolfgang Frühwald hat diese Aufspaltung in seiner Habilitationssschrift (Das Spätwerk Brentanos, Tübingen 1977) überzeugend dargestellt.
»Fräulein Rineker sagte …« – München, Ende 1833; Linderbriefe, S. 18.

437 »arme Lind …« – München, den 5. Juni 1834; Linderbriefe, S. 19.

438 »O diese Kirche, …« – München, 1834; Linderbriefe, S. 43. Die erhaltenen weiteren Brieftexte ebd., S. 33–35.
»Den ersten Tropfen …« – Werke 1, S. 550.

439 »Die Hand, die mich …« – Werke 1, S. 551.
»Und als sie so …« – Werke 1, S. 553.

440 Für das Jahr 1834 … – Werke 1, S. 531–574.
»In Lieb'? – In Lust? …« – Werke 1, S. 574.
Die Abendwinde wehen … – Werke 1, S. 567 und 1173.
Aus dem gleichen Jahr … – Werke 1, S. 587 und 592.
Mit der Zeile … – Werke 1, S. 574–601.
»Einsam will ich untergehen …« – Werke 1, S. 596.

441 *20. Jenner nach großem Leid* – Werke 1, S. 601.
Nach neueren Überlegungen … – Feilchenfeldt/Frühwald, S. 282 f.
Bestellte Poesie – Hartwig Schultz: »Vorarbeiten Clemens Brentanos zu einer Sammelausgabe seiner Werke«, in: Jb FDH 1976, S. 316–351, Abb. 1 nach S. 336.
eine fotografische Reproduktion – Vgl. Feilchenfeldt/Frühwald, Abb. 1 und 2, nach S. 224.
Emilie Linders Geburtstag … – So wie Brentano sein eigenes Geburtsdatum auf den Tag Mariä Geburt »verlegte«, so feierte er Emilie Linders Geburtstag

am angenommenen Taufdatum. Am 11. Okober war Emilie zur Welt gekommen (vgl. Feilchenfeldt/Frühwald, S. 284).

441 im Jahre 1834 … – Vgl. Feilchenfeldt/Frühwald, S. 282 f.
»Oben erscheint Tag …« – Feilchenfeldt/Frühwald, S. 236.

442 »Sieh dorten um …« – Vgl. Feilchenfeldt/Frühwald, S. 285.
»Bis hier hin ist Alles …« – Feilchenfeldt/Frühwald, S. 242 f.

443 »Suche Deine Sehnsucht …« – Feilchenfeldt/Frühwald, S. 244.
Brentano weist auf … – Auf dem für Emilie Linder gefertigten Hausaltar gehört Ett zur Gruppe der Münchener Spätromantiker. Vgl. die Erläuterungen dazu S. 453.
»was die Musik angeht …« – Feilchenfeldt/Frühwald, S. 246.
»wenn Du gleich ein bischen …« – Feilchenfeldt/Frühwald, S. 246 f.
»sie ist mir …« – Feilchenfeldt/Frühwald, S. 255.

444 »So weit hatte ich …« – Feilchenfeldt/Frühwald, S. 255 f.
»Ich habe bis jetzt …« – Feilchenfeldt/Frühwald, S. 256 f.

KAPITEL ZWANZIG

445 »Lieder und Trümmer« – München, den 15. Januar 1837; zit. nach Vorarbeiten, S. 327.
»Gerade jetzt ist …« – Frankfurt, den 22. Februar 1835; zit. nach Vorarbeiten, S. 325.
»Wollen sie keine …« – Frankfurt, den 15. Dezember 1836; zit. nach Vorarbeiten, S. 326.
»Ich besitze zwar …« – München, den 15. Januar 1837; zit. nach Vorarbeiten, S. 327 f.

446 »Ist es aber eine fixe Idee …« – München, den 15. Januar 1837; zit. nach Vorarbeiten, S. 327.
»die besseren Lieder …« – München, den 15. Januar 1837; zit. nach Vorarbeiten, S. 327 f.
»Nowellen und kleine Schriften …« – Frankfurt, den 12. Februar 1837; zit. nach Vorarbeiten, S. 328.
»Was sie von meinen …« – München, den 9. März 1837; zit. nach Vorarbeiten, S. 328.
»Meine Achtung gegen …« – An Emilie Linder, München, Ende Juli 1839; zit. nach Vorarbeiten, S. 323.
Überliefert sind Manuskripte … – Eine Liste der abgeschriebenen Texte in: Vorarbeiten, S. 319–321. In der Lyrik-Edition des Pattloch-Verlags (Aschaffenburg 1979) wird versucht, Brentanos Auswahl umzusetzen.

447 Alle Materialien gehen … – Vorarbeiten, S. 339 f.
»Br: schäzte sie …« – An J. B. Diehl, 11. Dezember 1872; zit. nach Vorarbeiten, S. 322.

448 »ich saß zwischen …« – München, den 1. November 1840; zit. nach Vorarbeiten, S. 323.

448 »Alles langweilige lederne …« – München, den 7. Mai 1839; zit. nach Vorarbeiten, S. 330 f.

449 »Ist einer Deiner Söhne …« – München, den 13. März 1839; zit. nach Vorarbeiten, S. 330.

Die Zusammenarbeit … – Vgl. Heinz Rölleke, in: FBA 9,1, S. 35 f.

»*Freude* brachte mir …« – München, den 17. Juni 1834; Seebaß 2, S. 330 f.; korrigiert nach der Handschrift im Freien Deutschen Hochstift.

»*Sorge*, brachte mir …« – München, den 17. Juni 1834; Seebaß 2, S. 331; korrigiert nach der Handschrift im Freien Deutschen Hochstift.

»Ich sagte plötzlich: …« – *Goethes Briefwechsel mit einem Kinde. Seinem Denkmal.* Erster Theil, Berlin 1835, S. 11.

450 Engagiert kämpft sie … – Vgl. Der Briefwechsel Bettine von Arnims mit den Brüdern Grimm 1838–1841, hg. v. Hartwig Schultz, Frankfurt 1985, S. 5–20.

»Denk dir …« – Friedmund an Bettine, zit. nach einem Editionsmanuskript von Wolfgang Bunzel und Ulrike Landfester.

»hier unter allen Katholicken …« – Frankfurt, den 5. November 1841; zit. nach einem Editionsmanuskript von Wolfgang Bunzel und Ulrike Landfester.

451 einen begeisterten Brief – München, im Mai und September 1839; Seebaß 2, S. 375–385.

»stämmigen gutmüthigen Gesell …« – Frankfurt, den 5. November 1841; Linderbriefe, S. 162.

»Außerdem wage ich …« – München, den 3. September 1839; Seebaß 2, S. 384, korrigiert nach der Handschrift.

452 »denn es ist durchaus …« – München, den 9. Dezember 1839; zit. nach Vorarbeiten, S. 334.

453 »Vor einer im Hintergrund …« – Beschreibung von Christoph Perels im Katalog des Freien Deutschen Hochstifts: »Ein Dichter hatte uns alle geweckt«. Goethe und die literarische Romantik, Frankfurt 1999, S. 110. Eine Abbildung des Altars ebd., Tafel XV, nach S. 136.

»die ganze Bescherung …« – Werke 3, S. 617.

454 Dann schildert er … – Vgl. Kapitel 1, S. 9–11.

»Als ich der Frau Rath …« – Werke 3, S. 627 f.

455 Die beigefügten Illustrationen … – Vgl. die Abbildungen im Anhang von Werke 3 (Abb. 1, 2 und 10).

456 »der ihm den so früh gestorbenen …« – Wolfgang Frühwald, in: Linderbriefe, S. 205.

Ein Fries von … – Vgl. die Übersicht im Kapitel *Zusammenarbeit mit bildenden Künstlern* in: Clemens Brentano (Literaturstudium), S. 190–194 sowie die Abbildung des Fries' in FBA 17, Nr. 11 und 12.

Brentano, seine Erzählung … – Vgl. die Abb. in: Clemens Brentano (Literaturstudium), S. 77, und in der Chronik (Abb. 8). Steinle wiederholt diese Skizze am Bildrand einer Zeichnung, die den Violinspieler Michaly aus den Wehmüllern zeigt. Vgl. Brentano-Kat. 1978, Abb. 10.

»Einem frohen Abend, …« – GS 8, S. 93.

457 Nach einem Zwischenaufenthalt … – Chronik, S. 175–178.

457 Steinle widmet ihm ... – Vgl. die Abb. in: Clemens Brentano (Literaturstudium), S. 193 und in der Chronik (Abb. 12).
Zugleich sind die fertigen ... – Peter Klaus Schuster: »Bildzitate bei Brentano, in: Clemens Brentano«. *Beiträge des Kolloquiums im Freien Deutschen Hochstift* 1978, Tübingen 1980, S. 334–348 (mit Abb.); hier S. 345.
458 »er fühle es ...« – Zit. nach Chronik, S. 176.
»die Geschwulst ...« – Chronik, S. 177.
»Von einem Drittel ...« – Chronik, S. 178.
»was soll ich Ihnen ...« – *Edward von Steinle's Briefwechsel mit seinen Freunden.* Hg. und durch ein Lebensbild eingeleitet von Alphons Maria Steinle, Freiburg i. Br. 1897, Bd. 2, S. 144.
459 »Zu meinem großen Trost ...« – Heinz Härtl: Briefe Christian Brentanos über die letzten Lebenstage seines Bruders Clemens, in: Jb FDH 1989, S. 205.
»Abscheu gegen die 4mal ...« – München, den 10. Juni 1842; zit. nach Jb FDH 1989, S. 207 f.
»Da Clemens immer schwächer ...« – München, den 6. Juli 1842; zit. nach Jb FDH 1989, S. 220.
460 »38 Centner Bücher ...« – Aschaffenburg, den 25. Juli 1842; zit. nach Jb FDH 1989, S. 223 f.
»Hofnung ihn zu erhalten ...« – Aschaffenburg, den 25. Juli 1842; zit. nach Jb FDH 1989, S. 228.
Nachtrag zum Testament – Vgl. S. 225.
»als gerade Edward Steinle ...« – Chronik, S. 178.
461 »Das Aussehen von Cl ...« – Aschaffenburg, den 30. Juli 1842; zit nach Jb FDH 1989, S. 231.
»Um halb neun Uhr ...« – GS 8, S. 97.
462 »Dem, was von manchen ...« – GS 8, S. 97 f.; vgl. Eichendorff, Werke 6, S. 289 f.
»der aller Poesie ...« – Eichendorff, Werke 6, S. 53.
»der Kunst, und nur ...« – Eichendorff, Werke 6, S. 283.
»Hier ist es nun ...« – Eichendorff, Werke 6, S. 287.
464 »Überall [...] ist die ...« – Eichendorff, Werke 6, S. 285.
465 »Die Muse die uns ...« – DA VIII/1, S. 200.

BILDNACHWEIS

Schiller-Nationalmuseum, Deutsches Literaturarchiv, Marbach: S. 281, 369, 461

Freies Deutsches Hochstift, Frankfurter Goethe-Museum (Fotos: Ursula Edelmann): alle weiteren Abbildungen

PERSONENREGISTER

Christian Graf von Krockow

Kaiser Wilhelm II. und seine Zeit

Biografie einer Epoche

Die Biografie des letzten deutschen Kaisers, Wilhelm II. Ein Herrscher, der so widersprüchlich war wie die nach ihm benannte Epoche. Christian Graf von Krockow sieht Wilhelm II. nicht nur als Repräsentanten, sondern auch als Spiegel seiner Zeit, »eine zutiefst zwiespältige Persönlichkeit und eine tragische Figur«.

»Es gibt in Deutschland nur wenige Autoren, die Geschichte wirklich spannend erzählen können. Krockow gehört sicher zu diesem kleinen Kreis.«
Rheinischer Merkur

»Christian Graf von Krockow eilt routiniert durch die Abgründe der wilhelminischen Gesellschaft.«
Berliner Zeitung

Berliner Taschenbuch Verlag

Günter de Bruyn

Die Finckensteins

Eine Familie im Dienste Preußens

Günter de Bruyn erzählt von der gräflichen Familie Finckenstein, die eng mit der Historie und Kultur Preußens verbunden ist. Die Finckensteins standen über Jahrhunderte im Zentrum des Geschehens. Sie sind ein Spiegel der Literatur und Gesellschaft, der Wirren und Widersprüche der preußischen Geschichte.

»*Als schriebe Fontane über Kultur und Geschichte Preußens.*« Wolf Jobst Siedler

»*Günter de Bruyn erzählt uns auf seine stille, eindringliche Weise eine faszinierende Familiensaga.*« Arnulf Baring, Die Welt

Berliner Taschenbuch Verlag